KB242895

F1 용어집 1211

그랑프리 블랙북 0

F1 용어집 1211

초판 1쇄 발행 2026년 4월 10일
지은이 윤재수
펴낸이 최현우 **기획 · 편집** 윤재수 **2020년판 감수** 김효원
표지 디자인 Nu:n **내지 디자인 · 편집 디자인 · 일러스트** 윤재수
펴낸곳 골든래빗(주)
등록 2020년 7월 7일 제 2020-000183호
주소 서울 마포구 양화로 186 LC타워 5층 514호
전화 0505-398-0505 · **팩스** 0505-537-0505
이메일 ask@goldenrabbit.co.kr
SNS facebook.com/goldenrabbit2020
홈페이지 goldenrabbit.co.kr

ISBN 979-11-94383-93-2 03000

* 파본은 구입한 서점에서 바꿔드립니다.

우리는 가치가 성장하는 시간을 만듭니다.
골든래빗은 가치가 성장하는 도서를 함께 만드실 저자님을 찾고 있습니다.
내가 할 수 있을까 망설이는 대신, 용기 내어 골든래빗의 문을 두드려보세요.
apply@goldenrabbit.co.kr

그랑프리 블랙북 0

F1 용어집 1·2·1·1

FORMULA ONE GLOSSARY 1·2·1·1

윤재수 지음

CONTENTS

들어가는 말

그랑프리 블랙북 "F1 용어집 1111"을 출판한 지 벌써 2년이 지났습니다. 부족한 책을 세상에 내놓고 고맙게도 많은 분께 전해질 수 있었다는 점을 늘 감사하게 생각하고 있습니다. 처음에는 이 책의 개정판을 3~4년 이내에 다시 내놓을 계획은 없었습니다. 적지 않은 가격을 지불하고 책을 구입하신 분들에게 다시 부담드리는 것도 문제고, 용어가 바뀌거나 개념이 변하는 폭이 그리 크지는 않을 것이라는 생각에서였습니다.

그러나, F1 2026시즌에 대해 이것저것 공부하고 연구하는 동안 점차 생각이 바뀌었습니다. 새 시즌의 변화라는 말로는 감당할 수 없는, 너무 많은 것들이 바뀌는 시즌이라는 것을 깨달았기 때문입니다. 당연히 규정의 내용은 매년 바뀌고 있지만, 규정의 틀과 형식이 바뀐다는 점에서 출발점부터 달랐습니다. 특히, 새로운 개념이 몇 개 추가되는 것이 아니라, 기존에 오랫동안 사용하던 용어가 바뀌는 부분도 적지 않다는 것을 이해하게 되었습니다.

그래서, 오랜 고민 끝에 기존 용어집의 대부분 내용과 큰 틀은 유지하더라도 새 개념과 바뀐 용어 중 핵심적인 것들은 용어집에 담아야 하겠다고 결심했습니다. 동시에 2023년까지의 데이터로 정리됐던 내용 중 2년 사이 바뀌고 추가된 것들, 주요 기록들도 업데이트하기로 했습니다. 작업을 진행하다 보니, 1,111개였던 과거 용어집의 항목이 1,211개로 늘어났습니다. 삭제된 항목도 조금 있어서 늘어난 항목은 100개가 넘을 것 같습니다. 이렇게 추가된 내용들이 2026시즌의 큰 변화를 이해하는 데 조금이나마 도움이 되길 바랍니다.

더불어, 지난 "F1 용어집 1111"이 매우 두껍고 무거웠던 것을 고려해서, 100개의 용어가 늘어나더라도 최대한 책이 더 두꺼워지는 것을 막아보려고 노력을 많이 기울였습니다. 최대한 덜 중요한 것들, 과거 들어가는 말처럼 없어도 되는 내용들을 삭제하기로 했습니다. 이 책이 여러분께 전달해야 하는 가장 중요한 내용, 각 용어에 대한 설명이 아니라면, 그 외 다른 내용들을 최대한 압축하려고 노력했다는 점만큼은 기억해 주시면 좋겠습니다.

물론 개정판 역시 여전히 용어집입니다. 부디 이 용어집이 F1을 처음 접하시는 분들이 부담스러워할 만한 처음 듣는 이름과 몰랐던 개념들을 이해하는 데 작은 보탬이 됐으면 좋겠습니다. 글을 줄이려고 감사한 분들의 이름을 열거하는 것도 생략했는데, 뭐니 뭐니 해도 가장 고마운 분들은 이 책을 사서 읽어주시는 분들입니다. 바로 이 책을 읽는 분들에게 무언가 하나라도 도움을 드렸다면 저는 그것으로 만족할 수 있을 것 같습니다. F1을 궁금해하시는 분들이라면, 꼭, 종종 꺼내 보는 책이 되기를 바랍니다.

감사합니다.

2026년 3월 1일

윤재수

I.

인트로덕션

INTRODUCTION

용어 설명 읽는 법

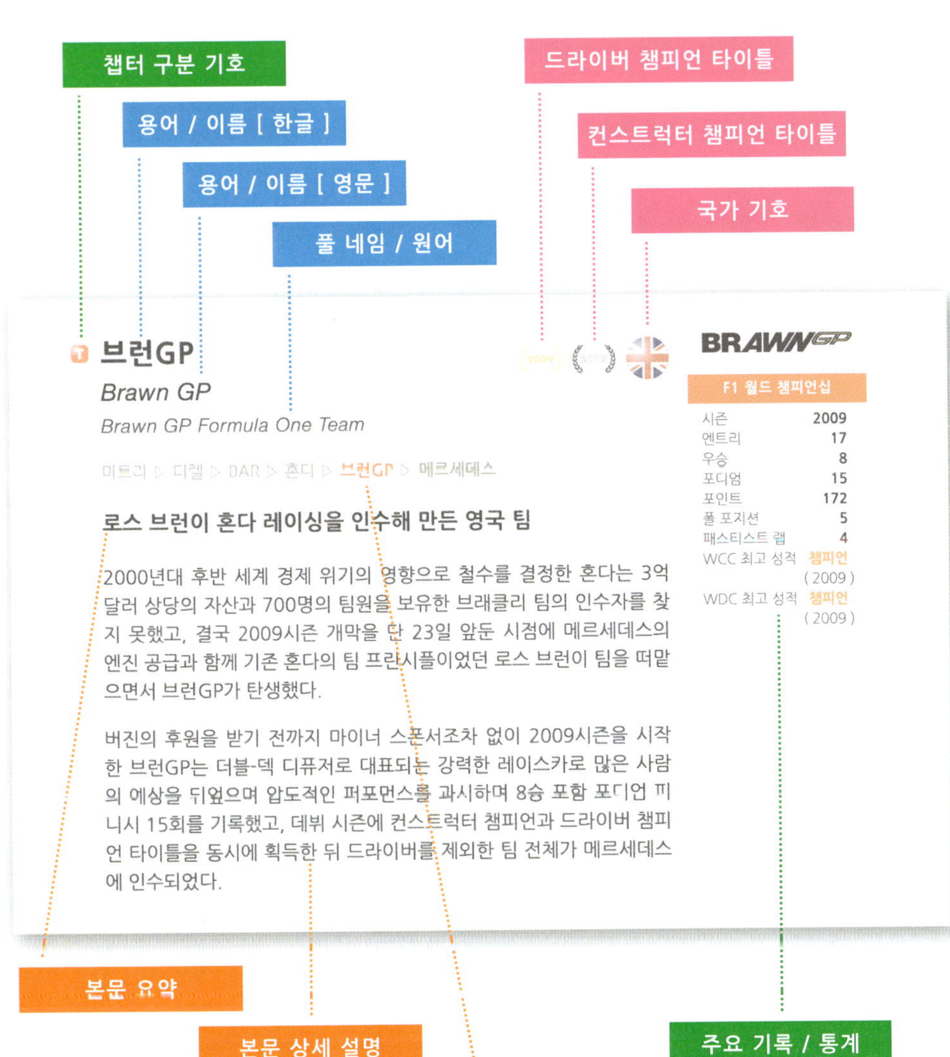

챕터 구분 기호
용어 / 이름 [한글]
용어 / 이름 [영문]
풀 네임 / 원어
드라이버 챔피언 타이틀
컨스트럭터 챔피언 타이틀
국가 기호
브런GP
Brawn GP
Brawn GP Formula One Team
미드리 ▷ 디렐 ▷ DAR ▷ 혼다 ▷ 브런GP ▷ 메르세데스
로스 브런이 혼다 레이싱을 인수해 만든 영국 팀
2000년대 후반 세계 경제 위기의 영향으로 철수를 결정한 혼다는 3억 달러 상당의 자산과 700명의 팀원을 보유한 브래클리 팀의 인수자를 찾지 못했고, 결국 2009시즌 개막을 단 23일 앞둔 시점에 메르세데스의 엔진 공급과 함께 기존 혼다의 팀 프란시플이었던 로스 브런이 팀을 떠맡으면서 브런GP가 탄생했다.
버진의 후원을 받기 전까지 마이너 스폰서조차 없이 2009시즌을 시작한 브런GP는 더블-덱 디퓨저로 대표되는 강력한 레이스카로 많은 사람의 예상을 뒤엎으며 압도적인 퍼포먼스를 과시하며 8승 포함 포디엄 피니시 15회를 기록했고, 데뷔 시즌에 컨스트럭터 챔피언과 드라이버 챔피언 타이틀을 동시에 획득한 뒤 드라이버를 제외한 팀 전체가 메르세데스에 인수되었다.
BRAWNGP
F1 월드 챔피언십
시즌 2009
엔트리 17
우승 8
포디엄 15
포인트 172
폴 포지션 5
패스티스트 랩 4
WCC 최고 성적 챔피언 (2009)
WDC 최고 성적 챔피언 (2009)
본문 요약
본문 상세 설명
팀 명칭 변화
주요 기록 / 통계

챕터 구분 기호

W	F1 / 모터스포츠 용어	FORMULA 1 / MOTORSPORT GLOSSARY
D	F1 드라이버	FORMULA 1 DRIVERS
P	F1 관련 인물	FORMULA 1 PEOPLE
T	F1 팀	FORMULA 1 TEAMS
C	F1 관련 회사	FORMULA 1 CORPORATIONS
O	F1 조직	FORMULA 1 ORGANIZATIONS
HQ	F1 본부	FORMULA 1 HEADQUARTERS
C	F1 써킷	FORMULA 1 CIRCUITS
G	F1 그랑프리	FORMULA 1 GRAND PRIX
M	모터스포츠	MOTORSPORT
I	인트로덕션 / 찾아보기	INTRODUCTION / INDEX

1 국가 기호

 남아프리카공화국

 네덜란드

 뉴질랜드

 덴마크

 독일

 러시아

 룩셈부르크

 말레이시아

 멕시코

 모나코

 모로코

 미국

 바레인

 베네수엘라

 벨기에

 브라질

 브루나이

 사우디아라비아

 산마리노

 스웨덴

 스위스

 스페인

 싱가포르

 아랍에미리트

 아르헨티나

 아일랜드

 아제르바이잔

 영국

 오스트리아

 유럽

 이탈리아

 인도

 일본

 중국

 카타르

 캐나다

 콜롬비아

 키프로스

 태국

 튀르키예

 포르투갈

 폴란드

 프랑스

 핀란드

 한국

 헝가리

 호주

챔피언 타이틀 표기

F1 월드 드라이버 챔피언 타이틀 (숫자는 챔피언 타이틀 획득 연도)

F1 월드 컨스트럭터 챔피언 타이틀 (숫자는 챔피언 타이틀 획득 연도)

데이터 및 통계 기준

용어집 본문의 데이터와 통계는 **F1 2025시즌까지의 기록**을 기준으로 합니다.
2026년 2월 28일까지의 기록과 변화는 이 책의 내용에 반영했지만,
2026년 3월 1일 이후의 기록과 변화는 반영하지 않았습니다.

II.

F1 / 모터스포츠 용어

F1 / MOTORSPORT GLOSSARY

107% 룰

107% rule

Q1 최고 기록보다 107% 이상 느린 드라이버의 레이스 출전을 제한하는 규정

F1 그랑프리에 출전하는 레이스카의 수가 26대 이하로 줄어든 뒤, 퀄리파잉에 참가만 하면 레이스에 출전할 수 있게 되었다. 이 때문에 너무 느린 차가 레이스에서 위험 요소가 될 수 있다는 문제가 부각되자, 1996시즌을 앞두고 "퀄리파잉에서 가장 빠른 차의 기록을 기준으로 107%"에 해당하는 랩 타임보다 빠른 기록을 작성하지 못한 드라이버에게 레이스 출전을 허가하지 않는 규정이 만들어졌다.

2003시즌 퀄리파잉 포맷이 바뀐 뒤 자연스럽게 사라졌던 107% 룰은, **2011시즌 부활**해 퀄리파잉 Q1 세션에서 작성된 최고 기록의 107%와 비교하는 방식이 적용되기 시작했다. 그러나, 연습 주행에서 충분한 기록을 작성했거나 다른 참고 기록이 인정되면 레이스 출전이 허용되었기 때문에, 2025시즌까지 실제로 레이스 출전이 제한된 사례는 단 네 건에 불과하다.

1-2 피니시

1-2 finish

같은 팀 드라이버 두 명이 1, 2위로 레이스를 마치는 것

F1에서는 그랑프리마다 한 팀에 두 대의 레이스카만 출전시킬 수 있기 때문에, 1-2 피니시는 한 레이스에서 각 팀이 기대할 수 있는 최고의 결과[1]이자 궁극적인 목표다.

레이스 종반 다른 팀과 충분한 격차를 확인한 뒤 앞선 드라이버가 의도적으로 속도를 늦춰 같은 팀 드라이버와 나란히 피니시 라인을 통과하는 경우 **"포메이션 피니시(formation finish)"**라는 표현이 사용되기도 하며, F1 초창기나 현재의 르망 24시간처럼 한 팀에 세 대 이상의 레이스카가 출전할 수 있는 경우에는 **"1-2-3 포메이션 피니시(1-2-3 formation finish)"**도 기대할 수 있다.

[1] 2019시즌부터 F1 챔피언십 포인트 시스템에 패스티스트 랩 포인트가 추가되면서 최대 포인트를 얻기 위해서는 1-2피니시와 함께 패스티스트 랩을 추가해야 한다.

2시간 룰

2 hour time limit

F1에서 레이스 시간을 최대 2시간으로 제한하는 규정

F1 그랑프리의 레이스는 2시간 이상 진행할 수 없도록 규정되어 있다. 스타트로부터 2시간이 지나도 레이스가 종료되지 않는다면, 2시간을 넘기고 피니시 라인을 통과한 랩이 파이널 랩이 된다.

레이스에서는 레드 플랙으로 레이스가 중단될 경우 레이스 타이머가 멈추기 때문에, 레드 플랙이 해제되기 전까지 지체된 시간은 2시간 룰에 영향을 주지 않는다.[2]

2행정 엔진

2-stroke engine

피스톤이 오르내리는 두 단계로 작동하는 내연기관

2행정 엔진은 4행정 엔진과 달리 피스톤이 위쪽으로 움직일 때 **흡입**과 **압축**, 아래로 움직일 때 폭발(**연소**)과 **배기**가 동시에 이뤄지는 방식의 내연기관이다. 크랭크샤프트가 1회전 할 때 두 단계로 하나의 엔진 작동 싸이클을 완성하기 때문에 "2행정"이라 부른다.

2행정 엔진은 4행정 엔진에 비해 크기가 작고 가벼우며 더 적은 부품으로 구성할 수 있다는 장점이 있지만, 엔진 오일을 함께 연소시켜 환경 문제에 취약하고 실린더와 피스톤 수명이 상대적으로 짧다는 단점이 있다. 최근에는 모터싸이클에서도 4행정 엔진을 채택하는 경우가 많아졌다.

4WD

4 Wheel Drive

앞뒤 네 바퀴 모두에 동력을 전달하는 구동 방식

자동차의 구동 방식 중 파워트레인이 만들어 낸 토크를 네 바퀴 모두에게 전달하는 방식을 4WD 또는 **"4×4"**라고 부른다.

F1에서는 롭 워커 레이싱이 **"퍼거슨 P99"**를 1961 영국 그랑프리에 출전시켜 최초의 4WD F1 레이스카가 탄생했다. 이후 1970년대까지 여러 차례 4WD F1 레이스카가 시도됐지만, 1983시즌 규정 변경을 통해 **4WD 방식 F1 레이스카는 금지**됐다.

---

[2] 2011 캐나다 그랑프리 레이스가 레드 플랙의 영향으로 네 시간 이상 소요된 뒤, 레드 플랙 발령과 관계없이 스타트부터 피니시까지 전체 경과 시간이 4시간을 넘지 못하도록 하는 새로운 규정이 추가됐고, 이후 **전체 경과 시간 제한이 3시간으로 조정**되었다.

4WS

4 Wheel Steering

차의 진행 방향을 바꿀 때 앞뒤 네 바퀴를 모두 이용하는 조향 방식

일반적인 자동차의 경우 앞바퀴 각도를 조절하는 것만으로 차의 진행 방향을 바꾸는 것과 달리, "4 Wheel Steering"의 약자로 표기하는 4WS는 네 바퀴로 조향한다는 이름처럼 앞바퀴뿐만 아니라 뒷바퀴 각도도 함께 조절해 조향 성능을 끌어올린 조향 방식이다.

F1에서는 1990년대 초반 베네통 등 여러 팀이 4WS 도입을 시도했지만 이렇다 할 성과를 얻지 못했고, F1 레이스카에 사용되던 다수의 드라이버 에이드를 제한하는 규정 변화와 함께 **4WS**는 **1994 시즌부터 금지**되었다.

일반적인 앞바퀴 조향과 4WS가 적용된 경우의 조향 비교

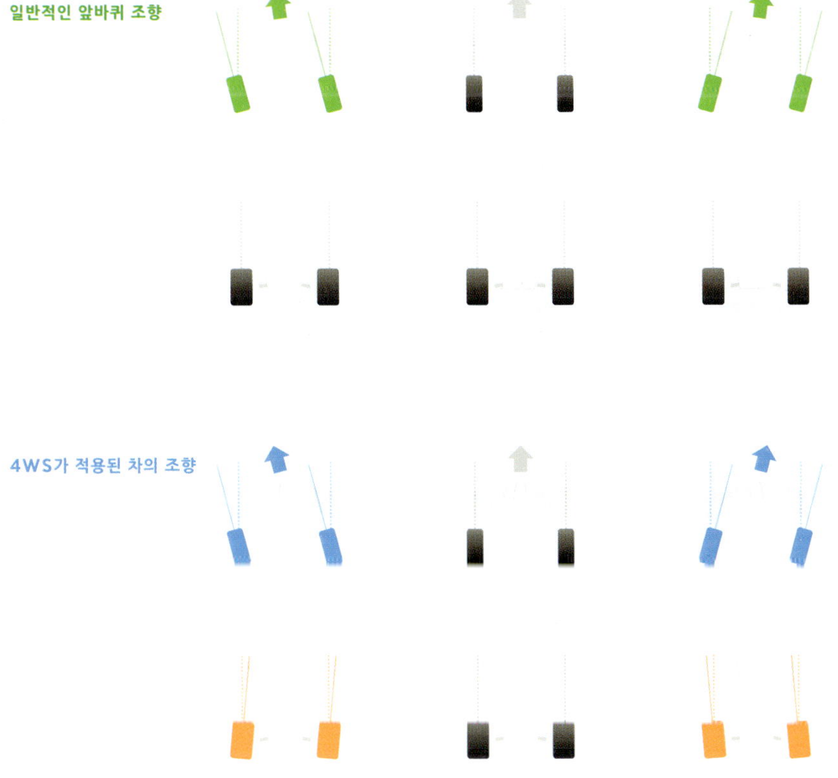

4행정 엔진

4-stroke engine

흡기 - 압축 - 폭발 - 배기의 네 단계를 거쳐 동력을 만들어 내는 엔진

4행정 엔진에서는 먼저 피스톤이 아래로 움직일 때 연료와 공기가 뒤섞인 혼합기를 실린더로 빨아들인(**흡기**) 뒤, 피스톤이 위로 움직여 혼합기를 **압축**한다. 이후 피스톤이 다시 아래로 움직이며 혼합기를 폭발(**연소**)시키고, 마지막으로 아래로 밀려났던 피스톤이 다시 위쪽으로 올라가면서 배기가스를 배출(**배기**)하는 네 단계로 하나의 싸이클(**오토 싸이클**[3])을 완성한다. 이처럼 크랭크 샤프트가 2회전 해 하나의 싸이클을 완성하는 내연기관을 가리켜 4행정 엔진이라 부른다. 2024년을 기준으로 F1 레이스카의 엔진은 모두 4행정 엔진이다.

4행정 엔진은 2행정 엔진보다 작동 절차가 복잡하고, 구성을 위해 많은 부품이 필요해 크고 무겁다는 단점이 있다. 그러나, 상대적으로 배기량 대비 효율이 높으며 환경 오염 문제에서 약간의 우위에 있고, 엔진 회전수를 폭넓게 사용할 수 있다는 장점을 갖고 있다.

4행정 엔진의 작동 순서

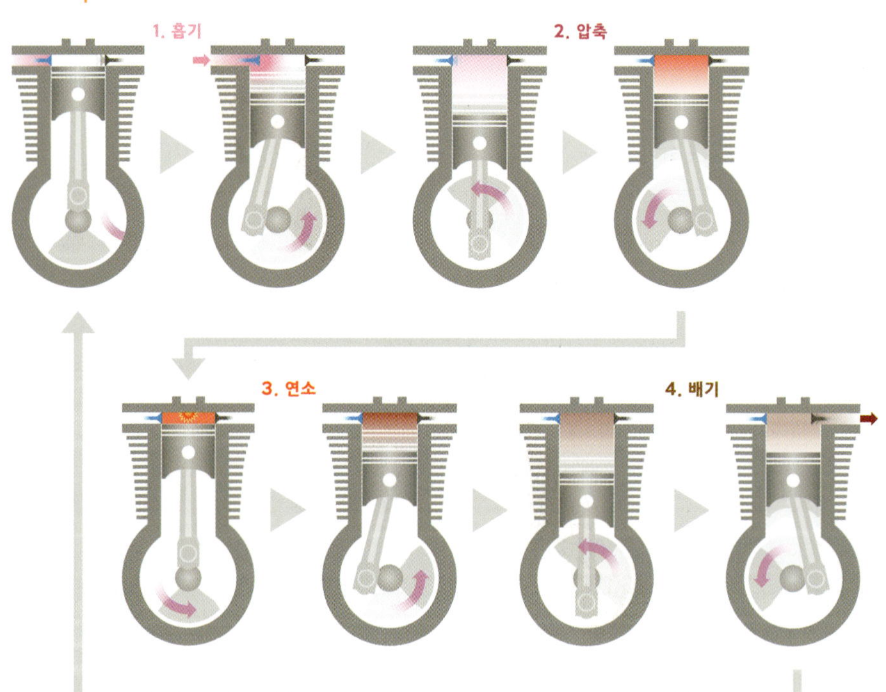

[3] 1876년 처음으로 높은 효율의 4행정 엔진을 만드는 데 성공한 **"니콜라우스 오토(Nikolaus Otto)"**의 이름을 딴 명칭이다.

60% 모델

60% model

실제 크기의 60% 크기로 만들어진 레이스카 모형

윈드 터널 테스트의 막대한 비용 부담을 줄이기 위해 100% 모델 사용이 금지된 뒤, F1 규정에 따라 **윈드 터널 테스트**에 사용할 수 있는 레이스카 모델의 최대 크기는 **실제 크기의 60%**다.

각 F1 팀은 윈드 터널 테스트를 진행하기 전 레이스카와 같은 형태의 60% 모델을 만들고, 피렐리 타이어[4]는 크기뿐 아니라 성능까지 60% 모델에 맞춘 특별한 타이어를 제작 공급한다.

6륜 레이스카

6-wheeled car

6개의 바퀴가 장착된 레이스카

1976시즌 티렐은 좌우에 두 개씩 모두 네 개의 앞바퀴가 장착되는 F1 최초의 6륜 레이스카 **P34**를 선보였고, 1976 스웨덴 그랑프리에서 조디 섹터는 6륜 레이스카의 유일한 우승을 기록했다.

P34 이후 몇몇 F1 팀이 앞바퀴나 뒷바퀴를 4개 장착한 6륜 레이스카를 개발해 테스트하기도 했지만, 1983시즌 규정 변경으로 바퀴 네 개를 초과하는 레이스카가 F1에서 금지됐다.

F1 최초의 6륜 레이스카 "티렐 P34"의 3면도

[4] 2026시즌 기준 F1 독점 타이어 공급자

8-자형 써킷

Figure-of-eight circuit

써킷 한 구간이 다른 구간과 교차하는 8-자 형태의 레이아웃을 가진 써킷

다수의 오른쪽 코너를 보유한 시계방향 써킷이나 왼쪽 코너가 다수인 반시계방향 써킷 등 일반적인 레이아웃과 달리, 써킷 한 지점에서 경로가 교차하는 레이아웃으로 설계되어 시계방향 써킷이나 반시계방향 써킷 중 한 가지로 분류할 수 없는 써킷을 8-자형 써킷이라 부른다.

현대적인 써킷 중에는 일본의 **스즈카 써킷**이 유일하게 F1 챔피언십 그랑프리를 유치하고 있는 8-자형 써킷이며, 한국 용인의 **AMG 스피드웨이** 역시 8-자형 써킷으로 분류된다.

ABS

Anti-lock braking system

브레이크 과정에서 휠의 락 업을 최소화하는 안전 시스템

ABS는 센서가 각 바퀴의 회전 속도를 모니터해 차의 속도보다 바퀴가 너무 느리게 회전할 경우 브레이크에 전해지는 유압 압력을 낮추고, 한 바퀴가 다른 바퀴에 비해 너무 빠르게 회전할 경우에는 브레이크의 유압 압력을 높이는 등의 동작을 여러 차례 빠르게 반복해 결과적으로 브레이크 과정에서 휠의 락 업을 완화하고 미끄러짐을 방지하는 안전 시스템이다.

F1에서는 1994시즌 모든 드라이버 에이드를 제한하는 규정 변경부터 ABS 사용이 금지되었다.

ADR

Accident Data Recorder

사고 상황 직전과 사고 순간, 사고 이후의 데이터를 기록 / 저장하는 장치

ADR은 비행기의 블랙박스와 비슷한 방식으로 레이스카의 주요 센서와 FIA가 지정한 두 개의 가속도 센서를 통해 사고 상황에 대한 각종 데이터를 기록하고 저장해, 사고 상황을 정확하게 분석해 향후 대처할 수 있도록 하는 전자 장치다.

1997시즌부터 드라이버의 안전을 도모하고 사고 상황에 대한 사후 분석을 돕기 위해 모든 F1 레이스카에 ADR 장착이 의무화되었고, 이후 FIA가 주관하는 다수의 모터스포츠 이벤트와 챔피언십에 ADR이 순차적으로 확대 적용됐다.

AFC

Alternative Format Competition

일반적인 경우와 다른 일정과 구성으로 운영되는 그랑프리 주말

AFC는 규정에 "SFC(Standard Format Competition)"로 정의된 일반적인 주말의 형식과 다른 일정으로 진행되는 그랑프리 주말을 가리킨다. 2026시즌을 기준으로 하면 **스프린트가 편성된 주말**이 AFC에 해당하고, 프랙티스를 한 차례만 진행되는 대신 스프린트 퀄리파잉과 스프린트가 프랙티스 2와 프랙티스 3를 대체한다.

F1 규정의 일부 항목은 AFC와 SFC에 서로 다른 기준을 제시하기도 한다.

ASN

National Automobile Club

한 국가의 자동차 협회를 대표하는 클럽 또는 국가 기구

ASN은 한 국가의 자동차 협회를 대표하는 클럽이나 국가 기구로, FIA 또는 CIK-FIA가 해당 국가의 모터스포츠와 관련한 결정 권한을 독점적으로 가지고 있다고 공인한 조직을 가리킨다.

한국에서는 **"대한자동차경주협회(KARA : Korea Automobile Racing Association)"**가 FIA가 공인한 ASN 자격을 가지고 있다.

ATP

Aerodynamic Testing Period

공기역학 테스트를 제한하는 ATR의 적용 주기

F1 레이스카의 개발 과정에서 공기역학 테스트의 양을 제한하는 ATR은 "ATP(Aerodynamic Testing Period : 공기역학 테스트 주기)"라고 불리는 주기에 따라 기간별로 구분 적용된다.

공기역학 테스트는 1년을 6개 주기(1주기는 연초부터 9주, 여름 셧다운이 포함된 4주기는 10주, 마지막 6주기는 5주기 이후 연말까지로 구분하며, 이들 사이에 2, 3, 5주기가 8주씩 배치된다.)로 구분한 뒤 각 기간에 제한 사항을 적용하게 되어 있다. 이 때문에 짧은 기간 동안 집중적으로 1년 분량의 테스트를 진행해 성능을 극적으로 끌어올리는 것은 구조적으로 불가능해졌다.

2026시즌 기준 ATP는 F1 규정 중 **섹션 F - 운영 규정**에서 세부 내용을 다루고 있다.

ATR

Aerodynamic Testing Restrictions

F1 레이스카 개발 과정에서 공기역학 테스트의 양을 제한하는 규정

ATR은 F1 레이스카 개발 과정에서 윈드 터널 테스트와 CFD 등 공기역학 테스트의 양을 제한하기 위한 규정으로, 일반 제한, 윈드 터널 테스트 제한(RWTT : Restricted Wind Tunnel Testing), CFD 시뮬레이션 제한(RCFD 시뮬레이션 : Restricted Computational Fluid Dynamics simulations), 테스트 한도/보고/조사/심사, 인력 이동 등 크게 다섯 가지 내용으로 나뉘진다.

2026시즌 기준 ATR은 F1 규정 중 **섹션 F - 운영 규정**에서 세부 내용을 다루고 있다.

BHP

Brake Horsepower

엔진에 바로 연결된 크랭크샤프트에서 측정한 출력

엔진에서 만드는 동력은 기어박스와 드라이브트레인의 효율에 따라 일정 수준 이상 힘이 손실된 뒤 바퀴에 전달되기 때문에, 기어박스와 드라이브트레인에서의 손실이 발생하기 전 출력을 측정해 순수한 엔진의 힘을 측정하기 위해 만들어진 개념이 BHP다.

"브레이크 호스파워"에서 브레이크(Brake)는 엔진이 원하는 속도로 회전하도록 한 뒤 그 힘을 측정하는 장치를 가리키며, 이렇게 측정한 회전 속도와 출력이 BHP 값으로 기록된다.

B-팀

B-team

주요 의사 결정이나 레이스카 개발을 다른 대형 팀에 의존하는 팀

직접 엔진을 만들지 못하더라도 레이스카 개발 대부분을 직접 소화하는 독립 팀과 달리, 레이스카의 많은 부분을 직접 개발하지 않거나 주요한 의사 결정 등을 대형 팀에 의존해 마치 대형 팀에 종속되어 운영되는 듯한 팀을 가리켜 B-팀이라 부른다.

사전적으로 명확한 B-팀의 정의가 존재한다고는 볼 수 없지만, 레이스카 개발 중 규정에 허용된 상당 부분을 다른 팀에 의존하는 경우나 드라이버 결정과 사업 문제 등을 대형 팀과 긴밀하게 협조하는 경우 그다지 긍정적이지 않은 관점에서 B-팀이라는 표현을 사용하기도 한다.

CAD

Computer Aided Design

컴퓨터를 활용하는 디자인

CAD는 디자이너의 손과 드로잉 보드에 의존하는 고전적인 방법 대신, 컴퓨터에 설치한 전용 소프트웨어를 활용해 레이스카와 다양한 부품을 디자인하는 방법을 가리킨다.

CAD의 활용으로 작업 속도와 효율이 높아진 것은 물론 각 부품의 생산 공정이 단순해지고 생산 효율도 높아졌다. 현대적인 F1 레이스카의 디자인 과정은 대부분 CAD를 거쳐 이뤄지고 있다.

CFD

Computational Fluid Dynamics

컴퓨터를 활용해 유체의 흐름을 계산 또는 시뮬레이션하고, 문제를 분석하거나 해결하는 유체역학의 한 분야

CFD는 고성능 컴퓨터를 동원해 대량의 복잡한 계산을 처리해, 일정한 조건 아래에서 유체의 움직임을 시뮬레이션하는 유체역학의 한 분야를 가리킨다. 일부에서는 CFD를 직역해 **"전산 유체역학"** 이라고 부르기도 한다.

CFD는 F1에서 매우 큰 비용이 드는 윈드 터널 테스트의 부담을 덜고 상대적으로 적은 시간과 비용으로 레이스카를 개발하기 위해 사용된다고 볼 수 있지만, 실제로는 만만치 않게 큰 투자와 운영비용이 소요된다. 2010년대 초반 신생팀이었던 버진은 윈드 터널 테스트 없이 CFD만으로 레이스카를 개발하는 극단적인 시도에 나서기도 했다.

CTO

Chief Technical Officer

F1 팀의 기술 부문 최고 책임자

CTO는 기술 부문 최고 책임자로 팀의 수뇌부 및 임원 역할을 맡는 엔지니어를 가리키며, F1 팀 엔지니어의 최상위 보직으로 여겨진다. 일부 F1 팀에서 테크니컬 디렉터는 1선 실무자, CTO는 2선에서 활동하는 준명예직으로 보기도 하지만, CTO가 1선에서 실무를 담당하는 경우도 많다.

2025시즌 기준으로 F1 10개 팀 중 애스턴마틴, 윌리엄스, 레이싱불스, 자우버까지 네 팀의 기술 부문 조직에 CTO 보직이 존재한다.

DAS

Dual Axis Steering

조향 기능과 별도로 프론트 휠의 "토"를 조절할 수 있는 스티어링 시스템

일반적인 스티어링 시스템은 스티어링 휠을 돌려 프론트 휠의 각도를 바꿔 차의 진행 방향을 조절한다. 그러나, 2020시즌 메르세데스는 일반적인 조향 기능과 별도로 프론트 휠의 "토(toe)"를 조절할 수 있는 시스템을 도입했고, 이 시스템을 "DAS"라고 불렀다.

DAS는 긴 직진 구간에 진입했을 때 스티어링 휠을 몸쪽으로 당겨 "토 인(toe in)"시키고, 코너에 진입하기 전 스티어링 휠을 밀어 원위치시키면 상대적으로 "토 아웃(toe out)"시키는 방식으로 작동했다. 2020시즌 F1 규정상의 허점으로 DAS 구성이 가능했지만, FIA는 2021시즌 DAS를 구성할 수 없도록 규정을 변경했다.

DHL 패스티스트 랩 어워드

DHL Fastest Lap Award

한 시즌 동안 가장 많은 패스티스트 랩을 기록한 드라이버에게 주는 상

DHL은 매 그랑프리가 끝난 뒤 패스티스트 랩을 기록한 드라이버를 DHL 패스티스트 랩 어워드라는 이름의 상을 준다. 각 이벤트에 따로 실물로 상을 주지는 않지만, 한 시즌의 F1 챔피언십이 종료된 뒤 가장 많은 패스티스트 랩을 기록한 드라이버에게 간단한 이벤트와 함께 실물 트로피를 선물한다. 패스티스트 랩이 동률이라면 두 번째로 빠른 랩 타임을 기록한 횟수를 활용해 순위를 가린다.

F1 2025시즌 DHL 패스티스트 랩 어워드는 랜도 노리스에게 주어졌다.

DHL 패스티스트 핏 스탑 어워드

DHL Fastest Pit Stop Award

한 시즌 동안 기록을 종합해 핏 스탑이 가장 빨랐던 팀에게 주는 상

DHL은 그랑프리마다 가장 빠른 핏 스탑 10개의 기록을 정리해 공개한다. 한 시즌의 F1 챔피언십이 종료된 뒤에는 가장 각 그랑프리의 패스티스트 핏 스탑 포인트를 합산해 가장 많은 포인트를 얻은 팀에게 DHL 패스티스트 핏 스탑 어워드의 실물 트로피를 주는 간단한 이벤트를 진행한다.

F1 2025시즌 DHL 패스티스트 핏 스탑 어워드는 페라리에게 주어졌다.

DNP

Did Not Participate

세션 또는 이벤트에 참가하지 않은 것

DNP는 팀 또는 드라이버가 그랑프리 이벤트나 공식 주행 세션에 참가하지 않았다는 결과를 가리키는 표현이다.

이벤트나 세션에 참가했지만, 세션 시작 후 어떤 이유로든 트랙에 나오지 못한 경우에는 DNP와 구분해 "DNS(Did Not Start)"로 표기한다.

DNQ

Did Not Qualify

레이스 참가 자격을 얻지 못하는 것

DNQ는 어떤 팀이나 드라이버가 레이스 참가 자격을 얻을 수 있는 퀄리파잉에 출전했지만, 지정된 조건을 충족하지 못해 레이스 참가 자격을 얻지 못한 경우를 가리킨다.

F1 챔피언십 그랑프리에 27대 이상의 레이스카가 참가할 경우 규정에 따라 26대만 레이스 출전이 허용되기 때문에, 퀄리파잉에서 26위 이내에 들지 못하면 DNQ로 레이스에 참가할 수 없다. 107% 룰을 만족하지 못하는 경우처럼 퀄리파잉 성적과 관련된 다른 기준에 따라 레이스 출전이 허용되지 않은 경우 역시 DNQ에 해당한다.

DNS

Did Not Start

공식적으로 랩을 시작하지 못한 것

DNS는 어떤 팀이나 드라이버가 그랑프리 이벤트나 특정 세션에 출전했지만, 기록을 측정하는 디텍션 루프 등 체크포인트를 한 번도 지나지 않아 공식적으로 랩을 시작하지 못했다고 기록된 경우를 가리킨다.

2005 미국 그랑프리에서 포메이션 랩을 정상적으로 시작했지만 스타팅 그리드에 서지 않은 14명이 모두 DNS로 기록된 것처럼, 레이스에서 스타트하지 못한 경우가 전형적인 DNS에 해당한다. 퀄리파잉에서 플라잉 랩을 시작하지 못한 경우 역시 DNS로 처리한다.

DRS

Drag Reduction System

리어 윙 플랩 각도를 조절해 드래그를 감소시키는 시스템

DRS는 많은 드래그를 발생시킬 수 있는 리어 윙 플랩 각도를 조절해 드래그를 줄이고 결과적으로 차가 더 빠르게 가속하고 더 높은 최고 속도를 낼 수 있도록 만드는 시스템이다. 메르세데스가 **"RFA(Rear Flap Adjust)"**라고 불렀던 것처럼, DRS를 다른 명칭으로 부르는 경우도 많았다.

추월 성공 가능성을 높이고 레이스의 질을 높이기 위해 2011시즌 도입된 DRS는, F1 레이스의 경우 미리 정해진 특정 지점(**DRS 디텍션 존 : DRS detection zone**)을 기준으로 앞선 차에 1초 이내로 따라붙었을 때 지정된 구간(**DRS 존 / DRS 액티베이션 존 : DRS activation zone**)에서 사용할 수 있었다. 프랙티스와 퀄리파잉의 경우 처음에는 자유롭게 사용할 수 있었지만, 2013시즌부터 프랙티스와 퀄리파잉에서도 지정된 구간에서만 DRS를 사용할 수 있도록 규정이 변경되었다. DRS는 **2026년 규정 변경을 통해 규정에서 제거**됐고, DRS의 외형적 역할은 액티브 에어로와 오버테이크 모드가 나눠 가졌다.

DRS가 활성화되었을 때 리어 윙 주변 공기 흐름의 변화

DRS 비활성화
DRS DEACTIVATED

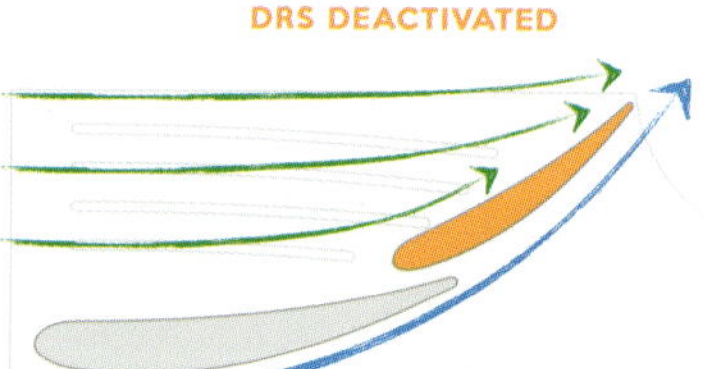

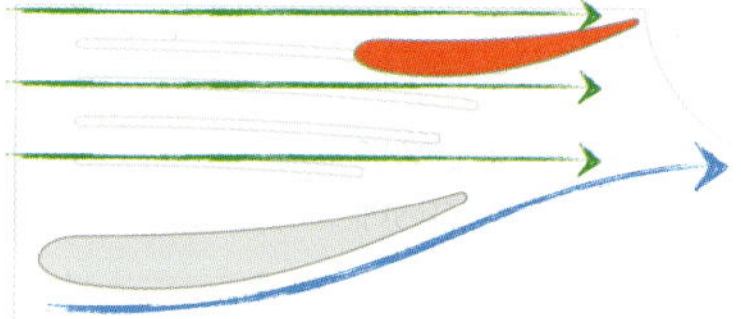

DSQ

Disqualified

실격

DSQ는 규정 위반 등의 이유로 실격 처리되어 공식 기록에서 제외된 경우를 가리킨다. 간단하게 **"DQ"**라고 표기하는 경우가 매우 많다.

레이스의 DSQ는 작성한 모든 기록이 무효가 되는 것을 의미하고, 퀄리파잉에서 DSQ로 처리됐다면 DNQ와 달리 규정에 따라 핏 레인 스타트 등의 방법으로 레이스 출전이 허용될 수도 있다.

ECU

Electronic Control Unit

차의 전자 시스템 및 하부 시스템을 통제하고 관리하는 전자 장치

ECU는 자동차의 다양한 전자/전기 시스템 모듈을 중앙에서 통제하고 관리하는 전자 장치를 가리킨다. F1 레이스카에서는 엔진을 포함한 파워 유닛(PU), 기어박스, 클러치, 디퍼런셜, 각종 유압 시스템 등이 ECU의 통제를 받는다.

F1은 2008시즌부터 표준 ECU를 채택해 모든 차에 같은 회사가 만든 ECU를 탑재하도록 했다. 2008시즌부터 권리를 획득한 **"맥라렌 어플라이드(McLaren Applied)"**는, 2022년 계약 연장으로 2030시즌까지 F1 표준 ECU(**SECU** : Standard Electronic Control Unit)를 독점 공급한다.

ERS

Energy Recovery System

파워트레인의 에너지 재생 시스템

2009시즌 KERS의 도입과 함께 F1에 처음 등장한 ERS는 브레이킹 과정이나 터보차저가 작동할 때 소모되는 에너지 중 일부를 활용해 전기 에너지[5]를 축적 / 저장하고, 추가적인 동력이 필요할 때 엔진이나 파워트레인에 힘을 보태거나 기능을 보조하는 시스템을 가리킨다.

2009시즌 도입됐던 KERS는 물론 2014시즌 기준 파워 유닛(PU) 모듈 중 MGU-K와 MGU-H, ES 등이 모두 ERS에 포함되며, **2026시즌 기준**으로는 **MGU-K**와 **CU-K, ES**가 ERS에 포함된다.

ERS 스테이터스 라이트

ERS status lights

ERS 상태 표시등

2014시즌 F1에 파워 유닛(PU) 개념이 도입될 때, 레이스카의 롤 후프 및 리어 라이트 주변에 ERS 스테이터스 라이트가 배치되었다. ERS 스테이터스 라이트는 ERS의 상태를 누구나 쉽게 알 수 있도록 해 멈춰선 레이스카 주변 사람에게 위험한 감전 사고를 방지하는 안전 시스템이다.

ERS 스테이터스 라이트는 전기적으로 안전하다면 초록색, 안전하지 않을 때는 빨간색으로 빛나고, 파워 유닛을 멈춘 뒤에도 15분 동안 계속 작동하도록 만들어졌다.

---

5 윌리엄스의 KERS 초기 모델에서 플라이휠에 운동에너지를 축적한 것처럼, 모든 ERS가 전기 에너지를 축적하는 것은 아니다.

ES

Energy Store

파워 유닛의 전기 에너지 저장을 담당하는 모듈

ES는 파워 유닛(PU)을 구성하는 모듈 중 하나로 배터리와 안전 시스템 등 전자 장치 일부, 배터리 수납 케이스를 포함하는 모듈을 가리킨다.

F1 레이스카의 ES는 2026시즌 기준 리튬 이온 배터리로 최소 무게가 35kg으로 규정되어 있다. 트랙에서 달릴 때 랩 당 최대 에너지 충전량은 9MJ을 넘길 수 없으며, 오버테이크 모드가 아니라면 최대 충전량이 8.5MJ로 줄어든다. 매 랩 SoC 델타는 최대 4MJ로 제한되며, 2026시즌 규정 변경 후 한 시즌 동안 페널티 없이 사용할 수 있는 ES의 개수는 최대 2개[6]로 정해졌다.

EXH

Exhaust Sets

배기구의 약자, 또는 파워 유닛의 일부에 편입된 배기 시스템 모듈

EXH는 단순하게 배기구(exhaust)의 약자로 사용되는 경우가 많았지만, 2021시즌부터 규정을 통해 파워 유닛(PU)의 여섯 부분 중 하나로 편입된 배기 시스템 모듈을 가리키는 용어로 사용되고 있다. 왼쪽 프라이머리(primary)와 오른쪽 프라이머리, 왼쪽 세컨더리(secondary)와 오른쪽 세컨더리까지 모두 네 부분으로 구분하는 부품의 한 세트를 EXH로 분류한다.

다른 파워 유닛 모듈들과 마찬가지로 한 시즌 동안 사용할 수 있는 EXH 개수는 규정에 따라 제한되는데, 최대 3세트를 페널티 없이 사용할 수 있으며 2026시즌 한정으로 한 세트를 더 쓸 수 있다.

F1 (영화)

F1 (film)

F1과 협업을 통해 만든 2025년작 영화

F1은 FIA F1 월드 챔피언십이 소재이자 제목, 주제인 2025년작 스포츠 드라마 영화로 조셉 코신스키가 감독했으며, 전 세계적인 흥행과 동시에 한국에서도 많은 관객을 불러 모았다.

F1의 적극적인 협조를 통해 실제 F1 그랑프리에서의 촬영이 이뤄졌으며, 2023, 2024시즌 동안 다수의 현역 드라이버와 관련자가 영화에 등장해 현실감을 높였다. 화려하게 전환되는 화면과 수려한 음악, 긴장감 넘치는 액션으로 찬사받았지만, 선을 넘은 일부 내용은 큰 비판을 받기도 했다.

---

[6] 2026시즌에만 특별히 1세트의 ES를 추가로 페널티 없이 사용할 수 있는 규정이 적용된다.

F1.5

F1.5

최상위권 팀보다 전력이 부족한 F1 중하위권 팀을 가리키는 냉소적인 표현

2010년대 중반 챔피언십 경쟁 구도가 3강 팀 메르세데스, 페라리, 레드불 중심으로 고정되고, 나머지 팀의 전반적인 전력이 크게 차이나는 것을 빗대어 일부에서 모든 중위권 팀을 F1.5라 부르기 시작했다. 중위권 F1 팀이 F2보다는 빠르지만, 최상위권 세 팀과 비교해 너무 느리다는 의미였다. 2023시즌에는 막강한 전력을 뽐낸 레드불을 가리켜 반대 의미로 F0라는 표현이 등장하기도 했다.

F1 TV

F1 TV

F1에서 직접 제작/배급하는 온라인 방송 서비스

기본적인 중계 영상을 국제 신호로 송출하는 것과 별도로, F1은 2018년부터 직접 온라인 중계방송 서비스를 시작하며 F1 TV라는 브랜드를 출범시켰다. F1 공식 홈페이지와 모바일 기기를 대상으로 한 라이브 타이밍 서비스가 F1 TV로 통합되었으며, 별도 제작한 각종 부가 영상과 F2, F3의 생중계를 포함한 관련 영상도 F1 TV로 서비스됐다.

상위 상품 **"F1 TV 프로(F1 TV Pro)"**에 가입하면 모든 영상을 시청할 수 있고, 하위 상품 **"F1 TV 억세스(F1 TV Access)"**에 가입하면 라이브 타이밍 실시간 서비스와 일부 과거 F1 영상 시청 등이 가능하다. 2025년 애플 TV가 북미 지역의 F1 스트리밍 권리를 독점 계약함에 따라, 2026시즌부터 북미 지역의 F1 TV Pro 방송과 서비스는 애플 TV에 흡수되었다.

F1 스프린트

F1 Sprint

일요일 레이스와 별개로 진행되는 주행 거리 100km 규모의 미니 레이스

F1 스프린트는 AFC 이벤트에서 토요일에 펼쳐지는 주행 거리 100km 규모의 미니 레이스다. F1 스프린트에는 드라이 타이어 의무 교체 규정이 적용되지 않으며, 우승자 8포인트를 시작으로 8위까지 포인트가 주어진다. 간단하게 **"스프린트(Sprint)"**라고도 부른다.

2023시즌부터 토요일 F1 스프린트에 앞서 펼쳐지는 "스프린트 슛아웃(Sprint shootout)"이 F1 스프린트의 스타팅 그리드를 결정하기 시작했고, 2024시즌부터 스프린트 슛아웃의 공식 명칭은 **"스프린트 퀄리파잉(Sprint qualifying)"**으로 변경되었다.

F1 키즈

F1 Kids

어린이들을 대상으로 한 F1 중계방송

F1 키즈는 2023년 F1과 Sky 그룹이 힘을 모아 만들기 시작한 어린이들을 대상으로 한 특별한 F1 중계방송이다. F1 키즈에는 때때로 각 드라이버를 형상화한 3D 애니메이션 느낌의 아바타가 등장하고, 어린이들이 직접 중계를 진행하며 기초적인 개념들에 대한 설명이 다수 제공된다.

2023 헝가리 그랑프리에서는 Sky 그룹이 주도적으로 첫 방송을 제작했지만, 2023 싱가포르 그랑프리에서 두 번째 방송부터 F1이 직접 제작을 담당하기 시작했다.

FF

Front-engine Front-wheel drive

엔진을 앞쪽에 배치하고, 앞바퀴에만 동력을 보내는 구동 방식

FF는 엔진과 파워트레인 주요 부품을 차량 앞쪽에 몰아서 배치하고, 가까운 앞바퀴에만 동력을 보내는 구동 방식을 가리킨다. "앞바퀴 굴림" 자동차 대부분이 FF 구동 방식을 채택하고 있기 때문에 **"FWD(Front-Wheel Drive)"**라고 부르기도 한다.

FF 방식은 구조가 간단하며 사람이 타거나 짐을 싣지 않는 차 앞쪽에 파워트레인과 드라이브트레인을 모두 배치해 공간 활용 효율이 높다는 장점이 있다. 그러나, 무거운 주요 부품이 모두 앞쪽에 몰려 조종성이 나빠질 수 있고, 작은 엔진이 강요되기 때문에 소형 승용차에 많이 사용된다.

> **FF 구동 방식의 레이아웃**

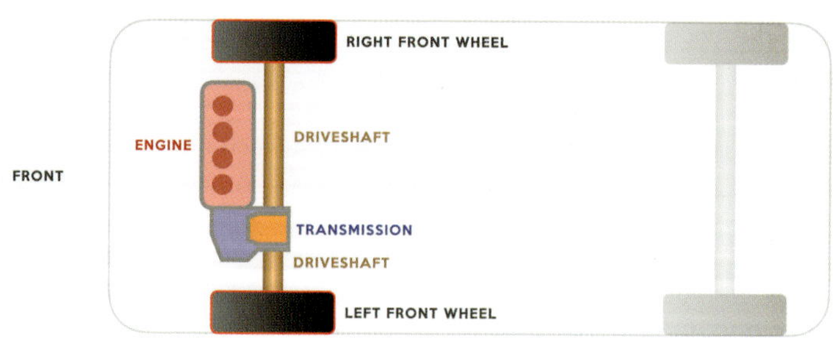

FIA 시상식

FIA Prize Giving Ceremony

FIA가 주관하는 연례 시상 이벤트

FIA 시상식은 F1 등 FIA가 주관하는 모든 챔피언십의 시상을 포함해 1년간 여러 분야에서 의미 있는 성취를 이룬 인물이나 단체에게 상을 주는 이벤트를 가리키며, **"FIA 프라이즈 기빙 갈라(FIA Prize Giving Gala)"** 또는 간단하게 **"FIA 갈라(FIA Gala)"**라고 부르기도 한다.

여러 챔피언십을 아우르는 종합 시상에는 올해의 인물, 올해의 액션, 올해의 신인 등 다양한 시상이 이뤄지며, FIA 주관 챔피언십 중 가장 중요하게 여겨지는 것이 F1 챔피언십인 만큼 현역 F1 드라이버의 이름도 자주 등장한다. 한 시즌의 F1 월드 챔피언십에서 컨스트럭터 챔피언 타이틀을 차지한 팀과 드라이버 챔피언 타이틀을 획득한 드라이버에 대한 실물 트로피 시상이 이뤄지는 것 역시 FIA 시상식이다.

2014년부터 FIA 시상식에서 **"FIA 루키 오브 더 이어(FIA Rookie of the Year)"**를 선정해 발표하는 프로그램이 추가되었는데, 2025년까지 10명의 수상자 중 7명이 F1에 진출했다. 다닐 크비앗, 막스 베르스타펜, 샤를 르끌레, 알렉산더 알본, 오스카 피아스트리, 가브리엘 보톨레토가 모두 루키 오브 더 이어 수상자였으며, 2025년에는 FIA F3 챔피언의 자리에 오른 라파엘 카마라가 FIA 루키 오브 더 이어로 선정됐다.

FIA 회장 메달

FIA President's Medal

F1 그랑프리 우승자에게 주어지는 메달

FIA 회장 메달은 F1 그랑프리의 레이스를 마치고 포디엄 세레머니를 진행할 때, 해당 레이스에서 우승을 차지한 드라이버에게 주어지는 메달의 공식 명칭이다. F1 그랑프리의 우승 트로피를 드라이버 개인이 소장하지 못하는 경우가 대부분이기 때문에, 우승자가 명예롭게 간직할 수 있는 아이템을 주어야 한다는 아이디어에 따라 2022 아부다비 그랑프리부터 신설됐다. F1 최초의 FIA 회장 메달 수상자는 막스 베르스타펜이었다.

포디엄 세레머니에서 트로피가 수여된 뒤, FIA 회장 또는 FIA 회장이 지정한 대리인이 우승 드라이버의 목에 직접 메달을 걸어준다. 이후 F1 챔피언십 그랑프리 외에, FIA가 주관하는 다른 챔피언십의 이벤트에도 같은 이름의 메달을 주는 전통이 생겼다.

FR

Front-engine Rear-wheel drive

엔진을 앞쪽에 배치하고, 뒷바퀴로 동력을 보내 움직이는 구동 방식

FR은 차량 앞쪽에 엔진을 배치하지만 동력을 뒷바퀴로 전달하고 앞바퀴는 조향에만 전념하도록 하는 구동 방식을 가리킨다. 무게 배분을 고려해 엔진을 앞바퀴 바로 뒤에 배치하는 경우 **"FMR(Front Mid-engine Rear-Wheel Drive)"**이라는 표현을 사용하기도 한다.

FR 방식은 FF보다 나은 무게 배분 덕분에 조종성이 좋고, 차량 앞쪽 엔진 룸 공간에 여유가 있어 더 크고 강력한 엔진을 배치할 수 있다는 장점이 있다. 그러나, 프로펠러 샤프트가 차를 가로지르며 탑승 공간을 제약하고 무게가 늘어날 수 있다는 단점도 있다.

FR 구동 방식의 레이아웃

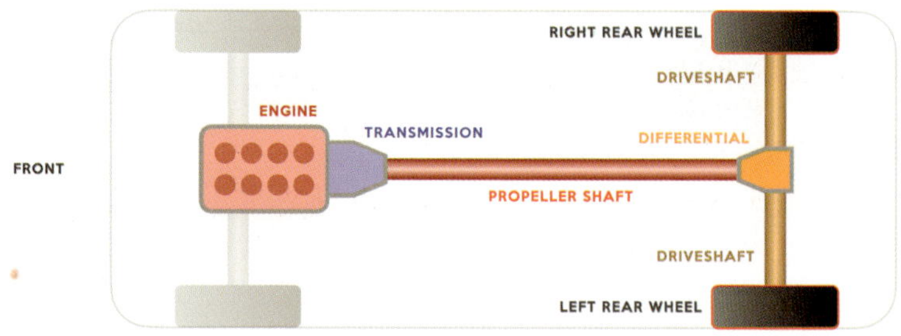

FRIC

Front and Rear Inter-Connected suspension

프론트와 리어 서스펜션을 연결하는 시스템

2011시즌 메르세데스가 처음 시도[7]한 FRIC는, 레이스카 앞뒤 서스펜션을 유압 시스템으로 연결해 피치를 감소시키고 결과적으로 레이스카의 공기역학적 효과를 최대화하는 시스템이다. 2014 영국 그랑프리에서 FIA가 규정 위반 및 처벌 가능성을 경고하면서 FRIC라는 존재가 널리 알려졌고, 2015시즌 규정 변경에 따라 구조적으로 FRIC 구성이 불가능해졌다.

---

[7] 1993년 미나르디의 가브리엘레 트레도치와 알도 코스타가 비슷한 아이디어를 내기도 했지만, FRIC와는 다소 차이가 있었다.

F-덕트

F-duct

레이스카를 관통하는 공기의 흐름을 이용해 리어 윙의 드래그를 줄이는 시스템

F-덕트는 손등이나 다리로 구멍을 막아 리어 윙으로 향하는 공기 흐름을 제어하고, 가속 구간에서 드래그를 줄여 더 빠른 속도를 낼 수 있도록 한 시스템이다. 2010시즌 맥라렌 MP4-25에 f-덕트가 처음 도입되었을 때 팀 내부 명칭은 **"RW80"**이었다. 2011시즌 규정 변경으로 f-덕트를 구성이 불가능해진 대신, 2011시즌 f-덕트와 비슷한 효과를 기대할 수 있는 DRS가 도입됐다.

기본적인 f-덕트의 구조와 비활성 / 활성 상태에서 공기 흐름의 비교

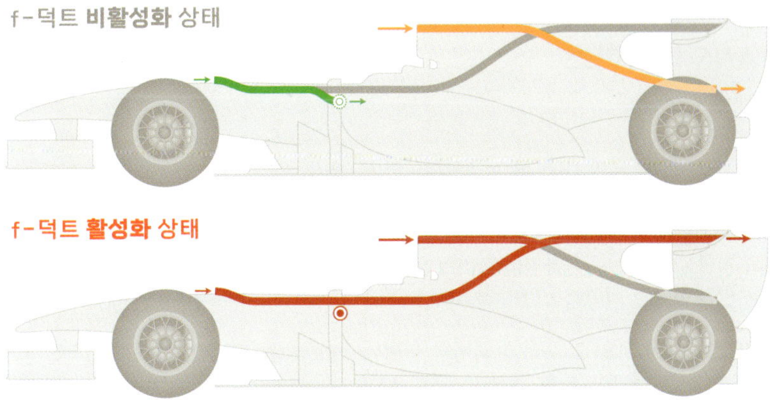

GPS

Global Positioning System

위성 항법 시스템

GPS는 인공위성을 소유한 국가가 나름의 방법으로 구축한 위성 항법 시스템을 가리킨다. 미국 정부가 소유하고 미 공군이 운용하는 "나바스타 GPS(Navstar GPS)"가 통상적 GPS로 사용되며, GPS 수신기만 있다면 누구나 무료로 인공위성에서 제공하는 위치와 시간 정보를 이용할 수 있다.

지상기지의 도움을 받을 경우 cm 단위 오차로 정확하게 위치를 파악할 수 있고, F1에서도 레이스카에 GPS를 의무 장착시켜 각 차량의 위치를 실시간 모니터하면서 라이브 타이밍 정보로 제공하도록 규정하고 있다. F1 팀은 GPS 정보를 활용해 자기 팀은 물론 다른 팀 차의 위치까지 함께 파악해 전략적으로 활용하거나 위험한 상황을 피하도록 할 수 있다.

G-포스

Gravitational force equivalent

가속과 중력 등의 영향을 받아 실제 느껴지는 무게

G-포스는 한 객체에 가속/중력 등 역학적 힘이 작용하는 단위 질량 당 가속도를 가리키며, 한 물체가 실제로 "느끼는" 무게의 벡터값이다. **"무게 = 질량 × –G-포스"**의 식으로 설명할 수 있다.

만약 헬멧을 포함한 드라이버 머리의 질량이 8kg일 때 반대 방향으로 –5g의 G-포스가 가해진다면, 목이 버텨야 하는 머리의 무게는 40kg까지 늘어나는 셈이다. 강한 브레이킹이나 고속 코너 공략 과정에서 두드러지는 G-포스는 드라이버의 몸은 물론, 레이스카와 타이어에도 큰 부담을 준다.

HANS 디바이스

HANS device

사고 상황에서 목과 머리를 보호하는 안전 장비

HANS 디바이스는 사고 상황에서 머리가 앞으로 쏠리며 목이 순간적으로 늘어나거나 꺾이면서 골절과 치명상을 입는 위험을 최소화하기 위해 헬멧이 너무 빠르게 움직이지 않도록 움직임을 제한하는 안전 장비다. HANS는 "**H**ead **A**nd **N**eck **S**upport(머리와 목의 지지 구조)"의 약자다.

1980년대 미국 미시건 주립대 로버트 허버드 교수가 고안한 HANS 디바이스는 1996년부터 1998년까지 집중 테스트를 거친 뒤, 2003년부터 모든 F1 드라이버가 의무 착용하기 시작했다. 현재는 전 세계 대다수의 모터스포츠에서 HANS 디바이스 또는 하이브리드 디바이스의 착용을 의무화하고 있다.

사고 상황에서 목의 변화(왼쪽)와 HANS 디바이스의 구성(오른쪽)

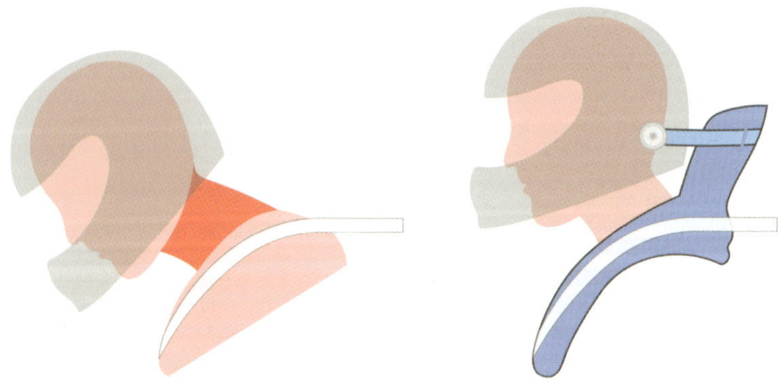

ICE

Internal Combustion Engine

내연기관

ICE, 즉 내연기관은 증기 기관 등 "외연기관"과 달리 엔진의 동력을 생성하는 연소 작용이 연소실 안쪽에서 일어나는 열기관이다. 19세기 중반 개발된 내연기관은 20세기 이후 다양한 열기관 중 가장 널리 사용되는 엔진 형식으로 자리 잡았다.

F1에서는 2014시즌 도입된 파워 유닛(PU) 개념에서 여섯 개 모듈 중 하나인 내연기관을 공식적으로 ICE라는 약자로 나타내도록 정했다. 하이브리드 엔진 개념이 도입되기 전보다 비중이 줄긴 했지만, ICE는 여전히 파워트레인에서 가장 중요한 동력원의 역할을 수행하고 있다.

2026시즌을 앞둔 파워 유닛 관련 대규모 규정 변경 후에도 ICE는 PU를 구성하는 가장 중요한 파츠로 여겨지고 있다. 2026시즌 개정된 F1 규정 중 **섹션 B - 스포팅 규정**에서 정한 페널티 없이 사용할 수 있는 ICE의 최대 개수는 한 시즌에 3개[8]다.

ISC

International Sporting Code

FIA의 최상위 기본 규정집

ISC는 FIA가 주관하는 모든 모터스포츠에 적용되는 기본 정의와 규칙을 모은 총 20개 항[9]의 규정집이다. 프랑스어로는 **"Code Sportif International"**로 표기하며 이때 약자는 **CSI**다.

ISC는 법체계로 비유하면 헌법에 해당하는 규정집으로, 기본적이거나 근본적 내용만을 다루기 때문에, 각 모터스포츠 챔피언십과 이벤트에는 ISC의 대원칙 아래 구체적인 내용을 자세히 정의한 나름의 규정을 만들어 운용한다. FIA F1 챔피언십 역시 ISC를 대원칙으로 따르면서 이와 별도로 F1만의 여섯 섹션으로 나뉜 규정을 만들어 운용하고 있다.

ISC에서 구체적으로 정하지 않는 세부 내용을 규정하기 위해 A부터 Z까지 다양한 부록이 첨부되어 있다. 예를 들어 안티-도핑 규정은 부록 A, 슈퍼 라이센스를 포함한 드라이버 라이센스 및 드라이버 장비 등의 규정은 부록 L, 써킷에 대한 다양한 기준을 제시하는 규정은 부록 O에 담겨있다.

---

[8] 2026시즌에만 특별히 1세트의 ICE를 추가로 페널티 없이 사용할 수 있는 규칙이 적용된다.

[9] 2025년 12월 공개된 2026시즌 ISC 기준

KERS

Kinetic Energy Recovery System

운동 에너지 복원 시스템

2009시즌 F1에 도입된 KERS는 브레이킹 과정에서 손실[10]되는 에너지 일부를 전기 에너지나 운동 에너지로 전환/저장한 뒤, 원할 때 버튼을 눌러 추가 동력을 얻을 수 있도록 한 에너지 복원 시스템이다. KERS는 F1이 채택한 최초의 하이브리드 시스템이었다.

초창기 KERS는 너무 무겁고 추가 동력의 이점도 충분치 않은 데다가 다양한 문제에 시달리며 골치아픈 이슈가 이어졌고, 2010시즌에는 모든 팀이 KERS 사용을 포기하기도 했다. 이후 가볍고 강력한 구조로 다시 등장한 KERS는 2011시즌부터 2013시즌까지 F1 레이스카의 주요 동력원으로 활약했다. 이후 파워 유닛의 MGU-K가 KERS를 계승했다고 여겨지기도 한다.

LTCS

Lap Time Classified Session

랩 타임을 기준으로 순위를 정하는 세션

2026시즌 규정 변경에 따라 모든 F1 그랑프리의 세션은 LTCS 또는 TTCS로 구분한다. 이중 LTCS는 단일 랩 타임을 기준으로 순위를 정하는 세션을 가리킨다. F1 2026시즌을 기준으로 모든 **프랙티스 세션**과 **퀄리파잉, 스프린트 퀄리파잉**이 LTCS에 해당한다.

MGU-H

Motor Generator Unit - Heat

파워 유닛에서 터보차저와 연결돼 작동하는 에너지 재생 장치

MGU-H는 터보차저의 터빈이 회전할 때 컴프레서를 돌리는 것과 별도로 전기 에너지를 만들어 저장한 뒤, 필요할 때 전기 에너지를 사용해 터보차저에 힘을 더하는 시스템이다. 2025시즌까지 F1 규정에 따른 MGU-H의 최대 회전수는 125,000rpm이었으며, 파워 유닛(PU)을 구성하는 여섯 개 모듈 중 하나였다.

2026시즌 파워 유닛의 대규모 규정 변경과 함께 **MGU-H는 F1 파워 유닛에서 제거**되었다.

---

[10] 실제로는 에너지 보존 법칙에 의해 손실된다기보다, 열 에너지 등 다른 형태의 에너지로 변환된다고 볼 수 있다.

MGU-K

Motor Generator Unit - Kinetic

파워 유닛에서 드라이브트레인과 연결돼 작동하는 에너지 재생 장치

MGU-K는 파워 유닛(PU)을 구성하는 모듈 중 하나로, F1 파워 유닛에서 핵심적인 에너지 재생 장치다. 브레이킹 과정에서 드라이브트레인의 회전력으로 전기 에너지를 만들어 저장한 뒤, 필요할 때 전기 에너지를 끌어와 드라이브트레인에 힘을 더하는 방식으로 활용한다.

2026시즌 기준 MGU-K는 내부 최대 회전수 편차 60,000rpm, 최대 출력 350kW, 랩 당 최대 에너지 복원 8.5MJ / 9MJ(오버테이크 모드), 랩 당 SoC 델타 4MJ, MGU-K와 CU-K[11] 간 에너지 저장량 1,000J로 정해져 있다. 한 시즌 동안 규정에 허용된 MGU-K 사용 개수는 2개[12]다.

MR

Mid-engine Rear-wheel drive

엔진을 뒷바퀴 축 앞에 배치하고, 뒷바퀴로 동력을 보내 움직이는 구동 방식

MR은 엔진을 앞바퀴 축과 뒷바퀴 축 사이에 배치하고, 동력을 뒷바퀴로 전달해 차를 움직이며 앞바퀴는 조향에만 전념하도록 하는 구동 방식이다. 1960년대 이후 대부분 F1 레이스카는 물론 많은 다른 종목의 레이스카와 고성능 스포츠카가 MR 방식을 채택하고 있으며, FMR과 구분하기 위해 **"RMR(Rear Mid-engine Rear-wheel-drive)"**이라는 표현을 사용하기도 한다.

MR 방식은 이상적 무게 배분에 가깝게 레이아웃을 구성할 수 있어 조종성이 매우 좋지만, 승용차의 경우 뒷좌석 배치 공간이 부족하고, 언더스티어 성향이 너무 강해질 수 있다는 단점도 있다.

MR 구동 방식의 레이아웃

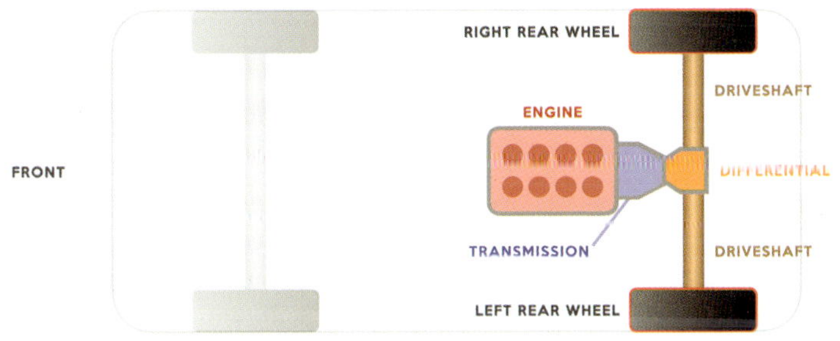

---

11 MGU-K Control Unit ; MGU-K의 컨트롤 유닛(Control Unit)

12 2026시즌에만 특별히 1세트의 MGU-K를 추가로 페널티 없이 사용할 수 있는 규정이 적용된다.

NC

Not Classified

순위에 들지 못함

NC는 레이스 또는 공식 세션의 최종 기록에서 순위를 획득하지 못한 경우를 가리킨다.

F1 그랑프리의 레이스에서는 우승자가 완료한 전체 주행 랩의 90% 이상에 해당하는 랩을 완료하지 못했을 경우, 완주 여부와 관계없이 NC로 기록된다.

P0

P0

레이스카의 모든 기능이 멈춘 상태

F1 레이스카에는 콕핏 내부에 P0↔P1, P1↔P2로 상태를 변경하는 스위치가 배치되어 있으며, P2, P1, P0는 각각 아래 설명과 같은 상태를 가리킨다.[13]

P2 : 파워 유닛(PU)이 작동하고 있거나, 완전한 상태로 작동 대기 중인 상태

P1 : 전기 계통이 작동 중이고 팀 라디오 등을 사용할 수 있지만, 파워 유닛은 멈춘 상태

P0 : 레이스카의 모든 기능이 멈춰 대시보드와 스티어링 휠도 작동하지 않는 상태

P140 타이어

P140 tyre

P1 초반 40분 동안 사용할 수 있는 타이어

P140 타이어는 F1 그랑프리의 공식 주행 세션 중 가장 먼저 진행되는 프랙티스 1(P1)에서 초반 40분 동안만 사용한 뒤 반납 처리해야 하는 타이어를 가리킨다.

2015시즌까지는 P1 초반 30분 동안 사용할 수 있는 "프라임 타이어"를 가리켜 "P130 타이어”라 부르는 개념이 있었고, 2016시즌부터 적용된 "P140 타이어 규정"은 각 팀이 임의로 선택한 타이어를 P140 타이어로 사용 후 반납하도록 규정했다. 2021시즌부터 P1과 P2의 시간이 90분에서 60분으로 단축되면서 P140 타이어 개념도 규정에서 제외되었다.

---

[13] P를 **"포지션(Position)"**의 약자로 사용해 팀 라디오 등에서 P 뒤에 순위를 바로 붙여 부르는 방식도 널리 사용되는데, 이 경우 P1은 1위 또는 폴 포지션, P2는 2위, P20은 20위를 가리키지만 P0는 존재하지 않는다.

PU-CE

Power Unit-Control Electronics

파워 유닛의 전자 제어 담당 파츠

2025시즌까지 CE라고 불렸던 PU-CE는 파워 유닛(PU)을 구성하는 모듈 중 하나로 엔진(ICE)과 터보차저(TC), ERS 등 파워 유닛 각 파츠의 기능을 전자적으로 제어하는 모듈을 가리킨다.

CE는 파워 유닛 개념 도입 초기 가장 많은 문제가 발생해 페널티를 양산하는 파츠로 악명 높았지만, 점차 안정화되면서 상대적으로 오랫동안 사용할 수 있는 파츠로 인식이 개선되었다. 2026시즌 규정 변경 이후 한 시즌 동안 페널티 없이 사용할 수 있는 CE는 단 두 세트[14]뿐이다.

Q3 타이어

Q3 tyre

SFC에서 Q3이전에 사용할 수 없도록 지정된 타이어 세트

Q3 타이어는 SFC에 해당하는 그랑프리 주말 Q3 이전, 즉 Q2까지는 사용할 수 없도록 지정된 타이어 세트를 가리킨다. 피렐리 타이어는 사전에 Q3 타이어를 지정해 공유하는데, 대부분 해당 그랑프리의 소프트 타이어가 Q3 타이어 컴파운드로 지정된다.

Q3에 진출한 드라이버는 Q3 종료 후 Q3 타이어를 반납 처리해야 하며, Q3에 진출하지 못한 드라이버는 레이스에 Q3 타이어를 사용할 수 있다.

RCFD 시뮬레이션

Restricted CFD simulations

F1 팀의 CFD 시뮬레이션 양에 대한 제한 규정

RCFD는 ATR의 핵심 내용 중 하나로 규정에 따라 정의된 각 팀의 CFD 시뮬레이션 제한 사항이다. 간단하게 RCFD라고 부르기도 한다. 2021시즌 F1에 버짓 캡이 적용되던 시기 RWTT와 함께 RCFD 시뮬레이션이 도입됐다. RCFD 시뮬레이션은 ATR에서 정한 공식에 따라 테스트양이 제한되며, 시간이 아닌 컴퓨터의 연산량을 기준으로 정해진다는 특징이 있다.

2026시즌 기준 RCFD 시뮬레이션의 세부 사항은 F1 규정 중 **섹션 F - 운영 규정**에서 다루고 있다. RWTT와 마찬가지로 챔피언십 순위에 따라 최대 테스트 양이 차등 적용된다

[14] 2026시즌에만 특별히 1세트의 PU-CE를 추가로 페널티 없이 사용할 수 있는 규정이 적용된다.

RPM

Revolution Per Minute

분당 회전수

RPM은 회전체가 1분에 몇 바퀴 회전했는지를 나타내는 "분당 회전수"의 영문 표기 "**R**evolution **P**er **M**inute"의 약자다. 1분에 1회전은 1rpm, 1초에 1회전은 60rpm이 된다.

F1에서는 엔진의 크랭크샤프트는 물론 터보차저, MGU-K 등 파워 유닛 모듈을 포함한 모든 회전하는 대상의 회전수를 나타낼 때 항상 RPM을 기준으로 표기한다.

RR

Rear-engine Rear-wheel drive

엔진을 뒷바퀴 축보다 뒤에 배치하고, 뒷바퀴로 동력을 보내 움직이는 구동 방식

RR은 엔진을 뒷바퀴 축보다 뒤에 배치하고, 동력을 뒷바퀴로 전달해 차를 움직이며 앞바퀴는 조향에만 전념하는 구동 방식을 가리킨다. FF와 마찬가지로 엔진이 동력축 가까이 배치되어 상대적으로 작고 간단한 구조의 파워트레인 구성이 가능하다는 분명한 장점이 있지만, 일부 브랜드에서 적극 사용하는 것을 제외하면 보편적으로 많이 사용되는 레이아웃은 아니다.

RR 방식은 파워트레인의 무거운 부품들이 차량 뒤쪽에 몰려 이상적인 무게 배분과 거리가 멀고, 독특한 조종 특성이 일반인에게 부담이 될 수 있다. 그러나, 가속 과정에서 뒷바퀴의 트랙션 확보가 쉽고 브레이킹 과정에서 앞뒤 바퀴에 비교적 고른 부담을 주는 장점으로 MR보다 더 강한 브레이킹, 더 빠른 가속, 더 분명한 오버스티어 성향으로 애호가들에게 각별한 사랑을 받기도 한다.

RR 구동 방식의 레이아웃

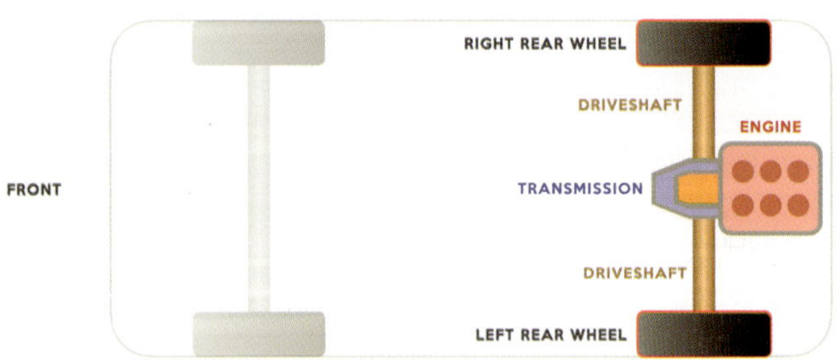

RWTT

Restricted Wind Tunnel Testing

F1 팀의 윈드 터널 사용량에 대한 제한 규정

RWTT는 ATR의 핵심 내용 중 하나로 규정에 따라 정의된 각 팀의 윈드 터널 사용량에 대한 제한 사항이다. 2021시즌 F1에 버짓 캡이 적용되던 시기 RCFD 시뮬레이션과 함께 RWTT가 도입됐다. RWTT는 ATR에서 정한 공식에 따라 테스트양이 제한되며, 테스트 모델의 크기, 바람의 속도 등 제약 사항과 함께 구체적인 사용 시간을 제한한다.

2026시즌 기준 RWTT의 세부 사항은 F1 규정 중 **섹션 F - 운영 규정**에서 다루고 있다. RCFD 시뮬레이션과 마찬가지로 챔피언십 순위에 따라 최대 테스트 양이 차등 적용된다.

SFC

Standard Format Competition

표준적인 일반 일정과 구성으로 운영되는 그랑프리 주말

SFC는 F1의 일반적인 주말의 형식에 따른 일정으로 진행되는 그랑프리 주말을 가리킨다. 2026시즌을 기준으로 하면 **스프린트가 편성되지 않은 주말**이 SFC에 해당하고, 금요일 두 차례, 토요일 한 차례 등 세 차례의 프랙티스와 토요일 퀄리파잉, 일요일 레이스로 구성된다. 2026시즌 기준으로 SFC 외 모든 주말은 스프린트가 편성된 "AFC(Alternative Format Competition)"에 해당한다.

F1 규정의 일부 항목은 SFC와 AFC에 서로 다른 기준을 제시하기도 한다.

SoC

State-of-charge

사용할 수 있는 에너지 충전량의 지표

SoC는 F1 레이스카의 파워 유닛 시스템에서 계속 변하는 에너지 충전량의 상태를 가리키는 지표이며, 반복해서 늘어나거나 줄어드는 SoC가 한 랩 동안 변화할 수 있는 폭은 **"SoC 델타(state-of charge delta)"**라고 부른다. SoC 델타는 충전과 사용이 반복됨에 따라 수시로 변하며, 배터리의 전체 용량이나 최대 충전량과는 개념이 다르기 때문에 혼동하지 않아야 한다.

2026시즌 기준 F1 규정 **섹션 C - 기술 규정**에서 정한 **한 랩 동안의 SoC 델타는 4MJ**이며, 시즌 개막 전까지 보통 3~3.5MJ 정도의 폭으로 SoC가 변화할 것으로 예상하는 사람이 많았다. SoC 델타의 중요도가 높아짐에 따라 2026시즌부터 F1 중계 화면에도 SoC 정보가 표시될 예정이다

TCC

Testing of Current Cars

현재 사양의 F1 레이스카를 사용하는 그랑프리 공식 세션을 제외한 트랙 주행

2026시즌 기준 F1 규정에서 **"CC(Current Car)"**는 2026시즌 기술 규정에 따라 만들어진 현 사양의 F1 레이스카[15]를 뜻하며, FIA의 사전 허가 없이 제3자에게 판매하거나 사용하게 할 수 없다.

TCC는 F1 그랑프리 공식 세션을 제외한 CC의 모든 트랙 주행을 가리키며, 공동 테스팅을 포함해 규정에 따라 엄격하게 제한된 특정 조건 아래에서만 수행할 수 있다.

TPC

Testing of Previous Cars

이전 규정에 따라 만들어진 F1 레이스카를 사용하는 트랙 주행

2026시즌 기준 F1 규정에서 **"PC(Previous Car)"**는 이전 규정(2022시즌부터 2025시즌까지의 규정)에 따라 만들어진 F1 레이스카를 뜻하며, FIA의 사전 허가 없이 제3자에게 판매하거나 사용하게 할 수 없다. PC 이전의 F1 레이스카는 **"HC(Historic Car)"**로 정의한다.

TPC는 F1 그랑프리 공식 세션을 제외한 PC의 모든 트랙 주행을 가리키며, 공동 테스팅을 포함해 규정에 명시된 조건 아래에서만 수행할 수 있다.

TTCS

Total Time Classified Session

여러 랩을 달린 시간을 합산해 순위를 정하는 세션

2026시즌 규정 변경에 따라 모든 F1 그랑프리의 세션은 TTCS 또는 LTCS로 구분한다. 이중 TTCS는 1랩을 초과하는 수의 랩을 주행한 시간 전체를 합산해 순위를 정하는 세션을 가리킨다. F1 2026시즌을 기준으로 모든 **레이스**와 **스프린트**가 TTCS에 해당한다.

---

[15] 2025시즌 이전에는 한 시즌 이전의 차도 CC로 보았으나, 2026시즌 대규모 규정 변경이 있었기 때문에 2026 기술 규정 기준의 레이스카만 CC로 여긴다.

T-본 충돌

T-bone collision

한 자동차가 정면으로 다른 차의 옆면을 들이받는 충돌

T-본 충돌 또는 T-본 크래시(T-bone crash)는 한 자동차가 정면으로 다른 차의 옆면을 들이받아 위에서 봤을 때 알파벳 **"T"자 형태로 충돌**이 일어나는 상황을 가리킨다. T-본 충돌은 다른 차를 뒤에서 들이받는 추돌이나 정면충돌보다 탑승자에게 전해지는 충격과 피해가 큰 위험한 사고 형태로 볼 수 있다.

F1 레이스카 역시 콕핏 옆면에 충격이 가해지는 T-본 충돌이 드라이버에게 치명적 부상을 안길 위험이 있기 때문에, 매년 지속적인 연구 개발을 통해 사이드 임팩트 스트럭쳐의 구조와 강도를 보강하고 있다. 또한, 콕핏의 안전을 확보하도록 서바이벌 셀과 콕핏 주변 바디워크의 규격에 대한 규정이 보강되는 등 다양한 방법으로 T-본 충돌에 대응하는 안전 시스템 강화를 위해 노력하고 있다.

T-본 충돌

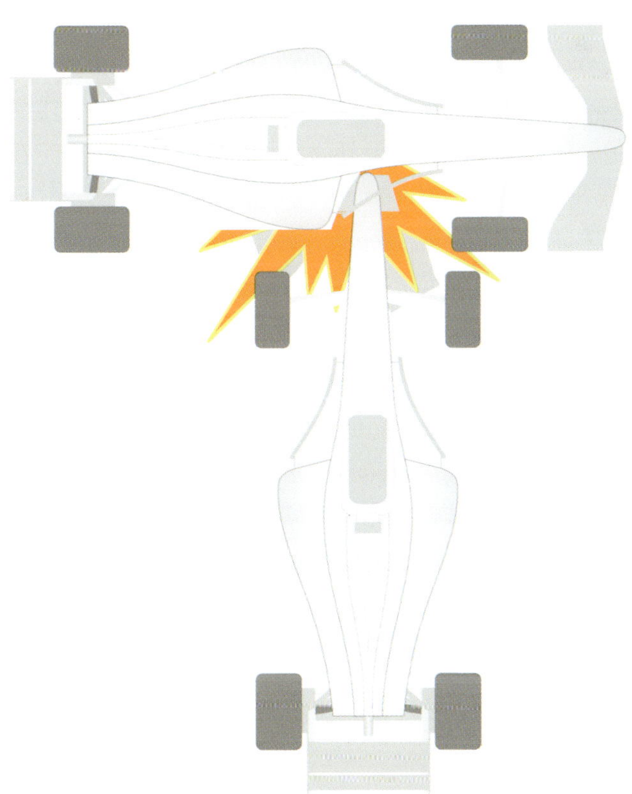

T-윙

T-wing

엔진 커버에 배치된 "T"자 형태의 작은 윙

T-윙은 2017시즌 대대적인 규정 변화에 따라 F1 레이스카 뒤쪽에 허용된 바디워크 배치 공간을 활용하는 아이디어로 등장했다. T-윙은 엔진 커버 위쪽 샤크 핀 맨 뒤에 가늘고 긴 "T"자 형태의 작은 윙을 배치해 더 많은 다운포스를 만들어 내도록 고안된 바디워크다.

일부 팀에서는 2중, 3중 구조의 T-윙을 만들어 조금이라도 더 강한 다운포스를 만들기 위해 노력했지만, FIA는 안전 문제를 고려해 T-윙이 배치될 수 있는 공간을 제한하도록 규정을 변경했다. 샤크핀이 사라진 뒤에도 일부 F1 팀에서는 엔진 커버 맨 뒤, 플로어와 리어 윙 사이 공간에 T-윙과 비슷한 바디워크를 배치하는 등 빈틈을 노리는 개발 경쟁이 이어졌다.

2017시즌의 T-윙과 샤크 핀 금지 이후 T-윙의 배치 위치

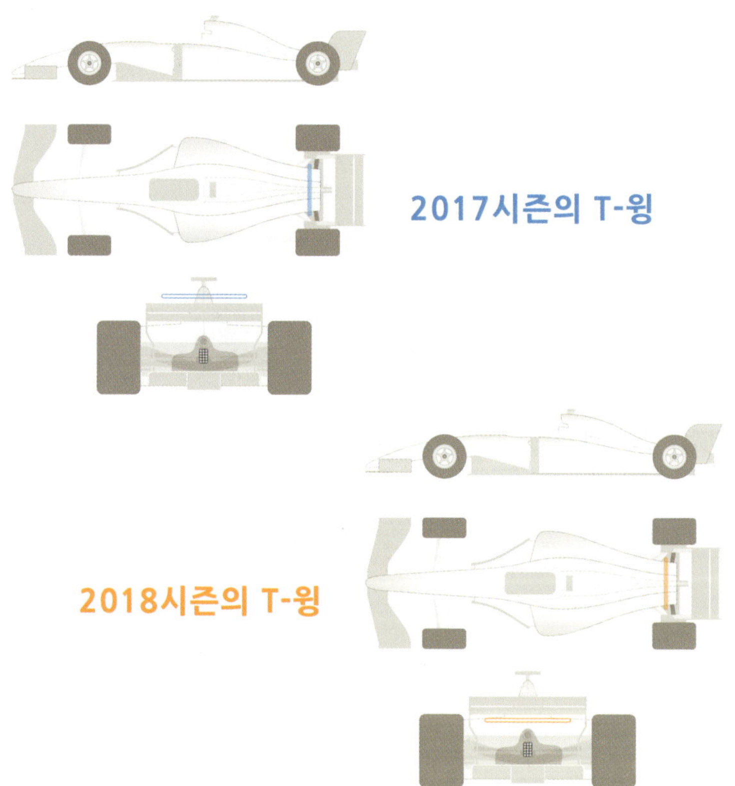

T-카

T-car

세 번째 레이스카

콩코드 협정에 따라 F1 챔피언십에 한 팀당 두 대의 레이스카만 출전할 수 있도록 제한된 뒤, **"써드 카(Third Car)"**를 의미하는 T-카의 개념이 등장했다. 레이스 전 갑자기 차에 문제가 생기거나 스타트 직후 대형 사고로 리스타트에 투입하는 것과 같은 만약의 상황을 대비해 F1 팀이 추가로 준비했던 세 번째 레이스카를 가리켜 T-카라는 표현을 사용했다.

T-카는 대형 팀에겐 필수였지만, 운영 자금이 부족한 소형 팀의 경우 활용하기 어려워 F1의 불공정 경쟁을 상징하는 개념 중 하나였다. 그러나, 2008시즌 규정 변경으로 T-카는 F1에서 금지되었고, 이후 모든 팀은 그랑프리 기간 두 대의 섀시만 조립한 상태를 유지해야 한다.

VSC

Virtual Safety Car

트랙 주변에 위험이 존재할 때 레이스카의 서행을 유도하는 시스템

2014 일본 그랑프리에서 쥘스 비앙키의 치명적 사고를 계기로 도입된 VSC는 트랙 주변에 분명한 위험이 존재할 때 발령되는 안전 시스템이자 트랙 상황의 개념이다. 트랙의 일부 또는 전부에 더블 옐로우 플랙을 선언할 때보다 많은 주의가 필요하지만, 세이프티카 투입이 필요할 정도로 심각하지는 않을 때 VSC 상황이 선언된다.

VSC 상황이 선언되면 레이스 컨트롤 메시지를 통해 버추얼 세이프티카 상황이 시작됐음을 알리는 **"VSC DEPLOYED"** 메시지가 전달되고, 동시에 공식 메시징 시스템과 FIA 라이트 패널에 "VSC" 라는 글자가 표시된다. VSC 상황에서 각 드라이버는 마치 고속도로의 구간단속처럼 세부 구간(미니 섹터 : mini sector) 단위로 앞선 주행에 기록한 속도 기준 40% 이상 속도를 줄여야 하고[16], 세이프티카 상황과 마찬가지로 특별한 경우를 제외하면 추월은 금지된다.

16 마냥 느리게 달려서는 안되며, FIA가 사전에 지정한 최저 속도보다 빠르게 트랙을 달려야 한다.

V 엔진

V engine

실린더가 "V"자 형태로 배치된 엔진

V 엔진은 실린더와 피스톤이 "V"자 형태를 이루도록 배치되는 엔진 또는 레이아웃을 가리킨다. V 엔진은 실린더 수에 따라 V6, V8, V10, V12 등 다양한 형태가 존재하고, "V" 형태를 이루는 두 평면의 각도가 커질수록 무게 중심을 더 낮출 수 있다.

V 엔진은 같은 실린더 수의 직렬 엔진보다 짧은 길이, 낮은 높이, 적은 부피의 더 가벼운 엔진을 만들 수 있으며, 무게 중심이 낮아 조종성이 좋아진다는 장점이 있다. 2026시즌 기준으로 F1 엔진 규격은 **90° 각도의 V6** 레이아웃으로 정해져 있다.

다양한 각도(60° / 72° / 90° / 108°)의 V 엔진 레이아웃

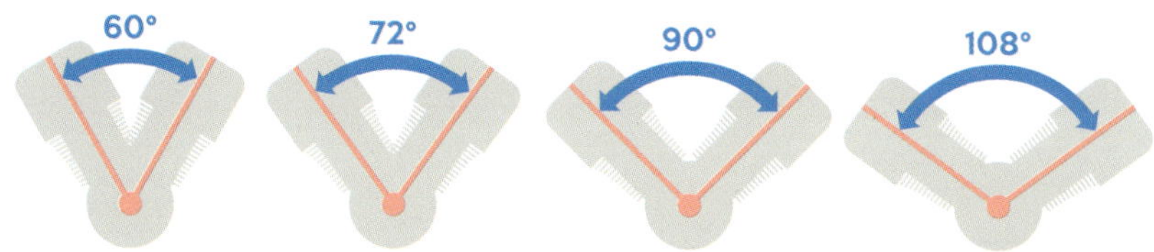

WCC

World Constructors' Championship

한 시즌 동안 가장 좋은 성적을 거둔 F1 컨스트럭터에게 수여하는 챔피언십

WCC는 한 시즌 동안 펼쳐진 F1 그랑프리의 성적을 종합해, 포인트 시스템에 따라 가장 좋은 성적을 거둔 컨스트럭터에게 FIA가 수여하는 챔피언십이다. WCC는 "팀" 단위가 아닌 레이스카를 만드는 "컨스트럭터" 단위[17]로 챔피언 타이틀의 주인공을 결정한다.

1957시즌까지는 컨스트럭터를 위한 챔피언십이 따로 존재하지 않았지만, 1958시즌 **"인터내셔널 컵 포 F1 매뉴팩쳐러(International Cup for F1 Manufacturers)"**의 이름으로 컨스트럭터 챔피언십이 탄생했다. 터보 엔진 레이스카가 주류를 이루던 1987시즌에는 자연흡기 엔진 레이스카를 만든 컨스트럭터의 성적만 따져 가장 좋은 성적을 거둔 컨스트럭터에게 **"콜린 채프먼 트로피(Colin Chapman Trophy)[18]"**라는 별도의 챔피언십 타이틀을 주기도 했다.

---

[17] 1980년대 초반까지는 "팀"과 "컨스트럭터"가 서로 다른 경우가 존재했다.

[18] 1987시즌 콜린 채프먼 트로피는 포드 코스워스 DFZ 엔진을 사용했던 티렐이 차지했다.

WDC

World Drivers' Championship

한 시즌 동안 가장 좋은 성적을 거둔 F1 드라이버에게 수여하는 챔피언십

WDC는 한 시즌 동안 F1 그랑프리의 성적을 종합해 포인트 시스템에 따라 가장 좋은 성적을 거둔 드라이버 한 명에게 FIA가 수여하는 챔피언십이다.

1950시즌부터 매년 빠짐없이 타이틀의 주인공을 결정했던 WDC 부문에서는 2025시즌까지 모두 35명이 최소 한 차례 이상 드라이버 챔피언의 자리에 올랐다. 1987시즌에는 자연흡기 엔진 레이스카로 그랑프리에 참가한 드라이버의 성적만 별도로 계산해 가장 좋은 성적을 거둔 드라이버에게 **"짐 클라크 트로피(Jim Clark Trophy)[19]"**가 주어지기도 했다.

Y250 보텍스

Y250 vortex

F1 레이스카의 프론트 윙 플랩이 시작되는 부분에서 발생하는 강력한 소용돌이

프론트 윙 **"중앙으로부터 250mm(Y250)"** 안쪽에 특별한 바디워크를 배치할 수 없게된 2009시즌 규정 변경 이후, 프론트 윙 플랩의 모서리에서 발생한 보텍스를 Y250 보텍스라 부른다. Y250 보텍스를 활용하면 바지보드를 향하는 강력한 공기의 흐름을 만들 수 있고, 이를 통해 아웃워시를 유도해 자기 차의 공기역학적 효과를 최대화할 수 있다. 바지보드가 사라진 2022시즌 규정 변경에 따라 Y250 보텍스를 만드는 것도 불가능해졌다.

Y250 보텍스

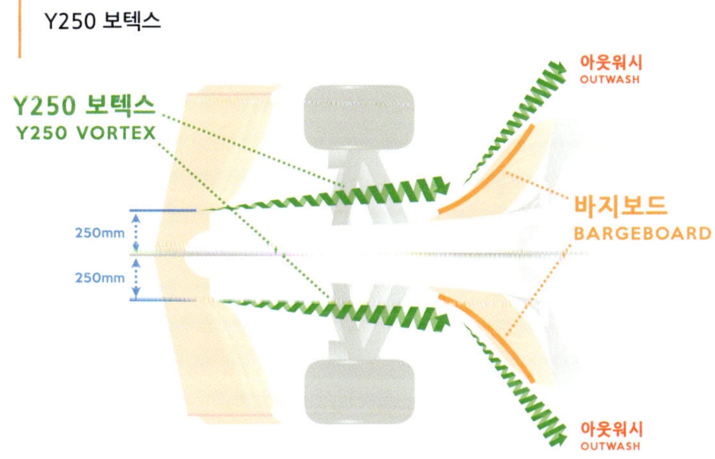

---

[19] 1987시즌 짐 클라크 트로피는 포드 코스워스 DFZ 엔진을 사용하는 티렐 소속으로 챔피언십에 참가했던 조나단 파머가 차지했다.

가드닝 리브
Gardening leave

팀을 떠나기 전 일정 기간 업무와 정보로부터 배제되는 기간

퇴직이나 이적 등의 이유로 팀을 떠나기 전, 계약에 따라 소속은 유지하면서 업무 내용과 각종 정보로부터 차단된 상태를 유지해야 하는 기간을 가리켜 가드닝 리브 또는 **"가든 리브(garden leave)"**라 부른다.

가드닝 리브는 일반 사업체의 주요 직무 종사자에게 자주 사용하는 개념으로, 다른 직종처럼 F1의 가드닝 리브 역시 팀과의 계약에 따라 구체적 내용이 달라질 수 있다. 주요 직책을 맡았던 사람의 경우 6개월 이상 가드닝 리브가 적용되기도 하지만, 2022년 말 맥라렌에서 자우버로 팀을 옮긴 안드레아 자이들의 경우처럼 팀의 승인 아래 가드닝 리브를 전혀 적용하지 않는 경우도 있다.

가라지스테
Garagiste

엔초 페라리가 직접 엔진을 만들지 못하는 소형 팀을 낮춰 부르던 표현

엔초 페라리는 큰 공장을 가지고 차는 물론 엔진을 직접 제작하는 자신의 스쿠데리아 페라리와 비교해, 쿠퍼, 로터스, 브라밤 등 스스로 엔진을 만들지 못하는 소형 팀들이 차고(garage)에서만 작업하는 것 같다는 의미를 담아 가라지스테라는 표현을 사용하곤 했다.

1960년대 말 F1에 공기역학이 적극 도입되기 시작할 무렵에도 "공기역학은 엔진을 만들지 못하는 자들을 위한 것"이라며 로터스와 브라밤이 선도했던 기술 혁신을 쉽게 받아들이지 못한 것 역시 가라지스테를 무시하던 엔초 페라리의 관점과 일맥상통한다.

가마
Autoclave

밀폐된 공간에 높은 온도와 압력을 만드는 장치

가마는 밀폐된 공간 안쪽의 온도와 압력을 조절해 고온/고압 상태를 만들 수 있게 설계된 장치를 가리키며, 특수한 성질을 가진 물질이나 고온/고압 처리가 필요한 부품을 만들 때 사용한다.

F1 레이스카는 대부분의 바디워크와 상당수 부품이 "카본 파이버 컴퍼지트"로 제작되므로, 부품을 만들 때 카본 파이버와 화합물의 재료를 가마에 넣고 고온/고압 처리하는 작업이 매우 중요하다. 손상된 카본 파이버 컴퍼지트를 재사용하기 위한 보수 작업에도 가마를 활용한다.

가속도계
Accelerometer

가속도를 측정하는 장치

가속도계는 물체의 가속도를 측정하는 장치를 가리킨다. 모든 F1 레이스카에는 콕핏 안쪽에 무게 중심에 가깝게 서바이벌 셀에 고정되도록 500g 가속도계가 설치되고, 모든 드라이버는 의무적으로 **"인-이어 가속도계(in-ear accelerometer)"**를 착용해야 한다. 이 가속도계가 측정한 데이터를 통해 사고 상황에 대한 빠른 대처와 정확한 사고 분석 가능성이 높아진다.

사고가 발생하고 인-이어 가속도계에 25G 이상의 충격이 확인되면 자동으로 긴급 의료 상황 대응 절차가 시작되고, 세이프티 카 선언이나 레드 플랙 발령을 포함한 레이스 컨트롤의 대응과 메디컬 카 출동 등 조치가 이어진다.

가이드라인
Guideline

규정을 어떻게 해석하고 적용할지 정리한 문서

최상위 ISC와 F1의 여섯 개 섹션, 그 아래 ISC 부록 등의 규정은 포괄적이거나 추상적인 조항을 다수 포함하고 있기 때문에, 이를 어떻게 해석하고 적용하는 것이 적절한지에 대해 다양한 의견이 나올 수 있다. 이처럼 다양한 해석의 여지가 있거나 적용 방법에 의견이 갈릴 수 있는 내용에 대해 일정한 기준에 따라 정리한 문서를 가이드라인이라 부른다.

가이드라인은 FIA F1 챔피언십의 규정 체계에 들어가지만, 그 자체로 규정에 해당하지는 않는다. 이 때문에 다른 상위 규정과 달리 **일반적으로 가이드라인은 강제력이 없다.**

갭
Gap

1위와의 시간 격차

갭은 리이브 타이밍 또는 타이밍 시트에서 어떤 기록과 1위 기록을 비교했을 때의 시간 격차를 가리킨다. F1에서의 갭은 1,000분의 1초 단위로 표시한다.

모터스포츠에서는 보통 바로 앞선 순위와의 기록 차이를 가리키는 "인터벌(interval)"과 갭의 개념을 명확하게 구분하지만, 사람에 따라서는 갭과 인터벌의 개념을 혼용하는 경우도 있다.

거니 플랩

Gurney flap

윙 끝부분에 수직으로 낮게 세워진 판 형태의 구조물

거니 플랩은 윙의 끝부분에 수직 방향으로 짧게 덧붙여져 공기역학적 효율을 높이는 부품으로, **1970년대 초반 댄 거니가 고안**했다. 받음각이 클 때 효율이 떨어지는 윙에 거니 플랩을 추가하면 공기역학적 효과를 증폭시킬 수 있어, 레이스카뿐 아니라 비행기, 헬리콥터 등 다른 기계 장치나 운송 수단에 폭넓게 활용되고 있다. 간단하게 **"거니(gurney)"**라고 표현하기도 한다.

2026시즌 기준으로 F1 레이스카의 프론트 윙 플랩과 리어 윙 플랩에는 최대 높이 10mm 이하의 거니 플랩을 배치할 수 있다.

윙 끝부분에 덧붙여진 거니 플랩의 예

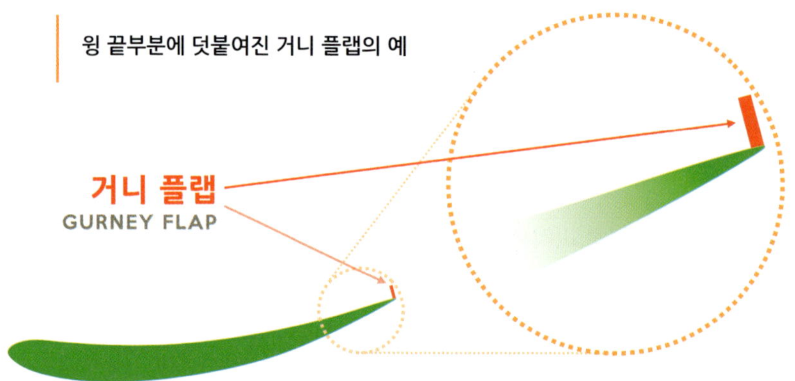

검차

Scrutineering

레이스카의 규격과 제원을 확인하고 규정에 맞는지 검증하는 절차

검차는 모터스포츠 이벤트에 참가하는 모든 레이스카의 규격과 제원을 규정에 정한 절차에 따라 확인하고 검증하는 절차를 가리킨다. 검차를 통과한 레이스카에게만 공식 주행 참가 자격이 주어지고, 사후 검차를 통과하지 못했다면 실격 처리될 수 있다.

F1 그랑프리에서는 레이스가 펼쳐지는 일요일의 사흘 전인 목요일 오전 **"최초 검차(initial scrutineering)"**를 시작으로 각 공식 세션 진행 중에도 정해진 절차에 따라 검차가 이뤄지고, 그랑프리 기간 매일 공식 주행이 마무리된 뒤에도 다양한 검차 작업이 진행된다.

경고

Reprimand

구체적인 벌칙을 주지 않는 구두 경고에 해당하는 페널티

경고는 구체적인 벌칙으로 모터스포츠 이벤트에 직접적 또는 실질적 영향을 주지는 않지만, 드라이버의 잘못이 있음을 밝히고 앞으로 더 강력한 페널티를 받지 않도록 스튜어드들이 규정을 위반한 드라이버에게 줄 수 있는 구두 경고 형식의 페널티다.

경고는 **"주의(warning)"**보다 강한 페널티로 스튜어드의 판단에 따라 페널티 포인트가 추가될 수 있으며, 한 시즌 주행 관련 경고를 다섯 번 받으면 다음 레이스에 10그리드 페널티가 주어진다.

공기역학자

Aerodynamicist

공기역학을 전공해 관련 지식과 노하우를 충분히 보유한 엔지니어

공기역학을 전공했거나 업무와 학습을 통해 관련 지식 및 노하우를 충분히 습득한 엔지니어, 또는 공기역학 관련 업무에 숙련된 엔지니어를 공기역학자라 부른다. 대학이나 대학원 등에서 항공공학 또는 항공우주공학을 전공해 관련 지식을 충분히 쌓은 뒤 F1 팀에 합류한 공기역학자가 많지만, 반드시 공기역학과 직결된 전공을 가진 사람만 공기역학자가 될 수 있는 것은 아니다.

현대적인 F1 팀에서는 공기역학자가 다양한 소조직이나 팀에 배치되어 활약하며, 기술 부문 조직 중 공기역학자가 전혀 없는 부서는 찾기 어렵다. 공기역학의 중요성이 커지면서 2000년대 이후 테크니컬 디렉터, CTO, 팀 수석 등의 책임자로 성장한 공기역학자도 많다.

규정

Regulations

챔피언십과 이벤트의 운영 기준이 되는 문서

규정은 각 모터스포츠 챔피언십과 이벤트에 참가할 수 있는 레이스카의 규격과 기술 기준을 제시하고, 각 챔피언십과 이벤트의 운영 과정에서 필요한 구체적 내용과 절차를 정리한 문서다.

F1은 FIA가 주관하는 다른 챔피언십과 마찬가지로 최상위 규정 ISC 아래 다양한 내용을 **섹션 A부터 섹션 F까지 여섯 개 섹션**으로 나눠 규정으로 정리하고 있다. 여섯 개 섹션의 규정 아래에는 시행규칙이나 실무 지시 사항에 해당하는 문서가 수시로 발행되어 상위 규정을 보완한다. 때로는 규정의 해석과 방향 제시를 위한 가이드라인이 발행되기도 한다.

그라운드 이펙트

Ground effect

차와 지표면 사이 공간이 좁아질 때 다운포스가 급증하는 공기역학적 효과

그라운드 이펙트는 지표면 가까이에서 움직이던 자동차가 다운포스의 영향으로 지표면에 가까워지고, 차체가 아래로 내려가면서 바닥이 지표면과 가까워진 영향으로 다운포스 생성량이 증가하는 과정이 반복되어 더 강한 다운포스가 작용한 것과 같은 효과를 일으키는 현상이다.

1970년대 후반 F1에 등장한 그라운드 이펙트는 1982시즌까지 모든 레이스카에 적용되어 강력한 공기역학적 성능을 뽐냈으나, 여러 차례 큰 사고가 발생하고 다양한 문제를 일으킨 끝에 1982시즌부터 강력하게 규제되기 시작했다. 40년 동안 크게 활용되지 못했던 그라운드 이펙트는 2022시즌 규정 변경으로 F1 레이스카 디자인의 중심으로 부활했지만, 2026시즌 규정 변경에 따라 다시 엄격한 규제 속에 작은 영향력만 발휘할 수 있는 상황으로 회귀했다.

F1 최초의 그라운드 이펙트 레이스카 로터스 78

그랑프리 (영화)

Grand Prix (film)

F1 그랑프리를 핵심 내용으로 만들어진 1966년작 영화

그랑프리는 1966년 F1을 주요 소재이자 주제로 삼은 스포츠 드라마 영화로 존 프랑켄하이머가 감독했으며, 아카데미 3개 부문 수상과 북미 흥행 7위에 오르는 등 여러모로 주목받았다.

그랑프리는 스파-프랑코샹, 몬짜, 잔트포트, 모나코 등에서 주행 중인 F1 레이스카를 직접 촬영한 최초의 사례로도 유명하다. 촬영 차량을 책임진 1961 챔피언 필 힐 외에 그레이엄 힐, 후안 마누엘 판지오, 짐 클라크, 요헨 린트, 잭 브라밤, 댄 거니, 리치 긴터, 요아킴 보니에르, 보니에르 등 많은 F1 스타와 현역 드라이버가 촬영 중 레이스카를 몰기도 했다.

그랑프리 (이벤트)

Grand Prix (event)

F1 월드 챔피언십을 구성하는 개별 이벤트

"큰 상"을 뜻하는 프랑스어에서 유래한 그랑프리는 다양한 스포츠에서 경주 이벤트를 가리키는 단어로, F1에서는 월드 챔피언십의 개별 이벤트를 가리키는 공식 명칭이다. 그랑프리의 이름으로 개최된 **최초의 이벤트는 1906년 6월 르망에서 펼쳐진 1906 프랑스 그랑프리**[20]였고, 최초의 F1 월드 챔피언십 그랑프리는 1950년 5월에 개최된 1950 영국 그랑프리였다. 2025시즌까지 모두 1,079회의 그랑프리가 펼쳐졌다.

그래블 스트립

Gravel strip

트랙 바깥쪽에 배치되는 좁고 긴 형태의 작은 자갈밭

그래블 스트립은 필요에 따라 트랙 바깥쪽에 배치되는 좁고 긴 직사각형의 자갈밭을 가리킨다. 넓은 공간이 필요한 그래블 트랩과 달리 그래블 스트립은 정해진 규격에 따라 작은 크기로 배치된다. 트랙 리미트를 벗어나 주행하면 안 된다는 대원칙이 있지만, 실전에서 자연스럽게 트랙 경계를 지키며 주행하도록 유도하는 물리적 제약이 필요하다는 판단 아래 그래블 스트립이 탄생했다.

별도의 규정 변경을 하지 않고도 큰 비용 부담 없이 설치할 수 있는 장애물로 설계된 그래블 스트립은 **2024 오스트리아 그랑프리에 처음 실전 투입**됐다.

그래블 트랩

Gravel trap

런-오프에 많은 양의 자갈을 깔아놓은 안전시설

그래블 트랩은 트랙을 벗어난 레이스카의 속도를 줄여 방호벽에 부딪히지 않게 하거나, 부딪히더라도 충격을 최소화하도록 트랙 주변 런-오프에 많은 양의 자갈을 깔아 마치 늪과 같은 역할을 하도록 만든 안전시설이다. 상황에 따라 간단하게 **"그래블(gravel)"**이라고 부르기도 한다.

그래블 트랩은 속도를 줄이는 효과가 부족하고, 자갈이 트랙에 들어오거나 그래블 트랩에 진입한 레이스카가 튀어 오르는 등의 부작용이 있어, 2000년대 이후 일부 그래블 트랩이 타막으로 교체되기도 했다. 그러나, 트랙 경계에 대한 논란이 늘어나고 많은 드라이버의 요구가 이어진 뒤, 그래블 트랩이 복원되거나 추가로 그래블 트랩이 설치되는 등 추세가 변하고 있다.

---

20 개최 당시 이벤트의 공식 명칭은 **"1906 Grand Prix de l'Automobile Club de France"**였다.

그랜드 슬램

Grand slam[21]

폴 포지션 + 모든 랩 리드 + 패스티스트 랩 + 우승

F1에서 그랜드 슬램은 폴 포지션에서 레이스를 시작한 드라이버가 모든 랩을 리드한 것은 물론, 패스티스트 랩을 기록하며 우승까지 차지한 경우를 가리킨다. 2025시즌까지 F1에서 그랜드 슬램이 기록된 그랑프리는 모두 70회, 그랜드 슬램을 기록한 드라이버는 모두 27명이며, 이 중 **짐 클라크**가 가장 많은 **여덟 차례의 그랜드 슬램을 기록**했다.

그레이닝

Graining

타이어 트레드가 잘게 쓸려나가고 다시 표면에 엉겨 붙는 현상

그레이닝은 손상된 타이어 트레드의 일부가 작은 조각 혹은 가늘고 긴 조각으로 쓸려나가며 타이어 표면에서 분리된 뒤, 다시 뜨거운 타이어 표면에 엉겨 붙어 노면과 접촉하는 타이어 표면을 불규칙하게 만드는 현상이다. 그레이닝은 타이어의 그립과 트랙션을 떨어뜨리고, 결과적으로 브레이킹과 코너 공략 과정에서 타이어 성능을 큰 폭으로 감소시킨다.

그레이닝은 타이어가 옆으로 미끄러질 때 발생하는 경우가 많고, 부드러운 타이어일수록 그레이닝에 취약하다. 종종 타이어가 마모되는 과정에서 그레이닝이 완화되기도 하기 때문에, 그레이닝 발생 직후 드라이버의 노력에 따라 그레이닝 문제가 잠시 완화될 수 있다.

그레이드 1 써킷

Grade 1 circuit

FIA의 최상위 등급 라이센스를 획득한 써킷

그레이드 1 써킷은 "ISC 부록 O"의 기준에 따라 FIA 감사를 거쳐 자격이 주어지는 써킷 라이센스 등급 중 최상위 등급 써킷이다. 2025년 12월 1일 발표한 써킷 라이센스 문서를 기준으로 전 세계 28개국, 39개 써킷, 59개 레이아웃이 그레이드 1으로 등록되어 있고, 한국에는 **코리아 인터내셔널 써킷**이 그레이드 1 라이센스를 유지 중이다.

FIA는 그레이드 1, 1T, 2, 3, 3E, 3R, 4, 6A, 6R, 6RW, FE 등 다양한 등급의 써킷 라이센스를 공인하고 있으며, **F1 챔피언십 그랑프리를 개최하려면 반드시 그레이드 1 라이센스가 필요**하다.

---

[21] 프랑스어 표기는 **"grand chelem"**

그루브 타이어

Grooved tyre

트레드에 홈이 파인 타이어

타이어 겉면의 트레드에 새겨진 홈을 **"그루브(groove)"**라 부르며, 이런 홈이 새겨진 타이어를 그루브 타이어라고 부른다. 그루브가 없는 타이어는 슬릭 타이어라 부른다.

1971시즌 슬릭 타이어가 등장하기 전까지 모든 F1 레이스카에는 그루브 타이어가 사용됐고, 1998시즌 레이스카의 속도를 늦추기 위해 다시 그루브 타이어가 도입되어 2008시즌까지 의무적으로 사용됐다. 2009시즌 규정 변경 이후로는 모든 F1 레이스카의 드라이 타이어로 슬릭 타이어가 사용되고 있으며, 웻 타이어 종류에만 그루브 타이어가 사용된다.

1998시즌부터 2008시즌까지 사용된 그루브 타이어

그리드
Grid

레이스 출발 위치

그리드는 모터스포츠 이벤트의 레이스에서 각 차의 출발 위치, 혹은 트랙 위에 새긴 출발 위치를 나타내는 표시를 가리키며, 흔히 **"스타팅 그리드(starting grid)"**라고도 부른다. 그리드에서 출발 위치를 정확히 지정하기 위한 "ㄷ"자 형태의 표시는 **"그리드 박스(grid box)"**라고 부른다.

F1 그랑프리에서는 퀄리파잉 결과에 따라 스타팅 그리드를 결정한 뒤, 레이스를 위한 2열의 출발 위치를 왼쪽과 오른쪽에 번갈아 배치하는 방식[22]으로 그리드를 구성한다. FIA 그레이드 1 써킷에서 스탠딩 스타트에 사용되는 그리드의 앞뒤 간격은 8m로 정해져 있다.

폴 포지션이 왼쪽에 배치된 10개 그리드 구성의 예

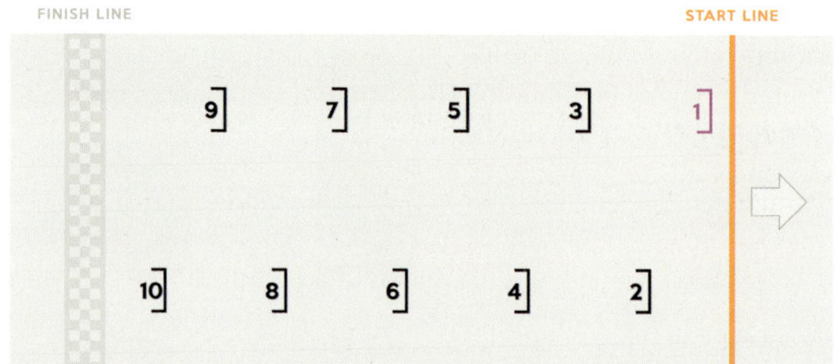

그리드 프로시저
Grid Procedure

F1의 TTCS에서 포메이션 랩 10분 전부터 그리드에서 진행되는 준비 절차

F1 규정 **섹션 B - 스포팅 규정**에 정의된 그리드 프로시저는 TTCS에서 포메이션 랩 10분 전부터 반드시 따라야 하는 출발 준비 절차를 가리킨다. 포메이션 랩 시작까지 남은 시간에 따라 10분, 5분, 3분, 1분, 15초까지 각각의 시간대에 따라야 하는 절차가 규정에 명시되어 있으며, 그리드 프로시저를 준수하지 않았을 경우 페널티를 받을 수 있다.

F1 스포팅 규정은 딜레이드 스타트를 포함해 다양한 상황에서의 출발 준비 절차가 필요할 경우, 그리드 프로시저를 재개한다는 식으로 명시하고 있다.

---

[22] 폴 포지션의 위치는 트랙 레이아웃에 따라 진행 방향 기준 왼쪽 또는 오른쪽 중 한쪽으로 정해진다.

그린 트랙

Green track

그립 레벨이 매우 낮은 상태의 트랙

그린 트랙은 마치 풀밭 위를 달리는 것처럼 미끄러운 상태를 가리킨다. 그린 트랙이라는 표현에서 "그린"은 풀밭이나 녹지처럼 자연 그대로와 비슷한 상황을 의미한다.

각 모터스포츠 이벤트가 막 시작될 시점에는 트랙 에볼루션이 전혀 진행되지 않아 그립 레벨이 매우 낮기 때문에, 팀 라디오 등을 통해 그린 트랙이라는 표현을 자주 들을 수 있다.

그린 플랙

Green flag

정상 주행이 가능한 상황을 알리는 깃발 신호

그린 플랙은 레이스 출발 준비가 완료됐다는 것을 알리거나, TTCS와 LTCS의 공식 주행 세션 동안 세이프티카 또는 옐로우 플랙 등 빠른 속도의 주행을 제한해야 하는 상황이 끝나 다시 정상적인 주행을 할 수 있는 상황이 되었음을 알릴 때 사용하는 깃발 신호다.

마샬 포스트에서 그린 플랙을 펄럭이고 있거나 LED 패널에 녹색 불이 켜져 있다면 해당 포스트나 LED 패널 이후 구간은 정상 주행이 가능하고, 이후로는 다른 마샬 포스트에서 따로 그린 플랙을 펄럭이지 않더라도 그린 플랙 상황으로 간주한다.

예를 들어, 아래 그림처럼 D 위치에 사고가 발생해 위험한 상황이라면 마샬 포스트 2에서는 옐로우 플랙의 깃발 신호를 내보내게 된다. 반면, 위험한 지점보다 뒤쪽의 마샬 포스트 3에서 그린 플랙의 깃발 신호를 내보내 이후 구간에 문제가 없음을 알린다.

트랙에서 그린 플랙의 영향을 받는 구간의 예

그립

Grip

타이어의 마찰력, 차량 무게, 다운포스 효과 등을 종합한 접지력

그립은 종합적인 접지력을 가리킨다. 타이어와 노면 사이 마찰력을 기본으로 서스펜션의 기계적 능력에 따라 지표면 쪽으로 가해지는 힘, 다운포스 등 공기역학적 효과들이 더해져 최종적으로 타이어가 갖게 되는 접지력을 가리키는 추상적 개념으로 그립이라는 표현이 흔히 사용된다.

접지력이 높을 때 "그립이 높다."고 말하거나, 접지력이 부족할 경우 "그립이 낮다."라고 얘기하기도 한다. 그립의 수준을 나타내는 지표로 **"그립 레벨(grip level)"**이라는 표현이 자주 사용되는데, 그립 레벨에 따라 레이스카의 코너 공략 속도와 가속력, 감속 능력 등의 성능과 한계가 결정된다.

기술 규정

Technical Regulations

F1 레이스카와 그랑프리의 모든 기술적 요소를 정의하고 제한하는 규정집

F1 레이스카의 규격과 각종 제한 사항, 그랑프리 진행 중 따라야 하는 모든 기술 부문의 기준을 정의하는 규정이 기술 규정이다. 원칙적으로 F1 규정 중 가장 중요한 규정이 기술 규정이라고 볼 수 있으며, 다수의 기술 규정 위반에는 강도 높은 페널티가 뒤따른다. 2026시즌 개정을 통해 새롭게 여섯 부분으로 구분된 **규정집에서 섹션 C**가 기술 규정에 해당한다.

기어박스

Gearbox

동력원이 만든 토크의 회전수를 바꿔 전달하는 기계 장치

기어박스는 엔진 등 동력원이 만든 동력축의 토크를 회전수를 바꿔 드라이브샤프트까지 전달하는 일련의 기계 장치를 가리키며, 종종 **"트랜스미션(Transmission)"**과 같은 의미로 혼용하기도 한다. 회전수와 회전력 변환을 위해 맞물린 다양한 기어들과 토크 변환 및 전달을 돕는 여러 부품, 이들을 내부에 담는 기어박스 케이스까지 모두 넓은 의미로 기어박스에 포함된다.

2026시즌 기준 F1 레이스카에는 전진 8단, 후진 1단의 기어박스가 장착된다.

기어박스 케이스
Gearbox case

기어박스 부품을 담는 케이스

F1 레이스카의 기어박스 케이스는 그 자체로 기어박스의 일부이면서 다른 모든 기어박스 구성 부품을 담는 케이스다. 기어박스 케이스는 기어박스 내부의 모든 부품이 자기 자리를 지키면서 정확하게 기능을 수행할 수 있도록 돕는 역할을 하며, 레이스카 뒤쪽의 공기역학적 효율을 높이려면 충분한 공기역학적 연구 개발을 거쳐 정교한 외형 디자인이 요구된다. **"기어박스 케이싱(gearbox casing)"** 또는 **"기어박스 카세트(gearbox cassette)"**라고도 부른다.

기어박스 케이스는 포괄적인 섀시의 일부로 리어 서스펜션 및 리어 임팩트 스트럭쳐와 연결돼 있고, 구조의 적절한 강도를 유지하며 충격이 가해졌을 때 충격을 일정량 흡수하는 역할을 한다.

기어비
Gear ratio

맞물린 기어에서 톱니 수의 비율

기어비는 동력원과 연결돼 회전축을 **돌리는 기어**의 톱니 수와 그 상대로 맞물려 전해진 회전력에 의해 **돌려지는 기어**의 **톱니 수 비율**을 가리키며, 여러 기어가 이어질 경우 첫 번째 기어와 마지막 기어 사이 톱니 수의 비율이 기어비가 된다. 기어비를 나타낼 때는 분수 형식으로 **"돌려지는 기어의 톱니 수 / 돌리는 기어의 톱니 수"**로 표기할 수 있고, 필요에 따라 **"돌려지는 기어의 톱니 수 / 돌리는 기어의 톱니 수 : 1"**과 같은 형식으로 표시할 수도 있다.

기어비가 클수록 기어의 효율은 떨어지지만, 가속 자체의 부담이 적어 차가 출발할 때나 저속으로 달릴 때 유리하다. 반면, 기어비가 작을수록 효율이 높아 고속으로 달릴 때 유리하지만, 저속에서 힘을 내기 어려운 것은 물론 동력원에 무리를 줄 수 있다는 단점이 있다.

오른쪽이 돌리는 기어, 왼쪽이 돌려지는 기어일 때 세 가지 기어비의 예

기어 시프트 패들

Paddle shifters

스티어링 휠에 부착된 기어 변속을 위한 패들

기어 시프트 패들은 스티어링 휠 뒤쪽에 부착된 두 개의 패들로, 클러치 조작 없이 손가락으로 패들을 당기는 것만으로 기어 단수를 올리거나 내리는 **"변속(shift)"** 조작을 할 수 있도록 만든 **"시퀀셜 시프터(Sequential shifters)"**[23]의 일종이다.

F1 레이스카의 스티어링 휠에는 보통 오른쪽에 기어 단수를 올리는 "업시프트(upshift)" 패들, 왼쪽에 기어 단수를 내리는 "다운시프트(downshift)" 패들이 배치된다.

F1 스티어링 휠 뒤쪽 기어 시프트 패들 한 쌍의 배치

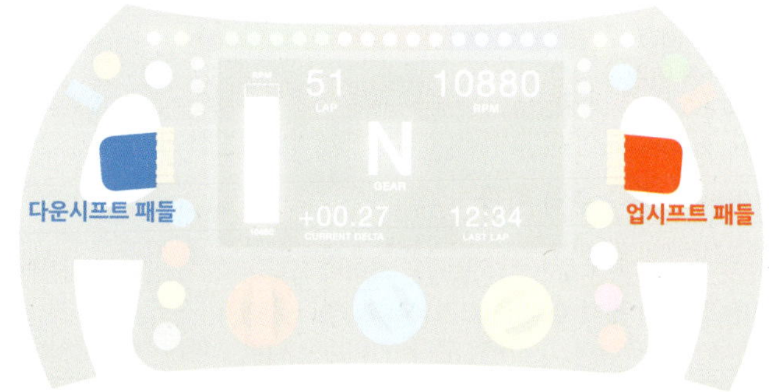

기자 회견

Press conference

기자와 언론 매체 담당자들의 질문에 답하는 공식 인터뷰

기자 회견 또는 프레스 컨퍼런스는 사전 지정된 드라이버나 팀원이 인터뷰 진행자의 질문에 답한 뒤, 기자를 포함한 각 언론 매체의 질문에 답하는 공식 인터뷰 행사를 가리킨다.

F1 그랑프리 주말에는 목요일 오후 사전 지정된 드라이버, 금요일 오후 사전 지정된 각 팀 관계자를 대상으로 기자 회견이 진행된다. 토요일 퀄리파잉 직후에는 퀄리파잉에서 1, 2, 3위를 차지한 드라이버 세 명, 일요일 레이스 직후에는 포디엄에 오른 드라이버 세 명이 의무적으로 공식 기자 회견에 참석해야 한다.

---

[23] 시퀀셜 기어박스와는 다른 의미로, 시퀀셜 기어박스가 아니더라도 시퀀셜 시프터는 사용할 수 있다.

내셔널 컬러

National colour

팀이나 드라이버의 국적을 나타내기 위해 레이스카 도색에 사용하는 표준 색상

내셔널 컬러는 국가마다 지정된 색상으로 레이스카를 도색해 팀이나 드라이버가 속한 국적을 나타내기 위해 사용하는 색상을 가리킨다. 1900년대 고든 베넷 컵 등을 시작으로 내셔널 컬러가 점차 자리를 잡았고, 스폰서십 리버리가 보편화되기 시작한 1960년대 후반까지 F1을 포함한 다양한 모터스포츠 분야에서 내셔널 컬러가 폭넓게 사용됐다. 30개 이상의 국가가 **"인터내셔널 오토 레이싱 컬러(international auto racing colour)"**라고도 불렸던 고유의 내셔널 컬러를 사용한 기록이 있고, 드라이버보다는 팀의 국적에 따라 내셔널 컬러를 사용하는 경우가 훨씬 많았다.

유럽에서 모터스포츠 이벤트가 가장 활발하게 펼쳐졌던 주요 국가들은 내셔널 컬러의 고유한 이름도 가지고 있는데, 영국은 "브리티시 레이싱 그린(British Racing Green)", 프랑스는 "블루 드 프랑스(Bleu de France)", 이탈리아는 "로쏘 코르사(Rosso Corsa)", 독일은 흰색 또는 "실버 애로우(Silver Arrows)"로 불리기도 한 은색 도장을 내셔널 컬러로 사용했다. 2000년대 이후로도 몇몇 F1 팀과 다른 여러 모터스포츠 분야의 팀이 여전히 내셔널 컬러의 전통을 계속 이어가고 있지만, 모터스포츠에서 내셔널 컬러로 사용되는 색이 다른 스포츠 분야에서 각 국가를 대표할 때 사용하는 색상과 일치하지 않는 경우도 제법 많다.

1930년대 모터스포츠 주요 국가의 내셔널 컬러

넌-챔피언십 그랑프리

Non-championship grand prix

챔피언십에 포함되지 않는 F1 그랑프리

넌-챔피언십 그랑프리는 F1 규정에 따라 그랑프리를 진행하지만, F1 월드 챔피언십에는 포함되지 않고 포인트도 추가되지 않아 순위 결정에도 영향을 주지 않는 레이스 이벤트를 가리킨다.

F1 규정이 정해진 뒤 개최된 최초의 넌-챔피언십 그랑프리는 1946년 9월 1일 이탈리아 토리노의 발렌티노 파크에서 펼쳐진 **"튜린 그랑프리(1946 Turin Grand Prix[24])"**였으며, 알파로메오의 쥬세페 파리나가 폴 포지션에서 레이스를 시작했고 같은 알파로메오의 아킬레 바르치가 우승을 차지했다. 1946 그랑프리 시즌은 4월 22일 프랑스 니스에서 펼쳐진 니스 그랑프리로부터 시작됐는데, 이 때문에 일부에서는 1946 니스 그랑프리를 최초의 F1 넌-챔피언십 그랑프리로 보기도 한다.

마지막 F1 넌-챔피언십 그랑프리는 **1983년 4월 10일** 브랜즈 해치에서 펼쳐진 **1983 레이스 오브 챔피언스**였고, 윌리엄스의 케케 로스버그가 폴 포지션과 우승을 휩쓸었다. 이후 콩코드 협정 체결에 따라 F1에서 넌-챔피언십 그랑프리는 더 이상 개최되지 않게 되었다.

넷 제로 2030

Net Zero 2030

2030년까지 순 탄소 배출 0을 목표로 한 F1의 프로그램

넷 제로 2030은 F1 그랑프리 이벤트와 레이스카의 주행, 물류와 공장 운영 등을 통틀어 2030년까지 순 탄소 배출을 0으로 만들겠다는 목표로 추진 중인 다양한 프로그램을 가리키는 표현이다. 실제 배출량을 0으로 만든다는 의미가 아니라 순 배출 0을 목표로 하고 있으며, 가장 큰 감축은 레이스카보다 물류와 운영에서 발생하는 탄소 배출에서 이뤄질 것으로 계산하고 있다.

F1의 넷 제로 2030 로고

---

24 개최 당시 공식 명칭은 III Gran Premio del Valentino

노멕스

Nomex®

듀폰이 개발한 내열 효과가 뛰어난 아라미드 섬유 물질

노멕스는 1960년대 미국의 화학 기업 듀폰이가 개발해 특허를 획득한 아라미드 섬유 물질이다. 1967년 출시한 노멕스는 케블라에 비해 강도는 약하지만 내열, 내화학 성능은 뛰어나다.

노멕스는 내열, 방염 효과가 뛰어나 F1을 포함한 다양한 모터스포츠 이벤트에 참가하는 드라이버의 레이싱 슈트, 글러브, 발라클라바, 레이싱 슈즈와 양말, 방염 내의, 헬멧 등의 소재로 폭넓게 활용되고 있다.

노즈

Nose

레이스카의 맨 앞부분에 배치되는 바디워크

노즈는 마치 사람이나 동물의 코처럼 레이스카 맨 앞부분에 돌출된 바디워크를 가리킨다. F1 등 포뮬러 레이스카에서 모노코크 섀시의 바로 앞에 결합되는 노즈는 프론트 임팩트 스트럭쳐로 기능하도록 설계되어 사고 상황에서 드라이버에게 전해질 수 있는 충격을 완화시키는 역할을 한다.

F1은 프론트 윙과 노즈가 일체형으로 제작되어 "노즈가 손상됐다.", "노즈를 교체한다." 등의 표현처럼 노즈가 프론트 윙을 포함하는 의미로 사용되는 경우도 많고, 때로는 **"노즈 팁(nose tip)"**[25] 이 뾰족한 고깔 모양과 비슷하다는 뜻을 담아 **"노즈콘(nosecone)"**이라 부르기도 한다.

F1 레이스카의 노즈

[25] 노즈 끝 부분

뉴매틱 밸브 스프링

Pneumatic valve spring

금속 코일 스프링 대신 기체를 이용해 밸브를 조절하는 스프링

뉴매틱 밸브 스프링은 고속으로 작동하는 엔진 밸브에 배치하는 부품으로, 금속 코일 스프링 대신 압축 저장된 기체를 사용해 높은 회전수에서도 안정적으로 작동하도록 만든 밸브 스프링이다.

1980년대 중반 르노가 개발해 1.5L 터보차저 엔진에 처음 시도한 뉴매틱 밸브 스프링은 개발 초기 신뢰도 문제로 어려움을 겪었지만, 1989년 이후 윌리엄스에 공급하던 V10 자연흡기 엔진과 함께 신뢰도를 높인 이후 F1 엔진의 표준 밸브 스프링으로 자리 잡았다.

다운워시

Downwash

아래쪽으로 움직이도록 진행방향이 바뀐 유체의 흐름

다운워시는 날개, 헬리콥터의 롤러 블레이드, 일정한 형태의 바디워크 등 공기역학적 도구에 의해 진행 방향이 아래쪽으로 바뀐 유체의 흐름을 가리킨다. 일반적으로 기체의 다운워시가 발생했다면 양력이 발생했을 것이라 예상할 수 있다.

현대적인 F1 레이스카에는 레이스카 뒷부분의 공기역학적 효과를 높이기 위해, 의도적으로 일정한 다운워시를 만들도록 사이드포드와 엔진 커버의 형태를 디자인하는 경우가 많다.

F1 레이스카의 엔진 커버와 사이드포드에서 발생하는 다운워시

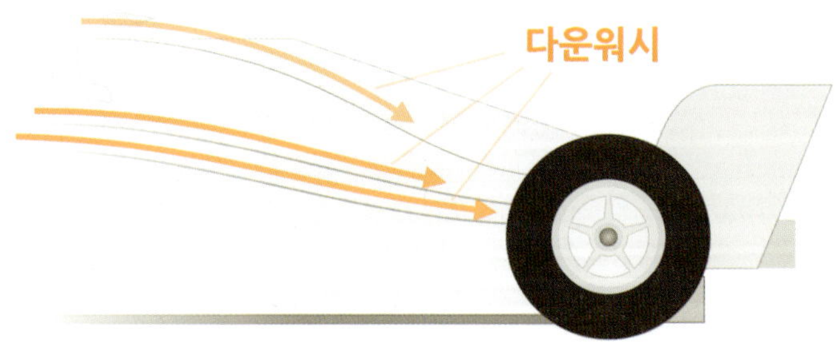

다운포스
Downforce

유체 속에서 빠르게 움직이는 물체에 아래쪽으로 가해지는 공기역학적 힘

다운포스는 비행기가 하늘을 날 수 있는 원리인 **"양력(lift)"과 정확히 반대 방향으로 작용하는 힘**으로, 유체 속에서 빠르게 움직이는 물체에 아래쪽으로 가해지는 공기역학적 힘을 가리킨다. 레이스카에 강력한 다운포스가 작용할 때 강한 "에어로다이나믹 그립"을 확보해 빠른 속도로 코너를 공략할 수 있지만, 다운포스 생성량이 늘어날 때 드래그 발생량도 함께 증가한다는 문제가 있다.

아래 공식처럼 **다운포스는 속도의 제곱에 비례**하므로 속도가 빨라질수록 기하급수적으로 많은 양의 다운포스가 발생한다. 매우 빠른 속도를 낼 수 있는 현대적인 F1 레이스카의 경우 얼마나 많은 다운포스를 만들 수 있는가에 따라 레이스카 성능이 좌우된다고 볼 수 있다.

일반적인 다운포스 공식

$$df = \frac{1}{2} \times C_{df} \times A \times \rho \times v^2$$

df : **다운포스**
C_{df} : **다운포스 상수**
A : **전면 참조 영역**
ρ : **유체의 밀도**
v : **속도**

다이나모미터
Dynamometer

회전력을 만드는 동력원의 출력 측정 장치

다이나모미터는 엔진, 모터 등 회전력을 만드는 동력원에 연결해 동력원의 토크와 RPM을 측정하고 바로 출력을 계산할 수 있는 장치를 가리키며, 간단하게 **"다이노(dyno)"**라고 부르기도 한다.

다이나모미터는 동력원의 출력을 측정할 뿐 아니라 반대로 동력을 소모하는 쪽에서 어느 정도의 출력이 필요한지 계산하기 위해 사용할 수 있으며, 현대적인 다이나모미터는 배기가스의 환경 기준 적합성 테스트 등 다양한 목적으로 폭넓게 사용된다.

대시보드

Dashboard

콕핏 안쪽 드라이버 바로 앞에 배치하는 계기판

대시보드는 마차에서 말이 달릴 때 튀어 오른 흙이나 오물을 막기 위해 마차 앞부분에 세로로 세운 널찍한 판자 형태의 구조물을 가리키는 개념이었다. 자동차의 대시보드는 콕핏에서 드라이버 바로 앞에 배치되어 차의 상태와 주요 정보를 표시하는 디스플레이와 드라이버가 각종 기능을 조작할 수 있는 레버, 버튼 등이 모여있는 계기판을 가리킨다.

F1 레이스카의 대시보드는 대부분 기능이 스티어링 휠에 집중되어 있어 종종 스티어링 휠과 대시보드를 같은 개념으로 보는 경우도 있지만, 일부 기능은 스티어링 휠이 아닌 다른 위치에 배치된 별도의 레버나 버튼으로 조작하기도 한다.

댐퍼

Damper

충격을 흡수하거나 완화하는 장치

댐퍼는 운동 에너지를 다른 에너지로 변환시키는 기계적 구조 혹은 유압 시스템으로 가해지는 충격을 흡수하거나 완화하는 장치를 가리킨다. 미국식 표현으로 **"쇼크 업소버(shock absorber)"** 라고 부르기도 한다.

댐퍼는 처음 충격이 가해진 뒤 진동의 변위를 억제하는 핵심 부품이며, 자동차의 서스펜션에 사용되는 댐퍼의 성능과 셋업에 따라 차의 운동 특성이 크게 바뀔 수 있다.

댐퍼가 없는 경우와 댐퍼가 장착되어 작동했을 때 진동의 차이

더블 DRS
Double DRS

DRS를 작동할 때 프론트 윙의 드래그도 함께 감소시키는 시스템

리어 윙의 DRS를 작동할 때 차 내부의 통로를 이용해 프론트 윙의 드래그도 함께 감소시킬 수 있는 시스템을 가리켜 더블 DRS라 부른다. 보통 DRS가 작동할 때 리어 윙의 다운포스 발생량이 크게 줄어드는 반면 프론트 윙의 상황은 그대로이기 때문에, 노즈 다이브로 자세가 흐트러지는 것과 프론트 윙의 드래그가 그대로라는 문제를 해결하기 위해 더블 DRS의 아이디어가 등장했다.

2012시즌 메르세데스가 처음 도입한 뒤 다른 팀으로 빠르게 널리 보급된 더블 DRS는 레드불 등을 통해 새로운 방식의 시스템이 소개되기도 했으나, FIA가 차량 내부의 공기 통로를 금지하는 규정 변경을 진행하면서 F1에서 퇴출당했다.

더블 스택
Double stack

같은 팀에서 차 두 대의 타이어를 연달아 교체하는 핏 스탑

같은 팀에서 긴 시간차를 두지 않고 같은 랩에 두 대의 타이어를 연달아 교체하는 핏 스탑을 가리켜 더블 스택 또는 "더블 스택 핏 스탑(double stack pit stop)"이라고 부르며, 혼동할 여지가 있긴 하지만 간단하게 "더블 핏 스탑(double pit stop)"이라 부르는 사람도 있다. 보통 정상적인 두 차례의 핏 스탑을 두 랩에 걸쳐 따로 진행하는 것보다 더 많은 시간이 소요되고, 빠르게 두 대의 타이어를 교체하는 동안 다양한 문제가 발생할 수 있다는 위험 요소가 있다.

웻 컨디션에서 트랙 상황의 변화에 따라 반드시 타이어를 교체해야 할 경우, 또는 세이프티카 상황이나 VSC 상황에서 핏 스탑을 뒤로 미루기 어려운 경우 더블 스택을 시도한다.

더블-덱 디퓨저

Double-deck diffuser

공기 흐름이 두 층으로 나뉘어 이동하며 강력한 공기역학적 효과를 발휘하는 디퓨저

"더블 데커 디퓨저(double-decker diffuser)" 또는 **"더블 디퓨저(double diffuser)"**라고도 불리는 더블-덱 디퓨저는 다운포스 생성에 큰 영향을 주는 디퓨저를 두 층으로 만들어 일반적인 디퓨저보다 훨씬 강력한 공기역학적 효과를 발휘할 수 있도록 한 디퓨저다. FIA의 의도와 정면으로 배치됐던 더블-덱 디퓨저는 2011시즌 규정 변경과 함께 F1에서 완전히 금지됐다.

2009시즌 디퓨저 규격을 제한해 다운포스 생성량을 크게 줄이려는 규정 변경이 진행됐을 때 브런GP, 윌리엄스, 토요타 등 세 팀이 규정의 빈틈을 파고들어 더블-덱 디퓨저 레이스카를 개발해 F1 챔피언십의 경쟁 구도를 크게 뒤흔들었고, 이들 중 브런GP가 챔피언 타이틀을 획득했다.

일반적인 디퓨저와 더블-덱 디퓨저의 공기 흐름 차이

2009시즌 페라리의 평범한 디퓨저와 브런GP의 더블-덱 디퓨저

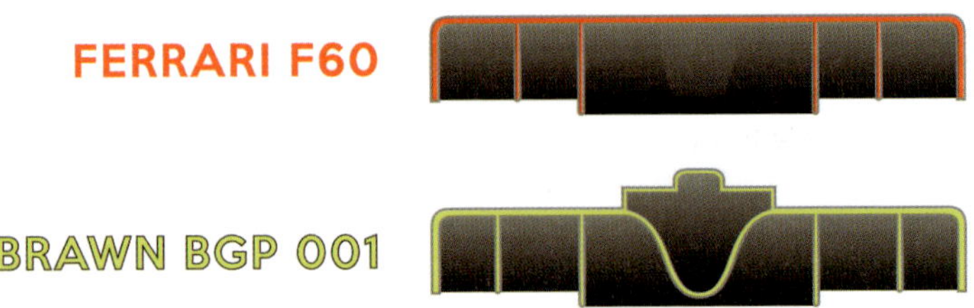

더블 위시본 서스펜션

Double wishbone suspension

두 개의 위시본이 지지 구조 역할을 하는 서스펜션

더블 위시본 서스펜션은 "V"자 형태("A"자 형태로 보기도 한다.)의 위시본을 아래위 두 개 배치해 섀시와 휠을 연결하는 지지구조로 삼는 서스펜션을 가리킨다. 더블 위시본 서스펜션의 위시본들은 섀시에 각각 두 개의 마운팅 포인트로 연결되고, 휠 쪽 너클과는 하나의 조인트로 연결된다.

더블 위시본 서스펜션은 캠버, 캐스터, 토 등 매우 정교한 셋업이 가능해, 레이스카와 고성능 스포츠카에 널리 사용된다. 현대적인 F1 레이스카는 모두 더블 위시본 서스펜션을 채택하고 있다.

F1 레이스카의 더블 위시본 서스펜션

ㄷ

더티 사이드

Dirty side

스타팅 그리드에서 그립이 좋지 않은 쪽

더티 사이드는 레이스의 스타팅 그리드에서 상대적으로 그립이 좋지 않은 쪽을 가리키며, 보통 클린 사이드와 상대되는 개념 혹은 반대 개념으로 사용되는 표현이다.

클린 사이드는 연습 주행과 퀄리파잉, 서포트 레이스 등을 거치며 트랙 에볼루션이 진행되어 그립이 좋아지지만, 상대적으로 많은 차가 지나지 않은 더티 사이드는 트랙 에볼루션 역시 많이 진행되지 않아 먼지만 쌓여있는 경우가 많기 때문에 더티 사이드라는 표현이 사용된다.

더티 에어

Dirty air

차가 지나간 뒤 만들어진 난기류 또는 그 난기류가 형성된 공간

더티 에어는 차가 지나간 뒤 만들어진 난기류 또는 앞선 차가 만든 난기류 때문에 뒤따르는 차의 공기역학적 효과가 크게 줄어드는 공간을 가리킨다.

슬립스트림의 효과를 받는 상황이라면 가속에 도움을 받을 때도 있지만, 보통 더티 에어는 뒤따르는 차의 공기역학적 성능을 떨어뜨려 코너 공략을 어렵게 만드는 등 나쁜 효과를 불러온다.

데브리

Debris

레이스카에서 떨어진 조각이나 파편

데브리는 사고나 고장 등의 이유로 전체 또는 일부가 파손된 레이스카에서 떨어져 나와 트랙이나 트랙 주변에 남은 조각 또는 파편을 가리키며, 때로는 트랙에 떨어져 있는 물체가 분명히 레이스카의 일부라고 확인하지 못했을 때에도 데브리라는 표현을 사용한다.

큰 데브리가 트랙에 남아있거나 작더라도 많은 데브리가 트랙에 떨어져 있을 경우 위험한 사고를 유발할 수 있기 때문에, 트랙 마샬은 책임자의 지시에 따라 적절한 타이밍에 트랙에 들어가 빠르게 데브리를 가지고 나오는 **"데브리 런(debris run)"**을 수행해야 한다. 데브리의 양이 너무 많거나 데브리 런이 힘든 상황이라면 VSC 또는 세이프티카 상황이 선언될 수 있다.

델타 타임

Delta time

서로 다른 두 랩 타임 또는 두 가지 기록의 시간 차

델타 타임은 서로 다른 두 랩 또는 어떤 식으로든 다른 두 기록의 시간 차를 가리킨다. 다양한 상황에서 시간이나 랩 타임 차이를 간단하게 **"델타(delta)"**라고 부르는 경우도 많다.

예를 들어, 앞선 주행에서 작성한 랩 타임과 비교해 같은 드라이버가 같은 차로 나중에 작성한 기록이 더 좋다면 델타 타임은 **"네거티브 델타(negative delta)"**[26]가 된다.

[26] 기록이 단축되었다는 의미이며, 반대로 기록이 나빠졌을 때에는 "포지티브 델타(positive delta)"가 된다.

도넛

Doughnut[27]

의도적인 스핀으로 도넛 모양의 스키드 마크를 만드는 것

도넛은 드라이버가 의도적으로 스핀을 일으켜 노면에 둥근 도넛 모양의 스키드 마크를 만드는 것을 가리킨다. 우승자의 도넛은 1997 챔프카 롱비치 그랑프리에서 우승한 알렉스 자나르디가 자신의 우승을 기념하고, 팬들에게 볼거리를 제공하기 위해 트랙에 도넛을 만든 것을 뿌리로 하고 있다.

알렉스 자나르디 이후 도넛은 모터스포츠 전반에 보급돼 우승 기념, 또는 팬서비스로 만들어지곤 했지만, 도넛을 만드는 동안 레이스카에 무리가 가거나 사고 발생 위험이 있다는 문제가 있다.

독립 팀

Independent team

매뉴팩쳐러의 영향을 받지 않고 독립적으로 운영되는 팀

독립 팀은 매뉴팩쳐러로 분류되는 자동차 제조사의 직접적인 영향이나 지시를 받지 않고, 독립적으로 운영되는 팀을 가리킨다. 자동차 제조사가 아니더라도 대기업의 영향력 아래 있거나 엔진 제조사와 밀접하게 연결된 팀도 독립 팀이 아닌 것으로 분류하기도 한다.

F1에서는 대기업들이 다양한 형태로 영향력을 행사해 "좁은 의미"의 독립 팀 또는 "순수한 독립 팀"을 찾기 힘들어졌지만, 윌리엄스 등 몇몇 팀은 어려운 팀 사정에도 불구하고 고유의 아이덴티티를 유지하며 가능한 한 독립 팀으로서의 가치를 지켜나가기 위해 노력하고 있다.

드라이 라인

Dry line

젖어 있다가 마른 레이싱 라인

드라이 라인은 웻 컨디션에서 다른 곳보다 먼저 마른 레이싱 라인을 가리킨다. 레이싱 라인을 따라 노면이 마르는 것과 다르게 넓지 않은 면적의 트랙이 말라있을 때에는 **"드라이 패치(dry patch)"** 라는 표현을 사용하기도 한다.

레이스카가 지나간 라인은 뜨거운 타이어의 영향으로 상대적으로 빨리 마르기 때문에, 비가 계속 내리지 않거나 빗줄기가 가늘어지면 트랙에는 점차 드라이 라인이 많이 나타나게 된다

---

[27] 미국식 영어로 "donut"

드라이버

Driver

차를 조종하는 사람

드라이버는 차를 조종하는 운전자를 가리키는 말로 모터스포츠에서는 레이스카 조종을 전적으로 책임지는 사람을 가리킨다. 상황에 따라 **"레이스 드라이버(race driver)"**, **"레이싱 드라이버(racing driver)"** 등 다양한 표현을 사용할 수 있다.

F1에서는 팀마다 두 대의 레이스카를 운용할 수 있으며, 차마다 한 명씩 두 명의 정규 드라이버를 지정할 수 있다. 한 시즌 동안 각 팀이 레이스에 투입할 수 있는 드라이버의 수는 최대 네 명이다.

드라이버 브리핑

Drivers' briefing

레이스 디렉터와 각 F1 팀의 드라이버, 팀 매니저가 참석하는 정례 회의

드라이버 브리핑은 그랑프리 기간 FIA의 F1 레이스 디렉터와 각 팀의 드라이버 등이 참석하는 정례 회의다. F1에서는 대부분 그랑프리 이벤트의 정해진 시간에 진행되거나 필요에 의해 소집된다.

최근에는 드라이버 브리핑이 끝난 뒤, 드라이버들만 남아 GPDA 회의를 진행하는 경우가 있다.

드라이버 에이드

Driver aid

드라이버가 아닌 다른 사람이나 기계 장치가 드라이빙에 도움을 주는 것

좁은 의미의 드라이버 에이드는 드라이버가 전적으로 레이스카의 조종을 책임지지 않고, 다른 사람이 조언이나 셋업 변경 등으로 드라이빙에 도움을 주는 행위를 가리킨다. ABS나 TCS[28], 런치 컨트롤 등의 장치도 넓은 의미의 드라이버 에이드로 간주되기도 한다.

F1을 포함한 대부분 모터스포츠에서 주행 중 드라이버 에이드가 금지되어 있으며, 팀 라디오를 통한 과도하게 구체적인 코칭 역시 드라이버 에이드로 여긴다. 한때 F1에서는 포메이션 랩 중 최적의 스타트를 위한 자세한 정보 제공 역시 드라이버 에이드로 간주해 페널티를 주기도 했다.

---

28 트랙션 컨트롤 시스템(Traction Control System)

드라이버 오브 더 데이

Driver Of The Day

팬들의 투표로 선정하는 그랑프리에서 가장 인상적인 활약을 보인 드라이버

매 그랑프리 레이스가 진행되는 동안 팬들의 투표를 통해 드라이버 오브 더 데이를 선정한다. 팬들은 온라인으로 한 드라이버에게 투표하고, 레이스 종반에 득표 상황을 보여주기도 한다. 레이스 종료 후 드라이버 오브 더 데이가 발표된다. 약자로 **"DOTD"**로 표현하며 **"DOD"**라 부르는 사람도 있다.

원래 취지는 그랑프리 주말 내내 팬들에게 가장 큰 인상을 준 드라이버를 선정하는 인기투표였지만, 실제로는 토요일까지의 활약과 무관하게 일요일 레이스에서 가장 인상적이었던 드라이버나 단순하게 순위를 많이 끌어올린 드라이버가 드라이버 오브 더 데이로 선정되는 경우가 많다.

드라이버 질량

Mass of the Driver

규정이 정의한 F1 드라이버의 질량

2026시즌 기준 F1은 무게가 아닌 질량을 기준으로 모든 최소 질량을 규제하고 있다. 드라이버 질량은 드라이버 본인의 신체를 포함해 규정에 명시된 드라이버 장비 전체의 질량을 나타내며, 드라이버 장비에는 오버럴을 포함한 착용 의상 전체와 헬멧, HANS 등 안전 장비들이 모두 포함된다.

F1 규정은 드라이버들이 몸에 무리를 주는 과도한 다이어트를 방지하기 위해 드라이버의 최소 질량을 정하고 있는데, 2026시즌 기준 그랑프리 기간 언제 측정하더라도 **"드라이버 밸러스트[29](Driver Ballast)"**와 **드라이버 질량을 더해 82kg 이상**이어야 한다.

드라이버 쿨링 시스템

Driver Cooling System

드라이버의 몸을 식힐 수 있는 안전장치

F1 규정에서 안전장치의 하나로 정의한 드라이버 쿨링 시스템은 고온으로 드라이버 신장에 무리가 가는 것을 막기 위해 몸을 식히거나 체열 축적을 막을 수 있는 시스템을 가리킨다. 차의 쿨링 시스템과 별도로 각 드라이버가 힛 해저드가 선언되었을 때 몸을 식힐 수 있는 장치와 연결된 **"쿨링 슈트(cooling suit)"**를 입는 방식으로 작동한다. 2025 싱가포르 그랑프리에서 처음으로 힛 해저드가 선언됐을 때 처음으로 공용 드라이버 쿨링 시스템이 의무적으로 사용됐다.

---

29 최소 드라이버 질량을 맞추기 위해 가벼운 드라이버가 임의로 콕핏에 장착할 수 있는 밸러스트

드라이버 퍼레이드

Driver parade

모든 드라이버가 트랙을 한 바퀴 도는 퍼레이드

드라이버 퍼레이드는 F1 레이스 당일 모든 드라이버가 지정된 차에 탑승해 레이스가 펼쳐질 트랙을 한 바퀴 돌며 그랜드스탠드에 모인 관중들에게 팬서비스를 제공하는 사전 행사다.

일부 그랑프리 이벤트에서는 클래식 카에 드라이버가 한 명씩 나눠 탑승해 퍼레이드를 펼치기도 하고, 오픈된 대형 버스나 트럭에 모든 드라이버가 함께 탑승하는 경우도 있다. 드라이버 퍼레이드 진행 중 TV 리포터가 인터뷰를 진행할 때도 있다.

드라이브샤프트

Driveshaft

회전과 토크를 전달하는 기계 부품

드라이브샤프트는 물리적으로 멀리 떨어져 있어 직접 연결하기 어려운 드라이브트레인의 두 부분을 연결해 회전과 토크를 전달하는 기계 부품을 가리키며, "드라이브 샤프트(drive shaft)", "드라이빙 샤프트(driving shaft)", "테일 샤프트(tail shaft)" 등 다양한 표현이 사용된다.

좁은 의미의 드라이브샤프트는 디퍼런셜부터 휠까지 회전과 토크를 전달하는 부품만을 가리키며, 이때 파워트레인에서 만들어진 회전과 토크를 디퍼런셜까지 전달하는 부품은 따로 **"프로펠러 샤프트(propeller shaft)"** 또는 "프롭-샤프트(prop-shaft)" 등으로 부른다. 넓은 의미로는 프로펠러 샤프트 역시 드라이브샤프트와 비슷한 개념으로 혼용할 수 있다.

드라이브-쓰루 페널티

Drive-through penalty

핏 스탑 없이 핏 레인을 지나는 페널티

드라이브-쓰루 페널티는 특별한 상황이 아니라면 속도 제한 없이 달릴 수 있는 핏 스트레이트 대신 속도 제한이 있는 핏 레인을 지나도록 강제해 시간 손해를 보도록 하는 페널티다. F1에서 드라이브-쓰루 페널티가 주어졌을 경우 해당 드라이버는 페널티가 주어진 시점으로부터 세 랩이 지나기 전 핏 레인으로 들어와 페널티를 수행해야 한다.

F1 그랑프리 레이스에서 특별한 이유 없이 주어진 드라이브-쓰루 페널티를 제때 수행하지 않는다면 실격 처리될 수 있으며, 레이스 종료까지 세 랩이 남지 않은 상황에서 드라이브-쓰루 페널티를 받았다면 최종 기록에 20초가 더해진다.

드라이브트레인
Drivetrain

파워트레인에서 만든 동력을 휠까지 전달하는 일련의 부품들

드라이브트레인은 파워트레인에서 만든 회전력을 원하는 비율로 변환한 뒤, 동력축에 연결된 휠까지 전달하는 일련의 부품을 아우르는 개념이다. 드라이브트레인은 동력 전달을 의미하는 **"드라이브(drive)"**와 일련의 부품이 이어져있다는 의미의 **"트레인(train)"**의 합성어라고 볼 수 있다.

보통 클러치와 기어박스, 프로펠러 샤프트, 디퍼런셜과 드라이브샤프트 등이 드라이버트레인에 포함된다고 보는 견해가 많고, 파워트레인과는 어느 정도 구분된 개념으로 여겨지곤 한다. 그러나, 정확히 어떤 부분부터 드라이브트레인이고, 정확히 어떤 부분부터 파워트레인이 아닌가에 대해서는 연구자나 말하는 사람의 관점에 따라 조금씩 설명이 달라지기도 한다.

드라이빙 스탠다드 가이드라인
Driving Standards Guideline

추월 시도를 포함한 다양한 상황의 드라이빙 기준을 정리한 가이드라인

F1 그랑프리에서 주행하는 차들이 다양한 상황에서 겪을 수 있는 이슈들에 대해 가능한 분명한 기준을 제시하고 판단의 근거로 삼을만한 문서로 만들어진 것이 드라이빙 스탠다드 가이드라인이다. 오랫동안 비공개 처리되어 F1 팀과 FIA 관련자들만 볼 수 있는 문서였지만, 2025시즌 초반 FIA가 더 투명한 운영을 추구한다는 취지 아래 드라이빙 스탠다드 가이드라인을 일반에게 공개했다.

드라이빙 스탠다드 가이드라인은 강제적인 구속력이 있는 규정으로 분류되지 않는다.

드라이 컨디션
Dry condition

노면이 마른 트랙 상황

드라이 컨디션은 노면이 마른 상황을 가리킨다. 비가 약간 내리고 있거나 트랙 일부가 젖어있더라도, 레이스 컨트롤에서 노면이 충분히 말랐다고 판단하면 드라이 컨디션을 선언할 수 있다.

드라이 컨디션의 반대말은 **"웻 컨디션(wet condition)"**으로 F1의 트랙 상황은 드라이 컨디션과 웻 컨디션 두 가지 중 하나만 선언될 수 있다. 레이스 컨트롤에서 특별하게 웻 컨디션을 선언하는 메시지를 내보내지 않았을 경우 드라이 컨디션이 선언된 것으로 간주한다.

드라이 타이어

Dry tyre

드라이 컨디션에 사용하도록 만들어진 타이어

드라이 타이어는 드라이 컨디션에서 사용하는 것을 전제하고 만들어진 타이어다. 각 모터스포츠 이벤트나 챔피언십 규정에 따라 웻 컨디션에도 드라이 타이어를 사용할 수 있지만, 드라이 컨디션에서 사용했을 때 제 성능을 발휘할 수 있다.

F1에서는 2016시즌부터 SFC 그랑프리마다 F1 타이어 독점 공급자 피렐리 타이어가 각 드라이버에게 13세트의 드라이 타이어를 공급한다. 2026시즌 기준 AFC 그랑프리에는 모두 12세트의 드라이 타이어가 각 드라이버에게 주어진다.

드래그

Drag

유체 속에서 이동하는 물체에 진행 방향과 반대쪽으로 작용하는 힘

드래그는 유체역학에서 어떤 물체가 자신을 둘러싼 유체 속에서 이동할 때, 진행 방향과 반대쪽으로 작용하는 힘을 가리킨다. 정교한 개념 정의가 필요 없다면 "공기 저항(air resistance)"이나 "유체 저항(fluid resistance)" 등의 표현을 드래그와 비슷한 의미로 사용할 수 있다.

드래그는 레이스카의 바디워크 디자인은 물론 다양한 요인에 따라 결정되지만, 엄밀하게 따지면 다운포스와 정확히 반대되는 개념은 아니다. 드래그의 방향과 다운포스의 방향도 서로 정확히 반대가 아니며, 발생하는 드래그의 양과 다운포스의 양도 완벽하게 비례하지는 않는다.

추진력, 양력, 다운포스, 무게와 비교한 드래그가 작용하는 방향

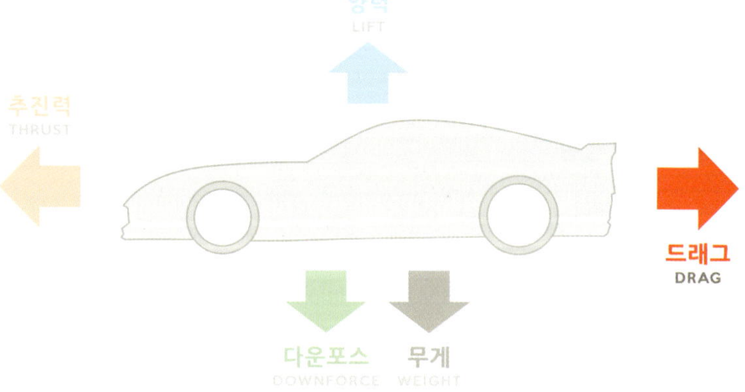

드래프팅
Drafting

앞선 차 뒤로 바짝 달라붙어 자기 차에 작용하는 드래그를 줄이는 드라이빙 스킬

드래프팅은 두 대 또는 그 이상의 차가 나란히 달릴 때, 맨 앞에서 달리는 차를 뒤따르는 차가 바짝 따라붙어 **"드래프트(draft)"** 속을 달리며 드래그를 줄이는 드라이빙 스킬을 가리킨다. 드래프팅은 상황에 따라 **"슬립스트리밍(slipstreaming)"**과 같은 의미로 사용할 수 있다.

북미 지역에서 주로 펼쳐지는 나스카 컵 시리즈와 같은 스톡카 레이싱에서는 매우 큰 드래그가 발생할 수밖에 없는 외형 때문에, 드래프트를 벗어나면 드래프트 안에 있는 차와 비교해 상대적으로 더 큰 드래그가 작용한다. 이렇게 드래프트를 벗어난 차는 대열의 다른 차와 같은 속도를 유지할 수 없기 때문에, 혼자 뒤쳐지지 않기 위해 드래프팅이 매우 중요하게 여겨진다.

특히 대열 맨 앞의 선두 차량도 드래프팅을 통해 드래그를 어느 정도 감소시킬 수 있다. 때로는 앞선 차 옆으로 달라붙어 상대의 드래그를 증가시키는 **"사이드-드래프팅(side-drafting)"**이나 앞차와 범퍼를 근접시켜 공기역학적 효과를 최대한 끌어내는 **"범프 드래프팅(bump drafting)"** 등의 응용 기술이 사용되기도 한다.

ㄷ

드리프팅
Drifting

컨트롤을 유지하면서 의도적으로 오버스티어를 만드는 기술

드리프팅은 드라이버가 의도적으로 오버스티어를 일으켜 프론트 그립은 유지한 채, 뒷바퀴만 그립을 잃게 만드는 드라이빙 스킬이다. 드리프팅을 잘 활용하면 정상적인 그립 주행보다 빠른 속도로 코너를 공략하거나, 높은 엔진 회전수를 유지해 코너 공략 이후 빠르게 가속할 수 있다.

마이크 헤일우드와 존 서티스 등이 모터싸이클 무대에서 연마했던 드리프팅 스킬을 그대로 성공적인 접목에 성공한 뒤 한동안 F1에서도 드리프팅이 활발하게 사용되었다. 트랙 레이싱과는 다른 랠리 형식의 모터스포츠에서는 드리프팅이 기본적인 스킬로 자리 잡았다.

1970년대 이후 드리프팅이 별도의 모터스포츠 분야로 자리 잡은 일본에서는 타카하시쿠니미츠(高橋国光), 츠치야케이이치(土屋圭市) 등 선구자들의 활약과 만화 "이니셜 D"의 인기에 힘입어 드리프트의 개념이 널리 알려졌다.

드링크 시스템

Drink system

드라이버가 주행 중 콕핏에서 음료수를 마실 수 있는 시스템

모터스포츠 종목에 따라 드라이버가 주행 중 콕핏에서 최적의 컨디션을 유지하기 위해 음료수를 마실 수 있는 드링크 시스템이 사용된다. F1 레이스카에는 음료수를 저장하는 작은 저장소가 배치되고, 드라이버가 원할 때 **스티어링 휠의 "드링크 버튼"을 눌러 음료수를 마실 수 있다.**

2026시즌 기준 F1 레이스카에는 1L 이상,1.5 L 이하의 음료를 저장할 수 있다. 그러나, 일부 드라이버는 약 1.5kg 정도의 무게를 아끼기 위해 음료를 채우지 않고 레이스에 출전하기도 한다.

디그레데이션

Degradation

타이어의 성능 저하

타이어의 디그레데이션은 좁은 의미로는 힛 싸이클이 진행되면서 타이어 성능이 나빠지는 것을 가리키는 개념이지만, 넓은 의미로는 타이어의 단순 마모와 "그레이닝", "블리스터링" 등을 포함해 타이어의 퍼포먼스가 나빠지는 현상 모두를 아우르는 개념으로도 사용한다.

F1 타이어는 너무 높은 온도가 오래 유지되는 경우나 정상 작동 온도 범위보다 낮은 온도에 오래 머무를 경우, 타이어 공기압 문제 등 다양한 원인으로 디그레데이션이 촉진될 수 있다.

디브리프

Debrief

주행 프로그램 이후 진행되는 팀 내 브리핑

그랑프리 기간 대부분 F1 팀에서는 매일 공식 주행 프로그램이 마무리된 뒤, 드라이버와 핵심 관계자가 참석하는 분석 회의인 디브리프를 진행한다.

주로 기술적 문제를 다루는 디브리프에는 드라이버와 레이스 엔지니어는 물론 현장의 팀 주요 관계자가 참석하고, 현장에 합류하지 못하고 팀 본부에 머무르고 있는 엔지니어와 필요한 인력들도 컨퍼런스 콜을 이용해 원격으로 회의에 참여하기도 한다.

디스플레이

Display

스티어링 휠에 부착된 정보 표시창

디스플레이는 F1 레이스카의 스티어링 휠에 부착된 정보 표시창을 가리킨다. 디스플레이는 대시보드에서 가장 중요한 역할을 하는 부분 중 하나로, 기어 단수와 RPM 등 주행 기본 정보는 물론 드라이버의 조작에 따라 원하는 세부 정보를 확인할 수 있다.

2000년대 중반까지 F1 레이스카의 대시보드 디스플레이는 몇 개의 작은 SSD와 LED 시프트 라이트가 전부였지만, 점차 다양한 정보를 알아보기 쉽게 표시할 수 있는 대형 화면의 LCD에 이어 현재의 OLED 디스플레이로 발전했다.

F1 레이스카 스티어링 휠 디스플레이의 예

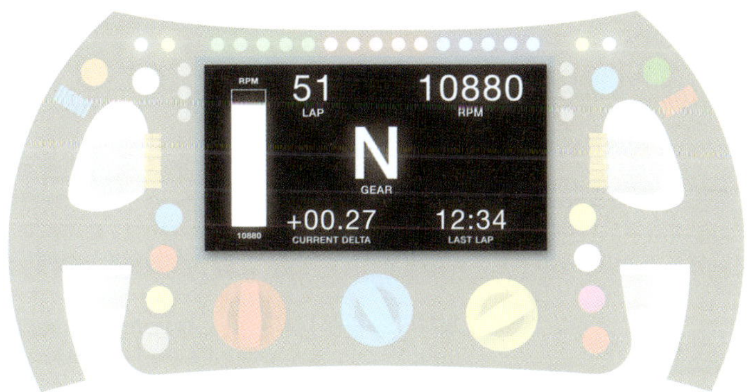

디젤 엔진

Diesel engine

경유를 압축 점화 방식으로 연소시켜 동력을 만드는 내연기관

가솔린 엔진이 점화 플러그로 스파크를 일으켜 휘발유를 연소시키는 것과 달리, 점화 플러그 없이 압축 점화 방식으로 경유를 연소시켜 동력을 만드는 엔진이 디젤 엔진이다.

1892년 "**루돌프 디젤(Rudolf Diesel)**"이 고안한 디젤 엔진은 높은 열효율과 중저속에 강한 것이 장점이지만, 심한 진동과 RPM이 높을 때 충분한 동력을 만들기 어려운 단점이 있다. F1에서는 1982년 콘코드 협정 체결로 디젤 엔진 사용이 금지되어 가솔린 엔진만 사용되고 있다.

디텍션 루프

Detection loop

트랙 아래에 설치한 선형 시간 측정 장치

대부분 써킷에서는 트랙 아래에 라디오 신호를 내보내는 선을 깔고, 각 레이스카에 설치된 트랜스폰더가 신호를 감지해 해당 지점을 지난 시간을 정확하게 측정하는 시스템을 구축한다. 이런 시스템에서 트랙 아래 설치된 선형 시간 측정 장치를 가리켜 디텍션 루프라고 부른다. 스타트 라인과 피니시 라인, 각 섹터를 구분하는 인터미디어트 라인, 세이프티카 라인과 핏 레인 입구/출구의 경계, 미니 섹터 경계선까지 시간 측정이 필요한 모든 컨트롤 라인 아래에 디텍션 루프가 설치된다.

디퍼런셜

Differential

두 축의 회전 속도 합이 다른 한 축의 회전 속도와 같아지도록 만드는 기계 장치

디퍼런셜은 세 축을 연결하는 기계 장치로, **양쪽 바퀴와** 연결된 두 축의 **회전 속도 합**이 **동력원**과 연결된 축의 **회전 속도와 같도록 만드는 장치**다. 차가 이상적으로 직진할 때는 양쪽 바퀴가 같은 속도로 회전하지만, 코너를 도는 상황처럼 바깥쪽과 안쪽 바퀴가 서로 다른 속도로 회전해 트랙션을 유지해야 할 때 디퍼런셜이 중요한 역할을 한다. **"차동 장치"** 또는 **"차동 기어"**라고도 불린다.

전자/유압식 장치로 조절할 수 있는 **"리미티드-슬립 디퍼런셜(LSD : Limited-Slip Differential)"**[30] 이 사용되는 F1에서는 디퍼런셜 셋업에 따라 주행 특성과 코너 공략 성능이 크게 달라질 수 있다.

디펜스

Defense

뒤따르는 차의 추월 시도를 막기 위한 움직임

디펜스는 레이스에서 앞선 차가 뒤따르는 차의 추격과 추월 시도를 막기 위한 움직임을 가리키며, 추월을 시도할 수 있는 레이싱 라인을 선점해 진로를 방해하는 다양한 디펜스 기술이 사용된다.

대부분 모터스포츠에서는 **"투 무브(two move)"** 디펜스가 금지되기 때문에, 코너를 앞둔 디펜스는 코너 안쪽 추월 라인을 막거나 코너 바깥쪽 레코드 라인을 막는 두 가지 중 하나를 선택해야 한다. 미리 애매한 라인을 선점하다가 상대의 움직임에 맞춰 추월 시도를 막는 판단과 정확한 타이밍에 반응하는 모습을 자주 보여줄 때 "디펜스 능력이 뛰어나다."는 표현을 사용하기도 한다.

---

30 두 바퀴의 최대 회전 속도 차이를 제한하는 디퍼런셜

디퓨저

Diffuser

차 아래를 지나는 공기 흐름을 가속해 공기역학적 성능을 높이는 부품

디퓨저는 레이스카 맨뒤에서 차 아래를 지나는 공기의 흐름을 가속해 공기역학적 성능을 높이는 에어로 파츠를 가리킨다. 디퓨저 성능에 따라 드래그 발생이나 공기 흐름의 분리 등 부정적인 효과를 그다지 많이 발생시키지 않으면서도 매우 강력한 다운포스를 만들 수 있다.

공기역학적 성능이 매우 중요한 현대 F1 레이스카에서 디퓨저는 디자인의 핵심 요소 중 하나로 여겨졌으며, F1 규정을 변경할 때마다 디퓨저의 형태와 크기가 중요한 이슈 중 하나로 주목받았다. 플로어와 이어진 디퓨저의 디자인에 따라 차체 하부의 공기역학적 성능이 결정된다.

뒤에서 본 F1 레이스카의 디퓨저(빨간색)

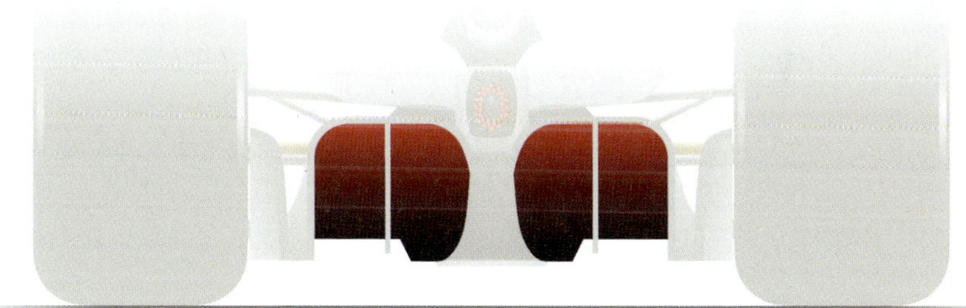

디플렉터

Deflector

공기 흐름의 진행 방향을 바꾸는 작은 공기역학 부품

F1 레이스카에는 공기 흐름의 진행 방향에 영향을 주는 다양한 소형 공기역학 부품이 있으며, 디플렉터 역시 이런 작은 공기역학 부품의 하나다. 2022시즌 변경된 F1 기술 규정에 정의된 프론트/리어 드럼 디플렉터의 개념을 통해 디플렉터라는 단어가 본격적으로 사용되기 시작했다.

앞바퀴 안쪽의 "**프론트 드럼 디플렉터(front drum deflector)**"와 뒷바퀴 안쪽 "**리어 드럼 디플렉터(rear drum deflector)**"는 휠 부근 브레이크 덕트 아래쪽에서 움직이는 공기의 흐름을 조절해 레이스카의 공기역학적 성능에 큰 영향을 준다.

딜래미네이션
Delamination

타이어 컴파운드가 내부 구조로부터 분리되는 현상

딜래미네이션은 타이어에서 지면과 접촉하는 트레드와 컴파운드가 마치 껍질을 벗기듯 타이어 내부 구조로부터 분리되어 떨어져 나오는 현상을 가리킨다.

딜래미네이션은 타이어 웨어나 디그레데이션, 그레이닝 등 일반적 타이어 손상과 달리 특별한 이슈가 없다면 절대 발생해서는 안 되는 현상이다. F1 그랑프리 중 타이어에 딜래미네이션 현상이 발생했던 몇몇 사건에 대해서는 타이어 공급자와 FIA가 깊이 있는 조사를 진행하기도 했다.

딜레이드 스타트
Delayed Start

스타트 시간을 늦춘다는 공식적인 선언

레이스나 스프린트 등 TTCS의 스타트를 준비하는 그리드 프로시저를 진행하던 중 바로 스타트를 진행할 수 없는 이유가 생겼을 때, 레이스 디렉터는 딜레이드 스타트를 선언할 수 있다. 레이스 컨트롤은 **"딜레이드 스타트(DELAYED START)"**라는 메시지를 전하고, 스타트 라이트에 주황색 불이 켜지며 스타트 지연이 공식화된다. 어보티드 스타트와는 의미가 조금 다르다.

딜레이드 스타트로 지정된 시간이 되면 "10분 전 신호"부터 그리드 프로시저가 재개된다.

라디에이터
Radiator

주요 부품의 냉각을 위해 열 에너지를 다른 매체로 전달하는 열 교환기

라디에이터는 엔진을 포함한 주요 부품의 냉각을 위해 사용하는 열 교환기를 가리킨다. 일반적인 수랭식 엔진의 라디에이터는 먼저 "냉매(coolant)"가 엔진 블럭 주변을 통과하며 열을 흡수한 뒤, 라디에이터 "핀(fin)" 주변에서 대기와 열을 교환해 엔진을 냉각시킨다.

F1 레이스카의 냉각 시스템은 2014시즌 파워 유닛 도입 이후 사이드포드 한쪽에 라디에이터, 다른 쪽에 인터쿨러를 배치한다. 대부분 F1 팀은 ERS와 기어박스 등 주요 부품의 냉각을 위한 중앙 냉각 시스템을 채택해 냉각 효율을 최대화하고 있다.

라이드 하이트

Ride height

차체의 맨 아래 부분과 지면 사이의 거리

라이드 하이트는 차와 지면 사이의 거리를 뜻한다. F1 레이스카의 경우 라이드 하이트의 기준이 되는 레퍼런스 플레인보다 아래에 스키드 블럭이 배치되기 때문에, 라이드 하이트와 "지면과 차 사이에 아무것도 존재하지 않는 공간"의 의미는 같지 않을 수도 있다.

F1 규정은 라이드 하이트의 최소값이나 최대값을 제한하지 않는다. 이 때문에 프론트 휠 센터 라인과 리어 휠 센터 라인에서의 라이드 하이트를 다르게 조절해 차의 운동 특성이나 공기역학적 성능에 영향을 주는 여러 가지 셋업을 선택할 수 있다. 로우 레이크 셋업은 앞뒤 라이드 하이트의 차이가 크지 않지만, 하이 레이크 셋업을 선택할 경우 프론트 라이드 하이트가 낮아지는 반면 리어 라이드 하이트는 높아진다.

레퍼런스 플레인을 기준으로 한 레이스카 앞쪽과 뒤쪽의 라이드 하이트

앞뒤 라이드 하이트를 다르게 조절한 셋업의 비교

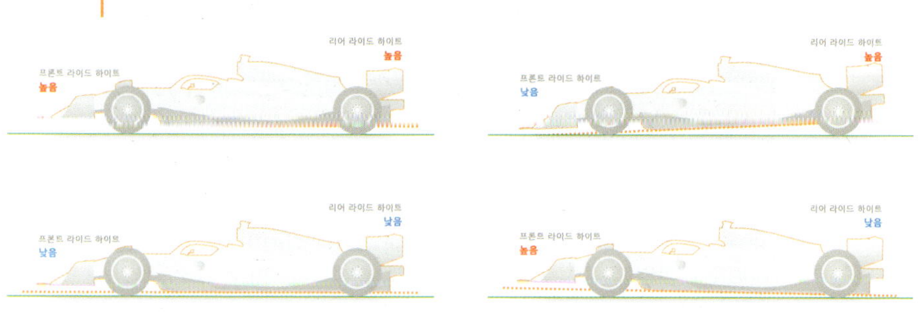

라이브 타이밍

Live timing

모터스포츠의 실시간 기록 정보 제공 시스템

라이브 타이밍은 모터스포츠에서 사용하는 실시간 기록 정보 제공 시스템이다. F1의 라이브 타이밍은 F1 공식 홈페이지와 모바일 기기의 애플리케이션을 통해 제공되며, 실시간으로 모든 공식 세션의 세부 기록과 다양한 정보를 확인[31]할 수 있다.

2026년 기준으로 F1 라이브 타이밍은 F1 TV 억세스 가입 회원을 대상으로 그랑프리 주말 프랙티스, 퀄리파잉, 스프린트 퀄리파잉, 스프린트 및 레이스 등 모든 세션의 실시간 세부 기록과 함께 텍스트 라이브 커멘터리, 타이어 정보, 날씨 정보, 각 레이스카의 GPS 위치 정보 등을 제공한다. 모바일 애플리케이션에는 지난 경기의 라이브 타이밍 다시 보기 기능도 포함되어 있다.

F1 라이브 타이밍 화면 구성의 예

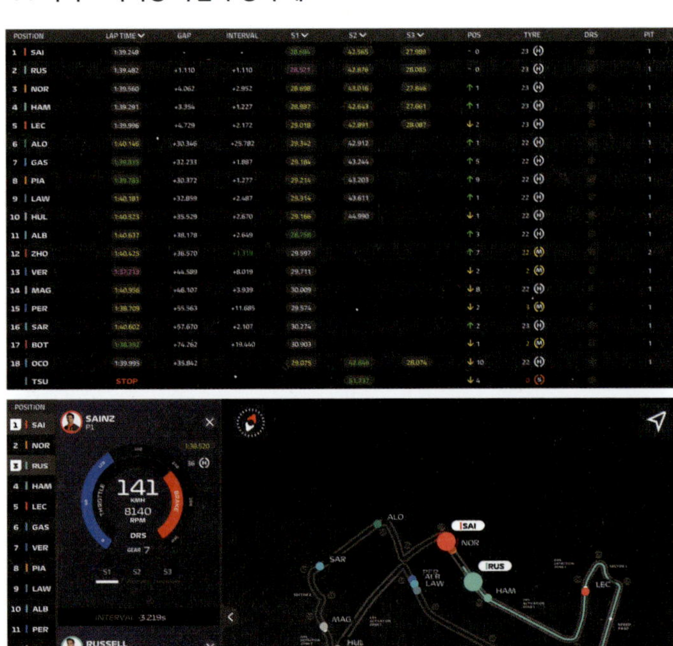

31 단순 기록 정보는 로그인 없이 무료로 확인할 수 있고, 자세한 정보는 로그인한 유료 결제 회원만 확인할 수 있다.

라이트-풋 브레이킹

Right-foot braking

브레이크를 밟을 때 오른발을 사용하는 기술

보통 승용차로 일반 도로에서 브레이크를 밟을 때와 달리, 스포츠 드라이빙에서는 브레이크를 밟을 때 왼발을 사용하는 **"레프트-풋 브레이킹(left-foot braking)"**을 이용하는 경우가 많지만, 일부 드라이버는 의도적으로 오른발로 브레이크를 밟는 라이트-풋 브레이킹을 사용한다.

라이트-풋 브레이킹은 더 정교하거나 더 강하게 브레이크를 밟기 위해 선택하는 경우가 많은데, 과거 F1 드라이버 중 루벤스 바리첼로가 라이트-풋 브레이킹을 사용하는 것으로 유명했다.

락 업

Lock up

브레이크가 잠기는 현상

락 업은 휠과 연결된 브레이크의 회전이 완전히 멈춰 제동 효과가 심하게 감소하는 현상을 가리킨다. 바퀴가 잠겼다는 의미의 **"휠 락(wheel lock)"**이 같은 의미로 매우 자주 사용되며, 브레이크가 잠긴다는 의미를 담아 **"브레이크 락 업(brake lock up)"**이라는 표현을 사용하는 사람도 있다.

밸런스가 무너졌을 때, 무리한 브레이킹을 시도할 때도 락 업이 생기지만, 사고를 피하려고 강하게 브레이크를 밟았을 때 락 업이 발생하는 것을 자주 볼 수 있다. 락 업은 타이어의 플랫 스팟으로 이어져 성능을 제대로 발휘할 수 없게 만들고, 심할 경우 바로 타이어를 교체해야 할 수도 있다.

랩

Lap

한 바퀴

랩은 트랙을 따라 주행한 한 바퀴를 가리키며, F1에서는 피니시 라인을 기준으로 "한 랩을 도는 동안" 걸린 시간을 **"1/1,000초 단위"**[32]로 측정해 **"랩 타임(lap time)"**으로 기록한다. 모터스포츠에서 사용되는 다양한 용어와 개념 중 상당수가 랩을 기준으로 정의된다.

2026시즌 기준 F1 그랑프리의 최소 레이스 랩은 44랩, 최대 레이스 랩은 78랩이다.

[32] 과거의 F1은 1/10초, 1/100초 등 다른 단위를 사용했었고, 초창기에는 1초 단위 측정을 사용하기도 했다.

랩 레코드

Lap record

레이스에서 기록된 가장 빠른 랩 타임

랩 레코드는 한 써킷에서 기록된 가장 빠른 랩 타임을 가리키며, 일반적으로 레이스에서 작성된 최고 기록만 랩 레코드로 인정된다.

꼭 레이스가 아니더라도 한 써킷에서 기록된 가장 빠른 랩 타임은 **"트랙 레코드(track record)"** 라고 부르는 경우가 많지만, 일부에서는 랩 레코드와 트랙 레코드의 개념을 혼용하기도 한다.

랩 차트

Lap chart

매 랩 순위를 정리한 표

랩 차트는 피니시 라인 통과를 기준으로 매 랩 순위를 정리한 표를 가리키며, 레이스나 스프린트를 마친 뒤 진행 상황을 정리하는 공식 자료로 사용된다.

F1 공식 기록으로 제공되는 랩 차트는 단순하게 순위만 표기하지만, 사람들의 이해를 돕기 위해 직관적인 그래프를 그린 뒤 다양한 정보를 추가한 랩 차트가 만들어지기도 한다.

2023 오스트리아 그랑프리 스프린트의 FIA 공식 랩 차트

FORMULA 1 GROSSER PREIS VON ÖSTERREICH 2023 - Spielberg

Sprint Lap Chart

POS	1	2	3	4	5	6	7	8	9	10	11	12	13	14	15	16	17	18	19	20
GRID	1	11	4	27	55	14	18	31	16	20	23	10	22	21	63	24	81	44	77	2
LAP 1	1	27	11	55	18	14	23	31	16	4	20	63	44	22	10	21	81	24	2	77
LAP 2	1	27	11	55	18	14	23	31	16	4	20	63	44	22	10	21	81	2	24	77
LAP 3	1	27	11	55	18	14	23	31	16	4	20	63	44	22	10	21	81	2	24	77
LAP 4	1	27	11	55	18	14	23	31	16	4	20	63	44	22	10	21	81	2	24	77
LAP 5	1	27	11	55	18	14	23	31	16	4	20	63	44	22	10	21	81	2	24	77
LAP 6	1	27	11	55	18	14	23	31	16	4	20	63	44	22	10	21	81	2	24	77
LAP 7	1	27	11	55	18	14	23	31	16	4	20	63	44	22	10	21	81	2	24	77
LAP 8	1	27	11	55	18	14	23	31	16	4	20	63	44	22	10	21	81	2	24	77
LAP 9	1	27	11	55	18	14	23	31	16	4	63	20	44	22	10	21	81	2	24	77
LAP 10	1	27	11	55	18	14	23	31	16	4	63	44	20	22	10	21	81	2	24	77
LAP 11	1	27	11	55	18	14	23	31	16	4	63	44	20	22	10	21	81	2	24	77
LAP 12	1	11	27	55	18	14	23	31	16	4	63	44	20	22	10	21	81	2	24	77
LAP 13	1	11	55	27	18	14	23	31	16	4	63	44	20	22	10	81	21	2	24	77
LAP 14	1	11	55	27	18	14	23	31	16	4	63	44	20	22	10	81	2	21	24	77
LAP 15	1	11	55	27	18	14	23	31	4	16	44	63	20	22	10	81	2	21	24	77
LAP 16	1	11	55	27	18	14	23	31	4	16	44	20	22	10	2	81	21	24	77	63
LAP 17	1	11	55	18	14	27	23	31	4	16	44	22	20	10	2	77	21	24	63	81
LAP 18	1	11	55	18	14	31	4	23	16	10	22	27	77	63	44	81	20	2	21	24
LAP 19	1	11	55	18	14	31	4	10	27	63	77	23	44	16	81	20	22	2	21	24
LAP 20	1	11	55	18	14	31	4	27	10	63	23	44	16	81	77	20	22	2	21	24
LAP 21	1	11	55	18	14	31	4	27	63	10	44	23	16	81	20	77	22	2	21	24
LAP 22	1	11	55	18	14	31	4	27	63	10	44	81	23	16	20	77	22	2	21	24
LAP 23	1	11	55	18	14	31	27	4	63	44	81	16	10	23	20	22	2	21	77	24
LAP 24	1	11	55	18	14	27	31	63	4	44	81	16	23	20	10	22	21	2	24	77

랩트 카

Lapped car

선두에 한 랩 이상 뒤처진 차

"랩트(lapped)"는 레이스에서 선두에 한 랩 이상 뒤처진 상태를 가리키며, 선두보다 한 랩 이상 뒤처진 차를 가리켜 랩트 카 또는 **"백마커(backmarker)"**라 부른다.

F1 그랑프리 레이스에서 랩트 카는 리드 랩 차의 진로를 방해할 수 없도록 규정하고 있으며, 플랙 마샬은 리드 랩의 차가 다가올 경우 "블루 플랙"으로 랩트 카가 진로를 비켜주도록 지시한다.

러너-업

Runner-up

2위

러너-업은 경쟁에서 최종 순위 2위를 차지한 것을 가리키는 표현이다. F1 챔피언십에서 챔피언 타이틀을 놓치고 2위로 시즌을 마치거나, 그랑프리에서 준우승한 경우 모두 러너-업에 해당한다.

우승을 놓고 겨룬 마지막 경쟁자가 여러 명 있었다면, 2위를 "퍼스트 러너-업(first runner-up)", 3위를 "세컨드 러너-업(second runner-up)"이라고 부르기도 한다.

러시 (영화)

Rush (film)

제임스 헌트와 니키 라우다의 라이벌 경쟁을 다룬 2013년작 영화

러시는 1970년대 중반 F1에서 치열한 라이벌 관계로 주목받았던 제임스 헌트와 니키 라우다의 경쟁을 다룬 론 하워드 감독의 2013년 개봉 영화다. 한국에는 **"러시 : 더 라이벌"**이라는 제목으로 2013년 10월 9일 개봉했으며, 블루레이와 DVD가 정식 발매되었다.

러시는 주인공의 모델인 니키 라우다 본인은 물론 제임스 헌트의 팀메이트였던 요헨 마스와 1970년대 중반 맥라렌의 팀 매니저 알라스테어 칼드웰 등의 자문을 받아 제작되었으며, 다수의 실제 레이스카와 복원 차량이 주행을 촬영해 박진감 넘치는 레이스 장면으로 높은 평가를 받았다.

런-오프
Run-off

안전을 위해 트랙 주변에 배치된 넓은 공간

런-오프는 차가 트랙을 벗어났을 때 가능하다면 사고를 피하고, 사고가 발생하더라도 피해를 최소화할 수 있도록 설계된 안전시설로, 타막, 그래블 트랩, 아스트로터프 등 다양한 구성 방법이 있다. 상황에 따라 "런-오프 에이리어(run-off area)"나 "런-오프 존(run-off zone)" 등으로 불린다.

1970년대까지 써킷의 트랙 안전 시설로 "캐치 펜스(catch fence)"가 많이 사용됐지만, 1980년대 중반 이후 F1에서 캐치 펜스 사용이 제한된 뒤 런-오프가 트랙 주변 안전시설의 주류가 되었다.

런치 컨트롤
Launch control

스탠딩 스타트에서 빠른 가속을 도와주는 전자 장비

런치컨트롤은 레이스의 스탠딩 스타트에서 발생할 수 있는 여러 문제에 대응해 레이스카의 상태를 조절하고, 출발 직후 최대한 빠르게 가속할 수 있도록 도움을 주는 전자 장비를 가리킨다. F1 레이스카는 물론 고성능 스포츠카와 일부 일반 승용차에도 종종 런치 컨트롤을 장착한 예가 있다.

F1 레이스카에 널리 보급됐던 런치컨트롤은 1994시즌을 앞두고 드라이버 에이드 금지와 함께 퇴출당했고, 2001시즌 스페인 그랑프부터 런치 컨트롤이 허용됐다가 **2004시즌 다시 금지**되었다.

럼블스트립
Rumblestrip

트랙의 경계를 넘을 경우 강한 진동으로 경고하는 구조물

럼블스트립은 일반적인 연석 바깥쪽에 배치되어 트랙 경계를 넘을 때 강한 진동을 일으켜 경고할 수 있는 톱니 형태의 구조물을 가리킨다. 럼블스트립은 일반 도로에 배치되는 졸음 방지 차선(sleeper line / alert strip)과 같은 개념으로 "럼블 스트립(rumble strip)"으로 표기하기도 한다.

F1 그랑프리가 펼쳐지는 써킷에서 럼블스트립은 연석 바깥쪽에 이중 연석과 같은 구조로 배치되어, 연석을 너무 깊게 밟지 못하도록 하는 도구로 사용된다. 그러나, 자칫하면 럼블스트립 때문에 차가 파손되거나 타이어가 손상되어 오히려 큰 사고를 유발할 수 있다는 단점도 갖고 있다. 그래블 스트립과 같은 취지의 구조물로, 장단점에서도 겹치는 부분이 많다.

레드 플랙

Red flag

세션이 중단되고 트랙 사용이 금지됐음을 알리는 깃발 신호

레이스 컨트롤이 세션을 계속 진행하기에는 트랙 상황이 너무 위험하거나 트랙 주변에 위험 요소가 있다고 판단했을 때, 세션을 중단시키는 동시에 트랙 사용이 금지됐음을 모두에게 알리기 위해 사용하는 깃발 신호가 레드 플랙이다. 레드 플랙이 선언되면 모든 마샬 포스트에서 빨간색 깃발을 펄럭이고, LED 패널과 스타트 라이트에도 빨간불이 들어온다.

F1 그랑프리에서 레드 플랙이 선언되면 모든 차는 서행해 핏 레인으로 들어와야 하고, 레이스에선 핏 레인, 다른 세션은 가라지 안에서 대기해야 한다. 레이스와 퀄리파잉에서는 레드 플랙이 선언되면 세션 타이머가 중단되지만, 프랙티스 세션에서는 레드 플랙에도 타이머가 중단되지 않는다.

레이스

Race

속도 경쟁으로 승자를 가리는 이벤트

레이스는 정해진 규칙에 따라 속도 경쟁을 펼쳐 승자를 가리는 이벤트를 가리킨다. 모터스포츠 분야에는 누가 먼저 정해진 거리를 주행하는지 겨루거나, 정해진 시간 동안 누가 더 먼 거리를 달렸는지를 확인하는 등 몇 가지 방식의 레이스가 존재한다.

F1 레이스는 그랑프리 주말 마지막 이벤트로 보통 일요일 오후에 펼쳐지며, 특별한 이슈가 없다면 지정된 수의 랩만큼 써킷을 달린 뒤, 피니시 라인 통과 순서에 따라 우승자와 순위를 결정한다.

레이스 디렉터

Race director

모터스포츠 이벤트나 챔피언십 운영과 관리의 전권을 위임받은 총괄 감독

레이스 디렉터는 각 모터스포츠 챔피언십과 이벤트에서 대회 주관자로부터 운영과 관리에 대한 모든 권한을 위임받은 총괄 감독을 가리킨다. F1 월드 챔피언십에서는 주관자인 FIA가 지명한 레이스 디렉터가 각 그랑프리의 준비와 운영을 모두 책임지고 지휘한다.

찰리 화이팅은 1997시즌부터 2018시즌까지 22개 시즌 동안 F1 레이스 디렉터 겸 안전 책임자 역할을 수행했고, 2019년 3월 찰리 화이팅이 세상을 떠난 뒤부터 2021시즌까지는 마이클 마시가 FIA의 F1 레이스 디렉터 역할을 이어받았다. 2024 라스베이거스 그랑프리부터 F1 레이스 디렉터 역할은 **루이 마르케스(Rui Marques)**가 맡고 있다.

레이스 디스턴스

Race distance

레이스에서 달려야 하는 거리

레이스 디스턴스는 레이스에서 차가 달려야 하는 총 주행 거리다. F1에서는 경기 전 km 단위로 소수점 세 자리까지 레이스 디스턴스를 정하는 것이 원칙이다. 스타트 라인과 피니시 라인의 위치가 다르다면, 단순하게 한 랩의 길이에 레이스 랩을 곱한 수치와 레이스 디스턴스가 다를 수 있다.

F1 그랑프리의 레이스 디스턴스는 305km를 넘도록 규정되어 있지만, 모나코 그랑프리는 예외적으로 260.286km의 짧은 레이스 디스턴스로 레이스를 치르는 것이 허용된다. 스프린트의 레이스 디스턴스는100km 이상으로 정해져 있다.

레이스 밴

Race ban

레이스 출장 정지

레이스 밴은 레이스 출장이 금지되는 강력한 페널티로, "밴(ban)"이란 표현은 대부분 레이스 밴을 의미한다. 스튜어드의 판단에 따라 한 경기는 물론 여러 레이스의 출전이 금지될 수도 있다.

F1 규정 **섹션 B - 스포팅 규정**에 명시된 **"드라이버의 다음 이벤트 출장 정지(Suspension from the driver's next Event)"**라는 공식 표현이 F1 챔피언십의 레이스 밴을 의미한다.

레이스 베이

Race bay

팩토리 내부에 배치된 차의 조립과 정비를 수행하는 작업 공간

레이스 베이는 F1 팀의 팩토리 내부에 배치된 작업 공간으로, 모든 레이스카의 조립과 정비가 레이스 베이에서 이뤄진다. 대부분의 레이스 베이는 F1 그랑프리 기간 각 팀의 차고에서 볼 수 있는 작업 공간의 확장된 형태로 구성되며, 구조 또한 써킷에서 볼 수 있는 가라지의 구조와 비슷하다.

개발된 F1 레이스카의 최초 차량 조립이 레이스 베이에서 이뤄지며, 그랑프리 현장에서 진행되는 작업을 제외한 모든 해체, 수리, 재조립이 이뤄지는 장소가 레이스 베이다. 그랑프리를 앞두고 레이스 베이에서 준비 작업이 진행된 뒤 써킷으로 이동학고, 레이스가 끝나면 다시 팩토리의 레이스 베이로 돌아온 차에 대한 정비 작업이 진행된다.

레이스 시뮬레이션

Race simulation

레이스 상황을 가정한 주행으로 데이터를 수집하는 프로그램

레이스 시뮬레이션은 레이스를 대비해 레이스 시점과 최대한 비슷한 조건을 만들어 전략 수립과 셋업 선택에 필요한 데이터를 수집하기 위해 수행하는 주행 프로그램이다. F1의 레이스 시뮬레이션은 보통 레이스 초반 상황처럼 연료를 가득 실은 상태로 주행을 시작하고, 특별한 이슈가 없다면 DRS를 사용하지 않는 가운데 매 랩 일정한 페이스를 유지하며 진행한다.

F1의 레이스 시뮬레이션은 프리-시즌 테스팅의 경우 레이스가 펼쳐지는 시간대와 비슷한 낮에 진행한는 것이 보통이고, 그랑프리 주말에는 프랙티스 중 필요하다고 판단했을 때 레이스 시뮬레이션을 진행할 수 있다. 특히, 프랙티스 2 중후반 레이스 시뮬레이션은 연료량 차이가 적은 경우가 많기 때문에 자기 팀은 물론 경쟁 팀과 팬 모두에게 매우 큰 주목을 받는 프로그램이 되곤 한다.

레이스 엔지니어

Race engineer

한 대의 레이스카를 책임지는 엔지니어

레이스 엔지니어는 한 레이스카와 드라이버의 모든 것을 책임지고 지휘하는 엔지니어를 가리킨다. 레이스 엔지니어는 **드라이버와의 팀 라디오로 등으로 미디어에 자주 노출**되는 편이다.

F1의 레이스 엔지니어는 **규정 섹션 A - 일반 규정**에 따라 팀당 두 명, 레이스카마다 한 명을 지정해 FIA에 사전 등록해야 하지만, 실전에서는 세 명 이상의 엔지니어가 업무를 분담하기도 한다. 레이스 엔지니어는 "최초 셋업(initial setup)"을 정하고 그랑프리 현장에서 미캐닉 등 인력을 통솔하는 등 관리자 역할은 물론, 장기적으로 레이스카 개발과 업데이트까지 폭넓은 업무를 책임진다.

레이스카

Race car

모터스포츠 이벤트에 사용되는 차

레이스카는 각종 모터스포츠 이벤트에 사용되는 차를 가리킨다. 레이스카 대신 **"레이싱카(racing car)"**나 단순하게 **"카(car)"**와 같은 단어를 사용하기도 하고, 단순하게 **"차"**라고 부를 수도 있다. 간혹 "기계"라는 점을 강조하기 위해 **"머신(machine)"**이라는 표현을 사용하는 경우도 있다.

보통 공공 도로에서 주행할 수 있는 "로드카(road car)"를 레이스카의 반대 개념으로 여기기도 하지만, 로드카 역시 규정에 맞춰 레이스에 사용될 경우 레이스카라고 부를 수 있다.

레이스 컨트롤

Race control

모터스포츠 이벤트에서 모든 상황을 관리하고 감독하는 지휘소

레이스 컨트롤은 모터스포츠 이벤트의 모든 진행을 관리 감독하고, 발생할 수 있는 문제에 대비하거나 발생한 상황에 대한 대처를 지휘하는 컨트롤 센터를 가리킨다. 때로는 물리적 장소인 **"레이스 컨트롤 룸(race control room)"**을 레이스 컨트롤이라 부르기도 하고, 레이스 컨트롤이 관리 및 감독 업무를 수행하는 레이스 디렉터와 레이스 컨트롤 룸의 오피셜을 의미하기도 한다.

레이스 컨트롤은 F1 그랑프리의 공식 주행 프로그램이 진행되는 동안 다양한 정보와 꼭 필요한 지시 사항을 전달하는데, 이를 **"레이스 컨트롤 메시지(race control message)"**라 부른다. 각 팀에게 전달한 레이스 컨트롤 메시지 내용이 종종 TV 중계 화면이나 라이브 타이밍에 공개되기도 한다.

레이싱 라인

Racing line

트랙에서 레이스카가 움직이는 경로

레이싱 라인은 트랙에서 레이스카가 움직이는 경로 또는 차가 지나간 노면 위 가상의 선을 가리키며, 많은 드라이버가 주행 중 선택하는 보편적인 경로를 레이싱 라인으로 보는 경우가 많다.

차의 성능과 셋업, 드라이빙 스타일과 전략 등에 따라 같은 구간이라도 레이싱 라인이 달라질 수 있고, 레이스 중에는 타이어 상태가 변하고 연료량이 줄어듦에 따라 계속 라인이 바뀔 수 있다.

같은 코너에서 생각할 수 있는 다양한 레이싱 라인

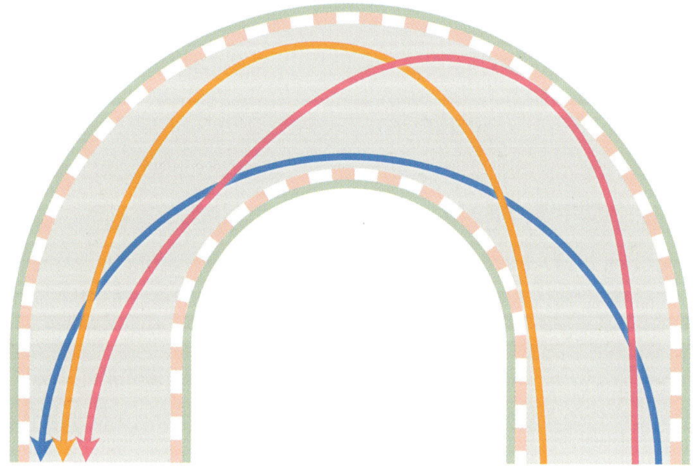

레이싱 슈즈

Racing shoes

드라이버가 레이스카에 탑승할 때 신는 전용 신발

레이싱 슈즈는 레이스카에 탑승할 때 신는 드라이버만을 위한 전용 신발을 가리킨다. 레이싱 슈즈는 바닥이 매우 얇고, 일반인이 평소에 신는다면 큰 불편을 느낄 수 있다.

F1 드라이버의 레이싱 슈즈는 디자인 면에서는 시중의 일반 레이싱 슈즈와 크게 다르지 않지만, F1 안전 기준에 따라 노멕스 등을 활용해 방염성을 높인 FIA 인증 제품만 사용할 수 있다.

레이싱 슈트

Racing suit

드라이버가 레이스카에 탑승할 때 착용하는 전용 의상

레이싱 슈트는 드라이버가 레이스카에 탑승할 때 착용하는 전용 의상을 가리킨다. 대부분 레이싱 슈트가 상하의 일체형으로 만들어지기 때문에, **"오버럴(overall)"** 또는 **"레이싱 오버럴(racing overall)"**로 불리기도 한다. 드물게 방화/방염 소재가 사용됐음을 강조하는 의미로 **"파이어 슈트(fire suit)"**라는 표현을 사용하기도 한다. 넓은 의미로는 일체형의 오버럴 외에 양말, 글러브, 레이싱 슈즈 등 드라이버의 의상 전체를 레이싱 슈트라고 부르기도 한다.

F1 드라이버는 노멕스 등을 활용해 방화/방염성을 높이고 FIA 인증을 받은 레이싱 슈트만 착용할 수 있다. 드라이버뿐 아니라 레이스카 주변에서 작업하는 핏 크루와 트랙 마샬, 트랙 안전 요원도 레이싱 슈트 또는 레이싱 슈트에 준하는 안전 기준에 맞춰 제작된 의상을 착용한다.

일반적인 레이싱 슈트 - 오버럴

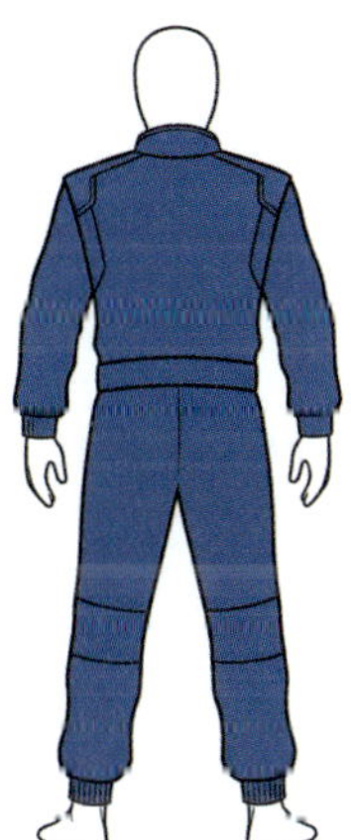

레이크
Rake

차가 기울어지도록 조절하는 것

레이크는 프론트와 리어 라이드 하이트를 조절해, 옆에서 봤을 때 한쪽으로 기울어지도록 만드는 것을 가리킨다. 차가 기울어진 각도는 **"레이크 앵글(rake angle)"**이라 부르며, 레이크 앵글에 따라 레이스카의 공기역학적 성능에 큰 차이가 생긴다.

레이스카의 앞쪽을 낮게, 뒤쪽은 높게 만드는 것을 "포지티브 레이크(positive rake)"라 부른다. 반대로 앞쪽을 높게, 뒤쪽은 낮게 만드는 경우는 "네거티브 레이크(negative rake)"가 된다. F1에서 레드불과 같은 팀은 오랫 동안 매우 큰 포지티브 레이크 앵글을 만드는 것으로 유명했다. 2022시즌부터 2025시즌까지는 레이크 앵글이 크지 않은 셋업이 일반적이었지만, 2026시즌부터 다시 큰 각도의 포지티브 레이크 셋업이 등장할 것으로 예상된다.

포지티브 레이크 셋업으로 레이크 앵글을 2°로 만든 경우의 옆모습

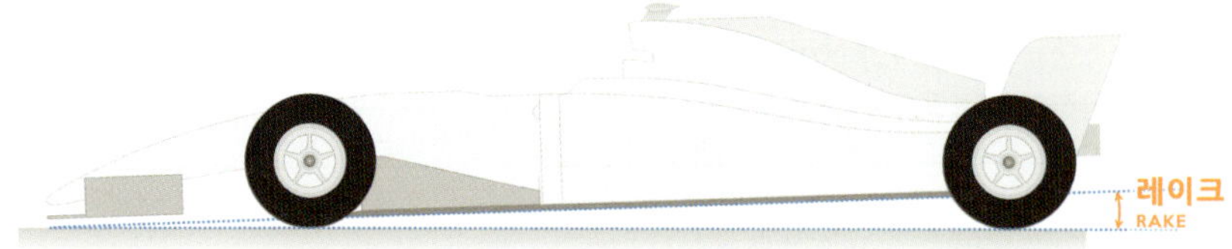

레이트 브레이킹
Late braking

상대보다 늦게 브레이크를 밟는 것

레이트 브레이킹은 일반적인 상황보다 늦게, 또는 상대보다 늦게 브레이크를 밟는 것을 가리킨다. **"딥 브레이킹(deep braking)"** 또는 **"아웃브레이킹(outbraking)"**이라고 표현하기도 한다.

레이트 브레이킹은 코너에서 시간 손실을 줄여주고, 추월 시도나 방어에 도움을 줄 수 있다. 그러나, 브레이크와 타이어에 부담을 주는 것은 물론 사고 위험도 커지기 때문에, 레이트 브레이킹을 위해서는 적절한 상황 판단과 충분한 드라이빙 스킬이 필요하다.

위험한 레이트 브레이킹은 규제의 대상이지만, 종종 드라이버들이 매우 늦게 브레이크를 밟는 경우가 있다. 코너 안쪽으로 추월 시도를 하면서 무리하게 늦게 브레이킹할 경우를 설명할 때 **"다이브드 인(dived in)"**이라고 표현하거나, 무리한 브레이킹을 가리켜 **"다이브 밤(dive bomb)"**과 같은 다소 부정적인 의미가 담긴 단어를 사용하기도 한다.

레인 마스터

Rain master

웻 컨디션에 유난히 강하고 좋은 성적을 내는 드라이버

레인 마스터는 웻 컨디션에 유난히 강한 드라이버를 가리키는 표현이다. 안갯속 웻 컨디션에서 펼쳐진 **1926 독일 그랑프리**[33]에서 상위 클래스를 제치고 3분 이상의 큰 격차로 무명의 **루돌프 카라치올라**가 우승을 차지하자, 언론에서 **"레겐마이스터(Regenmeister)"**라며 칭송하는 기사로 대서특필한 것이 레인 마스터의 유래가 되었다.

1930년대 모터스포츠에 적극적인 투자를 하면서 선전 활동에 이용하던 독일 정부 입장에서 몇몇 영웅적인 드라이버의 서사를 언론으로 자주 언급했고, 비가 오면 더욱 강한 드라이버로 카라치올라를 치켜세우면서 레겐 마이스터, 레인 마스터라는 표현이 계속 사용됐다. 1930년대의 그랑프리 레이싱이 전쟁 이후 그대로 F1으로 성장했기 때문에, F1에서도 비가 내릴 때 유난히 강한 드라이버를 레인 마스터라고 부르면서 F1 무대에도 레인 마스터라는 개념이 뿌리를 내렸다.

카라치올라와 같은 독일 국적의 미하엘 슈마허나 세바스찬 베텔에 대해 레인 마스터라고 부르는 사람도 적지 않았고, 그 외에 빗길에 유난히 강했던 아일톤 세나와 루이스 해밀턴, 막스 베르스타펜 등이 모두 레인 마스터라는 별명과 인연을 맺었다.

항상 그런 것은 아니지만 일반적으로 비가 내릴 경우 차의 성능에 비해 드라이버의 대응이 중요하다는 인식이 있다. 일단 빗길에서 잘 적응해 사고를 내지 않아야 하고, 안정적으로 주행을 계속하는 것만으로 높은 평가를 받기도 한다. 그러나, 단순하게 안정적인 주행만을 위해 천천히 달리는 것이 아니라, 빠르게 달려 좋은 성적을 얻은 경우에만 레인 마스터라는 평가를 받을 수 있다.

레코드 라인

Record line

가장 빠른 기록을 작성할 수 있는 레이싱 라인

레코드 라인은 여러 레이싱 라인 중 가장 빠른 기록을 작성할 수 있는 라인을 가리키지만, 일부에서는 상황에 따라 레이싱 라인과 레코드 라인을 구분하지 않고 혼용하기도 한다.

일반적인 레코드 라인은 트랙의 한가운데로 계속 달리지 않고, 바깥쪽과 안쪽을 오가며 트랙을 폭넓게 사용한다. 이 때문에 랩 타임이 가장 빠른 한 랩의 레코드 라인을 연결하면, 일반적으로 **트랙 중앙을 기준으로 계산한 트랙 길이보다 거리가 더 길어진다.**

[33] AVUS에서 23만 명의 관객이 운집한 가운데 펼쳐진 첫 번째 독일 그랑프리

레퍼런스 플레인

Reference plane

레이스카 맨 아래에 설정하는 가상의 기준면

레퍼런스 플레인은 레이스카 맨 아랫부분에 설정한 가상의 기준면이다. 과거 F1 기술 규정은 레퍼런스 플레인을 기준으로 레이스카 규격과 관련된 규정 상당 부분을 정의했고, 레퍼런스 플레인보다 아래에 위치할 수 있는 것은 타이어를 포함한 휠과 플랭크뿐이었다. 2022시즌 규정 변경 이후 대부분 레퍼런스 플레인 대신 **"플레인 Z=0(Plane Z=0)"**이라는 표현이 사용되고 있다.

F1 레이스카의 레퍼런스 플레인

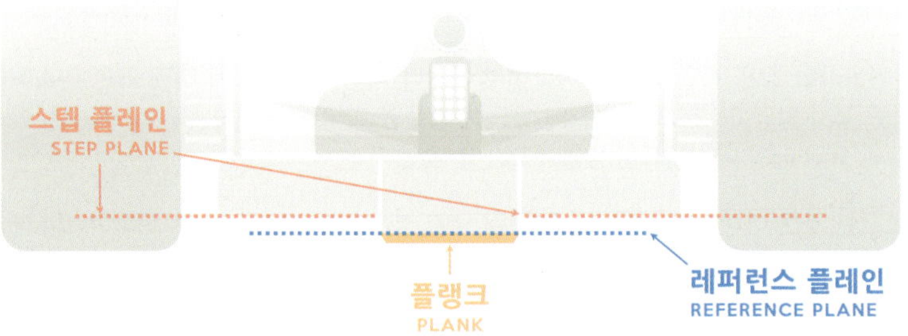

로렌조 반디니 트로피

Lorenzo Bandini Trophy

한 시즌 동안 F1에서 주목할 만한 활약을 펼친 대상에게 수여하는 상

로렌조 반디니 트로피는 1967 모나코 그랑프리에서 사고로 세상을 떠난 로렌조 반디니의 이름을 딴 상으로, 지난 시즌 F1에서 주목할 만한 활약을 펼쳤거나 중요한 업적을 남긴 사람 또는 팀에게 주어진다. 트로피 수상자는 반디니의 고향 브리시겔라에서 진행되는 시상식에서 상을 받고, 드라이버라면 직접 레이스카에 올라 기념 주행 이벤트를 진행하기도 한다.

로렌조 반디니 트로피는 모터스포츠 저널리스트와 전직 F1 팀 관계자로 구성된 12명의 심사위원이 전년 성적을 검토해 수상자를 결정하며, 1992년 이반 카펠리가 첫 수상자가 되었다. 2026시즌 기준 현역 F1 드라이버 중에는 페르난도 알론소(2005), 루이스 해밀턴(2010), 막스 베르스타펜(2016), 발테리 보타스(2018), 샤를 르끌레(2021)[34], 랜도 노리스(2023), 죠지 러셀(2024), 오스카 피아스트리(2025) 등이 로렌조 반디니 트로피의 주인공이 됐다.

---

[34] COVID-19 문제로 2020년에는 시상이 없었고, 르끌레는 2019시즌 활약을 인정받아 2021년 마라넬로에서 상을 받았다.

로쏘 코르사

Rosso corsa

이탈리아의 내셔널 컬러로 사용하는 빨간색

로쏘 코르사는 이탈리아 국적으로 국제 모터스포츠 이벤트에 참가하는 팀의 내셔널 컬러로 오랫동안 사용됐던 색상이다. 로쏘 코르사는 **sRGB** 기준으로 **(204, 0, 0)**, **CMYK**로는 **(0, 93, 79, 0)**, **HSV**로는 **(0°, 100%, 80%)**의 값으로 정의되는 빨간색이다.

로쏘 코르사는 1907년 베이징-파리 레이스에서 우승한 **이탈라 35/45 HP**부터 이탈리아의 내셔널 컬러로 사용됐다. 스쿠데리아 페라리의 경우 스폰서십 리버리가 내셔널 리버리를 대체하기 시작한 1968년 이후로도 로쏘 코르사 등 빨간색을 바탕으로 리버리를 디자인했고, 약간의 색상 변화를 거쳤지만 이탈리아의 내셔널 컬러 전통에서 크게 벗어나지 않는 색상을 사용하고 있다.

로우 노즈

Low nose

포뮬러 레이스카의 노즈 팁이 아래쪽으로 치우치도록 디자인하는 디자인 방식

"하이 노즈(high nose)"와 대비되는 개념의 로우 노즈는, 포뮬러 레이스카의 노즈 팁이 아래쪽으로 치우치도록 디자인하는 방식이다.

1970년대 초반 F1에 "노즈"의 개념이 처음 생길 무렵부터 1980년대까지 대부분 레이스카는 로우 노즈로 디자인됐다. 그러나, 1990년대 하이 노즈 디자인이 등장한 뒤, F1 레이스카 디자인의 주류는 공기역학적으로 유리한 하이 노즈 쪽으로 이동했다. 2010년대 초중반 FIA가 노즈 팁 높이를 제한하는 기술 규정을 차례로 도입하면서, 자연스럽게 로우 노즈 디자인이 다시 주류가 되었다.

로우 노즈 주변의 공기 흐름

로우 드래그 셋업

Low drag setup

드래그 최소화를 목표로 하는 셋업

로우 드래그 셋업은 다른 단점을 감수하고 드래그 최소화를 가장 중요한 목표로 삼는 셋업 방식이다. 로우 드래그 셋업을 택하면 높은 최고 속도와 강력한 가속력을 기대할 수 있지만, 동시에 다운포스 발생량은 줄어들게 된다. 보통 최고 속도와 가속력이 중요하지만, 상대적으로 다운포스의 영향을 적게 받는 몬짜 써킷 등에서 로우 드래그 셋업을 채택하는 경우가 많다.

일반적인 로우 드래그 셋업은 라이드 하이트를 전체적으로 낮추면서, 가능한 지면과 평행하도록 레이크 앵글도 낮추는 경우가 많다. 또한, 댐퍼와 스프링 레이트를 단단하게 설정하는 등의 서스펜션 조절과 함께 프론트 윙과 리어 윙의 각도 역시 적절한 수준으로 낮추는 것이 보통이다.

로워 위시본

Lower wishbone

더블 위시본 서스펜션의 아래쪽 지지 구조물

로워 위시본은 더블 위시본 서스펜션의 지지 구조인 위시본 중 아래쪽 지지 구조물을 가리킨다. 로워 위시본의 한쪽은 섀시, 다른 한쪽은 업라이트와 연결된다.

로워 위시본은 "어퍼 위시본(upper wishbone)"과 마찬가지로 지지 구조 역할을 할 뿐 움직이는 기계 장치는 아니며, 로워 위시본과 어퍼 위시본의 길이와 형태가 반드시 같은 것은 아니다.

F1 레이스카의 로워 위시본

로터리 엔진

Pistonless rotary engine

로터를 돌려 작동하는 엔진

로터리 엔진은 아래위로 움직이는 피스톤 대신 "로터를 돌려 작동하는 내연기관"을 가리킨다. 로터리 엔진은 구조가 간단하면서 부품의 수도 적은 데다가 크기가 작다는 장점이 있다. 또한, 무게가 가볍고 배기량에 비해 높은 출력을 낼 수 있다. 그러나, 연비가 나쁘고 내구성이 떨어지며, 배기가스 배출 규제에 제대로 대응하기 어렵다는 치명적인 단점도 함께 갖고 있다.

1951년 펠릭스 방클이 고안한 **"방클 엔진(Wankel engine)"**을 일본의 마츠다가 개선해 여러 모델에 적용하면서 로터리 엔진이 일반적인 승용차에 사용되기 시작했다. 그러나, F1에서는 로터리 엔진을 탑재한 레이스카가 챔피언십 그랑프리 실전에 투입된 사례가 없으며, **1982시즌 콩코드 협정 체결 이후 F1 레이스카에 탑재하는 것이 불가능해졌다.**

롤

Roll

차가 좌우 한쪽으로 기울어지는 움직임

롤 또는 **"바디 롤(body roll)"**은 자동차가 좌우 한쪽으로 기울어지는 움직임을 가리킨다. 차가 빠르게 코너를 지날 때 롤이 발생하면서 바깥쪽 바퀴에 하중이 증가하고, 코너 안쪽 바퀴에 작용하는 하중은 감소한다. 롤이 심할 경우 하나 이상의 바퀴가 노면에서 완전히 떨어질 수도 있다.

롤이 발생할 때 기울어지는 회전 운동의 중심은 **"롤 센터(roll center)"**라 부르며, 설계와 셋업에 따라 형성된 롤 센터의 높이는 기계적 그립과 타이어 수명에 많은 영향을 줄 수 있다.

F1 레이스카의 롤과 롤 센터

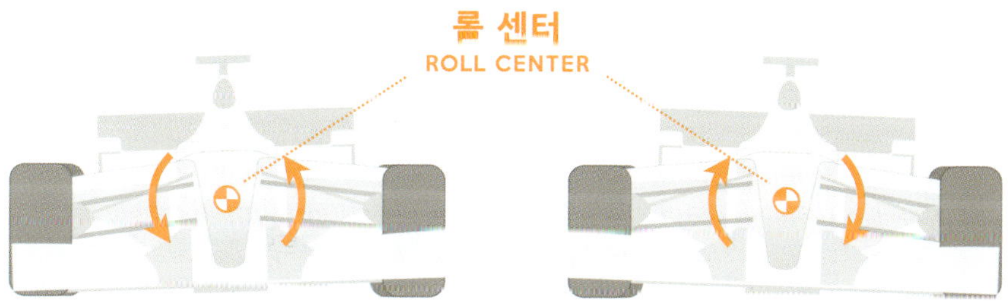

롤리팝

Lollipop

핏 박스의 드라이버에게 지시를 전달하는 팻말

롤리팝은 핏 박스에 멈춰 선 드라이버에게 미리 정해진 간단한 지시를 전달하는 막대사탕 형태의 팻말 도구를 가리키며, 롤리팝을 담당하는 핏 크루는 **"롤리팝 맨(lollipop man)"**이라 부른다.

F1에서 롤리팝은 핏 박스에 정차한 직후 **"브레이크 온(BRAKE ON / BRAKES ON)"**이라고 쓰인 면을 보여주는 것을 시작으로, 출발 대기 단계에는 팻말을 뒤집어 **"1단 기어(1st GEAR / FIRST GEAR)"**라고 쓰인 면을 보여주고, 롤리팝을 들어 올려 치우면 드라이버가 출발하는 방식으로 오랫동안 사용됐다. 그러나, 2008시즌 무렵 "핏 스탑 라이트 시스템(pit stop light system)"이 보급되기 시작한 뒤 롤리팝은 점차 사라지며 과거의 유산이 되었다.

일반적인 F1 롤리팝의 앞뒷면 구성

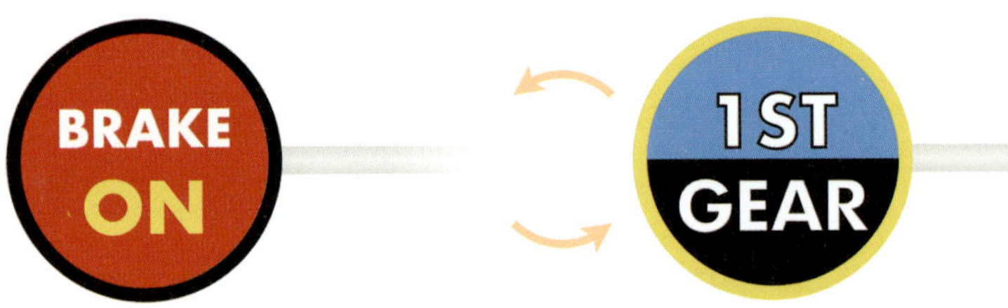

롤링 스타트

Rolling start

레이스카가 달리는 상태에서 레이스를 시작하는 스타트 방법

롤링 스타트는 레이스카가 그리드에 멈춰 서지 않고 달리는 상태에서 그대로 레이스를 시작하는 스타트 방법을 가리킨다. F1에서는 세이프티카 상황이 끝날 때 리스타트에서 롤링 스타트 방식이 사용되며, 웻 컨디션 등 특별한 이유가 있을 때 롤링 스타트가 이뤄지기도 한다.

롤링 스타트 방식의 레이스 스타트에서는 규정에 정해진 속도 범위 내에서 지정된 대형으로 스타트 라인에 접근한 뒤, 스타트 라이트의 빨간불이 모두 꺼지는 스타트 시그널이 나올 때를 기점으로 레이스가 시작되는 것이 보통이다. 세이프티카 상황에서 리스타트의 롤링 스타트는 지정된 시점 이후 선두의 드라이버가 본격적으로 가속을 시작했을 때 레이스가 재개되는 것으로 간주하지만, 규정에 따라 지정된 컨트롤 라인을 넘기 전까지는 추월이 금지되는 경우가 많다.

롤 스트럭쳐

Roll structure

구르거나 뒤집어지는 사고에서 드라이버를 보호하기 위한 구조물

롤 스트럭쳐는 차가 구르거나 뒤집어지는 사고 상황에서 드라이버를 보호하기 위해 배치하는 구조물을 가리킨다.

롤 스트럭쳐는 구조와 형태에 따라 "롤 후프(roll hoop)", "롤 케이지(roll cage)", "롤 바(roll bar)", "롤 블레이드(roll blade)"등 다양한 방식으로 만들어지며, 현대적인 F1 레이스카는 대부분 롤 후프 형태의 롤 스트럭쳐를 사용한다.

포뮬러 레이스카에 롤 스트럭쳐가 배치되는 위치

루프홀

Loophole

의도하지 않은 규정의 허점을 파고든 기술적 탈출구

루프홀은 규정을 만들 때 의도하지 않았거나, 미리 눈치채지 못했던 허점 혹은 이를 파고들어 찾아낸 탈출구에 해당하는 기술을 가리킨다. F1 규정을 만들 때 반복 검토와 보완을 거쳤더라도 각 팀의 엔지니어들은 어떻게든 빈틈을 찾아 이득을 얻으려 노력하기 때문에, 2009시즌 더블-덱 디퓨저의 경우처럼 큰 루프홀이 발견되는 경우가 많다.

종종 루프홀을 파고든 참신한 아이디어가 챔피언십에서 좋은 성적으로 이어지기도 하지만, 때로는 루프홀을 파고들어 고안한 신기술이 FIA로부터 규정을 벗어났다는 판단을 받아 금지되면서 많은 시간을 들인 노력이 물거품이 되어버리는 경우도 많다. 성공과 실패를 떠나 루프홀을 찾고 기술 혁신을 위해 노력하는 것을 F1의 본질 중 하나로 당연하게 여기는 경우도 많다.

르망 스타트

Le Mans start

과거 르망 24시간 레이스에서 사용했던 스타트 방법

르망 스타트는 과거 르망 24시간 레이스에서 사용했던 스타트 방식으로, **"르망-스타일 스타트(Le Mans-style start)"** 또는 **"랜드 러시 스타트(land rush start)"**로도 불렸던 스탠딩 스타트의 일종이다. 르망 스타트는 핏 스트레이트 한쪽에 드라이버들이 정렬한 뒤, 출발 신호가 나오면 트랙 반대편에 사선으로 세워진 자기 레이스카까지 달려가 차에 탑승해 출발하는 스타트 방법이다.

현대적인 르망 24시간 레이스에서는 안전상의 이유로 르망 스타트를 사용하지 않지만, 일부 모터스포츠 이벤트나 RC카 레이스 등에서는 아직까지 전통적인 르망 스타트 방식을 사용하고 있다.

리더 타워

Leader tower

현재 순위를 표시하는 탑 형태의 전광판

리더 타워는 그랜드스탠드의 관객들이 현재 순위를 파악할 수 있도록 써킷에 배치한 탑 형태의 전광판을 가리킨다.

리더 타워의 형태와 레이아웃은 상황에 따라 다르지만 보통 세 방향이나 네 방향에서 전광판 내용을 확인할 수 있도록 만들어지고, 리더 타워의 일부를 광고판으로 활용하기도 한다.

리더 타워 레이아웃의 두 가지 예

리드 랩

Lead lap

레이스에서 선두 드라이버와 같은 랩

리드 랩은 레이스에서 선두 드라이버와 같은 랩을 가리키며, 한 랩 이상 뒤처지지 않고 선두와 같은 랩을 달리는 다른 드라이버는 "리드 랩을 달리고 있다."고 표현하기도 한다.

레이스에서 리드 랩을 달리고 있을 때 특별한 경우가 아니라면 드라이버는 뒤따르는 차에게 자리를 비켜줄 의무가 없고, 규정이 정한 범위 안에서 디펜스할 수 있다. 레이스 종료 시점에 리드 랩을 달리고 있다면, 레이스 디스턴스의 주행 거리를 모두 완료하며 레이스를 마칠 수 있다.

리버리

Livery

레이스카의 도장

리버리는 레이스 팀의 철학과 정체성을 담거나, 광고를 위해 차량 외부에 노출된 차체의 원하는 부분에 일정한 색으로 칠하거나 무늬와 문구를 더하는 등 레이스카의 전체적인 도장을 가리킨다.

F1 초창기 리버리는 단순한 내셔널 컬러를 기본으로 하는 것이 보통이었지만, 1968년 스폰서십 리버리가 허용된 이후 팀과 스폰서의 스폰서의 아이덴티티를 나타내는 리버리가 일반화됐다.

1960년대 초반부터 1980년대까지 팀 로터스가 사용했던 다양한 리버리

리버스 그리드
Reverse grid

성적이나 기록의 역순으로 정해진 그리드

리버스 그리드는 규정에 따라 퀄리파잉 기록 순위나 앞선 레이스의 순위를 뒤집어 역순으로 배치하는 그리드 구성 방식 혹은 이런 방식을 통해 배치된 스타팅 그리드를 가리킨다.

모든 그리드를 역순으로 배치하는 리버스 그리드도 있기는 하지만, FIA F2 챔피언십과 FIA F3 챔피언십의 스프린트 레이스처럼 상위 순위 일부만 뒤집어 배치하는 리버스 그리드를 사용하는 경우도 있다. F1 그랑프리에서는 2025시즌까지 단 한 번도 리버스 그리드가 사용되지 않았다.

FIA F2 스프린트 레이스 그리드(리버스 그리드)와 피쳐 레이스 그리드 비교

	스프린트 레이스 그리드	피쳐 레이스 그리드
1	퀄리파잉 10위	퀄리파잉 1위
2	퀄리파잉 9위	퀄리파잉 2위
3	퀄리파잉 8위	퀄리파잉 3위
4	퀄리파잉 7위	퀄리파잉 4위
5	퀄리파잉 6위	퀄리파잉 5위
6	퀄리파잉 5위	퀄리파잉 6위
7	퀄리파잉 4위	퀄리파잉 7위
8	퀄리파잉 3위	퀄리파잉 8위
9	퀄리파잉 2위	퀄리파잉 9위
10	퀄리파잉 1위	퀄리파잉 10위
11	퀄리파잉 11위	퀄리파잉 11위
12	퀄리파잉 12위	퀄리파잉 12위

리스타트
Restart

중단됐던 주행 세션 재개

리스타트는 중단됐던 레이스나 다른 주행 세션을 다시 시작하는 것을 가리킨다. F1 그랑프리의 경우 레드 플래그이 선언됐다가 세션이 재개되는 경우는 물론 레이스에서 세이프티카 상황이나 VSC 상황이 해제되는 것도 리스타트라고 부른다.

F1에서 레드 플래그으로 중단됐던 레이스의 리스타트는 2026시즌 기준 F1 규정 중 **섹션 B - 스포팅 규정**의 **"레이스 재개(RESUMING A RACE)"** 항목에 세부 내용이 정리되어 있고, 레이스 컨트롤이 스탠딩 스타트와 롤링 스타트 중 한 가지 방법을 택해 공지한 뒤 리스타트 절차가 진행된다.

리어 라이트
Rear Light

레이스카 맨 뒤에 배치되는 미등

리어 라이트는 레이스카 맨 뒤에 배치되는 미등을 가리키며, 미러 라이트와 함께 F1 레이스카에 부착된 두 종류의 "안전등(safety lights)" 중 하나다. 웻 컨디션에서 사용되기 때문에 **"레인 라이트(rain light)"**라고 부르기도 한다. 핏 레인에서 스피드 리미터가 작동 중일 때와 세이프티카 상황에도 리어 라이트가 사용되고, 영 드라이버가 주행 중일 경우에는 녹색으로 빛난다.

F1 레이스카의 리어 라이트는 뒤쪽에서 가해지는 충격을 흡수하는 "리어 임팩트 스트럭쳐(rear impact structure)"의 일부로 만들어진다. 2014시즌 파워 유닛 개념이 도입된 이후 배터리를 충전하는 **"하베스트 모드(harvest mode)"** 등에서도 리어 라이트가 켜지도록 규정되었고, 2019시즌 규정 변경 이후 **"리어 윙 엔드플레이트 라이트(rear wing endplate light)"**가 추가되었다.

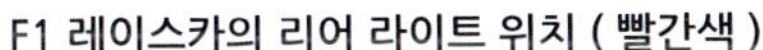

F1 레이스카의 리어 라이트 위치 (빨간색)

리어-리미티드 써킷
Rear-limited circuit

리어 타이어에 큰 부담을 주는 써킷

리어-리미티드 써킷은 여러 모로 리어 타이어에 큰 부담을 주고, 결과적으로 리어 타이어가 쉽게 손상될 수 있는 써킷을 가리킨다. 보통 급격한 가속이 필요한 긴 가속 구간으로 이어지는 저속 코너가 많을 경우 리어-리미티드 써킷일 가능성이 높다.

F1 캘린더에 포함된 써킷 중에서는 프론트 타이어에 많은 부담을 주는 긴 중고속 코너가 적지만, 네 개의 긴 직선 주로를 앞둔 저속 코너 공략이 중요한 바레인 인디네셔널 써킷이 대표적인 리어-리미티드 써킷으로 여겨진다.

리어 뷰 미러
Rear view mirror

콕핏 좌우에 배치되는 거울

리어 뷰 미러는 콕핏 좌우 양쪽에 배치되는 거울을 가리키며, 드라이버가 레이스카 뒤쪽 상황을 직접 파악할 수 있는 유일한 수단이다. **"사이드 미러(rear view mirror)"**라고 부르는 사람도 있다.

사이드 미러는 공기역학적으로 좋지 않은 효과가 생기는 경우가 많아, 주변 공기 흐름에 조금이라도 긍정적인 영향을 주도록 F1 레이스카 디자인 과정에서 다양한 아이디어가 등장하는 부분 중 하나다. 2026시즌 기준 F1 규정 **섹션 C - 기술 규정**은 리어 뷰 미러가 콕핏 바로 옆에 직접 연결되는 구조만 허용하고 있으며, 2026시즌부터 사이드미러 끝부분에 미러 라이트가 장착된다.

리어-엔진 레볼루션
Rear-engined revolution

리어-엔진 레이아웃이 레이스카의 주류가 된 혁명적 변화

1950년대 중반까지 고성능 레이스카와 스포츠카는 크고 강력한 엔진을 차 앞쪽에 배치하는 프론트-엔진 레이아웃을 택하는 것이 보통이었지만, 1950년대 말 엔진을 콕핏 뒤에 배치한 레이스카가 주류가 되는 리어-엔진 레볼루션이라는 혁명적 변화가 시작됐다.

F1에서는 차 뒤쪽에 상대적으로 작은 엔진을 배치한 쿠퍼의 레이스카가 부족한 출력의 단점을 뛰어넘는 우수한 조종성을 뽐내며 리어-엔진 혁명을 이끌었고, 1960년대 초반에는 대부분 F1 레이스카가 리어-엔진 레이아웃을 택했다. 1960년대 중반에는 인디 500을 시작으로 미국 모터스포츠 무대에서도 리어-엔진 레볼루션이 이어졌다.

리어 윙
Rear wing

레이스카 뒤쪽에 배치되는 뒤집힌 날개 형태의 바디워크

리어 윙은 레이스카 뒤쪽에 배치되는 뒤집힌 날개 형태의 바디워크를 가리키며, 다운포스 생성을 포함해 레이스카의 공기역학적 성능에 큰 영향을 주는 중요한 부품이다.

2026시즌 기준 F1 규정 중 **섹션 C - 기술 규정**에 정의된 리어 윙은 세 개의 날개로 구성되며, 좌우 옆면을 채우는 엔드플레이트, 세로 지지 구조에 해당하는 파일론 등이 넓은 의미의 리어 윙에 포함된다. 2026시즌부터 스트레이트 라인 모드에서 플랩의 각도를 조절해 "드라이버가 조절할 수 있는 바디워크(driver adjustable bodywork)"로서 작동할 수 있다.

리어 휠 센터 라인

Rear wheel center line

리어 휠 중앙을 가로지르는 가상의 기준선

리어 휠 센터 라인은 레이스카의 리어 휠 한 가운데를 가로지르는 가상의 기준선이다. 간단하게 **"RWCL"**이라고 부르거나, **"리어 액슬 센터 라인(RACL)"**이란 표현을 사용하기도 한다. 2026시즌 기술 규정은 리어 휠 센터 라인 기준 좌표를 **"X_R"**, 리어 휠 센터 라인은 **"$X_R=0$"**으로 표기한다.

리어 휠 센터 라인은 F1 기술 규정 등에서 각종 좌표의 기준으로 매우 중요하게 사용된다.

F1 레이스카의 리어 휠 센터 라인

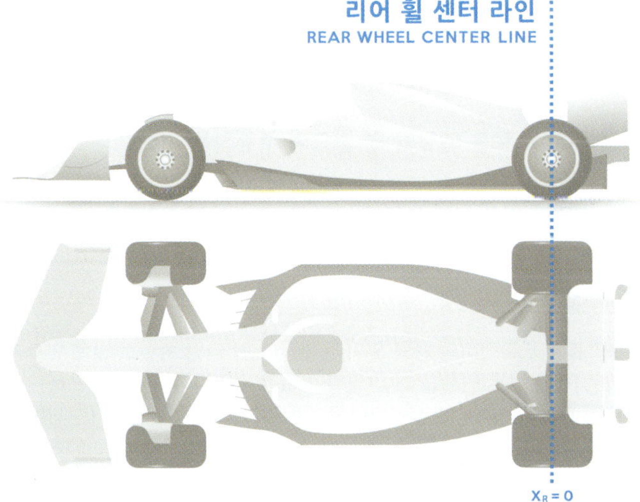

리저브 드라이버

Reserve driver

후보 드라이버

리저브 드라이버는 필요할 때 정규 드라이버를 대체하는 일종의 후보에 해당하는 드라이버를 가리킨다. 그랑프리 기간 F1 팀은 가능하다면 한 명 이상의 리저브 드라이버를 현장에 대기시킨다.

규정에 따라 F1 팀마다 두 명의 정규 드라이버를 보유할 수 있지만, 리저브 드라이버의 수는 따로 정하지 않아 팀에 따라 다수의 리저브 드라이버를 두기도 한다. 반대로 리저브 드라이버가 없는 경우도 있고, 여러 팀이 같은 리저브 드라이버를 공유하는 경우도 있다.

리타이어

Retirement

레이스 완주를 포기하는 것

리타이어는 레이스에서 기계적 문제나 사고 등의 이유로 완주를 포기하는 것을 가리키며, 간단하게 **"DNF(Did Not Finish)"**로 표기하기도 한다.

F1 레이스에서는 우승자의 기록 기준 90% 이상의 랩을 마쳤다면, 레이스 완주에 실패하고 리타이어 했더라도 최종 기록에서 순위가 기록되고 10위 안에 들었다면 포인트를 획득할 수도 있다.

리프트 앤 코스트

Lift and coast

연료 절약을 위해 쓰로틀 페달을 덜 밟으며 주행하는 기술

레이스에서 연료 절약 등을 위해 평소보다 쓰로틀을 덜 밟으며 주행하는 기술을 리프트 앤 코스트라 부른다. 연료 소모가 심한 풀-쓰로틀 상황을 줄이기 위해 코너를 앞두고 쓰로틀 페달에서 조금 일찍 힘을 빼거나, 엔진 브레이킹을 적절히 활용하는 등 여러 가지 방법이 리프트 앤 코스트에 활용된다. 간단하게 **"리코(LiCo)"**라고도 부른다.

리프트 앤 코스트는 드라이버의 능력에 따라 약간의 랩 타임 손실로 많은 연료를 아낄 수 있는 유용한 기술이다. F1의 경우 연료를 아낄 필요가 없는 퀄리파잉에서는 리프트 앤 코스트가 필요 없지만, 110kg의 연료로 305km 이상 거리를 주행해야 하는 레이스에서는 매우 유용하다. 차에 문제가 있거나, 프랭크의 마모나 무게 부족 등이 우려될 때도 리프트 앤 코스트가 요구된다.

마력

Horsepower

힘의 크기 또는 단위 시간당 일의 양을 나타내는 단위

마력은 힘의 크기 또는 단위 시간당 일의 양(일률)을 나타내는 고전적 단위로 엔진 출력 등을 나타낼 때 사용된다. 영국식 마력은 **"HP"**, 미터법에 따른 프랑스식 마력은 **"PS"**로 표기한다.

미터법에 따른 프랑스식 마력은 75kg의 물체를 1초 동안 1m 움직이는 힘으로 정의되며, **"1PS= 735.499W"**[35]에 해당한다. 야드파운드법을 따르는 영미식 마력의 경우 **"1HP = 745.7W"**이기 때문에 **"1PS = 1HP × 0.986"**의 등식이 성립한다.

---

[35] 1PS = 75kg × 9.80665m/s2 × 1m / 1s = 75kgf·m/s

마블
Marbles

타이어에서 떨어져 나온 작은 고무 조각

마블은 주행 중 타이어에서 떨어져 나온 작은 고무 조각을 가리키며, 주행이 계속될수록 레이싱 라인을 제외한 트랙 표면에 많은 마블이 쌓인다. **"타이어 마블(tyre marbles)"**이라고도 부른다.

레이스 중 트랙 정리가 어려워 많은 마블이 쌓이면, 마블을 밟을 때 충분한 그립 확보가 어려워진다. 이 때문에 레이싱 라인을 벗어난 추월 시도는 시간이 지날수록 더 어려워진다.

마샬
Marshal

트랙 주변 안전을 책임지는 공식 진행 요원

마샬 또는 **"트랙 마샬(track marshal)"**은 모터스포츠 이벤트에서 트랙과 주변 안전을 책임지는 공식 진행 요원을 가리킨다. **"턴 마샬(turn marshal)"**, **"코너 마샬(corner marshal)"**, **"코너 크루(corner crew)"**, **"트랙 안전 요원(track safety worker)"** 등 다양한 표현이 사용된다.

지정된 사전 교육 과정을 거쳐 자격을 획득한 뒤 트랙에 투입되는 마샬은 깃발 신호와 사고 대처, 구급/구난 지원, 화재 진압 등 다양한 활동을 담당하며, 모터스포츠 이벤트에서 위험을 무릅쓰고 드라이버와 트랙 주변 관객의 안전까지 책임지는 매우 중요한 역할을 수행한다.

매뉴팩처러
Manufacturer

대형 자동차 제조사

매뉴팩처러는 제조회사를 뜻하는 일반 명사로, F1에서는 엔진을 만들 수 있는 대형 제조사를 가리킨다. 엔진 제조사라는 의미로 **"엔진 매뉴팩처러(engine manufacturer)"**라고 부르기도 한다.

2006시즌 5개 매뉴팩처러가 직접 F1 팀을 운영하고 7개 매뉴팩처러가 엔진을 공급하며 매뉴팩처러의 전성시대가 펼쳐지기도 했지만, 2014시즌 부터 2025시즌까지 엔진 매뉴팩처러는 4개 회사뿐이었다. 2026시즌 F1 엔진 매뉴팩처러는 5개[36]로 늘어날 예정이다.

[36] 레드불-포드, 페라리, 메르세데스 AMG, 아우디, 혼다

매스 댐퍼

Mass damper

르노 R25가 노즈에 매스 댐퍼를 배치해 공기역학적 이득을 얻었던 장치

로빈 툴루이 박사의 고안에 따라 2005시즌 말 노즈 안쪽에 매스 댐퍼를 장착한 르노 R25는 랩 타임을 0.3초가량 단축하며 큰 주목을 받았다. 매스 댐퍼 자체는 규정을 벗어난 기술이 아니었고, 르노의 매스 댐퍼도 처음에는 규정에 부합한다고 여겨져 검차를 통과했다. 르노의 매스 댐퍼는 브레이킹 중 노즈 다이브를 줄이고, 공기역학적 성능을 높이는 데 큰 도움을 줬다.

그러나, 2006시즌 중반 "움직이는 바디워크"라는 판단과 함께 르노 방식의 매스 댐퍼는 F1 레이스카에 사용이 금지되었다. 2026시즌 기준으로도 규정이 정한 범위 안에서 합법적으로 사용할 수 있는 일반적인 튠드 매스 댐퍼(TMD)와 원칙적으로는 같은 기계 장치다.

2005시즌 종반 르노 R25의 매스 댐퍼 배치

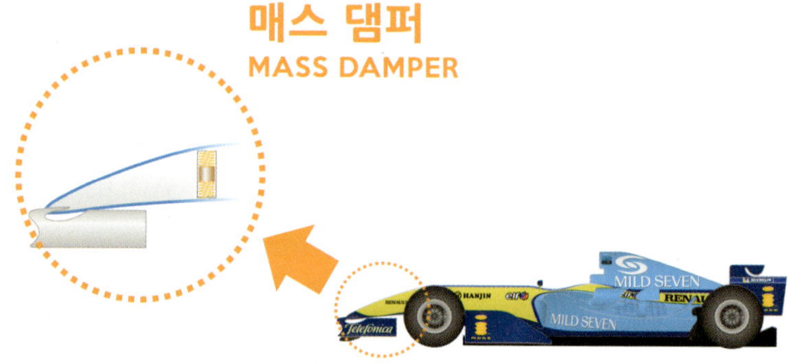

머레이즘

Murrayism

머레이 워커가 해설 중 사용했던 특유의 표현이나 문장

머레이즘은 전설적인 F1 해설가 머레이 워커가 F1 그랑프리 해설 중 자주 사용했던 특유의 표현이나 문장을 폭넓게 가리키는 개념이다. 머레이즘에는 감동적이고 멋진 표현과 명언도 많지만, 어이없는 말실수나 다소 민망한 표현도 많다.

"F1에서는 무슨 일이든 일어날 수 있고, 보통 일어난다. (Anything can happen in Formula One, and it usually does.)", **"레이스 절반이 지났다면, 아직 절반의 레이스가 남아있다. (With half the race gone, there is half the race still to go.)"** 등 머레이즘을 대표하는 몇 가지 명언들이 종종 인용되곤 한다.

멀티 21
Multi 21

레드불이 2013 말레이시아 그랑프리에서 사용했던 암호화된 팀 오더

멀티 21은 2013 말레이시아 그랑프리에서 레드불이 사용한 뒤 팬들에게 널리 알려진 암호화된 팀 오더로, 레드불 소속 드라이버인 **마크 웨버(2)**와 **세바스찬 베텔(1)**에게 서로 배틀을 벌이지 말고 **순위[37]를 유지하라는 지시** 내용을 담고 있었다.

2013 말레이시아 그랑프리 레이스에서 선두를 달리던 마크 웨버는 멀티 21의 팀 오더를 받은 뒤 속도를 늦춘 뒤 관리에 집중[38]했지만, 뒤따르던 세바스찬 베텔은 팀 오더를 무시하고 속도를 높여 웨버와 치열한 배틀을 벌였다. 결국 추월에 성공한 베텔이 우승을 차지하면서 많은 논란을 불러일으켰다. 포디엄 세레머니 전 대기실에서 웨버가 베텔을 추궁하는 대화 내용을 통해 전 세계 시청자들에게 "멀티 21"이라는 단어가 전파되었다.

ㅁ

메디컬 카
Medical car

모터스포츠 이벤트에 사용되는 전용 구급차

메디컬 카는 모터스포츠 이벤트에 사용되는 전용 구급차를 가리킨다. 1978 이탈리아 그랑프리에서 스타트 직후 발생한 사고의 여파로 로니 페터슨이 세상을 떠난 것을 계기로 시드 왓킨스 박사가 메디컬 카를 제안해 F1에 도입이 결정되었다.

F1 그랑프리에서는 2021시즌부터 2025시즌까지 **"메르세데스-AMG GT 63 S 4MATIC+"**와 "애스턴마틴 DBX 707"이 번갈아 가며 공식 메디컬 카로 사용되었다. 그러나, 2026시즌부터 애스턴마틴이 세이프티 카 및 메디컬 카 프로그램이 종료되면서, 메르세데스 AMG가 다시 메디컬 카를 독점 공급하게 되었다.

F1 그랑프리 기간 공식 주행 세션이 진행되는 동안 메디컬 카는 전임 드라이버[39]와 함께 F1 의료 구조 코디네이터이자 FIA 차석 의료 책임자인 이안 로버츠 박사와 현지 구급 의료진이 탑승해 대기하도록 규정하고 있다. 레이스 스타트를 준비하는 과정에서는 스타트 직후 대형 사고에 빠르게 대응할 수 있도록 항상 스타팅 그리드에 정렬한 레이스카들 뒤에 메디컬 카가 함께 대기한다.

---

[37] 멀티 21의 팀 오더가 나온 시점에는 마크 웨버가 선두로 달리고 있었고, 세바스찬 베텔은 2위로 달리면서 웨버의 뒤를 추격하고 있었다.

[38] 동시에 엔진 모드도 관리에 적합한 모드로 조절한 상태였기 때문에, 베텔이 팀 오더를 무시한다는 것을 깨닫고 엔진 모드를 바꾼 뒤 레이스카가 최고의 성능을 낼 때까지 짧지 않은 시간이 필요했다.

[39] 2025시즌 기준 브루노 코레이아와 칼 라인들러가 임무를 분담하고 있다.

메디컬 헬리콥터

Medical helicopter

써킷에 대기하는 긴급 후송 전용 헬리콥터

F1에서는 그랑프리 기간 써킷 내에 지정된 위치에 긴급 후송 전용 헬리콥터인 메디컬 헬리콥터를 대기시킨다. 또한, 만약의 상황을 대비해 써킷 바깥쪽에 두 번째 메디컬 헬리콥터도 대기하도록 규정되어 있다.

F1 그랑프리 기간에는 규정에 따라 메디컬 헬리콥터가 이착륙할 수 있는 상황에서만 레이스카의 트랙 진입과 공식 주행 프로그램 진행이 가능하다. 메디컬 헬리콥터의 기술적 문제나 악천후 등 날씨 문제로 이착륙이 불가능할 경우 공식 세션 시작이 지연되거나 취소될 수 있으며, 실제로 2017 중국 그랑프리 프랙티스 2와 2020 아이펠 그랑프리 프랙티스 1이 악천후 때문에 메디컬 헬리콥터의 이착륙이 불가능하다는 이유로 취소되었다.

모노코크 섀시

Monocoque chassis

한 덩어리로 만들어진 섀시

여러 조각의 구조물을 결합하는 대신, 마치 단단한 열매의 껍질처럼 한 덩어리로 만들어진 섀시를 모노코크 섀시라고 부른다. 단순하게 **"모노코크(monocoque)"**라는 용어가 사용될 경우 보통 모노코크 섀시를 의미한다.

F1에서는 1962시즌 로터스 25를 통해 알루미늄 합금 모노코크 섀시가 처음 도입되었으며, 카본-파이버 모노코크 섀시를 실전에 적용한 첫 번째 F1 레이스카는 1981 아르헨티나 그랑프리에 처음 출전한 맥라렌 MP4/1[40]이다. 2026시즌 기준 모든 F1 레이스카는 카본-파이버 모노코크 섀시를 기반으로 제작된다.

1960년대에서 1970년대 초반까지 대부분의 F1 레이스카는 점차 모노코크 섀시로 제작되었지만, 그 이전의 F1 레이스카들은 대부분 가느다란 금속 튜브를 삼각형 등으로 연결해 형태를 만드는 **"스페이스 프레임(space frame)"**으로 구조를 지탱하도록 설계/제작되었다.

40 팀 로터스는 가장 먼저 카본-파이버 모노코크 섀시를 바탕으로 디자인한 로터스 88을 만들었지만, "듀얼 섀시" 컨셉이 규정을 벗어났다는 이유로 챔피언십 그랑프리에 데뷔하지 못했다.

모바일 시케인

Mobile chicane

속도가 너무 느려 다른 드라이버에게 방해가 되는 차

직역했을 때 "움직이는 시케인"이라는 뜻이 되는 모바일 시케인은 너무 느리게 달리며 다른 차가 제 속도를 내지 못하게 하거나, 레코드 라인을 정상적으로 유지하지 못하게 만드는 차를 가리킨다.

일부 팀 차의 성능이 다른 팀보다 현저하게 나쁠 경우 모바일 시케인이라는 표현과 함께 따가운 눈총을 받는 경우가 있는데, F1에서는 랩트 카가 모바일 시케인이 되어 리드 랩의 상위권 차를 방해하지 못하도록 블루 플랙에 관한 규정을 엄격하게 적용하고 있다.

몽키 시트

Monkey seat

F1 레이스카의 리어 윙 아래, 리어 라이트 위에 배치된 작은 윙

몽키 시트는 리어 윙 아래, 리어 라이트 위쪽에 배치한 작은 윙 형태의 바디워크를 가리킨다. 조금이라도 더 많은 다운포스 생성을 기대한 몽키 시트는 F1 기술 규정의 루프홀을 파고들어 특별한 제약이 없는 작은 공간에 윙을 배치한 사례다.

1990년대 중반 미나르디와 2000년대 초반 애로우즈 등이 먼저 시도했던 몽키 시트는 2014시즌 F1 기술 규정 변경으로 빔 윙이 금지된 뒤 부족해진 다운포스를 메꾸기 위해 노력하던 몇몇 F1 팀 엔지니어의 고민 끝에 새로운 형태로 재탄생하기도 했다.

F1 레이스카의 몽키 시트

무게 중심

Center of gravity

레이스카 각 부분 무게의 총합이 작용하는 가상의 중심점

무게 중심은 종합적인 차의 무게가 작용하는 가상의 중심점으로 **"C of G"**라고도 불린다. 위치에 따른 질량의 상대 분포 총합이 0이 되는 **"질량 중심(center of mass)"**과 조금 다른 개념이지만, **중력장이 이상적으로 고르게 작용한다면 무게 중심과 질량 중심은 일치할 수도 있다.**

무게 중심은 **"압력 중심(C of P : center of pressure)"**과 함께 현대적인 F1 레이스카 디자인 과정에서 고려하는 중요한 개념 중 하나로 여겨진다. 보통 앞이나 뒤로 쏠리지 않은 균형 잡힌 위치 중 최대한 낮은 지점에 무게 중심이 형성되는 것이 좋기 때문에, **F1 레이스카 디자인 과정에서 가능한 한 무거운 부품을 아래쪽에 배치하기 위해 노력**하는 경우가 많다.

F1 레이스카의 무게 중심

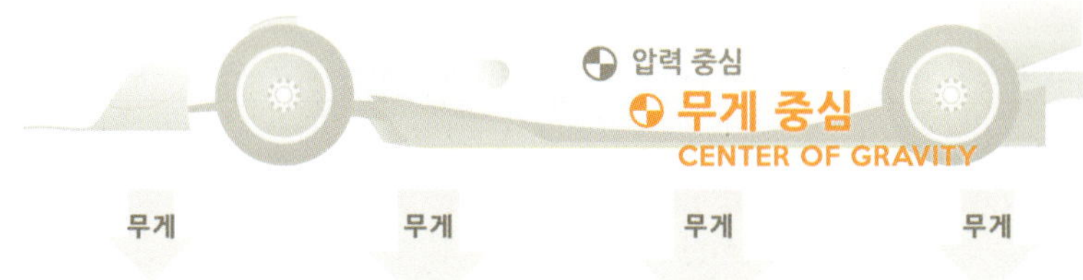

물류

Logistics

레이스 이벤트에 필요한 레이스카 등 팀 화물의 운송

F1에서는 트럭을 이용한 육상 운송은 물론 대형 화물선을 이용한 해상 운송, 항공기를 이용한 항공 운송까지 크게 세 가지 방법으로 물류가 이뤄진다. 매 시즌 초반과 종반의 플라이어웨이 레이스에서 F1 화물의 항공 운송은 FOM의 지휘 아래 **DHL이 전담**하고 있다.

F1 팀의 물류 중 육상 운송은 각 팀이 보유한 트럭을 통해 자체적으로 이뤄지기 때문에 비교적 단순하지만, 레이스카와 중요 부품, 기타 화물을 빠르게 옮기기 위해 복잡한 패키징이 필요한 항공 운송이나 최대 6주 동안 **최대 5개 세트**로 나눠 무거운 물품을 운송하는 해상 운송의 경우 여러 화물 그룹이 뒤섞이고 뒤얽혀 움직이는 복잡한 물류 과정을 거친다.

예를 들어 싱가폴 그랑프리에 사용한 A 세트가 브라질로 이동하는 동안 일본 그랑프리를 마친 B 세트가 아부다비로 향하고, 미국에는 이미 C 세트가 도착해 짐을 푸는 등의 상황이 펼쳐질 수 있다.

뮬 카

Mule Car

어떤 목적을 위해 여러 차를 조합하고 특별하게 개조해 테스트에 사용하는 차

뮬 카는 아직 존재하지 않는 신차의 부품이나 타이어 등을 테스트하기 위해, 기존에 완성된 여러 차의 부품을 조합하고 특별한 개조를 거친 차를 가리킨다. 뮬 카의 "뮬(mule)"은 노새나 잡종을 뜻하며, F1과 각종 모터스포츠에서 사용하는 의미의 뮬 역시 어색하게 조합된 차를 가리킨다. F1 규정 **섹션 B - 스포팅 규정**에 따라 **"MC"**라고 표기할 수 있다.

F1에서는 종종 대규모 규정 변경이 이뤄지기 직전 새 규정에 따른 차를 준비할 수 없을 때 뮬 카를 활용하기도 한다. 2026시즌 대규모 규정 변경을 앞두고 비슷한 차가 없을 때 진행된 2025시즌 종료 직후 타이어 테스트에서는 10개 F1 팀이 뮬 카를 만들어 테스트에 임했다.

미니 섹터

Mini sector

써킷의 트랙을 섹터보다 작은 단위로 구분한 단위 구간

일반적으로 세 개 섹터로 구성되는 써킷에서 훨씬 작은 150m ~ 200m 사이 단위로 구분한 구간을 미니 섹터라 부르며, F1 타이밍 앱에서도 단순하게나마 미니 섹터 정보가 색깔로 표시된다.

세이프티카나 VSC 상황에서 모든 차는 각 미니 섹터를 기준 시간이라고 할 수 있는 **"미니 섹터 델타(mini sector delta)"**보다 느리게 통과해야 한다. 스티어링 휠에 표시된 정보를 통해 지정 시간보다 느린 "포지티브 델타(positive delta)"인지, 지정 시간보다 빠른 "네거티브 델타(negative delta)"인지 확인할 수 있으며, 네거티브 델타라면 속도를 늦춰 제한 시간을 맞춰야 한다.

마리나베이 시가지 써킷을 24개 미니 섹터로 구분한 경우

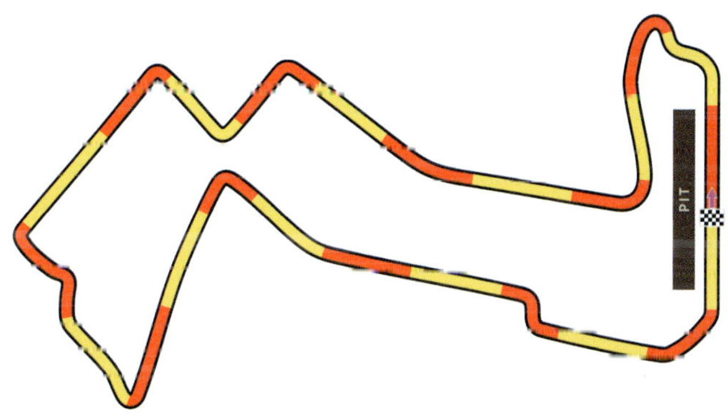

미디어 센터

Media center

언론 관계자들을 위해 써킷에 마련된 전용 건물

미디어 센터는 써킷에서 언론 관계자들을 위해 마련한 전용 건물을 가리킨다.

현대적인 F1 써킷에는 트랙의 모습과 이벤트의 진행 상황을 확인할 수 있는 대형 화면, 인터넷과 전화, 팩스 등 언론 활동을 위한 장비가 구비된 미디어를 위한 넓은 공간이 준비된다. 그랑프리 기간 패독에 위치한 미디어 센터 부근에 프레스 컨퍼런스 룸이 지정 운영되는 것이 보통이다.

미디어 펜

Media pen

언론의 소그룹 인터뷰를 위해 패독에 마련된 공간

F1 그랑프리 기간 패독에 배치되는 미디어 펜은 언론의 소그룹 인터뷰가 진행되는 직사각형 공간이다. 직사각형으로 드라이버나 팀 관계자들을 가둬놓는 공간이 마치 가축의 우리와 비슷해 보인다는 의미로 "펜(pen)"이라는 이름이 붙었다.

펜 바깥쪽에 5~6개 그룹으로 나뉘어져 대기하는 언론을 드라이버 혹은 지정된 F1 팀 관계자가 각각 찾아가 인터뷰를 진행한 뒤 다음 그룹으로 자리를 옮기는 방식으로 미디어 펜이 운영된다. 드라이버 프레스 컨퍼런스 시간에도 상당수 드라이버가 미디어 펜 인터뷰를 진행하고, 퀄리파잉과 레이스 종료 후에는 모든 드라이버가 미디어 펜에서 의무적으로 인터뷰에 응해야 한다.

미러 라이트

Mirror lights

안전을 위해 리어 뷰 미러에 장착되는 경고등

2026시즌 F1에 처음 도입된 미러 라이트는 리어 뷰 미러에 장착되는 경고등으로, 리어 라이트와 함께 F1 레이스카에 부착된 두 종류의 "안전등(safety lights)" 중 하나다. F1 규정 **섹션 C - 기술 규정**에서 사용하는 공식 명칭은 **"측면 안전등(Lateral Safety Lights)"**이다.

리어 라이트를 보기 어려운 사각에 있는 다른 차에서 쉽게 확인할 수 있게 하고, 날씨의 영향으로 시야 확보가 쉽지 않을 때나 스핀과 사고로 멈췄을 때 뒤따르는 차가 쉽게 알아볼 수 있도록 하는 것이 미러 라이트가 추가된 주된 이유다. 미러 라이트는 리어 뷰 미러의 바깥쪽에 배치된다.

미션 컨트롤

Mission control

F1 팀 본부에서 데이터를 처리하고 상황에 대처하는 종합 상황실

F1 팀 본부에 배치되는 미션 컨트롤은 그랑프리 기간 수집되는 많은 정보를 수집하고, 적절한 과정을 거쳐 빠르게 상황에 대처하는 종합 상황실을 가리킨다.

수십 명의 엔지니어가 배치되는 미션 컨트롤은 데이터 수집과 분석, 처리를 위한 가장 중요한 허브 역할을 한다. 그랑프리 기간 써킷에서 수집된 테라바이트 단위의 많은 정보가 미션 컨트롤로 전송되고, 이를 분석한 미션 컨트롤에서는 현장에서 확인하지 못한 치명적인 문제를 미리 발견하거나 더 큰 문제를 피하기 위해 레이스카의 리타이어를 결정하기도 한다.

미캐닉

Mechanic

모터스포츠 이벤트에서 레이스카의 정비, 관리 및 기술 실무를 담당하는 팀원

미캐닉은 모터스포츠 이벤트에서 레이스카의 정비와 관리 및 기술 실무를 담당하는 팀원을 가리키며, 상황에 따라 "정비공"으로도 번역할 수 있다.

F1 미캐닉은 그랑프리 기간 다양한 물류 경로를 통해 도착한 부품을 조립해 레이스카를 완성한 뒤, 차가 움직일 수 있도록 하는 모든 기술적 준비, 차의 상태 관리와 셋업 조절, 사고 등에 의한 파손 대응을 담당한다. **핏 스탑**에서는 많은 미캐닉이 **핏 크루 역할도 수행**하기 때문에, 체력 유지와 몸 상태 관리에도 신경을 써야하며 수시로 진행되는 핏 스탑 연습에 참여해야 한다.

바디워크

Bodywork

외부에 노출되어 레이스카의 외형을 구성하는 부품

바디워크는 레이스카에서 외부에 노출되어 대기와 접촉하는 부품 중 파워트레인과 기능적으로 연관되지 않은 부품을 가리킨다. 바디워크가 레이스카의 외형을 구성하기 때문에, F1 레이스카의 공기역학적 디자인은 대부분 어떤 형태로든 바디워크 디자인과 연결된다.

F1 규정 **섹션 C - 기술 규정**은 레이스카의 카메라, 카메라 하우징, 리어 뷰 미러, FRS 스테이터스 라이트, 파워트레인 및 스티어링의 기계적 기능과 관련된 부품들, 휠 림과 타이어, 브레이크와 안테나 등을 제외하고, **외부 공기 흐름에 접촉하도록 노출된 모든 부품**을 바디워크로 규정하고 있다. **에어 인테이크, 라디에이터, 쿨링 덕트 등도 바디워크의 일부로 간주**한다

바이오메트릭 글러브
Biometric gloves

드라이버가 착용하는 생체 인식 장갑

바이오메트릭 글러브는 드라이버가 레이스카에 탑승할 때 착용하는 생체 인식 장갑이다. F1은 2018시즌부터 바이오메트릭 글러브 장착을 의무화했다.

2015 러시아 그랑프리 P3에서는 카를로스 사인스가 사고 직후 텍프로 배리어 틈에 갇혀 구조가 지연되어 수십 분 동안 드라이버의 상태를 파악하지 못하는 위험한 상황이 벌어지기도 했다. 그러나, 바이오메트릭 글러브가 도입되면서 FIA 의료진은 글러브에 장착된 센서를 통해 드라이버의 맥박 등 활력 징후를 바로 파악해 사고 상황에 빠르고 정확히 대처할 수 있게 되었다.

바이저
Visor

크래시 헬멧의 투명한 안면 덮개

바이저는 드라이버가 헬멧을 착용하고 있을 때 안전하게 앞을 볼 수 있도록 크래시 헬멧 앞부분에 마련된 투명한 안면 덮개를 가리킨다.

F1 헬멧에는 특수한 투명 폴리카보네이트로 만들어 시야를 충분하게 확보하며 높은 강도와 내연성으로 드라이버의 머리를 보호하는 바이저가 장착된다. 바이저 바깥쪽에는 **"바이저 스트립"**과 "**바이저 테어-오프**"가 부착되고, 바이저 안쪽은 화학 처리를 통해 김 서림을 방지한다.

크래시 헬멧의 바이저

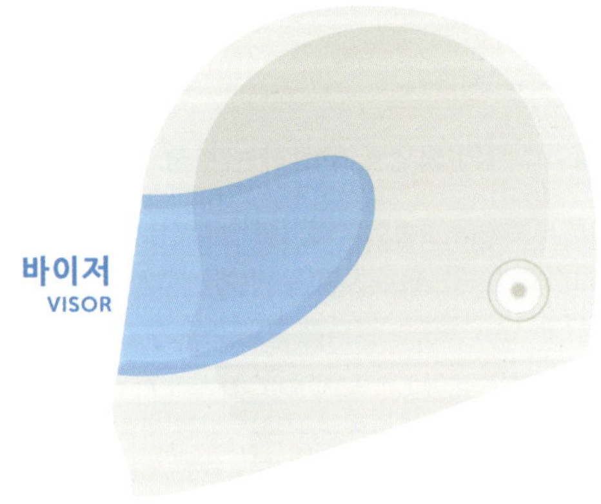

바이저 스트립

Visor strip

크래시 헬멧 바이저 위쪽에 부착되는 띠 형태의 안전 장비

바이저 스트립은 크래시 헬멧 앞부분 바이저의 강도를 높이기 위해 바이저 위쪽에 부착되는 띠 형태의 안전 장비를 가리킨다. F1 드라이버의 크래시 헬멧에 배치되는 바이저 스트립에는 가로로 길쭉한 형태의 광고나 브랜드 홍보 이미지가 노출되는 경우가 많다.

F1에서는 2011시즌부터 **50mm 폭[1]의 새로운 자일론 소재 바이저 스트립을 바이저 상단에 부착**하도록 규정하기 시작했다. 바이저 스트립을 장착하면 **크래시 헬멧의 무게가 70g 정도 증가**하지만, **바이저 강도는 두 배 가량 높아진다.**

크래시 헬멧의 바이저 스트립

바이저 테어-오프

Visor tear-off

바이저 바깥쪽에 겹겹이 부착된 투명 필름

바이저 테어-오프는 바이저 좌우 양쪽에 손잡이처럼 돌출된 부분을 잡아당겨 좌우를 번갈아 순서대로 가볍게 떼어낼 수 있도록 겹겹이 부착된 투명 필름을 가리킨다.

바이저 테어-오프를 사용하면 바이저에 묻은 이물질을 빠르게 제거할 수 있지만, 때로는 떼어낸 바이저 테어-오프가 뒤따르는 레이스카의 브레이크 덕트 등에 빨려 들어가거나 바디워크에 걸려 여러 가지 문제를 일으키기도 한다.

---

1 아래쪽 25mm는 바이저와 겹치고, 위쪽 25mm는 헬멧 모서리와 바이저의 겹치도록 되어 있다.

바지보드

Bargeboard

프론트 휠과 사이드포드 사이에 수직으로 세워진 바디워크

바지보드는 오픈-휠 레이스카의 프론트 휠과 사이드포드 사이에 수직으로 세워진 바디워크로 초창기 평면 바지보드는 곡면을 거쳐 매우 복잡한 형태로 진화했다. 바지보드는 레이스카 주변 공기 흐름을 조절하는 Y250 보텍스와 함께 아웃워시를 유도해 공기역학적 성능에 큰 영향을 줬다.

21세기 F1 레이스카의 가장 중요한 공기역학 부품 중 하나였던 바지보드는 2022시즌 기술 규정 변경과 함께 역사 속으로 사라졌다.

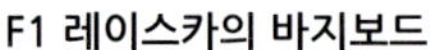

F1 레이스카의 바지보드

바터밍

Bottoming

차체 바닥이 노면에 닿는 것

레이스카의 차체 바닥이 노면에 닿는 상황을 가리켜 바터밍이라고 부른다. 바터밍이 심하게 발생하면 플랭크에 배치된 스키드 블럭의 티타늄이 노면과 접촉해 불꽃을 튀기기도 한다.

F1 레이스카를 포함해 각종 모터스포츠 레이스카는 보통 라이드 하이트를 낮게 셋업하는 것이 보통이다. 그러나, 정지 상태에서 차체 바닥이 노면에 닿을 정도로 낮게 셋업하는 경우는 거의 없고, 일부 종목에서는 규정을 통해 최소 라이드 하이트를 제한하기도 한다. 이런 상황에서도 강력한 다운포스를 만들 수 있는 F1 레이스카의 속도가 일정 수준 이상 높아지면, 다운포스에 의해 차체가 아래로 눌리는 상황에서 바닥이 노면과 접촉하는 바터밍이 발생할 수 있다. 노면이 불규칙할 경우나 포포싱이 발생할 때도 바터밍이 일어나면서 다른 문제를 불러올 수 있다.

박스
Box

트랙 주행 중 핏 레인의 핏 박스로 들어오는 것

박스는 직역하면 차고를 가리키는 "핏 박스"를 의미하며, 팀 라디오나 상황 설명 중 박스라는 용어를 사용한다면 핏 박스로 들어오는 것을 의미하는 경우가 많다.

팀 라디오 메시지에서는 이번 랩에 들어오라는 의미의 **"박스 디스 랩(Box this lap)"** 또는 바로 핏 스탑하도록 반복 강조하는 **"박스, 박스, 박스(Box. Box. Box)"** 등의 표현이 자주 사용된다.

반시계방향 써킷
Anti-clockwise circuit

반시계방향으로 진행하도록 디자인된 써킷

모터스포츠 이벤트가 펼쳐지는 써킷은 진행 방향에 따라 시계방향으로 진행하는 써킷과 반시계방향으로 진행하는 써킷, 그리고 8-자형 써킷까지 크게 세 가지로 나뉜다. 초창기 F1 써킷 중에는 반시계방향 써킷이 많지 않았지만, 21세기에는 반시계방향 써킷의 비중이 커졌다.

F1 코리아 그랑프리가 펼쳐졌던 영암의 코리아 인터내셔널 써킷을 포함해 인터라고스, COTA, 마리나베이 시가지 써킷, 야스 마리나 써킷 등이 모두 반시계방향 써킷이다. 상대적으로 비주류였던 반시계방향 써킷에서 평소와 다른 방향으로 많은 힘을 받으며 달려야 한다는 이유로, 드라이버들이 다른 방향의 G-포스를 견디기 위한 특별 훈련 프로그램을 수행하기도 했다.

> 반시계방향으로 진행하는 인디애나폴리스 모터 스피드웨이(IMS) 오벌 트랙

받음각
Angle of attack

공기 흐름의 진행 방향과 코드 라인 사이의 각도

받음각은 윙의 기울기를 가리킨다. 윙의 앞쪽 끝과 뒤쪽 끝을 연결한 선을 **"코드 라인(chord line)"**이라고 부르며, 공기 흐름의 진행 방향과 코드 라인 사이의 각도가 받음각이 된다. 받음각을 높이는 것은 "윙을 세운다.", 받음각을 낮추는 것은 "윙을 눕힌다."라고 표현할 수 있다.

받음각을 높이면 다운포스 생성량과 드래그 발생량이 증가할 수 있지만, 받음각을 낮추면 다운포스 생성량과 함께 드래그 발생량도 감수할 수 있다.

윙의 코드 라인과 받음각

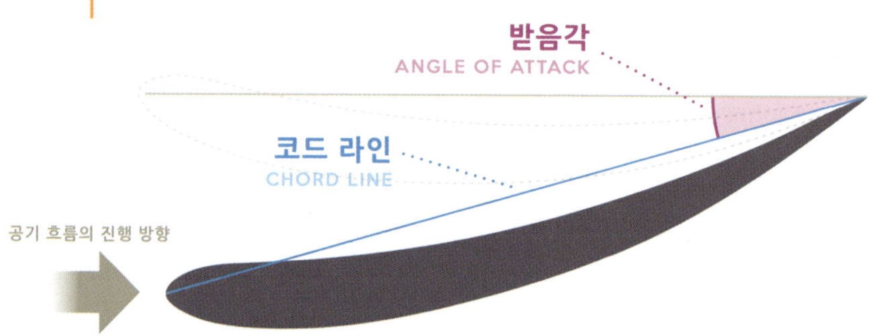

발라클라바
Balaclava

크래시 헬멧 안쪽에 착용하는 두건

발라클라바는 드라이버가 크래시 헬멧 안쪽에 착용하는 두건 형태의 의류를 가리킨다.

F1 드라이버들은 레이스카에 탑승할 때, FIA 안전 기준에 따라 방화성과 방염성이 매우 높은 노멕스 등의 소재로 제작되고 FIA의 승인을 받은 발라클라바를 착용해야만 한다.

방호벽

Safety barrier

물체가 위험 지역에 들어가는 것을 막는 장벽

방호벽은 레이스카나 위협이 될 수 있는 물체가 위험한 지역으로 들어가는 것을 막아 사고 피해를 최소화하기 위한 장벽을 가리키며, 써킷에서 가장 중요한 안전 설비 중 하나다.

F1 써킷에는 기본적인 **"콘크리트 배리어(concrete barrier)"** 외에 공공 도로에서도 쉽게 볼 수 있는 가드레일에 해당하는 **"암코 배리어(Armco barrier)"**, 강력한 충격 흡수 능력을 가진 **"텍프로 배리어(Tecpro barrier)"**, **"세이퍼 배리어(SAFER barrier)"** 등 다양한 방호벽이 사용된다.

배기구

Exhaust

배기가스를 차 밖으로 배출하는 통로

배기구는 엔진에서 만들어진 배기가스를 차량 밖으로 배출하는 통로 또는 배출구를 가리킨다. 상황에 따라 배기구를 **"엔진 이그조스트(engine exhaust)"**라고 부르기도 한다.

각 실린더에서 나온 배기가스를 한데 모으는 **"이그조스트 매니폴드(exhaust manifold)"**를 포함하는 **"배기 시스템(exhaust system)"**의 레이아웃과 디자인은 파워트레인의 성능에 직접적인 영향을 주는 것은 물론, 레이스카의 공기역학적 성능에도 큰 영향을 줄 수 있다. 배기 시스템은 EXH라는 약자로 표기하는 파워 유닛의 일부로 여겨지기도 한다.

배기량

Engine displacement

엔진에서 실린더가 한 번에 배출할 수 있는 배기가스 부피의 합

엔진 배기량은 실린더가 배출할 수 있는 배기가스 부피의 합으로, F1이 채택한 것과 같은 피스톤 엔진이라면 **"배기량 = π × (보어[2] / 2)^2 × 스트로크 × 실린더 수"**의 식으로 계산할 수 있다. **실린더 내부 부피와 계산된 배기량이 반드시 일치하는 것은 아니다.**

배기량은 보통 cc 또는 L 단위로 표기하며, 2014시즌 규정 변경 이후 F1 레이스카의 엔진 최대 배기량은 1,600cc(1.6L)로 정해져 있다.

---

[2] bore : 실린더의 지름

배틀

Battle

레이스 중 두 명 이상의 드라이버가 가까이 주행하며 펼치는 순위 경쟁

두 명 이상의 드라이버가 상대를 추월하거나 자신의 순위를 방어하기 위해 가까운 거리에서 주행하며 펼치는 순위 경쟁 상황을 흔히 배틀이라고 부른다.

두 차가 앞뒤로 나란히 바짝 붙어 추격전을 펼칠 경우 **"테일-투-노즈(tail-to-nose)"**나 **"노즈-투-테일(nose-to-tail)"**, 두 차가 좌우로 나란히 달리며 경쟁할 때는 **"사이드-바이-사이드(side-by-side)"**나 **"휠-투-휠(wheel-to-wheel)"**이라 표현하기도 한다.

백-투-백 레이스

Back-to-back race

2주 연속 개최되는 그랑프리 이벤트

하나의 F1 그랑프리가 마무리된 뒤, 팀의 이동과 물류, 드라이버와 팀원이 약간이라도 휴식을 취하기 위해, 가능하다면 다음 그랑프리 이벤트 전에 한 주 이상 여유를 두는 것이 보통이다. 그러나, 상황에 따라 어쩔 수 없이 2주 연속으로 그랑프리가 편성되어 백-투-백 레이스가 진행되기도 한다. 이와 같은 백-투-백 레이스는 흔히 **"더블 헤더(double header)"**라고 불리기도 한다.

백파이어

Back-fire

배기 시스템에서 연소와 폭발이 일어나는 현상

백파이어는 실린더가 아닌 흡배기 시스템에서 연소와 폭발이 일어나는 현상이다. 배기 시스템에서 연소와 폭발이 일어날 때, 큰 소음과 함께 배기구를 통해 큰 불꽃이 뿜어져 나오는 것을 **"애프터-파이어(after-fire)"**라고 부르기도 한다. 일반 승용차의 경우 백파이어는 부품에 손상을 불러일으킬 수 있는 매우 좋지 않은 현상이다.

레이스카나 고성능 차량의 경우 고단 기어에서 쓰로틀 페달에서 발을 뗐을 때. 공기에 비해 연료가 많이 공급되는 **"리치(rich)"**한 상태가 될 수 있다. 이런 상황에서 불완전 연소된 혼합기가 배기구로 향하면 폭발하면서 백파이어가 발생할 수 있는데, 의도되거나 예상한 범위 안에서 발생하는 백파이어의 경우 엔진 손상이나 고장에 대한 부담은 그다지 크지 않다.

밸러스트

Ballast

레이스카의 성능이나 주행 특성 조절을 위해 부착하는 무게추

밸러스트 또는 **"밸러스트 웨이트(ballast weight)"**는 모터스포츠에서 차의 성능이나 주행 특성을 조절하기 위해 부착하는 무게추를 가리킨다. F1에서는 가능하다면 규정이 정한 무게보다 차를 가볍게 만든 뒤, 밸러스트를 추가해 주행 특성에 맞는 정교한 셋업을 잡는 것이 보통이다.

여러 모터스포츠 챔피언십에서는 레이스 우승이나 포디엄 피니시 등 좋은 성적을 거둔 차에 **"핸디캡 웨이트(handicap weight)"**를 추가하기도 하고, GT3, TCR 등 많은 모터스포츠에서 차량 성능 평준화를 위해 **"밸런스 오브 퍼포먼스(BoP : Ballance of Performance)"**를 적용한다. 두 가지 경우 모두 밸러스트를 활용한다. F1에는 드라이버 질량을 맞추기 위한 **"드라이버 밸러스트(driver ballast)"**와 ICE의 최소 질량을 맞추기 위한 **"ICE 밸러스트(ICE ballast)"**도 존재한다.

밸브

Valve

실린더로 드나드는 관문을 여닫는 구조물

밸브는 엔진에서 실린더로 드나드는 관문을 정해진 타이밍에 여닫는 구조물을 가리킨다. 실린더로 들어가는 혼합기를 통제하는 밸브는 **"흡기 밸브(intake valve)"**, 연소를 마친 배기가스의 배출을 통제하는 밸브는 **"배기 밸브(exhaust valve)"**라고 부른다.

DOHC 방식을 채택하고 있는 F1 엔진은 실린더마다 흡기 밸브 두 개, 배기 밸브가 두 개씩 배치되며, V6 엔진 전체로 보면 모두 24개의 밸브가 배치된다.

뱅크

Bank

기울어진 트랙 또는 트랙이 기울어진 상태

직역하면 "둑"으로 번역할 수 있는 뱅크는 기울어진 트랙 또는 트랙이 기울어진 상태를 가리킨다. 기울어진 코너는 **"뱅크드 코너(banked corner)"**, 기울어진 직선 구간의 경우 **"뱅크드 스트레이트(banked straight)"**라고 부를 수 있다.

F1 써킷은 대부분 코너와 직진 구간이 어느 정도씩 기울어져 있고, 스즈카 써킷의 6번 코너는 네거티브 캠버(negative camber)의 뱅크라는 코너의 특징을 담아 **"역 뱅크(逆バンク)"**라는 이름이 붙어 있다.

번아웃

Burnout

안정적인 자세에서 의도적으로 휠스핀을 만드는 것

번아웃은 안정적인 차의 자세를 유지하면서 의도적으로 휠스핀을 발생시키는 것을 가리킨다. 적절한 번아웃은 타이어 온도를 적정 온도로 만드는 데 도움을 주고, 타이어에 붙은 이물질도 제거할 수 있어 레이스 스타트에서 높은 그립을 확보하는 데 큰 도움을 준다.

F1 그랑프리의 레이스와 스프린트에서는 포메이션 랩을 마치고 그리드에 진입하기 직전 타이어의 확실한 그립 확보를 목적으로 한 번아웃 장면을 자주 목격할 수 있다.

범프

Bump

트랙 노면의 요철

범프는 트랙 노면의 요철(凹凸)을 의미한다. 불규칙한 노면이 문제가 되는 구역 또는 튀어나오거나 꺼진 트랙 표면을 가리켜 범프라는 표현을 사용한다.

보통 시가지 써킷은 노면의 범프가 심하지만, 상설 전용 써킷이라도 마지막 포장 후 시간이 지났거나 다른 특별한 이유로 범프가 심해질 수 있다. 범프가 심할 경우 충분한 그립을 확보하지 못하는 것은 물론 갑작스러운 스핀이나 고장, 사고의 원인이 될 수 있다.

베르누이의 정리

Bernoulli's principle

유체의 속도 증가가 압력 및 에너지 감소와 병행한다는 원리

1738년 다니엘 베르누이가 정립한 개념 베르누이의 정리는 유체 흐름의 압력(p)이 속도의 제곱(v2)에 반비례한다는 원리다. 속도가 빠르면 압력이 낮다는 의미고, 속도가 느릴 때 압력은 높다는 뜻으로도 이해할 수 있다.

베르누이의 정리는 많은 유체역학 분야에서 활용되며, 다운포스와 드래그를 포함한 다양한 F1 공기역학 개념을 이야기할 때 자주 등장하는 기본적인 개념 중 하나다.

벤츄리 이펙트
Venturi effect

밀폐된 통로의 유체가 좁은 곳을 지날 때 속도가 빨라지면서 압력이 낮아지는 효과

18세기 말 지오바니 바티스타 벤츄리가 발견한 벤츄리 이펙트는 **"벤츄리 관(Venturi tube)"**과 같은 밀폐된 통로를 지나는 유체가 넓은 곳에서 좁은 곳으로 움직일 때 속도가 빨라지면서 압력이 낮아지고, 좁은 곳에서 넓은 곳으로 움직일 때 속도가 느려지면서 압력은 높아지는 효과다. 벤츄리 효과는 베르누이의 정리가 가장 쉽게 확인할 수 있는 현상 중 하나다.

F1에서는 1970년대 중후반 벤츄리 이펙트를 적극 활용하는 "벤츄리 터널"을 사이드포드 안쪽에 구성해 강력한 그라운드 이펙트를 유도했고, 2022시즌부터 2025시즌까지 F1 레이스카의 플로어도 벤츄리 이펙트의 효과를 적극적으로 이용했다고 볼 수 있다.

벤츄리 터널
Venturi tunnel

그라운드 이펙트를 극대화하기 위해 만든 사이드포드의 빈 공간

1970년대 후반 등장한 벤츄리 터널은 F1 레이스카의 사이드포드 내부에 날개를 뒤집어 놓은 듯한 형태의 빈 공간을 만들고, 빈 공간 옆면은 사이드 스커트로 막아 구성한 공기 흐름의 통로다. 이름 그대로 벤츄리 터널은 벤츄리 이펙트를 극대화하기 위한 디자인이라고 볼 수 있다.

1980년대 초반 그라운드 이펙트를 제한하는 규정 변화로 사라졌던 벤츄리 터널은, 2022시즌 규정 변경과 함께 완벽하지는 않지만 새로운 형태로 부활해 2025시즌까지 강력한 그라운드 이펙트를 만드는 핵심 역할을 했다.

로터스 78의 벤츄리 터널(파란색) 속에서 공기의 흐름

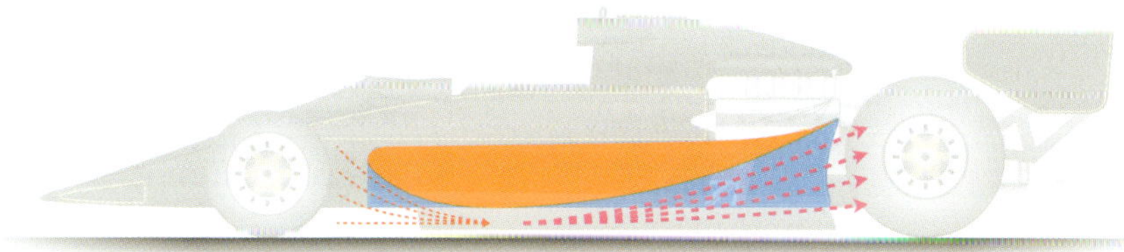

보텍스

Vortex

움직이는 중심축을 기준으로 나선을 그리며 회전하는 공기의 흐름

보텍스는 직선이나 곡선으로 움직이는 중심축을 기준으로, 나선을 그리며 회전하는 난류[3]의 한 형태를 가리킨다. 보텍스는 많은 에너지를 품고 어느 정도 형태를 유지하면서 움직이기 때문에, 공기의 벽을 만들거나 유체의 진행 방향을 바꾸는 "보이지 않는 벽" 역할을 할 수 있다.

보텍스는 비행기 날개 끝[4]에서 자주 목격되며, 습도가 높은 날에는 F1 레이스카의 날카로운 부품 끝부분에서 종종 맨눈으로도 보텍스를 확인할 수 있다.

보텍스 제너레이터

Vortex generator

바디워크 주위에 강한 소용돌이를 만드는 공기역학 부품

바디워크 주위에 공기 흐름의 층이 나뉘는 현상("박리" 또는 "유동 분리")이 발생할 경우 기대했던 만큼의 공기역학적 효과를 얻지 못할 수 있지만, 보텍스 제너레이터는 강한 보텍스를 만들어 박리 또는 유동 분리 현상을 완화해 결과적으로 공기역학적 성능을 높일 수 있다. 일부에서는 보텍스 제너레이터를 간단하게 **"VG"**라고 부르기도 한다.

보텍스 제너레이터는 F1 레이스카의 곳곳에 배치되어 공기역학적으로 중요한 역할을 수행하고 있고, 비행기 날개나 헬리콥터의 로터, 대형 풍력 발전기 날개 등 다양한 부문에 널리 사용되고 있다.

비행기 날개 위 보텍스 제너레이터의 배치

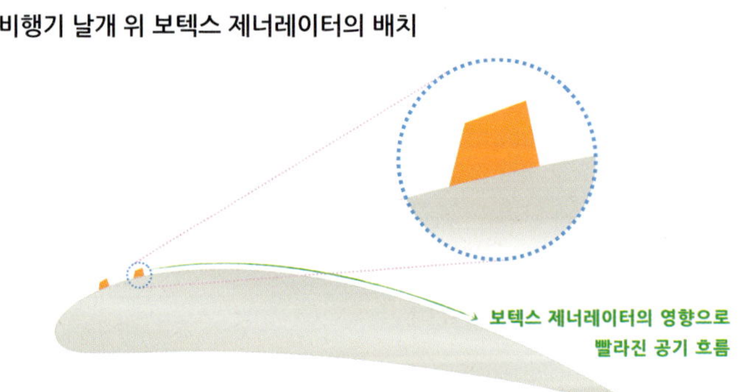

[3] turbulence : 불규칙적하고 무질서하게 움직이는 유체의 흐름

[4] 날개 끝에서 발생하는 보텍스는 "윙 팁 보텍스 (wing tip vortex)"라고 부른다.

볼라드
Bollard

경계 표시를 위해 설치한 짧은 수직 기둥

볼라드는 트랙에서 경계를 표시하기 위해 배치하는 짧은 수직 기둥을 가리킨다. F1 써킷에 사용하는 볼라드는 보통 빨간색 바탕에 흰색 줄무늬를 넣거나, 쉽게 눈에 띄는 형광색으로 만들어진다.

F1 그랑프리 이벤트 중 볼라드는 핏 레인 입구에서 핏 레인과 트랙을 구분하기 위해 사용되는 경우가 많고, 잘못된 방향으로 볼라드를 지나 핏 레인에 진입하면 페널티가 주어질 수도 있다.

트랙에 배치되는 일반적인 볼라드의 형태

부스트 버튼
Boost button

추가 전력을 사용해 출력을 높이는 버튼

부스트 버튼은 일반적인 파워 유닛 모드로 주행하는 동안 드라이버가 원할 때 배터리의 전력을 추가로 사용해 파워 유닛의 전체적인 출력을 높이려 할 때 누르는 버튼이다. 부스트 버튼을 사용해 추월을 시도하거나, 상대의 추월 시도를 방어하는 데 활용할 수 있지만, 너무 많은 에너지를 소모하면 필요할 때 에너지가 부족해 결과적으로 더 큰 손해를 볼 수 있다는 점을 유의해야 한다.

2025시즌까지 이런 역할을 하는 버튼을 가리켜 "오버테이크 버튼(overtake button)"이라고 불렀으며, 버튼 위에 "OT"라는 글자가 새겨지는 경우가 많았기 때문에 버튼 "OT 버튼(OT button)"이라는 표현을 사용하는 사람도 있었다. 그러나, 2026시즌 신설된 "오버테이크 모드"와 혼동을 피하기 위해 부스트 버튼으로 공식 명칭이 바뀌었다. 해당 랩에 오버테이크 모드를 사용할 수 있는 차의 경우, 원한다면 동시에 부스트 버튼을 사용할 수도 있다.

브레이크

Brake

휠의 회전을 억제하는 기계 장치

브레이크는 휠의 회전을 억제해 차의 속도를 늦추는 기계 장치를 가리킨다. F1 레이스카의 디스크 브레이크는 페달을 밟을 때 유압 시스템을 통해 힘을 전달하고, 캘리퍼의 피스톤이 브레이크 패드를 눌러 휠과 함께 회전하는 브레이크 디스크와의 마찰로 회전을 억제하는 방식으로 작동한다.

브레이크의 기본적 역할은 속도를 줄이거나 원하는 상황에서 차를 멈추는 것이지만, 스포츠 드라이빙에서는 하중을 이동시키는 것처럼 단순한 감속 장치 이상의 의미를 갖는다.

브레이크 덕트

Brake duct

브레이크를 냉각시키는 공기의 통로

레이싱 브레이크 패드는 적정 온도 범위 안에 있을 때만 충분한 성능을 발휘할 수 있고, 과열 상태가 오래 지속될 경우 손상이나 고장의 원인이 된다. **"브레이크 쿨링 인렛 덕트(brake cooling inlet duct)"**라고도 불리는 브레이크 덕트를 활용하면 덕트 속으로 공기가 지나며 브레이크 패드의 과열을 막을 수 있고, 브레이크 성능을 높이는 동시에 구성 부품의 수명도 늘어난다.

F1 레이스카의 브레이크 덕트는 브레이크 과열을 막는 것은 물론 공기역학 부품으로 기능하기 때문에, 개발 단계부터 공기역학적 디자인이 필요하다. 또한, 브레이크 덕트의 기능에 따라 타이어 온도 조절과 관리에도 큰 영향을 줄 수 있다.

F1 레이스카의 브레이크 덕트

브레이크 디스크
Brake disc

휠과 함께 회전하며 브레이크 패드와 마찰을 일으키는 부품

브레이크 디스크는 휠과 함께 회전하는 부품으로, 브레이크를 작동시켰을 때 캘리퍼의 패드와 마찰을 일으켜 회전을 억제하는 디스크 브레이크의 핵심 부품이다. 간단하게 "디스크(disc)"라고만 부르거나, **"브레이크 로터(brake rotor)"**라는 표현을 사용하는 사람도 있다.

현대적인 F1 레이스카는 모두 디스크 브레이크 방식의 브레이크를 사용하며, 2025시즌 기준으로는 브렘보와 카본 인더스트리 등의 브레이크 제조사가 **"벤틸레이티드 카본 디스크(ventilated carbon disc)"**를 F1 팀에 공급하고 있다.

브레이크 마이그레이션
Brake migration

브레이크 밸런스의 동적 변경

F1 레이스카는 브레이킹이 어느 정도 진행 중인 상태에서 브레이크 밸런스를 바꿀 수 있는데 이를 브레이크 마이그레이션이라고 부른다. 스티어링 휠에는 약자로 **"BMIG"**라고 표기하기도 한다.

드라이버는 코너마다 브레이크 마이그레이션을 조절할 수 있으며, 브레이크 밸런스와 브레이크 마이그레이션을 적절히 조절하면 레이스카의 조종 특성을 완전히 다르게 바꿀 수 있다.

브레이크-바이-와이어
Brake-by-wire

전기/전자적인 방법으로 통제되는 브레이크

레이스카의 브레이크는 보통 일반 유압 계통과 분리된 별개의 유압 계통을 통해 물리적으로 연결된 시스템을 채택해 드라이버가 발로 페달을 밟는 직접 조작으로 통제한다. **"BBW(Brake-By-Wire)"**라고도 불리는 브레이크-바이-와이어는 유압 계통 대신 전기전자적 연결로 브레이크 시스템을 통제해, 드라이버의 조작과 전기전자적 제어가 함께 이뤄지는 브레이크 시스템을 가리킨다.

F1 레이스카는 2013시즌까지 유압 계통만을 이용해 브레이크를 제어했지만, 2014시즌 파워 유닛 개념 도입과 함께 리어 브레이크에 브레이크-바이-와이어 방식이 처음 도입됐다.

브레이크 밸런스
Brake balance

앞뒤 브레이크에 가해지는 힘의 비율 또는 힘의 배분

브레이크 밸런스는 앞뒤 브레이크에 가해지는 힘인 **"브레이킹 포스(braking force)"**의 비율 또는 힘의 배분을 가리키며, **"브레이크 바이어스(brake bias)"** 또는 **"BB"**라고 표현하기도 한다.

드라이빙 스타일이나 셋업에 따라 브레이크 밸런스가 달라질 수 있으며, 같은 셋업이라도 브레이크 성능을 최대한 끌어올리려면 코너의 형태나 레이스 진행 상황에 따라 브레이크 밸런스 조절이 필요하다. F1 레이스카에서는 콕핏 안에 배치된 레버나 노브를 움직여 아날로그적으로 브레이크 밸런스를 조절하는 방식이 오랫동안 사용되었고, 현대적인 F1 레이스카에서는 스티어링 휠에서 다이얼을 돌리는 등의 방법으로 간단하게 브레이크 밸런스를 변경할 수 있다.

브레이크 캘리퍼
Brake caliper

브레이크 디스크의 회전을 억제하는 장치

브레이크 캘리퍼는 디스크 브레이크 방식의 브레이크에서 휠과 함께 회전하는 브레이크 디스크의 회전을 억제하는 장치를 가리키며, 간단하게 **"캘리퍼(caliper)"**라고도 부른다.

브레이크 디스크 한쪽을 감싸도록 배치되는 브레이크 캘리퍼는 직접 디스크와 마찰을 일으키는 "브레이크 패드(brake pad)"와 패드를 누르는 "피스톤(piston)"까지 포함하는 넓은 의미의 개념으로도 사용된다. 좁은 의미의 브레이크 캘리퍼는 피스톤을 감싸는 외부 구조물과 패드까지만을 가리킨다. 2025시즌 기준 브렘보와 AP 레이싱이 F1 팀에 캘리퍼를 공급하고 있다.

브레이크 구성 부품들과 브레이크 캘리퍼

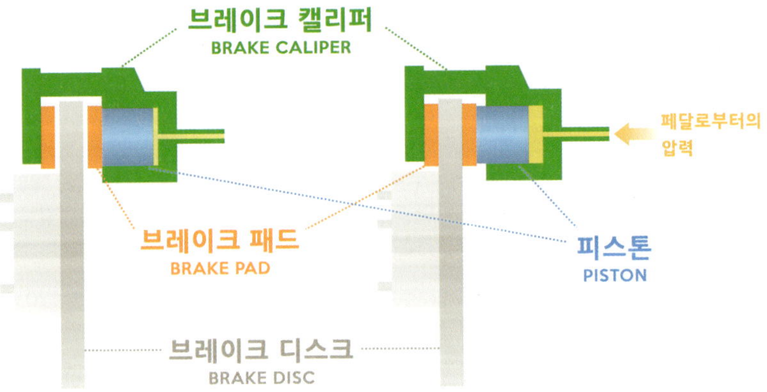

브레이크 테스트

Brake test

바짝 뒤따르는 차가 있을 때 의도적으로 강하게 브레이크를 조작하는 것

브레이크 테스트는 두 차가 앞뒤로 바짝 붙은 상황에서 앞선 드라이버가 의도적으로 강하게 브레이크를 조작하거나, 예상할 수 있는 브레이킹 포인트 이전에 급격히 속도를 줄이는 것을 가리킨다.

F1을 포함해 대부분 모터스포츠에서 브레이크 테스트는 위험한 드라이빙으로 여겨지며, 사고를 유발하거나 위험한 상황으로 이어졌다면 페널티가 주어질 수 있다.

브레이킹 포인트

Braking point

브레이크 조작을 시작하는 지점

브레이킹 포인트는 코너 공략을 앞두고 드라이버가 브레이크 조작을 시작하는 지점을 가리킨다. 브레이킹 포인트는 보통 공간적 의미로 사용되는 개념이지만, 시간적 의미로 사용하기도 한다.

브레이킹 포인트는 레이스카의 성능과 조종 특성, 셋업과 드라이빙 스타일에 따라 달라지며, 코너 공략 속도를 결정짓는 중요한 요소 중 하나다. 최적의 브레이킹 포인트에서 적절하게 브레이크를 조작하면 코너 공략에 유리하고 랩 타임을 단축시킬 수 있지만, 브레이킹 포인트를 놓치면 코너 공략 중 큰 시간 손해를 보거나 제때 차를 멈추지 못해 트랙을 벗어날 수도 있다.

브리티시 레이싱 그린

British racing green

영국의 내셔널 컬러로 사용한 녹색

브리티시 레이싱 그린 또는 "BRG"는 오랫동안 국제 모터스포츠 이벤트에 영국 국적으로 참가하는 팀의 내셔널 컬러로 사용됐던 색으로, **sRGB**로 **(1, 66, 37)**, **CMYK**로 **(90, 44, 92, 54)**, **HSV**로 **(153.2°, 98.5%, 25.9%)**의 값으로 정의된다.

1903년 "고든 베넷 컵(Gordon Bennett Cup)"에 참가한 영국의 엘리엇 즈보로스키 백작은 대회 개최국이었던 아일랜드에 대한 존경의 의미를 담아 녹색을 내셔널 컬러로 선택했다. 1960년대까지 에메랄드색부터 민트색과 청록색, 짙은 녹색과 라임색 등 다양한 녹색 계열 색상이 사용됐지만, 정확한 브리티시 레이싱 그린의 색상에 대해서는 사람마다 다른 주장을 펼치고 있다.

블랙 플랙
Black flag

드라이버의 실격을 알리는 깃발 신호

블랙 플랙은 기본적으로 주행 중인 드라이버에게 피트로 들어오라는 뜻을 담은 깃발 신호로 페널티는 물론 기계적 문제 해결 지시, 레드 플랙 상황에서 모든 드라이버의 피트 복귀를 알리는 것까지 다양한 의미로 사용되지만, FIA가 주관하는 국제 기준 모터스포츠 이벤트에서 블랙 플랙은 지정된 드라이버가 실격 처리됐음을 알리는 깃발 신호로 사용된다.

F1 그랑프리에서도 블랙 플랙은 드라이버의 즉각적인 실격을 알리기 위해 사용되며, 깃발 신호와 관계없이 실격을 의미할 때도 블랙 플랙이라는 표현을 사용할 수 있다.

블로워
Blower

냉각을 위해 사용하는 송풍기

엔진과 브레이크처럼 뜨거운 온도에서 작동하는 부품은 갑자기 차가 멈출 경우 충분한 냉각이 어려워져 과열 문제를 겪거나 파손될 수 있다. 이 때문에 주행을 마치고 피트로 복귀한 F1 레이스카의 브레이크 덕트에 블로워를 근접시키거나 끼우고 공기를 주입해 온도를 낮춰야 할 때가 많다.

F1에서 사용하는 블로워는 기본적으로 낙엽 제거를 위한 송풍기 "리프 블로워(leaf blower)"와 같은 원리로 작동하지만, 레이스카 냉각을 위해 특별히 제작된 블로워 안에 드라이아이스를 넣어 냉각 효율을 높이는 등 추가 기능을 갖춘 전문 장비를 준비하는 경우가 많다.

블론 디퓨저
Exhaust blown diffuser

배기가스를 디퓨저 주변으로 보내 공기역학적 효과를 극대화하는 방법

블론 디퓨저는 배기가스를 디퓨저 주변으로 보내 공기역학적 효과를 극대화하는 방법, 혹은 이를 위해 적절히 배치된 배기구와 주변 바디워크를 가리킨다. 블론 디퓨저는 "이그조스트 실링 이펙트(exhaust sealing effect)" 등을 통해 디퓨저 주변의 공기역학적 효율을 높이는 역할을 한다. 2010시즌 무렵 레드불이 처음 도입한 블론 디퓨저는 이후 다른 F1 팀들에 빠르게 보급됐다.

블론 디퓨저가 규정의 취지에 맞지 않는다는 판단 아래 FIA가 배기구 레이아웃 규정을 바꾸자, F1 팀들은 코안다 배기구라는 아이디어로 대응했다. 그러나, 2014시즌부터 하나의 배기구만 사용하는 배기 시스템을 강조하는 규정 변경과 함께 블론 디퓨저는 역사 속으로 사라졌다.

블루 드 프랑스
Bleu de France

프랑스의 내셔널 컬러로 사용한 파란색

국제 모터스포츠 이벤트에 프랑스 팀의 내셔널 컬러로 사용된 블루 드 프랑스는 **sRGB**로 **(49, 140, 131)**, **CMYK**로는 **(79, 39, 0, 9)**, **HSV**로는 **(210°, 79%, 91%)**의 값으로 정의된다.

모터스포츠 초창기부터 부가티, 고르디니, 탈보-라고, 리지에, 마트라 등 프랑스 팀은 대부분 파란색에 바탕을 둔 리버리를 채택했지만, 시트로엥과 르노는 전통적으로 블루 드 프랑스와 거리가 먼 색상(시트로엥은 빨간색/흰색, 르노는 노란색/검은색)의 리버리를 사용했다.

블루 플랙
Blue flag

더 빠른 차에게 진로를 양보하라고 지시하는 깃발 신호

레이스에서 선두에 한 랩 이상 뒤져 있거나 특별한 이유로 늦게 달리는 차에게 주어지는 블루 플랙은 뒤에 접근하고 있는 더 빠른 차에게 진로를 내주도록 지시하는 깃발 신호다.

F1 그랑프리의 레이스에서는 대부분 백마커에게 리드 랩을 달리는 드라이버가 접근하고 있음을 알려 자리를 비켜주도록 지시하기 위해 블루 플랙을 사용하고, 블루 플랙 신호에 세 차례 노출된 뒤에도 자리를 내주지 않으면 드라이브-쓰루 페널티를 받을 수 있다.

블리스터링
Blistering

컴파운드 내부의 기포가 트레드를 뚫고 나와 타이어를 손상시키는 현상

블리스터링은 타이어 컴파운드 내부에서 만들어진 기포가 트레드를 뚫고 나오며 발생하는 타이어 손상을 가리킨다. 블리스터링이 심할 경우 타이어 트레드에 여러 개의 구멍이 생기거나 타이어 컴파운드의 커다란 덩어리가 떨어져 나오는 위험한 상황으로 이어지기도 한다.

타이어 컴파운드가 부드러울수록, 트랙 온도가 높을수록, 타이어 압력이 높을수록, 타이어에 많은 에너지가 가해질수록 블리스터링 발생 가능성이 높아지며, F1에서는 블리스터링 문제 등 다양한 문제를 예방하기 위해 타이어 공급자가 미리 지정한 범위 안에서 캠버와 타이어 공기압을 정하도록 제한하고 있다.

빅토리 랩
Victory lap

레이스 종료 후 우승 드라이버가 트랙을 한 바퀴 더 도는 것

대부분 모터스포츠 이벤트에서 레이스를 마친 드라이버는 피니시 라인을 통과한 뒤 한 랩을 더 돌아 핏 레인으로 복귀하는 것이 원칙이다. 레이스 우승자가 핏 레인에 복귀하는 랩은 "빅토리 랩"으로 부르기도 하며, 빅토리 랩 도중 승리를 자축하는 나름의 세레머니를 펼치는 경우도 있다.

일부 모터스포츠에서는 빅토리 랩의 도넛 세레머니가 관례이기도 하지만, F1에서는 한동안 위험한 세레머니가 금지되어 우승자도 얌전하게 피트로 복귀해야만 했다. 그러나, 2025시즌 기준으로 F1은 안전 문제가 없는 경우 도넛을 그리는 등의 빅토리 랩 세레머니를 어느 정도 허용하고 있다.

빔 윙
Beam wing

디퓨저 바로 위에서 좌우 리어 윙 엔드플레이트를 연결하는 구조물

빔 윙은 디퓨저 바로 위에 배치되어 리어 윙 좌우 엔드플레이트를 연결하는 지지 구조물로, **"로워 빔 윙(lower beam wing)"**이라고도 불린다.

빔 윙은 기계적으로 구조를 지지하는 기본적인 역할 외에, 디퓨저와 상호 작용을 통해 공기역학적 효율을 높이는 부품으로 더 중요하게 여겨졌다. 실제로 대부분 F1 레이스카의 빔 윙은 공기역학 부품으로만 여겨지며 디자인되었다. 2014시즌 기술 규정 변경 이후 금지됐던 빔 윙은 2022시즌 규정 변경과 함께 부활했다.

F1 레이스카의 빔 윙

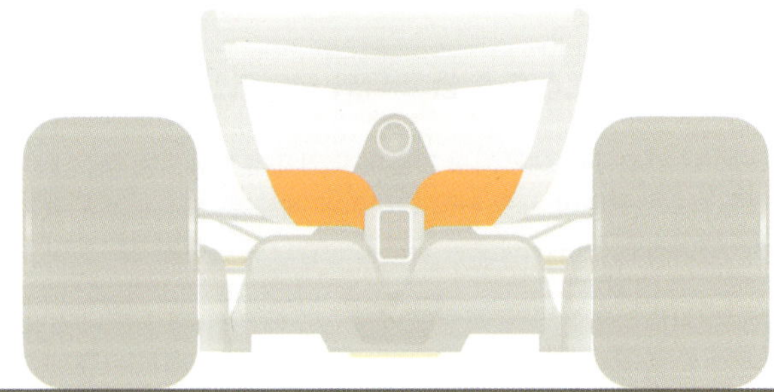

사이드-바이-사이드

Side-by-side

두 대 이상의 레이스카가 나란히 달리며 순위 경쟁을 펼치는 상황

사이드-바이-사이드는 레이스에서 두 대 이상의 레이스카가 좌우로 나란히 달리며 치열하게 경쟁하는 상황을 가리키는 표현으로, 모터스포츠의 배틀에서 가장 극적인 장면 중 하나로 여겨진다.

두 차의 바퀴가 서로 닿을 것처럼 가까이 붙어 달리며 순위 경쟁을 펼치는 상황에 대해 **"휠-투-휠(wheel-to-wheel)"** 배틀이라는 표현을 사용하기도 하고, 세 대의 레이스카가 나란히 달리며 배틀을 펼칠 때는 **"3 와이드(three wide)"**라고 얘기하기도 한다.

사이드월

Sidewall

노면과 접촉하지 않는 타이어의 옆면

타이어에서 노면과 접촉하는 트레드와 다르게, 노면과 접촉하지 않는 타이어의 옆면은 사이드월이라고 부른다. 사이드월은 압력이 가해질 때 일정 수준 이상 형태가 변형되지 않도록 버티고, 타이어의 형태를 유지하는 지지 구조 역할을 한다.

사이드월은 팀에서 운용상의 편의를 위해 타이어 정보를 기록하는 **"사이드월 마킹(sidewall marking)"**을 위한 공간으로도 활용된다. F1 타이어의 사이드월에는 옆에서 봤을 때 누구나 쉽게 알 수 있도록 컴파운드와 타이어 종류에 따라 사전에 지정된 색깔로 표시[5]하게 되어 있으며, 각 팀이 타이어의 사이드월에 자신들만 알아볼 수 있는 나름의 추가 마킹을 하는 경우가 많다.

앞에서 본 사이드월(왼쪽)과 옆에서 본 사이드월(오른쪽)

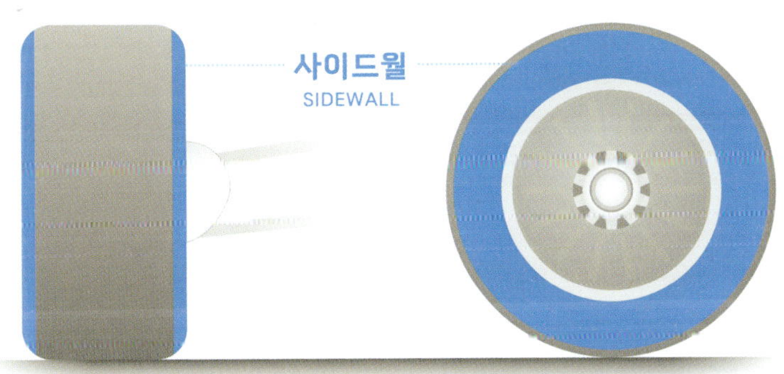

[5] 2026시즌 기준으로 각 그랑프리의 소프트 타이어는 빨간색, 미디엄 타이어는 노란색, 하드 타이어는 흰색으로 표시한다.

사이드포드

Sidepod

오픈-휠 레이스카의 섀시 양옆으로 돌출된 바디워크

사이드포드는 F1을 포함한 오픈-휠 레이스카의 섀시 양옆으로 돌출된 대형 바디워크다. 1970년대 초반 팀 로터스의 로터스72를 통해 라디에이터나 다양한 부품을 섀시 양옆에 배치하는 레이아웃이 F1에 등장했고, "깍지(pod)"형태로 섀시의 옆(side)부분에 붙어있는 바디워크라는 의미를 담아 사이드포드라고 불리게 됐다.

현대적인 F1 레이스카의 사이드포드 안에는 라디에이터와 인터쿨러를 포함해 다양한 부품이 빼곡하게 배치되기 때문에 좁은 공간에 무리 없이 많은 부품을 배치하는 패키징 능력이 중요해진다. 또한, 사이드포드 주변 공기의 흐름을 원하는 대로 유도해 레이스카 리어 엔드의 공기역학적 효율을 높이는 사이드포드의 공기역학적 디자인 역시 매우 중요하다. 공기역학적 디자인과 패키징의 두 가지 어려운 과제를 누가 더 잘 해결하는가에 따라 F1 레이스카의 성능에 큰 차이가 생길 수 있다.

F1 레이스카의 사이드포드

샌드배깅
Sandbagging

전략적으로 자기 전력을 숨기는 것

샌드배깅은 직역하면 "모래주머니를 차는 것"을 가리킨다. F1을 포함한 다양한 모터스포츠에서 샌드배깅은 드라이버나 팀이 전략적으로 자기 전력을 드러내지 않고 숨기는 것을 가리키며, F1 팀은 프리-시즌 테스팅부터 어느 정도 샌드배깅을 하는 것이 보통이다.

F1 그랑프리 주말에는 각 팀이 퀄리파잉을 시작 전까지 프랙티스 세션에서 일정 수준의 샌드배깅을 하는 경우가 많고, 실제 전력을 예상할 때도 어느 정도의 샌드배깅을 감안하는 것이 보통이다. 다른 팀과 전력차가 큰 상위권 팀의 경우에는 종종 Q3에서의 전력을 숨기기 위해 Q1이나 Q2까지 샌드배깅을 하기도 한다.

샤크 핀
Shark fin

엔진 커버 위에 배치된 상어 등지느러미 형태의 바디워크

포뮬러 레이스카의 엔진 커버 위에 배치된 상어 등지느러미를 연상시키는 형태의 바디워크다. F1 레이스카의 샤크 핀은 상어 등지느러미처럼 삼각형 모양으로 만들어지기도 하지만, 2010시즌의 샤크 핀은 리어 윙까지 이어지는 구조를 가지고 있었다.

2000년대 말 레이스카 리어 엔드의 안정성을 높이려는 목적으로 고안됐던 샤크 핀은 2010시즌 f-덕트의 시스템에서 공기의 통로로 활용되면서 F1 레이스카 디자인의 표준이 되었지만, 몇 차례 규정 변화를 거쳐 샤크 핀과 리어 윙이 이어지는 위치에 바디워크 배치가 금지되었다. 2020년대에도 일부 F1 레이스카는 규정이 허용하는 범위 안에서 (2010년대 초반보다) 작은 샤크 핀이 배치되는 디자인을 택하기도 한다. 2026시즌 규정은 어느 정도 샤크 핀의 배치가 가능하도록 공간을 할애하고 있다.

2010시즌 F1 레이스카의 샤크 핀

샴페인 세레머니

Champagne ceremony

포디엄 세레머니 공식 행사가 끝난 뒤 샴페인을 뿌리는 관습

포디엄 세레머니의 모든 공식 절차가 마무리된 뒤, 포디엄에 오른 드라이버들이 미리 준비된 샴페인을 흔들어 주변에 샴페인 거품을 뿌리는 전통을 샴페인 세레머니라 부른다.

1967 르망 24시간 레이스에서 팀메이트 A. J. 포이트와 함께 우승한 **댄 거니**가 샴페인을 터뜨린 뒤 자신의 실패를 예상했던 저널리스트들에게 거품을 뿌린 사건으로 시작된 샴페인 세레머니는 이후 다른 종목으로 빠르게 전파되어 모터스포츠의 공통 관습으로 자리 잡았다.

섀시

Chassis

레이스카의 뼈대를 이루는 구조물

섀시는 차체, 차대 등을 의미하며, 레이스카에서 기본적인 뼈대를 이루는 구조물을 가리킨다. F1 레이스카의 섀시는 마치 욕조 같은 구조를 가졌기 때문에 **"터브(tub)"**라고 부르기도 한다.

1962시즌 **로터스 25**를 시작으로 알루미늄 합금을 사용하는 **"모노코크(monocoque)"[6] 섀시**가 F1에 처음 도입됐고, 1981시즌 **맥라렌 MP4**의 등장과 함께 **"카본 파이버 모노코크(carbon-fiber composite monocoque)" 섀시**가 등장한 뒤 F1 레이스카 디자인의 기본으로 자리 잡았다.

서바이벌 셀

Survival cell

F1 레이스카의 콕핏과 연료 탱크, MGU-K와 ES를 포함하는 일체형 구조물

2026시즌 F1 규정 **섹션 C - 기술 규정**은 서바이벌 셀을 "콕핏과 연료 탱크, MGU-K와 ES 등을 포함하는 폐쇄된 일체형 구조물"로 정의하고 있다. 경우에 따라 서바이벌 셀과 섀시를 같은 의미로 사용하는 경우도 있지만, 2026 규정은 서바이벌 셀과 섀시를 구분해 사용한다.

서바이벌 셀은 드라이버의 생존과 최소한의 안전 보장을 위한 구조물이며, F1 등 포뮬러 레이스카는 어떤 사고와 충격에도 서바이벌 셀이 최대한 보존될 수 있도록 다양한 장치들을 마련하고 있다.

---

[6] 계란 껍데기나 외골격처럼 하나로 이어진 겉껍질이 전체 구조를 지탱하는 틀 또는 뼈대를 형성하는 구조

서스펜션
Suspension

섀시와 휠을 연결하는 기계 장치 및 구조물

자동차 공학에서 "현가장치(懸架裝置)"라고도 표현하는 서스펜션은 섀시와 휠을 연결하고 지면으로부터 섀시에 전달될 수 있는 충격을 완화해 최대한의 그립 확보를 돕는 기계 장치 및 구조물을 가리킨다. F1 기술 규정은 **"스프링 서스펜션(sprung suspension)"**을 **"서바이벌 셀, 파워 유닛, 기어박스 등의 구조물과 컴플리트 휠을 탄력적 매개체로 연결하는 수단"**이라 정의하고 있다.

현대적인 F1 레이스카는 앞뒤 모두 더블 위시본 방식의 서스펜션을 사용하고 있으며, 오픈-휠이라는 이름답게 서스펜션의 상당 부분이 외부 공기에 노출되는 방식을 택하고 있다.

서포트 레이스
Support race

모터스포츠 이벤트 기간 메인 이벤트를 지원하기 위해 개최되는 레이스 이벤트

모터스포츠 이벤트는 보통 2, 3일 동안 제법 긴 준비 시간에 비해 상대적으로 짧은 트랙 주행 세션이 이어진다. 이렇게 어쩔 수 없이 트랙이 비는 긴 시간 동안에는 메인 이벤트를 지원하는 다른 레이스 이벤트의 트랙 주행이 펼쳐져 관람석을 찾은 관중들에게 볼거리를 제공한다.

F1 그랑프리의 서포트 레이스로는 FIA F2 챔피언십과 FIA F3 챔피언십 레이스, 2024시즌부터 합류한 F1 아카데미 등이 있다.

ㅅ

세이퍼 배리어
SAFER barrier

강철 튜브와 폴리스티렌 폼을 연결해 충격을 완화하는 트랙 안전설비

세이퍼 배리어는 "Steel And Foam Energy Reduction Barrier"의 약자로 **"소프트 월(soft walls)"**이라고도 불린다. 세이퍼 배리어는 네브라스카-링컨 대학의 딘 시킹 박사 연구 팀이 개발한 트랙 안전 시스템으로, "ㅁ"자 형태의 강철 튜브를 3~4층으로 쌓아 1차 방호벽을 만들고 콘크리트 방호벽과의 사이에 폴리스티렌 폼을 여러 겹 배치한 뒤 연결해 충격을 완화시키는 구조다.

2002년 인디애나폴리스 모터 스피드웨이를 시작으로 빠르게 보급된 세이퍼 배리어는 오벌 써킷의 고속 충돌 사고에서 여러 차례 실효성이 입증됐고, 인터라고스의 턴14(2010), 바쿠 시티 써킷의 턴13과 턴19(2016), 질 빌너브 써킷의 턴05(2017), 잔드포드의 턴14(2020) 등 일부 F1 써킷에도 세이퍼 배리어가 도입됐다.

세이프티 카
Safety car

트랙 상황이 위험할 때 레이스카에 앞서 달리며 서행을 유도하는 차량

간단하게 **"SC"**라고 표현하기도 하는 세이프티 카는 트랙 상황이 위험할 경우 트랙에 나와 레이스카에 앞서 달리며 서행을 유도해, 트랙 마샬과 오피셜이 트랙의 위험 요소를 제거할 시간을 벌어주는 차량을 가리킨다. 레이스 컨트롤이 공지한 순간부터 세이프티 카가 피트로 복귀할 때까지의 트랙 상황은 "세이프티 카 상황"이라고 부르며, F1에서는 스프린트와 레이스에서만 세이프티카 상황이 선언될 수 있다.

스프린트와 레이스가 아니더라도 세이프티 카는 세션의 종류와 관계없이 필요에 따라 핏 레인을 빠져나와 트랙 상황을 점검하기 위한 주행을 할 수도 있다. 세이프티 카 상황은 레이스에서 전략적으로 중요한 변수가 되는 경우가 많고, 상황에 따라 다르지만 여건이 맞는다면 세이프티카 상황에서 핏 스탑으로 타이어를 교체하는 경우가 많다.

F1에서는 1973 캐나다 그랑프리에서 노란색 포르셰 914가 세이프티 카로 처음 사용됐고, 공식적으로 세이프티 카가 도입된 것은 1993시즌이었다. 1996시즌부터 메르세데스-벤츠가 F1 세이프티 카를 공급하기 시작했고, 2021시즌부터 2025시즌까지는 **메르세데스 AMG GT 블랙 시리즈**와 애스턴마틴 밴티지가 F1 세이프티 카 역할을 분담했다. 그러나, 2026시즌부터 애스턴마틴의 세이프티 카 프로그램이 종료되어, 다시 메르세데스 AMG가 세이프티 카를 독점 공급하게 되었다.

세이프티 카 드라이버는 2000시즌부터 FIA 소속의 베른트 마이랜더가 계속 담당하고 있다.

세컨드 드라이버
Second driver

두 명의 드라이버 중 퍼스트 드라이버를 지원하는 역할을 맡은 드라이버

F1처럼 팀마다 두 명의 정규 드라이버가 출전하는 모터스포츠에서는 더 빠르다고 인정받아 집중 지원을 받는 퍼스트 드라이버와 다르게, **"넘버 2 드라이버(number 2 driver)"** 또는 "넘버 2(number 2)"라고도 불리는 세컨드 드라이버는 퍼스트 드라이버와 팀의 성적을 위해 자기 성적을 희생하는 주행을 맡을 수 있는 드라이버를 가리킨다.

보통 세컨드 드라이버나 넘버 2라는 표현은 굴욕적으로 여겨질 수 있어 잘 사용하지 않는다. F1 공식 엔트리 리스트에서는 우열의 개념을 배제하고, 서류상 구분 개념으로만 퍼스트와 세컨드를 나눈다. FIA에 제출한 엔트리 리스트를 기준으로 퍼스트 드라이버는 레이스카 엔진 커버 위쪽 카메라 하우징을 검은색으로 칠해 표시하고, 세컨드 드라이버는 노란색 카메라 하우징으로 표시하는 경우가 많다. 2010년대 이후 엔트리 리스트 순서에 따른 퍼스트 드라이버와 세컨드 드라이버 구분을 그다지 신경 쓰지 않는 F1 드라이버들이 늘고 있다.

섹터

Sector

써킷의 트랙을 시간 계측을 위해 구분한 단위 구간

모터스포츠 이벤트에서는 피니시 라인에서 측정한 랩 타임을 기준으로 기록을 정리하고 순위를 정하는 것이 기본이지만, 더 자세한 정보를 수집하기 위해 트랙을 몇 구간으로 나눌 수 있는데 이를 섹터라고 부른다. 각 섹터에서 소요된 시간은 **"섹터 타임(sector time)"**이라고 부른다.

2026시즌 기준 모든 F1 써킷은 세 개 섹터로 구분되며, 섹터 1과 섹터 2의 경계선은 **"인터미디어트 1(intermediate 1)"**과 섹터 2와 섹터 3의 경계선은 **"인터미디어트 2(intermediate 2)"**라 부른다. 섹터 3와 섹터 1의 경계는 피니시 라인이며, FIA 공식 기록에서는 스피드 트랩 최고 속도 외에 인터미디어트 1과 인터미디어트 2, 피니시 라인에서의 최고 속도 역시 따로 발표한다.

스파-프랑코샹 써킷의 섹터 구분

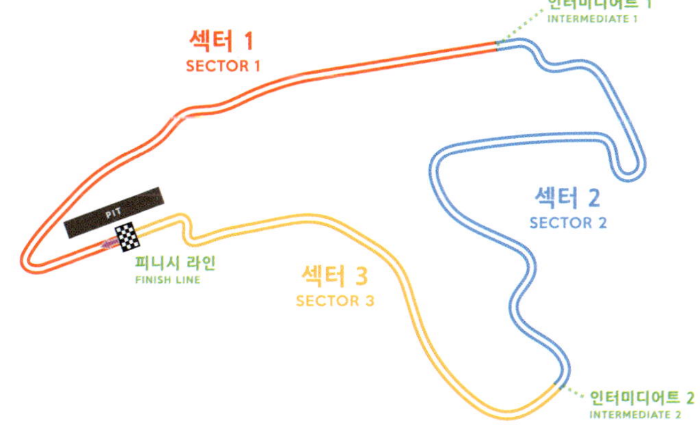

셋업

Setup

레이스카의 조종성을 향상시키기 위한 세부 조정

셋업 또는 "세팅(setting)"은 레이스카의 조종성을 원하는 방향으로 개선하기 위한 차량 각 부품의 파라미터 조정을 가리키며, 성능 개선을 위해 조정된 파라미터의 조합을 의미하기도 한다.

F1 그랑프리에서는 그랑프리 주말 이전에 레이스 엔지니어의 지휘 아래 미리 정해 둔 **"이니셜 셋업(initial setup)"**에 맞춘 뒤 주행 프로그램을 시작하고, 프랙티스에서 누적한 데이터와 드라이버 피드백을 참고해 점차 셋업을 조절하면서 "더 몰기 좋은 차"를 만들기 위해 노력한다.

셧다운 기간

Shutdown periods

F1 팀이나 파워 유닛 제조사의 공장을 폐쇄하도록 제한하는 기간

2026시즌 F1 규정 **섹션 F - 운영 규정**이 정의하는 셧다운 기간은 1년에 두 차례 공장(본부)을 폐쇄해 주요 작업을 진행할 수 없도록 제한하는 기간이다. 운영 규정은 "F1 팀 공장의 셧다운 기간(F1 Team Factory Shutdown Periods)"과 "파워 유닛 제조사 공장의 셧다운 기간(Power Unit Manufacturer Factory Shutdown Periods)"을 구분해 세부 제한 사항을 정해 놓았다.

여름에는 **7월과 8월 그랑프리가 없는 기간중 14일**, 겨울에는 **12월 24일을 시작으로 9일** 동안 셧다운이 적용된다. 셧다운 기간에도 FIA와 합의한 심하게 파손된 차의 수리나 현재 챔피언십 경쟁과 무관한 시설의 사용과 작업은 규정이 허용하는 범위 안에서 계속 수행할 수 있다.

소시지 연석

Sausage kerb

소시지를 반으로 자른 것처럼 둥글고 긴 형태의 연석

트랙 경계를 벗어나 이득을 얻는 것을 억제하기 위해, 연석 바깥쪽에 소시지를 반으로 자른 것처럼 둥글고 긴 형태의 연석을 배치하기도 하는데 이를 소시지 연석이라 부른다. 소시지 연석을 밟을 경우 그립이 부족해지고 자세가 흐트러질 수 있으며, 서스펜션 등 부품 손상으로 이어질 수도 있다.

소시지 연석은 다양한 크기로 제작될 수 있고, 트랙과 나란한 방향은 물론 트랙과 수직 방향으로 배치될 수도 있다. 소시지 연석의 구성과 배치에 따라 일종의 럼블스트립처럼 기능할 수도 있다.

쇼 카

Show car

각종 전시나 시범 주행에 사용하는 레이스카

F1 챔피언십 그랑프리 외에 쇼 런이나 영상 촬영, 팬 서비스 행사 등 다양한 이벤트에 전시되거나 시범 주행을 진행할 때 사용하는 레이스카를 쇼 카라 부른다. 대부분 F1 팀이 그랑프리에 참가하는 조직과 별도로 쇼 카 운용 전담팀을 따로 운영하고 있고, 쇼 카의 관리도 전담팀이 담당한다.

과거 차량의 부품을 적절히 활용해 차를 제작한 뒤 최신 리버리를 씌운 쇼 카는, 이벤트나 시범 주행에 적합하도록 복잡한 기능을 삭제한 단순한 스티어링 휠을 사용하도록 하는 등 약간의 개조를 거치기도 한다. 상황에 따라 히스토릭 카(HC)를 그대로 쇼 카로 이용하는 경우도 있다.

쇼 앤 텔
Show and tell

업데이트된 레이스카를 전시하고 업그레이드 내용을 소개하는 절차

2022시즌 F1에 도입된 쇼 앤 텔은 지정된 시간에 업데이트된 레이스카를 전시하고 팀의 기술 인력이 업그레이드 내용을 간단한 프리젠테이션 형식으로 소개하는 절차를 가리킨다. **"카 디스플레이(car display)"** 또는 **"카 프레젠테이션(car presentation)"**이라는 표현도 사용한다.

모든 F1 팀은 업데이트가 있을 경우 그랑프리 주말 목요일 FIA에 업데이트 내용을 서면으로 정리해 보고해야 하고, 금요일 프랙티스 시작 90분 전부터 1시간 동안 차고 앞에 업데이트된 레이스카를 전시한다. 각 F1 팀의 기술 인력은 6분씩 업그레이드 내용을 소개할 수 있으며, 토요일 퀄리파잉 이후에도 일부 차량에 대한 쇼 앤 텔이 진행될 수 있다.

숏 시프팅
Short shifting

파워 밴드에 들어가기 전 빠르게 변속하는 기술

엔진 효율이 최대화되는 파워 밴드에 들어가기 전 빠르게 변속하는 숏 시프팅은 엔진 회전수가 충분하지 않을 때 변속한다는 단점을 감수하는 대신 다른 긍정적 효과를 얻기 위해 사용한다.

토크가 강력한 F1 레이스카의 경우 연료 소모량을 줄이기 위해 숏 시프팅이 자주 쓰이며, 코너 공략 중 과도한 토크에 의한 오버스티어를 막는 것처럼 조종 안정성을 높이기 위해 사용되기도 한다.

숏컷
Shortcut

트랙을 벗어나 지름길로 달리는 것

숏컷은 단일 코너 또는 시케인 등 복합 코너에서 트랙을 벗어나 지름길로 달리는 것을 가리킨다.

대부분 모터스포츠 이벤트에서 특별한 이유 없이 코너를 가로지르는 경우, 특히 숏컷으로 다른 차를 추월하거나 상대의 추월 시도를 막을 경우 페널티를 받을 수 있다. 아주 특수한 상황을 제외하면 LTCS에서 숏컷을 한 경우 랩 타임이 삭제된다.

슈이

Shoey

레이싱 슈즈에 샴페인을 따라 마시는 세레머니

슈이는 포디엄 세레머니에서 샴페인 세레머니까지 모든 과정을 마친 뒤 레이싱 슈즈에 샴페인을 따라 마시는 비위생적인 세레머니다.

다른 모터스포츠에서는 종종 슈이를 볼 수 있었지만, F1 그랑프리에서는 대니얼 리카도가 처음으로 슈이를 선보인 뒤 자신의 트레이드 마크로 만들었다. 리카도는 스스로 레이싱 슈즈에 샴페인을 따라 마시는 것은 물론 다른 드라이버와 인터뷰어 등에게도 슈이를 권해 악명을 떨쳤다.

슈퍼 라이센스

Super license

F1 레이스카를 조종할 수 있는 자격 면허

모터스포츠 이벤트에 참가하는 드라이버는 해당 이벤트에서 요구하는 드라이버 라이센스[7]를 가지고 있어야 하며, FIA가 주관하는 F1 월드 챔피언십에 출전하려면 반드시 FIA의 최상위 드라이버 라이센스인 슈퍼 라이센스를 보유하고 있어야 한다.

FIA ISC 부록 L에 규정된 **"처음[8]으로 슈퍼 라이센스를 획득할 때 필요한 자격"**은 다음과 같다.

- 최소 **18세 이상**이며 운전 면허 보유[9]
- 인터내셔널 그레이드 A 라이센스 보유
- FIA ISC 및 F1 스포팅 규정에 대한 구술시험 통과
- 지난 **3년 동안 40포인트 이상**의 **슈퍼 라이센스 포인트** 획득
- 두 시즌 이상 싱글-시터 챔피언십 시리즈에서 80% 이상의 레이스 소화

[7] 운전 면허로 직역할 수 있지만, 모터스포츠의 드라이버 라이센스 개념은 운전 면허와는 별도의 면허인 경우가 많다.

[8] 이전에 슈퍼 라이센스를 획득했던 드라이버에게는 별도의 슈퍼 라이센스 유지 및 재획득 방법이 규정되어 있다.

[9] 2015년 운전 면허가 없는 17세의 막스 베르스타펜이 슈퍼 라이센스를 획득했지만, 이후 운전 면허 보유 의무화 규정이 추가됐다.

슈퍼 라이센스 포인트

Super license point

슈퍼 라이센스를 얻기 위해 필요한 포인트

F1 월드 챔피언십에 출전할 수 있는 자격, 슈퍼 라이센스 획득을 위한 슈퍼 라이센스 포인트 시스템은 FIA ISC 부록 L의 별첨 1에 상세히 규정되어 있다. 원칙적으로 3년 동안 40포인트 이상의 슈퍼 라이센스 포인트를 획득한 드라이버에게만 슈퍼 라이센스 최초 획득 자격이 주어지지만, ISC 부록 L은 여러 가지 예외 사항을 제시하고 있다.

슈퍼 라이센스 포인트 시스템에 따라 FIA F2와 인디카 시리즈 챔피언에게는 40포인트, FIA F3와 포뮬러 e, 슈퍼 포뮬러, WEC 하이퍼카 클래스의 경우 챔피언에게 30포인트가 주어지며, FIA F2의 경우 2위와 3위에게도 40포인트가 주어진다.[10] ISC 부록 L에는 40종류 이상의 챔피언십에서 많은 경우 10위까지 정해진 양만큼 얻을 수 있는 슈퍼 라이센스 포인트가 정리되어 있다.

각 챔피언십에서 얻을 수 있는 슈퍼 라이센스 포인트

챔피언십	1	2	3	4	5	6	7	8	9	10
FIA F2	**40**	**40**	**40**	30	20	10	8	6	4	3
인디카 시리즈	**40**	30	25	20	15	10	8	6	3	1
FIA F3	30	25	20	15	12	9	7	5	3	2
FIA 포뮬러 E	30	25	20	10	8	6	4	3	2	1
FIA WEC - 하이퍼카	30	24	20	16	12	10	8	6	4	2
슈퍼 포뮬러	30	25	20	15	12	9	7	5	3	2
FIA FREC	25	20	15	10	7	5	3	2	1	-
슈퍼 GT - GT500	20	16	12	10	7	5	3	2	1	-
IMSA GTP	20	16	12	10	7	5	3	2	1	-
포뮬러 리저널 아메리카	18	14	12	10	6	4	3	2	1	-
포뮬러 리저널 일본	18	14	12	10	6	4	3	2	1	-
포뮬러 리저널 인디아	18	14	12	10	6	4	3	2	1	[illegible]
슈퍼카 챔피언십	15	12	10	7	5	3	2	1	-	-
나스카 컵 시리즈	15	12	10	7	5	3	2	1	-	-
인디 라이트	15	12	10	7	5	3	2	1	-	-
유로 포뮬러 오픈	15	12	10	7	5	3	2	1	-	-

[10] FIA F2의 챔피언십 1, 2, 3위와 인디카 시리즈 챔피언은 단 한 시즌의 성적만으로 슈퍼 라이센스를 획득할 수 있다.

슈퍼차저

Supercharger

엔진의 회전력으로 압축한 공기를 다시 엔진으로 공급하는 과급기

슈퍼차저는 엔진의 회전력으로 공기를 압축한 뒤, 압축된 공기를 엔진에 공급해 같은 배기량의 자연 흡기 방식보다 강한 출력을 만들 수 있는 과급기를 가리킨다. 슈퍼차저와 달리 배기가스로 공기를 압축하는 터보차저를 포함해 모든 과급기를 한데 묶어 **"차저(charger)"**라고 부르기도 하지만, 일부에서는 슈퍼차저를 차저와 같은 개념으로 여기기도 한다. 슈퍼차저는 터보차저보다 구조가 간단하고 낮은 RPM에서 반응성이 좋다는 장점이 있다. 그러나, 높은 RPM에서 엔진 효율이 떨어지는 등의 단점 때문에 현대적인 F1 레이스카에는 슈퍼차저가 적합하지 않다.

슈퍼-클리핑

Super-clipping

고속 주행 중 풀 쓰로틀을 유지하며 충전하는 방법

2026시즌 배터리와 MGU-K의 비중이 커진 규정 변화에 따라, 이전까지 충분한 에너지를 제공했던 브레이킹 중의 충전 외에 F1 레이스카의 배터리를 더 많이 충전하기 위한 다양한 방법이 사용된다. 이중 슈퍼-클리핑은 가속 구간 막바지에 **쓰로틀 페달에서 발을 떼지 않고 풀 쓰로틀 상태를 유지하면서 배터리를 충전**하는 방법을 가리킨다. 쓰로틀 페달에서 발을 떼거나 약간만 밟은 상태로 주행하며 충전하는 것보다, 슈퍼-클리핑을 통해 **더 빠르고 효율적으로 에너지를 확보**할 수 있다.

스쿼트

Squirt

차가 뒤쪽으로 기우는 피치의 변화

스쿼트는 차가 앞이나 뒤로 기우는 피치 변화 중 차 뒤쪽이 아래로 내려가는 경우를 말하며, 반대로, 차가 앞으로 기우는 피치의 변화는 **"다이브(dive)"** 또는 **"노즈 다이브(nose dive)"**라고 부른다. 보통 차가 가속할 때 스쿼트가 발생하며, 급가속이 심할 경우 차 앞쪽이 완전히 들리기도 한다. 반대로 다이브는 감속 과정에서 자주 발생하며, 스쿼트보다 다이브 폭이 더 큰 경우가 많다.

다이브와 스쿼트

스크럽 타이어

Scrubbed tyre

한 차례 이상 주행에 사용되어 트레드가 마모된 타이어

스크럽 타이어는 차의 주행에 한 차례 이상 사용되어 트레드가 일부 마모된 타이어를 가리키며, 타이어의 트레드를 마모시키는 주행이나 작업을 "스크러빙(scrubbing)"이라고 부르기도 한다.

F1 레이스카에 사용하는 타이어는 사용할수록 트레드가 마모되어 성능이 떨어지는 것이 보통이지만, 상황에 따라 한두 랩 정도 사용한 스크럽 타이어가 유리한 경우도 있다.

스크루티니어

Scrutineer

검차 담당 오피셜

스크루티니어는 모터스포츠 이벤트에서 "검차(scrutineering)"를 담당하는 오피셜을 가리킨다.

F1 그랑프리에서는 FIA가 사전에 지정한 오피셜 중 스크루티니어가 검차를 담당하며, 각 스크루티니어는 FIA의 F1 기술 실무 책임자 조 바우어의 지휘 아래 그랑프리 기간 레이스카의 상태가 규정을 벗어나지 않는지 검사하고 결과를 보고할 의무가 있다.

스키드

Skid

지면과 접촉해 마모되는 금속 부품

티타늄 합금으로 만들어지기 때문에 **"메탈 스키드(metal skid)"**라고도 불리는 스키드는 플랭크 어셈블리의 일부로 F1 레이스카의 아래에서 지면과 접촉해 마모되는 부품이다. 때로는 불꽃을 일으켜 나이트 레이스에서 특히 주목받는 부품이기도 하지만, 플랭크에서 분리한 스키드의 정해진 위치에서 마모도를 측정하는 경우가 많기 때문에 기술적으로도 매우 중요한 부품이다.

2025시즌까지 F1 레이스카에는 모두 네 개의 구멍에 스키드가 배치됐지만, 2026시즌 기준 F1 규정 **섹션 C - 기술 규정**의 스키드는 규정에 따라 플랭크의 앞부분에 하나, 중앙부에 하나, 뒷부분에 하나까지 **모두 세 개**의 구멍에 부착된다. 세 개의 구멍 중 맨 앞부분의 스키드는 반드시 메탈 스키드가 배치되어야 하지만, 나머지 구멍을 채우는 물질은 팀에 선택의 자유가 있다.

스타터

Starter

엔진 시동 장치

2025시즌까지 F1 레이스카는 엔진(ICE) 시동에 필요한 모든 장치를 내장하지 않았기 때문에 외부 시동 장치가 필요했다. **"스타터 모터(starter motor)"**에 연결된 스타터를 **"스타터 홀(starter hole)"**에 결합한 뒤, 드라이버가 콕핏에서 버튼을 눌러 스타터를 작동시키면 시동을 걸 수 있었다.

2013시즌까지 F1 레이스카는 외부 스타터 없이 시동을 거는 것이 불가능했지만, 2014시즌 규정 변경 이후 ES에 저장된 에너지를 활용해 조건이 맞는다면 자체적으로 시동을 걸 방법이 생겼다. **2026시즌부터 모든 F1 레이스카는 외부 도움 없이 시동을 걸 수 있는 시스템을 내장**한다.

스타트

Start

레이스, 스프린트 등 TTCS의 시작

레이스를 시작하는 방법은 그리드에 정렬해 서 있다가 출발하는 스탠딩 스타트와 일정 속도로 달리다가 출발하는 롤링 스타트, 고전적인 르망 스타트 방식 등이 있다.

F1 TTCS의 스타트는 규정 **섹션 B - 스포팅 규정**에 서술된 **"그리드 프로시저(grid procedure)"** 혹은 "스타트 절차(starting procedure)"에 따라 스탠딩 스타트를 **원칙으로** 하지만, 레이스 컨트롤의 판단에 따라 롤링 스타트를 선택할 수도 있다.

스타트 라인

Start line

스타트의 기준이 되는 컨트롤 라인

스타트 라인은 써킷의 트랙 아래 설치된 컨트롤 라인 중 하나로 레이스, 스프린트 등 TTCS 스타트의 기준이 되는 위치다. 스타트 라인과 피니시 라인을 한데 묶어 **"스타트 / 피니시 라인(start / finish line)"**이라는 표현을 사용하기도 하는데, 모든 써킷에서 스타트 라인과 피니시 라인이 항상 일치하는 것은 아니다.[11]

일반적으로 모든 레이스카가 스타트 라인보다 뒤에 있다가 선두 차량이 스타트 라인을 넘는 순간을 기준으로 레이스가 시작됐다고 판단한다.

[11] F1 써킷의 경우 보통 스타트 라인과 피니시 라인이 다르지만, 일부 써킷은 스타트 라인과 피니시 라인이 같은 위치에 배치된다.

스타트 시그널

Start signal

레이스 출발 신호

스타트 시그널은 F1 그랑프리 중 레이스나 스프린트 등 TTCS에서 그리드 프로시저와 스타트 타이밍을 직관적으로 확인할 수 있는 출발 신호다. 스타트 준비가 완료되면 왼쪽부터 차례로 하나씩 다섯 개의 빨간불이 켜지고, 모든 빨간불이 한꺼번에 꺼지는 순간 레이스나 스프린트가 시작된다.

F1의 그리드 프로시저는 스타팅 그리드가 한눈에 들어오는 위치[12]에서 FIA의 스타트 담당자가 스타트 시그널을 조작해 진행한다. 다섯 개의 빨간불이 차례로 켜지는 시간 간격은 비교적 일정하지만, 빨간 불이 모두 함께 꺼지는 타이밍은 스타트 담당자가 임의로 조절해 예측 출발을 방지한다.

F1 그리드 프로시저에서 일반적인 스타트 시그널의 작동 순서

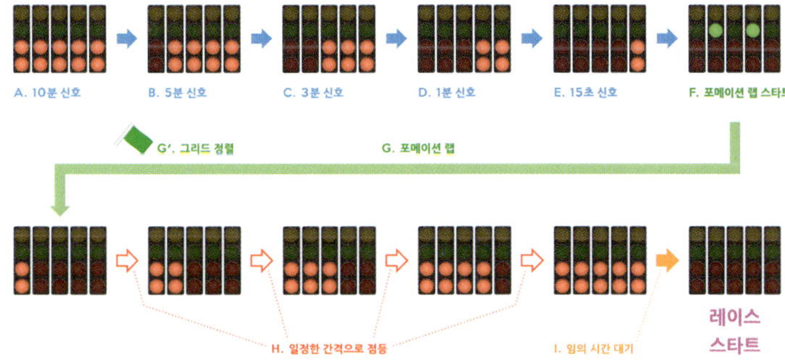

스탑-앤-고 페널티

Stop-and-Go Penalty

일정 시간 동안 핏 박스에 서 있다가 트랙에 복귀해야 하는 페널티

스탑-앤-고 페널티는 레이스, 스프린트 등 TTCS에서 핏 레인으로 들어와 핏 박스에 일정 시간 머문 뒤 트랙에 복귀하는 페널티를 가리키며, 페널티 수행 중 타이어나 부품 교체 등 어떤 작업도 허용하지 않는다. 드라이브-쓰루 페널티보다 정차 시간만큼 손실이 크고, 실격을 제외하면 TTCS에서 가장 강력한 페널티이다. "스탑-고 페널티(Stop-Go Penalty)"라고 부르는 경우도 있다.

2026시즌 기준으로 F1 규정 **섹션 B - 스포팅 규정**에 **"스탑-앤-고 페널티"**가 정의되어 있으며, TTCS에서 스탑 앤 고 페널티를 제때 수행하지 않으면 추가 페널티를 받을 수 있다. TTCS 종료까지 세 랩이 남지 않은 상황에서 스탑-고 페널티를 받았다면 최종 기록에 30초가 더해진다.

12 보통 **"스타터 박스(starter box)"**라고 부르는 스타트 라인의 특별한 마샬 포스트에서 스타트 시그널을 조작한다.

스탠딩 스타트

Standing start

그리드에 멈춰 서 있다가 스타트 시그널에 맞춰 출발하는 스타트 방법

스탠딩 스타트는 사전에 정해진 스타팅 그리드에 정렬해 정지 상태로 대기하다가 스타트 시그널에 맞춰 레이스와 스프린트 등 TTCS의 경쟁을 시작하는 스타트 방식을 가리킨다.

F1은 스탠딩 스타트를 원칙으로 하지만, 악천후 등 상황이 좋지 않을 경우 레이스 컨트롤의 판단에 따라 스타트 직후 사고 발생 가능성이 높은 스탠딩 스타트 대신 롤링 스타트를 선택하기도 한다.

스텝트 노즈

Stepped nose

노즈와 섀시가 2층 계단처럼 만들어진 노즈 디자인

2010년대 초반 하이 노즈의 여러 안전 문제가 제기됨에 따라 FIA는 점차 규정을 변경해 로우 노즈를 강제하기 시작했고, 2012시즌 F1 레이스카의 노즈는 앞부분 최대 높이를 섀시의 최대 높이 625mm보다 낮은 550mm로 제한됐다. 이에 대응해 많은 팀이 하이 노즈의 장점을 유지하기 위해, 규정이 허용한 최대 높이를 2층 계단 구조로 맞춘 스텝트 노즈 디자인이 등장했다.

보기 흉하다는 여론을 의식한 FIA는 2013시즌 기능적으로 스텝트 노즈를 유지하지만, 겉으로는 부드러운 형태를 갖도록 꾸미는 **"코스메틱 패널(cosmetic panel)"** 배치를 허용하기도 했다.

2012시즌의 스텝트 노즈와 코스메틱 패널이 더해진 2013시즌의 노즈

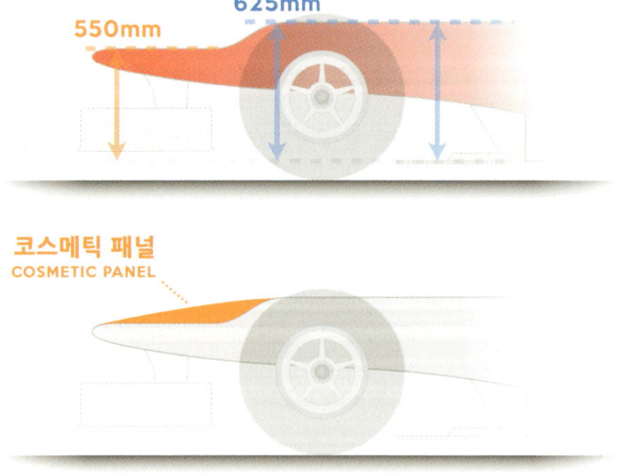

스텝 플레인
Step plane

레퍼런스 플레인보다 한 층 높은 위치에 규정되는 가상의 평면

1980년대 초반 그라운드 이펙트의 금지 이후 F1 레이스카의 플로어는 평면 디자인이 강제되기 시작했고, 레퍼런스 플레인에 맞춘 플로어 가운데 부분 좌우로 레퍼런스 플레인보다 플로어가 한 층 높게 배치되도록 하는 가상 평면인 스텝 플레인을 기술 규정으로 정의한다.

2021시즌까지 F1 레이스카의 스텝 플레인은 레퍼런스 플레인보다 50mm 이상 높은 위치의 가상 평면으로 규정되어 있었다. 2022시즌부터 F1 레이스카에 벤츄리 터널 스타일의 플로어가 도입되어 스텝 플레인이라는 개념이 사라졌지만, 2026시즌 규정 변경과 함께 레퍼런스 플레인보다 한 층 높은 스텝 플레인이 존재하는 스타일의 플로어가 부활했다.

F1 레이스카의 레퍼런스 플레인과 스텝 플레인

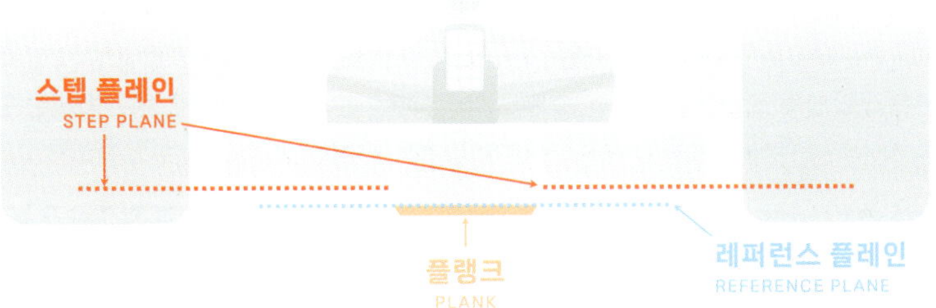

스튜어드
Steward

모터스포츠 이벤트의 심판 역할을 수행하고 중요한 결정을 담당하는 오피셜

스튜어드는 모터스포츠 이벤트에서 필요할 때 규정을 적용해 심사를 진행하는 심판 역할을 수행하거나 중요한 결정을 담당하는 오피셜을 가리킨다.

F1 그랑프리 기간 스튜어드는 FIA에서 지정한 시니어 오피셜 두 명과 충분한 경력이 있는 드라이버 스튜어드, 그랑프리 주관 단체를 대표하는 오피셜까지 모두 네 명으로 구성된다. F1 스튜어드는 경기 중 레이스 디렉터의 리포트 등을 통해 규정 위반 사항에 대한 심사를 위임받을 경우, 이를 심사해 페널티를 주거나 주어진 페널티를 취소하는 등 다양하게 대응할 수 있다. 상황에 따라 항우 관계자 협의와 규정 변경 검토를 권고하는 등 여러 가지 이사 결정을 하기도 한다.

W 스트레이트

Straight

직진 구간

스트레이트는 써킷에서 곧게 뻗어있는 직진 구간을 가리키며, 같은 의미로 "직진 가속 구간"이라는 표현도 사용한다. 너무 짧은 직진 구간은 스트레이트라고 부르지 않는다.

곧게 뻗어있다는 정의와 다르게 실제로는 완전하게 곧게 뻗어있지 않더라도 직진 구간이라고 부르는 경우가 많고, 구간에 일부 완만한 코너가 포함되어 있더라도 속도를 줄이거나 조절하지 않고 지나는 구간을 직진 가속 구간이라고 부르는 경우도 적지 않다.

W 스트레이트 모드

Straight Mode

액티브 에어로에서 플랩을 눕혀 드래그를 줄이는 모드

스트레이트 모드는 2026시즌 F1에 도입된 액티브 에어로에서 프론트 윙과 리어 윙의 플랩을 눕혀 받음각을 낮춰 드래그를 줄이는 모드를 가리킨다. 약자로 **"SM"**이라고도 부르며, 일부 초기 규정 문서에는 **"스트레이트-라인 모드(Straight-Line Mode)"**라는 표현도 등장한다.

2026시즌 F1 규정 섹션 B - 운영 규정은 스트레이트 모드의 적용을 전적 활성화와 부분 활성화로 나누어 규정하고 있다. **"전체 활성화(full activation)"**는 프론트 윙과 리어 윙의 스트레이트 모드를 모두 작동시키는 것이고, **"부분 활성화(partial activation)"**는 프론트 윙만 스트레이트 모드로 조절하고 리어 윙을 기본 위치인 코너 모드로 유지하는 것을 뜻한다.

W 스트래티지스트

Strategist

전략 담당 엔지니어

스트래티지스트는 전략적 요소를 분석해 이를 레이스에 적용하는 엔지니어로 레이스 전 전략을 수립하고, 상황 변화에 맞춰 전략을 수정하거나 핏 스탑 타이밍을 정하는 등 의사 결정에 관여한다.

현대적인 F1 팀에서는 본부의 슈퍼컴퓨터와 연결해 작업하는 "버츄얼 핏월(virtual pit wall)"의 엔지니어들과 함께 레이스 중 많은 정보를 수집 분석하고 시뮬레이션을 통해 다양한 상황을 예측하는데, 이들의 분석과 예측을 실전에 적용하는 연결 고리 역할 역시 스트래티지스트가 맡는다

스티어링 휠

Steering wheel

차의 진행 방향을 조절하는 조종 장치

"드라이빙 휠(driving wheel)" 또는 "핸드 휠(hand wheel)"이라고도 불리는 스티어링 휠은 바퀴의 각도를 바꿔 차의 진행 방향을 조절하는 조종 장치를 가리킨다. 현대적인 F1 레이스카의 스티어링 휠은 오랜 진화를 거쳐 둥근 "휠" 형태를 벗어났지만, 여전히 스티어링 휠이라고 불린다.

현대적인 F1 레이스카의 스티어링 휠은 진행 방향 조절 외에 휠 중앙에 배치된 디스플레이 등을 통해 다양한 정보를 드라이버에게 제공하고, 클러치 조작과 변속 등 기본적인 조작은 물론 많은 레버와 버튼으로 차의 다양한 설정과 기능을 조절하거나 관리할 수 있도록 만들어진다.

F1 레이스카 스티어링 휠 레이아웃의 예

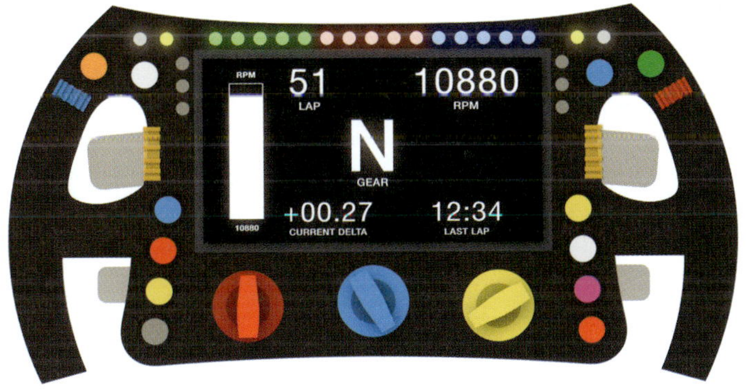

스틴트

Stint

레이스에서 핏 스탑으로 나눈 트랙 주행 구분 단위

F1 그랑프리처럼 레이스에서 한 차례 이상 핏 스탑을 해야 하는 경우, 핏 스탑으로 나눈 트랙 주행의 구분 단위를 스틴트라고 표현한다. 레이스에서 한 차례만 핏 스탑했다면 핏 스탑 이전의 주행이 첫 번째 스틴트, 이후 주행은 두 번째 스틴트가 된다.

예를 들어 2스탑 레이스는 세 개의 스틴트, 3스탑 레이스라면 네 개의 스틴트로 나눌 수 있다.

스파이게이트

Spygate

F1 2007시즌 나이젤 스테프니가 페라리의 개발 정보를 맥라렌에 유출한 사건

스파이게이트는 1990년대 말 미하엘 슈마허와 함께한 "드림 팀"의 일원이었으며 2000년대 중반 페라리의 핵심 인력 중 하나였던 나이젤 스테프니가, 2007시즌 페라리의 개발 정보를 유출해 맥라렌의 테크니컬 디렉터 마이클 코글란이 문제의 정보를 입수하게 한 사건을 가리킨다. 일부에서 **"2007 F1 간첩 사건 논란(2007 Formula One espionage controversy)"**이라고 부르기도 한다.

법정 분쟁과 FIA 심의가 동시에 진행된 스파이게이트의 결과, **맥라렌**은 사상 최고액인 **1억 달러의 벌금**과 함께 **2007시즌 F1 컨스트럭터 챔피언십에서 배제**됐다. 핵심 관계자 **마이크 코글란은 F1에서 퇴출**당했고, 코글란을 포함한 맥라렌 **핵심 인력들에게 15만 유로 이상의 배상금**이 부과됐다. 사건의 주인공인 **나이젤 스테프니는 법정에서 20개월 징역형을 선고**[13]받기도 했다.

스포팅 규정

Sporting Regulations

F1 챔피언십과 그랑프리의 구성과 진행, 운영에 관한 기준을 정리한 규정집

F1 챔피언십 전체는 물론 각 그랑프리를 어떻게 구성하고 진행하는지 정리하고, 챔피언십과 그랑프리의 운영 및 각종 판단 기준, 상황 대처와 페널티 등을 정리한 규정이 F1 스포팅 규정이다. 2026시즌 기준 여섯 개로 구분된 **F1 규정집에서 섹션 B**가 스포팅 규정에 해당한다.

스포팅 디렉터

Sporting Director

F1 팀의 스포팅 규정 준수를 책임지는 관리자

스포팅 디렉터는 F1 규정 **섹션 A - 일반 규정**에 따라 각 팀이 FIA에 사전 등록해야 하는 여덟 명의 핵심 인력 중 한 명으로 챔피언십과 그랑프리에서 팀의 스포팅 규정 준수와 관련된 업무를 책임지는 최고 관리자를 가리킨다.

2025시즌 기준으로 메르세데스의 론 매도우스나 페라리의 디에고 이오베르노 등이 스포팅 디렉터로 활약 중이다. 오랫동안 레드불의 스포팅 디렉터를 맡았던 조나단 휘틀리는 2025시즌부터 자우버/아우디의 팀 프린시플이 되었고, 레드불의 전략 책임자였던 윌 커트니는 2026시즌부터 맥라렌의 스포팅 디렉터 역할을 맡기 시작했다.

---

[13] 나이젤 스테프니는 2014년 교통사고로 세상을 떠나기 전까지 실제 교도소에 수감되지는 않았다.

스폰서십 리버리

Sponsorship livery

스폰서의 아이덴티티를 나타내는 레이스카 도장

F1 초창기 내셔널 컬러를 사용하던 F1 팀들은, 1968년 스폰서의 로고와 상징 색상 사용이 허용된 뒤 빠르게 스폰서의 아이덴티티를 나타내는 스폰서십 리버리를 채용하기 시작했다.

F1 그랑프리 참가 팀 중 메르세데스, 페라리, 알핀, 애스턴마틴과 아우디 등은 내셔널 컬러를 바탕으로 디자인을 시작한 뒤 스폰서 로고를 추가해 스폰서십 리버리의 우선순위가 낮은 편이지만, 스폰서 의존도가 높은 중소형 팀은 처음부터 스폰서 노출을 고려해 디자인하는 경우가 많다.

> **내셔널 컬러의 반월 VW5(위)와 스폰서십 리버리의 로터스 49B(아래)**

스프레이

Spray

액체가 작은 알갱이로 흩뿌려지는 현상

스프레이는 분무기를 사용할 때처럼 액체가 작은 알갱이로 흩어지는 현상을 가리키며, F1에서는 주로 웻 컨디션에서 레이스카의 뒤쪽으로 물방울이 흩뿌려지면서 안개가 발생하는 것처럼 뒤따르는 차의 시야를 방해하는 문제를 일으킨다.

심한 스프레이는 웻 컨디션에서 시야 확보를 어렵게 해 레이스 진행을 심하게 방해하기 때문에, F1은 2023시즌부터 스프레이를 억제하는 바디워크로 휠 주위에 부착하는 바디워크 **"스프레이 가드(spray guards)"**를 테스트하기 시작했지만, 2026시즌까지 실전 투입은 이뤄지지 않고 있다.

스프린트 퀄리파잉
Sprint Qualifying

스프린트의 스타팅 그리드를 결정하는 세션

2022시즌까지 퀄리파잉 결과가 스프린트의 그리드를 결정했지만, 2023 아제르바이잔 그랑프리부터 스프린트의 그리드를 결정하는 별도의 LTCS로 **"스프린트 슛아웃(Sprint Shootout)"**이 신설됐다. 2024 중국 그랑프리부터 스프린트 슛아웃 대신 스프린트 퀄리파잉이 공식 명칭으로 채택되어 AFC로 지정된 주말 금요일 두 번째 세션으로 편성되기 시작했다.

스프린트 퀄리파잉은 SQ1, SQ2, SQ3까지 세 세션으로 나눠지며, 2026시즌 규정 기준 SQ1은 12분, SQ2는 10분, SQ3는 8분으로 퀄리파잉보다 진행 시간이 짧다. 2026시즌 기준 AFC의 SQ1과 SQ2에는 각 세션에 새 미디엄 타이어 한 세트, SQ3에는 소프트 타이어 한 세트만 사용할 수 있다.

스프린트 퀄리파잉이 편성된 AFC 그랑프리 주말 구성

스피드 리미터
Speed limiter

레이스카의 속도를 제한하는 장치

특별한 이유가 없다면 최대 속도를 제한하지 않는 모터스포츠 이벤트에서 핏 레인처럼 속도 제한이 필요한 경우, 드라이버의 조작으로 최대 속도를 제한하는 장치를 스피드 리미터라 부른다.

F1에서는 핏 레인 주행 속도를 80km/h 또는 60km/h로 제한하는데, 스피드 리미터를 제때 잘 사용하면 과속을 피하면서도 시간 손해를 최소화할 수 있다. 프랙티스에서 공기역학적 성능 확인을 위해 트랙에서 일정 속도를 유지하며 데이터를 수집해야 할 때도 종종 스피드 리미터를 활용한다.

스피드 트랩

Speed trap

속도 측정을 위해 설치된 컨트롤 라인

스피드 트랩은 써킷에서 레이스카가 빠르게 지나갈 것으로 예상되는 지점에 설치해, 해당 지점에서의 최고 속도를 기록하는 컨트롤 라인이다.

보통 스피드 트랩은 써킷에서 가장 빠른 속도를 낼 수 있는 가속 구간의 브레이킹 포인트 근처에 배치하지만, 스파-프랑코샹 써킷에서 오 루즈 구간의 라디옹 코너 직후나 스즈카 써킷의 130R 직후처럼 최고 속도보다 특징적인 구간의 통과 속도를 측정하기 위해 배치되기도 한다.

스핀

Spin

차의 수직축을 중심으로 회전하는 움직임

스핀은 그립을 잃은 차의 수직축을 중심으로 회전하는 움직임을 가리킨다. 반 바퀴 정도만 회전했을 경우 "하프 스핀(half spin)"이라는 표현을 사용하기도 한다. 회전이 시작될 때의 진행 방향이나 충격에 따라 바뀐 진행 방향으로 움직이며 스핀으로 이어지면 더 위험한 상황을 맞기도 한다.

스핀은 코너 공략 중 그립 부족이나 다른 차와의 접촉으로 발생하는 경우가 많지만, 직진 가속 중에도 트랙션을 잃는다면 스핀이 발생할 수 있다. 일정 수준 이상 강한 스핀은 드라이버의 역량만으로는 멈출 수 없기 때문에 위험한 상황이나 사고로 이어질 수 있지만, 특별한 상황에서 드라이버가 의도적으로 통제할 수 있는 수준에서 일부러 스핀을 일으키는 경우도 있다.

스핀 턴

Spin turn

드라이버가 짧은 스핀을 일으켜 차가 서 있는 방향을 바꾸는 것

스핀 턴은 드라이버가 의도적으로 짧은 스핀을 일으켜 차가 서 있는 방향을 바꾸는 것을 가리킨다.

시가지 써킷처럼 런-오프가 충분하지 않은 써킷의 코너에서 브레이킹에 실패해 좁은 탈출로에 들어갔다면, 좁은 공간에서 방향을 바꿔 트랙에 복귀하기 위해 스핀 턴을 이용할 수 있다. 트랙 위에서 사고에 휘말렸거나 자신의 스핀으로 트랙 진행 방향과 반대 방향을 바라보고 멈춰 섰을 경우에도, 스핀 턴을 이용해 차를 돌리는 경우가 많다.

슬로우 펑쳐

Slow puncture

타이어에 뚜렷하게 드러나지 않는 작은 구멍이 생긴 것

날카로운 데브리나 이물질과의 접촉으로 타이어 트레드에 손상이 발생해 작은 구멍이 생겼지만, 구멍이 생긴 직후 큰 변화나 심각한 문제가 나타나지 않는 펑쳐를 가리켜 슬로우 펑쳐라 부른다.

상황에 따라 타이어가 터지는 "타이어 버스트"로 이어져 큰 사고를 유발할 수도 있기 때문에, 슬로우 펑쳐가 발견됐다면 특별한 이유가 없을 경우 바로 피트로 복귀해 정상 타이어로 교체해야 한다.

슬릭 타이어

Slick tyre

타이어 표면에 그루브를 없애 매끄러운 트레드를 가진 타이어

슬릭 타이어는 타이어 표면에 그루브를 없애 타이어 트레드와 노면의 접촉을 최대화해 같은 규격에서 최대한의 그립을 얻을 수 있는 타이어다. 1950년대 M&H 타이어가 처음 개발한 슬릭 타이어는 1971시즌 파이어스톤에 의해 F1에 도입되었고, **2009시즌 규정 변경 이후 계속 F1 드라이 타이어로 사용** 중이다. 슬릭 타이어는 **"레이싱 슬릭(racing slick)"**이라고 불리기도 한다.

슬릭 타이어는 배수가 거의 되지 않기 때문에 아쿠아플레이닝에 취약하고, 웻 컨디션이 되면 큰 약점이 노출된다. 일부 모터스포츠에서는 슬릭 타이어를 금지하기도 하는데, 규정에 맞춰 약간의 홈을 슬릭 타이어에 추가한 "치터 슬릭(cheater slick)"을 사용하기도 한다. 슬릭 타이어의 부드러운 컴파운드에 그루브를 더한 "R 컴파운드 타이어(R compund tyre)"나 "그루브드 슬릭(grooved slick)"도 널리 사용된다.

2009시즌 이후 F1 드라이 타이어로 사용되고 있는 슬릭 타이어

슬립스트림

Slipstream

레이스카 바로 뒤로 빨아들이는 듯한 공기의 움직임

F1 레이스카처럼 빠르게 움직이는 차의 바로 뒤에 발생하는 "더티 에어" 속에서는 공기의 흐름이 불규칙해지고 기압이 낮아질 수 있다. 이렇게 기압이 낮아진 위치에 다른 차가 접근할 때 마치 앞으로 빨아들이는 듯한 효과가 발생하는데, 이를 슬립스트림이라 부른다.

앞선 차가 만든 슬립스트림 속에서는 혼자 달릴 때보다 더 빠르게 가속하며 더 높은 최고 속도를 기대할 수 있기 때문에, 간격을 좁히거나 추월을 시도할 때 도움이 될 수 있다. 그러나, 슬립스트림 속에서는 공기역학적 성능이 떨어지고, 뜨거운 열기를 뒤집어쓴다는 단점이 있다.

옆에서 본 슬립스트림과 위에서 본 슬립스트림

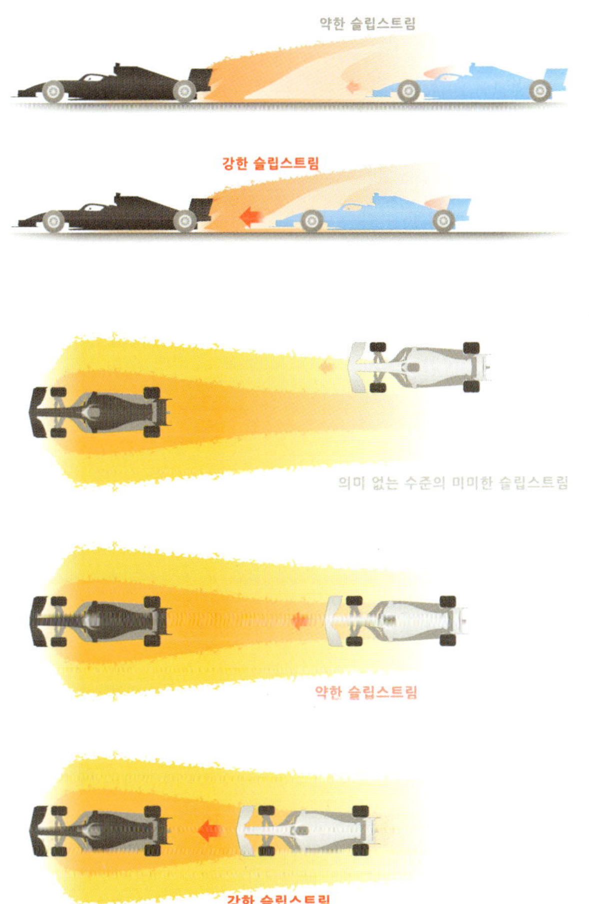

시계방향 써킷

Clockwise circuit

시계방향으로 진행하도록 디자인된 써킷

모터스포츠 이벤트가 펼쳐지는 써킷은 진행 방향에 따라 시계방향으로 진행하는 써킷과 반시계방향으로 진행하는 써킷, 그리고 8-자형 써킷까지 크게 세 가지로 나뉜다. F1 2024시즌 캘린더 기준 24개 써킷 중 과반수인 14개 써킷이 시계방향 써킷이다.

F1 그랑프리가 개최되는 써킷 중 역사적으로 중요한 영국의 실버스톤 써킷과 벨기에의 스파-프랑코샹 써킷, 이탈리아의 몬짜 써킷, 모나코 시가지 써킷 등이 모두 시계방향 써킷이며, 한국의 인제스피디움도 시계방향 써킷이다. 인디애나폴리스 모터 스피드웨이의 경우 인디500이 펼쳐지는 가장 널리 알려진 레이아웃은 반시계방향이지만, 2000년대 중반 F1 미국 그랑프리가 펼쳐졌던 그랑프리 로드 코스 레이아웃은 시계방향으로 진행한다.

> **시계방향으로 진행하는 IMS의 그랑프리 로드 코스**

시뮬레이터

Simulator

레이스카의 상태와 움직임을 정교하게 재현하는 기계와 소프트웨어

시뮬레이터는 트랙과 주변 상황에 따른 차의 상태와 움직임을 재현해, 드라이버가 실제 상황과 비슷한 상황을 경험하거나 데이터를 쌓을 수 있는 기계 장치와 소프트웨어를 가리킨다.

F1 팀은 보통 자체 시뮬레이터를 만들어 운영하고, **"시뮬레이터 드라이버(simulator driver)"**를 따로 지정해 시뮬레이터 주행을 전담시키기도 한다. 점차 시뮬레이터가 정교해짐에 따라 시뮬레이터의 성능과 시뮬레이터 드라이버의 역량이 현대적인 F1 레이스카 개발에 큰 영향을 주고 있다.

시케인

Chicane

트랙에서 좌우로 뱀처럼 구부러진 모양의 복합 코너 구간

시케인은 좌우로 뱀처럼 구부러진 형태로 만들어진 복합 코너 구간을 가리키며 모터스포츠 이벤트가 펼쳐지는 써킷은 물론 공공 도로에서 속도를 늦춰야 할 필요가 있는 곳에 배치한다.

F1 그랑프리가 펼쳐지는 써킷 중에는 너무 빠른 속도에 도달하지 않도록 억제해 사고 상황에서의 위험 요소를 줄이거나 추월 성공 가능성을 높이기 위해 보통 한 개 이상의 시케인이 배치되어 있고, 종종 엄밀히 따지면 시케인이라 부르기 어렵지만 시케인과 비슷하게 감속 효과를 노리는 복합 코너 구간을 넓은 의미에서 시케인이라 부르는 경우도 많다.

> **단순 직진 가속 구간과 시케인이 추가된 직진 구간의 비교**

단순한 직진 가속 구간

시케인이 추가된 직진 구간

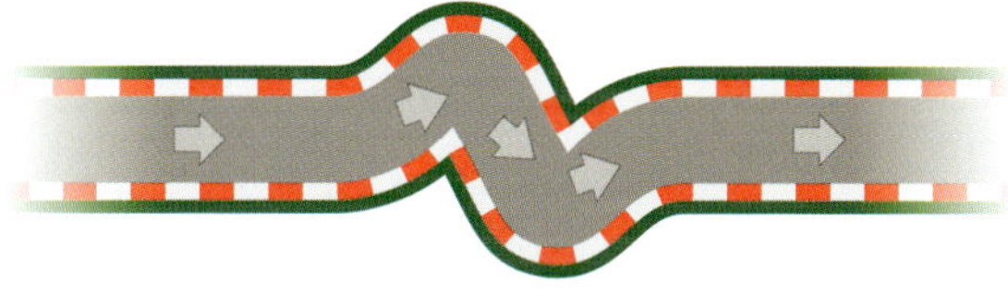

시퀀셜 기어박스

Sequential gearbox

순서대로 한 단계씩 변속하는 기어박스

일반 기어박스는 클러치를 해제한 뒤 자유롭게 원하는 단계로 변속할 수 있지만, 시퀀셜 기어박스는 각 단수를 건너뛰지 못하고 순서대로 한 단계씩만 변속할 수 있다. 시퀀셜 기어박스는 변속 시간이 빠르다는 장점 때문에 고성능 파워트레인이 장착된 레이스카나 모터싸이클에 자주 채택된다.

시퀀셜 기어박스는 1990년대 중반 F1에 보급되기 시작했고, 2014시즌부터 전진 8단 / 후진 1단의 시퀀셜 기어박스를 사용한다. F1 기어박스는 도그 클러치를 사용해 드라이버의 클러치 조작 없이 변속할 수 있고, 스탠딩 스타트 등 특별한 상황에서만 스티어링 휠의 패들로 클러치를 조작한다.

시트 벨트
Seat belt

충격을 받았을 때 탑승자를 시트에 고정시키는 안전장치

사고로 충격이 가해지면 탑승자가 빠른 속도로 움직여 2차 사고와 위험한 상황에 노출될 수 있다. 시트 벨트는 탑승자를 시트에 고정시켜 위험한 상황으로 이어지는 것을 예방하고 부상을 최소화할 수 있는 안전장치를 가리킨다. 사람에 따라 "안전 벨트(safety belt)"라고 부르기도 한다.

일반 승용차는 대부분 2점식이나 3점식 시트 벨트를 채택하지만, 모터스포츠에서는 더 강한 충격에 대비하기 위해 5점식이나 6점식 시트 벨트를 채택하는 경우가 많다. F1의 6점식 시트 벨트는 탑승 시 시트 벨트 고정을 위해 제법 오랜 시간 다른 사람의 도움을 받아야 하지만, 사고나 위험한 상황에서 드라이버가 5초 이내에 시트 벨트를 풀고 차에서 탈출할 수 있다.

실린더
Cylinder

엔진에서 피스톤이 왕복 운동하는 원통형 공간

실린더는 내연기관 엔진에서 피스톤이 왕복하며 움직이는 공간을 가리킨다. 내연기관 엔진의 동력을 반드는 연소와 폭발이 실린더 안에서 이뤄지기 때문에, 실린더를 엔진에서 가장 중요한 핵심 공간이라고 보는 사람도 많다.

실린더 안에서 피스톤이 가장 위로 올라왔을 때와 가장 아래로 내려왔을 때의 위치 차이를 **"스트로크(stoke)"**, 실린더 지름은 **"보어(bore)"**라 부른다. 만약 스트로크와 보어의 값을 알고 있다면 아래와 같은 공식으로 실린더 내부 부피(cylinder volume)[14]를 계산할 수 있으며, 실린더 내부 부피에 실린더 개수를 곱해 내연기관 엔진의 총배기량도 계산할 수 있다.

스트로크와 보어로 계산한 실린더 내부 부피

$$\text{cylinder volume} = \pi \times \left(\frac{\text{bore}}{2}\right)^2 \times \text{stroke}$$

[14] 스트로크는 피스톤이 움직이는 거리를 기준으로 측정하기 때문에, 스트로크로 계산한 실린더 내부 부피는 실제 실린더의 내부 부피와 다를 수 있다.

실버 애로우
Silver arrow

일부 팀에서 독일의 내셔널 컬러로 사용한 은색

실버 애로우는 1930년대부터 독일 국적으로 국제 모터스포츠 이벤트에 참가하는 일부 팀의 내셔널 컬러로 사용된 은색을 가리키며, 이렇게 은색 차체로 경쟁에 나서는 팀과 레이스카를 실버 애로우라 부르기도 한다. 실버 애로우에 대해서는 논란[15]이 있긴 하지만, 다음과 같은 탄생 설화가 많은 이들에게 정설로 받아들여지고 있다.

1934년 최대 무게 750kg의 그랑프리 규정 적용 이후, 아이펠레넨에 참가한 메르세데스-벤츠 W25의 무게가 751kg으로 측정됐다. 이에 메르세데스-벤츠는 최대 무게 규정에 맞추기 위해 흰색 도장을 벗겨내고, 금속 재질의 은색 차체를 드러냈다. 메르세데스-벤츠는 당시 팀을 이끌었던 알프레드 노이바우어 등의 주장[16]에 따른 이야기를 실버 애로우의 기원으로 인정하고 있다.

1930년대 그랑프리 레이싱의 최강자로 경쟁하던 메르세데스-벤츠와 아우토우니온 모두 은색 차체의 레이스카로 그랑프리 레이싱에 참가하며 실버 애로우로 명성을 떨쳤고, 1950년대 중반 F1 챔피언십에 두 시즌 동안 참전한 메르세데스-벤츠와 2010시즌 F1에 복귀한 메르세데스도 실버 애로우라 불렸다. 메르세데스와 깊은 관계였던 2000년대 후반의 맥라렌도 은색 리버리를 사용했지만, BMW처럼 다른 독일의 내셔널 컬러 흰색을 기반에 둔 리버리를 고수하는 팀들도 있다.

심 레이싱
Sim racing

레이싱 시뮬레이션 게임 또는 이를 바탕으로 한 e스포츠

심 레이싱은 레이싱 시뮬레이션 게임을 직접 가리키거나, 레이싱 시뮬레이션 게임을 이용해 펼쳐지는 e스포츠를 가리키는 개념이다. 21세기 들어 PC의 그래픽 처리 능력이 비약적으로 향상됨에 따라 실제 모터스포츠와 심 레이싱의 경계가 좁혀지기 시작했고, 2008년 게임 "그란 투리스모(Gran Turismo)"를 통해 실제 드라이버를 선발하는 "GT 아카데미(GT Academy)"가 탄생한 이후 심 레이싱과 모터스포츠의 경계가 허물어지기 시작했다.

2026년을 기준으로 FIA는 그란 투리스모는 물론 "아세토 코르사 컴페티찌오네(Assetto Corsa Competizione), "아이레이싱(iRacing)" 등이 사용되는 심 레이싱 모터스포츠 이벤트를 주관하고 있으며, F1은 "코드 마스터스(Code Masters)"를 통해 공식 심 레이싱 게임을 유통하고 있다.

---

15 1934 아이펠레넨은 포뮬러 리브레 규정에 따라 펼쳐졌기 때문에 최대 무게 규정이 적용되지 않았고, 1932년에 은색 메르세데스-벤츠 SSKL이 레이스에 참가했을 때 라디오 중계 진행자가 실버 애로우라는 표현을 사용했다는 기록도 있다.

16 1958년 발간된 자서전에서 주장한 내용

싱글-시터

Single-seater

시트 하나만 배치된 레이스카

싱글-시터는 시트 하나에 드라이버 한 명만 탑승하는 레이스카를 가리킨다. 보통 **"포뮬러 카(formula car)"**나 펜더 없이 바퀴가 외부에 노출된 **"오픈-휠 카(open-wheel car)"**를 싱글-시터와 같은 의미로 여기고, 싱글-시터가 경쟁하는 레이스는 "포뮬러 레이싱(formula racing)" 또는 "오픈-휠 레이싱(open-wheel racing)"이라 부른다.

1920년대까지 그랑프리 레이싱카는 투-시터였지만, 1927년부터 AIACR은 싱글-시터를 허용하기 시작했다. F1 월드 챔피언십은 출범부터 싱글-시터로만 그랑프리를 치렀다.

써킷

Circuit

트랙 레이스를 위해 만들어진 스포츠 시설

써킷은 사람, 동물, 자동차 등의 레이스를 위해 일정 궤도를 한 바퀴 돌아 제자리로 돌아오는 구조로 만들어진 스포츠 시설을 가리키며, **"레이싱 써킷(racing track)"**이나 **"레이스 트랙(race track)"**이라고도 불린다. 영구적으로 레이스만을 위해 만들어진 써킷의 경우 시가지 써킷 등 임시 써킷과 구분해 **"상설 전용 써킷(permanent circuit)"**이라는 표현을 사용하기도 한다.

적은 수의 코너만 배치되어 빠른 속도를 낼 수 있는 레이아웃의 써킷은 **"스피드웨이(speedway)"**라고 부르지만, 2026시즌 기준 스피드웨이에서 펼쳐지는 F1 그랑프리는 없다.

쓰로틀

Throttle

엔진에 공급되는 공기와 연료의 양을 조절하는 기계 장치

쓰로틀은 엔진에 공급되어 동력을 만드는 데 사용되는 연료[17]와 공기의 양을 조절해, 결과적으로 엔진의 출력을 조절하는 기계 장치를 가리킨다.

F1 레이스카의 엔진도 쓰로틀이 엔진에 공급되는 공기의 양을 조절하며, 드라이버가 콕핏 안에 배치된 **"쓰로틀 페달(throttle pedal)"**을 밟아 쓰로틀의 개폐를 직접 조절할 수 있다.

---

[17] 혼합기의 비율은 ECU가 적정 수준으로 통제하기 때문에, 공기의 양을 직접 조절하면 연료의 양도 간접적으로 조절하는 셈이 된다.

아스트로터프

AstroTurf

미국의 인조 잔디 브랜드

아스트로터프는 1950년대 개발된 뒤, 1966년 미국의 기업 몬산토가 처음으로 스포츠 경기장에 설치한 **"인조 잔디(artificial turf)"** 브랜드다. 몬산토는 먼저 "켐그래스(ChemGrass)"라는 이름을 사용했지만, 이후 아스트로터프라는 브랜드를 등록했다. 아스트로터프의 인조 잔디를 사용하지 않을 때도 널리 알려진 이름 그대로 "아스트로터프(astroturf)"라고 부르는 경우가 많다.

써킷에서는 종종 트랙 바깥쪽에 인조 잔디를 설치해 트랙을 벗어난 차가 손해를 볼 수 있는 구조를 만들지만, 트랙을 벗어났을 때 더 큰 사고를 유발할 수 있다는 단점이 있다.

아웃 랩

Out lap

핏 레인을 나온 뒤 처음 피니시 라인을 통과할 때까지의 랩

아웃 랩은 핏 레인에서 나온 차가 트랙 위에서 피니시 라인을 통과할 때까지 주행한 랩을 가리킨다. 모터스포츠 이벤트의 기록 순위를 정하는 퀄리파잉과 같은 일반적인 타임 어택 이벤트에서 아웃 랩의 랩 타임은 유효한 랩에 포함하지 않는다.

F1 그랑프리의 퀄리파잉이나 스프린트슛아웃 등 LTCS에서 아웃 랩은 기록에 도전하는 플라잉 랩을 시작하기 전까지 필요한 모든 준비를 수행하는 랩으로 플라잉 랩 못지않게 중요하게 여겨진다. 레이스에서 핏 스탑 직후의 아웃 랩은 타이어 온도가 낮기 때문에 그립 확보가 쉽지 않아 주의해야 한다. 아웃 랩에서는 유리한 트랙 포지션을 차지하기 위해 종종 치열한 경쟁이 펼쳐지기도 하고, 무리해서라도 속도를 높여 오버컷을 시도하는 상대를 앞서야 하는 중요한 순간이 될 수 있다.

퀄리파잉 랩 타임 차트에서 아웃 랩으로 분류되는 랩

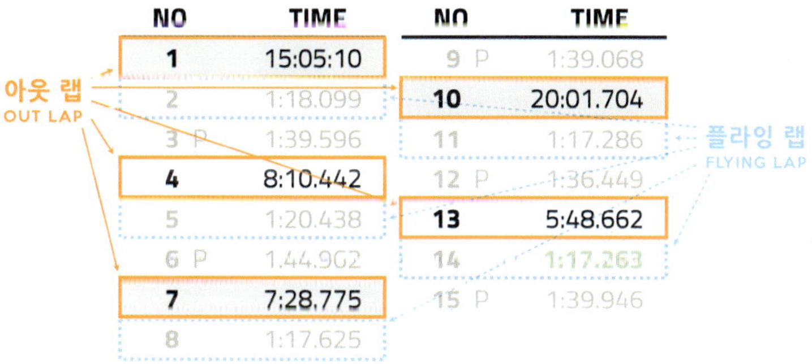

NO	TIME	NO	TIME
1	15:05:10	9 P	1:39.068
2	1:18.099	10	20:01.704
3 P	1:39.596	11	1:17.286
4	8:10.442	12 P	1:36.449
5	1:20.438	13	5:48.662
6 P	1:44.962	14	1:17.263
7	7:28.775	15 P	1:39.946
8	1:17.625		

아웃 랩 OUT LAP

플라잉 랩 FLYING LAP

아웃워시

Outwash

차 바깥쪽을 향하는 공기의 흐름

오픈-휠 레이스카의 특성상 어쩔 수 없이 외부에 노출된 바퀴, 특히 프론트 휠은 강한 타이어 웨이크를 일으키며, 공기역학적으로 불리한 효과를 일으키는 불규칙한 공기의 흐름을 만든다. 이런 불규칙한 공기 흐름이 리어 엔드까지 이어져 디퓨저와 리어 윙 등의 공기역학적 성능을 떨어뜨리지 못하도록, 현대적인 F1 레이스카는 프론트 윙을 지난 공기의 흐름이 레이스카 바깥쪽으로 향하도록 디자인한다. 이렇게 바깥쪽으로 향하도록 유도된 공기의 흐름을 아웃워시라 부른다.

아웃워시는 레이스카의 공기역학적 성능을 높이는 데 도움을 주지만, 뒤따르는 차의 공기역학적 성능을 크게 떨어뜨려 결과적으로 앞선 차에 대한 추격이나 추월 시도를 매우 어렵게 만든다. 이 때문에 FIA는 규정 변경을 통해 F1 레이스카의 아웃워시를 줄이기 위해 노력하고 있고, 2026시즌 대규모 규정 변경도 아웃워시 억제를 위한 직접적인 디자인 변경을 포함하고 있다.

아웃워시가 강할 때와 약할 때 타이어 웨이크가 만든 더티 에어 흐름의 차이

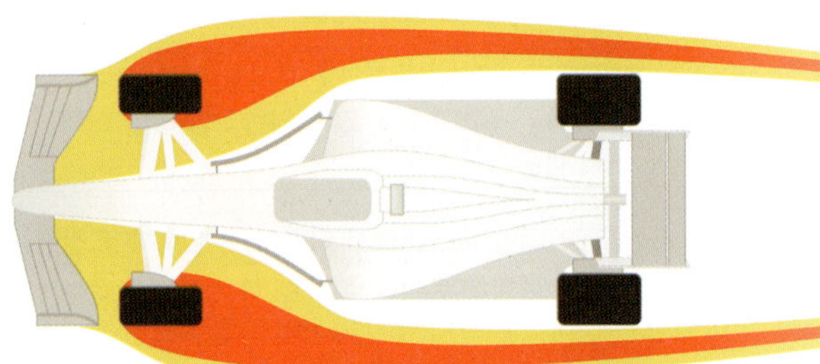

아웃워시가 강한 경우

아웃워시가 약한 경우

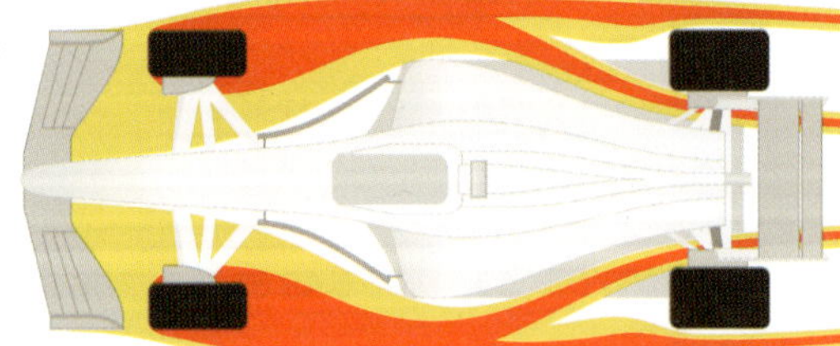

아웃-인-아웃

Out-in-out

바깥쪽으로 코너에 진입해 코너 안쪽을 거쳐 바깥쪽으로 빠져나오는 레이싱 라인

아웃-인-아웃은 스포츠 드라이빙의 기본적인 코너 공략 방법이며, 모터스포츠 이벤트에서 가장 널리 사용되는 레이싱 라인이다. 코너를 공략할 때 코너를 기준으로 바깥쪽 라인에서 진입한 뒤 공략 중반에는 가능한 한 안쪽으로 붙어 에이펙스를 근접 통과하고, 가속을 시작하면서 트랙을 최대한 활용하며 바깥쪽 라인으로 코너를 빠져나오는 레이싱 라인을 아웃-인-아웃이라 부른다.

아웃-인-아웃의 레이싱 라인을 이용하면 감속을 최소화해 코너를 공략하는 동안 최저 속도를 높일 수 있고, 스티어링 조작량을 줄이면서 코너 공략 안정성을 높일 수 있다. 아웃-인-아웃을 통해 코너 공략 시간을 최소화하고, 밸런스 잡힌 코너 공략으로 최종적인 랩 타임을 단축할 수 있다.

90° 코너와 헤어핀에서 아웃-인-아웃의 예

90° 코너에서의 아웃-인-아웃

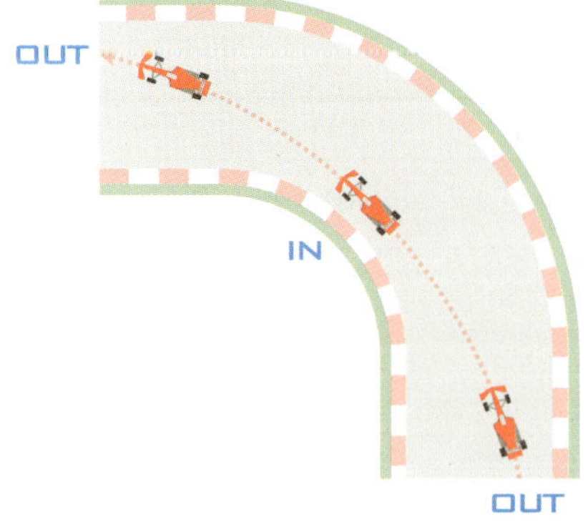

헤어핀에서의 아웃-인-아웃

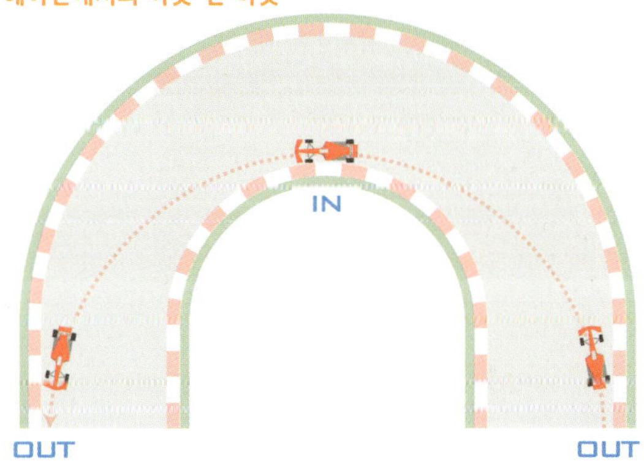

O

아웃-인-인

Out-in-in

바깥쪽으로 코너에 진입해 조금 늦게 코너 안쪽을 거치며 빠져나오는 레이싱 라인

아웃-인-인은 코너에 진입할 때 턴-인을 늦춰 최대한 넓은 라인으로 진입한 뒤 속도가 충분히 느려졌을 때 방향을 바꾸기 시작하고, 조금 늦게 코너 안쪽으로 접근해 가속에 집중하며 코너를 빠져나오는 레이싱 라인이다. 아웃-인-인은 코너를 탈출할 때 방향 전환을 최소화해 가속에만 집중하기 때문에, F1 레이스카와 같은 고출력 차량의 코너 탈출 속도를 최대화할 수 있는 레이싱 라인이다.

아웃-인-인은 "인-인-아웃"의 레이싱 라인을 선택해 추월을 시도했던 상대를 재추월할 때나 헤어핀 이후 긴 가속 구간이 이어질 때 장점을 발휘할 수 있다. 아웃-인-인은 **"코너 탈출 단계에 코너 안쪽에 근접하는 아웃-인-아웃의 일종"**으로 볼 수 있으며, 아웃-인-인을 별도의 개념으로 보는 대신 **"높은 탈출 속도를 얻기 위한 아웃-인-아웃 레이싱 라인"**으로 여기는 사람도 적지 않다.

90° 코너와 헤어핀에서 아웃-인-인의 예

90° 코너에서의 아웃-인-인

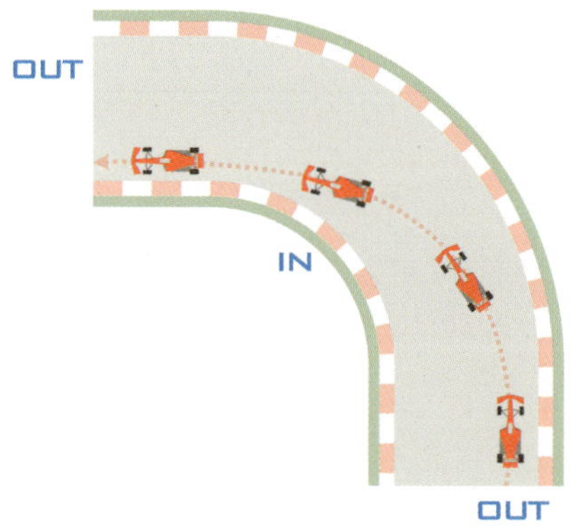

헤어핀에서의 아웃-인-인

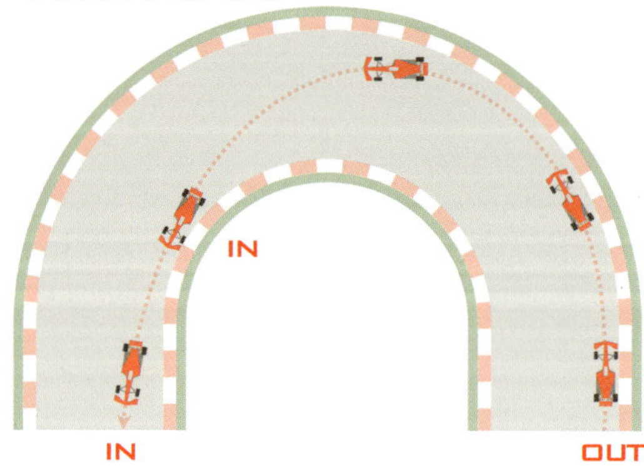

아쿠아플레이닝

Aquaplaning

타이어와 노면 사이에 수막이 생겨 트랙션을 잃게 하고 컨트롤이 어려워지는 현상

아쿠아플레이닝은 많은 물이 고였거나 흐르고 있는 노면을 주행할 때, 타이어와 노면 사이의 물이 일종의 막을 형성해 트랙션을 떨어뜨리고 드라이버가 차를 컨트롤하기 어려워지는 현상을 가리킨다. 때로는 **"하이드로플레이닝(hydroplaning)"** 또는 **"수막현상"**이라고 부르기도 한다.

홈이 없는 슬릭 타이어는 사실상 아쿠아플레이닝 대응이 불가능하고, 충분한 배수량을 갖춘 웻 타이어라도 물이 많이 고인 노면에서는 아쿠아플레이닝이 발생할 수 있다. 심한 아쿠아플레이닝이 발생하면 드라이버의 능력만으로 컨트롤을 되찾는 것은 매우 어렵다.

안티-도핑

Anti-doping

금지된 약물 사용 등을 방지하고 예방하는 활동

안티-도핑은 FIA 주도로 모터스포츠 이벤트에 참가하는 드라이버가 금지된 약물을 사용하거나 금지된 특수한 방법으로 경기력을 높이는 방법을 제한하고, 이를 예방하는 활동을 가리킨다. FIA는 WADA의 기준에 따라 국제 챔피언십에서 안티-도핑을 원칙으로 하고 있다. 또한, 2026시즌 기준 FIA는 안티-도핑 규정의 제한 아래 경기 직후 검사를 진행하는 "경기-내 테스팅(In-Competition Testing)"과 "경기-외 테스팅(Out-of-Competition Testing)" 등을 수행할 수 있다.

FIA는 2000년대 중반부터 세계 반도핑 기구 WADA와 협력해 안티-도핑 노력을 본격적으로 시작했고, 2010년 말 WADA 규약에 서명해 2011시즌부터 안티-도핑 규정이 효력을 발휘했다. 2026시즌 기준 FIA가 발행한 **ISC 부록 A**에 **안티-도핑 규정**이 정리되어 있다.

안티-롤 바

Anti-roll bar

롤을 억제하는 서스펜션 부품

방향을 전환하며 코너를 통과하는 차에 롤이 심하게 발생하면 한쪽 타이어가 그립을 잃게 되고, 극단적인 롤이 발생할 경우 차량이 옆으로 구를 수도 있다. 안티-롤 바는 이런 롤을 억제하는 서스펜션 부품을 가리키며, **"스웨이 바(sway bar)"** 또는 **"스태빌라이저(stabilizer)"**라고도 부른다.

안티-롤 바는 기본적으로 차가 기울어지거나 뒤집히는 것을 막는 역할을 하지만, 안티-롤 바 셋업을 통해 레이스카의 조종성을 높이거나 드라이버가 원하는 방향으로 조종 특성을 바꿀 수 있다.

안티-스톨 시스템

Anti-stall system

드라이버가 컨트롤을 잃었을 때 엔진이 정지하는 것을 막는 시스템

안티-스톨 시스템은 드라이버가 차를 충분히 통제하지 못하거나 완전히 컨트롤을 잃었을 때 엔진 정지를 예방하는 시스템이다. 단순하게, "안티-스톨(Anti-stall)"이라고 부르거나 **"스톨 방지 시스템(stall prevention system)"**이라는 표현을 사용하기도 한다.

안티-스톨 시스템이 작동할 경우 클러치 패들을 95% 이상 움직이는 조작으로 이를 해제할 수 있다. 10초 동안 안티-스톨 시스템이 계속 작동 중이라면 안전을 위해 파워 유닛이 자동 정지한다.

안티-알콜

Anti-alcohol

FIA가 주관하는 국제 이벤트에서의 음주 금지

안티-알콜은 F1 월드 챔피언십을 포함해 FIA가 주관하는 모든 국제 이벤트에서 알콜 섭취, 즉 음주를 강력히 금지하는 방침을 가리킨다. 규정에 따라 모든 드라이버는 주행 세션 시작 3시간 전부터 종료 후 30분까지 일정 수준 이내의 혈중알콜농도를 유지해야 하며, 측정 결과와 위반 횟수에 따라 실격 및 출전 정지 등 강력한 처벌을 받을 수 있다.

FIA는 2018년 WADA가 규제 약물 목록에서 알콜을 제외함에 따라, 별도의 안티-알콜 규정을 ISC 부록에 신설했다. 2026시즌 기준 FIA가 발행한 **ISC 부록 C**의 **안티-알콜 규정**이 정리되어 있다.

암코 배리어

Armco® barrier

2차 사고를 막기 위해 배치하는 철제 방호벽

암코 배리어는 다리의 난간이나 도로의 중앙분리대처럼 일정한 위치를 지나갈 경우 더 위험한 2차 사고가 발생할 수 있는 곳에 배치하는 철제 방호벽을 가리키며, **"트래픽 배리어(traffic barrier)"** 또는 **"가드레일(guardrail)"**이라고도 불린다. 암코 배리어는 "암코(AK 스틸)"라는 회사의 등록 상표지만, 암코사와 관계없는 방호벽이라도 암코 배리어라고 부르는 경우가 많다.

F1 그랑프리가 펼쳐지는 상설 전용 써킷에도 암코 배리어가 자주 사용되지만, 큰 충격 흡수를 위한 텍프로 배리어나 세이퍼 배리어 등에 비하면 충격 흡수 효과는 상대적으로 적다.

압력 중심

Center of pressure

공기역학적 힘의 총합이 레이스카에 작용하는 가상의 중심점

압력 중심은 레이스카 각 부분에 가해지는 공기역학적 힘의 총합이 작용하는 가상의 중심점을 가리키며, **"C of P"**라고도 불린다. 차의 무게 중심과 압력 중심이 가까울수록 언더스티어 성향이나 오버스티어 성향이 줄어들어 중립적인 조종성을 갖게 된다.

압력 중심은 "무게 중심(C of G : center of gravity)"과 함께 현대적인 F1 레이스카 디자인에서 가장 중요하게 생각해야 하는 요소 중 하나로 여겨지며, 공기역학적 디자인 과정에서는 처음부터 끝까지 적절한 위치에 압력 중심이 형성될 수 있도록 각 부분의 설계와 디자인을 진행해야 한다.

압축비

Compression Ratio

실린더의 부피가 가장 클 때와 작을 때의 비율

압축비는 내연 기관 엔진의 "하사점(BDC : Bottom Dead Center)"에서 실린더 부피가 가장 클 때와 "상사점(TDC : Top Dead Center)"에서 실린더 부피가 가장 작을 때의 비율을 가리킨다. 간단하게 **"CR"**이라고도 부른다.

압축비가 큰 엔진은 매우 강한 출력을 낼 수 있지만, 압축비가 클수록 노킹이 쉽게 발생할 수 있다. F1은 매우 큰 압축비로 작동하는 엔진을 사용하는데, 2026시즌을 기준으로 F1 규정 **섹션 C - 기술 규정**은 엔진의 압축비를 **최대 16:1**로 정하고 있다.

내연기관 엔진의 압축비

$$CR = \frac{V_1 + V_2}{V_2} = V_1 + V_2 : V_2$$

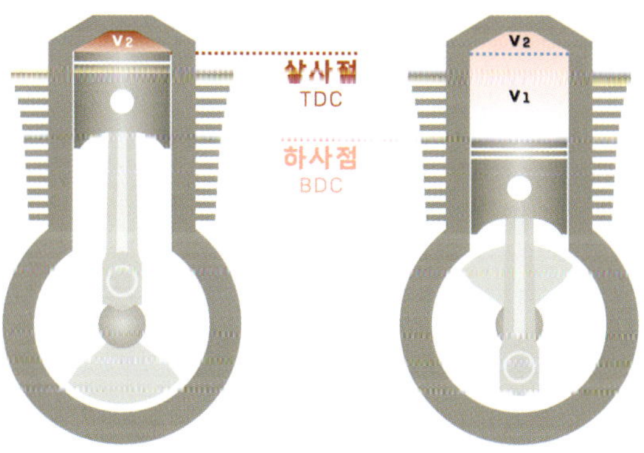

액티브 서스펜션
Active suspension

레이스카에 탑재된 시스템이 움직임을 능동적으로 조절하는 서스펜션

일반 "패시브 서스펜션(passive suspension)"은 노면에서 전해지는 충격에 따라 기계적이면서 수동적으로 서스펜션의 움직임이 결정되지만, 액티브 서스펜션은 레이스카에 탑재된 시스템이 움직임을 능동적으로 조절해 훨씬 안정적으로 자세를 유지할 수 있는 서스펜션 시스템이다.

1980년대 초반부터 팀 로터는 다양한 연구를 진행하며 액티브 서스펜션을 가장 먼저 실전에 투입했다. 1992시즌 윌리엄스 FW14B와 1993시즌 FW15C가 F1을 지배한 이후, 다수의 F1 팀이 액티브 서스펜션 개발에 공을 들였다. 그러나, 1994시즌을 앞두고 드라이버 에이드를 금지하는 대규모 규정 변경을 단행하면서 액티브 서스펜션 역시 F1에서 퇴출됐다.

액티브 에어로
Active Aero

드라이버의 조작으로 프론트 윙과 리어 윙의 각도를 바꾸는 시스템

2026시즌 도입된 액티브 에어로는 드라이버 조작에 따라 프론트 윙 플랩과 리어 윙 플랩 각도를 바꿀 수 있는 시스템이지만, 액티브 에어로가 규정에 정의된 공식 명칭은 아니다. 2026 F1 규정 섹션 B - 스포팅 규정에서는 이 시스템을 **"드라이버가 조절할 수 있는 가변 바디워크(Driver Adjustable Bodywork)"**라 부르며, F1 규정 섹션 C에서는 **"윙 어저스터"**라는 표현을 사용한다.

액티브 에어로의 **"전체 활성화"**는 그대로 "스트레이트 모드"를 가리키며, 프론트 윙과 리어 윙을 모두 눕혀 드래그를 최소화한 상태다. 기본 위치 그대로 프론트 윙과 리어 윙이 세워져 많은 다운포스를 만들 수 있는 상태는 "코너 모드"라고 부른다. 액티브 에어로 **"부분 활성화"**는 리어 윙은 고정한 채 프론트 윙만 눕힌 상태를 가리킨다. 상태 변경 시간은 최대 0.4초로 제한한다.

액티브 에어로 작동에 따른 프론트 윙/리어 윙 플랩 각도 조절의 예

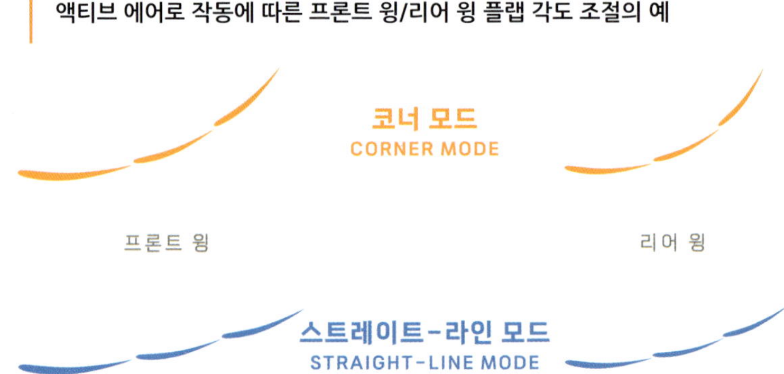

양력

Lift

움직이는 물체 위쪽으로 가해지는 공기역학적 힘

양력은 다운포스와 반대로 움직이는 물체 주변 공기 흐름에 의해 위쪽으로 가해지는 공기역학적 힘을 가리킨다. 양력은 비행기의 경우 하늘을 날 수 있는 원리에 해당하는 힘으로 도움을 주지만, 레이스카에게는 그립을 감소시키는 등 나쁜 영향을 주는 경우가 많다.

양력은 다운포스와 마찬가지로 속도의 제곱에 비례하기 때문에, 속도가 빠를수록 훨씬 강한 양력이 발생한다. F1 레이스카의 경우 다운워시가 생기는 사이드포드 등에서 발생하는 양력을 최소화해야 하며, 불가피하게 양력이 발생한다면 그 이상의 유리한 효과를 얻도록 디자인할 필요가 있다.

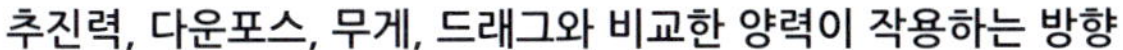

추진력, 다운포스, 무게, 드래그와 비교한 양력이 작용하는 방향

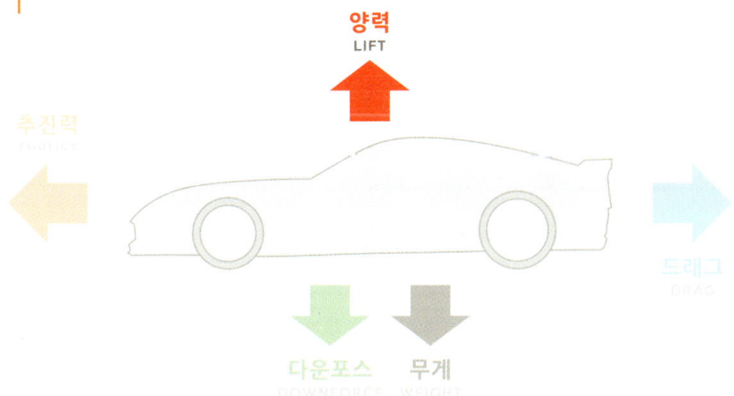

어보티드 스타트

Aborted Start

포메이션 랩을 시작한 이후 스타트를 취소하는 것

F1 그랑프리의 레이스나 스프린트 등 TTCS에서 포메이션 랩을 시작한 이후, 레이스 컨트롤의 판단에 따라 스타트를 진행하는 것이 위험하거나 문제가 있다고 판단해 스타트를 취소하는 것을 어보티드 스타트라고 부른다.

2026 F1 규정 **섹션 B - 스포팅 규정**에 따라 어보티드 스타트가 선언되면 10분 시그널부터 그리드 프로시저가 재개되고, TTCS의 랩은 **어보티드 스타트 한 번마다 1랩씩 줄어든다.** 어보티드 스타트의 원인을 제공한 차는 핏 레인에서 스타트를 준비해야 한다.

O

어택

Attack

추월 시도 또는 기록 도전

레이스에서 뒤따르는 차가 앞선 차의 빈틈을 파고들어 추월을 시도하는 적극적인 움직임을 보일 때 "공격"이라는 의미를 담아 어택이라고 표현하는 경우가 많다.

퀄리파잉에서는 아웃 랩이나 인 랩, 쿨 다운 랩을 제외한 플라잉 랩의 기록 도전을 어택이라고 부르기도 한다.

어퍼 위시본

Upper wishbone

더블 위시본 서스펜션의 위쪽 지지 구조물

어퍼 위시본은 더블 위시본 서스펜션의 지지 구조인 위시본 중 위쪽 지지 구조물을 가리킨다. 어퍼 위시본의 한쪽은 섀시, 다른 한쪽은 업라이트와 연결된다.

어퍼 위시본은 "로워 위시본(lower wishbone)"과 마찬가지로 지지 구조 역할을 할 뿐 움직이는 기계 장치는 아니며, 로워 위시본과 어퍼 위시본의 길이와 형태가 반드시 같은 것은 아니다.

언더독

Underdog

경쟁에서 패배할 것이란 예상이 지배적인 팀 또는 드라이버

18세기 후반부터 영국과 미국 문화권에서 사람들의 일반적인 승부 예측을 통해 승리할 것이란 예상이 지배적인 쪽을 "탑 독(top dog)", 패배할 것이란 예상이 지배적인 쪽을 언더독이라 부르는 경향이 생겼다. 베팅에서 언더독에 돈을 거는 것은 "언더독 벳(underdog bet)"이라 부른다.

언더독이 경쟁에서 승리하면 많은 사람의 예상이 빗나간 충격적인 결과일 수 있지만, 종종 약자의 승리를 객관적인 가치보다 높게 평가하는 경향도 있다.

언더스티어

Understeer

스티어링 휠을 조작할 때 의도한 만큼 차의 진행 방향이 바뀌지 않는 현상

언더스티어는 드라이버가 코너 공략을 위해 스티어링 휠을 돌려 차의 진행 방향을 바꾸려고 할 때 의도한 만큼 차의 진행 방향이 바뀌지 않는 현상을 가리킨다. 언더스티어 상황이 발생하면 속도를 줄이지 않을 경우, 코너 공략에 실패하는 것은 물론 심할 경우 트랙을 벗어날 수 있다.

항상 그런 것은 아니지만, 프론트 타이어 그립이 부족할 때 언더스티어가 발생하는 경우가 많다. F1 레이스카는 기본적으로 언더스티어 성향을 갖도록 디자인된다고 얘기하는 경우도 있지만, F1 레이스카라도 언더스티어 발생은 정상적인 현상이 아니며 주행에 도움을 주는 경우가 많지 않다.

무난한 상황과 비교한 언더스티어 상황에서 스티어링 휠 조작과 차의 움직임

언더컷 (바디워크)

Undercut (bodywork)

F1 레이스카의 사이드포드 옆면 아랫부분을 깊게 파놓은 형태

F1 레이스카 바디워크의 언더컷은 사이드포드 옆면 아랫부분을 깊게 파놓은 형태를 말한다. 처음에는 사이드포드 뒤쪽 아래에 언더컷을 깊게 파는 디자인이 많았지만, 2010년대부터 사이드포드 앞쪽의 옆면 아래를 깊게 파는 디자인이 빠르게 늘어났다.

F1 레이스카 사이드포드의 언더컷은 레이스카 뒤쪽으로 향하는 공기의 흐름을 원하는 경로로 유도해 공기역학적 성능을 높이는 데 큰 도움을 주지만, 기어박스와 냉각 부품 등 사이드포드 안쪽 주요 부품의 특별한 설계와 여유가 없는 패키징으로 여러 가지 부작용을 가져올 수 있다.

언더컷 (전략)

Undercut (strategy)

이른 타이밍에 핏 스탑을 진행해 전략적으로 유리한 위치를 확보하는 방법

언더컷은 최적의 타이밍이나 일반적인 예상보다 이른 시점에 핏 스탑을 진행해 전략적으로 유리한 위치를 확보하거나 최종 순위를 높이는 방법이다. 언더컷은 전반적으로 추월이 쉬운 상황보다 F1처럼 추월이 어려운 경우 자주 사용하는 전략으로, 핏 스탑 후 타이어 성능의 우위를 앞세워 아웃 랩에서 속도를 높여 뒤늦게 핏 스탑을 마친 다른 차보다 앞서 달리는 상황을 만들 수 있다.

뒤차가 언더컷을 시도하면 바로 다음 랩에 앞선 차가 언더컷을 막기 위해 피트로 들어가는 경우가 있고, 언더컷 방어가 불가능하다고 판단해 앞차가 한발 앞선 핏 스탑을 선택하기도 한다.

언랩

Unlap

한 랩 이상 뒤처졌던 차가 리드 랩으로 복귀하는 것

언랩은 레이스에서 선두보다 한 랩 이상 뒤처져 백마커가 되었던 차가 한 랩 이상 앞섰던 차들을 넘어 선두와 같은 "리드 랩(lead lap)"을 달리게 되는 것을 가리킨다.

먼저 선두권 차보다 현저하게 빠를 때 자력으로 추월해 리드 랩으로 복귀할 수 있고, 선두권을 달리던 레이스카들이 핏 스탑을 진행하는 동안 백마커가 트랙에 남아 자연스럽게 언랩이 이뤄질 수도 있다. 세이프티카 상황 등에서 레이스 컨트롤의 지시로 언랩이 이뤄지는 경우도 많다.

언세이프 릴리스

Unsafe release

위험하게 차고나 핏 박스를 벗어나 패스트 레인으로 나서는 것

F1 팀은 가라지나 핏 박스를 빠져나오는 차를 안전하게 내보내야 할 의무가 있으며, 위험한 상황에 놓일 가능성이 있다면 문제가 해결될 때까지 차를 내보내지 않도록 통제해야 한다.

패스트 레인을 따라 접근하는 다른 차와 충돌할 수 있는 타이밍에 차를 내보낼 경우, 휠을 제대로 결합하지 않은 차를 트랙에 내보내는 경우 등이 모두 언세이프 릴리스에 해당한다. 스튜어드는 언세이프 릴리스라고 판단할 경우 드라이버 또는 팀에게 페널티를 줄 수 있다.

얼터네이터

Alternator

교류 발전기

얼터네이터는 엔진이 작동하는 동안 배터리를 충전해 점화 플러그, 연료 펌프, 인젝터 등을 포함해 전기가 필요한 엔진 주요 부품에 전기를 공급하는 교류 발전기를 가리킨다.

F1 그랑프리에서 얼터네이터 문제가 생기면 엔진이 제대로 작동하지 못해 종종 얼터네이터 관련 리타이어가 있었지만, 파워 유닛 개념이 도입된 이후 얼터네이터 관련 이슈가 크게 줄어들었다.

업라이트

Upright

휠 허브와 서스펜션 암을 연결하는 서스펜션 부품

업라이트는 F1 레이스카의 더블 위시본 서스펜션에서 어퍼 위시본과 로워 위시본의 서스펜션 암과 컴플리트 휠이 결합하는 휠 허브 사이를 연결하는 서스펜션 부품이다.

2010년대 후반 메르세데스를 필두로 여러 팀이 푸시로드를 직접 업라이트에 연결하는 "POU(Pushrod On Upright)" 레이아웃을 도입하거나, 어퍼 위시본과의 연결 고리를 높은 위치로 끌어올리기 위해 수직 구조물을 업라이트 위쪽에 추가하는 등 F1 레이스카 디자인에서 업라이트가 많은 관심을 받기도 했다.

업워시

Upwash

위쪽으로 움직이도록 진행 방향이 바뀐 유체의 흐름

업워시는 레이스카의 윙 등 공기역학적 도구에 의해 진행 방향이 위쪽으로 바뀐 유체의 흐름을 가리킨다. 일반적으로 기체의 업워시가 발생했다면 다운포스 발생했을 것이라 예상할 수 있다.

현대적인 F1 레이스카에는 레이스카 앞쪽의 프론트 윙과 뒤쪽 리어 윙이 강력한 업워시를 만들어 레이스카의 공기역학적 성능을 높이지만, 다른 많은 부품이나 차 일부분의 형태 때문에 업워시가 만들어지는 경우도 많다. 그러나, 타이어 웨이크의 경우에서 알 수 있는 것처럼 업워시가 항상 레이스카의 공기역학적 성능에 도움을 주는 것은 아니다.

레이스카의 윙 주변에 작용하는 추진력, 다운포스와 그에 따른 업워시의 발생

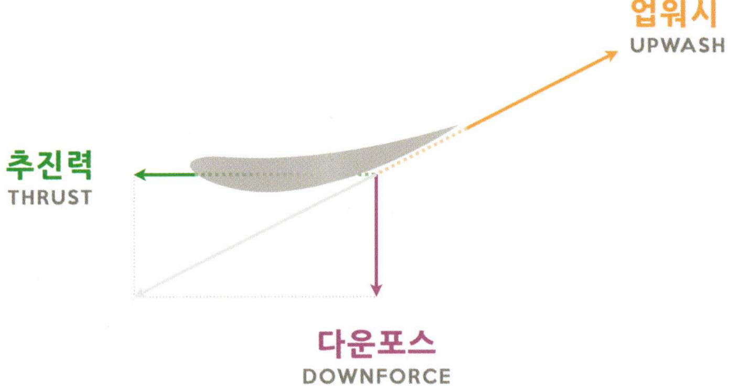

에어로다이나믹스

Aerodynamics

물체 주위를 지나는 공기 흐름 사이의 상호작용과 특성을 연구/분석하는 학문

에어로다이나믹스는 그리스어에 뿌리를 둔 **"aero(ἀήρ)"**와 **"dynamics(δυναμική)"**의 합성어로 물체 주위를 지나는 공기의 흐름 등을 연구하는 학문이다. 간단하게 **"공기역학"**이라고도 부른다.

에어로다이나믹스는 "동역학(Dynamics)" 중에서 "유체역학(Fluid Dynamics)"의 일부로 분류하며, 현대적인 F1 레이스카 디자인에서 가장 중요한 연구 분야로 여겨진다. 이 때문에 각 F1 팀은 에어로다이나믹스 관련 엔지니어 등의 인력 확충과 연구 개발에 투자를 아끼지 않고 있다.

에어로 레이크

Aero rake

키엘 프로브 등 다수의 측정 기구를 배열해 공기역학적 성능을 확인하는 테스트 부품

에어로 레이크는 피토 튜브나 키엘 프로브 등 다수의 측정 기구를 배열한 테스트 부품이다. 에어로 레이크는 그랑프리 기간 주로 금요일 프랙티스 세션 초반에 투입돼 F1 레이스카 주위의 공기 흐름을 측정하기 위해 사용되며, 프리-시즌 테스트에도 많이 등장한다.

에어로다이나믹 엔지니어의 요구에 따라 프론트 휠 바로 뒤, 사이드포드 바로 앞, 리어 윙 엔드 플레이트 뒤쪽 등 원하는 위치에 설치한 에어로 레이크로 수집한 데이터는, CFD와 윈드 터널 테스트를 통해 확보한 자료와의 비교 및 계산을 거쳐 F1 레이스카 디자인의 실효성을 확인하거나 문제점을 찾아내는 중요한 자료로 사용된다.

에어로 레이크를 F1 레이스카의 뒤쪽에 부착한 경우

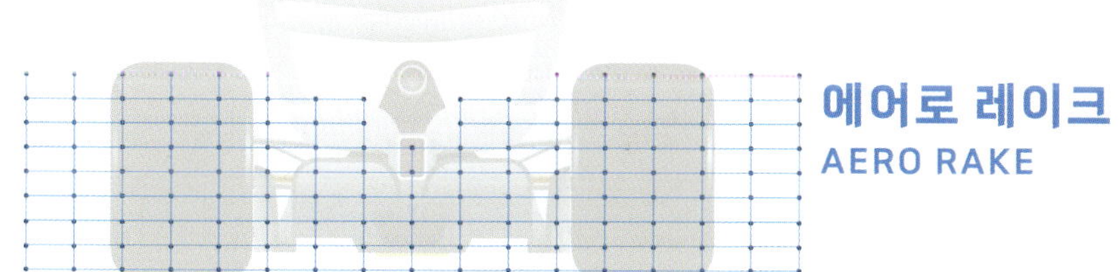

에어 인테이크

Air intake

엔진으로 들어가는 공기의 입구

에어 인테이크는 엔진에 공급되는 공기가 지나는 통로 또는 그 입구를 가리키며, **"에어 박스(air box)"**라고 부르기도 한다. 한편, 에어 인테이크에서 하나의 입구로 들어온 공기를 여러 실린더로 나눠 보내는 통로 역할을 하는 부품은 **"인테이크 매니폴드(intake manifold)"**라 부른다.

F1 레이스카의 에어 인테이크는 단순히 파워 유닛의 컴프레서에 공기를 공급하는 것뿐 아니라 라디에이터와 냉각 부품에 공기를 보내는 다양한 입구와 통로를 아우르는 개념으로 사용된다.

에이펙스

Apex

레이싱 라인에서 코너 안쪽으로 가장 깊게 다가간 지점

에이펙스는 코너를 지나는 레이싱 라인에서 코너 안쪽으로 가장 깊게 다가간 지점을 가리키는 개념으로, **"클리핑 포인트(clipping point)"**와 **"CP"** 등이 에이펙스와 비슷한 의미로 사용된다.

보통 반경이 크고 공략 속도가 빠른 코너거나, 가속력이 부족한 저출력 차량은 비교적 일찍 턴-인을 시작해 이른 시점에 에이펙스를 지나는 "얼리어 에이펙스(earlier apex)" 라인을 그리는 경우가 많다. 반대로 반경이 작고 공략 속도가 느린 코너거나, 가속력이 뛰어난 고출력 차량은 턴-인을 늦추고 가속과 함께 뒤늦게 에이펙스를 통과하는 "레이터 에이펙스(later apex)" 라인을 그리는 것이 보통이다. 긴 코너 중 일부는 하나의 코너 구간을 공략하는 최선의 레이싱 라인으로 두 개의 에이펙스를 지나는 **"더블 에이펙스(double apex)"**가 선택되기도 한다.

> **무난한 상황과 비교한 언더스티어 상황에서 스티어링 휠 조작과 차의 움직임**

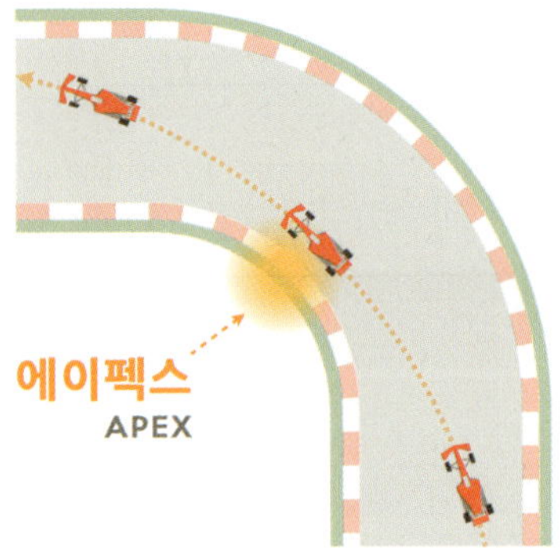

헤어핀의 더블 에이펙스

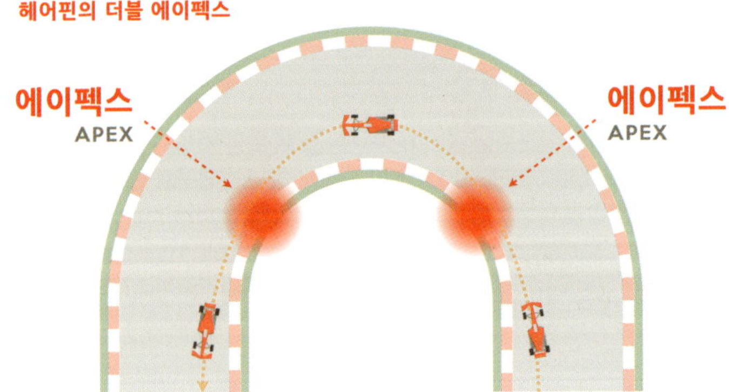

엔드플레이트
Endplate

프론트 윙과 리어 윙 양쪽 끝에 수직으로 세워진 바디워크

엔드플레이트는 레이스카의 프론트 윙과 리어 윙 양쪽 끝(end)에 수직으로 세워진 평면(plate) 형태의 바디워크를 가리킨다.

프론트 윙 엔드플레이트는 매우 불규칙한 공기의 흐름을 만드는 프론트 타이어 주변을 피해 원하는 방향으로 공기의 흐름을 유도하는 역할을 맡고 있으며, 결과적으로 레이스카 주변 전체의 공기 흐름을 좌우하는 매우 중요한 공기역학 부품이다. 리어 윙 엔드플레이트는 보텍스와 드래그 발생을 억제하는 엔드플레이트 본연의 역할을 수행하며, 리어 윙의 효율을 최대화하고 레이스카의 공기역학적 성능을 끌어올리는 부품이다.

2026시즌 F1의 대규모 규정 변경은 프론트 윙 엔드플레이트가 구조적으로 인워시를 만들도록 강제하는 것을 디자인 변경의 핵심 요소로 포함시켰다.

F1 레이스카의 프론트 윙 엔드플레이트와 리어 윙 엔드플레이트

엔진

Engine

다른 에너지를 변환해 운동 에너지를 만드는 기계 장치

엔진은 연료의 화학 에너지나 전지의 전기 에너지 등 다른 에너지를 변환해 토크 또는 선형적으로 힘을 이용할 수 있는 운동 에너지를 만드는 기계 장치를 가리킨다.

화학 에너지와 열에너지를 통해 운동 에너지를 만드는 "열기관(heat engine)"은 연소실이 실린더 안에 배치된 "내연기관(ICE)"과 증기기관처럼 외부 가열이 필요한 외연기관이 대표적이다. 초창기 자동차에는 증기기관이 널리 사용됐지만, 19세기 말부터 내연기관이 점차 증기기관의 자리를 대체하며 자동차 엔진의 주류가 되었다. 모든 F1 레이스카의 엔진은 내연기관에 해당한다.

엔진 매핑

Engine mapping

다양한 입력값에 따라 엔진 작동의 변수를 조정하는 테이블을 만드는 작업

"엔진 맵(engine map)"은 드라이버의 조작과 레이스카 및 엔진의 상태 등 다양한 입력값을 바탕으로 엔진 작동 관련 세부 변수들의 수치를 조정하는 테이블이다. 엔진 매핑은 엔진 맵을 만들어 설치하는 작업을 가리키며, 가끔 설치된 기준 데이터 자체를 엔진 매핑이라 부르기도 한다.

보통 엔진 맵이라는 큰 개념 속에 "엔진 토크 맵(engine torque map)"과 "페달 맵(pedal map)", "퓨얼 맵(fuel map)" 등을 모두 포함시키는 경우가 많은데, 사람에 따라 엔진 매핑을 "엔진 모드(engine mode)"와 비슷한 의미로 혼용하는 경우도 있다.

엔진 브레이킹

Engine braking

브레이크 시스템과 무관하게 엔진의 회전 속도를 낮춰 차의 속도를 줄이는 방법

엔진이 작동하는 동안 쓰로틀 페달에서 발을 떼면, 쓰로틀이 닫히면서 연료 공급 중단과 함께 흡기 계통 공간이 진공에 가까워지고 엔진 회전 속도가 느려진다. 이처럼 브레이크 시스템과 별개로 엔진 내부의 마찰과 압축 저항 등을 통해 엔진 회전 속도를 낮추고 차의 속도를 줄이는 방법을 엔진 브레이킹이라 부른다. "엔진 브레이크(engine brake)"라는 표현을 혼용하기도 한다.

F1 레이스카의 속도를 줄일 때 자주 엔진 브레이킹을 사용하면 브레이크의 부담을 줄일 수 있지만, 과도한 엔진 브레이킹은 엔진과 드라이브트레인 구성 부품들에 매우 큰 부담을 줄 수 있다. 엄밀하게는 다른 개념이지만 넓은 의미로 MGU-K의 충전을 엔진 브레이킹으로 보는 사람도 있다.

엔진 블로우

Engine blow

엔진이 심각한 기계적 손상을 입는 것

엔진이 심각한 기계적 손상으로 작동 불능 상태가 될 경우, 폭탄이 터지는 것처럼 폭발이 일어나지는 않는데도 "폭발(blow up)"이라는 표현을 사용해 "엔진 블로우 업(engine blow up)"이라는 표현이 자주 사용된다. 엔진 블로우로 손상된 엔진은 "블론 엔진(blown engine)"이라 부른다.

주행 중 레이스카에 엔진 블로우가 일어나면 많은 연기를 내뿜어 다른 드라이버의 시야를 가리는 등 트랙에 위험한 상황을 불러올 수 있고, 많은 경우 레이스카에 화재가 발생하기 때문에 드라이버는 안전한 위치로 차를 이동시킨 뒤 빠르게 콕핏에서 탈출해야 한다.

엔진 커버

Engine cover

외부 공기와 직접 접촉하지 않도록 엔진 주변을 감싸 차단하는 바디워크

엔진 커버는 엔진이 차량 외부 공기와 바로 접촉하지 않도록 주변을 감싸거나 덮어 외부와 차단하는 바디워크를 가리킨다. 포뮬러 레이스카의 엔진 커버는 **"엔진 카울(engine cowl)"**이라고 부르기도 하고, 간단하게 **"카울(cowl)"**이라고만 표현하기도 한다. 승용차의 경우 "엔진 보호 커버(engine protection cover)"라고 부르는 경우도 있다.

F1 레이스카의 엔진 커버는 외부 충격이나 이물질로부터 엔진과 핵심 부품을 보호하는 것이 기본적인 역할이다. 엔진 커버는 리어 엔드로 향하는 공기 흐름에 큰 영향을 주는 공기역학적 역할을 담당하고, 빠른 공기의 흐름과 열교환을 통해 엔진과 주요 부품의 냉각에도 큰 도움을 준다.

엔진 회전수

Engine rev

일정 시간 동안 엔진 회전축이 회전한 횟수

엔진 회전수는 엔진이 작동하는 동안 회전축이 얼마나 빠른 속도로 회전하는지 나타낼 때 사용하는 개념으로, 보통 RPM을 기준 단위로 일정 시간 동안 엔진 회전축의 회전 횟수를 나타낸다.

F1 레이스카의 엔진 회전수는 2013시즌까지 18,000 RPM의 최대 회전수 제한을 가지고 있었고, **2014시즌부터 최대 회전수는 15,000 RPM**으로 조정되었다. 터보차저가 포함된 하이브리드 파워 유닛이 도입된 이후 실제 주행 중 최대 회전수까지 엔진 회전수를 높이는 경우는 많지 않다.

O

엔트리

Entry

챔피언십이나 이벤트에 대한 참가 신청

엔트리는 드라이버 또는 팀 단위의 챔피언십이나 레이스 이벤트에 대한 참가 신청을 가리킨다. 종종 엔트리와 참가자 명단을 뜻하는 **"엔트리 리스트(entry list)"**와 같은 의미로 사용하기도 한다.

F1 챔피언십 엔트리는 매 시즌 시작 전 일정 시점까지 **두 드라이버의 이름, 참가 회사의 이름, 팀 공식 명칭, 섀시와 엔진의 이름**을 등록한 뒤 FIA의 승인을 거쳐 확정된다. FIA가 승인한 F1 엔트리는 12월경 공개되고, FIA의 공식 웹사이트 등 다양한 채널을 통해 확인할 수 있다.

FIA가 발표하는 엔트리 리스트의 예 (F1 2023시즌 엔트리 리스트)

2023 F1 ENTRY LIST

CAR NO	DRIVER NAME	COMPANY NAME	TEAM NAME	NAME OF THE CHASSIS	MAKE OF THE ENGINE
1	Max Verstappen	Red Bull Racing Limited	Oracle Red Bull Racing	Red Bull Racing	Honda RBPT
11	Sergio Perez Mendoza	Red Bull Racing Limited	Oracle Red Bull Racing	Red Bull Racing	Honda RBPT
16	Charles Leclerc	Ferrari Spa	Scuderia Ferrari	Ferrari	Ferrari
55	Carlos Sainz	Ferrari Spa	Scuderia Ferrari	Ferrari	Ferrari
63	George Russell	Mercedes-Benz Grand Prix Limited	Mercedes-AMG PETRONAS Formula One Team	Mercedes	Mercedes
44	Lewis Hamilton	Mercedes-Benz Grand Prix Limited	Mercedes-AMG PETRONAS Formula One Team	Mercedes	Mercedes
31	Esteban Ocon	Alpine Racing Limited	BWT Alpine F1 Team	Alpine	Renault
10	Pierre Gasly	Alpine Racing Limited	BWT Alpine F1 Team	Alpine	Renault
81	Oscar Piastri	McLaren Racing Limited	McLaren Formula 1 Team	McLaren	Mercedes
4	Lando Norris	McLaren Racing Limited	McLaren Formula 1 Team	McLaren	Mercedes
77	Valtteri Bottas	Sauber Motorsport AG	Alfa Romeo F1 Team Stake	Alfa Romeo	Ferrari
24	Zhou Guanyu	Sauber Motorsport AG	Alfa Romeo F1 Team Stake	Alfa Romeo	Ferrari
18	Lance Stroll	AMR GP Limited	Aston Martin Aramco Cognizant Formula One Team	Aston Martin Aramco	Mercedes
14	Fernando Alonso Diaz	AMR GP Limited	Aston Martin Aramco Cognizant Formula One Team	Aston Martin Aramco	Mercedes
20	Kevin Magnussen	Haas Formula LLC	MoneyGram Haas F1 Team	Haas	Ferrari
27	Nico Hülkenberg	Haas Formula LLC	MoneyGram Haas F1 Team	Haas	Ferrari
3	Daniel Ricciardo	Scuderia AlphaTauri	Scuderia AlphaTauri	AlphaTauri	Honda RBPT
22	Yuki Tsunoda	Scuderia AlphaTauri	Scuderia AlphaTauri	AlphaTauri	Honda RBPT
23	Alexander Albon	Williams Grand Prix Engineering Limited	Williams Racing	Williams	Mercedes
2	Logan Sargeant	Williams Grand Prix Engineering Limited	Williams Racing	Williams	Mercedes

연료

Fuel

실린더에서 연소를 통해 열에너지를 만드는 물질

연료는 실린더에서 산화제인 산소와 연소 반응을 일으켜 열에너지를 만드는 물질을 가리킨다. 승용차나 레이스카의 연료 주성분이 휘발유이기 때문에 **"가스(gas)"**라는 표현도 자주 사용한다.

2000년대 이후 F1 연료는 오랫동안 일반 휘발유와 비슷한 성분을 쓰도록 규제되었고, 2022시즌부터 F1은 10%의 에탄올을 포함한 **"바이오 퓨얼(bio fuel)"**인 E10 퓨얼을 사용하기 시작했고, **2026시즌부터 100% 지속 가능 연료 사용**이 의무화되었다.

연비
Fuel efficiency

연료가 가진 화학 에너지와 변환된 운동 에너지의 비율로 나타낸 열효율

연비는 화석 연료가 가진 잠재적 화학 에너지와 엔진에서 연료의 연소로 만들어진 운동 에너지의 비율로 나타낸 열효율을 가리킨다.

파워 유닛 시대 **F1 엔진의 효율은 50% 이상**이 된 것으로 추정되며, 밀도 약 0.75kg/L의 연료 110kg 이하로 305km 이상 달리는 레이스 기준 **2km/L 이상의 연비**를 기록할 수 있다. 2026시즌 규정 변경 이후의 연비는 크게 향상될 것으로 예상된다.

연석
Kerb

트랙 바깥쪽 경계에 배치되는 돌

"갓돌"이라고도 불리는 연석은 트랙 바깥쪽에 배치되는 경계석을 가리키며, 미국식 영어로 "curb"로 표기하기도 한다.

연석의 종류는 다양하지만 보통 트랙보다 그립 레벨이 낮고 계단처럼 층진 구조로 만들어진 연석이 많으며, 오랫동안 연석 위로 달리거나 트랙션을 충분히 확보하지 못한 상태에서 연석을 밟는 것은 위험하다. F1 등 대부분 모터스포츠에서 연석은 흰색 트랙 경계선 바깥쪽에 배치되기 때문에, 네 바퀴가 모두 흰 선 바깥쪽에 있다면 연석을 밟고 있더라도 트랙을 벗어난 것으로 판단한다.

일반적인 레이스 트랙 주변 구성과 연석의 배치

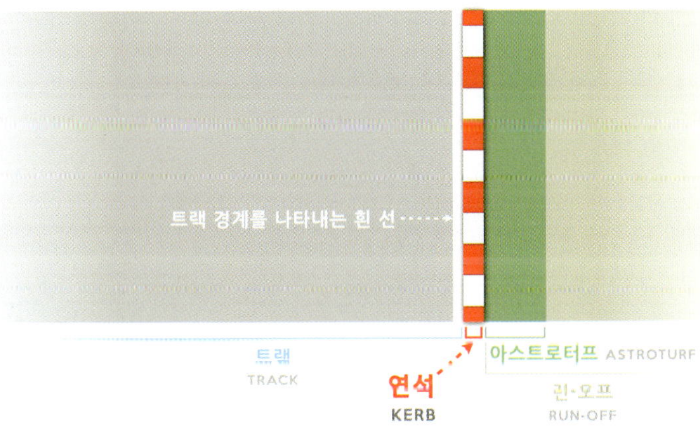

영 드라이버

Young driver

F1 진출 가능성이 있는 젊은 드라이버

F1에서 사용되는 영 드라이버라는 표현은 장래 F1 진출 가능성이 있어 프랙티스 등에 출전이 권장되는 젊은 드라이버를 가리킨다. 2026시즌 기준 F1에서 말하는 영 드라이버의 조건은 **그랑프리 레이스 출전 경력 2회 이하**인 경우로 정해져 있다.

2026시즌을 기준으로 모든 F1 팀은 1년 중 네 차례(레이스카마다 2회)의 그랑프리 공식 프랙티스 세션에 영 드라이버를 출전시켜야 한다. 이런 영 드라이버 규정은 F1 레이스카 탑승 경험을 쌓기 쉽지 않은 젊은 드라이버가 F1 실전을 경험할 소중한 기회다.

옐로우 플랙

Yellow flag

트랙 위 또는 트랙 주변에 위험 요소가 있다는 것을 알리는 깃발 신호

옐로우 플랙은 모터스포츠 이벤트의 주행 세션 중 트랙 위 또는 트랙 주변의 한 지점이나 트랙 전체에 사고, 이물질의 존재 등 드라이버가 주의를 기울여야 하는 위험 요소가 존재한다는 것을 알리는 깃발 신호다. 옐로우 플랙을 흔드는 마샬 포스트부터 그린 플랙을 흔드는 다음 마샬 포스트까지 구간이 옐로우 플랙이 적용되는 구간이 된다.

마샬 포스트에서 흔드는 옐로우 플랙이나 LED 패널의 노란 불을 확인한 드라이버는 규정에 따라 속도를 줄여야 하고, 특별한 경우가 아니라면 추월을 시도해서는 안 된다. 더 위험한 상황에 마샬이 두 개의 옐로우 플랙을 함께 흔드는 **"더블 옐로우 플랙(double yellow flag)"** 상황이라면 드라이버는 **"언제든 바로 차를 세울 수 있도록 속도를 늦추고"** 더블 옐로우 구간을 통과해야 한다.

옐로우 플랙의 영향을 받는 구간의 예

오렌지 볼 기

Black flag with orange disc

기술적인 문제가 있는 차의 수리를 강제하는 깃발 신호

오렌지 볼 기는 기술적인 문제로 위험하다고 판단되는 레이스카에게 피트로 들어와 수리하도록 강제하는 깃발 신호다. "미케니컬 블랙 플랙(mechanical black flag)"이라고도 불린다.

바디워크가 파손되어 트랙에 떨어질 경우 큰 위험이 될 경우나, 파워트레인의 고장 등으로 많은 연기를 뿜는 경우 혹은 트랙에 많은 오일을 흘리는 경우 등에 모두 오렌지 볼 기가 사용될 수 있다.

오렌지 볼 기

오버슛

Overshoot

속도를 충분히 줄이지 못해 의도한 것보다 더 멀리 움직이는 것

오버슛은 코너를 앞둔 브레이킹 존 등에서 속도를 충분히 줄이지 못하고, 의도했던 것보다 더 멀리 진행해 레이싱 라인을 크게 벗어날 때까지 움직이는 것을 가리킨다. 보통 브레이킹 실패로 트랙을 벗어난 경우나, 시케인을 가로지른 경우에 오버슛이란 표현이 사용된다.

시속 200km/h로 달리던 F1 레이스카의 경우 브레이킹 포인트보다 0.1초 정도 늦게 브레이크를 밟았다면 10m 가까이 오버슛을 저지르게 된다. 뒤늦게 오버슛에 대처하려면 과격한 브레이킹이 불가피하기 때문에 휠 락과 타이어 손상으로 이어질 수 있다.

O

오버스티어

Oversteer

스티어링 휠을 조작할 때 의도한 것보다 요(yaw)가 심하게 발생하는 현상

오버스티어는 스티어링 휠을 돌려 차의 진행 방향을 바꾸려 할 때 예상했던 것보다 "요(yaw)"가 심하게 발생하는 현상이다. 오버스티어는 바로 스핀으로 이어질 수 있기 때문에 "카운터스티어(counter steer)" 등의 대처 방법으로 차에 대한 컨트롤을 잃지 않기 위해 노력해야 한다.

리어 그립이 부족할 때 오버스티어가 발생할 수 있지만, 리어 그립이 오버스티어 발생의 절대적인 기준은 아니다. 오버스티어가 발생할 때 코너 안쪽으로 말려들어가는 경우도 있지만, 카운터스티어 등 드라이버의 대처와 다른 요소의 영향으로 오버스티어 이후 진행 방향은 다양하게 나타난다.

오버스티어 상황이 두 가지 다른 결과로 이어진 경우의 예

오버컷
Overcut

늦은 시점에 핏 스탑을 진행해 전략적으로 유리한 위치를 확보하는 방법

오버컷은 평범한 타이밍에 핏 스탑을 마쳤거나 언더컷을 시도한 상대에 대응하기 위한 전략으로, 최적의 타이밍보다 핏 스탑 시점을 늦춰 전략적으로 유리한 위치를 확보하는 방법을 가리킨다.

오버컷으로 언더컷에 대응하려면 오래 사용한 타이어로 상대보다 더 빠르게 달릴 수 있어야 한다. 단단한 타이어로 레이스를 시작해 오랫동안 핏 스탑 없이 버틴 뒤, 레이스 후반 더 빠른 타이어로 상대보다 빠른 속도를 낸다는 전략도 오버컷과 비슷한 취지라고 볼 수 있다.

타이어 관리가 어려운 써킷이나 타이어의 성능 저하에 따라 랩 타임이 나빠지는 속도가 퓨얼 이펙트를 월등히 넘어서는 곳에서는 오버컷이 유력한 전략이 되기 어렵고, 오히려 언더컷을 시도하거나 언더컷 방어를 먼저 염두에 둬야 하는 경우가 많다. 반대로, 타이어 관리가 쉽고 퓨얼 이펙트가 강력하게 작용하는 동안 랩 타임이 점점 빨라지는 써킷이라면 오버컷이 강력한 전략이 될 수 있다.

예를 들어, 모나코 써킷처럼 타이어 관리가 쉬운 편이고 추월은 매우 어려운 특징을 가진 써킷이라면, 앞선 차가 먼저 핏 스탑을 진행하도록 한 뒤 오버컷을 통해 순위를 끌어올리는 전략이 유력하다. 그러나, 언더컷의 효과가 강력해질 수 있는 시점까지 기다린다면 오버컷 시도 때문에 다른 드라이버에게 오히려 언더컷을 허용하는 최악의 상황에 빠질 수 있다.

타이어 관리가 어렵고, 언더컷을 시도했을 때 성공 가능성이 높은 바르셀로나-카탈루냐 써킷, 실버스톤 써킷 등에서는 오버컷을 시도하는 경우가 많지 않다.

오버테이크
Overtake

추월

오버테이크는 레이스에서 앞선 차를 앞지르는 움직임, 즉 추월을 말한다. 앞선 차가 피트로 들어가거나 문제가 생겨 속도를 크게 늦춘 경우, 트랙 이탈과 사고 등의 이유로 앞서 있던 차보다 순위가 높아졌다면 오버테이크라는 표현을 사용하지 않는다.

FIA는 F1에서 추월 시도와 관련해 해도 되는 것과 해서는 안되는 것, 추월 시도와 배틀 과정에서 벌어질 수 있는 다양한 상황을 기술한 드라이빙 스탠다드 가이드라인을 팀들에게 배포해 오버테이크의 기준과 사건 빌생시 판정의 기준을 제시하고 있다.

오버테이크 모드

Overtake Mode

고속 주행 중 MGU-K의 출력을 더 사용할 수 있는 모드

2026시즌부터 MGU-K 최대 출력은 350kW지만, 오버테이크 모드가 비활성화되면 290km/h 이상의 속도에서 최대 출력이 점차 줄어든다. TTCS에서는 뒤차가 조건을 충족할 때 오버테이크 모드를 사용할 수 있는데, 오버테이크 모드를 활성화하면 337.5km/h까지 350kW의 최대 출력을 모두 사용할 수 있으며 **정해진 추가 충전량과 사용량을 매 랩 누적**해 추월에 활용할 수 있다.

오버테이크 모드는 과거 DRS 대신 추월에 도움을 줄 수 있는 요소로 2026시즌 신설됐다. **"디텍션 포인트(detection point)"**에서 레이스 컨트롤이 미리 지정한 간격 이내로 앞 차에 근접하는 등 조건을 만족할 경우 액티베이션 포인트에서 활성화되며, 다음 랩 디텍션 포인트까지 모드를 활성화할 수 있다. 규정에는 간단하게 **"오버테이크(Overtake)"**라는 표현을 사용하기도 한다.

오버스티어 비활성화/활성화 상황에서 MGU-K 출력 비교 예

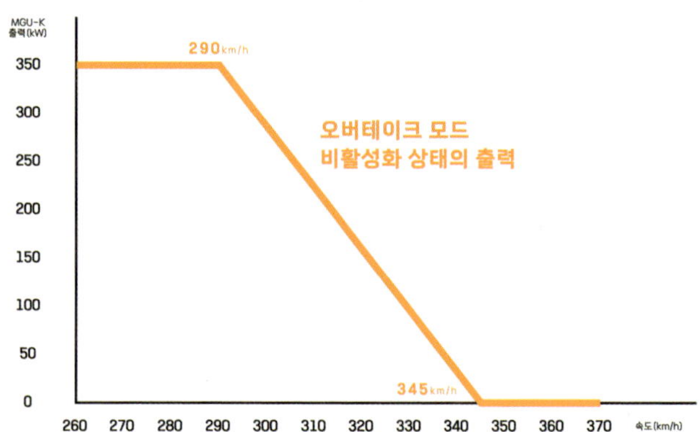

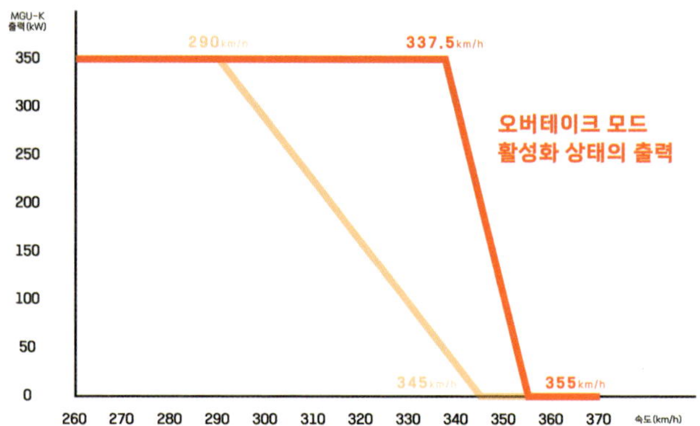

오버행

Overhang

자동차의 각 바퀴 축으로부터 앞뒤로 돌출된 부분의 길이

오버행은 자동차의 각 바퀴 축을 기준으로 앞 또는 뒤로 돌출된 부분의 길이를 가리킨다. 차의 맨 앞부분부터 프론트 휠 센터 라인까지 거리를 "프론트 오버행(front overhang)", 리어 휠 센터 라인부터 자동차 맨 뒷부분까지 거리를 "리어 오버행(rear overhang)"이라고 부른다.

2022시즌 규정 기준 F1 레이스카의 최대 오버행(mm)

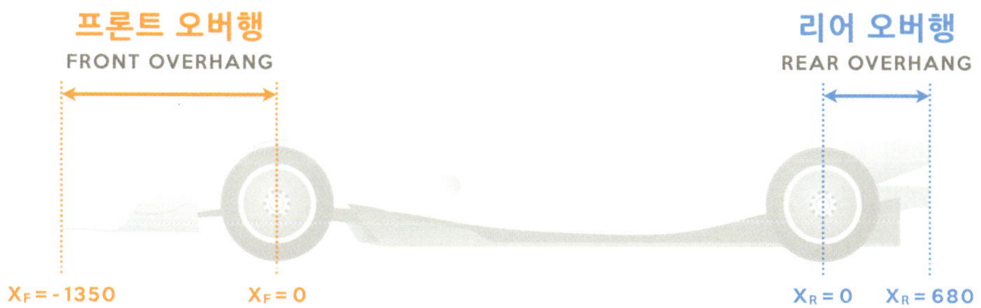

오벌

Oval

단순한 타원형의 써킷 또는 단순한 타원형 트랙 레이아웃

오벌 또는 "오벌 트랙(oval track)"은 단순한 타원형의 써킷 또는 이런 써킷의 단순한 타원형 트랙 레이아웃을 가리킨다. 주로 북미를 중심으로 오벌에서 펼쳐지는 레이스 이벤트나 레이싱 카테고리를 가리켜 포괄적으로 **"오벌 트랙 레이싱(oval track racing)"**이라고 부르기도 한다.

오벌은 다변 형태의 "스타디움 오벌", 두 개의 긴 직선 구도를 두 개의 반원으로 연결한 형태의 "페이퍼클립 오벌", 인디애나폴리스 모터 스피드웨이처럼 "모서리가 둥근 사각형 오벌", 데이토나 인터내셔널 스피드웨이처럼 세 개의 완만한 선회 구간으로 구성된 "트라이-오벌" 등 다양한 형태가 있다. 써킷 규모로 분류하면 1마일(1.6km) 미만의 "쇼트 오벌"부터 2마일(3.2km) 이상인 **"슈퍼스피드웨이(Superspeedway)"**까지 다양한 규격의 오벌이 모터스포츠에 사용되고 있다.

오일

Oil

엔진에 사용하는 윤활유

오일은 엔진 내부에서 금속 부품이 일으키는 마찰과 움직이는 부품의 마모를 줄이고, 누적된 슬러지를 제거하며 뜨거운 엔진 내부의 냉각을 돕는 윤활유를 가리킨다. **"엔진 오일(engine oil)"**, **"모터 오일(motor oil)"**, **"엔진 윤활유(engine lubricant)"** 등으로 불리기도 한다.

F1 레이스카의 엔진에서는 엔진 외부의 "오일 펌프(oil pump)"가 엔진 각 부위로 오일을 공급해 윤활과 냉각에 도움을 주고, 엔진 아래쪽으로 내려온 오일은 "스캐빈지 펌프(scavenge pump)"가 수거해 순환시키는 방식의 "드라이 섬프(dry sump)" 방식의 오일 공급 시스템을 사용하고 있다. 연료는 오일이라고 부르지 않는다.

오일 버닝

Oil burning

오일을 연소시켜 엔진 출력을 높이는 방법

오일 버닝은 의도적으로 오일 일부를 연소실로 들여보내고, 연료와 함께 연소시켜 엔진 출력을 높이는 방법이다.

일반 승용차 엔진의 경우 의도치 않은 오일 버닝은 좋지 않은 현상이지만, 조금이라도 높은 엔진 출력을 얻기 위해 가능한 한 모든 수단을 동원하는 F1에서는 2010년대 중반 이후 오일 버닝이 널리 사용되면서 여러 논란을 불러오기도 했다.

오일 스필 업소번트

Oil spill absorbent

유류 흡착제

엔진 블로우로 차에서 오일이 새는 등의 이유로 트랙에 유류가 뿌려지거나 쌓일 경우 빠르게 주행하는 레이스카들에게 위험한 상황이 펼쳐질 수 있다. 이처럼 위험 요소가 될 수 있는 유류 액체는 트랙에서 쉽게 제거하기 어렵기 때문에, 유류 흡착제 또는 오일 스필 업소번트라고 불리는 화학 약품을 뿌리는 것이 현실적인 대응 방법이다.

오일 스필 업소번트가 사용될 경우 한동안 트랙에 흰색 가루가 덮인 것 같은 구역이 남게 되고, 이를 밟을 경우 충분한 그립 확보가 어려워질 수도 있다.

오퍼레이팅 윈도우

Operating window

충분한 성능을 발휘할 수 있는 적정 작동 범위

오퍼레이팅 윈도우는 어떤 장치가 충분한 성능을 발휘할 수 있는 적정 작동 범위를 가리키며, "윈도우(window)"는 적절한 범위를 뜻한다. F1에서는 타이어나 브레이크, 엔진 등의 적정 작동 온도 범위를 표현할 때 종종 오퍼레이팅 윈도우 또는 간단하게 윈도우라는 표현을 사용한다.

F1 타이어와 브레이크 등은 일정 온도에 미치지 못했을 때 제 성능을 발휘하지 못하지만, 반대로 너무 뜨거워지면 급격하게 성능이 떨어진다. 이 때문에 드라이버는 주행 중 타이어, 브레이크 및 기타 주요 장치가 오퍼레이팅 윈도우 안에서 작동하도록 조절해야 한다.

오프-캠버

Off-camber

코너 안쪽이 높고 바깥쪽이 낮게 기울어진 것

오프-캠버는 코너에서 안쪽 높이가 높고 바깥쪽 높이가 낮게 기울어진 것을 가리키며, 코너가 바깥쪽으로 기운 코너는 "오프-캠버 코너(off-camber corner)"라고 부른다.

오프-캠버는 보통 **"네거티브 캠버(negative camber)"**와 같은 의미로 사용되며, 반대로 "포지티브 캠버(positive camber)"를 가진 코너는 "온-캠버(on-camber)"라고 부르기도 한다.

오픈-콕핏

Open-cockpit

콕핏이 차 외부에 노출되는 방식

콕핏이 차체 외부에 노출되는 방식의 디자인, 혹은 이런 방식으로 디자인된 차를 오픈콕핏이라 부른다. 오픈-콕핏 방식 디자인은 오랫동안 포뮬러 카와 프로토타입 레이스카에 널리 채택되었고, F1 레이스카는 그랑프리 레이싱 시대의 전통을 이어받아 1950년 F1 챔피언십 출범 이후 계속 오픈-콕핏 디자인을 고수하고 있다.

오픈-콕핏은 종종 "싱글-시터(single-seater)" 또는 "오픈-휠 레이싱(open-wheel racing)"과 비슷한 의미로 혼용된다. 그러나, 실제로는 오픈-콕핏으로 분류되지만 오픈-휠에 해당하지 않는 차도 많고, 싱글-시터가 아니라도 오픈-콕핏 디자인을 채택하는 경우도 많다.

온보드 카메라

Onboard camera

레이스카에 탑재하는 카메라

온보드 카메라는 드라이버와 비슷한 시야를 보여주고 생동감 있는 중계 화면 연출을 위해 레이스카에 탑재하는 카메라다. 여러 각도의 영상으로 다양한 상황 파악에 도움을 줄 수 있고, 스튜어드의 심사에도 도움이 되기 때문에 F1 레이스카에는 온보드 카메라 탑재를 의무화하고 있다.

F1 기술 규정은 "온보드 카메라 케이지(onboard camera cage)"를 지정한 위치에 설치하도록 규정하고 있으며, 각 그랑프리 이벤트에서 FOM 스태프가 레이스카마다 한 개 이상의 온보드 카메라 케이지에 온보드 카메라를 설치한다. 레이스카의 기존 온보드 카메라 외에 드라이버의 발을 볼 수 있는 "페달 캠(pedal cam)", 헬멧에 부착하는 "헬멧 캠(helmet cam)"이 배치되기도 한다.

F1 레이스카에 온보드 카메라가 배치되는 위치

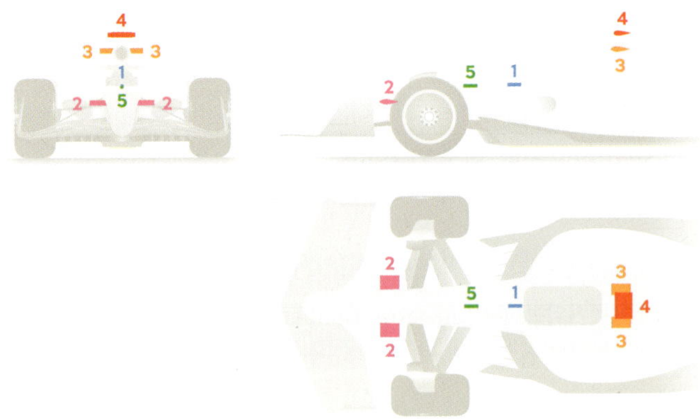

올드-스쿨 드라이버

Old-school driver

현대적 느낌과 거리가 멀거나 시대에 뒤떨어진 스타일의 드라이버

올드-스쿨 드라이버는 현대적 느낌과 거리가 멀거나 시대에 뒤떨어진 스타일의 드라이버를 가리킨다. 드라이빙 스타일은 물론 사고방식과 말투 등으로도 올드-스쿨 드라이버를 구분하기도 한다.

올드-스쿨 드라이버와 대비되는 개념으로 체계적으로 훈련받으며 성장해 모든 기술을 안정적으로 사용하고, 레이스와 챔피언십을 계산적으로 관리할 수 있는 드라이버를 "컴플리트 드라이버(complete driver)"라고 부른다. 올드-스쿨 드라이버가 컴플리트 드라이버보다 오버스티어나 언더스티어에 치우치는 드라이빙을 자주 보여주지만, "구식"이라고 해서 반드시 첨단 기술과 관련된 피드백 능력이나 새롭게 도입된 레이스카의 기술적인 요소에 대한 이해가 부족한 것은 아니다.

요

Yaw

위에서 봤을 때 시계 방향이나 반시계 방향으로 물체가 회전하는 움직임

요는 바로 위에서 내려다봤을 때 자동차와 같은 단단한 물체가 시계 방향이나 반시계 방향으로 회전하거나 방향을 바꾸는 움직임을 가리키는 물리적 개념이다.

진행 방향과 수직을 이루는 요 중심축을 기준으로 회전하는 각 속도는 "요 레이트(yaw rate)" 또는 "요 속도(yaw velocity)"라고 부르며, 요의 중심축을 기준으로 작용하는 토크는 "요 모멘트(yaw moment)" 또는 "요잉 모멘트(yawing moment)"라 부른다.

F1 레이스카의 평면도를 기준으로 본 요

운영 규정

Operational Regulations

F1 챔피언십에서 특별한 이슈의 운영 기준을 정한 규정집

2026시즌 F1 규정의 전체 구성이 바뀌면서 신설된 운영 규정은 몇 가지 특별한 이슈의 운영에 대해 기준을 정하고 내용을 정리한 규정집이다. 팩토리 셧다운이나 ATR, 파워 유닛 개발 중 테스트 벤치에 관한 내용 등이 운영 규정에 정리되어 있다. 2026시즌 기준 여섯 개로 구분된 **F1 규정집에서 섹션 F**가 운영 규정이다.

F1 용어집 1111까지는 "Sporting Regulations"를 운영 규정으로 번역 표기했지만, "Operation Regulations"가 신설됨에 따라 Sporting Regulations는 스포팅 규정으로 수정했다.

운영 인력

Operational Personnel

규정이 정한 핵심 작업을 수행하는 인력

F1 규정 **섹션 B - 스포팅 규정**은 각 팀이 레이스카의 운영과 관련된 핵심 작업을 수행하는 운영 인력의 수를 제한하고 있다. 드라이버는 물론 업무가 전적으로 호스피탈리티, 마케팅, 미디어, 보안, 트럭 운행 및 관리와 관련된 인력은 운영 인력에 포함하지 않는다.

2026시즌 기준 그랑프리 기간 대부분 시점에 운영 인력의 수는 58명으로 제한하지만, 레이스 시작 45분 전부터 레이스 종료 15분 후까지는 이 제한을 적용하지 않는다. 운영 인력 제한은 2027시즌과 2028시즌에 각각 일정 숫자만큼 변경이 예정되어 있다.

워크스 팀

Works team

대형 제조사의 자금으로 운영되는 직속 팀

워크스 팀은 대형 제조사에 직접 소속되어 해당 제조사의 자금으로 운영되는 팀을 가리킨다. **"팩토리 팀(factory team)"** 또는 **"컴퍼니 팀(company team)"**이라는 표현을 사용하기도 한다. 많은 경우 **엔진 제조사가 직접 운영하는 팀**을 워크스 팀으로 보기도 한다.

F1에서는 자동차와 엔진 제조사를 배경으로 둔 팀들이 워크스 팀에 해당하며, 커스터머 팀이었던 자우버는 아우디에 인수되면서 2026시즌 워크스 팀 아우디로 탈바꿈했다. 1990년대부터 2009년까지 메르세데스의 파트너였던 맥라렌이나 2010년대 후반 혼다와 손잡았던 레드불의 경우처럼, **엔진 제조사의 메인 섀시 파트너로 활동하는 팀**을 워크스 팀으로 보는 경우가 많다.

2026시즌 기준 F1의 워크스 팀은 직접 파워 유닛을 제작하는 페라리와 메르세데스, 레드불과 아우디까지 네 팀과 혼다와의 파트너십에 따라 파워 유닛을 독점 공급받는 애스턴마틴까지 다섯 팀이다. 나머지 여섯 팀은 엔진 제조사로부터 파워 유닛을 공급받는 커스터머 팀으로 분류한다. 그러나, 파워 유닛을 독점 공급받더라도 직접 엔진을 제조하지 않으면 워크스 팀으로 보지 않는 엄밀한 구분을 사용할 경우 애스턴마틴은 워크스 팀에 해당하지 않는다고 볼 수도 있다.

자동차 제조사의 F1 팀인 알핀의 경우 2025시즌까지 르노 엔진을 사용하는 워크스 팀이었지만, 2026시즌부터 메르세데스 엔진을 채택하면서 파워 유닛 제조사 기준 워크스 팀에서 제외됐다. 또 다른 자동차 제조사의 F1 팀 캐딜락 역시 2028시즌까지 페라리 파워 유닛을 사용하기 때문에, 자체 엔진 탑재를 기준으로 한 워크스 팀에 포함되지 않는다.

월드 피드
World feed

FOM이 제작해 송신하는 F1 그랑프리의 표준 방송 신호

월드 피드는 FOM이 제작해 송신하는 F1 그랑프리 중계방송의 국제 표준 방송 신호를 가리키며, 종종 **"국제 신호(IS : International Signal / International Feed)"**라고도 불린다. 모든 F1 그랑프리의 공식 행사에 대한 영상과 현장음은 월드 피드로 세계에 공급되며, 각국의 계약된 방송사가 해설 등 소리를 덧입힌 뒤 다양한 매체를 통해 방송할 수 있다.

월드 피드는 **2007 호주 그랑프리부터 16:9 화면비**로 제작되기 시작했고, **2011시즌부터 HD 영상**이 만들어지기 시작했다. **2012시즌부터 5.1 채널 돌비 디지털 음향**, **2017시즌부터 4K 울트라-HD 영상**이 차례로 월드 피드에 도입됐다.

웨이브릿지
Weighbridge

레이스카의 무게를 측정하는 저울

F1에서 웨이브릿지는 핏 레인 또는 FIA 차고에서 레이스카의 무게를 측정하는 저울을 가리킨다.

검차 과정에서는 모든 차가 웨이브릿지에서 무게를 측정하며, 퀄리파잉 진행 중 임의로 선택된 경우에는 핏 레인 입구 쪽에 설치된 웨이브릿지 앞에 멈춰 선 뒤 절차에 따라 무게 측정을 마쳐야 팀 차고로 복귀할 수 있다.

웨이스트게이트
Wastegate

터보차저 시스템에서 일부 배기가스를 터빈으로 보내지 않고 따로 배출하는 밸브

웨이스트게이트는 터보차저를 사용하는 엔진 시스템의 실린더에서 만들어진 배기가스 일부를 터빈으로 보내지 않고 따로 배출할 수 있는 밸브를 가리킨다.

부스트압이 일정 수준 이상일 경우 웨이스트게이트 밸브가 열리면 배기가스가 터빈으로 향하지 않고 배출되기 때문에, 결과적으로 터빈의 속도가 높아지는 것을 억제하는 역할을 한다.

웨이크
Wake

공기 흐름 속에서 물체 뒤쪽으로 공기 흐름이 흐트러지고 속도가 느려진 영역

웨이크는 공기 흐름 속에서 움직이는 물체 뒤쪽으로 공기 흐름이 흐트러지고 속도가 느려진 영역을 가리키는 공기역학적 개념이다. **"공기역학적 웨이크(aerodynamic wake)"**라고도 부른다.

웨이크의 영향을 받는 공간에서는 공기역학적 성능을 제대로 발휘하기 어렵다. 이 때문에 F1 레이스카의 공기역학적 성능을 높이기 위해서는 웨이크의 발생을 가능한 한 억제해야 하고, 어쩔수 없이 발생한 웨이크가 다른 부품에 많은 영향을 끼치지 못하도록 특정 방향으로 유도할 필요가 있다.

경계층이 분리되어 웨이크가 발생한 상황의 예

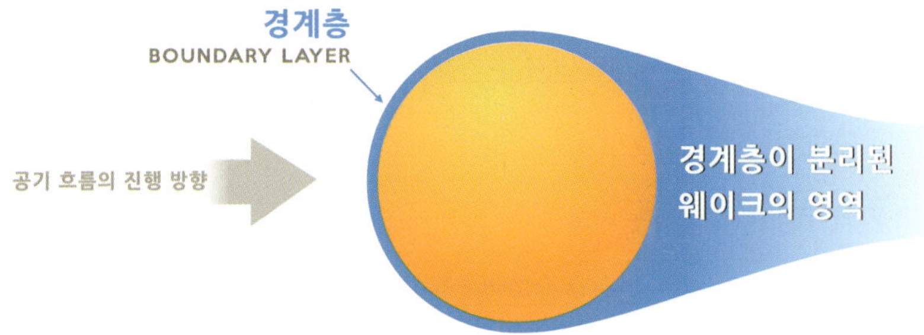

웻 컨디션
Wet condition

노면이 젖어있는 트랙 상황

웻 컨디션은 노면이 젖어있는 트랙 상황을 가리킨다. 비가 내린다고 해서 바로 웻 컨디션이 선언되지는 않으며, 레이스 컨트롤이 노면이 충분히 젖었다고 판단할 때 웻 컨디션이 선언된다.

웻 컨디션의 반대말은 "드라이 컨디션(dry condition)"이며, F1의 트랙 상황은 드라이 컨디션과 웻 컨디션 두 가지 중 하나만 선언될 수 있다. F1 그랑프리가 진행되는 도중 레이스 컨트롤에서 웻 컨디션을 선언했다면 웻 타이어(풀 웻 타이어 또는 인터미디어트 타이어) 사용이 허용된다.

웻 타이어

Wet tyre

트랙에 많은 물이 고이거나 흐르는 상황에서 사용하는 타이어

"웻 웨더 타이어(wet weather tyre)"라고도 부르는 웻 타이어는 트랙에 많은 물이 고였을 때나 젖은 노면 위로 강처럼 물이 흐를 경우 사용하는 웻 컨디션 전용 타이어를 가리킨다. F1 웻 타이어는 상대적으로 배수량이 적은 "인터미디어트 타이어(intermediate tyre)"와 배수량이 훨씬 많은 **"풀 웻 타이어(full wet tyre)"**를 모두 포함하는 개념인데, 종종 웻 타이어라는 표현을 풀 웻 타이어와 같은 뜻으로 사용하기도 한다. 풀 웻 타이어는 "**익스트림** 웻 타이어(extreme wet tyre)" 또는 "익스트림 웻 웨더 타이어(extreme wet weather tyre)"라고도 부른다.

2026시즌 기준 F1 그랑프리에 드라이버마다 피렐리 "친투라토(Cinturato)" 풀 웻 타이어가 2세트씩 지급되며, **300km/h 속도에서 초당 76L의 물을 배출**할 수 있다.

윈드 터널

Wind tunnel

인공적인 공기의 흐름을 만들어 모형의 공기역학적 효과를 측정하는 장치

"바람(wind)"이 지나는 "통로(tunnel)"라는 이름 그대로, 윈드 터널은 인공적으로 공기의 흐름을 만들어 피실험체의 공기역학적 효과를 측정하는 장치를 가리킨다. 윈드 터널은 열린 구조의 "오픈 윈드 터널(open wind tunnel)"과 폐쇄된 순환 구조의 "클로즈드 윈드 터널(closed wind tunnel)"로 나뉘며, F1에서는 보통 클로즈드 윈드 터널을 사용한다.

F1에서는 비용 절감을 위해 실제 레이스카 기준 **최대 60% 크기의 모형**으로 **50m/s 이하의 속도**로 윈드 터널을 운용하도록 제한하고 있다.

오픈 윈드 터널의 구조 개념

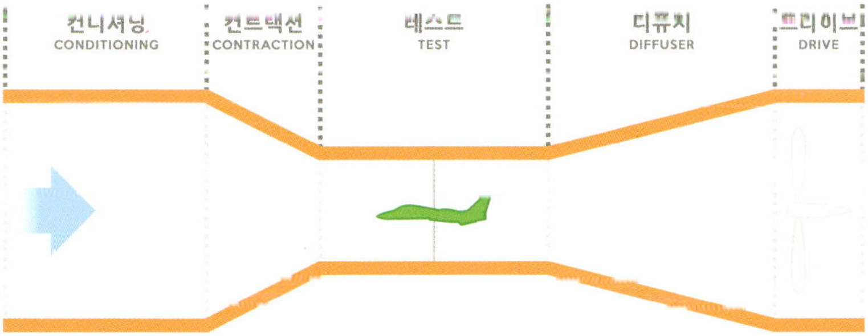

컨디셔닝 CONDITIONING
컨트랙션 CONTRACTION
테스트 TEST
디퓨저 DIFFUSER
드라이브 DRIVE

윙렛

Winglet

프론트 윙이나 리어 윙과 별도로 추가 배치되는 작은 윙

F1 레이스카에서 윙렛은 프론트 윙이나 리어 윙처럼 기본적으로 배치되는 윙과 별도로 추가 배치되는 작은 윙을 가리킨다. 윙렛은 좁은 의미로 비행기의 주 날개 끝에 수직으로 배치되어 드래그를 감소시키는 작은 윙을 뜻하는 **"윙팁 디바이스(wingtip device)"**와 비슷한 개념으로도 사용한다.

2009시즌 F1 규정 변경 이후 에어로파츠에 대한 규제 강화로 윙렛을 추가할 수 있는 범위가 크게 제한되었고, 대부분 윙렛이 사라지면서 F1 레이스카의 외형 디자인이 상대적으로 단순해졌다.

윙 어저스터 시스템

Wing Adjuster System

윙 플랩의 각도를 조절하는 시스템

윙 어저스터 시스펨은 윙 플랩의 각도를 조절하는 시스템으로, 플랩을 완전하게 고정하지 않는 윙의 경우 어떤 형태로든 윙 어저스터 시스템이 존재한다. 좁은 의미의 윙 어저스터 시스템은 2025시즌까지 F1에서 사용된 DRS에서 레이스카가 주행하는 동안 어퍼 플랩의 각도를 조절할 수 있었던 것처럼, 드라이버의 조작에 따라 주행 중 플랩의 각도를 조절하는 시스템을 가리킨다.

2026시즌부터 F1에 새로 도입된 액티브 에어로의 경우 프론트 윙과 리어 윙의 플랩을 조절할 수 있는 시스템이 추가됐는데, 공식적으로는 F1 규정 **섹션 C - 기술 규정**에 플랩을 조절하는 시스템을 **"프론트 윙 어저스터 시스템(Front Wing Adjuster System)"**과 **"리어 윙 어저스터 시스템(Rear Wing Adjuster System)"**이라는 이름으로 정리하고 있다.

DRS 방식 윙 어저스터 시스템의 작동 예

어저스터 비활성화 상태

어저스터 활성화 상태

윙 카
Wing car

차체 전체를 날개의 형태로 만들어 그라운드 이펙트를 극대화한 레이스카

윙 카는 이름 그대로 차체 전부 혹은 차의 상당 부분을 날개 형태로 만들어, 그라운드 이펙트를 극대화할 수 있도록 디자인된 레이스카를 가리킨다. 1928년 알제리 항공 클럽 기술위원회의 문서에 등장하는 등 1920년대부터 이미 윙 카의 아이디어가 사람들에게 알려져 있었다.

1970년대를 거치며 다양한 모터스포츠 분야에서 윙 카에 대한 연구가 폭넓게 이뤄졌고, 1970년대 후반 로터스 78을 통해 F1에 등장한 그라운드 이펙트 레이스카는 대부분 윙 카 컨셉을 응용한 벤츄리 터널 구성을 기본으로 디자인되었다.

1928년 알제리 항공 클럽 기술위원회 문서에 등장한 윙 카 컨셉 도안

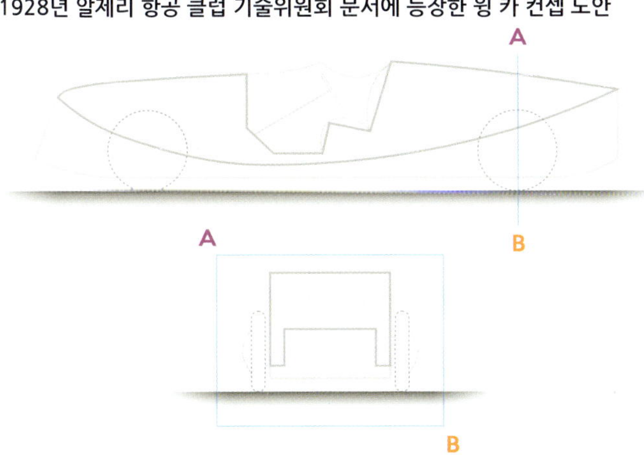

유압 시스템
Hydraulic system

밀폐된 관 속에 채워진 액체를 이용해 주요 부품을 원격으로 컨트롤하는 시스템

유압 시스템은 밀폐된 관 속에 채워진 액체를 활용해 레이스카의 주요 부품을 컨트롤하는 시스템을 가리킨다. F1의 유압 시스템은 보통 드라이버의 입력값이 ECU 처리를 거쳐 "서보 밸브(servo valve)"로 전달되고, 서보 밸브가 유압식 신호를 원하는 부품에 전달하는 방법으로 작동한다.

현대적인 F1 레이스카에서는 파워 스티어링, 기어 변속, 클러치, 디퍼런셜, DRS, 브레이크-바이-와이어, 쓰로틀, 웨이스트게이트 등이 모두 유압 시스템과 연결되어 있지만, 안전을 위해 브레이크를 통제하는 유압 시스템만큼은 별도의 시스템으로 구분되어 있다.

의료 경고등

Medical Warning Light

사고 등의 이유로 드라이버에게 외부의 도움이 필요하다는 것을 알리는 장치

의료 경고등은 사고나 충격, 그 외에 다른 이유로 외부의 의료적 도움이 필요한 상태가 되었을 때, 이를 차 외부에 표시해 널리 알릴 수 있는 경고 표시 장치다. F1 기술 규정에서는 간단하게 **"의료등(Medical Light)"**이라는 표현을 사용한다.

트랙 마샬이나 의료진은 콕핏 바로 앞에 배치된 의료 경고등을 통해 드라이버가 외부의 도움이 필요한 위험한 상황에 있음을 바로 알 수 있다. 2026시즌 기준 F1 규정 **섹션 C - 기술 규정**의 부록 C.10(그림 10)에 의료 경고등의 배치 위치가 자세하게 묘사되어 있다.

이그조스트 매니폴드

Exhaust manifold

여러 개의 실린더에서 배출된 배기가스를 하나의 파이프로 모아 배출하는 부품

보통 금속 주조를 통해 한 덩어리로 만들어지는 이그조스트 매니폴드는 여러 실린더에서 배출된 배기가스를 하나의 파이프로 모아 배출하는 역할을 맡은 부품이다.

이그조스트 매니폴드 디자인이 효율적이라면, 각 실린더에서 발생한 배기가스가 엇갈려 배출되면서 엔진의 원활한 동작을 가능하게 할 수 있다. 이 때문에 이그조스트 매니폴드 디자인이 결과적으로 엔진의 출력과 성능에 큰 영향을 주게 된다.

엔진에서 이그조스트 매니폴드와 배기가스 흐름의 개념도

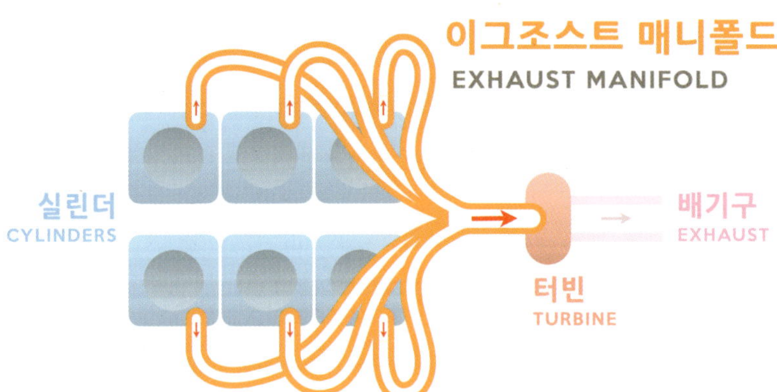

이너 레인

Inner Lane

핏 레인에서 차고에 가까워 핏 스탑 등 작업을 수행할 수 있는 공간

속도가 제한되는 핏 레인에서 차고에 가까워 종종 팀의 주요 인력과 핏 크루 등이 오가고, 여러 가지 작업을 수행할 수 있는 공간을 이너 레인이라고 부른다. 이너 레인과 달리 핏 레인 제한 속도에 맞춰 빠르게 달리는 공간은 패스트 레인으로 구분된다.

이너 레인은 패스트 레인과 달리 사람이 작업하는 공간이기 때문에 훨씬 더 엄격한 안전 기준이 적용되며, 이너 레인에서의 위험한 드라이빙이나 너무 빠른 주행은 페널티로 이어질 수 있다.

인 랩

In lap

피트로 복귀하는 랩

인 랩은 레이스카가 트랙에서 피트로 복귀하는 랩을 가리킨다. 프랙티스나 퀄리파잉이라면 주행 프로그램 종료 후 피트로 복귀하는 랩, 레이스라면 핏 스탑으로 이어지는 랩이 인 랩이다. 모터스포츠 이벤트에서 F1 그랑프리의 LTCS에서 인 랩의 기록은 유효한 랩 타임으로 여겨지지 않는다.

인 랩은 퀄리파잉을 포함한 대부분 트랙 주행 프로그램에서 뜨거워진 주요 부품을 냉각하는 중요한 단계다. 레이스에서는 핏 스탑 전에 얼마 남지 않은 타이어 성능을 최대한 끌어내 사용하고, 부족한 그립 레벨을 극복하며 위험한 상황도 피해야 하는 만만치 않은 도전 과제가 주어지는 랩이다.

퀄리파잉 랩 타임 차트에서 인 랩으로 분류되는 랩

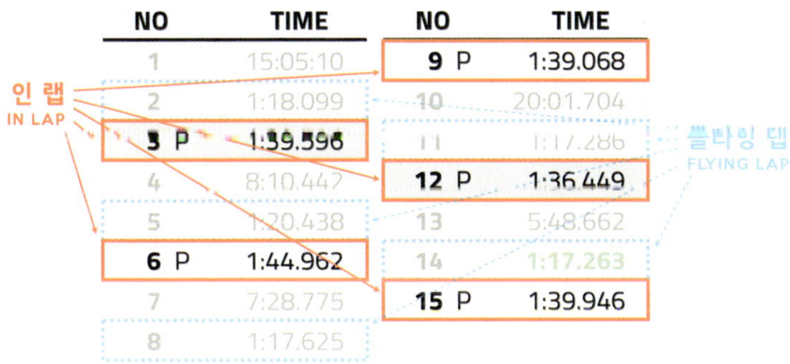

인스톨레이션 랩

Installation lap

레이스카의 기본적인 기능을 확인하는 랩

보통 F1 그랑프리 P1 극초반에 진행하는 인스톨레이션 랩은 처음으로 피트를 빠져나온 차가 무리하지 않고 트랙을 달리며 레이스카의 기본적인 기능이 제대로 작동하는지 확인하고, 차의 상태와 트랙 상황을 대략 파악하는 랩을 가리킨다. 간단하게 "인스톨 랩(install lap)"이라고도 부른다.

F1의 인스톨레이션 랩은 보통 트랙을 빠져나온 랩에 바로 피트로 복귀하는 한 랩으로 마무리되지만, 종종 필요한 테스트나 점검을 위해 두 랩 이상 인스톨레이션을 진행하기도 한다. 셋업을 변경한 P3 초반이나 부품을 교체한 경우처럼 필요에 따라 인스톨레이션 랩을 진행하는 경우도 많다.

인워시

Inwash

차 안쪽을 향하는 공기의 흐름

아웃워시와 반대로 프론트 윙을 지난 공기의 흐름이 차 안쪽으로 향하는 것을 인워시라 부른다. 아웃워시는 F1 레이스카의 공기역학적 성능을 높이는 데 큰 도움을 줄 수 있지만, 뒤따르는 차의 추격과 추월 시도를 어렵게 만든다는 큰 단점이 있다. 2026시즌 대규모 규정 변경은 프론트 윙 엔드플레이트와 플로어 보드 디자인의 틀을 제한해 인워시를 강제하려는 의도를 담고 있으며, F1 팀들이 제한된 틀 안에서 어떻게든 아웃워시를 만들기 위해 노력할 가능성도 있다.

2026시즌 규정이 의도한 인워시

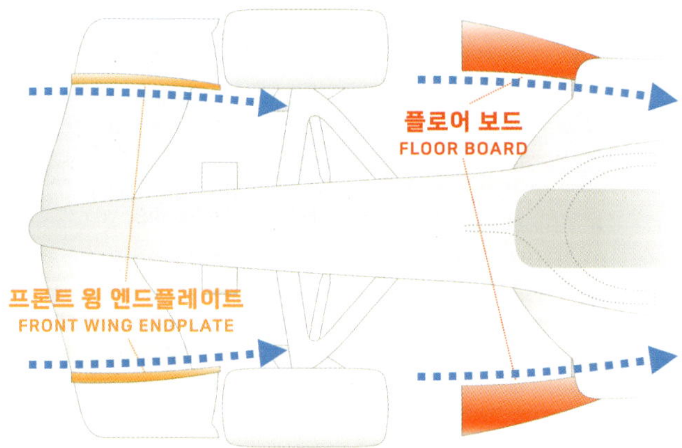

인-인-아웃

In-in-out

안쪽으로 코너에 진입해 바깥쪽으로 넓게 빠져나오는 레이싱 라인

인-인-아웃은 안쪽으로 바짝 붙어 코너에 진입한 뒤, 트랙 바깥쪽 공간을 최대한 활용하며 넓게 코너를 빠져나오는 레이싱 라인을 가리킨다. 코너 안쪽에 가장 근접하는 클리핑 포인트를 앞당기는 인-인-아웃은 전형적인 추월 시도에서의 레이싱 라인이기도 하다.

적절한 타이밍에 앞선 상대의 안쪽으로 파고들어 브레이킹 포인트를 늦추면서 인-인-아웃의 레이싱 라인을 적절히 활용하면, 무난한 아웃-인-아웃을 선택한 상대의 레이싱 라인을 부풀게 만들거나 진로를 가로막으면서 추월 성공 가능성을 높일 수 있다.

헤어핀에서 인-인-아웃과 추월 상황의 예

헤어핀에서의 인-인-아웃

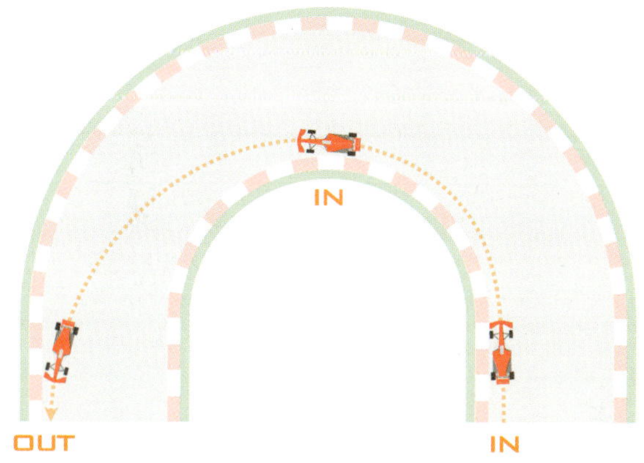

추월 상황의 아웃-인-아웃 라인과 인-인-아웃 라인

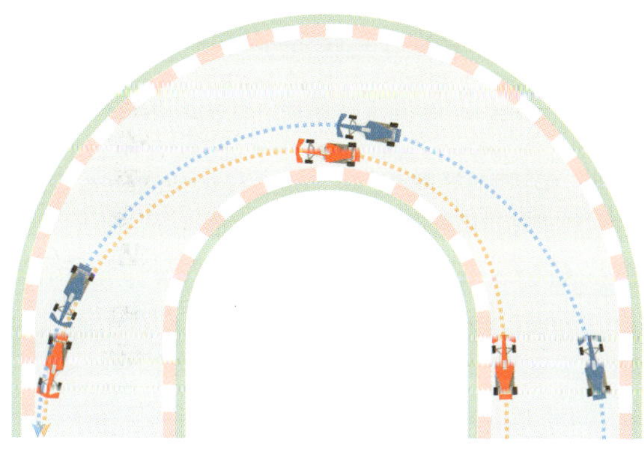

인젝션

Injection

연료 분사

인젝션 또는 "연료 분사(fuel injection)"는 엔진의 실린더 주변 또는 실린더 내부에 연료를 분사해 혼합기를 만드는 방법을 가리킨다. 연료 분사 장치 "인젝터(injector)"를 실린더 내부로 연결해 직접 연료를 분사하는 방식은 연료 "직분사(direct injection)"라 부른다.

F1에서는 **2014시즌 규정 변경 이후 연료 직분사를 의무화**시켰고, 실린더마다 하나의 인젝터만 배치하도록 기술 규정에 명시했다.

직분사 방식 F1 엔진의 레이아웃

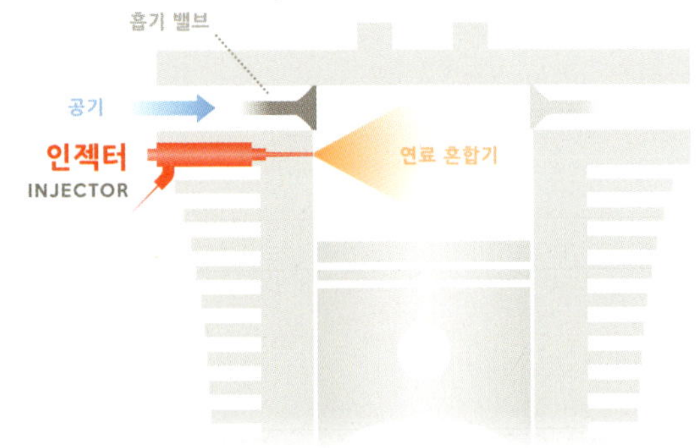

인터내셔널 컵 포 F1 매뉴팩쳐러

International Cup for F1 Manufacturers

1958시즌부터 1980시즌까지의 F1 팀 챔피언십

인터내셔널 컵 포 F1 매뉴팩쳐러는 최초의 콩코드 협정 체결 이후 WCC(World Constructors' Championship)가 공식적으로 도입되기 전까지 F1의 공식적인 팀 챔피언십이다. **1981시즌**과 **1982시즌**에는 **"월드 매뉴팩쳐러 챔피언십(World Manufacturers Championship)"**이라는 과도기적인 이름으로 F1 챔피언십이 펼쳐졌다.

1950시즌 먼저 출범한 F1 드라이버 챔피언십의 공식 명칭 역시 1957시즌까지는 **"월드 챔피언십 오브 드라이버스(World Championship of Drivers)"**로 현재 사용되는 WDC(World Drivers' Championship)와 조금 달랐다.

인터미디어트 타이어

Intermediate tyre

노면이 약간 젖어있을 때 사용하는 타이어

인터미디어트 타이어는 트랙 노면이 약간 젖어있지만 풀 웻 타이어를 사용할 만큼은 아닐 때 사용하는 타이어로, 넓게 봤을 때 웻 타이어의 일종으로 분류할 수 있다. 2026시즌 기준 F1 그랑프리 주말에 피렐리 **"친투라토(Cinturato)"** 인터미디어트 타이어가 드라이버마다 5세트씩 지급되며, 금요일 P1이나 P2에 웻 컨디션이 선언되어 인터미디어트 타이어를 사용한 경우와 스프린트에서 인터미디어트 타이어를 사용했을 경우 각 드라이버에게 한 세트의 새 인터미디어트 타이어를 추가 지급[18]할 수 있다.

2026시즌 기준 **인터미디어트 타이어는 300km/h에서 초당 최대 31L의 물을 배출**할 수 있다.

인터벌

Interval

앞선 드라이버와의 시간 격차

인터벌은 라이브 타이밍 또는 타이밍 시트 등에서 사용하는 표현으로, 앞선 드라이버 또는 바로 위 순위 드라이버와의 시간 격차를 가리킨다.

모터스포츠 이벤트에서는 인터벌의 개념은 일반적으로 1위와의 기록 차이를 나타내는 "갭(gap)"과 구분해 다른 의미로 사용하지만, 사람에 따라 갭과 인터벌의 개념을 혼용하기도 한다.

인터쿨러

Intercooler

터보차저 시스템의 컴프레서에서 압축된 공기를 냉각시키는 기계 장치

터보차저 시스템의 터빈과 연결된 컴프레서에서 압축된 공기는 많은 에너지를 품게 되고, 온도가 높아져 그대로 실린더로 들어갈 경우 엔진 효율을 떨어뜨릴 수 있다. 이렇게 실린더로 향하는 압축된 공기의 온도를 낮추고, 결과적으로 엔진 효율을 높이는 냉각 장치를 인터쿨러라고 부른다.

F1에서는 2014시즌 규정 변경과 함께 파워 유닛 개념이 도입되어 모든 레이스카에 터보차저가 장착되었기 때문에 자연스럽게 압축된 공기의 냉각이 중요한 이슈가 되었고, 사이드포드 속에 배치되는 인터쿨러의 디자인과 성능이 레이스카의 전체적인 성능에 큰 영향을 미치고 있다.

---

[18] 퀄리파잉 시작 전 한 세트를 반납 처리해 퀄리파잉과 레이스에 사용할 수 있는 인터미디어트 타이어는 그대로 5세트가 된다.

O

일반 규정

General Regulatory Provisions

F1 규정과 챔피언십의 각종 개념과 기초적인 내용을 정리한 규정집

2026시즌 F1 규정의 전체 구성이 바뀌면서 신설된 일반 규정은 다른 규정과 챔피언십을 설명하는 데 필요한 각종 개념과 기초적인 내용을 정리한 규정집이다. F1 챔피언십의 정의, 챔피언십 참가와 라이센스, F1과 관련된 다양한 주체들의 역할 등이 일반 규정에 정리되어 있다.

2026시즌 기준 여섯 개로 구분된 **F1 규정집에서 섹션 A**가 일반 규정이다.

임팩트 스트럭쳐

Impact structure

사고 상황에서 충격을 흡수하는 구조

고속에서 사고가 발생했을 때 큰 충격에 노출될 수 있는 F1 레이스카에서, 드라이버를 보호하는 서바이벌 셀 주변 전후좌우에 배치되어 충격을 버텨내거나 구조물이 부서지면서 충격을 흡수하도록 만든 구조물을 가리켜 임팩트 스트럭쳐라고 부른다.

레이스카 앞부분에서는 노즈콘이 프론트 임팩트 스트럭쳐 역할을 하고, 서바이벌 셀 좌우에는 두 개씩 사이드 임팩트 스트럭쳐가 배치된다. 레이스카 뒤쪽에서는 기어박스 케이스와 그 뒤에 배치되는 리어 라이트가 리어 임팩트 스트럭쳐 역할을 수행한다.

임피딩

Impeding

뒤따르는 차에 대한 주행 방해

F1 그랑프리 주말 프랙티스와 퀄리파잉 세션에서는 아웃 랩이나 인 랩, 혹은 쿨 다운 랩처럼 충분히 빠르게 달리지 않는 경우가 있고, 주행 프로그램에 따라 차의 성능에 비해 현저히 느린 속도로 달릴 때도 있다. 이렇게 서행하는 차는 기록 도전을 위해 빠르게 달리는 다른 차가 접근할 경우 최대한 방해하지 않고 비켜줘야 할 의무가 있는데, 이런 의무를 지키지 않고 뒤따르는 차에 방해가 되도록 주행한 경우를 가리켜 임피딩이라고 부른다.

한 랩의 패스트 랩이 소중한 F1 퀄리파잉에서 임피딩을 범하고, 스튜어드들이 심사를 통해 앞선 차의 잘못이라고 판단할 경우 3그리드 페널티가 주어질 수 있다.

자연흡기

Natural aspiration

과급기를 사용하지 않고 실린더로 공기를 보내는 방식

자연흡기는 터보차저나 슈퍼차저 등 과급기를 사용하지 않고 비교적 단순한 기계적 구조와 대기압을 이용해 실린더에 공기를 공급하는 방식을 가리킨다. 자연흡기 방식을 채택한 엔진은 **"자연흡기 엔진(naturally aspirated engine)"** 또는 **"NA 엔진(NA engine)"**이라고 부른다.

F1에서는 1980년대 말 터보차저 금지 이후 2013시즌까지 자연흡기 엔진을 사용했지만, 2014시즌 터보차저가 의무 장착되기 시작해 2020년대에는 자연흡기 방식은 사용하지 않고 있다.

자일론

Zylon®

SRI 인터내셔널이 개발하고 토요보가 만든 초고강도 아라미드 섬유 물질

자일론은 1980년대 SRI 인터내셔널이 개발해 일본의 토요보가 처음 생산을 시작한 초고강도 아라미드 섬유 물질이다. 자일론은 케블라보다 1.6배 강한 인장 강도를 가지는 데다 매우 단단하기 때문에, 방탄조끼, 고고도 기구 제작, 테니스 라켓, 스노보드 등 다양한 분야에 응용되고 있다.

F1에서는 사고 상황에서 바퀴가 차체에서 떨어지지 않도록 붙잡아주는 휠 테더와 다른 물체가 콕핏을 관통하지 못하도록 보호하도록 하는 섀시 제조 등에 자일론이 사용되고 있고, 2009 헝가리 그랑프리에서 펠리페 마싸의 부상 이후 바이저 스트립에도 자일론 사용이 의무화되었다.

> 자일론, 노멕스와 케블라 등 아라미드 섬유의 기본 분자식

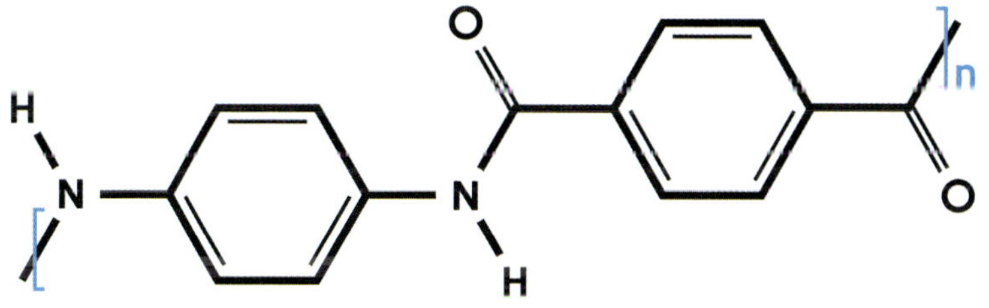

잭
Jack

레이스카를 들어 올릴 때 사용하는 도구

잭은 정비나 타이어 교체 등을 위해 차를 들어 올릴 때 사용하는 도구로, 차 앞쪽을 들어 올리는 잭은 "프론트 잭(front jack)", 차 뒤쪽을 들어 올리는 잭은 "리어 잭(rear jack)"이라 부른다.

일부 모터스포츠에는 스스로 차체를 들어 올리는 잭이 내장되기도 하지만, F1 레이스카는 내장 잭이 없어 핏 스탑 중 차를 들어줄 핏 크루가 필요하다. 차 앞쪽을 들어 올리는 핏 크루는 **"프론트 잭맨(front jack man)"**, 뒤쪽을 들어 올리는 핏 크루는 **"리어 잭 맨(rear jack man)"**이라 부른다.

재급유
Refueling

레이스 중 연료 보충

1957 독일 그랑프리에서 후안 마누엘 판지오가 재급유 이후 우승한 기록이 있지만, 1970년대까지 본격적인 재급유는 이뤄지지 않았다. 1982년 브라밤의 고든 머레이가 레이스 중 연료를 보충하는 것이 이득이라는 계산으로 재급유를 시도한 뒤, 재급유는 F1 레이스의 필수 요소로 부상했다.

재급유 전략은 더 적은 연료를 싣고 달려 랩 타임 이득을 누적하고, 더 빠른 속도로 경쟁자를 추월할 수 있다는 계산으로 오랫동안 F1 레이스에서 보편적으로 사용됐다. 그러나, F1 팀의 운영 비용 절감을 위해 **2010시즌부터 F1 레이스에서 재급유가 전면 금지**되었다.

재정 규정
Financial Regulations

F1 팀 재정 지출을 제한하고 운용 절차를 제시하는 규정

2021시즌 신설된 재정 규정은 F1 팀의 재정 지출에 한계를 두고, 이를 관리하기 위한 절차를 제시하는 규정이다. 각 팀의 재정 지출 한계는 버짓 캡이라고 부른다. 재정 규정은 F1 팀의 지출이 과도하게 많아 소형 팀은 물론 대형 팀도 운영과 생존을 위협받는 상황을 완화하기 위해 탄생했다.

2026시즌 기준 여섯 개로 구분된 **F1 규정집에서 섹션 D**와 **섹션 E**가 모두 재정 규정인데, 섹션 D는 **"F1 팀의 재정 규정(Financial Regulations - F1 Teams)"**, 섹션 E는 **"파워 유닛 제조사의 재정 규정(Financial Regulations - PU Manufacturers)"**이다.

전면 참조 영역

Frontal area

물체를 정면에서 봤을 때의 단면적

전면 참조 영역은 어떤 물체를 정면에서 바라봤을 때 단면적을 가리킨다. **반지름이 r인 구체**의 경우 **전면 참조 영역은** πr^2으로 표면적 $4\pi r^2$보다 값이 훨씬 작다.

F1 레이스카 등을 다루는 공기역학에서 중요한 개념인 다운포스와 드래그 등은 모두 전면 참조 영역에 직접적인 영향을 받는다.

정면도에서 레이스카의 전면 참조 영역

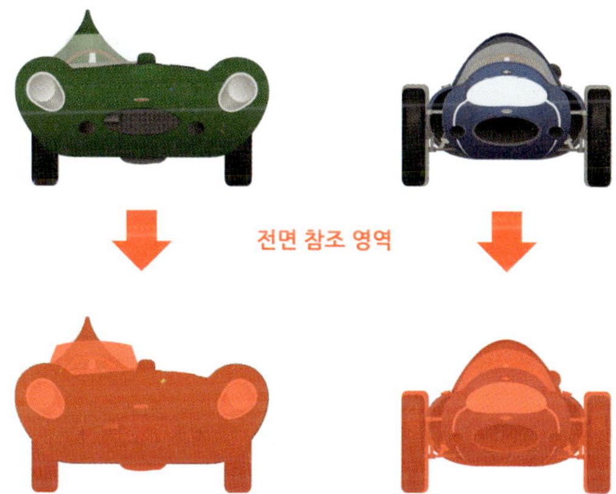

점프 스타트

Jump start

부정 출발

스탠딩 스타트라면 출발 신호 전에 그리드를 벗어나는 경우, 롤링 스타트라면 출발 신호 전에 스타트/피니시 라인 또는 리스타트 라인을 통과하는 경우 부정 출발인 "점프 스타트"로 간주한다. 점프 스타트를 **"폴스 스타트(false start)"**, **"플라잉 스타트(flying start)"** 등으로 부르기도 한다.

F1 그랑프리에서는 차에 장착된 트랜스폰더의 계측 결과 스타트 시그널 이전에 움직임이 감지될 경우, 점프 스타트로 판단해 10초 페널티나 상황에 따라 더 큰 페널티가 주어질 수 있다.

점화 플러그

Ignition plug

전기 스파크를 일으켜 혼합기를 점화시키는 전기 장치

"스파크 플러그(spark plug)"라고도 불리는 점화 플러그는 점화 시스템이 필요한 내연기관 엔진에서 전기 스파크를 일으켜 혼합기를 점화시키는 전기 장치다.

F1 엔진에 사용되는 점화 플러그는 일반 승용차의 경우와 다르게 플러그마다 하나씩 고압 코일이 배치되고, 점화 플러그의 크기 역시 일반 승용차 엔진의 점화 플러그보다 작다는 특징이 있다.

일반적인 점화 플러그 구조의 예

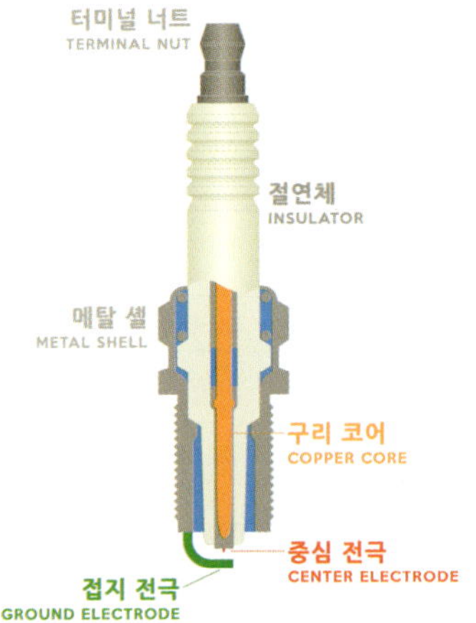

정찰 랩

Reconnaissance lap

레이스 준비 단계에서 피트를 벗어나 스타팅 그리드로 향하는 랩

F1 그랑프리에서 포메이션 랩 시작 예정 시간 50분 전에 핏 레인 출구가 개방되고, 포메이션 랩 시작 예정 시간 40분 전 핏 레인 출구가 닫힌다. 이 10분 동안 트랙을 달리는 랩을 정찰 랩이라 부른다. 자력으로 정찰 랩을 마치고 그리드 부근에 도착해야만 그리드에서 레이스 스타트가 허용된다.

레이스를 앞두고 첫 번째 정찰 랩을 위해 핏 레인을 벗어난 이후 추가 급유는 허용되지 않으며, 두 랩 이상 정찰 랩을 진행할 경우 스타트/피니시 스트레이트가 아닌 핏 레인을 통과해야 한다.

제한 속도

Speed limit

특수한 상황 또는 특정 구간에 지정된 최대 속도

모터스포츠에서는 특별한 이유가 없다면 최대 속도를 제한하지 않지만, 안전을 위해 항상 속도를 줄여야 하는 핏 레인이나 VSC 상황, 세이프티카 상황처럼 제한 속도가 정해지는 경우가 있다.

핏 레인은 대표적인 속도 제한 구역으로 F1 그랑프리에서는 60km/h나 80km/h로 제한 속도가 설정되며, F1 레이스카에는 지정된 속도로 정속 주행이 가능하도록 속도를 제한하는 장치인 **"스피드 리미터(speed limiter)"**가 장착된다. 프랙티스 세션이나 테스트 세션에서 공기역학 성능 점검 등을 위해 정속 주행이 필요한 경우처럼 특수한 상황에서도 스피드 리미터를 사용하기도 한다.

60km/h의 제한 속도가 지정된 핏 레인 입구 표시의 예

조종성

Drivability

차를 원하는 대로 조종할 수 있는 정도

차를 원하는 대로 조종할 수 있는 정도를 표현하는 관념적인 개념이다. 의도한 대로 차를 다루기 쉬운 편이라면 조종성이 좋다는 표현을 사용하고, 반대로 원하는 대로 조종이 어렵다면 조종성이 나쁘다고 얘기할 수 있다. 그러나 조종성은 다소 애매한 관념으로 명확하게 정의하기 어렵다.

단순한 성능 지표에는 잘 드러나지 않는 조종성이 우수하다면, 원할 때 충분한 속도를 내거나 좋은 랩 타임을 기록할 수 있다. 주관적이고 수치화하기 어려운 개념이지만, 조종성을 레이스카의 성능을 결정하는 중요한 기준 중 하나라고 여기는 사람도 많은 편이다.

ㅈ

지속 가능 연료
Sustainable Fuel

합성 연료와 바이오 성분을 활용해 순 탄소배출을 줄이는 연료

대기 중 온실가스의 농도 증가를 막거나 줄이는 방식으로 지속 가능성을 높이기 위한 노력의 하나로 F1 역시 내연기관을 유지하면서도 순 탄소배출을 줄이기 위해 채택한 연료가 지속 가능 연료다. F1은 2022시즌부터 에탄올 비율을 10%까지 높인 E10 연료를 사용했으며, 2030시즌 완벽한 넷 제로를 목표로 지속 가능 연료의 연구, 개발과 실전 테스트 등을 계속하고 있다.

2026시즌부터 모든 F1 레이스카는 100% 지속 가능 연료를 사용한다.

지정 레이스 타이어
Mandatory Race Tyre

레이스에서 사용해야 하는 두 가지 컴파운드의 타이어

F1 그랑프리가 펼쳐지기 전 독점 타이어 공급자는 미리 두 종류의 드라이 컴파운드 타이어 종류를 선택해 지정 레이스 타이어 또는 "레이스 타이어(Race Tyre)"로 공고한다. 모든 드라이버는 레이스가 펼쳐질 때 지정 레이스 타이어에 해당하는 두 컴파운드의 타이어를 최소 한 세트씩 남겨두고 있어야 한다. 만약, 두 종류 이상의 드라이 컴파운드 타이어를 사용해야 하는 레이스가 펼쳐진다면, 각 드라이버는 지정 레이스 타이어 중 한 종류 컴파운드의 타이어를 반드시 사용해야 한다.

레이스에서 인터미디어트 타이어나 웻 타이어를 사용해 두 종류 이상의 드라이 타이어를 사용할 의무가 없을 경우 지정 레이스 타이어에 대한 의무도 사라진다.

지정 타이어 질량
Nominal Tyre Mass

일정한 방법으로 평균값을 구한 가상의 타이어 질량 기준

2025시즌까지 레이스카 질량에 타이어 질량을 포함했던 것과 달리, 2026시즌부터 F1 규정 **섹션 C - 기술 규정**은 레이스카 최소 질량을 규정할 때 타이어 무게를 제외한다. 새 규정에 따라 필요하다면 실제 측정된 질량 대신 규정이 정한 방법에 따라 정해진 지정 타이어 질량을 사용할 수 있다.

2026시즌 지정 타이어 질량은 커런트 카를 활용한 테스트에서 바퀴마다 50개 샘플을 측정하여 정해지며, 챔피언십이 진행되는 동안 타이어 스펙이 바뀐다면 필요에 따라 수정될 수 있다.

체커드 플랙
Chequered flag

세션 종료를 알리는 체크무늬 깃발 신호

체커드 플랙 또는 "체커기"는 모터스포츠에서 세션 종료를 알리는 체크무늬 깃발 신호를 가리키며, 모나코 그랑프리를 만든 안토니 노게스가 고안했다. 체커드 플랙 아래에서 피니시 라인을 통과하면 "체커(기)를 받았다."고 말하기도 한다. 영문의 경우 "checkered flag"라고 표기하기도 한다.

F1 그랑프리에서 체커드 플랙이 나오면 프랙티스, 퀄리파잉 등 LTCS에서는 타이머가 중단되고, 체커드 플랙 전에 시작한 랩까지만 유효 랩으로 간주한다. 스프린트, 레이스 등 TTCS에서는 가장 앞선 드라이버가 정해진 랩 수를 모두 채우고 피니시 라인을 통과하면 레이스가 종료되고, 뒤따르는 드라이버들은 모두 피니시 라인을 통과하면서 레이스를 마치게 된다.

체커드 플랙

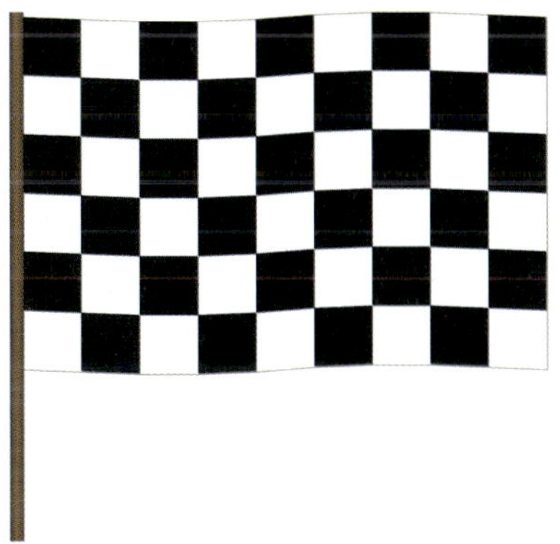

최고 속력
Top speed

자동차가 기록할 수 있는 최대 속도

최고 속력은 차가 기록할 수 있는 최대 속도 또는 조건이나 규정에 따라 넘어서는 안 되는 속도의 한계를 가리킨다. F1 레이스카가 레이스에서 기록한 공인 최고 속력은 **2016 멕시코 그랑프리**에서 **윌리엄스** 소속 **발테리 보타스**가 작성한 **372.499km/h**이며, 비공인 최고 속력은 2016 유럽 그랑프리에서 윌리엄스 소속 발테리 보타스가 작성한 378km/h[1]로 기록되어 있다.

[1] 2025년까지 공인되지 않은 기록

최대 회전수

Rev limit

규정에 따라 정해진 엔진 회전수의 한계

최대 회전수는 모터스포츠에서 엔진 성능을 제한하기 위해 규정으로 정한 회전수의 한계를 가리킨다. 최대 회전수는 보통 "RPM" 단위로 표기한다.

F1 엔진의 최대 회전수는 자연흡기 엔진이 쓰이던 2013시즌까지 18,000rpm으로 제한되어 있었지만, 2014시즌 터보차저를 포함한 파워 유닛 개념 도입 이후 15,000rpm으로 조절됐다.

최소 질량

Minimum mass

규정이 정한 최소 질량 기준

모터스포츠에서는 같은 성능을 낼 수 있다면 가벼운 것이 더 유리한 경우가 많아 경량화에 공을 들이는 경우가 대부분이고, 많은 모터스포츠에서 규정을 통해 레이스카를 포함해 필요한 부품이나 요소의 최소 질량을 정해 제한하곤 한다.

2026시즌 기준 F1 규정 **섹션 C - 기술 규정**은 지정 타이어 질량을 제외한 **레이스카 최소 질량 726kg**, ICE 최소 질량 130kg, 전체 PU 최소 질량 185kg 등으로 부품 최소 질량을 규정했으며, 드라이버 최소 질량과 밸러스트 무게를 더했을 때 최소 질량은 82kg 이상 이라고 명시하고 있다.

카 넘버

Car number

드라이버 또는 레이스카의 고유 번호

카 넘버는 모터스포츠 이벤트나 챔피언십에 참가한 드라이버나 레이스카의 고유 번호를 가리킨다. 이벤트와 챔피언십에 따라 주어지는 번호를 사용하거나 드라이버가 번호를 선택할 수 있다.

2013시즌까지 F1에서는 이전 시즌 챔피언이 1번, 팀메이트가 2번을 먼저 차지한 뒤, 전 시즌 컨스트럭터 챔피언십 포인트 순위에 따라 3번부터 13번을 제외한 번호가 차례로 주어졌다. 2014시즌부터 F1에는 각 드라이버가 정해진 규칙에 따라 선택[2]한 카 넘버를 사용하기 시작했다. 이후 "드라이버 넘버(driver number)"라는 명칭을 사용하는 경우도 많다.

---

[2] 1번은 디펜딩 챔피언이 원할 경우에만 사용할 수 있고, 17번은 쥘스 비앙키가 세상을 떠난 뒤 영구 결번이 되어 선택할 수 없다.

카메라 하우징

Camera housing

온보드 카메라를 수납하고 외부 충격으로부터 보호하는 바디워크

카메라 하우징은 온보드 카메라 수납을 위한 바디워크를 가리키며, 종종 "카메라 케이스(camera case)"라고 부르는 사람도 있다. 간혹 온보드 카메라 자체를 카메라 하우징이라 부르기도 한다. F1 레이스카의 카메라 하우징은 공기역학적으로 영향을 줄 수 있는 위치에 있지만, 기술 규정에서 정의한 바디워크에는 포함되지 않는다.

> **기술 규정에 그림으로 지정된 카메라/카메라 하우징의 위치**

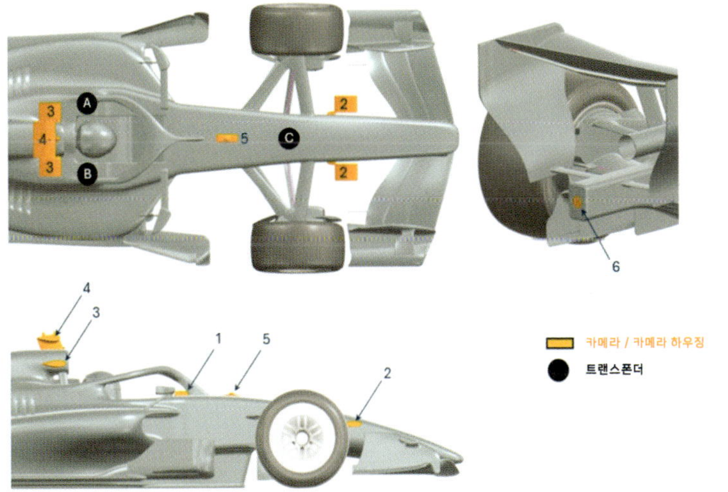

카본 파이버

Carbon fibers

탄소 섬유

"탄소 섬유" 또는 영문 약자 "CF" 등으로 불리는 카본 파이버는 탄소 원자가 가장 단순하고 단단한 구조로 결합한 섬유 구조 물질을 가리킨다. 카본 파이버는 강도와 인장 강도, 내열성과 내화학성이 높고, 가벼운 무게와 낮은 열팽창 등 장점이 많지만, 제조 과정이 복잡하고 비싸다는 단점도 있다.

F1 레이스카의 바디워크에는 플라스틱 수지 등과 함께 가마에서 구워, 무게는 가볍고 강도는 매우 높게 만든 **"카본 파이버 강화 플라스틱(CFRP / carbon-fiber-reinforced polymer)"**이 사용되는 경우가 많다. 많은 사람이 CFRP를 카본 파이버라고 부르며 비슷한 개념으로 사용하기도 한다.

카 셰어링

Car sharing

레이스에서 두 명 이상의 드라이버가 같은 차를 번갈아 조종하는 것

모터스포츠 이벤트에서 레이스 시간이 오래 걸리고 드라이버 교체가 필요한 경우 두 명 이상의 드라이버가 같은 차를 번갈아 조종해야 하는 상황이 발생할 수 있다. 실제로 르망 24시간 레이스나 슈퍼GT처럼 2023년 기준으로 드라이버 교체가 의무화되어 있는 챔피언십이나 이벤트도 많다.

F1에서는 챔피언십 출범부터 카 셰어링이 허용되어 경기 결과에 따라 포인트를 나눠 가질 수 있었고, 1957 영국 그랑프리까지 세 차례 우승자의 포인트가 두 명 이상에게 나눠졌다. 1958시즌 카 셰어링으로 포인트 획득이 불가능해졌고, 2026시즌 현재 F1에서 카 셰어링은 허용되지 않는다.

카운터스티어

Counter steer

코너에서 선회 방향 반대쪽으로 스티어링 휠을 돌려 안정된 자세를 만드는 기술

카운터스티어 또는 **"카운터스티어링(countersteering)"**은 코너를 공략할 때 선회 방향의 반대쪽으로 스티어링 휠을 돌려 자세를 안정시키거나 다른 긍정적인 효과를 내는 드라이빙 기술이다.

오버스티어가 발생했을 때 카운터스티어를 적절하게 활용하면 사고로 이어질 수 있는 스핀을 억제할 수 있으며, 드리프트 등을 위해 의도적으로 오버스티어를 발생시켜 카운터스티어를 활용하기도 한다. 그러나, 정확한 판단과 본능적인 감각으로 적절한 타이밍에 필요한 만큼 카운터스티어 조작을 하지 못하면, 스핀을 막지 못하거나 반대 방향으로 작용하는 힘 때문에 사고로 이어질 수 있다.

오버스티어가 발생했을 때 카운터스티어로 대응한 상황의 예

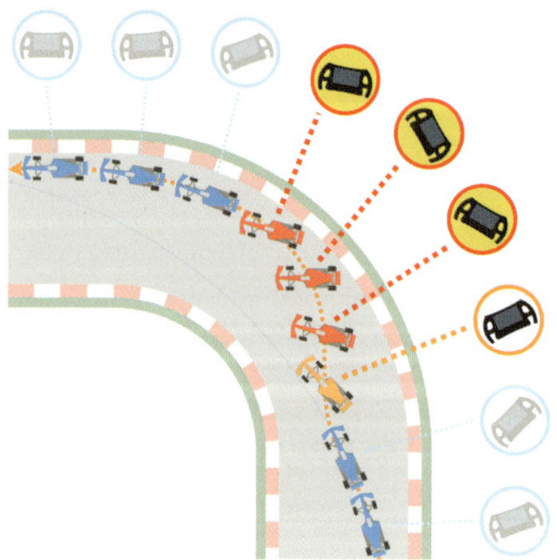

캐스터 각

Caster angle

옆에서 봤을 때 스티어링 축이 앞쪽이나 뒤쪽으로 기울어진 각도

캐스터 각은 휠을 옆에서 바라봤을 때 스티어링 축이 앞쪽이나 뒤쪽으로 기울어진 각도를 가리키며, 진행 방향 쪽으로 기울어진 경우 "네거티브 캐스터 각(negative caster angle)", 진행 방향과 반대쪽으로 기울어진 경우 "포지티브 캐스터 각(positive caster angle)", 기울어지지 않고 노면과 수직을 이룰 경우 "중립 캐스터 각(neutral caster angle)"이라 부른다.

포지티브 캐스터 각이라면 코너 안쪽은 올라가고 바깥쪽은 내려가 스티어링이 무거워지며, 직진 방향으로 복원하려는 힘이 강해진다. 반대로 네거티브 캐스터 각이라면 스티어링이 가벼워지고 직진 복원력은 약해지기 때문에 원하는 효과에 따라 적절하게 캐스터 각을 조절할 필요가 있다.

네거티브/뉴트럴/포지티브 캐스터 각의 비교

ㅋ

캐치 펜스

Catch fence

데브리나 타이어가 관중석에 떨어지지 않도록 막아주는 철망 형식의 안전시설

트랙 주변에 설치하는 캐치 펜스는 데브리나 타이어가 관중석에 떨어져 사상자가 발생하는 사고를 예방하기 위해 철망 형식으로 만든 안전시설을 가리킨다. 캐치 펜스는 대부분 방호벽 위쪽에 설치되어 캐치 펜스 뒤쪽에 있는 관중, 마샬 등을 일정 크기 이상의 데브리로부터 지켜주면서, 동시에 충분한 시야를 확보해 사고 상황을 파악하고 적절한 대응을 할 수 있도록 도움을 준다.

모터스포츠 초창기 깊은 고민 없이 설치된 캐치 펜스는 간혹 사고 상황에서 더 큰 문제를 일으키기도 했지만, 현대적인 써킷의 캐치 펜스는 사고 발생 가능성을 낮추기 위해 관중석과 트랙 사이나 핏 레인과 트랙 사이 핏 월 위쪽 등에 FIA 등 주관 단체가 정한 설치 기준에 따라 설치된다.

캠버 (레이스카)

Camber

정면에서 봤을 때 휠이 기울어진 각도

캠버 또는 **"캠버 각(camber angle)"**은 차를 정면에서 바라봤을 때 휠이 기울어진 각도를 가리킨다. 휠 위쪽이 안으로 모이고 아래쪽이 벌어졌다면 "네거티브 캠버(negative camber)", 휠 위쪽이 벌어지고 아래쪽이 안으로 모였다면 "포지티브 캠버(positive camber)"라고 부른다.

네거티브 캠버는 코너를 공략할 때 그립 레벨을 높여주지만, 직진 가속 구간에서 최대한의 효율을 발휘하는 것은 "중립 캠버(neutral camber)"다. 오벌에서 펼쳐지는 일부 모터스포츠에서는 한쪽은 네거티브, 한쪽은 포지티브 캠버 셋업을 적용한 "믹스드 캠버(mixed camber)"를 사용하는 등 레이스카와 써킷 특성에 따라 적절한 캠버를 선택하고 셋업을 조절한다.

네거티브/뉴트럴/포지티브 캠버의 비교

커런트 카

Current Car

규정이 정한 현세대의 레이스카

2026시즌 기준 F1 규정 **섹션 B - 스포팅 규정**이 정의하는 커런트 카는 2026시즌 또는 그 이후의 규정에 맞춰 제작한 레이스카를 가리킨다. 약자를 이용해 간단하게 **"CC"**라고 표기할 수 있으며, 커런트 카를 이용한 테스팅은 "TCC(Testing of Current Car)"라고 부른다. 2025시즌까지는 해당 시즌과 그 이전 시즌의 규정에 따라 만들어진 레이스카를 커런트 카로 분류했었지만, 2026시즌 대규모 규정 변경이 있었기 때문에 이에 맞게 범위를 조정했다.

커런트 카는 FIA의 사전 허가 없이 임의로 제3자에게 판매하거나 제공할 수 없다. 또한, TCC는 다른 어떤 차의 테스트보다 엄격한 규정의 제약을 받으며 진행된다.

커스터머 팀
Customer team

다른 회사나 팀으로부터 엔진을 공급받아 사용하는 팀

커스터머 팀은 다른 팀이나 회사로부터 완성차를 구입하거나 엔진을 공급받아 그랑프리에 참가하는 팀을 가리킨다. 커스터머 팀이 구입한 완성차는 **"커스터머 카(customer car)"**라고 부른다. 20세기 초반부터 존재했던 많은 커스터머 팀 중에는 롭 워커 레이싱처럼 F1 무대에서 워크스 팀 이상의 좋은 성적을 거둔 팀도 있었지만, 충분한 경쟁력을 갖추지 못한 경우도 많았다.

2000년대 중반 모든 F1 "컨스트럭터(constructor)"가 직접 섀시를 만들도록 규정된 후, 엔진 등 규정이 허용하는 일부 주요 부품만 외부로부터 공급받을 수 있다. 엔진을 자신의 브랜드나 직접적인 관계사에 만들지 않는 팀은 모두 커스터머 팀으로 보는 경우가 많다.

커퓨
Curfew

야간작업 시간에 대한 제한

커퓨는 F1 그랑프리 기간 각 팀의 야간작업 시간을 제한하는 규정으로, 미캐닉을 중심으로 F1 팀 인력이 과로에 시달리는 것을 막기 위해 2011시즌 F1에 처음 도입되었다.

F1 그랑프리 주말 세 차례 지정된 시간 동안 접근을 제한하고 있으며, 불가피한 작업을 위해 팀마다 세 차례 커퓨에 대해 지정된 횟수의 예외적인 야간작업 기회를 열어놓고 있다.

ㅋ

컨스트럭터
Constructor

레이스카의 섀시를 만들어 F1 챔피언십에 참가하는 주체

컨스트럭터는 레이스카 섀시를 만들어 F1 챔피언십에 참가하는 주체를 가리킨다. 2026시즌 기준 컨스트럭터와 F1 "팀"은 완전히 같은 의미로 여겨지지만, 다른 컨스트럭터의 차를 구입해 커스터머 카로 챔피언십에 참가하는 팀이 많았던 과거에는 차를 직접 만드는 컨스트럭터와 F1 그랑프리에 참가하는 주체인 **"참가자(entrant)"**가 다른 의미로 여겨졌다.

F1에서는 1980년대 초까지 "지식재산권을 직접 보유하고 있는 레이스카"로 참가할 수 있다면 컨스트럭터로 인정받았지만, 2009시즌부터 레이스카의 섀시를 직접 설계하고 만들어 F1 월드 챔피언십에 참가하는 주체만 컨스트럭터로 인정하도록 규정이 정리됐다.

컨트롤 라인

Control line

써킷에서 기록을 측정하는 기준선

컨트롤 라인은 트랙에 그려진 기록을 측정하는 기준선을 뜻하는 개념이다. 대부분 써킷에는 주행 중인 차의 기록을 측정하는 계측 기준선이 여럿 배치되고, 피니시 라인, 스타트 라인, 각 섹터의 경계선, 스피드 트랩과 핏 레인 입구와 출구의 경계선 등이 모두 컨트롤 라인에 해당한다.

현대적인 써킷에는 포장된 트랙의 컨트롤 라인 아래 **"트랜스폰더 루프(transponder loop)"**가 매설되고, 각 컨트롤 라인에서 시스템이 정상적으로 작동한다면 레이스카에 장착된 트랜스폰더와 신호를 주고받으며 속도와 시간을 측정할 수 있다.

컴파운드

Compound

타이어를 만들 때 사용하는 재료의 조합 또는 타이어 구성 성분

레이싱 타이어를 제작할 때는 고무와 함께 200종류 이상 다양한 성분의 재료가 조합되는데, 타이어의 특징과 성능을 결정하는 고무와 재료의 조합이나 구성 성분을 컴파운드라 부른다.

F1 레이스에 사용되는 드라이 타이어의 컴파운드는 2026시즌 기준 C1, C2, C3, C4, C5까지 다섯 종류[3]가 존재한다. 각 그랑프리 기간 독점 타이어 공급자는 세 가지 타이어 컴파운드를 선택해 빠르게 속도를 높일 수 있는 소프트 컴파운드, 오래 사용하는데 유리한 하드 컴파운드, 속도와 내구도 모두 중간 위치의 미디엄 컴파운드로 구분해 드라이 타이어를 공급한다.

2026시즌 피렐리 F1 드라이 타이어 컴파운드 표기 방식

소프트 컴파운드
SOFT COMPUND

미디엄 컴파운드
MEDIUM COMPOUND

하드 컴파운드
HARD COMPOUND

[3] F1에는 2018시즌까지 일곱 종류의 드라이 컴파운드가 존재했지만, 2019시즌부터 C1부터 C5까지 다섯 종류 컴파운드로 정리된 뒤 매 경기 소프트, 미디엄, 하드 컴파운드를 지정 사용하기 시작했다. C0 컴파운드는 2023시즌 추가되어 2025시즌까지 사용됐다.

컴프레서

Compressor

엔진 연소실로 향하는 공기를 압축시키는 기계 장치

컴프레서는 터보차저 시스템에서 엔진 연소실로 향하는 공기를 압축시켜 대기압보다 높은 기압의 "압축 공기(compressed air)"를 만드는 기계 장치를 가리킨다.

터보차저 시스템에서 컴프레서는 터빈과 연결되어 있으며, 터빈이 회전하면 연결된 컴프레서가 작동해 공기를 압축시킬 수 있다.

컴플리트 드라이버

Complete driver

특별한 기술에 의존하지 않고 고른 기량을 가졌으며, 성향이 치우치지 않는 드라이버

컴플리트 드라이버는 한두 가지 특별한 기술에 의존하지 않고 다방면에 고른 기량을 가졌으며, 성향이 한쪽에 치우치지 않는 드라이버를 가리킨다. 1970년대 이전 F1 드라이버는 체계적 교육 없이 성장해 다방면에 고른 기량을 보유한 경우가 적었지만, 1980년대를 거치며 고-카트 등을 통해 기본기를 다지고 어느 정도 체계적 시스템 속에 성장한 "컴플리트 드라이버"가 속속 등장했다.

네 차례 챔피언 타이틀을 획득한 알랑 프로스트는 다방면에 고른 기량을 빼어난 성적으로 연결한 최초의 컴플리트 드라이버로 여겨진다. 21세기에 접어든 뒤 F1 드라이버는 "올드-스쿨 드라이버"의 투박한 느낌과 거리가 먼 컴플리트 드라이버의 성격을 띠는 경우가 많아졌다.

컴플리트 휠

Complete wheel

휠과 플랜지, 공기가 채워진 타이어의 결합체

F1에서는 "휠과 공기가 채워진 타이어"의 결합체를 컴플리트 휠이라고 규정하고 있으며, 보통 휠과 플랜지, 산소나 질소 등 공기가 채워진 타이어의 결합체를 컴플리트 휠이라 부른다.

F1 그랑프리에서는 그랑프리 주말 화요일이나 수요일에 컴플리트 휠 단위로 결합한 타이어를 수령해 준비를 시작하고, 타이어 반납 전까지 같은 상태를 유지한다. 보통 "휠"이라는 단어를 사용할 때 그대로 컴플리트 휠을 의미한다고 생각해도 큰 문제가 없다.

ㅋ

컷백
Cutback

바깥쪽으로 넓게 돌아 안쪽으로 깊게 파고든 상대의 안쪽을 가로지르는 것

배틀 과정에서 상대가 안쪽으로 깊게 파고들며 추월을 시도하거나 방어할 때 의도적으로 안쪽을 내준 뒤, 바깥쪽으로 넓게 도는 아웃-인-인 주행라인을 선택하고 탈출 속도를 높여 다시 상대의 안쪽으로 빠르게 빠져나오는 것을 가리킨다. **"컷 백(cut back)"**이라는 표현도 사용할 수 있다.

아래 그림으로 도식화한 예제의 경우 바깥쪽의 파란색 차는 안쪽으로 늦게 브레이크를 밟은 주황색 차에 추월을 허용했지만, 컷백으로 자르고 들어오는 레이싱 라인이 탈출 속도에서 유리하기 때문에 특히 긴 가속 구간이 이어지는 경우라면 어렵지 않게 다시 앞서 달릴 수 있다.

추월 시도와 컷 백이 이뤄진 경우의 예 (1 ~ 5)

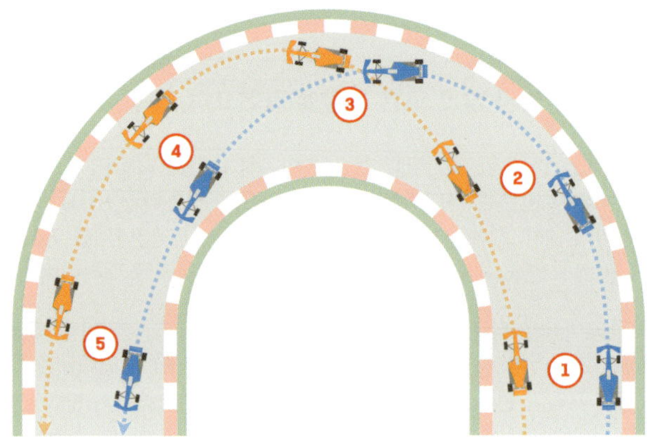

케블라
Kevlar®

듀퐁이 개발한 고강도 아라미드 섬유 물질

케블라는 1965년 미국의 화학 기업 듀퐁이 개발해 1970년대 이후 상용화된 아라미드 섬유 물질이다. 케블라는 강철보다 5배가량 강하고 내열성과 내화학성이 높아, 군용 헬멧이나 방탄조끼, 로프 제조에 사용되거나 각종 합성 물질의 재료로 쓰인다.

F1에서는 사고가 발생했을 때 날카로운 조각이 떨어져 나오지 않도록 케블라로 강화된 카본 파이버 바디워크를 사용하고 있으며, 서바이벌 셀의 내벽이나 퓨얼 셀에도 케블라를 사용한다.

코너

Corner

써킷에서 차의 진행 방향이 분명하게 바뀌는 구간

그랑프리 이벤트가 펼쳐지는 써킷에서 코너는 레이스카의 진행 방향이 바뀌는 구간으로 스트레이트와 상대적인 개념으로 사용된다. 코너의 공략은 더 좋은 랩 타임을 작성하거나 추월을 시도하고 방어하는 데 매우 중요하게 작용할 수 있다. 좀 더 완만한 코너를 가리키는 "커브(curve)"라는 표현이 있으며, 상황에 따라 코너와 커브의 개념을 혼용하기도 한다.

> **F1 그랑프리에 사용되고 있거나 과거 사용됐던 써킷의 다양한 코너들**

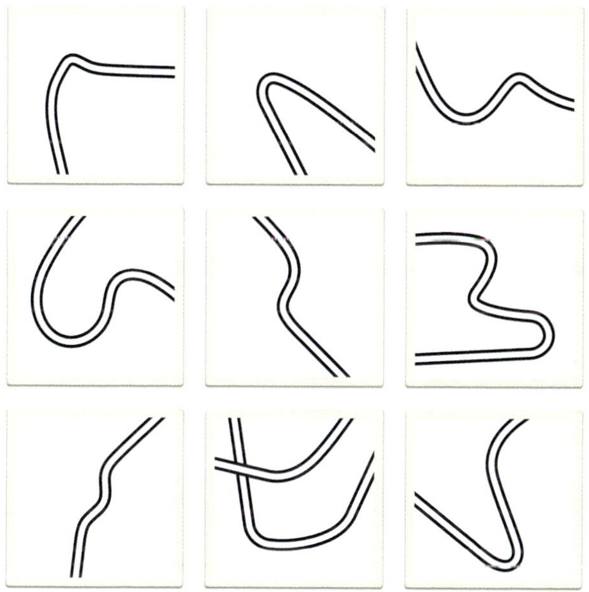

코너 모드

Corner Mode

액티브 에어로 시스템의 스트레이트-라인 모드가 활성화되지 않은 기본 상태

코너 모드는 2026시즌 F1에 신설된 액티브 에어로 시스템에서 드래그를 줄이는 스트레이트 모드가 활성화되지 않은 상태로, 프론트 윙과 리어 윙의 기본 상태라고 볼 수 있다. 종종 "코너링 모드(Cornering Mode)"라는 표현도 사용된다. 기본 모드에 해당하기 때문에 상대적으로 자주 언급되지 않을 것으로 예상된다.

코스트 캡

Cost cap

모터스포츠 팀의 비용 지출 상한선 규제

코스트 캡은 모터스포츠 챔피언십에 출전하는 팀의 비용 지출을 규제하는 규정이나 지출 상한선을 가리키며, **"버짓 캡(budget cap)"**이라고도 부른다. 모터스포츠 이벤트에 참가하려면 큰 비용이 들고, 고성능 레이스카를 사용하거나 챔피언십 규모가 클수록 지출이 기하급수적으로 증가한다. 비용 문제에 따른 중소형 팀과 챔피언십의 존폐 위기를 벗어나기 위해 일정 수준의 비용 지출 상한선을 마련하거나 각 팀의 비용 지출을 규제할 수 있는 방법을 모색하는 경우가 점차 늘고 있다.

F1 챔피언십에서는 2000년대 FOTA를 중심으로 비용 지출 상한선을 만들고 유지하려는 노력이 진행됐지만, 강제력이 부족해 제대로 자리 잡지 못한 채 계획이 무산되었다. 2021시즌 비용 절감과 팀 간 경쟁력 격차를 줄이기 위해 **F1 재정 규정**이 신설되었고, FIA가 위반한 팀에 페널티를 줄 수 있는 강제력을 가진 코스트 캡 규정이 적용되기 시작했다. 2026시즌 기준으로 F1 규정집 섹션 D와 섹션 E에서 코스트 캡을 다르고 있다.

코안다 배기구

Coandă exhaust

코안다 이펙트를 이용해 배기가스를 플로어 쪽으로 보내는 디자인

2010년대 초반 F1 공기역학의 뜨거운 감자였던 블론 디퓨저 규제를 위해 배기구의 방향이 수평보다 위쪽을 향하도록 규정이 변경되었다. 이에 대응해 코안다 이펙트를 적극 활용해 위쪽을 향한 배기구에서 나온 배기가스의 방향을 바꿔 플로어 쪽으로 흘러가게 하는 코안다 배기구가 등장했다.

F1 레이스카 디자인에 사용된 코안다 배기구는 코안다 이펙트를 활용해 바디워크의 곡면을 따라 배기가스가 아래쪽으로 방향을 바꾸도록 하는 것은 물론, 사이드포드를 타고 흐르는 다운워시를 강하게 만들어 배기가스가 더 분명하게 플로어 쪽으로 흘러 내려가도록 만들었다.

코안다 배기구 주변 공기의 흐름

코안다 이펙트

Coandă effect

빠른 유체의 흐름이 가까운 물체의 볼록한 표면을 따라 움직이게 되는 효과

코안다 이펙트는 1800년 토마스 영이 기본 개념을 정리하고, 1910년 헨리 코안다가 구체화한 유체역학 개념으로, 빠른 유체의 흐름이 볼록한 물체의 표면을 따라 움직이게 되는 효과를 가리킨다. F1 레이스카의 공기역학적 성능을 높이는 기본적인 원리 중 하나인 코안다 이펙트는 2010년대 코안다 배기구의 유행과 함께 F1 팬들에게도 널리 알려졌다.

아래 그림처럼 유체의 흐름이 물체의 표면 쪽으로 이동하는 효과를 이용해 비행기 날개의 볼록한 표면을 따라 공기의 진행 방향이 바뀔 수 있고, 자동차의 윙 아래쪽에서도 코안다 이펙트를 통해 공기의 흐름이 위쪽으로 향할 수 있다. 코안다 이펙트를 잘 활용할 수 있도록 설계한다면 F1 레이스카의 공기역학적 성능도 높일 수 있기 때문에, 모든 엔지니어는 기본적으로 원하는 위치에 코안다 이펙트가 잘 발생할 수 있도록 디자인하기 위해 공을 들인다.

코안다 이펙트의 발생과 공기 흐름의 진행 방향 변화

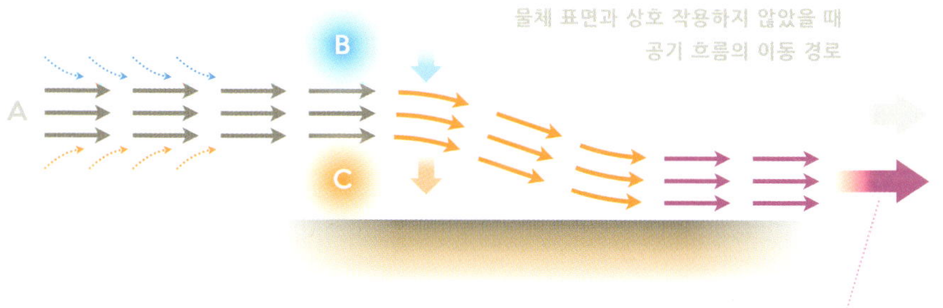

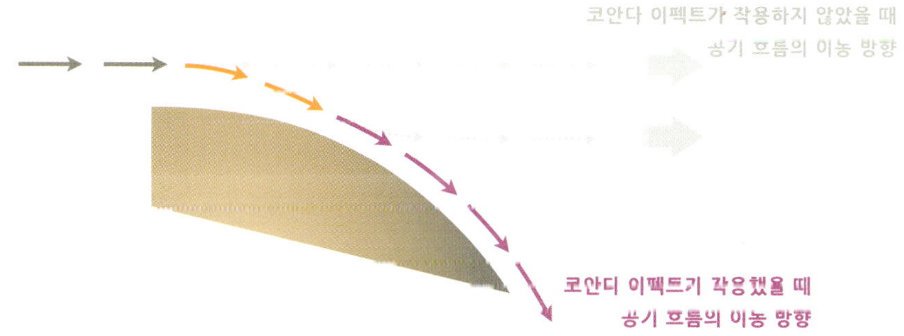

코크-바틀

Coke-bottle

좌우 리어 휠 사이 바디워크의 콜라병과 비슷한 형태

"콜라병"을 의미하는 코크-바틀은 F1을 포함한 포뮬러 레이스카의 엔진 커버 뒤쪽, 리어 휠 사이 엔진 커버 바디워크의 모양이 마치 콜라병의 잘록한 허리처럼 생겼다는 데서 유래한 표현이다.

현대적인 F1 레이스카 디자인에서는 디퓨저로 향하는 공기 흐름이 매우 중요하게 여겨지고 있으며, 디퓨저 바로 앞 플로어 위쪽 공간에 바디워크를 배치하지 않고 깔끔한 공기의 흐름을 만들기 위한 노력이 이어지고 있다. 자연스럽게 사이드포드 뒤쪽을 코크-바틀 형태로 디자인하고, 리어 휠 주변 역시 오픈-휠의 느낌 그대로 남겨두는 것이 공기역학적으로 유리하다는 판단이 지배적이다.

맥라렌 MP4/4의 평면도에서 확인할 수 있는 코크-바틀 형태의 디자인

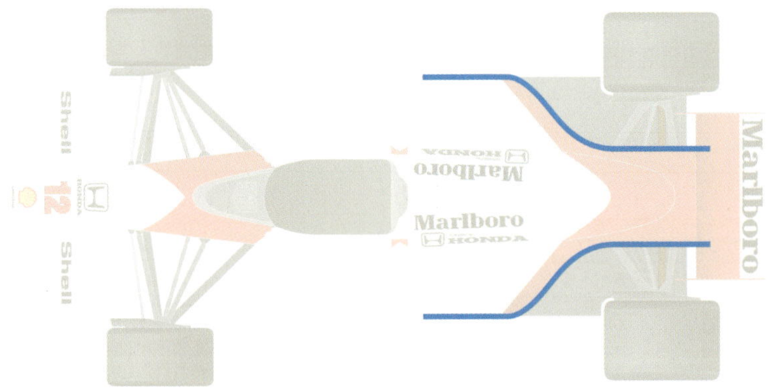

콕핏

Cockpit

차를 조종하는 드라이버가 탑승하는 공간

항공기나 우주선과 마찬가지로 싱글-시터 레이스카의 드라이버는 독점적인 공간에서 차의 움직임을 조종하는데, 이런 독점적인 공간을 콕핏이라 부른다. F1 레이스카의 스티어링 휠과 쓰로틀 / 브레이크 페달, 각종 시스템 조절에 필요한 버튼과 레버, 디스플레이 등이 모두 콕핏 안에 배치된다.

F1 레이스카의 콕핏은 FIA가 정한 강력한 안전 기준에 따라 만들어진 서바이벌 셀 안에 위치하며, 콕핏 일부가 외부에 노출되는 "오픈-콧핏(open-cockpit)" 레이아웃을 채택하고 있기 때문에 드라이버가 탑승했을 때 머리가 콕핏 위로 돌출되는 구조를 갖는다.

콩코드 협정

Concorde agreement

TV 중계권료와 상금 분배 등 F1 챔피언십의 기준과 상업적 권리에 대한 계약

콩코드[4] 협정은 FIA와 F1팀, FOM 사이에 맺어진 계약으로 F1 챔피언십의 TV 중계권 판매에서 발생하는 중계권료와 각종 수익을 종합한 뒤 이뤄지는 최종적인 상금 분배에 대한 다자간 계약을 가리킨다. 처음 콩코드 협정이 체결된 이후 F1 챔피언십과 TV 중계 시스템의 체계가 잡히면서 중계권료가 가파르게 상승했고, F1 전체 매출과 함께 F1 팀에 돌아가는 수익이 대폭 증가했다.

1980년대 초반 FISA와 FOCA의 갈등 해소 과정에서 첫 콩코드 협정이 체결된 이후 계약의 주체와 내용이 계속 수정되었고, 최근 2025년까지 모두 아홉 차례 콩코드 협정이 맺어졌다.

쿨 다운 랩

Cool down lap

레이스카가 최고의 성능을 발휘할 수 있는 상태로 만들기 위해 준비하는 랩

쿨 다운 랩은 기록에 도전하는 플라잉 랩을 마친 뒤 새로운 플라잉 랩을 시작하기 전까지 느리게 달리며 다음 기록 도전을 준비하는 랩을 가리킨다. 때로는 플라잉 랩을 준비하는 "웜-업 랩(warm-up lap)"과 비슷한 의미로 쿨 다운 랩이라는 표현을 사용하기도 하며, 레이스를 마친 뒤 우승자가 피트로 복귀하는 쿨 다운 랩은 "빅토리 랩(victory lap)"이라 부른다.

F1 그랑프리의 프랙티스나 퀄리파잉 세션에서 다섯 랩에 걸쳐 기록에 도전할 경우 "아웃 랩 - 플라잉 랩 - 쿨 다운 랩 - 플라잉 랩 - 인 랩"과 같은 순서로 주행 프로그램을 짤 수 있는데, 상황에 따라 더 좋은 기록을 내기 위해 한 랩이 아니라 두 랩 이상 연달아 쿨 다운 랩을 거치는 경우도 있다.

쿨 다운 룸

Cool down room

포디엄 세레머니 전까지 포디엄에 오를 드라이버들이 대기하는 공간

2026시즌 기준으로 F1 레이스 종료 후 인터뷰를 마친 뒤 FIA 담당자의 에스코트를 받으며 이동한 드라이버들이 땀을 식히며 포디엄 세레머니를 기다리는 공간을 쿨 다운 룸이라고 부른다.

쿨 다운 룸에서 드라이버들은 준비된 음료를 섭취하거나 수건으로 땀을 닦을 수 있고, 쿨 다운 룸 한쪽 벽에 배치된 화면의 레이스 하이라이트를 보며 담소를 나누기도 한다.

---

[4] 파리의 "콩코드 광장(Place de la Concorde)"에 위치한 FIA 본부에서 체결되었기 때문에 콩코드 협정이란 이름이 붙었다.

쿨링 시스템

Cooling system

차의 주요 부품이 과열되지 않도록 온도를 조절하는 냉각 시스템

쿨링 시스템은 레이스카의 냉각 시스템을 가리킨다. 엔진과 기어박스를 포함해 자동차의 주요 부품은 온도가 너무 낮을 때 제 성능을 발휘하지 못하지만, 온도가 너무 높으면 더 심각한 문제가 발생하거나 고장을 일으킬 수 있다. 이 때문에, 열에 민감하거나 과열에 취약한 부품을 보호하고 적절한 온도를 유지할 수 있도록 도와주는 쿨링 시스템의 역할이 중요하다.

F1 레이스카에서 엔진의 열을 식히는 라디에이터와 냉각수 순환 시스템은 물론, 엔진 오일 쿨러, 기어박스 오일 쿨러, 유압 시스템 오일 쿨러, ERS의 MGU 쿨러와 배터리 쿨러, 압축 공기의 온도를 낮추는 인터쿨러 등이 모두 냉각 시스템이다.

퀄리파잉

Qualifying

레이스 출전 자격을 부여하고 스타팅 그리드를 결정하는 세션

퀄리파잉은 모터스포츠 이벤트에서 레이스의 스타팅 그리드를 결정하는 세션을 가리키며, 규정에 따라 퀄리파잉 성적을 기준으로 레이스 출전자와 탈락자를 나누는 경우도 있다.

F1 퀄리파잉에서는 먼저 18분 동안 15명의 Q2 진출자를 결정하는 Q1에 이어, 15분 동안 Q3 진출자를 결정하는 Q2가 펼쳐진다. 마지막으로 탑10 순위 결정을 위한 12분 동안의 Q3까지 퀄리파잉 세 개 파트를 마치면 퀄리파잉 순위가 정해지고, 이 순위에 그리드 페널티 등을 반영해 레이스의 스타팅 그리드가 정해진다. Q1에는 107% 룰이 적용되며, Q3 전용 타이어로 지정된 타이어 1세트는 Q3에만 사용할 수 있다는 규정도 있다.

퀄리파잉 배틀

Qualifying battle

퀄리파잉 결과를 종합해 팀메이트간 우열을 나타내는 지표

퀄리파잉 배틀은 보통 한 시즌이 진행되는 동안 팀메이트 중 누가 퀄리파잉에서 더 좋은 성적을 냈는지를 정리한 지표를 가리킨다.

퀄리파잉의 결과 비교는 그리드나 레이스 결과에 비해 다른 변수의 영향이 적은 편이고, 기본적으로 같은 차로 드라이버의 퍼포먼스를 비교한다는 의미가 있기 때문에 드라이버의 역량을 가늠하는 중요한 지표로 여겨지는 경우가 많다.

퀄리파잉 시뮬레이션

Qualifying simulation

퀄리파잉 상황을 가정하고 데이터를 수집하는 주행 프로그램

퀄리파잉 시뮬레이션은 퀄리파잉과 조건을 비슷하게 맞추고 짧게 진행하는 주행 프로그램을 가리킨다. F1의 퀄리파잉 시뮬레이션은 적은 연료로 새 소프트 타이어를 사용해 진행한다.

보통 F1 퀄리파잉 시뮬레이션은 프리-시즌 테스트의 경우 셋업 조절을 위한 주행 프로그램이 어느 정도 마무리된 뒤 오전 프로그램의 마지막 주행 프로그램으로 진행되거나 레이스 시뮬레이션을 시작하기 직전 수행하는 것이 보통이다. 그랑프리 기간 공식 세션 중에는 **프랙티스 2 중반이나 프랙티스 3 종반**에 진행된 퀄리파잉 시뮬레이션에 좀 더 큰 의미를 두는 경우가 많다.

크래시게이트

Crashgate

2008 싱가포르 그랑프리의 승부 조작 사건

크래시게이트는 2009시즌 르노에서 방출된 넬슨 피케 주니어가 FIA에 사건의 흑막을 제보하면서 알려진 사건으로, 2008 싱가포르 그랑프리에서 넬슨 피케 주니어가 고의로 사고를 일으켜 세이프티카 상황을 만들어 팀메이트 페르난도 알론소의 우승을 가능하게 만든 사건을 가리킨다.

2008 싱가포르 그랑프리에서 알론소는 퀄리파잉에서 연료 시스템 문제로 멈춰서 레이스를 15그리드에서 시작하게 됐다. 르노의 팀 수석 플라비오 브리아토레와 CTO 팻 시몬즈는 피케에게 14랩째에 크레인이 없는 턴17 부근에서 사고를 일으키도록 했고, 세이프티카 직전 핏 스탑했던 알론소는 우승을 차지했다. 사건을 심사한 FIA의 WMSC는 승부 조작에 대한 책임을 물어 **브리아토레와 시몬즈를 F1에서 퇴출**시키는 강력한 제재를 내렸고, 이들의 소속 팀 르노는 항소를 포기했다.

크래시 테스트

Crash test

자동차의 차체 일부 또는 전체에 대한 충돌 테스트

크래시 테스트는 사고 상황에서 차체 일부 또는 전체가 정해진 기준만큼 충격을 흡수하고 형태를 유지해 탑승자의 안전을 보장할 수 있는지 확인하기 위한 충돌 테스트를 가리킨다.

F1에서는 잉글랜드 크랜필드 대학의 **"크랜필드 임팩트 센터(Cranfield Impact Centre)"**에서 규정에 따라 5가지 다이나믹 테스트와 13가지 스태틱 테스트, 롤 스트럭쳐에 대한 다양한 크래시 테스트를 진행하며, 크래시 테스트를 통과한 서바이벌 셀과 바디워크만 F1에 실전 투입될 수 있다.

크랭크샤프트

Crankshaft

크랭크 구조에서 왕복 운동과 회전 운동을 전환하는 기계 부품

"크랭크축"이라고도 불리는 크랭크샤프트는 크랭크 구조에서 왕복 운동을 회전 운동으로 바꾸거나 반대로 회전 운동을 왕복 운동으로 바꾸는 기계 부품 또는 기계요소를 가리킨다.

4행정 엔진의 크랭크샤프트는 각 실린더 안쪽에서 왕복 운동하는 피스톤과 연결되어 연소 단계에 동력축의 회전 운동을 만들어 외부로 전달하고, 흡기 / 압축 / 배기 단계에서는 동력축의 회전 운동을 변환해 피스톤의 왕복 운동으로 연결한다.

클래시피케이션

Classification

순위 또는 순위 부여

클래시피케이션은 모터스포츠 이벤트를 구성하는 주행 세션에서 드라이버가 얻은 순위 또는 순위를 부여하거나 받는 것을 가리킨다. 순위에 든 경우에는 "클래시파이드(classified)", 순위에 들지 못한 경우에는 "낫 클래시파이드(not classfied)" 혹은 "NC"로 표기한다.

F1에서 레이스나 스프린트를 제외한 세션에서는 유효한 랩 타임을 기록하면 순위를 주고, 레이스와 스프린트에서는 **우승자가 완료한 랩 기준 90% 이상을 소화한 경우** 순위를 준다.

클러치

Clutch

동력을 전달하는 축과 전달받는 축을 결속하거나 결속 해제하는 기계 장치

클러치는 보통 엔진과 기어박스 사이에 배치되어 동력원인 엔진 쪽 회전축의 동력을 기어박스 쪽 회전축과 연결하거나 연결을 해제해 동력 전달을 조절하는 기계 장치를 가리킨다.

F1 레이스카의 클러치는 스티어링 휠 뒤쪽에 배치된 클러치 패들을 손가락으로 움직여 조작할 수 있다. 드라이버는 시퀀셜 기어박스의 변속 과정에서 클러치를 조작하지 않지만, 레이스 스타트처럼 멈춰 있던 레이스카를 움직이기 시작할 때는 정교한 클러치 조작이 요구된다.

클러치 바이팅 포인트

Clutch biting point

클러치가 결속되는 위치

"바이트 포인트(bite point)"라고도 부르는 클러치 바이팅 포인트는 클러치를 조작할 때 연결 해제 상태였던 플레이트 등 클러치 연결 부품의 연결이 막 결속 체결되는 위치를 가리킨다.

카본 파이버 클러치를 사용하는 F1 레이스카의 경우 마모와 함께 클러치 바이팅 포인트의 위치가 변할 수 있기 때문에, 각 드라이버가 미리 스티어링 휠에 배치된 "바이트 포인트 파인드(bite point find)" 버튼을 사용해 바뀐 클러치 바이팅 포인트를 정확히 파악할 필요가 있다.

클러치의 작동과 클러치 바이팅 포인트

클로즈드-콕핏

Closed-cockpit

콕핏을 외부로 드러내지 않고 차체나 캐노피 안쪽에 배치하는 방식

클로즈드-콕핏은 콕핏을 차체 외부로 드러내지 않고 차체나 캐노피 안쪽에 배치하는 방식이나 이런 방식으로 만들어진 차를 가리킨다. 클로즈드-콕핏 디자인은 프로토타입이나 포뮬러를 제외한 대다수 모터스포츠에 널리 사용되고 있으며, 종종 오픈-콕핏 레이아웃을 사용하던 내구 레이스의 프로토타입 레이스카 역시 2000년대 이후 점차 클로즈드-콕핏 방식 디자인을 채택하기 시작했다.

그랑프리 레이싱 시대부터 F1 시대까지 그랑프리 레이스카 디자인은 독특하고 기발한 시도를 계속했지만, F1 레이스카 디자인에서 클로즈드-콕핏 방식만큼은 단 한 번도 채택하지 않았다

클로즈드-콕핏과 오픈-콕핏의 비교

클로즈드-휠
Closed-wheel

바퀴가 외부로 완전히 드러나지 않도록 바디워크를 배치하는 방식

클로즈드-휠은 바퀴가 외부로 드러나지 않도록 휠 앞뒤에 바디워크를 배치하는 방식을 가리킨다.

회전하는 바퀴의 나쁜 공기역학적 효과를 고려하면 클로즈드-휠이 바퀴가 외부에 완전히 노출되는 오픈-휠 방식보다 유리할 수 있지만, 1950년대 일부 시도를 제외하면 F1 레이스카는 일반적으로 오픈-휠 방식을 선택했으며 현대적인 F1 레이스카는 클로즈드-휠 방식으로 디자인되지 않는다.

클린 사이드
Clean side

스타팅 그리드에서 상대적으로 그립이 좋은 쪽

클린 사이드는 레이스의 스타팅 그리드에서 상대적으로 그립이 좋은 쪽을 가리키며, 일반적인 레이싱 라인과 겹치는 위치에 배치된 그리드가 클린 사이드로 여겨지는 경우가 많다. 레이싱 라인이 지나는 클린 사이드에 더 많은 트랙 에볼루션이 진행되고 그립 레벨이 높아지기 때문에, 많은 차가 지나지 않은 "더티 사이드(dirty side)"보다 클린 사이드가 스타트에서 더 유리한 경우가 많다.

그리드에서 레이싱 라인과 클린 사이드/더티 사이드

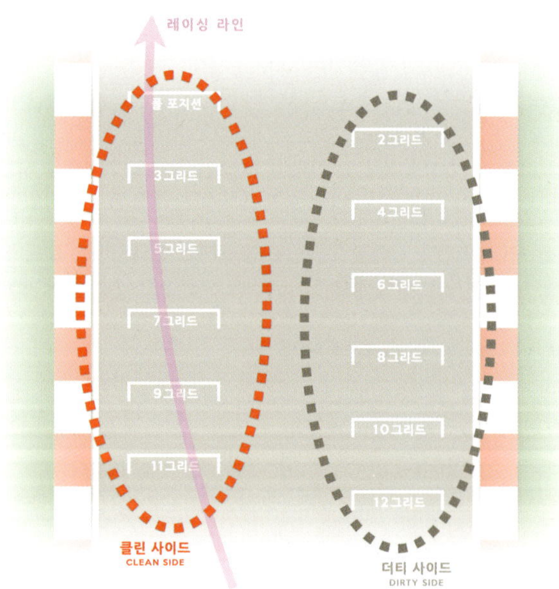

클린 에어

Clean air

혼란스럽거나 복잡한 움직임이 없는 상태의 공기 또는 공기의 흐름이 안정된 공간

"더티 에어(dirty air)"의 반대 개념인 클린 에어는 평범한 바람의 영향 외에 혼란스럽거나 복잡한 움직임이 없는 상태의 공기 또는 공기의 흐름이 어지럽지 않은 안정된 공간을 가리킨다.

F1 레이스카는 클린 에어 속에서 긍정적인 공기역학적 효과를 얻을 가능성이 높기 때문에, 특별한 이유가 없다면 최대한 클린 에어 속에서 달리기 위해 노력하는 것이 보통이다.

키엘 프로브

Kiel probe

다양한 각도에서 유체 흐름의 압력을 측정하는 장치

키엘 프로브는 큰 틀에서 보면 피토 튜브의 일종[5]으로 일반 피토 튜브처럼 유체의 압력을 측정하는 장치 중 하나로, 다양한 각도에서 유체 흐름의 압력을 매우 정확하게 측정할 수 있는 장치다.

키엘 프로브는 일반적인 피토 튜브와 달리 요의 변화에 큰 영향을 받지 않아 유체 흐름의 진행 방향과 관계없이 정확한 압력과 온도를 측정할 수 있지만, 흐름의 방향을 측정할 수는 없다.

타이어 버스트

Tyre burst

타이어가 터지면서 타이어를 채우고 있던 공기의 압력이 빠르게 낮아지는 현상

"타이어 블로우(tyre blow)"라고도 불리는 타이어 버스트는 "슬로우 펑쳐(slow puncture)"와 다르게 한순간 타이어가 터지면서 타이어를 채우고 있던 공기의 압력이 매우 빠르게 낮아져 더 이상 타이어로서 기능할 수 없게 되는 현상을 가리킨다.

타이어 버스트는 타이어가 감당할 수 없는 강한 충격이나 누적된 스트레스에 의해 발생할 수 있으며, 타이어 버스트가 발생하면 타이어를 구성하는 내부 구조물과 고무가 폭발한 것처럼 파편이 되어 사방으로 흩어져 위험한 상황으로 이어질 수 있다.

---

[5] 키엘 프로브를 피토 튜브와 다른 개념의 측정 장치로 보는 사람도 있다.

타이어 워머

Tyre warmer

타이어 온도를 높이고 유지하는 장치

타이어 워머는 타이어를 감싼 뒤 가열해 온도를 원하는 수준까지 높이고 일정하게 유지하는 장치를 가리키며, **"타이어 블랭킷(tyre blanket)"**이라고도 불린다.

타이어 워머는 피트를 벗어난 직후 타이어 온도를 일정 수준으로 유지할 수 있도록 도와 빠르게 제 성능을 발휘할 수 있게 하지만, 많은 장비를 동원하고 관리해야 하는 번거로움과 비용 부담 등을 이유로 2024시즌 타이어 워머 금지를 추진[6]하기도 했지만, 결과적으로 금지 계획은 철회됐다.

타이어 월

Tyre wall

다수의 타이어로 벽을 쌓아 사고 상황에서 충격을 흡수하는 트랙 안전 설비

런-오프 가장자리 콘크리트 월 바로 앞에 설치하는 타이어 월은 다수의 타이어를 겹겹이 쌓아 올린 뒤 옆으로 서로 연결해 만든 타이어 장벽으로, 사고 발생 시 충격을 흡수하는 트랙 안전 설비다.

타이어 월은 텍프로 배리어나 세이퍼 배리어보다 충격 흡수 기대치가 낮지만, 훨씬 저렴하게 안전 설비를 구축할 수 있기 때문에 많은 써킷에서 폭넓게 타이어 월을 설치하는 경우가 많다. 대형 사고 발생 가능성이 높은 곳에는 텍프로 배리어나 세이퍼 배리어와 같은 고가의 안전 설비와 타이어 월을 함께 배치해 효율을 높이기도 한다.

타이어 웨어

Tyre wear

타이어 트레드의 마모

타이어 웨어는 노면과 접촉하는 트레드가 자연스럽게 마모되는 현상을 가리킨다.

타이어 웨어는 가장 기본적인 타이어 손상 중 하나로 어느 정도 예상할 수 있고, 드라이버의 기량에 따라 상대적으로 쉽게 대처할 수 있는 손상에 해당한다. 그러나, 시간이 지남에 따라 마모와 함께 트레드가 줄어들어 점차 성능이 나빠지는 타이어 웨어를 근본적으로 막는 것은 불가능하다.

---

6 논의 끝에 2023시즌 말 안전상의 이유로 최소 2025시즌까지 타이어 워머를 허용하기로 결정했다.

타이어 웨이크

Tyre wake

회전하는 타이어 주변에 발생하는 급격하고 불규칙한 공기 흐름

F1을 포함해 오픈-휠 컨셉을 채택한 레이스카에서는 주행 중 회전하는 타이어 주변에 급격하고 불규칙한 난류 형태의 공기 흐름이 생기는데 이를 타이어 웨이크라 부른다.

타이어 웨이크는 레이스카의 전체적인 공기역학적 성능을 떨어뜨릴 수 있다. 2022시즌 규정 변경으로 프론트 타이어 웨이크를 억제하는 바디워크가 추가되었고, 2023시즌에는 웻 컨디션에서 리어 타이어 웨이크가 만드는 스프레이를 억제하기 위한 바디워크 테스트가 펼쳐지기도 했다.

회전하는 바퀴 주변 공기 흐름의 변화와 타이어 웨이크의 발생

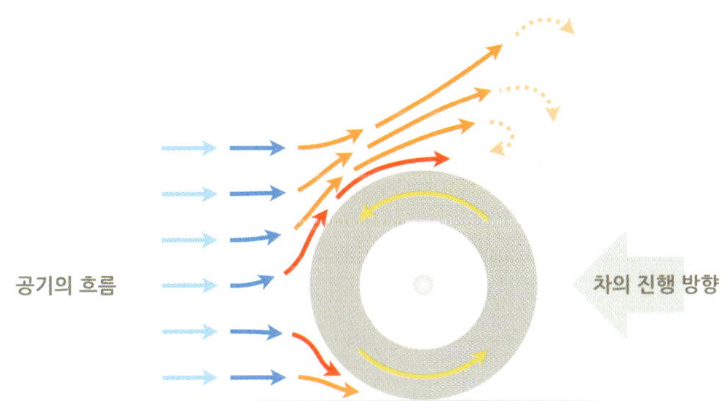

타이어 프레셔

Tyre pressure

타이어 내부를 채운 공기의 압력

타이어 프레셔는 타이어 내부를 채워 충격을 흡수하고 타이어의 형태를 유지하는 공기의 압력을 가리킨다. 타이어 프레셔는 그립 레벨과 타이어 온도 조절에 큰 영향을 미치고, 장기적으로 타이어 수명에까지 영향을 주는 중요한 지표다. 일반적으로 타이어 프레셔는 psi[7] 또는 bar 단위로 표기하는데, F1에서는 주로 **psi 단위** 표기를 사용한다.

타이어 프레셔는 트랙 상황과 컴파운드, 차의 특성에 맞춰 조절해야 하며, F1 타이어 독점 공급자는 과하게 낮은 타이어 프레셔 설정을 막기 위해 매 경기 최소 타이어 프레셔를 정해 공지한다.

---

[7] Pounds per Square Inch

타임키퍼

Timekeeper

시간 계측 담당 오피셜이나 계측 장치, 또는 계측 장치 제공 회사

타임키퍼는 시간 계측을 담당하는 오피셜이나 계측에 사용되는 시계, 타임워치 등의 기계 장치를 가리키며, 때로는 시간 계측 시스템을 제공하는 회사를 타임키퍼라 부르기도 한다.

F1에서는 한 회사를 "공식 타임키퍼(official timekeeper)"로 지정해 계측 시스템을 제공받고 있으며, 2025시즌부터 스위스의 TAG 호이어가 F1 공식 타임키퍼 역할을 맡고 있다.

타임 페널티

Time penalty

기록에 일정 시간을 더하거나 정해진 시간 동안 멈춰 서 있어야 하는 페널티

타임 페널티는 각 세션의 최종 기록에 일정 시간을 더하거나 정해진 시간 동안 멈춰 서 있어야 하는 페널티를 가리킨다.

F1은 스포팅 규정에 "5초 페널티(five second time penalty)"와 "10초 페널티(ten second time penalty)"의 두 가지 타임 페널티를 명시하고 있으며, 레이스에서 타임 페널티를 받은 드라이버는 바로 다음 핏 스탑에서 타임 페널티를 소화해야 한다. 타임 페널티를 받은 뒤 핏 스탑하지 않고 레이스를 마친 경우에는 최종 기록에 타임 페널티만큼 시간이 더해진다.

터닝 베인

Turning vane

공기 흐름의 방향을 바꾸는 구조물

터닝 베인은 원래 건물에서 배기 등을 위한 통로의 굴절 구간에서 공기 흐름의 방향을 바꾸는 구조물을 가리키는 개념이며, 레이스카에서 차체 주변 공기 흐름의 방향을 바꾸기 위해 배치하는 바디워크 역시 터닝 베인이라 부르는 경우가 있다.

현대적인 F1 레이스카에서 노즈 아래에 배치되는 바디워크나 사이드포드 디플렉터가 모두 터닝 베인에 해당하고, 사람에 따라 바지보드 역시 터닝 베인의 일종으로 보기도 한다. 구조에 따라 윈드 터널에도 터닝 베인이 배치될 수 있다.

터보차저

Turbocharger

배기가스로 터빈을 돌려 엔진으로 공급되는 공기를 압축하는 과급 시스템

터보차저는 엔진에서 만들어진 배기가스를 이용해 "터빈(turbine)"을 돌리고, 터빈에 연결된 "컴프레서(compressor)"를 회전시켜 엔진에 공급하는 공기를 압축하는 과급 시스템을 가리킨다. 간단하게 "터보(turbo)"라고 부르기도 한다.

터보차저 방식은 압축 공기를 식히기 위한 "인터쿨러(intercooler)"가 필요하고 자연흡기 방식에 비해 무겁고 복잡하며 열에 취약하다는 단점이 있지만, 같은 배기량의 엔진으로 훨씬 큰 출력을 만들어낼 수 있다는 장점을 갖고 있다.

F1에서는 1970년대 말 르노가 가장 먼저 터보차저 엔진을 도입해 1980년대 터보차저의 첫 번째 전성기를 이끌었고, 1980년대 초반 FISA와 FOCA의 분쟁과 콩코드 협정의 체결 과정에서 터보차저 엔진의 공급 문제 역시 중요한 이슈 중 하나였다. 1980년대 말부터 F1에서 금지됐던 터보차저는 2014시즌 파워 유닛 개념 도입과 함께 부활했고, 2026시즌 기준 모든 F1 레이스카의 파워트레인에 싱글 터보가 의무 장착되고 있다.

일반적인 터보차저 시스템의 다이어그램

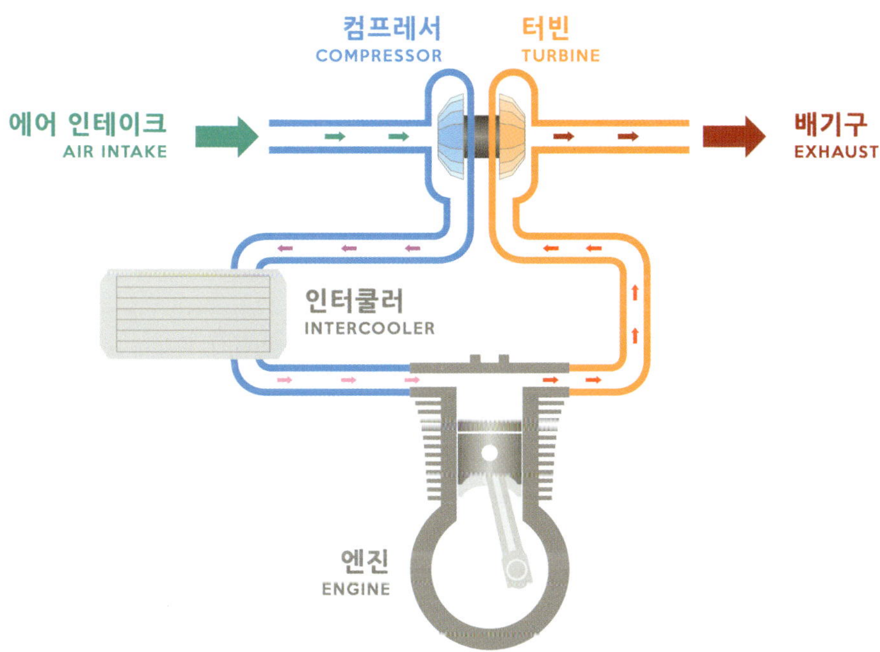

E

터뷸런스

Turbulence

불규칙하고 예측하기 힘든 공기의 흐름

터뷸런스는 불규칙하고 예측하기 어려운 복잡한 공기의 흐름으로 **"난류"**라고도 부른다. 반대로 무난하고 변화가 적은 공기의 흐름은 **"라미나 플로우(laminar flow)"** 또는 **"층류"**라고 부른다.

공기역학적 성능에 큰 영향을 받는 F1 레이스카는 보통 층류 속에서 최고의 성능을 발휘하지만, 터뷸런스를 만나면 공기역학적으로 부정적인 영향을 받는 경우가 많다. 그러나, 때에 따라 특별한 공기역학적 효과를 얻기 위해 의도적으로 터뷸런스를 발생시키기도 한다.

라미나 플로우(층류)와 터뷸런스(난류)

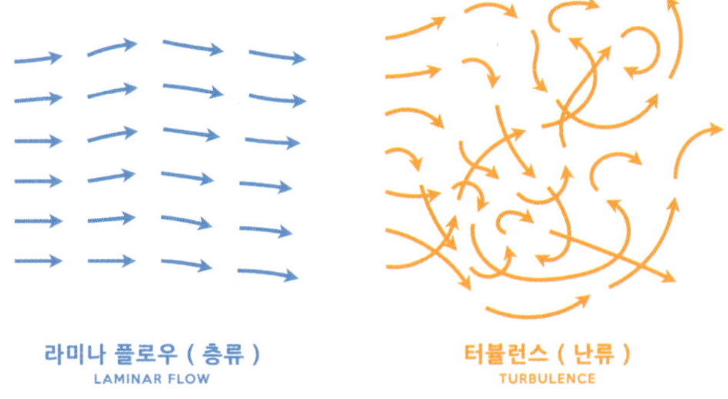

터빈

Turbine

배기구로 향하는 배기가스를 이용해 회전력을 만드는 기계 장치

터빈은 터보차저 시스템에서 엔진 연소실을 빠져나와 배기구로 향하는 배기가스를 이용해 회전력을 만들어 연결된 컴프레서로 전달하는 기계 장치를 가리킨다. 배기가스가 지날 때 회전하는 **"터빈 휠(turbine wheel)"**과 터빈 휠의 회전이 이뤄지는 공간이면서 동시에 배기가스 통로의 역할을 하는 **"터빈 하우징(turbine housing)"**으로 구성된다.

F1 레이스카의 터보차저 시스템에는 "싱글 스테이지 터빈(single stage turbine)"이 사용되고, **150,000rpm의 최대 회전수** 제한이 적용된다. 그러나, 실제로는 터빈이 손상되거나 폭발하는 "버스트 포인트(burst point)"를 넘지 않도록 대부분 파워 유닛의 터빈은 최대 100,000rpm 전후에서 작동한다.

턴-인
Turn-in

코너 공략에서 방향 전환의 시작

턴-인은 코너를 공략할 때 방향 전환을 시작하는 것을 가리키며, 코너 공략 중 턴-인이 시작되는 지점은 **"턴-인 포인트(turn-in point)"**라고 부른다.

코너 진입 속도가 빠르고 탈출 속도가 상대적으로 중요하지 않거나, 코너 안쪽으로 추월을 시도하는 경우 **"얼리 턴-인(early turn-in)"**과 함께 코너 진입 과정에서 최대한 높은 속도를 유지해 이득을 얻을 수 있다. 반대로 코너 탈출 속도를 높이려고 할 때는 브레이킹 포인트를 앞당기는 대신 턴-인을 늦추는 **"레이트 턴-인(late turn -in)"**을 선택하기도 한다.

레이트 턴-인과 얼리 턴-인

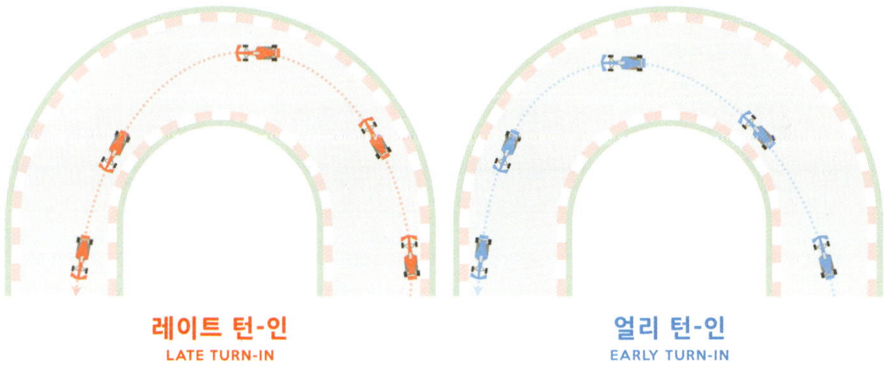

테스트 드라이버
Test driver

테스트 프로그램을 담당하는 드라이버

테스트 드라이버는 정규 드라이버와 리저브 드라이버 외에 모터스포츠 팀의 비정규 드라이버로, 보통 정규 드라이버를 대신해 팀의 테스트 프로그램을 담당한다.

F1에는 테스트 드라이버 관련 규정이 없기 때문에, 각 팀이 나름의 기준에 따라 테스트 드라이버를 지명할 수 있다. 시뮬레이션 테스트를 전담하는 **"시뮬레이터 드라이버(simulator driver)"** 또는 **"시뮬레이션 드라이버(simulation driver)"**, 팀이 육성하는 유망주나 다른 목적으로 팀에 합류한 **"개발 드라이버(development driver)"** 등 테스트 드라이버와 비슷한 개념도 존재한다.

테크니컬 디렉터

Technical director

팀의 기술 부문 책임자

테크니컬 디렉터는 모터스포츠 팀의 기술 부문을 책임지는 엔지니어를 가리키며, F1 챔피언십에 참가하는 팀은 규정에 따라 한 명의 기술 최고 책임자를 테크니컬 디렉터로 지정해야 한다.

F1 팀마다 한 명씩 테크니컬 디렉터가 활동하는 것이 보통이지만 일부 팀에서는 두 명 이상의 테크니컬 디렉터가 업무를 분담하기도 한다. 일부 팀에서는 내부적으로 테크니컬 디렉터라는 직함을 쓰지 않기도 하고, **"최고 기술 책임자(CTO : Chief Technical Officer)"**처럼 테크니컬 디렉터보다 높은 별도의 기술 부문 최고 책임자를 임명하기도 한다.

텍프로 배리어

Tecpro barriers

사고 상황에서 충격을 크게 완화하는 특수 구조로 특허를 획득한 안전시설

텍프로 배리어는 1990년대 드라이버로 활약했던 라파엘 갈리아나(Rafaël Galiana)가 만든 회사의 이름이며, 텍프로 배리어사가 개발해 많은 써킷에 설치된 트랙 안전시설의 명칭이기도 하다.

텍프로 배리어는 폴리에틸렌으로 외형을 구성한 뒤 내부 빈 공간에 이중 나일론 연결선을 배치하는 구조를 갖고 있다. 텍프로 배리어는 사고가 발생했을 때 많은 충격을 흡수하면서 다른 방호벽의 몇 가지 단점을 보완할 수 있으며, F1 그랑프리가 개최되는 상설 써킷과 시가지 써킷은 물론 소형 텍프로 배리어의 경우 카트 써킷에도 널리 사용되고 있다.

텔레메트리

Telemetry

레이스카의 각종 데이터에 대한 원격 수집과 모니터링

텔레메트리는 레이스카의 각종 데이터에 대한 원격 수집과 모니터링 또는 원격으로 수집되거나 모니터링된 데이터 자체를 가리키는 개념이다.

텔레메트리는 1980년대 원시적 형태가 등장했고, 이후 빠르게 발전해 현대적인 F1의 필수 요소가 되었다. 텔레메트리를 통해 드라이버의 조작과 차의 상태에 대한 방대한 데이터를 수집해, 상황을 정확히 판단하고 발생할 수 있는 문제에 대한 예측이 가능해졌다. 그러나, 양방향 통신으로 엔지니어가 차의 상태를 조작/보정하는 것까지 가능했던 **"투-웨이 텔레메트리(two-way telemetry)"는 2003시즌 금지**되었고, 이후 단방향 통신으로 데이터 수집과 모니터링만 가능해졌다.

토
Toe

위에서 내려봤을 때 휠이 기울어진 각도

토는 차를 위에서 내려봤을 때 휠이 기울어진 각도를 가리킨다. 휠 앞쪽이 안으로 모이고 뒤쪽이 벌어진 경우는 "토 인(toe in)" 또는 "포지티브 토(positive toe)", 반대로 휠 앞쪽이 벌어지고 뒤쪽이 안으로 모인 경우는 "토 아웃(toe out)" 또는 "네거티브 토(negative toe)"라고 부른다.

뒷바퀴에만 동력을 전달해 움직이는 F1 레이스카의 경우 리어 휠을 토 인으로 셋업하면 코너를 공략할 때 오버스티어 성향을 줄일 수 있지만, 직진 가속력에서는 손해를 볼 수 있다. 프론트 휠을 토 인으로 셋업하면 조종 응답성이 높아지고 오버스티어 성향이 강해진다.

토 인과 토 아웃

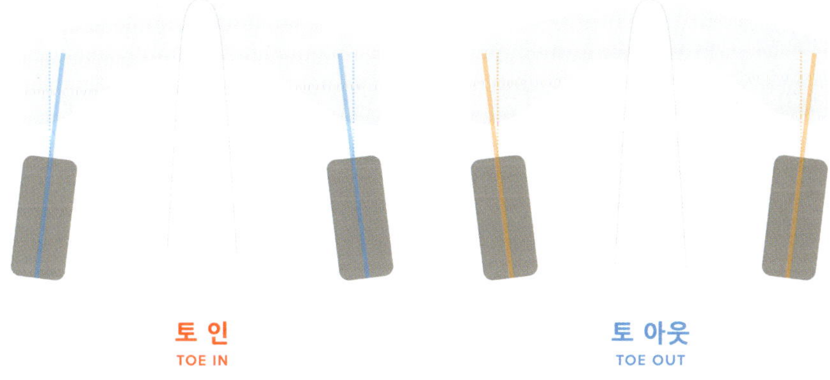

토션바 스프링
Torsion bar spring

긴 원통형 바 또는 튜브의 비틀어짐과 복원을 이용하는 스프링

토션바 스프링은 긴 원통 형태의 바나 튜브의 비틀어짐과 복원을 이용하는 스프링이다. 자동차 서스펜션의 충격 흡수 구조는 크게 압축과 복원을 이용하는 일반적인 코일 스프링 방식과 토션바의 비틀어짐과 복원을 이용하는 토션바 스프링 방식의 두 가지로 구분할 수 있다.

토션바 스프링의 성능은 토션바의 재질과 길이, 지름 등에 따라 달라진다. 토션바 스프링의 기능은 코일 스프링과 비슷하지만, 공간을 적게 차지하기 때문에 F1 레이스카에 널리 사용되고 있다.

E

토잉

Towing

앞선 차가 뒤따르는 차를 공기역학적으로 끌어주는 효과

토잉은 앞선 차가 공기역학적으로 뒤따르는 차를 끌어주는 효과를 가리키는 용어다. 영어 "토(tow)"를 직역하면 "견인"에 해당하기 때문에, "공기역학적 견인"이라고도 부른다.

가까이에서 슬립스트림을 이용할 경우는 물론 몬짜처럼 1~2초 이상 뒤처진 위치에도 토잉이 작용할 수 있다. 토잉이 강력한 효과를 발휘할 수 있는 곳에서는 앞선 차가 의도적으로 다른 차에 토를 주지 않기 위해 불규칙하게 반복적으로 주행 경로를 바꾸는 "브레이킹 토(breaking tow)"에 공을 들이는 경우가 많지만, 반대로 같은 팀의 동료에게 의도적인 토잉을 제공하기도 한다.

토크

Torque

회전 운동의 회전력

토크는 회전 운동의 회전력을 나타내는 물리 개념으로, 회전축을 중심으로 **1m 반지름**을 가진 원형 경로를 따라 **1N의 힘**이 가해졌을 경우 토크는 **1N·m**[8]이 된다.

"엔진 출력 = 토크 × 회전수"이므로 낮은 회전수에서도 강한 토크를 만들 수 있다면 더 높은 출력을 낼 수 있다. 실제 F1 레이스카 등 고성능 레이스카에는 강한 토크를 우선한 엔진이 장착된다.

토크 1N·m의 다이어그램

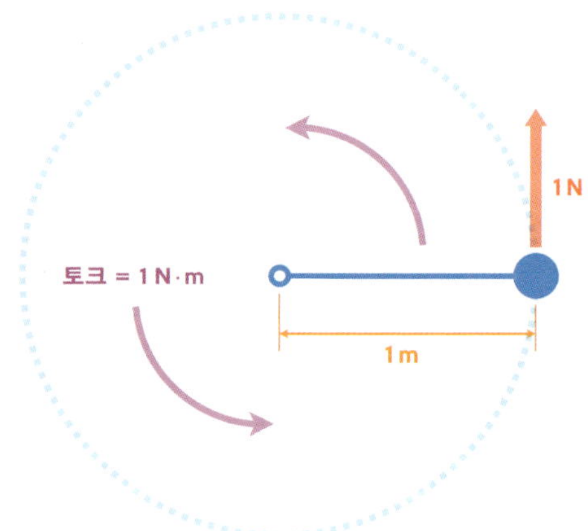

[8] SI 단위는 N·m, SI 기본 단위로는 kg·m²·s⁻²이 사용되지만, 사람에 따라 kgf·m, lbf·ft 등의 단위를 사용하기도 한다.

투 무브
Two-move

앞선 차가 방어를 위해 두 차례 이상 진로를 바꾸는 것

레이스에서 순위 경쟁이 펼쳐지는 모터스포츠에서는 대부분 코너를 앞두고 앞선 차가 방어를 위해 한 차례 진로를 바꾸는 "원 무브(one-move)"만을 허용한다. 반면, 앞선 차가 두 차례 이상 진로를 바꾸는 "투 무브"는 규정에 명시하거나 암묵적인 룰을 통해 금지하고 있다.

F1에서는 오랫동안 암묵적인 규칙이 있었지만, 2000년대 이후 드라이버들이 투 무브로 볼 수 있는 움직임을 보이기 시작하자 FIA가 규정을 변경해 투 무브 금지를 명문화했다.

튠드 매스 댐퍼
Tuned Mass damper

작은 무게추로 진동의 진폭을 감쇠시키는 기계 장치

튠드 매스 댐퍼는 작은 무게추를 사용해 진동의 진폭을 감쇠시키는 기계 장치를 가리키며, 약자로 **"TMD"**라고 부르는 경우가 많다. 상황에 따라 간단하게 **"매스 댐퍼(mass damper)"**라고 부르기도 한다. 튠드 매스 댐퍼는 진동의 진폭을 매우 빠르게 감쇠시킬 수 있어, 진동이 문제를 일으킬 수 있는 기계 장치를 안정적으로 운용하는 데 큰 도움을 준다.

2005, 2006시즌의 르노를 통해 일반인들도 튠드 매스 댐퍼에 대해 자세하게 알게 되었지만, 르노가 사용했던 방식의 매스 댐퍼는 F1에서 금지되었다. 2026시즌 기준 F1 규정 중 **섹션 C - 기술 규정**에서 매스 댐퍼와 관련된 내용을 정의하고 있으며, 어떤 다른 효과도 없는 진동을 억제하기 위한 튠드 매스 댐퍼의 사용만 허용하고 있다.

트랙
Track

써킷에서 레이스카가 달리는 경주로

트랙은 써킷에서 레이스카가 달릴 수 있도록 만든 경주로를 가리키며, 종종 좁은 의미로 경주로의 노면만을 의미하거나 넓은 의미로 써킷 자체를 가리키는 표현으로 사용되기도 한다.

F1 그랑프리가 펼쳐지는 FIA 공인 그레이드 1 써킷을 포함해 대부분 써킷에는 포장된 트랙의 경계에 "흰색 실선(white line)"을 그어 트랙 경계를 표시하고, 흰색 실선 안쪽 포장된 도로를 가장 좁은 의미의 트랙이라고 여기는 경우도 있다.

E

트랙 로드

Track rod

휠을 밀거나 당겨 방향 조절을 위해 사용되는 서스펜션 부품

트랙 로드는 드라이버가 스티어링 휠을 조작했을 때, 휠을 밀거나 당겨 방향 조절을 위해 사용되는 서스펜션의 기계 부품이다. 미국식 영어로 **"타이 로드(tie rod)"**라고 표현한다.

F1 레이스카의 트랙 로드는 섀시와 프론트 휠을 연결하는 서스펜션 구조를 구성하는 부품 중 하나지만, 디자인 과정에서 높은 공기역학적 효과를 기대하기보다 작고 가벼운 트랙 로드를 만드는 데 비중을 두는 경우가 많다.

트랙 리미트

Track limit

레이스카의 주행이 허용된 트랙의 경계

트랙 리미트는 트랙에서 레이스카의 주행이 허용된 트랙 경계를 가리키며, 레이스카가 트랙 리미트를 벗어나 주행할 경우 "트랙을 벗어났다." 또는 "코스를 이탈했다." 등의 표현을 사용한다.

F1에서는 레이스카의 네 바퀴가 모두 트랙 가장자리 흰색 실선을 완전히 벗어났을 경우 트랙 리미트를 벗어난 것으로 간주하며, 다른 대부분 모터스포츠 이벤트와 마찬가지로 트랙 리미트를 벗어난 주행에 대해서는 랩 타임이 삭제되거나 상황에 따라 페널티가 주어질 수 있다.

트랙 리미트를 벗어나지 않은 경우와 벗어난 경우의 비교

W 트랙션

Traction

타이어가 노면 위에서 미끄러지지 않고 마찰력을 유지할 수 있는 능력

트랙션은 **"두 물체의 표면 사이에서 만들어지는 최대한의 정적 마찰력"**으로 정의되는 물리 개념이다. 종종 정확한 사전적인 정의를 떠나 "그립(grip)"과 비슷한 의미로 사용되기도 하지만, 상황에 따라 어느 정도 그립을 확보하면서 발휘하는 추진력이나 직진성을 의미하기도 한다.

트랙션은 타이어에 가해지는 하중, 트레드 컴파운드의 마찰 계수, 휠스핀 양 등에 따라 결정되며, 보통 높은 트랙션을 확보할수록 가속과 감속, 코너링에 유리하며 레이스카의 조종성이 높아진다.

W 트랙션 컨트롤

Traction control

휠스핀이 발생했을 때 회전력을 감소시켜 트랙션을 확보하는 시스템

트랙션 컨트롤 또는 "TC"는 휠스핀이 발생했을 때 회전력을 감소시켜 드라이버가 트랙션을 확보하고 차를 컨트롤하기 쉽도록 도와주는 시스템을 가리킨다. 한쪽 바퀴의 회전력을 반대쪽으로 옮기는 디퍼런셜과 달리 양쪽 휠에 가해지는 회전력이 전체적으로 줄어드는 시스템이다.

많은 사람이 트랙션 컨트롤을 가리켜 **"트랙션 컨트롤 시스템(TCS : Traction Control System)"**이라 부르지만, 독일어권을 중심으로 "ASR(Antriebsschlupfregelung)"이라는 표현도 사용한다. F1에서도 1990년대 초반까지 많은 연구가 진행되었다가 1994시즌 규정 변경에 따라 다수의 드라이버 에이드와 함께 금지됐던 트랙션 컨트롤은, 2001시즌 다시 사용이 허용되었다가 **2008시즌 규정 변경을 통해 두 번째로 F1 레이스카에 트랙션 컨트롤 장착이 금지**됐다.

W 트랙 시그널

Track Signal

깃발 등으로 트랙 위의 드라이버에게 보내는 신호

트랙 시그널은 깃발 등을 통해 트랙에서 주행 중인 드라이버에게 보내는 신호를 가리킨다.

그린 플랙, 옐로우 플랙, 레드 플랙 등 대부분 트랙 시그널은 마샬 포스트의 깃발 신호와 신호등 또는 전광판에 해당하는 **"라이트 패널(light panel)"**을 통해 드라이버에게 전해진다

E

트랙 에볼루션

Track evolution

모터스포츠 이벤트가 진행되는 동안 트랙 상황이 개선되는 변화

모터스포츠 이벤트가 막 시작된 시점에는 트랙 상황이 나쁜 경우가 많은데 이런 상황의 트랙을 "그린 트랙(green track)"이라 부른다. 차들의 주행이 계속되면 먼지와 이물질이 레이싱 라인 바깥쪽으로 날아가고, 트랙 빈틈에는 러버가 깔리면서 트랙 상황이 빠르게 개선될 수 있게 된다.

F1에서는 특히 시가지 써킷은 물론 상설 전용 써킷 중에도 헝가로링처럼 평소 사용량이 적은 일부 써킷에서 큰 폭의 트랙 에볼루션을 예상할 수 있으며, 트랙 에볼루션 폭이 클 경우 퀄리파잉 등에서 "안전한 랩 타임"을 예측하는 데 어려움을 겪으며 예상치 못한 결과로 이어지기도 한다.

이물질이 줄어들고 러버가 깔리는 트랙 에볼루션 과정

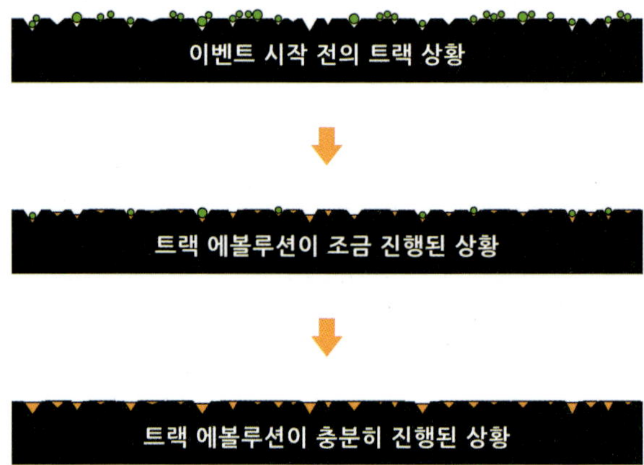

트랙 온도

Track temperature

트랙 표면에서 측정한 온도

트랙 온도는 트랙 표면에서 측정한 온도를 가리키며, 기온과 함께 레이스카 성능에 큰 영향을 미치는 요소다. 수시로 정확한 온도를 파악해 적절하게 대응해야만 차량 성능을 제대로 발휘할 수 있다. 기온이 습도, 기압 등과 함께 레이스카의 냉각과 공기역학적 성능에 큰 영향을 끼친다면, 트랙 온도는 주로 타이어 온도 관리에 많은 영향을 준다.

트랙 워크
Track walk

주행에 앞서 트랙을 걸으며 상태를 점검하는 준비 과정

트랙 워크는 본격적인 주행 프로그램에 앞서 드라이버와 엔지니어 등 관계자들이 함께 트랙을 걸으며 트랙 상태 등을 확인하고 점검하는 준비 과정을 가리킨다.

F1 그랑프리 기간 트랙 워크는 첫 공식 주행 시간보다 하루 이틀 전 낮에 진행하는 경우가 많으며, 실제 트랙 상황이 시뮬레이션과 같은 경우가 없기 때문에 많은 드라이버가 트랙 워크를 중요하게 여긴다. 일부 드라이버는 트랙 워크를 가볍게 여기거나 아예 트랙 워크에 나서지 않기도 한다.

트랜스폰더
Transponder

레이스카에 탑재하는 시간 정보 송수신 장치

"송신기(**TRANS**mitter)"와 "수신기(res**PONDER**)"의 합성어로 만들어진 단어 "트랜스폰더"는 써킷에 매설된 타이밍 루프 등 FIA의 계측 장비와 반응해 활성화되는 시간 정보 송수신 장치를 가리킨다. 모든 F1 레이스카는 규정에 따라 지정된 위치에 두 개의 트랜스폰더를 장비해야 한다. 규정에서는 **"타이밍 트랜스폰더(timing transponder)"**라고 표현한다.

트랜스폰더가 타이밍 루프를 지날 때 상호 작용을 통해 섹터 타임을 포함한 각종 시간 정보의 실시간 측정과 확인이 가능하고, 타이밍 루프로부터 신호를 받아 레이스카의 온보드 카메라 등을 활성화하거나 옐로우, 블루, 레드 플랙 등 시그널을 표시하는 시스템도 활용되고 있다.

2026시즌 F1 기술 규정 기준 트랜스폰더의 배치 위치

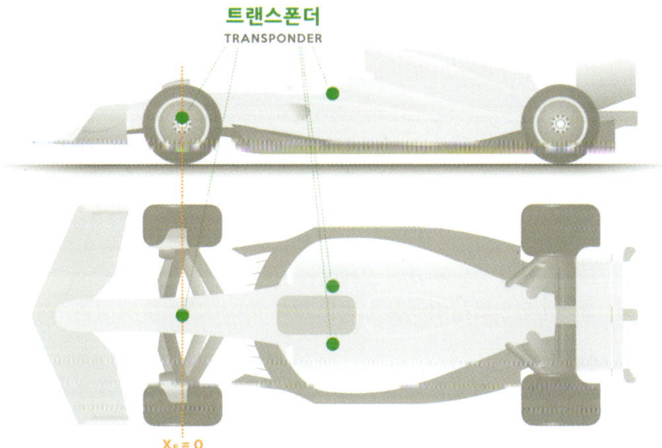

E

트레드

Tread

타이어에서 노면과 직접 접촉하는 부분

트레드는 타이어에서 노면과 직접 접촉하는 부분을 가리키며, 노면과의 마찰로 그립을 만드는 중요한 역할을 수행한다. 사람에 따라 타이어 "트랙(track)"이라는 표현을 사용하기도 한다.

트레드는 마모가 계속되면 점점 충분한 트랙션을 확보하기 어려워지고, 웻 타이어와 인터미디어트 타이어의 경우에는 트레드 마모와 함께 배수량이 줄어들어 제 성능을 발휘할 수 없게 된다.

앞에서 본 그루브 타이어(왼쪽)와 슬릭 타이어(오른쪽)의 트레드

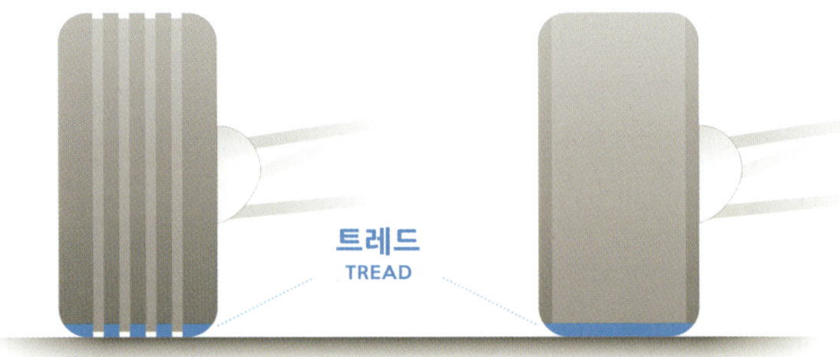

트리플 크라운 오브 모터스포츠

Triple crown of motorsport

F1 모나코 그랑프리, 르망 24시간, 인디500에서 모두 우승하는 것

트리플 크라운 오브 모터스포츠는 역사적으로 모터스포츠에서 가장 중요한 이벤트로 여겨지는 F1 모나코 그랑프리, 르망 24시간, 인디 500에서 모두 우승하는 것을 가리킨다. 일부에서는 다른 이벤트 세 가지를 트리플 크라운 오브 모터스포츠의 기준으로 여기기도 한다.

1933년 타찌오 누볼라리가 처음으로 트리플 크라운 오브 모터스포츠 중 두 개 이벤트에서 우승했고, 2025년까지 모두 7명의 드라이버가 세 종류의 이벤트 중 두 가지 이벤트에서 우승을 차지했다. 모나코 그랑프리에서만 5승을 거둔 **그레이엄 힐**[9]은 1966 인디 500에 이어 1972 르망 24시간에서 우승해, 역사상 **유일하게 트리플 크라운 오브 모터스포츠를 달성**한 드라이버가 됐다.

[9] 그레이엄 힐은 모나코 그랑프리 대신 F1 챔피언 타이틀을 트리플 크라운 오브 모터스포츠로 여겼다. 그레이엄 힐의 정의를 따르더라도 2025년까지 트리플 크라운 오브 모터스포츠를 달성한 드라이버는 그레이엄 힐 자신이 유일하다.

트리플 헤더

Triple header

3주 연속 경기

트리플 헤더는 3주 연속 펼쳐지는 경기를 뜻한다. 모터스포츠 챔피언십에서는 보통 주말에 이벤트를 편성하고, 필요할 경우 한 주말 동안 두세 개 레이스를 편성해 "더블 라운드(double round)"나 "트리플 라운드(triple round)"의 일정을 소화하기도 한다. 그러나, 2주 연속으로 레이스를 펼치는 "더블 헤더(double header)"는 드라이버와 팀원 모두에게 상당한 부담을 주는 경우가 많고, 3주 연속으로 레이스가 진행되는 트리플 헤더라면 그 부담은 더 커진다.

F1 챔피언십에서는 매 시즌 편성되는 그랑프리가 늘어나 부담스러운 더블 헤더 일정이 몇 차례 편성되는 것이 흔해졌지만, 트리플 헤더의 경우 2018시즌 프랑스 그랑프리와 오스트리아 그랑프리, 영국 그랑프리가 연속 편성된 이후 매년 한두 차례씩 편성되기 시작했다.

티 트레이

Tea tray

레이스카 플로어에서 콕핏 아래 앞쪽으로 돌출된 찻잔 받침 형태의 바디워크

"찻잔 받침"을 뜻하는 티 트레이는 F1 등 포뮬러 레이스카의 플로어 앞쪽으로 돌출된 찻잔 받침 형태의 바디워크를 가리킨다. 보통 콕핏 아래 플로어의 맨 앞부분에서 레이스카 아래로 흐르는 공기의 흐름을 아래위로 나누는 효과를 노리기 때문에 **"스플리터(splitter)"**라고 불리기도 한다.

F1 레이스카에는 플로어와 이어지는 티 트레이 아래부터 스키드 블럭이 부착된다. 티 트레이는 하이 레이크 셋업에서 지면과 접촉할 가능성이 높고 파손될 위험도 높은 부분이다. 2020년대에 들어선 이후로는 **"빕(bib)"**이라는 표현을 더 많이 사용하고 있다.

2010년대 F1 레이스카의 티 트레이

티포시

Tifosi

페라리를 응원하는 열정적인 이탈리아 팬

"티포(tifo)"는 이탈리아어에서 스포츠팀에 대한 응원을 가리키며, "팬"을 뜻하는 티포시는 축구, 모터스포츠 등의 스포츠팀을 열정적으로 응원하는 사람을 가리키는 개념으로 널리 쓰인다.

모터스포츠 초창기부터 마제라티, 란치아, 알파로메오 등 이탈리아 팀을 응원하는 팬들을 아우르던 티포시 개념은, 1950년대 이후 이탈리아를 대표하는 F1 팀으로 자리매김한 스쿠데리아 페라리의 팬을 가리키는 표현이 되었다. 특히 이탈리아에서 펼쳐지는 F1 그랑프리에서는 레이스뿐 아니라 티포시의 열광적인 응원 문화 역시 중요한 볼거리 중 하나로 여겨진다.

틸케드롬

Tilkedrome

헤르만 틸케와 그의 회사가 설계한 써킷

틸케드롬은 헤르만 틸케와 그의 회사가 설계한 써킷을 가리킨다. 틸케드롬은 대부분 단조롭고 비슷한 구성에 인위적인 느낌이 짙은 코너 디자인으로 올드팬들에게 인기가 없는 편이고, 실제 무난하고 큰 변수가 없는 무난한 레이스가 펼쳐지는 경우가 많아 재미없는 써킷의 대명사가 되었다.

1999년 개장한 세팡 인터내셔널 써킷을 시작으로 바레인 인터내셔널 써킷, 상하이 인터내셔널 써킷, 야스 마리나 써킷, 코리아 인터내셔널 써킷 등이 모두 헤르만 틸케의 디자인으로 탄생했고, 마리나 베이, 바쿠 시티 써킷 등 시가지 써킷의 레이아웃 디자인은 물론 1995년 A1-링(레드불링)과 2005년 후지 스피드웨이의 리노베이션 역시 헤르만 틸케가 담당했다.

팀 라디오

Team radio

팀원 사이의 무선 통신

팀 라디오는 모터스포츠에 참가하는 팀이 사용하는 무선 통신 시스템 또는 그 시스템을 이용해 팀원이 나누는 대화를 가리킨다.

F1에서는 각 팀의 드라이버와 레이스 엔지니어를 중심으로 주요 팀 관계자가 팀 라디오로 메시지를 전달할 수 있는 시스템이 준비되어 있다. 팀 라디오 내용은 모두 방송을 제작하는 FOM이 입수해 TV 중계에서 팀 내부 정보와 사건의 배경을 전달하며 현장감을 살리는 용도로 사용되거나, 레이스를 주관하는 FIA에 넘겨져 스튜어드가 규정 준수 여부를 확인하는 자료로 활용되기도 한다.

팀 매니저

Team manager

F1팀의 행정과 운영을 책임지는 관리자

팀 매니저는 F1 팀에서 행정과 운영을 책임지는 대표 관리자를 가리킨다. 팀의 인원 관리와 FIA에 문서를 제출하는 등의 업무를 팀 매니저가 담당하고, FIA와 소통할 때 창구가 되기도 한다.

때로는 팀에 스포팅 디렉터 직책이 없고 팀 매니저가 스포팅 디렉터의 업무를 함께 수행하는 경우가 있고, 반대로 팀 매니저 직책이 없고 스포팅 디렉터가 팀 매니저의 역할을 맡는 경우도 있다. 2026시즌 기준 F1 규정 **섹션 A - 일반 규정**에 정의된 FIA에 제출하는 핵심 인력 리스트에는 스포팅 디렉터와 테크니컬 디렉터 다음으로 팀 매니저가 포함되어 있다.

팀 빌딩

Team building

패독에 배치된 팀 전용 건물

써킷의 패독에는 각 팀이 나름의 방법으로 꾸미고 운영할 수 있는 팀 전용 건물인 팀 빌딩이 배치되어 있다. F1 팀들이 트레일러 트럭으로 이동하는 유럽 지역 이벤트에는 **"모터홈(motorhome)"** 이라고 부르는 팀 고유의 간이 건물을 구축하기도 한다.

보통 팀 빌딩 1층에는 손님을 맞이하고 인터뷰를 진행하거나 팀원이 식사할 수 있는 접객 공간 "호스피탤리티(hospitality)"와 조리 시설이 배치되며, 팀 빌딩 2층에는 사무 시설과 회의실, 드라이버를 위해 격리된 휴식 공간이 배치된다.

팀 오더

Team order

팀에서 드라이버에게 지시하는 작전 명령

팀 오더는 모터스포츠 초창기 핏 보드를 이용했고 통신 기술이 발달한 현재 대부분 팀 라디오를 통해 전달되는 작전 명령을 가리킨다. 팀 오더는 보통 드라이버 개인의 의지와 어긋나는 내용을 지시해 논란을 불러일으킬 수 있지만, 팀 스포츠로서 모터스포츠의 특성을 잘 보여준다고도 볼 수 있다.

F1에서는 2000년대 초반 페라리가 오스트리아 그랑프리에서 2년 연속 팀 오더로 물의를 일으킨 뒤 규정을 통해 팀 오더가 금지됐지만, 2010 독일 그랑프리에서 페라리가 간접적인 팀 오더로 또 다시 물의를 일으키자 팀 오더 금지 규정이 큰 의미가 없다는 판단으로 2011시즌부터 팀 오더 금지 규정이 삭제되면서 각 팀이 자유롭게 팀 오더를 내릴 수 있게 됐다.

팀 프린시플

Team principal

모터스포츠 팀의 공식 최고 책임자

"팀 수석"이라고도 불리는 팀 프린시플은 팀에서 공식적으로 최고 책임자 임무를 맡은 사람을 가리키며, 2026시즌 기준 F1 규정 **섹션 A - 일반 규정**에 정의된 FIA에 제출하는 핵심 인력 리스트에는 CEO와 CFO 다음으로 팀 프린시플이 포함된다.

종종 팀 오너나 팀의 최고 책임자가 아닌 실무 책임자가 팀 프린시플 역할을 맡기도 하며, 반대로 팀 프린시플 대신 "팀 부수석"에 해당하는 **"데퓨티 팀 프린시플(deputy team principal)"**이나 다른 직함을 가진 팀원이 팀 프린시플의 임무를 대신하는 경우도 있다.

파워 밴드

Power band

엔진이 가장 효율적으로 작동할 수 있는 범위

파워 밴드는 엔진이 높은 효율로 작동해 충분한 출력을 발휘할 수 있는 엔진 회전수 범위를 가리킨다. 보통 최대 출력을 내는 영역을 파워 밴드로 이해하지만, 종종 최대 토크를 만들 수 있는 **"피크 토크(peak torque)"**와 최대 출력을 낼 수 있는 **"피크 파워(peak power)"** 사이의 RPM 대역을 파워 밴드라고 부르기도 한다.

적절한 시점에서 기어를 변경해 엔진 회전수가 파워 밴드 안에 머무르게 하면 최대 효율로 속도를 높일 수 있는 경우가 많고, F1 레이스카처럼 파워 밴드가 넓은 경우에도 파워트레인이 최고의 효율을 낼 수 있는 변속 타이밍을 찾고 활용하는 작업은 여전히 무시할 수 없다.

서로 다른 특성을 가진 두 엔진에서 피크 토크, 피크 파워와 파워 밴드

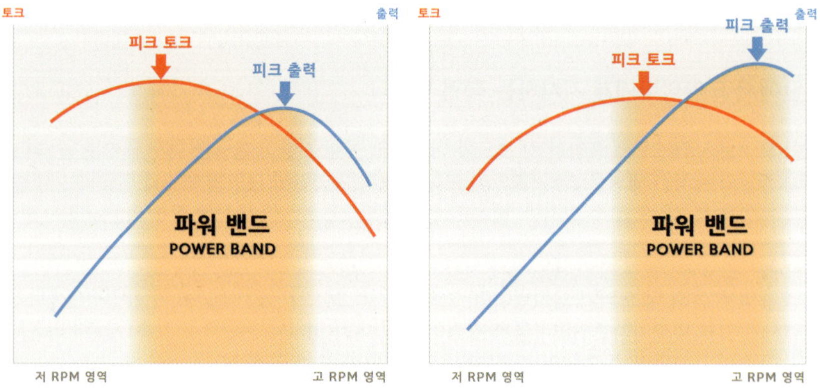

파워 스티어링

Power steering

적은 힘으로 스티어링 휠을 조작할 수 있도록 도와주는 시스템

"파워-어시스티드 스티어링(PAS : Power-Assisted Steering)"이라고도 불리는 파워 스티어링은 드라이버가 적은 힘으로 스티어링 휠을 조작할 수 있도록 돕는 시스템을 가리킨다. 파워 스티어링에는 유압식 파워 스티어링과 전기-유압식 파워 스티어링, 전기식 파워 스티어링 방식 등이 있다.

F1 레이스카에는 파워 스티어링이 허용되긴 하지만 작동에 전기의 힘을 사용하거나 전기적 제어는 금지되어 있으며, 유압식 파워 스티어링이 사용되기 때문에 유압 시스템에 문제가 발생했을 경우 파워 스티어링에도 이상이 생길 수 있다.

파워 유닛

Power Unit

6개 파츠로 이뤄진 F1 파워트레인의 핵심 부분

영문 머리글자를 따 **"PU"**로 표기하기도 하는 파워 유닛은 2014시즌 F1 기술 규정 변경과 함께 등장한 개념으로 F1 하이브리드 파워트레인의 핵심 동력 장치를 구성하는 7개[10] 파츠를 가리킨다. 2026시즌 기준 규정에 정의된 파워 유닛을 구성하는 파츠들은 다음과 같다.

- **ICE** (**I**nternal **C**ombustion **E**ngine) : 내연기관 엔진
- **TC** (**T**urbo**C**harger) : 터보차저
- **EXH** (**EXH**aust set) : 배기 시스템
- **MGU-K** (**M**otor **G**enerator **U**nit - **K**inetic) : 엔진 / 제동 시스템과 연결된 에너지 재생 장치
- **ES** (**E**nergy **S**tore unit) : 배터리
- **PU-CE** (**P**ower **U**nit - **C**ontrol **E**lectronics unit) : 전자 제어 파츠
- **PU-ANC** (**P**ower **U**nit - **AN**cillary **C**omponents) : 보조 구성 요소

파워 유닛 각 파츠는 규정에 따라 한 시즌 동안 자유롭게 사용할 수 있는 개수가 제한되며, 정해진 숫자 이상의 파워 유닛 파츠를 사용할 경우 그리드 페널티를 받을 수 있다. 2026시즌부터 이전까지 파워 유닛의 핵심 부품 중 하나였던 MGU-H가 제거된 새로운 파워 유닛 규정이 적용되었다.

---

[10] 2014시즌 파워 유닛 개념이도입되었을 때는 6개였고, MGU-H가 포함된 내신 EXH와 PU-ANC가 포함되지 않았다.

ㅌ

ㅍ

파워트레인

Powertrain

드라이브트레인에 전달할 동력을 만드는 일련의 부품들

파워트레인은 동력을 의미하는 "파워(power)"와 부품들이 이어졌다는 의미의 "트레인(train)"의 합성어로, 동력을 생성하는 엔진이나 모터를 중심으로 드라이브트레인에 전달할 회전력을 만드는 부품들을 가리킨다. 사람에 따라 "파워플랜트(powerplant)"라고 부르기도 한다.

넓은 의미의 파워트레인은 엔진/모터와 함께 클러치, 기어박스, 프로펠러 샤프트, 디퍼런셜과 드라이브샤프트 등을 모두 아우르며, 간혹 엔진을 제외한 파워트레인을 드라이브트레인이라고 여기기도 한다. 반대로 파워트레인과 드라이브트레인을 엄격히 구분해야 한다고 주장하는 사람도 많다. 이처럼 파워트레인과 드라이브트레인의 정확한 구분에 대해서는 서로 다른 주장이 있다.

파크 페르미

Parc fermé

모터스포츠 이벤트에서 일정 기간 레이스카를 격리 보관하는 공간

프랑스어로 "폐쇄된 주차 공간"을 의미하는 파크 페르미는 모터스포츠 이벤트에서 일정 기간 동안 지정된 조건에 해당하는 레이스카를 격리 보관하는 공간을 가리킨다. 때로는 격리 보관이 의무화된 기간을 파크 페르미라고 부르기도 한다.

F1에는 퀄리파잉에서 처음 핏 레인을 벗어난 순간부터 레이스까지 셋업을 변경할 수 없는 **"프리-레이스 파크 페르미(pre-race parc fermé)"** 규정이 있고, 다른 설명 없이 파크 페르미라는 용어를 사용했다면 대부분 프리-레이스 파크 페르미를 의미한다. 레이스 종료 후 순위를 받은 모든 레이스카는 "포스트-레이스 파크 페르미(post-race parc fermé)" 상태에 들어간다.

패독

Paddock

써킷에서 일반 관람객의 출입이 통제되는 피트 안쪽 공간

패독은 써킷에서 핏 레인과 피트 안쪽에 사전 승인을 받지 않은 일반 관람객의 출입이 통제되는 격리 공간을 가리키며, 팀 빌딩이나 모터홈, 레이스 컨트롤, 미디어 센터 등이 모두 패독에 배치된다.

보통 피트 건물 차고 위층에 배치되어 ASM이 운영하는 고급 접객 시설 "패독 클럽(Paddock Club)"은 이름에 "패독"이 들어가 있지만 패독과는 별개의 개념이며, 패독 클럽의 패스를 가지고 있는 것만으로는 자유로운 패독 출입이 허용되지 않는다.

패스
Pass

출입증

패스는 모터스포츠 이벤트에서 지정된 구역 출입 자격을 나타내는 출입증을 가리킨다.

F1에서 일반 관람객 패스를 제외하고 관계자에게 지급되는 패스는 대부분 사전 신청과 승인을 거쳐야 하며, 패독을 자유롭게 드나들 수 있는 "패독 패스(paddock pass)" 등 다양한 패스가 출입 장소와 소지자의 자격에 따라 다양한 이름과 색깔로 쉽게 구분할 수 있도록 제작되어 지급된다.

패스트 레인
Fast lane

핏 레인에서 빠르게 주행할 수 있는 구역

핏 레인은 차고 앞에서 핏 스탑 등 작업이 이뤄지는 이너 레인, 또는 "작업 구역(work area)"이라 불리는 구역과 상대적으로 빠른 속도로 달릴 수 있는 패스트 레인의 두 가지 구역으로 나뉘어진다.

패스트 레인에서는 지정된 스피드 리미트까지 속도를 높여 달릴 수 있는데, 이너 레인에서 패스트 레인에 진입할 때에는 위험하지 않은 타이밍에 다른 차와 사람에게 위험한 상황을 만들지 않으면서 최대한 안전하게 진입해야 할 의무가 있다.

핏 레인에서 패스트 레인과 이너 레인의 배치 예

ㅍ

패스티스트 랩

Fastest lap

한 레이스에서 작성된 가장 빠른 랩 타임

영문 머릿글자를 따서 **"FL"**로 표기하기도 하는 패스티스트 랩은 레이스에서 작성된 랩 타임 중 가장 빠른 기록을 가리킨다. 보통 레이스를 제외한 다른 주행 프로그램에서 작성된 최고 랩 타임에는 패스티스트 랩이라는 표현을 사용하지 않는다.

F1에서는 1959시즌까지 패스티스트 랩을 기록한 드라이버에게 조건 없이 1포인트를 주었다. 2019시즌 **포인트 획득**을 조건으로 **패스티스트 랩 포인트**가 부활했으나, 2024시즌을 끝으로 다시 폐지됐다. 2026시즌 기준 스프린트는 따로 패스티스트 랩을 주요 기록으로 남기지 않는다.

패키지

Package

레이스카를 구성하는 부품 조합 또는 여러 부품을 레이스카에 배치하는 것

패키지는 하나의 포장에 들어있는 상품과 같은 개념으로 한 레이스카에 들어가는 부품 조합을 가리키거나, 레이스카에 들어가는 부품을 적절하게 배치하는 디자인 또는 배치 작업을 뜻한다.

F1 레이스카의 경우 업데이트마다 한 패키지를 구성하는 부품이 조화를 이루며 제 성능을 발휘했을 때에만 최고의 성능을 기대할 수 있고, 가능한 한 적은 공간에 부품을 촘촘하게 배치하는 "패키징(packaging)"은 레이스카의 공기역학적 성능에 많은 영향을 준다.

팩토리

Factory

레이스카를 만드는 공장

팩토리는 레이스카를 만드는 공장 또는 레이스카를 만드는 기계 설비가 위치한 장소를 가리키며, 종종 엔진이나 파워트레인이 만들어지는 곳을 팩토리라고 부르기도 한다.

F1에서는 레이스카의 설계와 제작이 이뤄지는 팀 본부를 **"헤드쿼터(headquarter)"** 또는 **"HQ"**라고 부르며, 팀 본부를 가리켜 팩토리라고 부르는 경우도 많다.

팬 카
Fan car

차체 아래쪽 공기를 빨아들이기 위한 팬을 장착한 레이스카

그라운드 이펙트에 대한 본격적인 연구 개발이 시작된 1970년대 초 셰퍼랄 2J 등의 레이스카는 팬으로 레이스카 아래쪽 공기를 빨아들여 속도가 느릴 때에도 그라운드 이펙트를 극대화하는 개념이 연구됐다. 셰퍼랄 2J처럼 차 아래쪽 공기를 빨아들이는 팬을 장착한 레이스카를 팬 카라 부른다.

1970년대 후반 F1에 그라운드 이펙트가 등장한 뒤 팬 카에 대한 연구도 함께 진행됐고, 1978시즌 고든 머레이가 디자인한 브라밤 BT46B는 "냉각을 위한 팬" 명목으로 레이스카 뒤쪽에 팬을 부착해 압도적인 공기역학적 성능을 과시하며 1978 스웨덴 그랑프리에 출전해 우승을 차지했다.

F1 유일의 팬 카 브라밤 BT46B의 3면도와 뒷모습

퍼스트 드라이버
First driver

두 명의 정규 드라이버 중 팀의 전폭적인 지원을 받는 드라이버

퍼스트 드라이버는 F1 챔피언십처럼 두 명의 정규 드라이버가 같은 팀 소속으로 출전하는 모터스포츠에서 상대적으로 더 빠른 드라이버로 인정받아 팀의 집중 지원을 받는 드라이버를 가리키며, 종종 **"넘버 1 드라이버(number 1 driver)"** 또는 "넘버 1(number 1)"이라고도 부른다.

2026시즌까지도 F1 챔피언십은 공식 엔트리 리스트를 통해 드라이버 순서를 지정하지만, 홀로 팀이 전폭적인 지원을 받는 전통적인 퍼스트 드라이버의 개념은 거의 사라졌다.

퍼포먼스 엔지니어

Performance Engineer

차의 성능 향상과 최적화를 담당하는 엔지니어

퍼포먼스 엔지니어는 레이스카 성능을 최대한 끌어 올리고, 상황에 맞게 차를 최적화하는 역할을 맡은 엔지니어를 가리킨다. 퍼포먼스 엔지니어는 트랙에서 누적한 데이터를 수집, 분석하고, 팀 본부에서 연구/개발을 담당하는 다른 엔지니어들과 연결고리 역할을 맡기도 한다. 공기역학적 성능을 포함한 전반적 성능 향상과 각종 신뢰도 문제 및 이슈 해결 역시 퍼포먼스 엔지니어가 담당한다.

F1 팀에서 퍼포먼스 엔지니어의 업무 비중은 날로 커지고 있고, 각 팀이 많은 수의 퍼포먼스 엔지니어를 확보하려고 노력한다. 시니어급 퍼포먼스 엔지니어는 테크니컬 디렉터나 CTO를 보좌하며 관리자에 가까운 역할을 맡기도 하고, 많은 퍼포먼스 엔지니어가 드라이버나 미캐닉, 다른 엔지니어들과 힘을 모아 각종 데이터 분석과 레이스카의 성능 개선 등 다양한 임무를 수행한다.

펑쳐

Puncture

손상을 입은 타이어의 압력이 낮아지는 현상

펑쳐는 타이어가 손상되어 구멍이 생기고 바람이 빠져나가 타이어 프레셔가 낮아지면서, 점차 정상적인 성능을 발휘하기 어려워지는 현상을 가리킨다.

보통 작은 손상이 생겨 겉으로 큰 문제가 드러나지 않는 가운데 갑작스러운 큰 변화 없이 타이어 프레셔가 천천히 낮아지는 경우를 **"슬로우 펑쳐(slow puncture)"**라고 부른다. 반면 한순간에 폭발하듯 타이어가 터지는 것은 **"타이어 버스트(tyre burst)"**라고 표현한다.

페널티

Penalty

규정을 위반한 드라이버 또는 팀에게 주어지는 벌칙이나 핸디캡

페널티는 모터스포츠 이벤트에서는 규정을 위반한 드라이버 또는 팀에 대해 정해진 절차에 따라 심사를 거친 뒤 주어지는 벌칙 또는 핸디캡을 가리킨다.

F1 그랑프리에서 규정을 위반한 드라이버에게는 스포팅 규정에 따라 경고, 벌금, 그리드 페널티, 5초 / 10초 타임 페널티, 드라이브-쓰루 페널티, 10초 스탑-고 페널티, 실격, 출장 정지 등의 페널티가 주어질 수 있으며, 규정을 위반한 팀에게도 경고와 벌금 등 페널티를 부과할 수 있다.

페널티 가이드라인

Penalty Guideline

다양한 상황에 대한 페널티의 기준을 제시하는 가이드라인

FIA의 규정 체계에서 최상위 ISC의 첨부 문서 형태로 제공하는 가이드라인 중 하나인 페널티 가이드라인은 F1 그랑프리에서 벌어질 수 있는 다양한 상황에서 페널티를 부과할 때 그 기준을 정리하는 비 규정 문서다. 페널티 가이드라인 역시 드라이빙 스탠다드 가이드라인과 마찬가지로 오랫동안 비공개 처리되어 F1 팀과 FIA 관련자들만 볼 수 있는 문서였지만, FIA가 더 투명한 운영을 추구한다는 취지 아래 2025시즌 초반 일반에게 공개했다.

페널티 가이드라인은 가이드라인일 뿐 규정에 포함되지 않으며, 강제적인 구속력은 없다.

페널티 포인트

Penalty point

F1 챔피언십에서 누적 페널티에 대한 가중 처벌을 위해 노입된 포인트 시스템

F1 챔피언십에서는 페널티를 받은 드라이버가 상습적으로 규정을 위반하거나 페널티를 감수하면서 무리한 드라이빙을 반복하는 것을 막기 위해, 페널티가 누적될 경우 레이스 출전 정지 처분까지 내릴 수 있는 가중 처벌 시스템인 "페널티 포인트" 시스템을 마련했다.

F1 페널티 포인트 시스템은 드라이버에게 페널티가 주어질 때 스튜어드의 판단에 따라 12개월 동안 유효한 페널티 포인트를 부과할 수 있으며, 누적 페널티 포인트가 12포인트가 되면 자동으로 12포인트가 차감되고 드라이버에게 한 경기 출장 정지 처분이 내려진다.

페달

Pedal

발로 밟아 다른 장치를 조종하는 작은 발판 형태의 기계 부품

페달은 다른 장치를 조종하기 위해 발로 밟아 조작하는 작은 발판 형태의 기계 부품을 가리킨다.

2026시즌 규정을 기준으로 F1 레이스카에는 쓰로틀을 조작하는 **"쓰로틀 페달(throttle pedal)"** 과 브레이크를 조작하는 **"브레이크 페달(brake pedal)"**의 두 개 페달만 배치된다. 과거에는 F1 레이스카에도 "클러치 페달(clutch pedal)" 등을 포함해 세 개 이상의 페달이 존재하기도 했다.

ㅍ

페이 드라이버

Pay driver

스폰서를 연결하거나 팀 운영 자금을 지원하는 대가로 시트를 확보한 드라이버

페이 드라이버는 드라이버의 개인 스폰서를 팀과 연결하거나 개인이나 회사의 자금을 동원해 팀 운영 자금을 지원하는 대가로 정규 드라이버 시트를 확보한 드라이버를 가리킨다. 반대로 팀으로부터 급료를 받는 일반적인 드라이버는 "페이드 드라이버(paid driver)"라고 부른다.

막대한 팀 운영 자금이 필요한 F1 팀에서는 페이드 드라이버라도 일정 규모 이상의 스폰서를 동반하는 경우가 많고, 성적이 뛰어난 드라이버가 초대형 스폰서를 팀과 연결하는 경우도 많다. 특히 중소형 팀에서는 스폰서가 없는 드라이버에게 정규 드라이버 시트를 내줄 여유가 없는 현실적 문제 때문에 페이 드라이버와 페이드 드라이버의 경계를 명확히 나누기 어려운 경우도 많다.

포디엄

Podium

시상대

포디엄은 모터스포츠 이벤트에서 레이스를 마친 뒤 우승자를 포함해 3위 이상의 성적을 거둔 선수에게 트로피를 전달하는 시상대를 가리킨다.

F1 그랑프리를 포함한 대부분 모터스포츠 이벤트에서는 포디엄에 오르는 것과 4위 이하의 성적으로 레이스를 마치는 것 사이에 매우 큰 차이가 있으며, 3위 이상의 성적으로 레이스를 마치는 **"포디엄 피니시(podium finish)"**에 특별한 의미를 부여한다.

포디엄 세레머니

Podium ceremony

시상식

포디엄 세레머니는 레이스를 마친 뒤 우승자와 2위, 3위로 레이스를 마친 드라이버 등에게 트로피를 수여하는 시상식을 가리킨다.

F1 그랑프리의 포디엄 세레머니는 3위, 2위를 차지한 드라이버와 우승자 및 우승팀의 멤버 한 명이 입장해 포디엄에 자리 잡은 뒤, 우승 드라이버의 국가 연주와 우승팀의 국가 연주에 이어 우승 드라이버, 우승팀, 2위, 3위에 대한 트로피 증정, 샴페인 세레머니 순으로 진행된다.

포메이션 랩

Formation lap

레이스 스타트 직전 트랙을 한 바퀴 돌며 다양한 준비 작업을 수행하는 랩

포메이션 랩은 레이스 스타트 직전 트랙을 한 바퀴 돌며 스타트를 준비하는 랩을 가리킨다. 스탠딩 스타트에서는 포메이션 랩을 마친 뒤 사전 지정된 그리드에 정렬해 멈춰 대기해야 하고, 롤링 스타트라면 포메이션 랩이 마무리될 무렵 규정에 따라 대열을 맞춰 스타트 라인으로 향해야 한다.

포메이션 랩은 스타트 직전 타이어와 브레이크 등 각종 부품의 온도를 적정 수준으로 끌어올려 레이스 극초반 최고의 성능을 낼 수 있도록 준비하는 중요한 단계이며, F1 그랑프리에서는 엔지니어가 중요 정보를 확인해 주는 등 스타트 준비에 과도하게 개입하는 "드라이버 에이드"를 일부 규제해 포메이션 랩이 진행되는 동안 드라이버 스스로 대부분 준비를 마치도록 규정하고 있다.

포인트

Point

성적에 따라 획득하고 챔피언십 순위를 결정하는 기준이 되는 점수

포인트는 모터스포츠 이벤트에서 성적에 따라 획득하고 챔피언십 순위를 결정하는 기준이 되는 점수를 가리킨다. 챔피언십은 개별 이벤트의 포인트를 합산해 챔피언십 순위를 결정한다.

F1 그랑프리에서 **우승자는 25포인트, 2위부터 10위까지 각각 18, 15, 12, 10, 8, 6, 4, 2, 1포인트**를 획득하고, 패스티스트 랩 작성과 스프린트 성적으로도 포인트를 얻을 수 있다.

2026시즌 기준 F1 포인트 시스템

순위	레이스 (75% 이상)	레이스 (50% 이상)	레이스 (25% 이상)	레이스 (2랩 이상)	스프린트 (50% 이상)
1	25	19	13	6	8
2	18	14	10	4	7
3	15	12	8	3	6
4	12	10	6	2	5
5	10	8	5	1	4
6	8	6	4	-	3
7	6	4	3	-	2
8	4	3	2	-	1
9	2	2	1	-	-
10	1	1		-	-

ㅍ

포포싱

Porpoising

그라운드 이펙트 레이스카가 빠른 속도에서 아래위로 출렁이듯 움직이는 현상

포포싱은 **돌고래가 수면 위로 올라왔다가 물속으로 들어가는 반복적인 움직임**을 가리키며, 그라운드 이펙트 카가 빠른 속도에서 아래위로 출렁이듯 움직이는 현상이다. 그라운드 이펙트가 계속 차를 지면에 가깝게 만들다가, 차와 지면 사이 공기 흐름이 정체되면 포포싱으로 이어질 수 있다.

포포싱이 발생하면 차의 성능을 제대로 발휘할 수 없고, 바터밍이나 사고로 이어질 가능성이 있다. 또한, 포포싱으로 차가 흔들리고 바터밍이 계속되면 드라이버의 건강에도 나쁜 영향을 줄 수 있다.

그라운드 이펙트에 의해 포포싱이 발생하는 과정

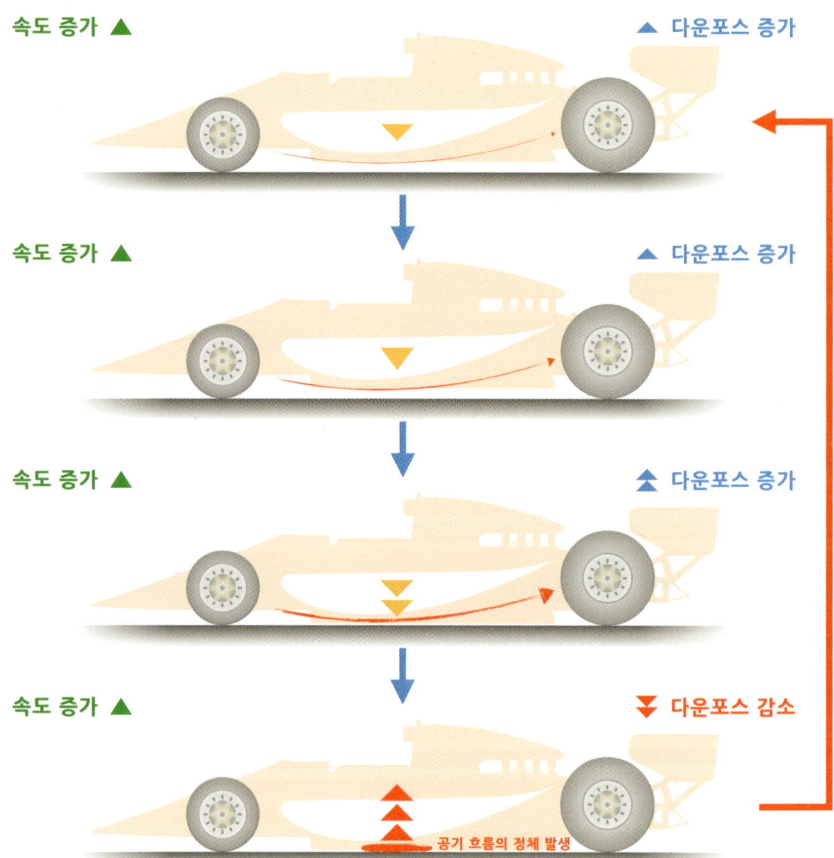

폴-투-윈

Pole-to-win

폴 포지션에서 레이스를 시작한 뒤 우승까지 차지하는 것

폴-투-윈은 폴 포지션에서 레이스를 시작한 뒤 그대로 우승하는 것을 가리키며, 스타트 "라이트(lights)"가 꺼지는 출발 신호부터 레이스 종료를 의미하는 체커드 "플랙(flag)"까지 선두를 지켰다는 의미로 **"라이트-투-플랙(lights-to-flag)"**이라는 표현이 사용되기도 한다.

보통 폴 포지션에서 레이스를 시작해 우승했다면 폴-투-윈이라고 부르지만, 일부에서는 **스타트부터 피니시까지 단 한 번도 선두를 내주지 않고 우승한 경우**만 폴-투-윈으로 인정하기도 한다.

폴 포지션

Pole position

스타팅 그리드 맨 앞자리

스타팅 그리드 맨 앞자리를 가리키는 폴 포지션은 스타트와 레이스 초반 가장 유리한 위치로, 그리드 중 우승 가능성도 가장 높다. **"폴(pole)"**이나 순위 1위라는 의미로 **"P1"**이라고 부르기도 한다.

F1에서는 다른 이슈가 없다면 퀄리파잉 성적에 따라 폴 포지션이 결정되며, 그리드 페널티 등의 영향으로 퀄리파잉에서 1위를 차지하지 못한 드라이버가 폴 포지션에 서는 경우도 있다.

표준 부품

Standard supply components

FIA가 지정하고 모든 팀이 개조 없이 사용해야 하는 동일한 부품

2026 F1 규정 섹션 C - 기술 규정은 레이스카의 부품을 팀 고유의 "팀 지정 부품(**LTC** : **L**isted **T**eam **C**omponents)", "표준 부품(**SSC** : **S**tandard **S**upply **C**omponents)", 외부에서 구입할 수 있는 "공유 가능 부품(**TRC** : **T**ransferrable **C**omponents)"과 "자유 공급 부품(FSC : Free Supply Components)", 디자인과 지식 재산권을 공유할 수 있는 "오픈 소스 부품(**OSC** : **O**pen **S**ource **C**omponents)"과 "비공유 오픈 소스 부품(OSCNT : Not Transferable Open Source Components)" 등 크게 네 그룹으로 구분한다.

이중 표준 부품은 FIA가 지정해 모든 팀이 동일한 회사의 같은 형식의 제품을 장착/사용해야 하는 부품이며, 부품의 개조나 변형도 허용되지 않는다. 2026시즌 기준 타이어, 휠 림, 휠 림 커버, 카메라, ECU, 연료 펌프, 트랜스폰더, 텔레메트리, 팀 라디오 장비 등이 모두 표준 부품에 속한다.

푸시-로드 서스펜션

Push-rod suspension

서스펜션 암이 로커를 밀어 올리는 방식으로 작동하는 서스펜션

"푸시-로드(push-rod)"라고 불리는 서스펜션 암이 섀시 위쪽의 로커를 밀어 올리는 방식으로 작동하는 서스펜션 더블 위시본 서스펜션 구조를 푸시-로드 서스펜션이라고 부른다.

푸시-로드 서스펜션은 무게 중심이 높아지는 단점이 있지만, 프론트 서스펜션에 사용할 경우 노즈 아래쪽 공간 확보가 쉬워 공기역학적 이득을 얻는 데 유리하고 셋업 변경과 정비가 쉽다는 장점 때문에 F1 레이스카의 프론트 서스펜션으로 애용된다. 2022시즌 규정 변경 이후에는 리어 엔드 디자인에 따라 리어 서스펜션에도 푸시-로드 방식을 택하는 팀이 등장하기도 했다.

푸시-로드 방식 더블 위시본 서스펜션의 레이아웃

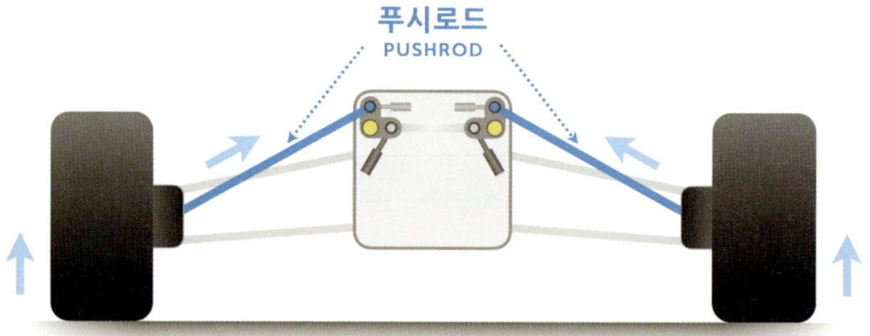

푸시-투-패스

Push-to-pass

엔진 또는 파워트레인의 출력을 순간적으로 끌어올리거나 속도를 높이는 기능

푸시-투-패스는 엔진이나 파워트레인의 출력을 순간적으로 끌어올리거나 속도를 높이는 기능을 가리킨다. 푸시-투-패스 기능을 활성화하려고 할 때 드라이버가 누르는 버튼은 "푸시-투-패스 버튼(push-to-pass button)"이라 부른다.

레이스에서 높은 추월 난이도를 조금이나마 낮추는 푸시-투-패스는 인디카 시리즈, DTM, 슈퍼 포뮬러 등 주요 모터스포츠에 채택되었고, F1이 2009시즌 도입한 KERS나 2011시즌 등장한 DRS, 파워 유닛의 모드를 수정해 순간적으로 출력을 높이는 방법을 푸시-투-패스라고 부르기도 한다. F1 2026시즌 기준 **오버테이크 모드를 활성화하는 버튼**이 푸시-투-패스에 해당하지만, 오버테이크 모드를 사용할 수 없을 때 **부스트 버튼** 역시 푸시-투-패스에 포함된다고 볼 수 있다.

풀-로드 서스펜션

Pull-rod suspension

서스펜션 암이 로커를 끌어당기는 방식으로 힘을 전달하는 서스펜션

"풀-로드(pull-rod)"라고 불리는 서스펜션 암이 섀시 아래쪽의 로커를 끌어당기는 방식으로 작동하는 서스펜션 더블 위시본 서스펜션 구조를 풀-로드 서스펜션이라고 부른다.

풀-로드 서스펜션은 셋업 변경과 정비가 어렵고 프론트 서스펜션의 경우 하이 노즈 디자인을 채택하기 어렵다는 등의 단점이 있지만, 무게 중심이 낮아지고 공기역학적으로 유리한 디자인에 도움이 된다는 장점 때문에 리어 서스펜션에는 풀-로드 방식이 많이 채택되고 있다. 2012시즌 페라리나 2022시즌 규정 변경 후 일부 팀의 경우 프론트 서스펜션에 풀-로드 방식을 채택하기도 한다.

푸시-로드 방식 더블 위시본 서스펜션의 레이아웃

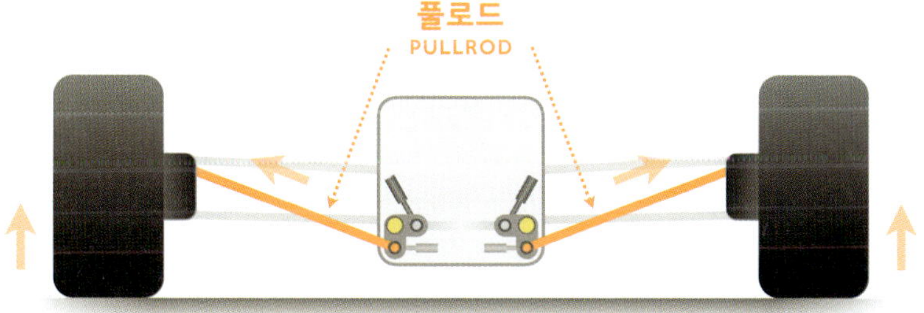

풀 쓰로틀

Full throttle

쓰로틀을 완전히 개방하는 것 또는 최대 가속

풀 쓰로틀은 쓰로틀 페달을 끝까지 밟아 쓰로틀을 완전히 개방해 엔진에 최대한의 공기와 연료를 투입하고, 결과적으로 최대한으로 가속하는 것을 가리킨다. 사람에 따라 쓰로틀의 완전 개방을 의미하는 **"전개(全開)"**라는 표현을 사용하기도 한다.

풀 쓰로틀은 종종 "풀 스피드(full speed)"와 같은 의미로 최대한 속도를 끌어올리는 상황을 가리키며, 풀 쓰로틀 구간의 비율에 따라 해당 써킷에서 파워트레인 의존도를 확인할 수도 있다.

퓨얼 셀

Fuel cell

레이스카의 연료 저장 공간 또는 연료 탱크

퓨얼 셀은 레이스카의 연료를 저장하는 공간 또는 연료 탱크를 가리키며, "퓨얼 탱크(fuel tank)" 또는 "페트롤 탱크(petrol tank)"라고 부르기도 한다.

F1 레이스카의 서바이벌 셀 안쪽 드라이버 시트 바로 뒤에 배치되는 퓨얼 셀은 재급유 없이 레이스를 완전히 소화할 수 있도록 110kg의 연료 탑재가 가능하다.

퓨얼 이펙트

Fuel effect

연료량에 따른 랩 타임 변화

레이스카의 무게는 전반적인 성능에 큰 영향을 주기 때문에 다른 변수가 없다면 연료량이 많을 때 랩 타임이 느려지고, 연료량이 줄어들면 랩 타임이 빨라진다. 이처럼 연료의 무게 변화에 따라 랩 타임이 달라지는 효과를 퓨얼 이펙트라고 부른다.

F1 그랑프리의 퀄리파잉에서는 연료를 매우 적게 싣고 단 한 랩을 빨리 달리기 위해 노력하지만, 레이스 스타트 직후에는 연료를 가득 싣고 있기 때문에 퓨얼 이펙트에 따른 랩 타임 차이가 크게 나타난다. 실제로는 퀄리파잉과 레이스에서의 상황과 주행 방법이 다르기 때문에 단순하게 퓨얼 이펙트를 따져 계산한 수치보다 훨씬 큰 랩 타임 차이가 생기는 것이 보통이다.

프라이즈 머니

Prize money

F1 팀에게 지급하는 상금 및 배당금

프라이즈 머니는 한 시즌이 끝난 뒤 TV 중계권료를 포함한 F1 수입 중 일부를 일정 기준에 따라 나눠 각 F1 팀에게 지급하는 상금 및 배당금을 가리킨다.

프라이즈 머니는 콩코드 협정에 따라 먼저 F1 수입 50%를 **"성적에 따른 상금"**과 **"균등 배당금"**으로 나눈 뒤, 나머지 금액의 50%를 **페라리의 "롱-스탠딩 팀 보너스(LST : Long-Standing Team Bonus)"**, 컨스트럭터 챔피언십 최상위권 팀에게 지급하는 **"컨스트럭터 챔피언십 보너스(CCB : Constructors' Championship Bonus)"**, 기타 추가 지급 항목 등으로 나눠 계산해 지급한다.

프랙티스
Practice

연습 주행 세션

프랙티스는 모터스포츠 이벤트의 퀄리파잉과 레이스를 앞둔 공식 연습 주행 세션을 가리키며, **"프리 프랙티스(Free Practice)"** 또는 **"FP"**라고도 불린다. 초창기 그랑프리 레이싱을 포함해 몇몇 모터스포츠 이벤트에서는 프랙티스에서 작성된 최고 기록으로 스타팅 그리드를 결정하기도 한다.

2026시즌 기준 스프린트가 편성되지 않은 SFC라면 금요일 60분의 "프랙티스 1(P1 : Practice 1)"과 60분의 "프랙티스 2(P2 : Practice 2)"를 진행하고, 토요일에 마지막 "프랙티스 3(P3 : Practice 3)"가 60분 동안 펼쳐진다.

프랙티스 스타트
Practice start

스타트 상황에 대한 시뮬레이션

프랙티스 스타트는 스타트 시뮬레이션을 통해 드라이버가 스타트를 연습하고, 각종 셋업을 정교하게 하기 위한 일련의 프로그램을 가리킨다.

보통 핏 레인 출구 부근 지정된 장소에 멈춰 선 뒤 팀이나 드라이버 나름의 절차에 따라 프랙티스 스타트를 진행하지만, 레이스 디렉터의 판단에 따라 프랙티스 종료 후 그리드에서 프랙티스 스타트가 진행되기도 한다. 간혹 퀄리파잉에서 프랙티스 스타트를 수행하는 경우도 있고, 레이스를 앞둔 정찰 랩 중에도 프랙티스 스타트를 할 수 있다.

프레스 오피서
Press officer

미디어 대응 및 홍보 담당자

프레스 오피서는 각 모터스포츠 팀의 미디어 대응 및 홍보 담당자를 가리킨다.

F1 챔피언십에 참가하는 각 팀에는 최소한 한 명 이상의 프레스 오피서가 활동하고, 중규모 이상의 팀에서는 다수의 프레스 오피서가 활약하는 경우도 많다. 때로는 팀이 고용하지 않고 드라이버에게 종속되어 움직이는 전담 프레스 오피서도 있다.

프로모터

Promoter

스포츠 이벤트의 흥행을 책임지는 주최자

일반적인 스포츠의 프로모터는 특정 스포츠 이벤트의 주최자로, 해당 이벤트의 기획과 출전자 선정, 마케팅과 티켓 판매 등을 책임진다. 프로모터는 스포츠 이벤트를 통해 수익을 창출해야만 존재 가치가 있는 주최자이기 때문에, 이벤트가 흥행할 수 있도록 처음부터 끝까지 노력할 수밖에 없다.

F1 그랑프리의 프로모터는 수백억 원 규모의 개최권료를 내 운영권을 확보하고 그랑프리를 유치하며, 그랑프리 현장 운영을 모두 책임지며 이벤트의 성공을 위해 노력한다. 티켓 판매, 스폰서 유치, 굿즈와 식음료 판매 등으로 수익을 창출하는 것도 그랑프리 프로모터의 주요 역할 중 하나다. 보통 ASN이나 ASN이 권한을 위임한 기업, 정부 기관이 프로모터의 역할을 맡지만, F1 라스베이거스 그랑프리의 경우 F1 그룹과 리버티 미디어가 프로모터 역할을 맡고 있다.

프로테스트

Protest

스튜어드의 판정 등에 대한 이의 제기

프로테스트는 스튜어드가 내린 판정 등에 대한 이의 제기를 가리킨다. 엄밀히 말하면 다른 개념이지만 많은 사람이 프로테스트와 **"항소(appeal)"**라는 표현을 혼용한다.

스튜어드의 판정이 잘못되었다고 판단한 팀은 지정된 시간 안에 이의를 제기해야 하고, 새롭고 분명한 관련 증거가 있을 경우 판정이 잘못됐다는 것까지 확인되면 이의 제기가 받아들여질 수 있다. 판정이 정확하다고 판단된 경우는 물론, 이의 제기 증거가 새롭지 않거나 관련되지 않았다고 판단된다면 이의 제기는 기각된다. 규정에 명시된 일부 항목에 대한 판정은 이의를 제기할 수 없다.

프론트 로

Front row

스타팅 그리드의 맨 앞줄

프론트 로는 레이스 스타팅 그리드의 맨 앞줄을 가리키며, 그리드가 실제 나란히 배치되지 않았더라도 바로 앞에 다른 그리드가 없다면 모두 프론트 로에 해당한다고 본다.

현대적인 F1 그랑프리에 사용되는 써킷에서 프론트 로는 폴 포지션과 2그리드까지 두 자리를 가리키지만, F1 챔피언십 초창기에는 3그리드나 4그리드까지 프론트 로에 포함되는 경우가 있었다. 다른 모터스포츠에서는 현재까지 3그리드 이상을 프론트 로에 포함하는 경우가 있다.

프론트 로 독점

Front row lock-out

한 팀의 드라이버가 스타팅 그리드의 프론트 로를 독차지하는 것

프론트 로 독점이란 스타팅 그리드의 프론트 로를 같은 팀 소속 드라이버가 독차지하는 것을 가리킨다. 퀄리파잉을 통해 스타팅 그리드가 정해지는 모터스포츠 이벤트에서는 가장 유리한 위치에서 레이스를 시작할 수 있는 것은 물론, 팀이 최고의 레이스카를 준비했다고 해석할 수 있기 때문에 프론트 로 독점에 큰 의미를 두는 경우가 많다.

F1 챔피언십에는 한 팀이 두 대의 레이스카를 출전시킬 수 있고 프론트 로가 두 자리이기 때문에, 소속 드라이버 두 명이 폴 포지션과 2그리드를 각각 차지했을 때 프론트 로 독점으로 기록된다.

프론트-리미티드 써킷

Front-limited circuit

프론트 타이어 관리 부담이 큰 써킷

프론트-리미티드 써킷은 프론트 타이어가 쉽게 손상될 수 있는 써킷을 가리킨다. 프론트 타이어에 에너지가 가해지는 시간이 긴 코너가 많은 써킷이 보통 리어-리미티드 써킷일 가능성이 높다.

F1 그랑프리가 펼쳐지는 써킷 중에서는 왼쪽 프론트 타이어에 큰 부담을 주는 긴 코너가 두 개인 상하이 인터내셔널 써킷이 대표적인 프론트-리미티드 써킷으로 여겨지며, 사람에 따라 스파-프랑코샹 써킷이나 스즈카 써킷, 인터라고스 등을 프론트-리미티드 써킷으로 여기기도 한다.

프론트 윙

Front wing

레이스카 앞쪽에 배치되는 큰 날개 형태의 바디워크

리어 윙은 레이스카 앞쪽의 큰 날개 형태 바디워크를 가리킨다. 프론트 윙은 직접 많은 양의 다운포스를 만드는 것은 물론 차 뒤쪽으로 흐르는 공기 흐름을 정돈하는 중요한 역할을 하는 부품이다.

2026시즌 F1 규정 섹션 C - 기술 규정은 프론트 윙의 규격을 **최대 폭 1,850mm, 최대 z 좌표 375mm, 최소 z 좌표 100mm**(결과적으로 **최대 높이 275mm**)로 정하고 있다. 프론트 윙은 메인플레인 위에 좌우 각각 두 개씩의 플랩을 중심으로 만들어지며, 양쪽 끝부분의 엔드플레이트와 엔드플레이트 바깥쪽에 덧붙은 공기역학 파츠까지 프론트 윙의 구성 요소에 포함된다.

프론트 휠 센터 라인

Front wheel center line

프론트 휠 중앙을 가로지르는 가상의 기준선

프론트 휠 센터 라인은 레이스카의 프론트 휠 중앙을 가로지르는 가상의 기준선이다. 간단하게 **"FWCL"**이라고 부르거나, **"프론트 액슬 센터 라인(FACL)"**이라고 표현한다. 2026시즌 기준으로 규정에는 프론트 휠 센터의 기준 좌표는 **"XF"**, 프론트 휠 센터 라인은 **"XF=0"**으로 표기한다.

프론트 휠 센터 라인은 F1 기술 규정 등에서 각종 좌표의 기준으로 매우 중요하게 사용된다.

F1 레이스카의 리어 휠 센터 라인

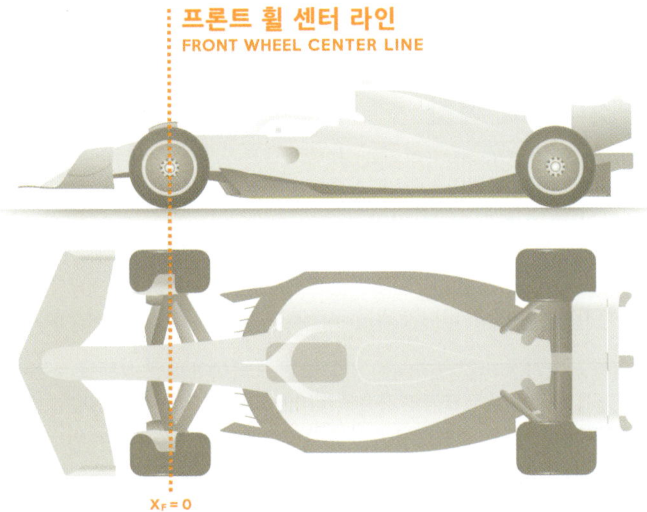

프론트 휠 아치

Front wheel arch

프론트 휠에서 발생하는 타이어 웨이크를 억제하기 위한 공기역학 부품

프론트 휠 아치는 프론트 휠 위쪽을 덮어 프론트 휠에서 발생하는 타이어 웨이크를 억제하기 위한 공기역학 부품으로 2022시즌 규정 변경과 함께 신설됐다. 프론트 휠 아치는 F1의 오픈-휠 컨셉이 정착된 이후 처음으로 등장한 휠을 "덮는" 컨셉의 바디워크다.

2026시즌 규정 변경과 함께 프론트 휠 아치는 F1 레이스카의 규격에서 제외되었다.

프리비어스 카
Previous Car

규정이 정한 바로 이전 세대의 레이스카

2026시즌 기준 F1 규정 **섹션 B - 스포팅 규정**이 정의하는 프리비어스 카는 2022시즌부터 2025시즌까지의 규정에 맞춰 제작한 레이스카를 가리킨다. 약자를 이용해 간단하게 **"PC"**로 표기할 수 있으며, 프리비어스 카를 이용한 테스팅은 "TPC(Testing of Previous Car)"라고 부른다. 2025시즌까지는 바로 이전 시즌의 규정에 따라 만들어진 레이스카는 프리비어스 카에 포함되지 않았지만, 2026시즌 대규모 규정 변경이 있었기 때문에 이에 맞게 범위를 조정했다.

프리비어스 카는 FIA의 사전 허가 없이 임의로 제3자에게 판매하거나 제공할 수 없다.

플라이어웨이 레이스
Flyaway race

유럽 대륙 이외의 지역에서 펼쳐지는 F1 그랑프리

플라이어웨이 레이스는 유럽 대륙 이외 지역에서 펼쳐지는 F1 그랑프리를 가리킨다. 가깝고 도로가 연결되어 있어 트럭으로 이동하는 유럽 지역과 달리 플라이어웨이 레이스 또는 **"플라이어웨이 시리즈(flyaway series)"**에서는 비행기와 선박 편으로 화물을 수송해 이벤트를 펼친다.

2000년대 이후 F1 챔피언십은 호주와 아시아를 오가는 시즌 초반 플라이어웨이 레이스가 먼저 펼쳐진 뒤, 시즌 중반 유럽 대륙 이벤트를 진행한다. 시즌 후반에는 일부 아시아 대륙과 아메리카 대륙, 중동에서 레이스가 펼쳐지는 시즌 후반 플라이어웨이 레이스의 큰 틀이 관례처럼 자리 잡았다.

플라잉 랩
Flying lap

속도를 높여 빠르게 달려 유효한 기록을 작성하는 랩

플라잉 랩은 속도를 높여 빠르게 달려 유효한 기록을 작성하는 랩을 가리키며, 상황에 따라 **"푸시 랩(push lap)"**, **"핫 랩(hot lap)"**, **"타임드 랩(timed lap)"**, **"패스트 랩(fast lap)"** 등 다양한 표현이 사용된다. 드라이버가 어떤 이유로든 빠른 랩 타임을 기록해 자기 능력을 과시하기 위해 달리는 플라잉 랩을 **"글로리 랩(glory lap)"**이라고 부르기도 한다.

넓은 의미의 플라잉 랩은 피트를 빠져나온 아웃 랩과 피트로 복귀하는 인 랩을 제외한 모든 랩을 가리키며, 이 경우 쿨 다운 랩도 플라잉 랩에 포함된다. 좁은 의미의 플라잉 랩은 쿨 다운 랩과 어떤 이유로든 속도를 늦춘 랩을 모두 제외하고, 속도를 높여 기록에 도전한 푸시 랩만을 가리킨다.

플랜 A
Plan A

처음부터 준비했던 우선적인 전략 또는 계획

F1 레이스 중 팀 라디오에서 자주 언급되는 플랜 A는 레이스를 시작하기 전 미리 준비했던 우선적인 전략이나 계획을 가리킨다.

플랜 A가 적절하지 않은 상황 전개를 대비해 대안 전략인 **"플랜 B"**나 **"플랜 C"**를 준비하는 경우가 많다. 레이스 종반 전략과 무관하게 패스티스트 랩을 노리기 위해 예정에 없던 핏 스탑을 수행하는 경우 농담처럼 **"플랜 F"**라고 부르기도 한다.

플랩
Flap

윙 주변에 배치되는 각도를 조절할 수 있는 작은 윙 형태의 바디워크

플랩 또는 "윙 플랩(wing flap)"은 프론트 윙이나 리어 윙 주변에 배치되는 각도를 조절할 수 있는 작은 윙 형태의 바디워크를 가리킨다.

프론트 윙이나 리어 윙은 주 날개에 해당하는 "메인플레인(mainplane)" 위쪽에 플랩 또는 "어퍼 플랩(upper flap)"이 연결되는 구조를 갖는데, 리어 윙의 경우 아래쪽 주 날개라는 의미로 "로워 메인플레인(lower mainplane)"이라고 부르기도 한다.

플랫 스팟
Flat spot

타이어 일부가 평평해지는 현상 또는 타이어 트레드가 평평해진 부분

플랫 스팟은 타이어 트레드 일부가 평평해지는 현상 또는 트레드가 평평해진 부분을 가리킨다. 플랫 스팟은 강한 브레이킹을 할 때 락 업 등의 이유로 충분히 회전하지 못하거나 회전을 멈춘 타이어가 노면과 마찰을 일으키며 쓸리듯 미끄러질 때 발생할 수 있다.

약간의 플랫 스팟은 잘 관리한다면 어느 정도 회복할 수 있지만, 둥근 형태가 회복되기 전까지는 밸런스가 맞지 않아 진동이 발생할 수 있다. 심한 플랫 스팟은 원래의 둥근 형태를 회복하기 어렵고, 심한 진동으로 서스펜션에까지 문제를 일으킬 수 있어 어쩔 수 없이 타이어를 교체해야 한다.

플랭크

플랭크

레이스카 차체의 맨 아래, 바닥에 부착되는 넓은 판자 형태의 구조물

플랭크는 레이스카 바닥에 부착되어 노면과 접촉하는 길쭉한 "널빤지" 형태의 구조물이다. F1 규정 섹션 C - 기술 규정에서는 **"플랭크 어셈블리(plank assembly)"**라는 표현을 사용하며, 공식적인 플랭크 어셈블리는 **플랭크**와 메탈 **스키드**, 결속 부품까지 세 파츠로 구성된다. 사람에 따라 "스키드 블럭(skid block)" 또는 "스키드 플레이트(skid plate)"라고 부르기도 한다.

플랭크는 노면과 접촉했을 때 발생한 마모를 확인할 수 있는 부품으로 매우 중요하게 여겨지며, F1에서는 플랭크 규격을 제한해 레이스카의 **라이드 하이트가 일정 수준 이상 낮아지지 않도록 유도**한다. 1994시즌 아일톤 세나의 사망 사고 이후 그라운드 이펙트가 발생하는 상황이나 바터밍에서의 사고 위험을 줄이기 위해 고안된 플랭크는, 차의 맨 아래에 부착되어 레이스카가 노면에 가까이 붙어 달릴 때도 플로어의 나머지 부분이 최소한 플랭크 두께만큼 떨어지도록 만든다.

플랭크는 10mm 두께와 300mm의 폭을 가져야 하며, 규정이 정한 몇 가지 규격에만 맞는다면 플랭크의 재질은 자유롭게 선택할 수 있다. F1 그랑프리에서 주행을 마친 뒤 **사전 지정된 방법에 따라 측정한 스기드의 두께가 9mm 미만일 경우 규정에 따라 실격 치리**될 수 있다.

2026시즌 기준 F1 레이스카의 플랭크 배치

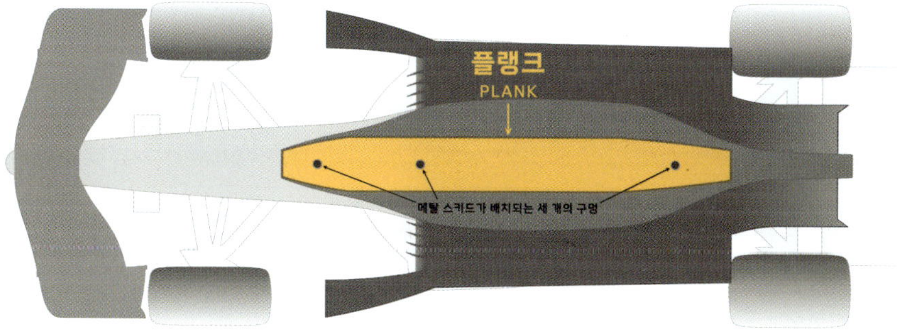

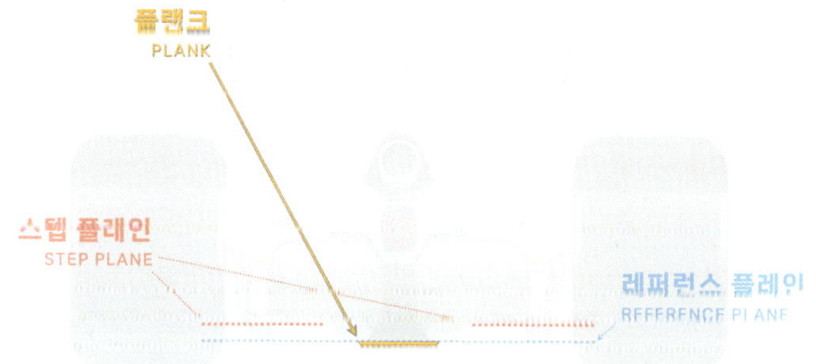

플렉서블 윙

Flexible wing

형태가 변하면서 공기역학적 효과를 만드는 윙

플렉서블 윙은 속도가 빨라졌을 때 형태가 변하면서 공기역학적 효과를 만드는 프론트 윙이나 리어 윙을 가리킨다. “플렉시 윙(flexi wing)"이라고 부르기도 한다.

F1과 대부분 모터스포츠에서는 움직이는 바디워크를 허용하지 않기 때문에, 규정에 따라 프론트 윙이나 리어 윙의 정해진 위치에 일정한 힘을 가했을 때 허용치보다 큰 변형이 일어날 경우 플렉서블 윙으로 여겨지면서 제재를 받을 수 있다. 그러나, 물리적으로 어느 정도의 휘어짐은 불가피하기 때문에 규정을 통해 허용하는 휘어짐의 범위와 측정 방식을 세밀하게 정해둘 필요가 있다

플렉서블 윙과 비슷한 개념으로 플로어가 변형하면서 공기역학적 효과를 만들 경우를 가리키는 " **플렉서블 플로어(flexible floor)"** 개념도 있다.

높은 속도(B)에서 정지 상태(A)보다 아래로 휘어지는 프론트 윙의 예

플로-비즈
Flo-vis

레이스카 차체 표면의 공기 흐름을 확인하기 위해 바르는 페인트

플로-비즈 또는 "플로-비즈 페인트(flo-vis paint)"는 레이스카 차체 표면에서 공기의 흐름을 확인하기 위해 바르는 페인트를 가리킨다. 풀 네임 그대로 **"플로우 비주얼라이제이션 페인트(flow visualization paint)"** 또는 **"에어로 페인트(aero paint)"**라고 부르기도 한다.

파라핀 등을 주원료로 만드는 플로-비즈는 윈드 터널 테스트에 제법 오래 사용되어 왔으며, 2010년대 이후 F1 테스트와 연습 주행 중에도 자주 사용되면서 일반 팬들에게도 노출되기 시작했다.

플로어
Floor

레이스카의 차체 바닥에 해당하는 바디워크

"언더트레이(undertray)"라고도 불리는 플로어는 레이스카의 맨 아랫부분에 넓게 배치되어, 차체의 바닥 역할을 하는 크고 넓적한 형태의 바디워크를 가리킨다.

F1 레이스카의 플로어는 공기역학적으로 가장 중요한 부품이며, 2022시즌 규정 변경 이후 그라운드 이펙트 터널이 추가되며 플로어 디자인이 더욱 중요하게 여겨지기도 했다. 2026시즌 대규모 규정 변경은 다시 터널을 없앴고, 2021시즌까지와 같은 "플랫 플로어(flat floor)"가 부활했다.

F1 레이스카의 플로어 (노란색)

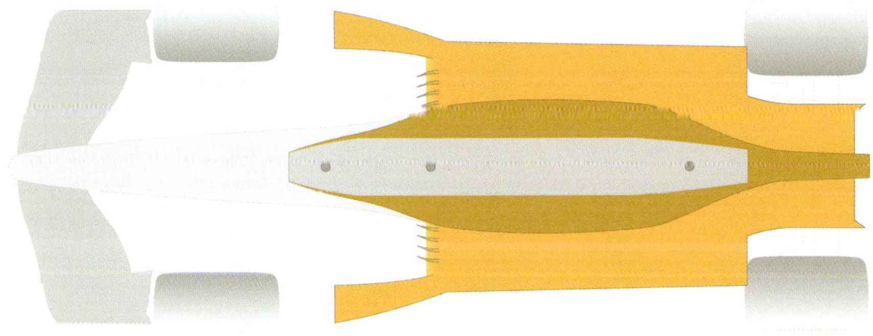

ㅍ

플로어 보드

Floor board

플로어 좌우 끝부분의 앞쪽으로 돌출된 수직 날개 형태의 공기역학 부품

2026시즌 대규모 규정 변경과 함께 새로 등장한 개념인 플로어 보드는 플로어의 좌우 끝부분에 연결되어 앞쪽으로 돌출되어 수직으로 세워진 날개 형태의 공기역학 부품이다. 위치와 크기, 대략적인 형태만 보면, 2021시즌까지 F1의 핵심 부품 중 하나였던 바지보드와 동일하다.

2026시즌 기준 F1 규정 섹션 C - 기술 규정은 하나의 플로어 보드를 크게 세 조각으로 나눈 디자인을 허용한다. 또한, 가능한 한 인워시 생성을 유도하기 위해, 전체적으로 안쪽으로 15° 기울어진 외형을 가지도록 강제하고 있다. 플로어 보드는 과거 바지보드와 달리 아웃워시가 아닌 인워시 생성을 목표로 추가된 부품이다.

평면도 기준 F1 레이스카의 플로어 보드

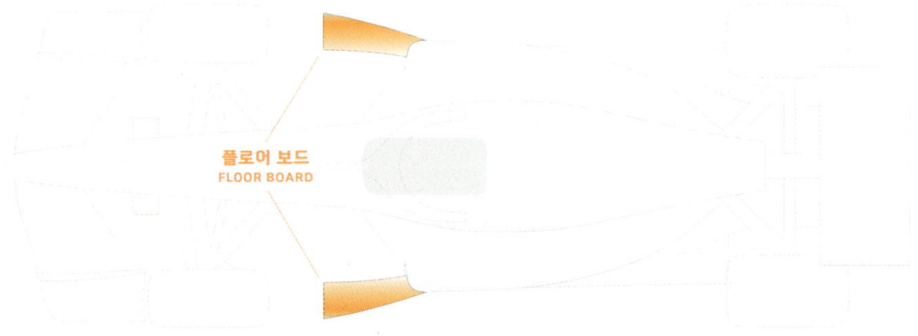

플로어 엣지

Floor edge

플로어 좌우 끝부분 또는 끝부분에 배치되는 바디워크

플로어 엣지는 플로어 좌우 끝부분 또는 끝부분에 배치되는 바디워크를 가리킨다. 2022시즌 규정 변경 이후 F1 레이스카의 벤츄리 터널을 구성에는 바깥쪽 벽이 필요한데, 플로어 엣지가 이런 차단벽 역할을 한다. 그러나, 2025시즌까지도 플로어 엣지는 1980년대 초반까지 사용됐던 사이드 스커트와 달리 완벽한 벤츄리 터널의 차단벽 역할을 하지는 못했다. 2026시즌에는 그라운드 이펙트 터널의 제거와 함께 플로어 엣지의 비중은 현저하게 줄어들었다.

플로어 펜스

Floor fences

플로어 입구에 배치되어 벽을 형성하는 바디워크

플로어 펜스는 플로어 입구에 수직으로 배치되는 터닝 베인 형태의 바디워크로, 2022시즌 규정을 기준으로 좌우 최대 네 개씩 배치할 수 있었다. 2026시즌에는 더 작은 다른 부품으로 대체되었다.

플로어 펜스는 플로어 아래로 진입한 공기 흐름을 벤츄리 터널로 향하는 공기 흐름과 좌우 바깥쪽으로 빠져나갈 흐름으로 구분하고, 원하는 방향으로 흘러가도록 유도하는 역할을 맡는다. 플로어 펜스 중 최외곽의 큰 플로어 펜스는 과거 바지보드의 역할 일부를 이어받았다고 볼 수 있고, 플로어 아래쪽 공기 흐름과 플로어 바깥쪽의 공기 흐름을 어느 정도 구분하는 역할을 수행한다.

피니시 라인

Finish line

한 랩을 마치는 컨트롤 라인

피니시 라인은 한 랩을 마치는 위치에 놓인 컨트롤 라인을 가리키며, 레이스의 첫 랩을 제외한 모든 랩 타임은 피니시 라인에서 시작해 다시 피니시 라인을 지날 때까지 시간 차로 계산한다.

종종 피니시 라인과 스타트 라인을 한데 묶어 **"스타트/피니시 라인(start/finish line)"**이라 부르지만, F1 써킷 중에는 피니시 라인과 스타트 라인이 서로 다른 위치에 배치되는 경우가 훨씬 많다.

피니시 라인 표시의 예

ㅍ

피지오
Physio

드라이버의 건강 관리와 컨디션을 책임지는 전문 인력

풀네임으로 "피지오테라피스트(physiotherapist)"라고도 부르는 피지오는 드라이버와 동행하면서 식단 조절, 운동 스케줄 작성과 지도를 통해 최적의 몸 상태와 컨디션을 유지하도록 관리하는 전담 인력을 가리킨다. 조금 다른 개념이지만 사람에 따라 피지오와 "트레이너(trainer)", "퍼포먼스 코치(performance coach)" 등의 표현을 혼용하기도 한다.

피지오는 F1 드라이버 주변에서 항상 기본적인 고유 업무를 계속하며, 기본 업무 외에도 **레이스카 탑승, 출전 준비, 핏 보드 사인** 등 드라이버를 돕는 다양한 업무가 피지오에게 맡겨진다.

피치
Pitch

옆에서 봤을 때 차가 앞이나 뒤로 기울어지는 기울기의 변화

주로 감속이나 가속 과정에서 하중이 이동할 때 나타나는 피치는 옆에서 봤을 때 차가 앞이나 뒤로 기울어지는 움직임을 가리킨다. 코너 진입 전 속도를 줄일 때에는 차가 앞쪽으로 급격하게 기울어지는 피치 변화 **"노즈 다이브(nose dive)"** 또는 **"다이브(dive)"**가 발생할 수 있고, 반대로 급가속 시에는 차가 뒤쪽으로 기울어지는 **"스쿼트(squat)"**가 일어날 수 있다.

다이브와 스쿼트 등 피치 변화에서 회전 운동의 중심은 **"피치 센터(pitch center)"**라고 부르며, 휠의 위치와 캐스터 각 등 여러 요소에 의해 피치 센터의 위치와 기울기 변화량은 달라질 수 있다.

피치 센터와 다이브, 스쿼트

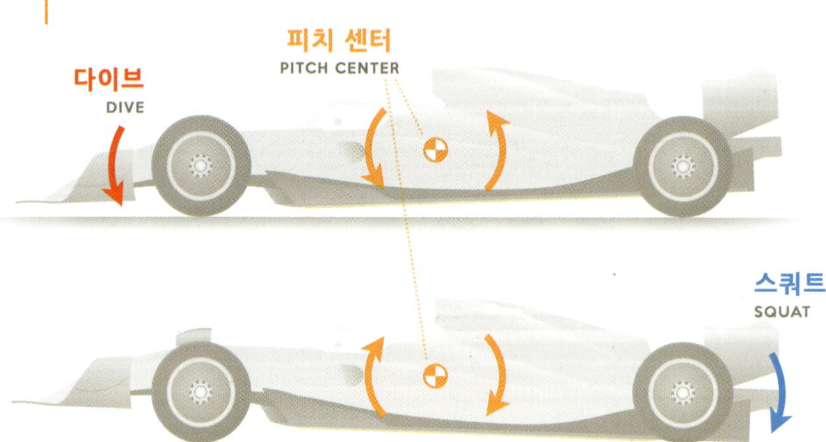

피토 튜브
Pitot tube

앙리 피토가 발명한 유체의 압력을 측정하는 장치

피토 튜브는 18세기 프랑스의 **앙리 피토(Henri Pitot)**가 발명한 유체 압력 측정 장치다.

피토 튜브는 윈드 터널이나 테스트 주행 중 레이스카에 장착되는 **"에어로 레이크(aero rakes)"** 등에 사용되며, 현대적인 F1 레이스카에는 **콕핏 바로 앞**에도 **"ㄱ"자 형태의 피토 튜브**가 배치된다.

피트
Pit

각 팀에게 할당된 트랙에 인접한 작업 공간

피트는 써킷에서 각 팀에게 할당된 트랙에 인접한 작업 공간을 가리킨다. 차고를 의미하는 **"핏 개러지(pit garage)"**나 "개러지(garage)"와 같은 표현을 피트와 비슷한 의미로 사용하고, 각 팀의 피트가 모여 있는 건물은 **"핏 빌딩(pit building)"**이라고 부른다.

넓은 의미의 피트는 개러지 앞 핏 박스를 포함한 전용 공간은 물론 핏 월과 핏 레인을 포함하는 개념으로 사용하기도 하지만, 좁은 의미의 피트는 핏 빌딩에서 각 팀에 할당된 차고만을 가리킨다.

피트 스타트
Pit start

핏 레인 출구에서 레이스를 시작하는 것

"핏 레인 스타트(pit lane start)"라고도 불리는 피트 스타트는 스타팅 그리드가 아닌 핏 레인 출구에서 레이스를 시작하는 특별한 상황을 가리킨다.

F1 그랑프리에서 레이스를 앞두고 규정에 따라 정해진 시간까지 그리드에 정렬하지 못했다면 피트 스타트를 준비해야 한다. 퀄리파잉 파크 페르미 상태에서 규정을 벗어난 부품 교체나 셋업 변경을 했거나 피트 스타트를 강제하는 페널티를 받은 경우에도 핏 레인에서 레이스를 시작해야 한다.

ㅍ

핏 레인

Pit lane

트랙과 구분된 피트 앞을 지나는 통로

핏 레인은 트랙과 구분된 피트 앞을 지나는 통로를 가리키며, 일반적인 써킷에서는 핏 스트레이트와 인접한 핏 월과 각 팀의 작업 공간인 핏 개러지 사이에 핏 레인이 배치된다.

입구 **"핏 엔트리(pit entry)"**부터 출구 **"핏 엑시트(pit exit)"**까지 핏 레인이 정의되면, 해당 구간 스피드 리미트가 적용되고 핏 레인 통과 시간이 따로 계측된다. 핏 레인에서 핏 월 쪽은 **"패스트 레인(fast lane)"**, 핏 개러지 쪽은 **"이너 레인(inner lane)"**으로 구분한다.

핏 박스

Pit box

핏 개러지 앞에 마련된 정차 공간

핏 박스는 모터스포츠 이벤트에서 트랙을 달리던 레이스카가 핏 레인으로 진입한 뒤 핏 개러지 안으로 들어가지 않고, 피트 앞에 정차해 타이어 교체나 일부 부품 교체 등의 작업을 진행할 때 각 레이스카가 멈춰서는 지정 정차 공간을 가리킨다. 상황에 따라 팀의 차고를 핏 박스라 부르기도 한다.

F1 그랑프리에서는 핏 스탑을 진행할 때 가능한 한 빠르게 타이어를 교체하기 위해 공식 주행 이전에 공을 들여 "핏 박스 마킹"을 진행하며, 레이저 포인터를 동원해 정확한 정차 지점을 설정하기도 한다. 빠른 핏 스탑을 위해 핏 레인과 평행하지 않은 핏 박스를 배치하는 경우도 자주 볼 수 있다.

핏 박스 표시의 예

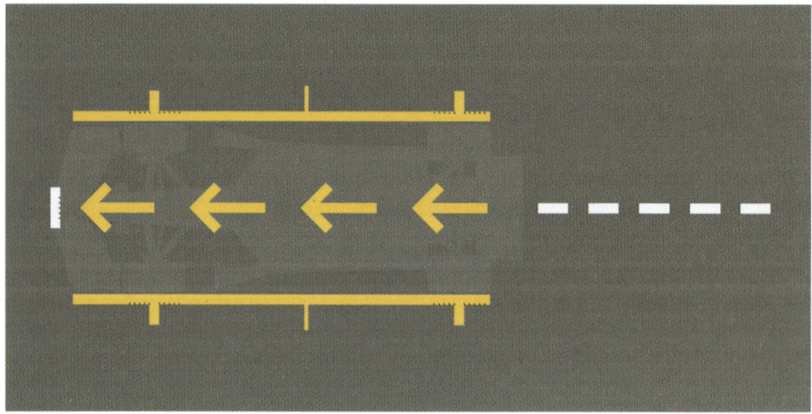

핏 보드

Pit board

핏 월에서 드라이버에게 정보를 전달하기 위해 사용하는 표지판

알프레드 노이바우어가 고안한 핏 보드는 모터스포츠 이벤트에서 핏 월의 팀원이 드라이버에게 필요한 정보를 요약 전달하는 표지판을 가리키며, 팀 라디오 보급 전까지 주행 중인 드라이버에게 정보를 전달할 수 있는 유일한 수단이었다. **"핏 보드 사인(pit board sign)"**이라고도 부른다.

F1 그랑프리에서는 핏 보드에 끼울 알파벳, 숫자, 몇 가지 약자를 준비해 필요한 정보를 조합한 뒤 레이스카가 핏 월 부근을 지날 때 표지판을 트랙 쪽으로 내밀어 드라이버가 볼 수 있도록 한다. F1 팀의 인원 제한이 강화된 이후로는 각 드라이버의 피지오가 핏 보드를 담당하는 경우가 많아졌다.

핏 보드 구성의 예

핏 스탑

Pit stop

레이스 중 핏 박스에서 진행하는 타이어 교체 등의 정비 작업

핏 스탑은 레이스 중 레이스카가 핏 레인으로 들어와 핏 박스에 정차한 뒤 진행하는 타이어 교체나 간단한 부품 교체 등의 정비 작업을 가리킨다.

F1 레이스에서는 드라이 컨디션일 경우 최소 두 가지 이상의 타이어 컴파운드를 사용해야 하기 때문에, 대부분의 경기에서 각 드라이버는 최소 한 차례 이상 핏 스탑[11]을 수행한다.

[11] 2021 터키 그랑프리에서 오콘은 의무 핏 스탑 규정 도입 이후 처음으로 핏 스탑 없이 레이스를 마쳤다.

ㅍ

핏 스탑 라이트 시스템

Pit stop light system

핏 스탑의 진행과 완료를 드라이버에게 알려주는 안전 시스템

핏 스탑 라이트 시스템은 F1 그랑프리의 핏 스탑에서 드라이버에게 핏 스탑이 완료되었는지 신호등 형식으로 알려주는 안전 시스템이다. 2008시즌 페라리가 **롤리팝을 대체**하는 핏 스탑 라이트 시스템을 처음 도입했고, 이후 다른 모든 F1 팀이 점차 핏 스탑 라이트 시스템을 채택했다.

핏 스탑 라이트 시스템은 타이어가 완벽하게 조여진 후 휠 건의 신호, 잭이 내려갔을 때의 신호, 피트에 다른 차가 들어오는지 확인한 트래픽 신호까지 모두 확인한 뒤, 초록색 신호등을 켜거나 빨간색 신호등을 끄는 방식으로 드라이버에게 핏 박스에서 출발해도 문제없음을 알려준다.

핏 스트레이트

Pit straight

스타트/피니시 라인이 배치된 직진 구간

써킷에서 스타트/피니시 라인이 배치된 직진 구간은 핏 스트레이트, **"스타트/피니시 스트레이트(start/finish straight)"** 또는 "홈 스트레이트(home straight)" 등 다양한 이름으로 불린다.

보통 핏 스트레이트는 트랙에서 핏 월과 메인 그랜드스탠드 사이 구간을 의미하고, 마지막 코너부터 첫 코너까지의 구간[12]을 핏 스트레이트라고 부르는 경우가 많다.

핏 월

Pit wall

핏 스트레이트와 핏 레인 사이 방호벽과 그 주변

사전적 의미로 핏 월은 핏 스트레이트와 핏 레인 사이 방호벽을 가리키지만, 보통 모터스포츠에서 핏 월은 방호벽과 핏 레인의 패스트 레인 사이에 주요 인력이 배치되는 특별한 공간을 가리킨다.

F1에서는 팀 프린시플과 테크니컬 디렉터, 레이스 엔지니어, 전략 담당자 등 팀 수뇌부가 핏 월에 자리 잡는 경우가 많고[13], 핏 월의 화면과 통신 장비 등을 이용해 진행 상황과 각종 정보를 파악하며 공식 세션이 진행되는 동안 팀의 주행 프로그램을 지휘하고 관리한다.

---

[12] 직진 구간이 아니더라도 핏 스트레이트의 일부로 여기는 경우가 있다.

[13] 팀에 따라 주요 인력이 핏 월과 동일한 화면과 장비가 배치된 핏 개러지 내부에서 주행 프로그램을 지휘하기도 한다.

핏 크루

Pit crew

핏 스탑 과정에서 타이어 교체 등 작업을 수행하는 인력

핏 크루는 모터스포츠 이벤트의 핏 스탑 과정에서 타이어 교체와 각종 정비 작업을 수행하는 인력을 가리키며, 챔피언십이나 레이스 이벤트의 규정에 따라 핏 크루의 수와 작업 범위가 제한될 수 있다. F1에서는 핏 크루가 20명 전후로 매우 많은 편이지만, 다른 모터스포츠에서는 대부분 4명 이하의 핏 크루가 다양한 작업을 책임진다. 종목에 따라 핏 크루가 1명뿐인 경우도 있다.

F1 핏 크루는 핏 스탑 시간을 제외하면 미캐닉으로 레이스카의 준비와 정비 등 작업을 수행하며, 여유 있을 때마다 핏 스탑을 대비한 훈련에 많은 시간을 할애한다. F1 핏 크루는 바퀴마다 휠을 빼는 역할(**타이어 오프 : tyre off**), 끼우는 역할(**타이어 온 : tyre on**), 휠 건 담당(**거너 : gunner**)까지 세 명으로 구성되고, 프론트와 리어 잭 담당이나 차체를 흔들리지 않게 하는 핏 크루를 포함해 나름의 세부 역할을 나눠 맡는다. 2000년대 말 부터 F1 팀에 핏 스탑 라이트 시스템이 보급된 이후 롤리팝 맨의 역할은 점차 사라졌다.

F1 핏 스탑에서 핏 크루 편성과 배치의 예

ㅍ

핑거 노즈
Finger nose

손가락처럼 돌출된 형태의 노즈 디자인

2010년대 초반부터 FIA는 F1 레이스카의 로우 노즈 디자인을 유도하기 위해 규정 변경을 계속했고, 2014시즌에는 로우 노즈 디자인을 강제하는 엄격한 규격을 제시했다. 그러나, F1 팀의 엔지니어들은 규정 범위 안에서 빈틈을 파고들어, 하이 노즈에 가까운 공기역학적 효과를 낼 수 있는 손가락처럼 돌출된 형태의 핑거 노즈 또는 "썸 노즈(thumb nose)"라고 불리는 디자인을 선보였다.

썸 노즈 디자인은 고전적인 로우 노즈 디자인보다 강력한 공기역학적 효과를 기대할 수 있지만, FIA 크래시 테스트를 통과하는 것이 쉽지 않았다. 또한, 로터스의 비대칭 핑거 두 개가 돌출된 노즈 등 다양한 아이디어로 만들어진 노즈들이 대부분 보기에 흉측하다는 비난을 받았다.

2014시즌 등장한 다양한 노즈 디자인들

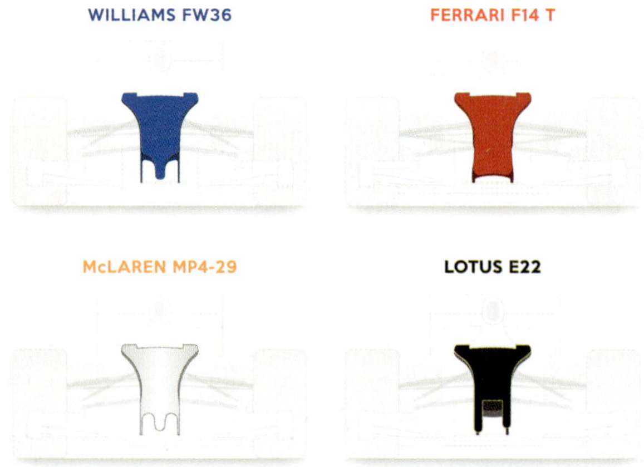

하이 노즈
High nose

포뮬러 레이스카의 노즈 팁이 위쪽으로 치우치도록 디자인하는 디자인 방식

"로우 노즈(high nose)"와 대비되는 하이 노즈는, 포뮬러 레이스카의 노즈 팁을 위쪽으로 치우치도록 디자인하는 방식이다. 하이 노즈 컨셉은 1990년대 초반 하비 포슬웨이트에 의해 F1에 도입되었고, 점차 로우 노즈를 대체해 2010년 무렵 대부분 F1 레이스카가 하이 노즈를 채택했다.

하이 노즈는 규정 안에서 가능한 한 높은 위치에 노즈를 배치해 공기역학적 효율을 높일 수 있지만, 2010년대 초중반 이후 노즈 팁의 높이 제한 규정이 계속 강화되면서 점차 자취를 감췄다.

하이 다운포스 셋업

High downforce setup

가능한 한 많은 양의 다운포스 생성을 목표로 하는 셋업

하이 다운포스 셋업은 최대한의 다운포스 생성량 확보를 목표로 하는 셋업 방식으로 보통 "로우 드래그 셋업(low drag setup)"과 대비되는 셋업이다. 하이 다운포스 셋업을 택할 경우 브레이킹 안정성이 높아지고 코너 공략에 유리하지만, 가속력과 최대 속도가 줄어드는 단점이 있다.

하이 다운포스 셋업은 다운포스 생성량이 중요하고 고속 구간이 적은 써킷에도 채택되지만, 모나코와 같은 저속 시가지 써킷에서 선택되는 경우가 많다. 하이 다운포스 셋업은 기본적으로 윙의 받음각을 세우는 것에서 시작하지만 라이드 하이트 조절 등 서스펜션 셋업의 뒷받침이 필요하다.

로우 드래그 셋업과 하이 다운포스 셋업의 윙 각도 비교

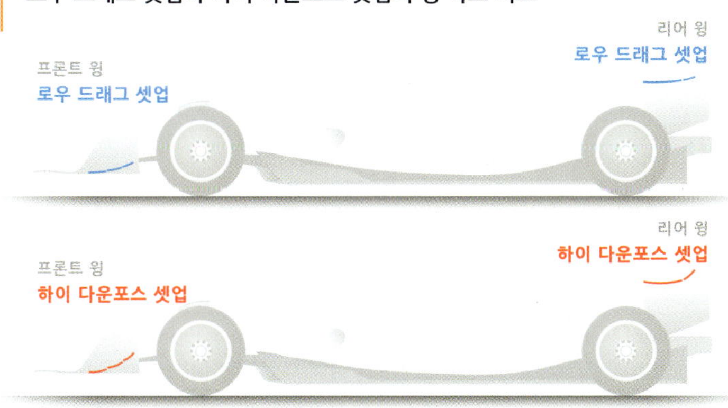

하이브리드

Hybrid

두 가지 요소를 하나로 접목하는 것

하이브리드는 두 가지 이상의 기능이나 역할을 수행하는 요소를 하나로 접목하고 통합하는 것을 가리키며, 자동차의 경우 고전적인 내연기관과 전기 모터 등 다른 동력원을 함께 사용할 때 하이브리드 또는 "하이브리드 차량(hybrid vehicle)"이라는 표현을 사용한다.

F1 챔피언십에서는 2009시즌 KERS를 도입하면서 처음으로 "하이브리드 엔진(hybrid engine)"이 등장했고, 2014시즌 파워 유닛 개념의 도입 이후 모든 F1 레이스카는 터보차저와 함께 에너지 재생 시스템을 통한 환용하는 터보 하이브리드 엔진을 사용하고 있다

ㅍ

ㅎ

하이브리드 디바이스

Hybrid device

사고 상황에서 목과 머리를 보호하는 HANS와 조금 다른 안전 장비

하이브리드 디바이스는 HANS와 마찬가지로 사고 상황에서 머리가 앞으로 쏠리며 목이 순간적으로 늘어나거나 꺾이면서 골절과 치명상을 입는 위험을 최소화하기 위해 헬멧이 너무 빠르게 움직이지 않도록 움직임을 제한하는 안전 장비다. HANS가 어깨에 얹는 형식인 것과 달리 하이브리드 디바이스는 가슴과 등을 감싸는 형태로 착용하는 조끼 형식의 장비이며, HANS보다 측면 충격에 강하고 안전 벨트가 풀린 뒤에도 쉽게 몸에서 떨어지지 않는다는 장점이 있다.

WRC와 오프 로드 레이싱의 드라이버들이나, 트랙 레이싱 드라이버 중 HANS가 불편하다고 느끼는 드라이버들이 하이브리드 디바이스를 선택하는 경우가 적지 않다. 반대로 하이브리드 디바이스가 불편하다고 느끼며 HANS를 선택하는 드라이버의 수도 많다. FIA의 공인을 받았다면 하이브리드 디바이스와 HANS 중 한 가지를 선택해 사용할 수 있다.

하이 윙

High wing

높은 위치에 배치된 윙

하이 윙은 차체보다 훨씬 높은 위치에 배치된 윙을 가리킨다. 1968시즌 F1에 윙이 등장한 뒤 많은 팀이 주변 공기 흐름에 영향을 덜 받아 공기역학적으로 유리한 하이 윙을 폭넓게 사용됐다.

하이 윙은 1969시즌까지 F1 레이스카에 널리 사용됐지만, 서스펜션에 연결된 지지 구조가 강력한 다운포스를 버티지 못해 파손되며 큰 사고로 이어지는 경우가 속출했다. 결국 F1 챔피언십을 주관하던 CSI는 1969 모나코 그랑프리부터 하이 윙 레이아웃의 레이스카 디자인을 금지했다.

하이 윙을 채택한 로터스 49B의 삼면도

하프 포인트
Half point

레이스 결과에 따른 포인트가 정상적인 레이스의 절반만 주어지는 것

모터스포츠 이벤트에서 규정에 명시된 특수한 상황에서 포인트가 절반만 주어지는 경우, 이런 상황에 주어진 절반의 포인트는 물론 해당 경기나 상황을 하프 포인트라고 부른다.

2021시즌까지 F1에서는 선두가 계획된 레이스 거리의 75% 이상을 소화하면 포인트가 정상 지급되고, 75% 미만의 랩만 마쳤을 경우 하프 포인트가 주어지도록 정해져 있었다. 2021 벨기에 그랑프리 이후 주행 거리에 따른 포인트 지급 방식이 네 가지로 나눠졌고, 이 중 25% 이상 50% 미만을 달린 레이스에서 소수점 이하는 반올림한 하프 포인트가 주어지는 시스템이 적용되었다.

해설가
Commentator

방송을 통해 일반인들에게 모터스포츠의 진행 상황을 전달하거나 설명하는 사람

해설가는 방송을 통해 모터스포츠의 진행 상황과 각종 정보를 다수의 일반인에게 전달하고 설명하는 사람을 가리키며, 장내 방송 진행자, TV/라디오 방송 출연자도 큰 틀에서 해설가로 볼 수 있다.

한국이나 일본처럼 캐스터가 스포츠 중계의 진행을 담당하고 해설가는 "해설"만 담당하는 경우도 있지만, 나머지 대부분 국가에서는 TV 중계에서 영문 **"커멘테이터"**의 의미 그대로 별도의 캐스터 없이 한 명이나 다수의 해설가가 중계방송을 진행하는 경우가 많다.

해트 트릭
Hat-trick

한 명의 드라이버가 레이스에서 폴 포지션, 패스티스트 랩, 우승을 모두 차지하는 것

해트 트릭은 레이스를 폴 포지션에서 시작한 드라이버가 패스티스트 랩을 기록하고, 우승까지 차지하는 것을 가리킨다.

F1에서는 최초의 챔피언십 그랑프리였던 1950 영국 그랑프리에서 쥬세페 파리나가 처음으로 해트 트릭을 기록했고, 1994 모나코 그랑프리를 시작으로 2006 프랑스 그랑프리까지 모두 22차례의 해트 트릭을 기록한 미하엘 슈마허가 F1 최다 해트 트릭 기록을 보유하고 있다.

ㅎ

핵심 인력

Key Personnel

F1 팀과 PU 제조사의 운영, 관리, 기타 핵심 업무를 책임지는 인력

2026시즌 기준 F1 규정 **섹션 A - 운영 규정**은 각 F1 팀과 PU 제조사의 운영과 관리, 그리고 다양한 핵심 업무를 책임지는 관리자급 인력의 정보를 사전에 FIA에 제출하도록 정하고 있다.

"F1 팀의 핵심 인력(Key Individual F1 Teams)"은 CEO와 CFO, 팀 프린시플, 스포팅 디렉터, 테크니컬 디렉터, 팀 매니저, 두 명의 레이스 엔지니어까지 8명을 사전 등록해야 한다.

"PU 제조사의 핵심 인력(Key Individual PU Manufacturers)"은 CEO와 CFO, 테크니컬 디렉터, 기술 연락관, 수석 엔지니어, 수석 트랙사이드 엔지니어, 수석 커스터머 엔지니어, 두 명의 F1 카 PU 엔지니어, 각 커스터머 팀당 2명의 커스터머 F1 카 PU 엔지니어까지 사전 등록이 의무화되어 있다.

핸들링

Handling

차의 조종 반응성

핸들링은 드라이버가 조종을 위한 조작에 대해 차가 어떻게 반응하고 움직이며 적절한 피드백이 이뤄지는지 나타내는 개념으로, 종종 "조종성(drivability)"과 비슷한 개념으로 여겨진다.

가속력과 최고 속도, 기계적 그립과 공기역학적 그립 등 비교적 쉽게 비교할 수 있는 레이스카의 주요 성능이 뛰어나더라도, 핸들링이 좋지 않다면 뛰어난 성능을 제대로 활용하지 못할 수 있다. 간혹 레이스에서 핸들링 문제가 심각할 경우 그대로 리타이어하는 경우도 있다.

헤드레스트

Headrest

드라이버 머리 주위에 배치되는 탈착 가능한 충격 흡수 부품

헤드레스트는 레이스카의 콕핏 입구 드라이버의 헬멧 좌우와 뒤쪽을 감싸도록 "ㄷ"자 형태로 배치되어, 사고 상황에서 충격을 흡수해 드라이버의 머리를 보호하는 탈착 가능한 부품이다.

F1의 헤드레스트에는 기온에 따라 세 종류의 충격 흡수재가 사용되며, 헬멧을 착용하면 헤드레스트와의 사이 공간이 부족해 레이스카에 타고 내릴 때 헤드레스트를 먼저 빼내는 것이 보통이다.

헤어핀

Hairpin

트랙에서 진행 방향이 반대쪽으로 바뀌는 타이트한 코너

"헤어핀 턴(hairpin turn)", "헤어핀 벤드(hairpin bend)", "헤어핀 코너(hairpin corner)" 등으로 불리는 헤어핀은 트랙에서 레이스카의 진행 방향이 반대쪽으로 180° 가까이 바뀌는 머리핀 형태의 타이트한 코너를 가리킨다.

헤어핀 진입 전에 긴 가속 구간이 있다면 속도가 줄어드는 브레이킹 과정에서 추월 시도가 가능하며, 헤어핀 부근 트랙이 넓다면 코너 공략 중 다양한 레이싱 라인을 그리며 변수를 만들 수 있다.

헤일로 디바이스

Halo device

오픈-콕핏 레이스카에서 드라이버의 머리를 보호하는 부품

오픈-콕핏 레이스카의 안전 문제에서 취약점 중 하나인 외부로 노출된 드라이버의 머리다. 헤일로 디바이스는 노출된 드라이버의 머리를 보호하기 위한 안전장치 중 하나로, 햇무리나 달무리, 후광 등을 뜻하는 헤일로가 의미하는 것처럼 콕핏 바로 위에 배치되는 반원 형태의 지지 구조물이다.

2014 일본 그랑프리에서의 사고로 쥘스 비앙키가 세상을 떠난 뒤 드라이버의 머리를 보호하는 장치에 대한 집중 연구가 펼쳐졌고, 다양한 테스트를 거쳐 2018시즌부터 모든 F1 레이스카에 헤일로 디바이스 장착이 의무화됐다. 이후 F2와 F3, 포뮬러-E 등 오픈-콕핏 레이스카를 사용하는 다른 챔피언십에도 헤일로 디바이스가 의무 장착되기 시작했다.

F1 레이스카의 헤일로

헬멧

Helmet

드라이버의 머리를 보호하는 투구 형태의 안전장치

"크래시 헬멧(crash helmet)"이라고도 불리는 헬멧은 드라이버가 투구처럼 머리에 덮어쓰는 방식으로 착용해 외부 충격으로부터 머리를 보호하는 안전장치를 가리킨다.

F1 드라이버가 사용하는 헬멧은 FIA가 정한 안전 기준에 따라 강한 충격을 버티면서 전해지는 충격을 감소시키는 구조를 갖춰야 하고, 빠른 속도로 움직이는 작은 물체의 관통을 막고 화재 상황에서 일정 시간 고열을 견디면서 내부로 열기가 전달되지 않도록 만들어져야 한다.

헬멧 캠

Helmet cam

헬멧에 장착되는 온보드 카메라

헬멧 캠은 헬멧 내부나 외부에 장착되는 온보드 카메라를 가리킨다.

헬멧 캠은 중계방송 시청자가 드라이버의 시선을 따라가는 듯한 실감 나는 화면을 볼 수 있게 해주지만, 작은 카메라로 흔들림이 적은 고화질 화면을 제공하기 어려워 21세기 들어서야 헬멧 캠이 널리 사용되기 시작했다. F1에서는 2023시즌부터 모든 드라이버의 헬멧 캠 장착이 가능해졌다.

호몰로게이션

Homologation

레이스카 규격이나 부품 등의 표준화 절차 또는 표준화의 결과물

호몰로게이션은 모터스포츠 챔피언십이나 레이스 이벤트에 사용되는 써킷, 레이스카, 각종 차량 부품 등을 일정 규격에 맞게 표준화하는 절차나 승인 과정 또는 이런 표준화의 결과물을 가리킨다.

보통 호몰로게이션이라는 용어는 GT3나 GT4처럼 FIA가 주관하는 클래스 규격화 절차나 그 결과물 등을 얘기할 때 사용되지만, F1에서는 다양한 엔진의 성능을 비슷한 수준으로 규격화하거나 ECU 등 표준 부품 등을 사용하도록 강제하는 경우와 같이 일반적 의미와는 조금 다른 상황에서도 종종 호몰로게이션이라는 표현을 사용한다.

호스피탤리티

Hospitality

팀 빌딩 내부의 접객 시설

호스피탤리티는 팀 빌딩 안쪽에 마련된 접객 시설을 가리킨다.

F1 그랑프리가 펼쳐지는 동안 호스피탤리티는 대부분 각 팀의 팀 빌딩 1층에 마련되며, 팀이 초청한 손님이나 미디어에 대한 접대는 물론 관계자 인터뷰 등이 대부분 호스피탤리티에서 진행된다.

화석 연료

Fossil fuel

오래전 지구상에 존재했던 유기체의 잔존물로부터 만들어진 에너지 자원

화석 연료는 오래전 지구상에 존재했던 유기체의 잔존물이 오랜 시간을 거치며 변형되어 만들어진 에너지 자원을 가리킨다. 탄소 비율이 높아 여러 가지 형태의 연료로 자주 사용되는 석탄, 석유, 천연가스 등이 모두 화석 연료에 해당한다.

F1은 챔피언십 출범 이후 계속 석유 등 화석 연료를 주 에너지원으로 사용해 왔지만, 2009시즌 하이브리드 시스템 도입을 시작으로 조금씩 화석 연료 비중을 줄이기 위해 노력하고 있다.

화이트 플랙

White flag

느리게 달리는 차가 있다는 것을 알리는 깃발 신호

화이트 플랙은 전방에 확연히 느린 차가 있다는 것을 알리기 위한 깃발 신호다.

핏 레인 주변에서의 서행이나 부품의 고장 등 여러 가지 이유로 느린 속도로 달리는 레이스카가 있을 때 화이트 플랙이 제시되고, 앰뷸런스나 소방차, 구난 차량 등 레이스카보다 느릴 수밖에 없는 차나 프랙티스 스타트처럼 F1 레이스카가 멈춰 서 있는 상황을 알릴 때도 화이트 플랙을 제시한다.

휠 건

Wheel gun

휠 넛을 풀거나 조일 때 사용하는 도구

휠 건은 바퀴를 고정하는 휠 넛을 풀거나 조일 때 사용하는 도구로, 휠(wheel) 탈착을 위해 사용하는 총(gun)으로 총처럼 방아쇠를 당겨 조작하는 도구이기 때문에 휠 건이라는 이름이 붙었다. 사람에 따라 **"임팩트 렌치(impact wrenches)"**라는 표현도 사용한다.

F1 핏 스탑에는 바퀴마다 휠 건과 예비 휠 건 하나씩 모두 여덟 개의 휠 건이 준비되며, 휠 건을 작동할 때 **압축 공기**나 **질소**만 사용할 수 있도록 규정되어 있다. F1 휠 건을 공급하는 파올리사의 허리케인 2.0 모델의 경우 3.9kg의 무게에 25바의 압력으로 **4,300N · m의 토크**를 낼 수 있다.

휠 넛

Wheel nut

차에 바퀴를 고정하기 위해 사용하는 풀림 방지 나사

휠 넛은 레이스카에 컴플리트 휠을 결합하거나 고정하는 풀림 방지 나사를 가리킨다.

2026시즌 기준 F1 레이스카는 가운데 단 한 개의 휠 넛으로 휠을 고정하게 되어 있고, 휠 넛은 휠과 완전히 분리되지 않는 구조로 만들어진다.

휠 림 커버

Wheel rim cover

휠 림 바깥쪽을 덮는 원반형 부품

휠 림 커버는 휠 림 바깥쪽을 덮는 원반형 부품을 가리키며, 2022시즌부터 2025시즌까지 F1 기술 규정 등에서 **"휠 커버(wheel cover)"**라는 표현을 더 많이 사용한다. 휠 커버는 휠 림 바깥쪽을 채워 타이어 사이드월과 단일 평면을 만들어 공기역학적으로 유리한 효과를 기대할 수 있다.

F1에서는 2006시즌 페라리가 처음 휠 커버를 도입한 뒤 2009시즌까지 대부분 팀이 휠 커버를 채용했지만, 2010시즌 규정 변경을 통해 휠 커버 사용이 금지되었다. 그러나, 2022시즌 기술 규정 변경에 따라 이전 휠 커버와 조금 다른 휠 림 커버가 표준 부품으로 의무화되었지만, 2026시즌 기준 F1 규정 **섹션 C - 기술 규정**에는 휠 커버에 대한 항목이 모두 제거되었다.

휠베이스

Wheelbase

앞바퀴 중심축과 뒷바퀴 중심축 사이의 거리

휠베이스는 프론트 휠 센터 라인(XF=0)과 리어 휠 센터 라인(XR=0) 사이의 거리다. 휠베이스는 차량 특성과 조종성에 영향을 주지만, 단순하게 휠베이스만으로 모든 특성을 설명할 수는 없다.

1950년대 F1 레이스카의 휠베이스는 2.2m에서 2.6m 정도로 비교적 짧은 편이었지만, 시간이 지나며 점차 길어져 2020년 무렵에는 3.7m 이상의 휠베이스를 가진 레이스카도 등장했다. 2021시즌까지 F1 규정에는 휠베이스가 명시되지 않았지만, 2022시즌부터 규정이 휠베이스를 제한하기 시작했다. 2026시즌 규정 기준 **F1 레이스카의 휠베이스는 최대 3,400mm**로 정해져 있다.

F1 레이스카의 휠베이스

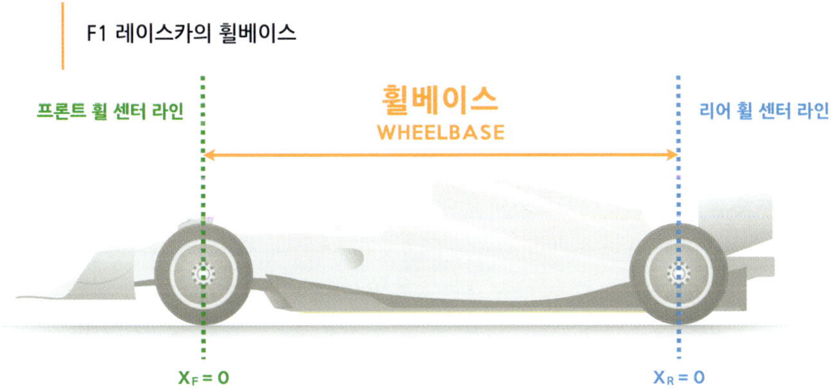

휠스핀

Wheelspin

바퀴가 헛도는 것

타이어와 지면 사이 마찰력이 버틸 수 없는 강한 토크가 바퀴에 전달됐을 경우 타이어는 그립을 잃고 헛돌게 되는데, 이처럼 바퀴가 제자리에서 혹은 움직이면서 헛도는 것을 휠스핀이라고 부른다.

코너를 지날 때 양쪽 바퀴에 전해지는 토크 차이가 디퍼런셜에 의해 적절하게 분배되지 않거나, 레이스 스타트 등 정지 상태로부터 출발할 때 너무 빠르게 가속하려고 하는 경우 등 다양한 원인으로 휠스핀이 발생할 수 있다. 포메이션 랩에서 스타트를 준비할 때 통제할 수 있는 휠스핀으로 타이어 온도를 빠르게 끌어 올리는 번아웃처럼 드라이버가 의도적으로 휠스핀을 만드는 경우도 있다.

ㅎ

휠 얼라인먼트
Wheel alignment

휠 각도를 조절해 직진성을 확보하는 것

휠 얼라인먼트는 휠 각도를 조절해 원래 의도됐던 만큼 차가 똑바로 움직일 수 있도록 휠을 정렬시켜 조종성을 높이고, 타이어 마모 등 불필요한 손실을 줄이는 작업을 가리킨다.

레이스카의 휠 얼라인먼트 역시 큰 틀에서 일반 승용차의 휠 얼라인먼트 작업 과정과 다르지 않다. 더블 위시본 서스펜션을 채택한 F1 레이스카의 휠 얼라인먼트는 캐스터 각, 캠버, 토 등을 정확히 측정한 뒤 정교한 조절로 고속 주행에서 문제가 될 수 있는 직진성과 조종성 확보에 공을 들인다.

휠 테더
Wheel tether

사고 상황에서 휠이 섀시로부터 분리되지 않도록 연결을 유지하는 부품

레이스에서 사고가 났을 때 가장 큰 문제가 될 수 있는 요소 중 하나는 분리되어 혼자 움직이기 시작한 휠이 다른 차량이나 트랙 마샬, 혹은 드라이버의 헬멧에 부딪히는 등의 2차 피해다. 이런 피해를 막기 위해 도입된 휠 테더는 사고가 발생하더라도 휠이 섀시에서 분리되지 않도록 강력하게 연결을 유지하는 안전을 위한 부품이다.

F1 레이스카에는 1999시즌부터 휠 테더 장착이 의무화됐지만, 휠이 섀시에서 분리되어 2차 피해로 트랙 마샬이 사망하는 등의 사고가 발생한 뒤 추가 연구가 이뤄졌다. 2011시즌부터 두 개의 독립된 휠 테더를 장착해 휠이 분리될 가능성을 좀 더 줄일 수 있게 되었다.

흐름의 분리
Flow separation

물체 표면에 형성된 경계층이 주변 공기 흐름에 따라 분리되는 현상

흐름의 분리는 물체 표면에 정체되어 있던 경계층이 주변 공기 흐름의 영향으로 분리되는 공기역학적 현상을 가리킨다.

F1 레이스카 주변에서 공기 흐름의 분리가 일어나면 드래그가 증가하는 등 부정적인 효과가 증가하기 때문에, 의도한 경우가 아니라면 흐름의 분리를 최소하는 디자인이 요구된다.

흑백 반기

Black-and-white flag

위험한 드라이빙이나 규정 위반 가능성이 있는 드라이버에게 경고하는 깃발 신호

흑백 반기는 주행 중 위험한 드라이빙이나 규정 위반 가능성이 있는 드라이버에게 경고하는 깃발 신호다. 보통 흑백 반기는 깃발을 대각선으로 나눠 각각 검은색과 흰색으로 나눠 구성한다.

흑백 반기를 받고 한 번 더 같은 위반을 할 경우 페널티가 주어질 수 있다.

> **흑백 반기의 예**

히스토릭 카

Historic Car

규정이 정한 프리비어스 카 이전 세대 규격의 레이스카

F1 규정 **섹션 B - 스포팅 규정**이 정의하는 히스토릭 카는 프리비어스 카보다 이전 세대의 규정에 맞게 제작한 레이스카로, 2026시즌을 기준으로 하면 2021시즌까지의 규정에 맞춰 제작한 레이스카가 히스토릭 카에 해당한다. 약자를 이용해 간단하게 **"HC"**로 표기할 수 있으며, 히스토릭 카를 이용한 테스팅은 "THC(Testing of Historic Car)"라고 부른다.

히스토릭 카에 대해서는 커런트 카나 프리비어스 카처럼 FIA의 사전 허가 없이 임의로 제3자에게 판매하거나 제공할 수 없다는 규정 항목이 존재하지 않는다.

힛 싸이클
Heat cycle

타이어를 사용하는 동안 온도 변화와 함께 성능이 변하는 과정

타이어의 힛 싸이클은 타이어를 사용하는 동안 온도 변화와 함께 성능이 변하는 과정을 가리킨다. 새 타이어는 한동안 충분한 성능을 내지 못하다가 적정 온도에 이르면 제 성능을 발휘하기 시작하고, 다시 시간이 지나면 조금씩 타이어의 성능이 떨어진다. 주행을 계속 사용하면 어느 순간부터 급격하게 타이어 성능이 나빠지면서 수명을 다하는 것이 타이어 성능 변화의 마지막 과정이다.

F1 타이어는 힛 싸이클에 따라 큰 폭의 성능 변화가 일어나기 때문에, 트랙에 나서기 전 타이어 워머로 충분히 온도를 제대로 유지하지 못했거나 웜업 랩에서 타이어 온도를 작동 온도까지 끌어올리지 못한다면 제대로 된 성능을 발휘할 수 없다. 타이어 컴파운드와 레이스카의 특성, 드라이버의 관리 능력에 따라 힛 싸이클의 진행 양상은 다양하게 나타날 수 있다.

힛 실드
Heat Shield

뜨거운 물질로부터 다른 곳으로 열이 전달되는 것을 막는 열 차폐 물질

힛 실드는 열 전달을 막는 열 차폐 물질을 가리키며, 자동차에서는 주로 작동 중 온도가 매우 높게 올라가는 엔진 주위나 엔진 커버에 부착하는 경우가 많다.

F1 레이스카의 경우 알루미늄이나 금박을 이용해 얇은 핫 실드를 만들어 사용하는 경우가 많고, 엔진 룸 뿐 아니라 다양한 부품 주위에 힛 실드가 사용된다.

힛 해저드
Heat hazard

고온으로 그랑프리 진행에 문제가 발생할 수 있는 상황

힛 해저드는 31℃ 이상의 높은 기온으로 드라이버의 건강이 위협받는 위험한 상황이 예상될 때 레이스 디렉터의 판단에 따라 선언할 수 있는 위험 상황 경고를 뜻한다. 힛 해저드가 선언되면 드라이버 쿨링 시스템 등을 의무 장착하게 되며, 추가 장착되는 시스템 무게를 고려해 LTCS와 스프린트, 레이스의 특성에 맞게 레이스카 최소 질량도 늘어난다.

F1 카타르 그랑프리 2023 레이스에서 다수의 드라이버가 탈수와 열사병 증세를 겪는 등 고온 다습한 경기 환경이 위험한 상황으로 이어진 뒤, 오랜 논의 끝에 F1 규정에 힛 해저드 관련 내용이 추가되었다. F1 싱가포르 그랑프리 2025에서 처음으로 공식적인 힛 해저드가 선언됐다.

III.

F1 드라이버

FORMULA 1 DRIVERS

가브리엘 보톨레토

Gerhard Berger

Gabriel Lourenzo "Gabi" Bortoleto Oliveira

생년월일

출생 2004년 10월 14일

F1 월드 챔피언십

엔트리	24
스타트	24
우승	-
포디엄	-
포인트	19
폴 포지션	-
패스티스트 랩	-
WDC 최고 성적	19위 (2025)

F1 외 주요 기록

2023
FIA F3 챔피언

2024
FIA F2 챔피언

2024 FIA F2 챔피언

가브리엘 보톨레토는 상파울루에서 태어나 일곱 살 때부터 카트를 시작했고, 열 살 때 다수의 브라질 타이틀을 획득한 뒤 유럽 무대에 진출했다. 2020년 이탈리아 F4를 시작으로 카 레이싱에 뛰어든 보톨레토는 2023시즌 FIA F3에서 큰 격차로 챔피언 타이틀을 획득했고, 이듬해 FIA F2에서 아이작 하자와 최종전까지 접전을 펼친 끝에 챔피언의 자리에 올랐다.

2025시즌 자우버를 통해 F1에 데뷔해 페르난도 알론소가 이끄는 A14 매니지먼트를 통한 첫 번째 F1 드라이버가 된 보톨레토는 11라운드 오스트리아 그랑프리에서 처음으로 포인트 피니시에 성공했고, 헝가리 그랑프리에서는 6위를 차지하기도 했다. 니코 휼켄버그라는 백전노장을 팀메이트로 두고도 데뷔 시즌부터 퀄리파잉 배틀에서 앞섰으며, 비교적 약체인 자우버 소속으로 좋은 성적을 거두며 주목받은 보톨레토는 아우디의 미래로 주목받는 드라이버다.

게하르트 베르거

Gerhard Berger

생년월일 / 사망일

출생 1959년 8월 27일

F1 월드 챔피언십

엔트리	210
스타트	210
우승	10
포디엄	48
포인트	385
폴 포지션	12
패스티스트 랩	21
WDC 최고 성적	3위 (1988, 1994)

F1 외 주요 기록

1985
스파 24시간 우승

토로로쏘의 공동 창립자

게하르트 베르거는 1984시즌 약체 ATS를 통해 데뷔한 뒤, 1980년대 후반 애로우즈를 거쳐 베네통, 페라리, 맥라렌 등 최강팀의 러브콜을 받았다. 1990년대 초반 정상급 드라이버 중 하나로 꼽혔던 베르거는 세나/프로스트/만셀의 3파전이 치열하던 시기 이들에게 크게 뒤지지 않는 뛰어난 기량을 보여줬다.

베르거는 맥라렌에서 세 시즌 동안 아일톤 세나의 팀메이트로 활약하며 돈독한 우정을 과시했고, 페라리 복귀 후에는 당시 페라리 소속 최다 경기 출전 기록(96회)을 경신하기도 했다. F1 은퇴 후 베르거는 오스트리아의 사업가 디트리히 마테쉬츠와 50대50 투자로 미나르디를 인수하면서 토로로쏘의 공동 창립자가 되기도 했다.

군나르 닐손

Gunnar Nilsson

Gunnar Axel Arvid Nilsson

1968

생년월일	
출생	1948년 11월 20일
사망	1978년 10월 20일

F1 월드 챔피언십	
엔트리	32
스타트	31
우승	1
포디엄	4
포인트	31
폴 포지션	-
패스티스트 랩	1
WDC 최고 성적	8위 (1977)

F1 외 주요 기록

1975
영국 F3 챔피언

1977 벨기에 그랑프리 우승자

군나르 닐손은 1970년대 중반 팀의 간판 드라이버 로니 페터슨의 공백을 메꾸며 팀 로터스를 통해 F1에 데뷔했다. 닐손은 데뷔 세 경기만에 포디엄 피니시에 성공했고, 그라운드 이펙트 시대의 막을 올린 로터스 78과 함께 1977 벨기에 그랑프리에서 자신의 처음이자 마지막 F1 챔피언십 그랑프리 우승을 기록했다.

1977시즌 후반 불운과 사고가 겹치는 가운데 7경기 연속 리타이어로 아쉽게 WDC 8위에 그친 닐손은 1978시즌 챔피언 등극에 대한 기대가 컸지만, 1977년 말 고환암이 발견된 이후 급격하게 건강이 나빠져 1978년 가을 만 29세의 젊은 나이로 세상을 떠났다.

그레이엄 힐

Graham Hill

Norman Graham Hill

1962 1968

생년월일 / 사망일	
출생	1929년 2월 15일
사망	1975년 11월 29일

F1 월드 챔피언십	
엔트리	179
스타트	176
우승	14
포디엄	36
포인트	289
폴 포지션	13
패스티스트 랩	10
WDC 최고 성적	챔피언 (1962, 1968)

F1 외 주요 기록

1966
인디500 우승

1972
르망 24시간 우승

"트리플 크라운 오브 모터스포츠"를 달성한 "미스터 모나코"

그레이엄 힐은 미캐닉으로 팀 로터스에 합류한 뒤 1958 모나코 그랑프리에서 F1에 데뷔했다. 힐은 1960시즌 BRM으로 자리를 옮겨 1962 네덜란드 그랑프리에서 첫 승을 거뒀고, **1962시즌**에만 4승을 기록하며 **첫 번째 F1 드라이버 챔피언** 타이틀을 획득했다.

팀 로터스로 복귀해 **1968시즌 두 번째 드라이버 챔피언** 타이틀을 획득한 힐은 모나코 그랑프리에서만 다섯 차례 우승을 차지하며 **"미스터 모나코(Mr. Monaco)"**라는 별명을 얻기도 했다. 그레이엄 힐은 1966 인디 500 우승과 1972 르망 24시간 우승으로 모터스포츠 역사 전체를 통틀어 **유일하게 트리플 크라운 오브 모터스포츠를 달성**했다. 힐은 1973년 자신의 F1 팀 "엠버시 힐"을 설립했지만 좋은 성적을 거두지 못했고, 1975년 11월 29일 테스트를 마치고 돌아오던 중 비행기 사고로 세상을 떠났다.

나이젤 만셀

Nigel Mansell

Nigel Ernest James Mansell

(1992)

생년월일 / 사망일	
출생	1953년 8월 8일

F1 월드 챔피언십	
엔트리	192
스타트	187
우승	31
포디엄	59
포인트	482
폴 포지션	32
패스티스트 랩	30
WDC 최고 성적	챔피언 (1992)

F1 외 주요 기록
1993 CART 챔피언

세나, 프로스트와 삼파전을 펼쳤던 영국의 "사자"

나이젤 만셀은 콜린 채프먼의 눈에 띄어 팀 로터스를 통해 F1에 데뷔했고, 채프먼 사후 윌리엄스로 이적한 뒤 유난히 운이 따르지 않았던 1986, 1987 두 시즌 연속 WDC 2위에 올랐다. 만셀은 계속되는 불운을 이겨내며 **1992시즌** 오랫동안 기다렸던 **드라이버 챔피언 타이틀**을 손에 넣은 뒤 바로 F1을 떠났고, 이듬해 미국으로 건너가 CART 데뷔 시즌에 챔피언 타이틀을 차지했다.

특별한 배경 없이 F1 무대에서 입지를 굳힌 만셀은 1980년대부터 1990년대 초반까지 알랑 프로스트, 아일톤 세나와 치열한 3강 라이벌 구도를 만들며 가파른 F1 인기 상승에 큰 공을 세웠다. 만셀은 영국 팬들의 열렬한 지지를 받은 것은 물론 여러 차례 부상과 불운을 극복하며 보여준 용맹한 성격과 레이스에서의 공격적인 드라이빙 스타일 덕분에 사자를 뜻하는 **"일 레오네(Il Leone)"**라는 애칭을 얻기도 했다.

넬슨 피케

Nelson Piquet

Nelson Piquet Souto Maior

(1981) (1983) (1987)

생년월일	
출생	1952년 8월 17일

F1 월드 챔피언십	
엔트리	207
스타트	204
우승	23
포디엄	60
포인트	485.5
폴 포지션	24
패스티스트 랩	23
WDC 최고 성적	챔피언 (1981, 1983, 1987)

F1 외 주요 기록
1978 영국 F3 챔피언

브라질 최초의 트리플 챔피언

넬슨 피케는 에머슨 피티팔디의 조언으로 유럽 무대에 진출해, 1978 독일 그랑프리에서 엔사인 소속으로 데뷔한 뒤 브라밤에 합류했다. 피케는 **1981시즌 F1 드라이버 챔피언**의 자리에 올라 버니 에클스톤 시대 브라밤에게 첫 타이틀을 선물했고, **1983시즌** 다시 한번 드라이버 챔피언 타이틀을 획득해 **브라밤 팀에서 유일한 더블 챔피언**이 되었다.

1986년 윌리엄스로 이적해 나이젤 만셀의 팀메이트가 된 피케는 떠오르는 세 명의 드라이버 프로스트/세나/만셀과 치열하게 경쟁했고, **1987시즌** 팀메이트와의 치열한 경쟁에서 승리해 **세 번째 드라이버 챔피언 타이틀**을 손에 넣고 **브라질 최초의 트리플 챔피언**이 되었다.

니코 로스버그

Nico Rosberg

Nico Erik Rosberg

생년월일	
출생	1985년 6월 27일

F1 월드 챔피언십	
엔트리	206
스타트	206
우승	23
포디엄	57
포인트	1,594.5
폴 포지션	30
패스티스트 랩	20
WDC 최고 성적	챔피언 (2016)

F1 외 주요 기록

2005
GP2 챔피언

두 번째로 "부자 챔피언"[1]을 완성한 2016 챔피언

니코 로스버그는 1982 드라이버 챔피언 케케 로스버그의 아들로 2005년 GP2 출범 원년 챔피언 타이틀을 획득한 뒤 2006시즌 윌리엄스를 통해 F1에 데뷔했다. 로스버그는 2009시즌까지 팀 전력을 뛰어넘는 기대 이상의 활약을 펼쳤고, 2010시즌 부활한 메르세데스로 이적해 미하엘 슈마허와 팀메이트 경쟁에서 압승을 거두며 뛰어난 기량을 입증했다.

2012 중국 그랑프리 우승으로 메르세데스 부활 후 첫 승의 주인공이 된 로스버그는 2013시즌 오랜 친구 루이스 해밀턴과 팀메이트가 되었고, 네 시즌 동안 치열한 라이벌 경쟁을 계속했다. **2016시즌** 치열한 접전 끝에 마침내 해밀턴을 꺾고 **드라이버 챔피언** 타이틀을 획득한 로스버그는 바로 은퇴를 선언해 F1 커리어의 마지막 순간까지 주목받았다.

니코 훌켄버그

Nico Hülkenberg

Nicolas Hülkenberg

생년월일	
출생	1987년 8월 19일

F1 월드 챔피언십	
엔트리	254
스타트	250
우승	-
포디엄	1
포인트	622
폴 포지션	1
패스티스트 랩	2
WDC 최고 성적	7위 (2018)

F1 외 주요 기록

2006-2007
A1 그랑프리 챔피언

2008
F3 유로시리즈 챔피언

2009
GP2 챔피언

2015
르망 24시간 우승

포디엄 피니시 없이 최다 경기 출전 중인 "슈퍼 서브"

니코 훌켄버그는 주니어 포뮬러에서 압도적인 기량을 뽐내며 미래의 F1 챔피언 후보 1순위로 평가받았고, 2009 GP2 챔피언에 오른 뒤 2010시즌 윌리엄스를 통해 F1에 데뷔했다. 훌켄버그는 중위권 전력의 윌리엄스에서 2010 브라질 그랑프리 폴 포지션을 차지하며 많은 주목을 받았다.

한 시즌 공백을 거쳐 포스인디아로 이적한 훌켄버그는 자우버, 포스인디아, 르노 등 중위권 팀을 오가며 꾸준한 성적을 거뒀고, 2015년에는 르망 24시간에서 우승하기도 했다. 정규 시트를 확보하지 못했던 시기 대타 출전에 좋은 모습을 보여 "슈퍼 서브"란 별명이 붙었던 훌켄버그는 자우버 소속으로 출전한 2025 영국 그랑프리에서 꿈에 그리던 첫 포디엄 피니시에 성공했고, 2026시즌부터 아우디의 팩토리 팀 드라이버로 활약할 예정이다.

[1] 아버지와 아들(父子) 모두 드라이버 챔피언 타이틀을 획득한 경우

니콜라스 라티피

Nicholas Latifi

Nicholas Daniel Latifi

생년월일	
출생	1995년 6월 29일

F1 월드 챔피언십	
엔트리	61
스타트	61
우승	-
포디엄	-
포인트	9
폴 포지션	-
패스티스트 랩	-
WDC 최고 성적	17위 (2021)

F1 외 주요 기록	
2019	FIA F2 러너-업

2022시즌까지 윌리엄스에서 활동한 캐나다 드라이버

니콜라스 라티피는 캐나다의 대부호 마이클 라티피의 아들로 2014시즌 GP2에 데뷔했고, 2016시즌 처음으로 풀 시즌을 소화했다. GP2에서 이름을 바꾼 F2에 2019시즌까지 계속 남았던 라티피는 2020시즌 죠지 러셀의 팀메이트로 윌리엄스의 드라이버 시트를 확보하며 F1에 데뷔했다.

대혼돈의 2020시즌부터 2022시즌까지 세 시즌 동안 윌리엄스에서 활동한 라티피는 이렇다할 좋은 모습을 보여주지 못하며 세 시즌 동안 단 세 차례 포인트 피니시에 성공했다. 2023시즌 윌리엄스가 알렉산더 알본과 계약하면서 라티피의 F1 커리어는 마무리되었다.

니키 라우다

Niki Lauda

Andreas Nikolaus Lauda

1975 1977 1984

생년월일	
출생	1949년 2월 22일
사망	2019년 5월 20일

F1 월드 챔피언십	
엔트리	177
스타트	171
우승	25
포디엄	54
포인트	420.5
폴 포지션	24
패스티스트 랩	24
WDC 최고 성적	챔피언 (1975, 1977, 1984)

F1 외 주요 기록	
1972	영국 F2 챔피언

세 차례 챔피언 타이틀을 획득한 "불사조"

니키 라우다는 1971시즌 마치를 통해 F1에 데뷔했고, BRM을 거쳐 페라리에 합류한 뒤 **1975시즌 첫 번째 드라이버 챔피언** 타이틀을 획득하며 페라리를 11년 만에 왕좌에 복귀시켰다. 라우다는 1976시즌 제임스 헌트와 치열한 타이틀 경쟁 중 뉘르부르크링에서 큰 사고로 생사의 갈림길에 섰다가, 극적으로 생환해 **"불사조(Phoenix)"**라는 별명을 얻었다.

1977시즌 페라리에서 두 번째 챔피언 타이틀을 획득한 라우다는 브라밤에서 두 시즌을 보낸 뒤 은퇴를 선언했고, 항공 사업에 뛰어들었다가 1982시즌 맥라렌을 통해 F1에 복귀했다. **1984시즌** 팀메이트 알랑 프로스트를 단 0.5포인트 앞서며 자신의 **세 번째 드라이버 챔피언** 타이틀을 획득한 라우다는 은퇴 후 포드의 F1 참여를 지휘해 재규어의 팀 프린시플로 활약했고, 메르세데스의 F1 복귀 이후 팀의 정신적 지주이자 조언자 역할로 크게 공헌했다.

니키타 마제핀

Nikita Mazepin

Никúта Дмúтриевич Мазéпин

F1 그랑프리에 출전한 네 번째 러시아 드라이버

니키타 마제핀은 러시아의 재벌 드미트리 마제핀의 아들로 두 시즌 동안 FIA F2에서 활동한 뒤, 2021시즌 하스를 통해 F1에 데뷔했다. 하스는 마제핀의 데뷔 당시 드미트리 마제핀이 경영하던 브랜드 우랄칼리를 타이틀 스폰서로 삼기도 했다.

마제핀은 2021시즌 21차례 레이스에 나섰지만, 포인트는 얻지 못한 가운데 최고 성적은 14위에 불과했다. 2021시즌을 사실상 포기하고 다음 시즌에 모든 것을 걸었던 하스에서의 두 번째 시즌을 기대했지만, 2022년 2월 러시아의 우크라이나 침공 직후 하스가 우랄칼리 및 마제핀과의 계약을 종료하면서 마제핀의 F1 커리어는 단 한 시즌으로 막을 내렸다.

생년월일 / 사망일

출생 **1999년 3월 2일**

F1 월드 챔피언십

엔트리	22
스타트	21
우승	-
포디엄	-
포인트	0
폴 포지션	-
패스티스트 랩	-
WDC 최고 성적	21위 (2021)

F1 외 주요 기록

2018
GP3 러너-업

닉 드브리스

Nyck de Vries

Hendrik Johannes Nicasius "Nyck" de Vries

2020-2021 포뮬러 E 챔피언

닉 드브리스는 2017시즌부터 세 시즌 동안 FIA F2에 출전해 2019시즌 챔피언 타이틀을 차지했고, 이후 포뮬러 E에서 세 시즌을 보내며 2020-2021시즌 챔피언 타이틀을 차지했다. 2022 이탈리아 그랑프리에서 윌리엄스 소속 알렉산더 알본의 건강 문제로 토요일부터 대타 출전한 드브리스는 퀄리파잉에서 13위로 선전한 데 이어 레이스에서 9위로 포인트를 획득하는 이변을 일으켰다.

2023시즌 알파타우리의 정규 시트를 차지하며 기대를 모았던 드브리스는 시즌 전반기 열 경기 동안 기대에 미치지 못하는 부진한 모습을 보여줬고, 결국 헝가리 그랑프리 직전 대니얼 리카도에게 시트를 내주며 F1 무대를 떠났다.

생년월일

출생 **1995년 2월 6일**

F1 월드 챔피언십

엔트리	11
스타트	11
우승	-
포디엄	-
포인트	2
폴 포지션	-
패스티스트 랩	-
WDC 최고 성적	21위 (2022)

F1 외 주요 기록

2014
유로컵 FR 2.0 챔피언

2019
FIA F2 챔피언

2020-2021
포뮬러 E 챔피언

닉 하이트펠트

Nick Heidfeld

Nick Lars Heidfeld

2위 자리에 여덟 번 올랐지만 우승이 없는 비운의 드라이버

닉 하이트펠트는 1997 독일 F3 챔피언, 굿우드 페스티벌 오브 스피드 랩 레코드 수립, 1999 인터내셔널 F3000 챔피언 등 화려한 커리어를 밟으며 제2의 미하엘 슈마허로 주목받았고, 2000시즌 프로스트를 통해 F1에 데뷔했다. 자우버, 조단을 거쳐 윌리엄스까지 여러 팀에서 꾸준히 빠른 스피드를 보여주며 팬들로부터 **"퀵 닉(Quick Nick)"**이란 애칭을 얻기도 했다.

2006시즌 BMW 자우버로 이적해 네 시즌 동안 여덟 차례 포디엄에 오르는 동안 단 한 번도 우승은 차지하지 못한 하이트펠트는 2011시즌 르노에서의 활약을 끝으로 F1을 떠났다. 하이트펠트는 2025시즌까지 기록을 기준으로 그랑프리에서 우승하지 못한 드라이버 중 최다 포디엄 피니시(13회)와 최다 2위(8회)라는 달갑지 않은 기록의 주인공이다.

생년월일	
출생	1977년 5월 10일

F1 월드 챔피언십	
엔트리	185
스타트	183
우승	-
포디엄	13
포인트	259
폴 포지션	1
패스티스트 랩	2
WDC 최고 성적	5위 (2007)

F1 외 주요 기록

1997
독일 F3 챔피언

1998
인터내셔널 F3000 러너-업

1999
인터내셔널 F3000 챔피언

2014
르망 24시간 LMP1-L 클래스 우승

다닐 크비앗

Daniil Kvyat

Дани́ил Вячесла́вович Квят

러시아 국적으로 F1에서 가장 뛰어난 성적을 남긴 드라이버

다닐 크비앗은 GP3 챔피언 타이틀을 획득한 뒤, 2014시즌 토로로쏘를 통해 F1에 데뷔했고, 데뷔전 2014 호주 그랑프리에서 9위를 차지해 F1 최연소 포인트 피니시 기록[2]을 경신했다. 크비앗은 데뷔 2년 차에 레드불로 이적해 두 차례 포디엄에 올랐지만, 2016 러시아 그랑프리 직후 막스 베르스타펜과 자리를 맞바꾸며 토로로쏘로 돌아왔다.

크비앗은 2017시즌 후반 시트를 잃고 F1 커리어가 끝나는 듯했으나, 2019시즌 레드불로부터 예상하기 힘들었던 "세 번째 기회"를 얻어 토로로쏘를 통해 F1에 복귀했고, 2019 독일 그랑프리에서 소속 팀 토로로쏘에게 11년 만의 포디엄 피니시를 선물했다. 2021시즌 리저브 드라이버로 밀려났던 크비앗은 2022시즌 이후 F1을 떠나 WEC를 포함한 다양한 모터스포츠 무대에서 활약했다.

생년월일	
출생	1994년 4월 26일

F1 월드 챔피언십	
엔트리	112
스타트	110
우승	-
포디엄	3
포인트	202
폴 포지션	-
패스티스트 랩	1
WDC 최고 성적	7위 (2015)

F1 외 주요 기록

2013
GP3 챔피언

[2] 크비앗의 19세 324일째 포인트 피니시 기록은 1년 뒤 2015 말레이시아 그랑프리에서 막스 베르스타펜에 의해 경신됐다.

대니얼 리카도

Daniel Ricciardo

Daniel Joseph Ricciardo

생년월일	
출생	1989년 7월 1일

F1 월드 챔피언십	
엔트리	258
스타트	257
우승	8
포디엄	32
포인트	1,329
폴 포지션	3
패스티스트 랩	17
WDC 최고 성적	3위 (2014, 2016)

F1 외 주요 기록	
2009	영국 F3 챔피언
2010	포뮬러 르노 3.5 러너-업

통산 8승을 거둔 호주 국적 드라이버

대니얼 리카도는 2010 포뮬러 르노 3.5 2위에 오른 뒤 2011시즌 HRT를 통해 F1에 데뷔했고, 두 시즌 동안 토로로쏘 생활을 거쳐 2014시즌 마크 웨버의 공백을 메꾸며 레드불에 합류했다. 2014시즌 파워 유닛 시대 절대 강자로 군림하기 시작한 메르세데스를 위협하는 유일한 도전자로 경쟁한 리카도는 3승을 거두며 WDC 3위에 오르는 기염을 토했다.

르노로 이적한 리카도는 두 차례 포디엄에 올랐고, 2021시즌 맥라렌 이적 후 2021 이탈리아 그랑프리에서 팀에게 9년 만의 우승컵을 안겼다. 성적이 기대에 미치지 못해 비판 받던 리카도는 2023시즌 맥라렌 시트를 포기했지만, 시즌 중반 알파타우리를 통해 F1에 복귀해 2024 싱가포르 그랑프리까지 활약했다. 전성기 뛰어난 레이스 운영으로 주목받던 리카도는 별명 **"허니 배저(The Honey Badger)"**와 포디엄에서 악명 높은 "슈이(Shoey)"까지 남다른 모습으로 큰 인기를 끌었다.

댄 거니

Dan Gurney

Daniel Sexton Gurney

생년월일	
출생	1931년 4월 13일
사망	2018년 1월 14일

F1 월드 챔피언십	
엔트리	87
스타트	86
우승	4
포디엄	19
포인트	133
폴 포지션	3
패스티스트 랩	6
WDC 최고 성적	4위 (1961, 1965)

F1 외 주요 기록	
1959	세브링 12시간 우승
1962	데이토나 24시간 우승
1967	르망 24시간 우승
1968, 1969	인디500 러너-업

모터스포츠 전반에 큰 발자취를 남긴 전설적인 드라이버

댄 거니는 1959시즌 페라리를 통해 F1에 데뷔했고, BRM을 거쳐 포르셰로 이적한 뒤 1962 프랑스 그랑프리에서 자신의 첫 승이자 포르셰 팩토리 팀의 유일한 F1 그랑프리 우승을 기록했다. 브라밤에서 2승을 추가한 뒤 자신의 팀 AAR을 만든 거니는 1967 벨기에 그랑프리에서 우승해 자신이 팀을 만들어 F1 그랑프리에서 우승한 두 번째 드라이버가 되었고, 1970시즌을 끝으로 F1 무대를 떠날 때까지 통산 4승을 기록했다.

댄 거니는 거니 플랩 개발을 이끌어 F1 공기역학 발전에 크게 공헌했고, 1967 르망 24시간에서 우승한 뒤 최초의 샴페인 세레머니를 펼쳤다. 댄 거니는 르망 24시간 우승을 포함해 내구레이스의 트리플 크라운을 달성하는 등 F1과 다양한 모터스포츠 분야에서 많은 업적을 남기며 역사에 한 획을 그은 전설적인 드라이버다.

D 데니 흄

Denny Hulme

Denis Clive "Denny" Hulme

1967

생년월일 / 사망일	
출생	1936년 6월 18일
사망	1992년 10월 4일

F1 월드 챔피언십	
엔트리	112
스타트	112
우승	8
포디엄	33
포인트	248
폴 포지션	1
패스티스트 랩	9
WDC 최고 성적	챔피언 (1967)

F1 외 주요 기록

1966
르망 24시간 러너-업

1968, 1970
캔-암 챔피언

유일한 뉴질랜드 국적의 F1 드라이버 챔피언

데니 흄은 초창기 브라밤에 미캐닉으로 합류한 뒤 1965시즌 잭 브라밤의 팀메이트로 F1에 데뷔했고, 1966년 켄 마일스와 팀메이트를 이뤄 르망 24시간에서 우승과 다름없는 2위를 차지했다. **1967시즌** 2승과 함께 2위 3회, 3위 3회의 성적으로 챔피언 타이틀을 차지한 흄은 **뉴질랜드 최초의 F1 드라이버 챔피언**이 되었다.

1968시즌 같은 뉴질랜드 출신인 브루스 맥라렌의 팀 맥라렌으로 이적해 F1 은퇴 전까지 5승을 추가한 흄은 1960년대 말 맥라렌과 함께 미국에 진출해 캔-암에서 두 차례 챔피언 타이틀을 차지하기도 했다. 흄은 널리 알려진 거칠고 강한 성격 덕분에 **"더 베어(The Bear)"**라는 별명을 얻기도 했다.

D 데이먼 힐

Damon Hill

Damon Graham Devereux Hill

1996

생년월일 / 사망일	
출생	1960년 9월 17일

F1 월드 챔피언십	
엔트리	122
스타트	115
우승	22
포디엄	42
포인트	360
폴 포지션	20
패스티스트 랩	19
WDC 최고 성적	챔피언 (1996)

F1 외 주요 기록

1988
영국 F3 3위

처음으로 부자 챔피언[3]을 완성한 1996 챔피언

데이먼 힐은 더블 챔피언 그레이엄 힐의 아들로 서른 살을 넘겨 브라밤을 통해 F1 데뷔 기회를 얻었고, 1993시즌 윌리엄스에 합류해 알랭 프로스트의 팀메이트가 되었다. 1994시즌 팀메이트 아일톤 세나의 사망 사고 이후 실의에 빠진 팀을 이끌며 분전했던 힐은 1995시즌까지 2년 연속 WDC 2위에 오르는 활약과 함께 챔피언 타이틀 경쟁을 펼쳤다.

1996시즌 마침내 **F1 드라이버 챔피언** 타이틀을 획득한 힐은 F1 최초로 아버지에 이어 챔피언 타이틀을 획득한 드라이버가 되었다. 그러나, 프랭크 윌리엄스가 하인츠-하랄드 프렌첸을 선택하면서 챔피언 등극 직후 팀을 떠나야 했다. 힐은 약체 애로우즈 소속으로 1997 헝가리 그랑프리에서 2위를 차지한 뒤 1998 벨기에 그랑프리에서 조단의 첫 승을 거두는 등 인상적인 활약을 펼쳤으며, 2010년대에는 스카이 F1 채널에서 F1 TV 생중계 및 분석 프로그램의 해설가 / 분석가로도 활약했다.

3 아버지와 아들(父子) 모두 드라이버 챔피언 타이틀을 획득한 경우

데이빗 쿨싸드

David Coulthard

David Marshall Coulthard

생년월일	
출생	1971년 3월 27일

F1 월드 챔피언십	
엔트리	247
스타트	246
우승	13
포디엄	62
포인트	535
폴 포지션	12
패스티스트 랩	18
WDC 최고 성적	러너-업 (2016)

F1 외 주요 기록	
1991	영국 F3 러너-업
1983	인터내셔널 F3000 3위

통산 13승을 거둔 스코틀랜드 드라이버

데이빗 쿨싸드는 1994년 아일톤 세나의 사망 사고 이후 공백이 생긴 윌리엄스를 통해 갑자기 F1에 데뷔했고, 1995 포르투갈 그랑프리에서 첫 승을 거둔 뒤 1996시즌 맥라렌으로 이적했다. 1998시즌 맥라렌-메르세데스의 컨스트럭터 챔피언 타이틀 획득과 팀메이트 미카 하키넨의 2년 연속 드라이버 챔피언 타이틀 획득에 큰 힘이 됐던 쿨싸드는 2001시즌에는 직접 페라리의 미하엘 슈마허와 챔피언 타이틀 경쟁을 벌이며 WDC 2위에 오르기도 했다.

2005시즌을 앞두고 레드불로 이적해 여러모로 어수선했던 팀이 중위권 강팀으로 자리 잡는 데 중요한 역할을 한 쿨싸드는 2008시즌을 끝으로 F1에서 은퇴했고, 은퇴 후에는 해설자로 변신해 BBC와 채널4, F1 TV 프로 등에서 차분한 상황 설명과 뛰어난 식견을 바탕으로 한 알찬 해설로 큰 인기를 끌었다.

디디에 피로니

Didier Pironi

Didier Joseph Louis Pironi

생년월일	
출생	1952년 3월 26일
사망	1987년 8월 23일

F1 월드 챔피언십	
엔트리	72
스타트	70
우승	3
포디엄	13
포인트	101
폴 포지션	4
패스티스트 랩	5
WDC 최고 성적	러너-업 (1982)

F1 외 주요 기록	
1978	르망 24시간 우승

1982시즌 타이틀에 근접했던 비운의 드라이버

디디에 피로니는 프랑스 국적 F1 챔피언을 만들려는 엘프의 지원 아래 성장해 주니어 클래스를 평정했고, 1978 르망 24시간에서 압도적으로 우승한 뒤 엘프와 긴밀한 협력 관계였던 티렐을 통해 F1에 데뷔했다. 피로니는 프랑스 팀 리지에로 이적한 1980시즌 벨기에 그랑프리에서 첫 승을 거둔 뒤 엔초 페라리의 선택을 받아 1981시즌 페라리에 합류했다.

피로니는 1982시즌 산마리노 그랑프리에서 질 빌너브를 추월하며 우승해 논란의 중심에 섰고, 시즌 종료까지 단 다섯 경기를 남기고 9포인트의 큰 격차로 포인트 순위 선두를 달리며 챔피언 타이틀 획득이 유력했다. 그러나, 1982 독일 그랑프리 퀄리파잉에서 폴 포지션 확보 이후 두 다리를 쓸 수 없게 된 큰 사고로 한순간 F1 커리어가 막을 내렸고, 1982시즌 드라이버 챔피언 타이틀은 케케 로스버그가 차지했다.

D 랄프 슈마허

Ralf Schumacher

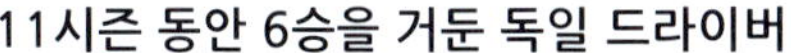

11시즌 동안 6승을 거둔 독일 드라이버

랄프 슈마허는 미하엘 슈마허의 6년 터울 동생으로 1997시즌 중위권 전력의 조단을 통해 F1에 데뷔했고, 1998 벨기에 그랑프리에서 첫 승 기회를 잡았지만 팀 오더로 아쉽게 첫 우승 기회를 놓쳤다. 1999시즌 윌리엄스로 이적한 랄프 슈마허는 2001 산마리노 그랑프리에서 첫 승을 거뒀고, WDC 4위에 오르는 등 좋은 활약을 펼쳤다.

2004 미국 그랑프리에서 충격량 78G가 기록된 큰 사고로 이후 6경기에 불참한 랄프 슈마허는 2005시즌부터 F1에 막대한 투자를 아끼지 않던 토요타로 이적했고, 토요타가 꿈에 그리던 F1 그랑프리 우승은 기록하지 못하고 세 차례 포디엄 피니시에 만족하며 2007시즌을 끝으로 F1에서 은퇴했다.

생년월일 / 사망일

출생 1975년 6월 30일

F1 월드 챔피언십

엔트리	182
스타트	180
우승	6
포디엄	27
포인트	329
폴 포지션	6
패스티스트 랩	8
WDC 최고 성적	4위 (2001, 2002)

F1 외 주요 기록

1996
포뮬러 닛뽄 챔피언

D 랜도 노리스

Lando Norris

2020년대 맥라렌의 부활을 알린 2025 챔피언

랜도 노리스는 2016 유로컵 포뮬러 르노 2.0, 2017 유러피언 F3 챔피언십 등에서 계속 압도적 경기력을 선보이며 "제2의 루이스 해밀턴"으로 주목받았고, 2018시즌 FIA F2 챔피언십에서 조지 러셀에 이어 2위를 차지한 뒤 맥라렌을 통해 F1에 데뷔했다.

데뷔 시즌부터 팀메이트 카를로스 사인스에게 전혀 밀리지 않는 준수한 기량을 선보였던 노리스는 2020시즌 개막전 오스트리아 그랑프리에서 첫 포디엄 피니시를 기록했고, 2021 러시아 그랑프리에서는 폴 포지션에서 레이스를 시작한 뒤 경기 종반 갑자기 내린 빗속에 아쉽게 첫 승 기회를 놓쳤다. 2023시즌 중반부터 정상권의 경쟁력을 보이기 시작한 노리스는 2024시즌 마이애미 그랑프리에서 첫 승을 거둔 뒤 드라이버 챔피언 경쟁에 나섰고, **2025시즌** 7승을 거두며 처음으로 **F1 드라이버 챔피언**의 자리에 올랐다.

생년월일

출생 1999년 11월 13일

F1 월드 챔피언십

엔트리	152
스타트	152
우승	11
포디엄	44
포인트	1,430
폴 포지션	16
패스티스트 랩	18
WDC 최고 성적	챔피언 (2025)

F1 외 주요 기록

2017
유러피언 F3 챔피언

2018
FIA F2 러너-업

D 랜스 스트롤

Lance Stroll

Lance Strulovitch

생년월일

출생 1998년 10월 29일

F1 월드 챔피언십

엔트리	193
스타트	189
우승	-
포디엄	3
포인트	325
폴 포지션	1
패스티스트 랩	-
WDC 최고 성적	10위 (2023)

F1 외 주요 기록

2016
유러피언 F3 챔피언

로렌스 스트롤의 아들로 유명한 F1 드라이버

랜스 스트롤은 캐나다의 억만장자 로렌스 스트롤의 아들로 페라리 드라이버 아카데미를 통해 성장했고, 2016 유러피언 F3를 석권한 뒤 2017시즌 윌리엄스를 통해 F1에 데뷔했다. 2017 아제르바이잔 그랑프리에서 혼전 속에 3위를 차지해 첫 포디엄 피니시를 기록했고, 이탈리아 그랑프리에서는 프론트 스타트로 데뷔 시즌을 화려하게 장식했다.

2019시즌 레이싱포인트로 팀을 옮긴 스트롤은 2020시즌 두 차례 더 포디엄에 올랐고, 2020 터키 그랑프리에서는 폴 포지션을 차지하며 주목받았다. 스트롤은 몇몇 그랑프리에서 눈에 띄는 활약을 펼치며 가능성을 보여주기도 했지만, 애스턴마틴으로 이름을 바꾼 팀에서 꾸준히 그랑프리에 출전하면서도 2025시즌까지 많은 경기에서 기대에 미치지 못하는 퍼포먼스를 보여주며 이렇다 할 성적을 기록하지 못했다.

D 렐라 롬바르디

Lella Lombardi

Maria Grazia "Lella" Lombardi

생년월일

출생 1941년 3월 26일
사망 1992년 3월 3일

F1 월드 챔피언십

엔트리	17
스타트	12
우승	-
포디엄	-
포인트	0.5
폴 포지션	-
패스티스트 랩	-
WDC 최고 성적	21위 (1975)

F1 외 주요 기록

1976
르망 24시간
GTP 클래스 2위

F1에서 포인트를 획득한 최초의 여성 드라이버

렐라 롬바르디는 이탈리아 자동차 협회의 후원을 받아 1974시즌 영국 그랑프리 출전 기회를 얻어 F1에 데뷔했고, 1975시즌에는 마치의 레이스카로 챔피언십에 출전할 수 있게 되었다. 1975 남아프리카공화국 그랑프리에서 처음으로 퀄리파잉을 통과한 롬바르디는 1958년 마리아 테레사 데 필리피스 이후 17년 만에 F1 그랑프리 레이스에 출전한 여성 드라이버가 되었다.

1976 스페인 그랑프리에 출전한 롬바르디는 5명의 관객이 숨지는 대형 사고로 레이스가 중단될 때 6위로 달리고 있었고, 0.5포인트를 획득해 여성 드라이버로는 처음으로 F1 챔피언십 포인트를 획득했다. 롬바르디는 상위권 팀에 합류할 기회가 없었지만 13차례 더 F1 그랑프리에 출전했고, 1975 독일 그랑프리에서 7위를 기록하는 등 하위권 팀 소속으로는 좋은 성적을 거뒀다.

로건 사전트

Logan Sargeant

Logan Hunter Sargeant

생년월일 / 사망일	
출생	2000년 12월 31일

F1 월드 챔피언십	
엔트리	37
스타트	36
우승	-
포디엄	-
포인트	1
폴 포지션	-
패스티스트 랩	-
WDC 최고 성적	21위 (2023)

F1 외 주요 기록
2020 FIA F3 3위
2022 FIA F2 4위

2020년대에 F1에서 활동했던 유일한 미국 드라이버

로건 사전트는 2016년 영국 F4에서 3위를 차지한 뒤 2019년 F3에 진출했고, 2020년 F3에서 3위에 오른 이후 2022시즌 F2에서 풀 시즌을 보내며 4위로 슈퍼 라이센스를 획득했다. 사전트는 2023시즌 윌리엄스 소속으로 F1에 데뷔하면서 2015년 알렉산더 로씨 이후 8년 만에 F1 그랑프리에 출전한 미국 드라이버가 되었고, 시즌 최종전까지 시트를 지켜 2007시즌 스캇 스피드 이후 16년 만에 처음으로 F1 풀 시즌을 소화한 미국 드라이버가 되었다.

2023시즌 사전트는 퀄리파잉과 레이스에서 모두 팀메이트 알렉산더 알본에게 압도당했지만, 미국 그랑프리에서 첫 포인트 피니시에 성공했다. 2024 네덜란드 그랑프리에서 큰 사고를 일으킨 뒤 프랑코 콜라핀토에게 시트를 내주며 F1 커리어를 마무리한 사전트는 스포츠카 레이싱으로 활동 무대를 옮겼다.

로니 페터슨

Ronnie Peterson

Bengt Ronnie Peterson

생년월일	
출생	1944년 4월 14일
사망	1978년 9월 11일

F1 월드 챔피언십	
엔트리	123
스타트	123
우승	10
포디엄	26
포인트	206
폴 포지션	14
패스티스트 랩	9
WDC 최고 성적	러너-업 (1971, 1978)

F1 외 주요 기록
1971 F2 챔피언

1970년대 최고의 드라이버로 여겨졌던 "슈퍼스웨드"

로니 페터슨은 1970시즌 F1에 데뷔해 이듬해 마치에 합류했고, 모나코 그랑프리를 시작으로 다섯 차례 포디엄에 오르는 활약을 펼치며 1971시즌 WDC 2위에 올랐다. F1 드라이버들 사이에서도 돋보이는 드라이빙 스킬로 주목받으며 "슈퍼스웨드(SuperSwede)"로 불린 페터슨은 마치의 주니어 드라이버였던 니키 라우다와 제임스 헌트의 조언자 역할을 하기도 했다.

팀 로터스에서 프랑스 그랑프리를 시작으로 4승을 거뒀고 60%의 레이스를 폴 포지션에서 시작한 페터슨은 운이 따르지 않아 1973시즌 WDC 3위에 만족해야 했고, 처음으로 챔피언십을 노릴 수 있었던 레이스카를 만났던 1978시즌 이탈리아 그랑프리에서 스타트 직후 사고로 안타깝게 세상을 떠나고 말았다

로렌조 반디니

Lorenzo Bandini

생년월일 / 사망일

출생 1935년 12월 21일
사망 1967년 5월 10일

F1 월드 챔피언십

엔트리	42
스타트	42
우승	1
포디엄	8
포인트	58
폴 포지션	1
패스티스트 랩	2
WDC 최고 성적	4위 (1964)

F1 외 주요 기록

1963
르망 24시간 우승

1965
타르가플로리오 우승

1967
데이토나 24시간 우승

1960년대 페라리의 최고 기대주였던 이탈리아 드라이버

로렌조 반디니는 1961시즌 F1에 데뷔한 뒤 페라리 이적 후 처음 출전한 1962 모나코 그랑프리에서 3위로 포디엄에 올랐고, 1964시즌 오스트리아 그랑프리에서 첫 승을 거둔 뒤 모두 네 차례 포디엄에 오르면서 WDC 4위를 차지했다. 멕시코 그랑프리에서 팀메이트 존 서티스에게 자리를 내주는 등의 팀플레이를 펼친 반디니는 존 서티스가 단 1포인트 차로 1964시즌 드라이버 챔피언 타이틀을 획득하는 데 크게 공헌했다.

존 서티스가 팀을 떠난 뒤 F1과 스포츠카 레이싱까지 아우르는 페라리의 리더로 맹활약하던 반디니는 1967 모나코 그랑프리에서의 사고와 이어진 화재에 휘말려 결국 3일 뒤 세상을 떠났다. 1960년대 페라리 최고의 기대주였던 반디니가 세상을 떠난 사고로부터 25년이 지난 뒤 **"로렌조 반디니 트로피"**가 제정되어 그의 이름을 기리고 있다.

로망 그로장

Romain Grosjean

Romain David Jeremie Grosjean

생년월일 / 사망일

출생 1986년 4월 17일

F1 월드 챔피언십

엔트리	181
스타트	179
우승	-
포디엄	10
포인트	391
폴 포지션	-
패스티스트 랩	1
WDC 최고 성적	7위 (2013)

F1 외 주요 기록

2007
F3 유로시리즈 챔피언

2011
GP2 챔피언

열 차례 포디엄에 오른 스위스 출신 프랑스 드라이버

로망 그로장은 2009시즌 중반 해고된 넬슨 피케 주니어를 대신해 르노 소속으로 F1에 데뷔했지만, 일곱 경기에서 단 1포인트도 얻지 못한 채 F1을 떠났다. 2011년 GP2 챔피언 타이틀을 획득한 뒤 2012시즌 로터스 F1팀을 통해 F1에 복귀한 그로장은 열 차례 포디엄에 올랐지만, 2012 벨기에 그랑프리 스타트에서 큰 사고를 일으키는 등 불안한 모습도 자주 보여줬다.

2016시즌 신생팀 하스로 이적 후 첫 경기였던 호주 그랑프리에서 6위로 포인트를 획득하는 등 인상적인 활약을 계속한 그로장은 하스가 F1에서 중위권 팀으로 자리 잡는 데 크게 공헌했지만, 2020 바레인 그랑프리의 사고에서 생환한 뒤 F1을 떠나 미국 인디카로 활동 무대를 옮겼다.

로버트 쿠비차

Robert Kubica

Robert Józef Kubica

생년월일

출생 1984년 12월 7일

F1 월드 챔피언십

엔트리	99
스타트	99
우승	1
포디엄	12
포인트	274
폴 포지션	1
패스티스트 랩	1
WDC 최고 성적	4위 (2008)

F1 외 주요 기록

2005 **포뮬러 르노 3.5 챔피언**

2013 **WRC-2 챔피언**

2023 **WEC LMP2 챔피언**

2025 **르망 24시간 우승**

2008 캐나다 그랑프리에서 우승한 폴란드 최초 F1 드라이버

로버트 쿠비차는 2006시즌 BMW 자우버를 통해 F1에 데뷔해 세 경기째인 이탈리아 그랑프리에서 처음 포디엄에 올랐고, 2007시즌 WDC 6위에 오르며 정상급 기량을 뽐내기 시작했다. 2008시즌에는 바레인 그랑프리에서 첫 폴 포지션, 캐나다 그랑프리에서 첫 승을 거두는 등 맹활약한 끝에 WDC 4위에 오르는 기염을 토했다.

2011시즌 개막 직전 출전했던 랠리에서 큰 사고로 간신히 목숨을 건진 쿠비차는 커리어가 완전히 끝날 수 있는 상황에서 수년간 힘겨운 재활 과정을 거쳤고, 사고 8년 만인 2019시즌 윌리엄스 시트를 확보해 F1에 복귀하며 인간 승리의 드라마를 썼다. 2021시즌 두 경기 출전 이후 F1을 떠난 쿠비차는 내구레이스로 무대를 옮겨 LMP2의 강자로 거듭났고, 2023시즌 WEC LMP2 클래스 챔피언에 이어 2025년 르망 24시간에서 우승을 차지했다.

루도비코 스카피오티

Ludovico Scarfiotti

생년월일

출생 1933년 10월 18일

사망 1968년 6월 8일

F1 월드 챔피언십

엔트리	13
스타트	10
우승	1
포디엄	1
포인트	17
폴 포지션	-
패스티스트 랩	1
WDC 최고 성적	10위 (1966)

F1 외 주요 기록

1963 **르망 24시간 우승**

1966 이탈리아 그랑프리 우승자

루도비코 스카피오티는 1963년 팀메이트 로렌조 반디니와 함께 르망 24시간에서 우승한 뒤 1963 네덜란드 그랑프리에서 페라리 소속으로 F1 그랑프리에 처음 참가했고, 1966 이탈리아 그랑프리에서 페라리의 1-2 피니시를 이끌며 **15년 만에 이탈리아 그랑프리에서 우승을 차지한 이탈리아 드라이버**[4]라는 뜻깊은 기록을 남겼다.

매년 F1 그랑프리에 간간이 얼굴을 보이다가 1968시즌 쿠퍼에 정착해 처음으로 풀 시즌 F1 드라이버가 된 스카피오티는 시즌 초반 WDC 5위에 오르며 챔피언 타이틀 경쟁에 나섰지만, 6월 8일 힐클라임 경기에서 큰 사고에 휘말리며 안타깝게 세상을 떠나고 말았다.

[4] 스카피오티 이전에 이탈리아 그랑프리에서 우승한 마지막 이탈리아 드라이버는 1952시즌 우승을 차지한 알베르토 아스카리였고, 이후 2023시즌까지 이탈리아 그랑프리에서 우승한 이탈리아 드라이버는 없다.

루벤스 바리첼로

Rubens Barrichello

Rubens "Rubinho" Gonçalves Barrichello

열아홉 시즌 동안 F1에서 활약한 브라질 드라이버

루벤스 바리첼로는 1993시즌 조단을 통해 F1에 데뷔한 뒤 스튜어트 등 중위권 팀에서 여러 차례 포디엄에 오르며 기대 이상의 활약을 펼쳤고, 2000시즌 미하엘 슈마허의 팀메이트로 페라리에 합류해 독일 그랑프리에서 첫 승을 거뒀다. 바리첼로는 2001시즌 WDC 3위, 2002시즌과 2004시즌 WDC 2위에 오르는 등 F1 최상위권 드라이버로 10년 넘게 활약하며 **F1 최초로 300회의 그랑프리에 출전한 드라이버**가 됐다.

2001시즌과 2002시즌 오스트리아 그랑프리에서 악명 높은 팀 오더의 희생자였던 바리첼로는 자신의 전성기에 슈마허의 그늘에 가려 마음껏 활약할 기회를 얻지 못했지만, 혼다와 브런GP, 윌리엄스 등을 거치며 2011시즌까지 F1 드라이버로 활약했다.

생년월일 / 사망일

출생 **1972년 5월 23일**

F1 월드 챔피언십

엔트리	326
스타트	322
우승	11
포디엄	68
포인트	658
폴 포지션	14
패스티스트 랩	17
WDC 최고 성적	러너-업 (2002, 2004)

F1 외 주요 기록

1991
영국 F3 챔피언

2016
데이토나 24시간 러너-업

루이스 해밀턴

Lewis Hamilton

Sir Lewis Carl Davidson Hamilton

F1 주요 기록 대부분을 보유한 영국 드라이버

루이스 해밀턴은 2005시즌 F3 유로시리즈와 2006시즌 GP2를 석권한 뒤 2007시즌 맥라렌 소속으로 F1에 데뷔했다. 해밀턴은 2007시즌 1포인트 차로 WDC 2위에 올랐고, 이어진 **2008시즌** 펠리페 마싸를 근소하게 앞서 **첫 번째 드라이버 챔피언** 타이틀을 손에 넣는 등 F1 커리어 초창기부터 뛰어난 기량을 과시하며 정상급 드라이버로 활약했다.

2013시즌 메르세데스로 이적한 뒤 파워 유닛 시대 최강 드라이버로 군림하기 시작한 해밀턴은 **2014시즌부터 2020시즌까지 여덟 시즌 중 일곱 차례 챔피언** 타이틀을 차지했고, 논란의 2021시즌 아쉽게 여덟 번째 챔피언 타이틀 획득에 실패했다. 2025시즌에는 페라리로 이적하며 많은 F1 팬들에게 놀라움을 안겨주기도 했다. 해밀턴은 최다 드라이버 챔피언 타이틀[5]과 최다승, 최다 포디엄 피니시, 최다 폴 포지션, 최다 패스티스트 랩 등 대다수의 F1 기록을 보유하고 있고, **유일하게 100승** 고지를 밟은 것은 물론 **포디엄 피니시 200회**와 **5,000포인트**를 달성하는 등 기록 면에서 역사상 최고의 F1 드라이버로 여겨진다.

생년월일

출생 **1985년 1월 7일**

F1 월드 챔피언십

엔트리	380
스타트	380
우승	105
포디엄	202
포인트	5,018.5
폴 포지션	104
패스티스트 랩	68
WDC 최고 성적	챔피언 (2008, 2014, 2015, 2017, 2018, 2019, 2020)

F1 외 주요 기록

2005
F3 유로시리즈 챔피언

2006
GP2 챔피언

[5] 2023시즌 기준 7회로 미하엘 슈마허와 동률이다.

루이지 무쏘

Luigi Musso

생년월일	
출생	1924년 7월 28일
사망	1958년 7월 6일

F1 월드 챔피언십	
엔트리	25
스타트	24
우승	1
포디엄	7
포인트	44
폴 포지션	-
패스티스트 랩	1
WDC 최고 성적	3위 (1957)

F1 외 주요 기록
1958 타르가플로리오 우승

1950년대 중반 가장 많은 기대를 받았던 이탈리아 드라이버

루이지 무쏘는 1953 이탈리아 그랑프리에서 마세라티를 통해 F1에 데뷔했고, 1954 스페인 그랑프리에서 2위로 포디엄에 오르며 주목받은 뒤 1955시즌 마세라티의 풀 타임 드라이버가 되었다.

1956시즌 페라리 이적 후 첫 경기였던 아르헨티나 그랑프리에서 우승한 무쏘는 젊은 이탈리아 드라이버 중 최고의 기대주가 되었고, 1957시즌부터 피터 콜린스, 마이크 호손과 함께 페라리의 최강 트리오를 형성했다. 무쏘는 1958시즌 개막 직후 두 경기 연속 2위를 차지하며 챔피언 타이틀 경쟁에서 선두로 나섰지만, 프랑스 그랑프리에서 안타까운 사고로 세상을 떠나고 말았다.

루이지 파지올리

Luigi Fagioli

Luigi Cristiano Fagioli

생년월일 / 사망일	
출생	1898년 6월 9일
사망	1952년 6월 20일

F1 월드 챔피언십	
엔트리	7
스타트	7
우승	1
포디엄	6
포인트	32
폴 포지션	-
패스티스트 랩	-
WDC 최고 성적	3위 (1950)

F1 외 주요 기록
1935 유러피언 챔피언십 [illegible]

F1 최고령 우승 기록 보유자

루이지 파지올리는 1930년대 마세라티와 메르세데스-벤츠, 아우토우니온을 넘나들며 맹활약했고, 1935시즌 유러피언 챔피언십에서 루돌프 카라치올라에 이어 2위를 차지했다. 제2차 세계대전 이후 최강팀 알파로메오에서 선설의 **"3F[6] 트리오"**를 구성한 파지올리는 1950시즌 완주한 다섯 경기에서 모두 포디엄 피니시를 기록하며 WDC 3위에 올랐다.

파지올리는 1951시즌 프랑스 그랑프리 단 한 경기에만 출전해 우승을 차지하며 불멸의 **F1 최고령 우승[7] 기록**을 보유했고, F1 통산 7경기에 출전해 포디엄 피니시 6회를 기록해 포디엄 피니시 비율 1위[8](85.7%) 기록도 보유하고 있다

---

[6] 루이지 파지올리(Luigi Fagioli)를 포함해 쥬세페 파리나(Giuseppe Farina)와 후안 마누엘 판지오(Juan Manuel Fangio)까지 알파로메오 드라이버의 성이 모두 "F"로 시작했기 때문에 붙여진 별명이다.

[7] 53세 22일

[8] 두 경기 이상 출전 드라이버 기준. 1950 이탈리아 그랑프리 단 한 경기 출전으로 포디엄에 오른 도리노 세라피니는 제외한 기록이다.

르네 아르누

René Arnoux

René Alexandre Arnoux

생년월일 / 사망일

출생 **1948년 7월 4일**

F1 월드 챔피언십

엔트리	165
스타트	149
우승	7
포디엄	22
포인트	181
폴 포지션	18
패스티스트 랩	12
WDC 최고 성적	3위 (1983)

F1 외 주요 기록

1977 **유러피언 F2 챔피언**

1994 **르망 24시간 GT1 클래스 3위**

통산 7승을 거둔 프랑스 드라이버

르네 아르누는 엘프의 후원을 받아 르노 엔진을 채택한 마티니에서 1977시즌 F2 챔피언 타이틀을 획득했고, 이듬해 마티니가 코스워스 DFV 엔진과 함께 F1 진출을 선언하면서 자연스럽게 F1에 데뷔했다. 팀 서티스를 거쳐 르노로 이적한 아르누는 1979시즌 프랑스 그랑프리에서 첫 포디엄 피니시에 성공했고, 오스트리아 그랑프리에서의 첫 폴 포지션과 포디엄 피니시 3회를 기록하며 첫 풀 시즌을 화려하게 장식했다.

1980 브라질 그랑프리 우승을 시작으로 르노에서만 4승을 거둔 아르누는 1982시즌을 끝으로 페라리로 팀을 옮겼고, 1983시즌 3승을 거두며 WDC 3위에 올랐다. 그러나, 아르누는 이후 우승을 추가하지 못하며 프랑스 드라이버의 F1 챔피언 타이틀 획득이라는 꿈을 이루지 못했다.

리암 로슨

Liam Lawson

생년월일

출생 **2002년 2월 11일**

F1 월드 챔피언십

엔트리	35
스타트	35
우승	-
포디엄	-
포인트	44
폴 포지션	-
패스티스트 랩	-
WDC 최고 성적	14위 (2025)

F1 외 주요 기록

2019 **유로포뮬러 오픈 러너-업**

2021 **DTM 러너-업**

2022 **FIA F2 3위**

2023 **슈퍼포뮬러 러너-업**

2023시즌 새로운 "슈퍼 서브"로 맹활약한 뉴질랜드 드라이버

리암 로슨은 레드불 주니어 프로그램으로 성장하던 중 2021 DTM에서 아쉽게 챔피언 타이틀 획득에 실패했지만, 2022시즌 F2에서 3위를 기록하고 2023시즌 슈퍼포뮬러에서 시즌 중반까지 포인트 순위 1위를 질주하며 뛰어난 기량을 뽐냈다. 2023 네덜란드 그랑프리 프랙티스에서 리카도가 부상으로 이탈한 뒤, 로슨은 알파타우리 소속으로 충분한 준비 없이 F1에 데뷔했다.

로슨은 갑작스러운 데뷔 이후 기대 이상의 선전을 펼쳤고, 2023 싱가포르 그랑프리에서는 9위로 포인트 피니시에도 성공했다. 리카도가 회복해 복귀하기 전 카타르 그랑프리까지 다섯 경기에 출전했던 로슨은, 2024 미국 그랑프리부터 레이싱불스 소속으로 시즌 남은 경기에 출전했다. 2025시즌 레드불에 합류해 두 경기를 뛰었으나 기대에 미치지 못하는 퍼포먼스로 3라운드 일본 그랑프리부터 다시 레이싱불스로 자리를 옮긴 로슨은 시즌 중반부터 다시 좋은 성적을 거두기 시작했다.

리치 긴터

Richie Ginther

Paul Richard "Richie" Ginther

생년월일	
출생	1930년 8월 5일
사망	1989년 9월 20일

F1 월드 챔피언십	
엔트리	54
스타트	52
우승	1
포디엄	14
포인트	107
폴 포지션	-
패스티스트 랩	3
WDC 최고 성적	러너-업 (1963)

F1 외 주요 기록

혼다의 첫 번째 F1 그랑프리 우승을 견인한 미국 드라이버

리치 긴터는 1951년 한국 전쟁에 참전해 복무 기간 항공기와 엔진 정비 기술을 익혔고, 전역 후 필 힐과의 인연으로 모터스포츠에 입문한 뒤 다양한 모터스포츠 분야에서 커리어를 쌓았다. 1960 모나코 그랑프리에서 페라리를 통해 F1에 데뷔한 긴터는 세 번째 챔피언십 그랑프리였던 1960 이탈리아 그랑프리에서 2위로 포디엄에 오르며 주목받았다.

1961시즌 풀 타임 F1 드라이버가 된 긴터는 페라리와 BRM에서 맹활약했지만, 1964시즌까지 여덟 차례나 2위를 기록하는 동안 단 1승도 거두지 못하는 불운에 시달리기도 했다. 혼다로 이적한 긴터는 **1965 멕시코 그랑프리에서 자신과 소속 팀 혼다의 첫 번째 F1 그랑프리 우승**을 기록했고, 은퇴 전까지 여섯 차례 더 F1 챔피언십 그랑프리에 출전했다.

ㄹ

리카르도 로드리게스

Ricardo Rodríguez

Ricardo Valentín Rodríguez de la Vega

생년월일 / 사망일	
출생	1942년 2월 14일
사망	1962년 11월 1일

F1 월드 챔피언십	
엔트리	6
스타트	5
우승	-
포디엄	-
포인트	4
폴 포지션	-
패스티스트 랩	-
WDC 최고 성적	13위 (1962)

F1 외 주요 기록

1960
르망 24시간 러너-업

1962
타르가플로리오 우승

모터스포츠 역사상 최고의 신동

리카르도 로드리게스는 10대 초반 다수의 멕시코 모터싸이클 챔피언 타이틀을 획득했고, 15세에 국제 무대로 진출해 1958년 16세에 르망 24시간 출전을 시도했으나 나이 때문에 출전 허가를 받지 못했다. 로드리게스는 1959년 첫 출전 후, 1960년 두 번째 출전한 르망 24시간에서 18세의 나이로 2위를 차지해 **르망 24시간 최연소 포디엄 피니시 기록**을 수립했다.

페라리의 세스트 드라이버로 1961 이탈리아 그랑프리에 출전한 로드리게스는 퀄리파잉 2위로 이후 55년 동안 깨지지 않은 **F1 최연소 프론트로 스타트[9] 기록**을 수립했고, 레이스에서도 연료 시스템 문제로 리타이어하기 전까지 페라리의 주전 필 힐, 리치 긴터와 선두를 주고받았다. 로드리게스는 1962시즌 출범한 멕시코 그랑프리에 페라리가 불참하자 롭 워커 의 로터스 24에 올라 출전을 강행했지만, 비공식 연습 주행에서의 사고로 만 20세의 젊은 나이에 안타깝게 요절했다.

[9] 19세 208일째. 2016 벨기에 그랑프리에서 막스 베르스타펜이 18세 332일째 프론트 스타트 기록을 수립했다.

리카르도 파트레제

Riccardo Patrese

Riccardo Gabriele Patrese

생년월일 / 사망일	
출생	1954년 4월 17일

F1 월드 챔피언십	
엔트리	257
스타트	256
우승	6
포디엄	37
포인트	281
폴 포지션	8
패스티스트 랩	13
WDC 최고 성적	러너-업 (1992)

F1 외 주요 기록

1976
이탈리아 F3 챔피언

17시즌 동안 F1에서 활약한 이탈리아 드라이버

리카르도 파트레제는 1977시즌 섀도우를 통해 F1에 데뷔했고, 이듬해 신생팀 애로우즈로 이적해 1978 스웨덴 그랑프리에서 2위로 첫 포디엄 피니시를 기록하며 주목받았다. 1982시즌 강팀 브라밤에 합류한 파트레제는 대혼돈의 1982 모나코 그랑프리에서 F1 데뷔 후 첫 승을 거뒀다.

알파로메오를 거쳐 브라밤 복귀한 뒤 다시 윌리엄스로 팀을 옮긴 파트레제는 1989시즌과 1991시즌 WDC 3위에 올랐고, FW14B와 함께 윌리엄스가 최강자로 군림한 1992시즌 챔피언 나이젤 만셀에 이어 WDC 2위에 올랐다. 파트레제는 1993시즌 은퇴할 때까지 257엔트리, 256스타트 등 바리첼로 이전까지 깨지지 않는 최다 출전 기록을 남겼다.

마리아 테레사 데 필리피스

Maria Teresa de Filippis

생년월일	
출생	1926년 11월 11일
사망	2016년 1월 8일

F1 월드 챔피언십	
엔트리	5
스타트	3
우승	-
포디엄	-
포인트	-
폴 포지션	-
패스티스트 랩	-
WDC 최고 성적	- (-)

F1 외 주요 기록

1954
ISCC 러너-업

F1 최초의 여성 드라이버

마리아 테레사 데 필리피스는 주변의 만류를 뿌리치고 모터스포츠에 뛰어들어 처음 출전한 피아트 500 레이스에서 우승을 차지했고, 이탈리아 스포츠카 챔피언십에서 2위에 오르는 등 다양한 레이스에서 뛰어난 기량을 선보여 1954년 마세라티 워크스 팀에 합류해 힐클라임과 내구 레이스 등에 참가하며 좋은 성적을 거뒀다.

1958 모나코 그랑프리에서 마세라티를 통해 처음으로 F1 그랑프리 엔트리 리스트에 이름을 올린 데 필리피스는 아쉽게 퀄리파잉을 통과하지 못했지만, 1958 벨기에 그랑프리 레이스에 출전하며 F1 그랑프리 레이스에 참가한 최초의 여성 드라이버가 되었다.

마리오 안드레티

Mario Andretti

Mario Gabriele Andretti

1978 드라이버 챔피언 타이틀을 획득한 미국[10] 드라이버

마리오 안드레티는 이탈리아에서 태어나 1955년 미국 이민 후 모터스포츠에 입문했고, 1968 미국 그랑프리에서 팀 로터스 소속으로 **F1 데뷔전에서 폴 포지션**[11]을 차지해 주목받았다. 1969 인디500에서 우승 이후 파트 타이머로 F1 경기에 나서 1970 스페인 그랑프리에서 첫 포디엄 피니시, 1971 남아프리카공화국 그랑프리에서 첫 승을 거뒀고, 1972 데이토나 24시간 우승 등 미국과 유럽을 넘나들며 맹활약했다.

1975시즌부터 풀 타임 드라이버가 된 안드레티는 1977시즌 4승을 거두며 WDC 3위에 올랐고, **1978시즌** 6승과 함께 **챔피언 타이틀을 획득**했다. 안드레티는 F1 은퇴 후 1984시즌 CART 인디카 챔피언에 오르며 북미 오픈-휠 챔피언십에서 네 번째 타이틀을 획득했고, 1995년 르망 24시간 클래스 우승과 종합 2위를 차지하는 등 유럽과 미국, 오픈-휠과 스포츠카를 가리지 않고 활약하며 모터스포츠의 전설이 되었다.

생년월일 / 사망일

출생 1940년 2월 28일

F1 월드 챔피언십

엔트리	131
스타트	128
우승	12
포디엄	19
포인트	180
폴 포지션	18
패스티스트 랩	10
WDC 최고 성적	챔피언 (1978)

F1 외 주요 기록

1965, 1966, 1969
USAC 챔피언

1969
인디500 우승

1972
데이토나 24시간 우승

1984
CART 인디카 챔피언

1995
르망 24시간 러너-업

마이크 헤일우드

Mike Hailwood

Stanley Michael Bailey Hailwood

그랑프리 모터싸이클 역사상 최고의 라이더

마이크 헤일우드는 500cc 4년 연속 챔피언 타이틀 획득, 350cc 챔피언 2회, 250cc 챔피언 3회 등 그랑프리 모터싸이클 무대를 석권한 최고의 라이더로 **"마이크 더 바이크(Mike The Bike)"**라 불렸다. 레그 파넬 레이싱을 통해 파트 타이머로 1963 영국 그랑프리에 참가해 F1에 데뷔한 헤일우드는 1964시즌 F1 풀 타임 드라이버가 되었다.

1969 르망 24시간에서 3위로 포디엄에 오르는 등 다양한 모터스포츠 분야에서 활동하던 헤일우드는 1971시즌 팀 서티스의 파트 타이머로 F1 커리어를 재개했고, 1972시즌 다시 풀 타임 드라이버로 이탈리아 그랑프리에서 2위로 첫 포디엄 피니시를 기록한 뒤 1974시즌에는 맥라렌 소속으로 남아프리카공화국 그랑프리에서 한 차례 더 포디엄에 올랐다.

생년월일

출생 1940년 4월 2일
사망 1981년 3월 23일

F1 월드 챔피언십

엔트리	50
스타트	50
우승	-
포디엄	2
포인트	29
폴 포지션	-
패스티스트 랩	1
WDC 최고 성적	8위 (1972)

F1 외 주요 기록

1962, 1963, 1964, 1965
500cc 그랑프리 모터싸이클 챔피언

1969
르망 24시간 3위

1972
유러피언 F2 챔피언

[10] 이탈리아 출신으로 미국 이민 후 미국과 이탈리아 국적을 모두 보유했다.

[11] F1 챔피언십 최초로 데뷔전에 폴 포지션을 차지한 기록이다.

마이크 호손

Mike Hawthorn

John Michael Hawthorn

1958시즌 타이틀을 획득한 영국 최초의 F1 챔피언

레이스카에 오를 때 늘 나비넥타이를 착용해 "빠삐용(Le Papillon)"이라 불렸던 마이크 호손은 1952시즌 무소속으로 F1 데뷔전 벨기에 그랑프리에서 4위를 차지했고, 영국 그랑프리에서 3위로 포디엄에 올랐다. 페라리에 합류해 프랑스 그랑프리에서 첫 승을 거둔 1953시즌 WDC 4위에 오른 호손은 재규어 D-타입과 함께 1955 르망 24시간에서 우승하며 20대 초반에 세계 최고의 드라이버 중 한 명으로 부상했다.

반월과 BRM을 거쳐 1957시즌 페라리에 복귀한 호손은 **1958시즌** 스털링 모스와의 치열한 경쟁에서 승리하며 F1 **최초의 20대 챔피언**이자 **영국 최초의 챔피언**[12]이 되었다. 그러나, 시즌 중 팀메이트 루이지 무쏘와 피터 콜린스가 모두 레이스에서의 사고로 요절하는 충격에서 벗어나지 못한 호손은 시즌 종료 직후 F1 은퇴를 선언했고, 트로피를 받은 지 얼마 지나지 않은 이듬해 1월 교통사고로 세상을 떠나고 말았다.

생년월일 / 사망일	
출생	1929년 4월 10일
사망	1959년 1월 22일

F1 월드 챔피언십	
엔트리	47
스타트	45
우승	3
포디엄	18
포인트	127.64
폴 포지션	4
패스티스트 랩	6
WDC 최고 성적	챔피언 (1958)

F1 외 주요 기록

1953
스파 24시간 우승

1955
르망 24시간 우승

마크 웨버

Mark Webber

Mark Alan Webber

통산 9승을 거둔 호주 드라이버

마크 웨버는 2002시즌 만년 하위 팀 미나르디를 통해 홈 그랑프리에서 F1에 데뷔했고, 데뷔전에서 5위로 포인트 피니시에 성공하며 크게 주목받았다. 2003시즌 재규어, 2005시즌 윌리엄스로 둥지를 옮기는 동안 퀄리파잉에 특히 강한 모습을 보여 **"퀄리파잉 스페셜리스트(qualifying specialist)"** 중 한 명으로 여겨지기도 했다.

2007시즌 레드불에 합류해 2009 독일 그랑프리에서 첫 승을 거둔 웨버는 2010시즌부터 레드불의 4년 연속 컨스트럭터 타이틀 획득에 공헌했지만, 개인적으로는 세 차례 WDC 3위에 올랐을 뿐 드라이버 타이틀은 손에 넣지 못한 채 2013시즌을 끝으로 F1에서 은퇴를 선택했다. 2015시즌 WEC 챔피언 타이틀을 획득한 뒤 해설과 매니저 활동에 비중을 쏟은 웨버는 호주 출신 **오스카 피아스트리의 매니저**로도 활약하고 있다.

생년월일 / 사망일	
출생	1976년 8월 27일

F1 월드 챔피언십	
엔트리	217
스타트	215
우승	9
포디엄	42
포인트	1,047.5
폴 포지션	8
패스티스트 랩	8
WDC 최고 성적	3위 (2010, 2011, 2013)

F1 외 주요 기록

2001
인터내셔널 F3000 러너-업

2015
르망 24시간 러너-업

2015
WEC 챔피언

12 이탈리아와 아르헨티나 출신을 제외한 최초의 F1 드라이버 챔피언이기도 했다.

막스 베르스타펜

Max Verstappen

Max Emilian Verstappen

생년월일	
출생	1997년 9월 30일

F1 월드 챔피언십	
엔트리	233
스타트	233
우승	71
포디엄	127
포인트	3,444.5
폴 포지션	48
패스티스트 랩	36
WDC 최고 성적	챔피언 (2021, 2022, 2023, 2024)

F1 외 주요 기록
2014 유러피언 F3 3위

모든 F1 기록 경신에 도전하는 네덜란드 출신 트리플 챔피언

막스 베르스타펜은 어려서부터 뛰어난 기량을 뽐내, 2014년 주요 F1 팀이 과열된 영입 경쟁을 펼치게 했고, 2015시즌 토로로쏘를 통해 F1에 데뷔해 **F1 최연소 드라이버, 최연소 포인트 피니시**를 시작으로 F1의 각종 최연소 기록을 차례로 갈아치웠다. 2016시즌 러시아 그랑프리 직후 다닐 크비얏과 자리를 바꿔 레드불에 합류한 베르스타펜은 이적 후 첫 경기 2016 스페인 그랑프리에서 **F1 최연소 우승** 기록까지 경신했다.

베르스타펜은 레드불 합류 후 매 시즌 두 차례 이상 우승하며 2018시즌 WDC 4위, 2019시즌과 2020시즌 WDC 3위에 올랐고, 논란의 **2021시즌** 해밀턴과 세기의 대결을 펼친 끝에 자신의 **첫 드라이버 챔피언 타이틀**을 획득했다. **2022시즌**과 **2023시즌**까지 타이틀을 획득하며 **트리플 챔피언**에 오른 베르스타펜은 2023시즌 내내 완벽한 모습을 보여준 끝에 **시즌 최다승**과 **최다 연승 기록** 등을 갈아치웠고, 2024시즌까지 4년 연속으로 드라이버 챔피언 타이틀을 손에 넣는 데 성공했다.

모리스 트링티냥

Maurice Trintignant

Maurice Bienvenu Jean Paul Trintignant

생년월일	
출생	1917년 10월 30일
사망	2005년 2월 13일

F1 월드 챔피언십	
엔트리	86
스타트	81
우승	2
포디엄	10
포인트	72.33
폴 포지션	-
패스티스트 랩	1
WDC 최고 성적	4위 (1954, 1955)

F1 외 주요 기록
1954 르망 24시간 우승

모나코 그랑프리에서만 2승을 거둔 프랑스 드라이버

제2차 세계대전 직전 모터스포츠에 입문했던 모리스 트링티냥은 전쟁이 끝난 뒤 1950시즌 F1 출범과 함께 프랑스를 대표하는 고르디니 워크스 팀의 드라이버가 되었다. 1952 프랑스 그랑프리에서 5위로 첫 포인트 피니시에 성공한 트링티냥은 고르디니에서 두 차례 더 포인트를 추가한 뒤 1954시즌 페라리로 이적했다.

페라리 이적 후 첫 경기였던 1954 벨기에 그랑프리에서 포디엄에 오른 트링티냥은 1955 모나코 그랑프리에서 자신의 첫 승을 거뒀고, 1958시즌 롭 워커 소속으로 리어-엔진 레볼루션을 선도한 쿠퍼 레이스카와 함께 모나코 그랑프리에서 다시 한번 우승을 차지했다. 트링티냥은 다양한 모터스포츠 분야에서 40대 후반까지 활약했고, F1에서만 열다섯 시즌 동안 커리어를 이어갔다.

미켈레 알보레토

Michele Alboreto

생년월일 / 사망일	
출생	1956년 12월 23일
사망	2001년 4월 25일

F1 월드 챔피언십	
엔트리	215
스타트	194
우승	5
포디엄	23
포인트	186.5
폴 포지션	2
패스티스트 랩	5
WDC 최고 성적	러너-업 (1985)

F1 외 주요 기록

1980
유러피언 F3 챔피언

1997
르망 24시간 우승

1980년대 중반 암흑기의 페라리를 지탱한 이탈리아 드라이버

미켈레 알보레토는 1981시즌 티렐을 통해 F1에 데뷔한 뒤 브라질 그랑프리에서 첫 포인트 피니시, 산마리노 그랑프리에서 첫 포디엄 피니시를 기록했다. 1981 시즌 최종전 시저스팰리스 그랑프리에서 첫 승을 기록한 알보레토는 팀 전력을 뛰어넘는 빼어난 성적을 거뒀고, 1983 디트로이트 그랑프리에서 1승을 추가한 뒤 페라리로 이적했다.

1985시즌 맥라렌의 알랑 프로스트와 치열한 타이틀 경쟁을 펼친 알보레토는 시즌 종료 여섯 경기를 남기고 포인트 동률을 이뤘으나, 마지막 네 경기에서 모두 리타이어 하며 WDC 2위에 머물렀고다. 알보레토는 페라리 소속 최다 그랑프리 출전 기록을 경신하며 경쟁력이 부족했던 1980년대 중반 페라리의 명예를 지키기 위한 싸움을 계속했고, 2021년 알보레토를 기념해 몬짜의 파라볼리카가 알보레토 코너로 이름 붙여졌다.

미카 하키넨

Mika Häkkinen

Mika Pauli Häkkinen

생년월일 / 사망일	
출생	1968년 9월 28일

F1 월드 챔피언십	
엔트리	165
스타트	161
우승	20
포디엄	51
포인트	420
폴 포지션	26
패스티스트 랩	25
WDC 최고 성적	챔피언 (1998, 1999)

F1 외 주요 기록

1990
영국 F3 챔피언

"플라잉 핀"으로 불린 미하엘 슈마허의 가장 강력한 라이벌

미카 하키넨은 1991시즌 팀 로터스를 통해 F1에 데뷔한 뒤 1993시즌 맥라렌으로 이적해 1994시즌 여섯 차례 포디엄에 오르며 맹활약했지만, 1995 호주 그랑프리 퀄리파잉에서 두개골 골절, 내출혈, 기도 폐쇄가 겹치는 큰 사고를 당했다. 트랙에서의 응급조치로 겨우 생명을 건진 뒤 두 달 동안 중환자실에서 치료받고 F1에 복귀한 하키넨은 1997시즌 룩셈부르크 그랑프리에서 첫 폴 포지션을 획득했고, 1997 유러피언 그랑프리에서 F1 데뷔 후 첫 승을 거뒀다.

1998시즌 8승을 거두며 미하엘 슈마허와의 치열한 타이틀 경쟁에서 승리해 **첫 챔피언 타이틀**을 획득한 하키넨은 **1999시즌** 5승과 함께 **2년 연속 드라이버 챔피언**의 자리에 올랐다. 2001시즌을 끝으로 키미 라이코넨에게 시트를 물려주면서 F1에서 은퇴한 하키넨은 많은 사람으로부터 전성기 페라리의 미하엘 슈마허와 F1 역사상 최고의 라이벌 관계를 형성했다는 평가를 받았다.

미하엘 슈마허
Michael Schumacher

일곱 차례 드라이버 챔피언 타이틀을 획득한 F1의 "황제"

미하엘 슈마허는 1991 벨기에 그랑프리에서 조단 소속으로 출전한 F1 데뷔전에서 퀄리파잉 7위에 올라 사람들을 놀라게 했고, 다음 경기에서 베네통으로 이적해 세 경기 연속 포인트 피니시에 성공하는 기염을 토했다. 1992시즌 멕시코 그랑프리에서 첫 포디엄 피니시, 벨기에 그랑프리에서 첫 승을 기록하고 WDC 3위에 오른 슈마허는 윌리엄스 소속 데이먼 힐과의 경쟁에 승리하며 1994시즌과 1995시즌 **2년 연속 F1 드라이버 챔피언** 타이틀을 획득했다.

1996시즌 페라리로 이적해 최강 드림 팀의 일원이 된 슈마허는 2000시즌부터 2004시즌까지 무려 **5년 연속 드라이버 챔피언** 타이틀을 획득해 **F1의 "황제"**로 군림했고, 2006시즌 마지막까지 알론소와 타이틀 경쟁을 펼치다 은퇴를 선언했다. 2010시즌 부활한 메르세데스를 통해 F1에 복귀한 슈마허는 세 시즌 더 활약하고 두 번째로 F1에서 은퇴했고, 이후 해밀턴이 기록을 경신하기 전까지 최다승, 최다 포디엄 피니시, 최다 폴 포시션 등 내부문의 F1 기록을 보유한 드라이버로 남아있었다.

생년월일

출생 1969년 1월 3일

F1 월드 챔피언십	
엔트리	308
스타트	306
우승	91
포디엄	155
포인트	1,566
폴 포지션	68
패스티스트 랩	77
WDC 최고 성적	챔피언 (1994, 1995, 2000, 2001, 2002, 2003, 2004)

F1 외 주요 기록

1990
독일 F3 챔피언

믹 슈마허
Mick Schumacher

두 시즌 동안 하스에서 활약한 2020 F2 챔피언

믹 슈마허는 F1의 황제 미하엘 슈마허의 아들로 호주의 모터싸이클 챔피언인 믹 두한의 이름을 따 믹이라는 이름을 얻었다. 믹 슈마허는 2015 포뮬러 레이싱으로 전향해 2016년 독일 F4와 이탈리아 F4를 2위로 마쳤고, 2017시즌 FIA F3에 진출해 2018시즌 챔피언 타이틀을 차지했다. 2019시즌 FIA F2로 활동 무대를 바꾼 믹 슈마허는 2020시즌 챔피언 타이틀을 획득한 뒤 F1 진출 기회를 얻었다.

2021시즌 하스 소속으로 F1에 데뷔한 믹 슈마허는 한 시즌 동안 경쟁력 없는 레이스카로 포인트 획득에 실패했지만, 2022시즌에는 오스트리아 그랑프리 6위를 포함해 두 차례 포인트 획득에 성공했다. 그러나, 하스는 너무 잦은 사고로 팀 재정에 악영향을 끼친 것 때문에 믹 슈마허에게 2023시즌 시트를 허락하지 않았고, 시트를 잃은 믹 슈마허는 WEC에 진출해 2025시즌까지 알핀 소속 하이퍼카 드라이버로 활약했다. 2026시즌 믹 슈마허는 미국의 인디카 시리즈로 활동 무대를 옮겼다.

생년월일

출생 1999년 3월 22일

F1 월드 챔피언십	
엔트리	44
스타트	43
우승	-
포디엄	-
포인트	12
폴 포지션	-
패스티스트 랩	-
WDC 최고 성적	16위 (2022)

F1 외 주요 기록

2018
FIA F3 챔피언

2020
FIA F2 챔피언

발테리 보타스

Valtteri Bottas

Valtteri Viktor Bottas

생년월일	
출생	1989년 8월 28일

F1 월드 챔피언십	
엔트리	247
스타트	246
우승	10
포디엄	67
포인트	1,797
폴 포지션	20
패스티스트 랩	19
WDC 최고 성적	러너-업 (2019, 2020)

F1 외 주요 기록	
2008	유로컵 FR 2.0 챔피언
2009, 2010	F3 유로시리즈 3위
2011	GP3 챔피언

통산 7승을 기록한 핀란드 드라이버

발테리 보타스는 2011년 GP3 챔피언 타이틀 획득 후 2013시즌 윌리엄스를 통해 F1에 데뷔했고, 2014 오스트리아 그랑프리에서 첫 포디엄 피니시를 기록했다. 이후 다섯 차례 더 포디엄에 오르며 WDC 4위에 오른 보타스는 윌리엄스에서 2016시즌까지 매년 포디엄 피니시를 기록하며 최강 메르세데스를 위협하는 극소수의 드라이버 중 한 명으로 활약했다.

니코 로스버그의 은퇴 직후 메르세데스로 이적한 보타스는 2017시즌 바레인 그랑프리에서 첫 폴 포지션, 러시아 그랑프리에서 첫 승을 기록하며 타이틀 경쟁을 펼쳤고, 2019시즌에는 WDC 2위에 올라 팀메이트 루이스 해밀턴의 가장 강한 경쟁자가 되었다. 2020시즌 WDC 2위에 올랐던 보타스는 2022시즌 알파로메오로 팀을 옮겨 2024시즌까지 활약했고, 1년의 공백을 거쳐 2026시즌 캐딜락소속으로 F1 무대에 복귀했다.

볼프강 폰트립스

Wolfgang von Trips

Wolfgang Alexander Albert Eduard Maximilian Reichsgraf Berghe von Trips

생년월일	
출생	1928년 5월 4일
사망	1961년 9월 10일

F1 월드 챔피언십	
엔트리	29
스타트	27
우승	2
포디엄	6
포인트	56
폴 포지션	1
패스티스트 랩	-
WDC 최고 성적	러너-업 (1961)

F1 외 주요 기록	
1961	타르가플로리오 우승

처음으로 F1 챔피언 타이틀에 근접했던 독일 드라이버

볼프강 폰트립스는 독일 쾰른의 귀족 가문에서 태어나 제2차 세계대전 기간 연합군 장교들과 교류하며 영어와 이탈리아어를 익혔고, 우여곡절 끝에 1957 아르헨티나 그랑프리에서 페라리를 통해 F1 데뷔 기회를 얻었다. 데뷔 시즌 이탈리아 그랑프리에서 3위로 포디엄에 오른 폰트립스는 1958 프랑스 그랑프리에서도 3위를 차지했지만, 과격한 드라이빙으로 너무 많은 사고를 일으켜 한동안 엔초 페라리의 눈 밖에 나기도 했다.

침착한 드라이빙 스타일로 거듭난 뒤 페라리에 복귀한 폰트립스는 1960시즌 처음으로 풀 시즌을 소화했고, 팀의 리더 역할을 맡은 1961시즌 네덜란드 그랑프리에서 첫 승을 거둔 뒤 영국 그랑프리에서도 우승하고 마지막 두 경기를 앞두고 포인트 순위 선두를 유지하며 챔피언 타이틀 획득 가능성이 높았다. 그러나, 1961 이탈리아 그랑프리에서 큰 사고에 휘말린 폰트립스는 안타깝게 세상을 떠났고, 페라리는 챔피언 타이틀을 획득한 필 힐의 홈 그랑프리인 미국 그랑프리 출전을 포기했다.

브루스 맥라렌

Bruce McLaren

Bruce Leslie McLaren

맥라렌 레이싱의 설립자이자 뉴질랜드 최초의 그랑프리 우승자

브루스 맥라렌은 1958 뉴질랜드 그랑프리에서 쿠퍼를 통해 F1에 데뷔했고, 데뷔전에서 5위를 차지해 잭 브라밤의 주목을 받았다. 뉴질랜드 국제 그랑프리 협회의 지원을 받아 유럽에 진출한 첫 드라이버였던 맥라렌은 1959시즌 브라밤의 쿠퍼 소속으로 미국 그랑프리에서 첫 승을 거뒀고, 1960시즌에는 팀메이트 브라밤에 이어 WDC 2위에 올랐다.

1963년 "브루스 맥라렌 모터 레이싱"을 설립한 뒤 1966시즌 F1에까지 진출한 자신의 팀 맥라렌으로 이적한 브루스 맥라렌은 1968 벨기에 그랑프리에서 우승을 차지했고, 1969시즌에는 WDC 3위에 오르기도 했다. 맥라렌은 미국 무대에서도 활약을 이어가 캔-암 시리즈에서 두 차례 챔피언 타이틀을 차지하는 등 활약했지만, 1970년 캔-암 시리즈를 위한 신차 테스트 중 사고로 세상을 떠났다.

생년월일 / 사망일

출생 1937년 8월 30일
사망 1970년 6월 2일

F1 월드 챔피언십

엔트리	104
스타트	100
우승	4
포디엄	27
포인트	196.5
폴 포지션	-
패스티스트 랩	3
WDC 최고 성적	러너-업 (1960)

F1 외 주요 기록

1966
르망 24시간 우승

1967, 1969
캔-암 챔피언

ㅂ

비토리오 브람빌라

Vittorio Brambilla

1975 오스트리아 그랑프리에서 우승한 "몬짜 고릴라"

비토리오 브람빌라는 1972시즌 이탈리아 F3 챔피언 타이틀 획득과 1973시즌 F2 4위를 기록한 뒤 1974 남아프리카공화국 그랑프리에서 마치를 통해 F1에 데뷔했다. 1974 오스트리아 그랑프리에서 첫 포인트를 얻은 이후 대부분 경기에서 리타이어했던 브람빌라는 1975 스웨덴 그랑프리에서 처음으로 폴 포지션을 획득하며 주목받았다.

브람빌라는 웻 컨디션에서 펼쳐진 1975 오스트리아 그랑프리에서 37세의 나이로 F1 처음이자 마지막 우승을 차지했고, 1978시즌까지 풀 타임 드라이버로 F1 커리어를 이어간 뒤 1980시즌을 끝으로 F1에서 완전히 은퇴했다. 브람빌라는 과도하게 공격적인 드라이빙 스타일과 상대의 손을 으스러뜨릴 듯한 강한 악수로 악명을 떨치며 **"몬짜 고릴라(The Monza Gorilla)"**라고 불리기도 했다.

생년월일 / 사망일

출생 1937년 11월 11일
사망 2001년 5월 26일

F1 월드 챔피언십

엔트리	79
스타트	74
우승	1
포디엄	1
포인트	15.5
폴 포지션	1
패스티스트 랩	1
WDC 최고 성적	11위 (1975)

F1 외 주요 기록

1972
이탈리아 F3 챔피언

샤를 르끌레

Charles Leclerc

Charles Marc Hervé Perceval Leclerc

생년월일 / 사망일	
출생	**1997년 10월 16일**

F1 월드 챔피언십	
엔트리	173
스타트	171
우승	8
포디엄	50
포인트	1,672
폴 포지션	27
패스티스트 랩	11
WDC 최고 성적	**러너-업** (2022)

F1 외 주요 기록

2016
GP3 챔피언

2017
FIA F2 챔피언

페라리에서 활약 중인 모나코 최초의 F1 그랑프리 우승자

샤를 르끌레는 2016시즌 GP3 챔피언, 2017시즌 F2 챔피언에 오른 데 이어 2018시즌 자우버를 통해 F1에 데뷔해 "로열 로더(royal roader)"로 불렸고, 데뷔 시즌 포인트 피니시 10회와 함께 WDC 13위에 오른 뒤 이듬해 페라리에 합류했다. 2019 바레인 그랑프리에서 첫 폴 포지션을 획득한 르끌레는 벨기에 그랑프리에서 첫 승을 거뒀고, 페라리 이적 첫 시즌 WDC 4위에 올라 유력한 차세대 F1 챔피언 후보로 부상했다.

페라리가 부진했던 두 시즌 동안 우승을 추가하지 못한 르끌레는 2022시즌 개막전 우승과 함께 포인트 순위 선두에 나섰지만, 이후 2023시즌까지 막스 베르스타펜과의 경쟁에서 밀리며 2022시즌부터 WDC에서 각각 2위, 5위, 3위, 5위를 기록했다. 르끌레는 2024 모나코 그랑프리에서 우승을 차지해 모나코 드라이버로 F1 챔피언십 모나코 그랑프리에서 우승한 첫 드라이버[13]가 되었다.

세르히오 페레스

Sergio Pérez

Sergio Michel "Checo" Pérez Mendoza

생년월일	
출생	**1990년 1월 26일**

F1 월드 챔피언십	
엔트리	285
스타트	281
우승	6
포디엄	39
포인트	1,638
폴 포지션	3
패스티스트 랩	12
WDC 최고 성적	**2위** (2023)

F1 외 주요 기록

2007
영국 F3 내셔널 클래스 챔피언

2010
GP2 러너-업

F1 통산 6승을 기록 중인 멕시코 드라이버

세르히오 페레스는 2010시즌 GP2 2위에 오른 뒤 2011시즌 자우버를 통해 F1에 데뷔했고, 2012 말레이시아 그랑프리에서 레이스 중반까지 선두를 달리는 활약 끝에 처음으로 포디엄에 올랐다. 2013시즌 맥라렌을 거쳐 2014시즌 포스인디아로 이적한 페레스는 다섯 시즌 동안 포디엄 피니시 5회와 함께 중위권 팀 소속으로 기대 이상의 활약을 펼쳤다.

2018시즌 중반 레이싱포인트로 이름이 바뀐 팀에 계속 잔류했던 페레스는 2020 사키르 그랑프리에서 극적인 첫 승을 거뒀고, 2021시즌 레드불로 이적해 베르스타펜의 팀메이트가 되었다. 페레스는 2022 사우디아라비아 그랑프리에서 첫 폴 포지션을 차지했고, 세 시즌 동안 5승을 추가한 데 이어 2023시즌 WDC 2위에 올랐다. 2024시즌의 부진으로 시트를 잃고 한 시즌 동안 공백기를 가졌던 페레스는 2026시즌 신생 캐딜락의 드라이버로 F1 챔피언십에 복귀했다.

---

[13] F1 이전 그랑프리 레이싱에서는 1931 모나코 그랑프리에서 모나코 국적 루이 시롱이 우승을 차지했다.

D 세바스찬 베텔

Sebastian Vettel

레드불을 처음으로 정상에 올려놓은 쿼드러플 챔피언

세바스찬 베텔은 데뷔전 2007 미국 그랑프리에서 8위로 최연소 포인트 피니시[14] 기록을 세웠고, 헝가리 그랑프리부터 토로로쏘의 풀타임 드라이버가 되었다. 2008 이탈리아 그랑프리에서 토로로쏘 최초의 폴 포지션과 우승을 기록한 베텔은 각종 최연소 기록을 경신[15]했다.

레드불 이적 후 2009 중국 그랑프리에서 팀의 첫 승을 견인한 뒤 WDC 2위에 오른 베텔은 **2010시즌 F1 드라이버 챔피언** 타이틀을 획득해 **최연소 챔피언** 기록을 경신했고, **2011, 2012, 2013시즌까지 네 시즌 연속 챔피언** 타이틀을 손에 넣으며 F1 최강자로 군림했다. 2015시즌 페라리로 이적해 파워 유닛 시대 최강자 메르세데스에 도전자 역할을 했던 베텔은 두 차례 WDC 2위에 올랐지만 챔피언 타이틀 획득에는 실패했고, 2021시즌 애스턴마틴으로 이적해 두 시즌 동안 활동한 뒤 은퇴했다.

생년월일

출생 **1987년 7월 3일**

F1 월드 챔피언십

엔트리	300
스타트	299
우승	53
포디엄	122
포인트	3,098
폴 포지션	57
패스티스트 랩	38
WDC 최고 성적	챔피언 (2010, 2011, 2012, 2013)

F1 외 주요 기록

2006
F3 유로시리즈 러너-업

D 스털링 모스

Stirling Moss

Sir Stirling Craufurd Moss

모터스포츠 전 분야에서 맹활약한 역사상 최고의 드라이버

스털링 모스는 1951 스위스 그랑프리에서 HWM을 통해 F1에 데뷔했고, 개인 자격으로 참가한 1954 벨기에 그랑프리에서 처음으로 포디엄에 오른 뒤 1955시즌 이적한 메르세데스 소속으로 영국 그랑프리에서 첫 폴 포지션과 첫 승을 기록했다.

메르세데스, 마세라티와 반월, 롭 워커를 거치며 일곱 시즌 동안 WDC에서 4년 연속 2위와 3년 연속 3위를 기록한 모스는 리어-엔진 레이스카의 첫 승, 팀 로터스 레이스카의 첫 승 등 F1의 역사에 남을 많은 기록을 수립했고, 싱글-시터는 물론 스포츠카, 랠리, 힐 클라임 등 분야를 가리지 않는 전방위 활약을 펼쳤다. 모스는 **모터스포츠 각종 레이스에 529회 참가해 212승**[16]이라는 전무후무한 기록을 남겼다.

생년월일

출생 **1929년 9월 17일**
사망 **2020년 4월 12일**

F1 월드 챔피언십

엔트리	67
스타트	66
우승	16
포디엄	24
포인트	186.74
폴 포지션	16
패스티스트 랩	19
WDC 최고 성적	2위 (1955, 1956, 1957, 1958)

F1 외 주요 기록

1954
세브링 12시간 우승

1955
타르가플로리오 우승

1955
밀레밀리아 우승

[14] 19세 349일. 최연소 포인트 피니시 기록은 2014 호주 그랑프리에서 다닐 크비앗이 경신했다.

[15] 21세 73일. 최연소 우승과 포디엄 피니시 기록은 2016 스페인 그랑프리에서 막스 베르스타펜이 경신했다.

[16] 자료에 따라 참가한 레이스와 우승 횟수 기록에 많은 차이가 있다.

아비드 린블란드

Arvid Lindblad

Arvid Anand Olof Lindblad

주니어 무대 최연소 기록을 연이어 경신한 2026시즌 루키

7세에 카트를 시작해 올리버 롤랜드의 지도를 받으며 빠르게 성장한 아비드 린블라드는 2021년까지 다양한 카트 챔피언십에서 타이틀을 차지하며 일찌감치 레드불 주니어 프로그램에 발탁되었다. 15세에 카 레이싱에 뛰어든 린블라드는 2023시즌 이탈리아 F4에서 3위를 차지한 뒤 마카우 그랑프리 F4에서 우승해 주목받았다.

2024 FIA F3에서 최연소 피처 레이스 우승 신기록을 포함해 4승을 거두며 4위로 시즌을 마친 린블라드는 이듬해 FIA F2에 진출해 최연소 우승 신기록 작성과 최연소 폴 포지션 2위의 기록 수립 등으로 눈길을 끌며 3승과 함께 6위로 챔피언십을 마쳤다. 나이에 비해 눈에 띄는 기량으로 레드불의 미래를 책임질 드라이버로 지목받은 린블라드는 FIA의 양해를 받아 나이가 차기 전에 슈퍼 라이센스를 획득했고, 2026시즌 레이싱불스를 통해 F1 데뷔 기회를 얻었다.

생년월일 / 사망일

출생 **2007년 8월 8일**

F1 월드 챔피언십

엔트리	-
스타트	-
우승	-
포디엄	-
포인트	-
폴 포지션	-
패스티스트 랩	-
WDC 최고 성적	-

F1 외 주요 기록

2023
이탈리아 F4 3위

2023
마카우 그랑프리 F4 우승

2024
FIA F3 4위

2025
FIA F2 6위

아이작 하자

Isack Hadjar

Isack Alexandre Hadjar

2026시즌 레드불 시트를 차지한 프랑스 드라이버

아이작 하자는 7세에 카트를 타기 시작한 뒤 2018년 카 레이싱으로 전향할 때까지 꾸준히 활약했지만, 챔피언 타이틀 등 화려한 기록으로 주목받지는 못했다. 2019년 포뮬러 레이싱 무대에 뛰어들어 2020 프랑스 F4 3위를 차지한 하자는 2022시즌 레드불 주니어 프로그램에 합류한 뒤 FIA F3에서 4위에 올라 많은 사람의 눈길을 끌었다.

2024시즌 최종전까지 보톨레토와 치열한 경쟁을 펼쳤지만 아쉽게 FIA F2 챔피언 타이틀 획득 기회를 놓쳤던 하자는, 2025시즌 레이싱불스를 통해 F1 데뷔 기회를 얻었다. 데뷔전 포메이션 랩 사고로 불안하게 출발했던 아이작 하자는 일본 그랑프리에서 첫 포인트 피니시에 성공했고, 꾸준한 퍼포먼스로 긍정적인 평가를 받던 중 네덜란드 그랑프리 포디엄 피니시로 큰 주목을 받았다. 데뷔 시즌 성적에 대해 높은 평가를 받은 하자는 결국 2026시즌 츠노다유키를 대신해 최상위권 팀인 레드불의 시트를 차지하며 막스 베르스타펜의 팀메이트가 되었다.

생년월일 / 사망일

출생 **2004년 9월 28일**

F1 월드 챔피언십

엔트리	24
스타트	23
우승	-
포디엄	1
포인트	51
폴 포지션	-
패스티스트 랩	-
WDC 최고 성적	12위 (2025)

F1 외 주요 기록

2022
FIA F3 4위

2024
FIA F2 러너-업

아일톤 세나

Ayrton Senna

Ayrton Senna da Silva

생년월일	
출생	1960년 3월 21일
사망	1994년 5월 1일

F1 월드 챔피언십	
엔트리	162
스타트	161
우승	41
포디엄	80
포인트	614
폴 포지션	65
패스티스트 랩	19
WDC 최고 성적	챔피언 (1988, 1990, 1991)

F1 외 주요 기록
1983 영국 F3 챔피언

F1 최고의 드라이버로 평가받는 브라질의 트리플 챔피언

아일톤 세나는 1983 영국 F3 챔피언에 오른 뒤 많은 F1 팀의 치열한 영입 경쟁의 주인공이 됐지만, 시기와 조건이 맞지 않아 경쟁력이 부족한 신생팀 톨먼을 통해 F1에 데뷔했다. 세나는 웻 컨디션에서 31랩 만에 마무리된 1984 모나코 그랑프리에서 2위에 올라 깊은 인상을 남겼고, 팀 로터스로 이적한 뒤 웻 컨디션에서 펼쳐진 1985 포르투갈 그랑프리에서의 첫 승을 시작으로 1987시즌까지 팀 로터스에서만 6승을 거뒀다.

1988시즌 팀을 옮겨 맥라렌과 혼다가 손을 잡은 첫 시즌 **드라이버 챔피언**에 오른 세나는 1989시즌 알랑 프로스트와 F1 역사에 길이 남을 팀메이트 간 라이벌 경쟁을 펼쳤고, **1990시즌**과 **1991시즌 2년 연속 챔피언** 타이틀을 손에 넣었다. 그러나, 1993시즌까지 힘겨운 도전자 역할을 맡다가 기대를 모으며 윌리엄스로 이적한 세나는 1994 산마리노 그랑프리에서 안타까운 사고로 세상을 떠나고 말았다.

안드레아 키미 안토넬리

Kimi Antonelli

Andrea Kimi Antonelli

생년월일	
출생	2006년 8월 25일

F1 월드 챔피언십	
엔트리	24
스타트	24
우승	-
포디엄	3
포인트	150
폴 포지션	-
패스티스트 랩	3
WDC 최고 성적	7위 (2025)

F1 외 주요 기록
2022 이탈리아 F4 챔피언
2022 독일 F4 챔피언
2023 FRECA 챔피언
2024 FIA F2 6위

F1 최연소 패스티스트 랩/스프린트 폴 기록 보유자

7세에 카트를 타기 시작한 직후 주목 받은 키미 안토넬리는 카 레이싱 무대 진출 전까지 많은 카트 챔피언 타이틀을 차지했다. 2019년 메르세데스 주니어 프로그램에 합류한 안토넬리는 2022시즌 이탈리아 F4와 독일 F4에서 챔피언 타이틀을 차지했고, 이듬해 FRECA에서 챔피언 타이틀을 손에 넣으며 일찌감치 충분한 슈퍼 라이센스 포인트를 확보했다.

2024시즌 FIA F2를 6위로 마친 뒤 2025시즌 루이스 해밀턴의 빈자리를 메꾸며 메르세데스를 통해 F1에 데뷔한 키미 안토넬리는 바로 최연소 F1 드라이버 3위의 기록과 최연소 포인트 피니시 2위의 기록을 세웠다. 일본 그랑프리에서 **F1 최연소 랩 리드**와 **최연소 패스티스트 랩** 기록 보유자가 된 안토넬리는 마이애미에서 **최연소 스프린트 폴** 기록을 경신했고, 캐나다에서는 최연소 포인트 피니시 3위의 기록을 세웠다. 안토넬리가 2025시즌 기록한 데뷔 시즌 150포인트 역시 **F1 데뷔 시즌 최다 포인트 신기록**이었다.

안토니오 지오비나찌

Antonio Giovinazzi

Antonio Maria Giovinazzi

마지막[17] 이탈리아 국적 F1 드라이버

안토니오 지오비나찌는 2015 유러피언 F3 2위, 2016 GP2 2위에 오른 뒤 2016년 말 시뮬레이터 드라이버로 페라리에 합류했고, 2017시즌 파스칼 베를라인의 부상 공백을 메꾸며 자우버를 통해 호주 그랑프리에서 F1 데뷔전을 치렀다. 이후 잠시 F1을 떠나 AF 코르세와 함께 내구레이스에 참가하며 기회를 엿보던 지오비나찌는 2019시즌 알파로메오로 이름을 바꾼 자우버의 낙점을 받아 F1에 복귀했다.

세 시즌 동안 키미 라이코넨의 팀메이트로 챔피언십에 나선 지오비나찌는 2019 오스트리아 그랑프리에서 처음으로 포인트를 얻었고, 2021시즌까지 모두 아홉 차례 포인트 피니시에 성공했다. F1을 떠난 지오비나찌는 2023시즌 WEC로 전향했고, 2023 르망 24시간에서 50년 만에 르망 24시간에 복귀한 페라리와 함께 우승을 차지했다.

생년월일	
출생	1993년 12월 14일

F1 월드 챔피언십	
엔트리	62
스타트	62
우승	-
포디엄	-
포인트	21
폴 포지션	-
패스티스트 랩	-
WDC 최고 성적	17위 (2019, 2020)

F1 외 주요 기록

2013
영국 F3 러너-업

2015
유러피언 F3 러너-업

2016
GP2 러너-업

2023
르망 24시간 우승

알란 존스

Alan Jones

Alan Stanley Jones

윌리엄스 최초의 F1 드라이버 챔피언

알란 존스는 1975시즌 헤스케스 308B와 함께 F1에 데뷔해 그레이엄 힐의 엠버시 힐 레이싱 등을 거쳐 1976시즌 팀 서티스로 이적해 처음으로 풀타임 F1 드라이버로 활동하기 시작했고, 1977 오스트리아 그랑프리에서 데뷔 후 첫 승을 거두며 섀도우의 처음이자 마지막 그랑프리 우승 기록을 남겼다.

윌리엄스로 이적해 FW06의 데뷔와 함께 팀의 간판으로 활약하기 시작한 존스는 1979시즌 4승을 거두며 WDC 3위에 올랐고, 이어진 **1980시즌**에는 5승을 쓸어 담으며 호주 출신으로는 잭 브라밤에 이어 두 번째로 **F1 드라이버 챔피언** 타이틀을 획득하는 동시에 윌리엄스에게도 첫 챔피언 타이틀을 안겼다. 존스는 1981시즌 2승을 추가했고, 1986시즌 두 차례의 포인트 피니시를 끝으로 F1에서 은퇴했다.

생년월일	
출생	1946년 11월 2일

F1 월드 챔피언십	
엔트리	117
스타트	116
우승	12
포디엄	24
포인트	206
폴 포지션	6
패스티스트 랩	13
WDC 최고 성적	챔피언 (1980)

F1 외 주요 기록

1978
캔-암 챔피언

1993
V8 슈퍼카 러너-업

[17] 2023시즌 기준

D 알랑 프로스트

Alain Prost

Alain Marie Pascal Prost

네 차례 챔피언 타이틀을 획득한 "프로페서"

알랑 프로스트는 1980 아르헨티나 그랑프리에서 맥라렌을 통해 F1에 데뷔했고, 1981시즌 르노로 이적해 프랑스 그랑프리에서 첫 승을 거둔 뒤 WDC 5위에 올랐다. 프로스트는 1982시즌과 1983시즌 타이틀 경쟁 속에 WDC 4위에 올랐고, 맥라렌으로 복귀한 1984시즌 팀메이트 니키 라우다와 치열한 경쟁 끝에 0.5포인트 차이로 WDC 2위에 머물렀다.

1985시즌 5승과 함께 **첫 번째 F1 드라이버 챔피언** 타이틀을 손에 넣은 프로스트는 **1986시즌**에도 만셀과의 치열한 경쟁에서 승리하며 **두 번째 드라이버 챔피언** 타이틀을 획득했다. 프로스트는 **1989시즌** 아일톤 세나와의 팀메이트 경쟁에서 승리해 **세 번째 챔피언 타이틀**을 차지한 뒤 페라리로 팀을 옮겼고, 잠시 은퇴를 선언했다가 복귀한 **1993시즌** 윌리엄스 소속으로 **네 번째이자 마지막 챔피언** 타이틀을 획득한 직후 51승의 최다승 기록[18]을 남기고 F1에서 완전히 은퇴했다. 프로스트는 어떤 드라이버를 상대로 해서도 승리하거나 크게 밀리지 않는 경쟁력을 유지했고, 완벽하게 계산된 듯한 경기 운영으로 **"교수(professor)"**라고 불리기도 했다.

생년월일	
출생	1955년 2월 24일

F1 월드 챔피언십	
엔트리	202
스타트	199
우승	51
포디엄	106
포인트	798.5
폴 포지션	33
패스티스트 랩	41
WDC 최고 성적	챔피언 (1985, 1986, 1989, 1993)

F1 외 주요 기록

1978, 1979
프랑스 F3 챔피언

1979
유러피언 F3 챔피언

D 알레산드로 난니니

Alessandro Nannini

Alessandro "Sandro" Nannini

1989 일본 그랑프리 우승자

알레산드로 난니니는 랠리를 주 무대로 활동하다가 1982년 미나르디의 F2 드라이버가 되었고, 1985시즌 미나르디의 F1 진출과 함께 F1 데뷔를 계획했지만 FIA로부터 슈퍼 라이센스를 받지 못해 첫 번째 F1 진출 시도가 좌절됐다. 난니니는 1986년 겨우 슈퍼 라이센스를 획득했고, 1986 브라질 그랑프리에서 F1 데뷔전을 치렀다.

1987시즌까지 단 1포인트도 얻지 못했던 난니니는 1988시즌 중상위권 전력의 베네통으로 이적한 뒤 1988 영국 그랑프리에서 처음으로 포디엄에 올랐다. 1989시즌 계속 상위권에서 경쟁하며 네 차례 포디엄에 오른 난니니는 세나와 프로스트가 충돌한 문제의 1989 일본 그랑프리에서 처음이자 마지막 F1 그랑프리 우승을 차지했다.

생년월일	
출생	1959년 7월 7일

F1 월드 챔피언십	
엔트리	78
스타트	76
우승	1
포디엄	9
포인트	65
폴 포지션	-
패스티스트 랩	2
WDC 최고 성적	6위 (1989)

F1 외 주요 기록

1996
ITTC 3위

[18] 2001 벨기에 그랑프리에서 미하엘 슈마허가 52승째를 거두며 기록을 경신했다.

O

알렉산더 알본

Alexander Albon

Alexander Albon Ansusinha / อเล็กซานเดอร์ อัลบอน อังศุสิงห์

두 차례 포디엄에 오른 태국 국적 드라이버

알렉산더 알본은 2016시즌 GP3에서 르끌레에 이어 2위, 2018시즌 FIA F2에서 러셀과 노리스에 이어 3위를 차지한 뒤 2019시즌 토로로쏘를 통해 F1에 데뷔했다. 2019 바레인 그랑프리에서 첫 포인트 피니시에 성공한 알본은 2019 벨기에 그랑프리부터 가슬리와 자리를 바꿔 레드불에 합류한 뒤 꾸준한 포인트 누적으로 인상적인 활약을 이어갔다.

2020시즌 두 차례 포디엄에 올랐지만 기대에 못 미쳤다는 평가와 함께 한 시즌 공백기를 보냈던 알본은 2022시즌 윌리엄스를 통해 F1에 복귀했다. 꾸준히 팀메이트를 압도하는 퍼포먼스를 과시한 알본은 2022시즌 객관적인 전력 면에서 약체로 평가받는 윌리엄스 소속으로 일곱 차례나 포인트 피니시에 성공하며 제2의 전성기를 누리기 시작했다. 2025시즌에는 레드불 시절에 맞먹는 활약으로 WDC 8위에 오른 것은 물론, 새 팀메이트 사인스와 함께 윌리엄스를 중위권 최강팀으로 올려놓았다.

생년월일

출생 **1996년 3월 23일**

F1 월드 챔피언십

엔트리	**130**
스타트	**128**
우승	-
포디엄	**2**
포인트	**313**
폴 포지션	-
패스티스트 랩	**1**
WDC 최고 성적	**7위** (2020)

F1 외 주요 기록

2016
GP3 러너-업

2018
FIA F2 3위

알베르토 아스카리

Alberto Ascari

이탈리아 출신 F1 최초의 더블 챔피언

알베르토 아스카리는 안토니오 아스카리의 아들로 1948년 페라리에 합류했고, 두 번째 F1 챔피언십 이벤트였던 1950 모나코 그랑프리에서 데뷔와 함께 2위로 포디엄에 올랐다. 아스카리는 1950 이탈리아 그랑프리에서 절대 강자 알파로메오의 프론트 로 독점을 처음으로 무너뜨리며 프론트 로에 선 드라이버가 되었고, **1952시즌** 6연승과 함께 **첫 번째 드라이버 챔피언** 타이틀을 획득한 뒤 **1953시즌**에도 개막전 아르헨티나 그랑프리 우승을 시작으로 5승을 추가하며 **2년 연속 왕좌**에 올랐다.

1954시즌 란치아로 팀을 옮긴 아스카리는 계속된 불운에 시달렸고, 1955년 봄 몬짜에서 페라리 750 몬짜 스포츠카를 테스트하던 중 사고로 세상을 떠났다. 아스카리는 수많은 F1 기록을 작성했고, 연속 패스티스트 랩[19]과 연속 랩 리드[20] 등 기록은 2023시즌까지도 깨지지 않았다.

생년월일 / 사망일

출생 **1918년 7월 13일**
사망 **1955년 5월 26일**

F1 월드 챔피언십

엔트리	**34**
스타트	**32**
우승	**13**
포디엄	**17**
포인트	**140.14**
폴 포지션	**14**
패스티스트 랩	**12**
WDC 최고 성적	**챔피언** (1952, 1953)

F1 외 주요 기록

1954
밀레밀리아 우승

---

19 1952 벨기에 그랑프리부터 1953 아르헨티나 그랑프리까지 7경기 연속 패스티스트 랩

20 1952 벨기에 그랑프리부터 1952 네덜란드 그랑프리까지 304랩 연속 리드

D 야노 트룰리

Jarno Trulli

"트룰리 트레인"으로 유명한 이탈리아 드라이버

야노 트룰리는 1997시즌 미나르디를 통해 F1에 데뷔해 일곱 차례 레이스를 치른 뒤 프로스트로 팀을 옮겼고, 독일 그랑프리에서 4위로 첫 포인트를 획득했다. 프로스트에서의 마지막 시즌 1999 유러피언 그랑프리에서 2위로 첫 포디엄 피니시에 성공해 주목받았고, 2000시즌 조단으로 이적해 두 시즌 동안 아홉 차례 포인트 피니시를 기록했다.

2002시즌 르노에 합류한 트룰리는 2003 독일 그랑프리에서 이적 후 처음으로 포디엄에 올랐고, 2004 모나코 그랑프리에서 첫 폴 포지션과 함께 처음이자 마지막 우승을 기록했다. 토요타로 이적한 트룰리는 일곱 차례 포디엄에 올랐지만 우승을 추가하지는 못했고, 2011시즌을 끝으로 F1에서 은퇴했다. 트룰리는 뛰어난 퀄리파잉 성적과 돋보이는 방어 능력 덕분에 **"트룰리 트레인(Trulli train)"**으로 악명을 떨치기도 했다.

생년월일	
출생	1974년 7월 13일

F1 월드 챔피언십	
엔트리	256
스타트	252
우승	1
포디엄	11
포인트	246.5
폴 포지션	4
패스티스트 랩	1
WDC 최고 성적	6위 (2004)

F1 외 주요 기록

1996
독일 F3 챔피언

D 에디 어바인

Eddie Irvine

Edmund Irvine Jr.

통산 4승을 거둔 영국 드라이버

에디 어바인은 1993시즌 조단을 통해 F1에 데뷔한 뒤 1995 캐나다 그랑프리에서 3위로 첫 포디엄 피니시에 성공했고, 페라리로 이적해 미하엘 슈마허의 팀메이트가 된 뒤 세 시즌 동안 우승 없이 포디엄 피니시만 14회 기록하며 기대에 미치지 못하는 성적을 남겼다.

1999시즌 중반 미하엘 슈마허가 부상으로 타이틀 경쟁에서 이탈하자 페라리의 적극적인 지원을 받기 시작한 어바인은 맥라렌의 미카 하키넨과 치열한 타이틀 경쟁을 이어갔지만, 유럽 그랑프리 핏 스탑에서의 실수로 큰 손해를 본 뒤 결국 시즌 최종전 일본 그랑프리에서 2포인트 차로 역전을 허용하며 아쉽게 WDC 2위에 그쳤다. 페라리 시트를 잃은 뒤 재규어로 팀을 옮긴 어바인은 두 차례 더 포디엄에 오른 뒤 2002시즌을 끝으로 은퇴했다.

생년월일	
출생	1965년 11월 10일

F1 월드 챔피언십	
엔트리	148
스타트	145
우승	4
포디엄	26
포인트	191
폴 포지션	-
패스티스트 랩	1
WDC 최고 성적	러너-업 (1999)

F1 외 주요 기록

[illegible]
인터내셔널 F3000 3위

1994
르망 24시간 러너-업

에머슨 피티팔디

Emerson Fittipaldi

1972 1974

브라질 최초로 F1 챔피언의 자리에 오른 더블 챔피언

에머슨 피티팔디는 1969년 유럽 무대에 진출해 영국 F3 챔피언 타이틀을 획득한 뒤 1970시즌 영국 그랑프리에서 팀 로터스를 통해 F1에 데뷔했고, 1970 미국 그랑프리에서 첫 승을 거뒀다. 이듬해 세 차례 포디엄에 오른 피티팔디는 **1972시즌** 4승을 기록하며 라이벌 재키 스튜어트를 누르고 처음으로 **F1 드라이버 챔피언** 타이틀을 차지했다.

맥라렌으로 팀을 옮긴 **1974시즌 두 번째 드라이버 챔피언**에 오르며 맥라렌의 첫 컨스트럭터 챔피언 타이틀 획득을 이끌었던 피티팔디는 1975시즌이 끝난 뒤 갑자기 자기 형이 만든 신생팀으로 이적해 충격을 줬다. 이후 두 차례 더 포디엄에 오른 뒤 1980시즌을 끝으로 F1에서 은퇴한 피티팔디는 미국 무대에서 두 차례의 인디500 우승과 CART 챔피언 타이틀 획득 등으로 1990년대 후반까지 다양한 무대에서 맹활약했다.

생년월일

출생 **1946년 12월 12일**

F1 월드 챔피언십	
엔트리	149
스타트	144
우승	14
포디엄	35
포인트	281
폴 포지션	6
패스티스트 랩	6
WDC 최고 성적	챔피언 (1972, 1974)

F1 외 주요 기록

1969
영국 F3 챔피언

1989, 1993
인디500 우승

1978
영국 F3 챔피언

에스테반 오콘

Esteban Ocon

Esteban José Jean-Pierre Ocon-Khelfane

2021 헝가리 그랑프리 우승자

에스테반 오콘은 2014시즌 유러피언 F3와 2015시즌 GP3를 차례로 제패한 뒤 2016시즌 후반 마노어 소속으로 F1에 데뷔했다. 2017시즌 포스인디아로 팀을 옮긴 뒤에는 18경기 연속 완주와 20 레이스 출전에 18회 포인트 피니시라는 뛰어난 성적을 남겼다. 2018시즌 어려움을 겪던 포스인디아에 남아 팀을 지키다가 2019시즌 랜스 스트롤에게 자리를 내줬던 오콘은, 메르세데스의 리저브 드라이버로 한 시즌을 보낸 뒤 2020시즌 르노를 통해 1년 만에 F1 복귀 기회를 얻었다.

2020 사키르 그랑프리에서 2위로 첫 포디엄 피니시를 기록한 오콘은 대혼돈의 **2021 헝가리 그랑프리 우승**으로 알핀의 첫 F1 그랑프리 우승을 이끈 주인공이 됐다. 오콘은 데뷔 직후부터 그랬던 것처럼 쉽게 눈에 띄지 않지만 꾸준히 성적을 내는 드라이빙을 계속했고, 2023시즌에는 모나코 그랑프리에서 포디엄에 오르기도 했다. 2024시즌 말 상파울루 그랑프리에서 2위로 포디엄에 오른 뒤 알핀의 시트를 잃은 오콘은 2025시즌 하스로 이적해 꾸준하게 나쁘지 않은 성적을 기록했다.

생년월일

출생 **1996년 9월 17일**

F1 월드 챔피언십	
엔트리	180
스타트	180
우승	1
포디엄	4
포인트	483
폴 포지션	-
패스티스트 랩	1
WDC 최고 성적	8위 (2022)

F1 외 주요 기록

2014
유러피언 F3 챔피언

2015
GP3 챔피언

엘리오 데앤젤리스

Elio de Angelis

"F1의 마지막 신사"로 불렸던 이탈리아 드라이버

엘리오 데앤젤리스는 1979시즌 섀도우를 통해 F1에 데뷔한 뒤 미국 그랑프리에서 4위를 차지하며 콜린 채프먼의 주목을 받았고, 1980시즌 팀 로터스에 합류해 1982 오스트리아 그랑프리에서 0.05초 차로 케케 로스버그를 앞서며 처음으로 우승을 차지했다.

1984시즌 개막전 브라질 그랑프리 포디엄 피니시를 포함해 네 차례 포디엄에 오르며 막강했던 맥라렌 듀오에 이어 WDC 3위에 오른 데앤젤리스는 1985시즌 산마리노 그랑프리에서도 우승했지만, 새로운 팀메이트로 들어온 아일톤 세나만 집중적으로 지원하는 팀 로터스에 불만을 품고 브라밤으로 이적했다. 1986년 5월 폴 리카르 써킷에서의 테스트 중 리어 윙이 떨어지는 사고로 세상을 떠난 데앤젤리스는 쇼팽과 모짜르트 등을 빼어나게 연주하는 피아니스트로도 유명했고, 귀족 가문 출신에 옛 시대를 연상시키는 모습 덕분에 **"F1의 마지막 신사"**라고 불리기도 했다.

생년월일 / 사망일

출생 1958년 3월 26일
사망 1986년 5월 15일

F1 월드 챔피언십

엔트리	110
스타트	108
우승	2
포디엄	9
포인트	122
폴 포지션	3
패스티스트 랩	-
WDC 최고 성적	3위 (1984)

F1 외 주요 기록

1977
이탈리아 F3 챔피언

오노프레 마리몬

Onofre Marimón

Onofre Agustín Marimón

F1 챔피언십 그랑프리에서 사망한 첫 번째 드라이버

오노프레 마리몬은 1940년대 말 후안 마누엘 판지오, 호세 프로일란 곤잘레스 등과 함께 아르헨티나에서 유럽에 진출한 드라이버 중 한 명이었고, 1951시즌 마세라티 레이스카를 개조해 F1에 출전하는 스쿠데리아 밀라노 소속으로 프랑스 그랑프리에서 F1에 데뷔했다.

1953시즌 마세라티로 팀을 옮겨 벨기에 그랑프리에서 첫 포디엄를 기록한 마리몬은 1954시즌 영국 그랑프리에서 두 번째로 포디엄에 오르며 뛰어난 기량을 뽐냈지만, 이어진 독일 그랑프리 프랙티스 세션 중 브라이트차이트 코너에서 브레이크 문제로 코스를 이탈하는 안타까운 사고로 세상을 떠나 **F1 챔피언십 그랑프리 공식 세션에서 사망한 첫 번째 드라이버**[21]가 되었다.

생년월일 / 사망일

출생 1923년 12월 19일
사망 1954년 7월 31일

F1 월드 챔피언십

엔트리	12
스타트	11
우승	-
포디엄	2
포인트	8.14
폴 포지션	-
패스티스트 랩	1
WDC 최고 성적	11위 (1953)

[21] 인디500을 포함할 경우 쳇 밀러가 1953 인디500 프랙티스 세션에서 사고로 세상을 떠났다.

오스카 피아스트리

Oscar Piastri

Oscar Jack Piastri

생년월일	
출생	2001년 4월 6일

F1 월드 챔피언십	
엔트리	70
스타트	70
우승	9
포디엄	26
포인트	799
폴 포지션	6
패스티스트 랩	9
WDC 최고 성적	3위 (2025)

F1 외 주요 기록

2019 **FR 유로컵 챔피언**

2020 **FIA F3 챔피언**

2021 **FIA F2 챔피언**

알란 존스 이후 호주 출신 F1 드라이버

오스카 피아스트리는 2019 포뮬러 르노 유로컵, 2020 FIA F3, 2021 FIA F2 챔피언에 오르며 3년 연속으로 챔피언십 정상에 오른 최초의 드라이버가 되었다. 1년 동안 알핀의 리저브 드라이버로 공백기를 가졌던 피아스트리는 논란 속에 맥라렌과 계약해 2023시즌 F1에 데뷔했다.

2023시즌 호주 그랑프리에서 첫 포인트 피니시를 기록한 피아스트리는 일본 그랑프리에서 처음으로 포디엄에 올랐고, 카타르 그랑프리 스프린트 우승에 이어 레이스에서도 포디엄에 올라 2007시즌 해밀턴 이후 처음으로 데뷔 시즌 두 차례 포디엄에 오른 루키가 됐다. 2024 헝가리 그랑프리에서 첫 승을 거둔 피아스트리는 2025시즌 7승을 거두고 시즌 중반 챔피언십 선두를 질주하는 활약으로 시즌 최종전까지 치열한 챔피언십 경쟁을 펼치며 F1 정상급 드라이버로 자리매김했다.

올리버 베어먼

Oliver Bearman

Oliver James Bearman

생년월일	
출생	2005년 5월 8일

F1 월드 챔피언십	
엔트리	27
스타트	27
우승	-
포디엄	-
포인트	48
폴 포지션	-
패스티스트 랩	-
WDC 최고 성적	13위 (2025)

F1 외 주요 기록

2021 **이탈리아 F4 챔피언**

2021 **독일 F4 챔피언**

2022 **FIA F3 3위**

2023 **FIA F2 6위**

2024시즌 데뷔한 페라리 드라이버 아카데미 출신 기대주

8세에 카트를 타기 시작한 올리버 베어먼은 15세에 2020 이탈리아 F4와 독일 F4 챔피언에 오르며 주목받았고, 2022년 페라리 드라이버 아카데미에 합류했다. FIA F3에 진출해 꾸준한 성적으로 기대를 모은 베어먼은, 2023시즌 FIA F2에서 3승과 포디엄 피니시 6회의 뛰어난 성적을 거두며 타이틀 경쟁에 나서기도 했다.

2024 사우디아라비아 그랑프리에서 사인스의 충수염 수술로 갑자기 F1 데뷔 기회를 얻은 올리버 베어먼은 단 한 차례의 연습 주행 이후 7위로 경기를 마치며 높은 평가를 받았다. 이후 하스를 통해 두 차례 더 그랑프리 출전 기회를 얻었던 베어먼은 2025시즌 하스의 정규 드라이버로 첫 F1 풀 시즌을 치렀다. 2025 멕시코시티 그랑프리에서는 한 때 포디엄 피니시를 노릴 수 있는 위치에서 달리며 사람들을 놀라게 했고, 4위로 F1 데뷔 후 최고의 성적을 거두며 미래의 페라리를 이끌 기대주로 확실하게 자리매김했다.

올리비에 파니스

Olivier Panis

Olivier Jean Denis Marie Panis

1996 모나코 그랑프리 우승자

올리비에 파니스는 1993시즌 인터내셔널 F3000 챔피언 타이틀을 획득한 뒤 1994 브라질 그랑프리에서 프랑스 국적 팀인 리지에를 통해 F1에 데뷔했고, 데뷔 시즌 독일 그랑프리에서 2위로 첫 번째 포디엄 피니시를 기록한 데 이어 1995시즌 호주 그랑프리에서 다시 2위로 포디엄에 오르는 등 꾸준하게 성적을 내며 WDC 8위에 올랐다.

1996시즌 전반적으로 성적이 좋지 않았던 파니스는 레이스를 시작한 22명의 드라이버 중 단 세 명만 체커드 플랙을 받은 혼돈의 1996 모나코 그랑프리에서 자신의 유일한 F1 그랑프리 우승[22]을 기록했다.

생년월일 / 사망일

출생 1966년 9월 2일

F1 월드 챔피언십

엔트리	158
스타트	157
우승	1
포디엄	5
포인트	76
폴 포지션	-
패스티스트 랩	-
WDC 최고 성적	8위 (1995)

F1 외 주요 기록

1991
프랑스 F3 러너-업

1993
인터내셔널 F3000 챔피언

요아킴 보니에르

Jo Bonnier

Karl Jockum Jonas "Joakim" Bonnier

BRM의 F1 첫 승을 이끈 스웨덴 드라이버

요아킴 보니에르는 1956 이탈리아 그랑프리에서 마세라티를 통해 F1에 데뷔한 뒤 1958시즌 후반 BRM에 정착했고, 1959 모나코 그랑프리에서 폴 포지션을 차지한 데 이어 레이스에서 BRM이 학수고대하던 첫 번째 F1 그랑프리 우승을 차지했다.

1959시즌 WDC 8위에 오르며 커리어의 정점을 찍은 보니에르는 이후 열두 시즌 동안 단 한 번도 포디엄에 오르지 못했지만, 1964 르망 24시간에서 2위를 차지하는 등 스포츠카 레이싱에서 좋은 성적을 거뒀다.

생년월일 / 사망일

출생 1930년 1월 31일
사망 1972년 6월 11일

F1 월드 챔피언십

엔트리	108
스타트	104
우승	1
포디엄	1
포인트	39
폴 포지션	1
패스티스트 랩	-
WDC 최고 성적	8위 (1959)

F1 외 주요 기록

1960, 1963
타르가플로리오 우승

1964
르망 24시간 러너-업

---

22 오랫동안 프랑스 드라이버가 프랑스 엔진을 장착한 프랑스 팀의 레이스카로 우승한 마지막 사례였지만, 2021 헝가리 그랑프리에서 알핀의 오콘이 우승하며 새로운 이정표를 남겼다.

요헨 린트

Jochen Rindt

Karl Jochen Rindt

사후에 타이틀을 획득한 1970 F1 드라이버 챔피언

독일에서 태어나 제2차 세계대전에서 부모를 모두 잃고 오스트리아의 조부모 밑에서 자란 요헨 린트는 1964 오스트리아 그랑프리를 통해 F1에 데뷔했고, 1965시즌 쿠퍼로 이적한 뒤 1966시즌 WDC 3위에 올라 정상급 F1 드라이버로 활약하기 시작했다.

1969시즌 신뢰도 문제가 많고 사고가 잦았던 팀 로터스에 합류한 뒤 "나는 로터스에서 챔피언이 될 수도, 죽을 수도 있다."는 말을 남겼던 린트는 미국 그랑프리에서 첫 승을 거두며 WDC 4위를 차지했다. **1970시즌** 네덜란드 그랑프리부터 파죽의 4연승을 포함해 5승을 거두며 타이틀 경쟁에서 앞서 나갔던 린트는 1970 이탈리아 그랑프리 퀄리파잉에서 안타까운 사고로 세상을 떠났고, 시즌 종료까지 포인트 선두를 지켜 **F1 역사에서 유일하게 사후에 챔피언 타이틀을 획득**한 드라이버가 되었다.

생년월일 / 사망일

출생 **1942년 4월 18일**
사망 **1970년 9월 5일**

F1 월드 챔피언십

엔트리	62
스타트	60
우승	6
포디엄	13
포인트	109
폴 포지션	10
패스티스트 랩	3
WDC 최고 성적	**챔피언** (1970)

F1 외 주요 기록

1965
르망 24시간 우승

요헨 마스

Jochen Mass

Jochen Richard Mass

1975 스페인 그랑프리 우승자

요헨 마스는 1973시즌 팀 서티스 소속으로 F1에 데뷔해 1974시즌 풀타임 드라이버가 되었고, 맥라렌에 합류한 뒤 드라이버와 관중들까지 얽힌 비극적인 사망 사고로 얼룩졌던 1975 스페인 그랑프리에서 처음이자 마지막 우승을 차지했다.

1976시즌 저조한 성적으로 새 팀메이트 제임스 헌트와 비교되며 평가가 나빠진 뒤 맥라렌을 떠나 ATS와 애로우즈, 마치 등 여러 팀을 거친 마스는 1982 벨기에 그랑프리에서 질 빌너브의 사망 사고에 연루되는 가슴 아픈 경험을 했다. 1982시즌 F1에서 은퇴한 마스는 1989 르망 24시간에서 자우버 C9으로 우승하는 등 스포츠카 레이싱 무대에서 F1 시절보다 인상적인 활약을 펼쳤다.

생년월일 / 사망일

출생 **1946년 9월 30일**
사망 **2025년 5월 4일**

F1 월드 챔피언십

엔트리	114
스타트	105
우승	1
포디엄	8
포인트	71
폴 포지션	-
패스티스트 랩	2
WDC 최고 성적	**6위** (1977)

F1 외 주요 기록

1972
스파 24시간 우승

1973
F2 러너-업

1989
르망 24시간 우승

유지노 카스텔로티

Eugenio Castellotti

1957년 밀레밀리아에서 우승한 이탈리아 드라이버

유지노 카스텔로티는 1955시즌 란치아를 통해 F1에 데뷔했고, 두 번째 챔피언십 그랑프리 출전이었던 모나코 그랑프리에서 2위로 포디엄에 올랐다. 카스텔로티는 자기 헬멧을 빌려 쓰고 테스트에 나선 아스카리가 사망한 사고를 목격하고 큰 충격을 받았지만, 소속 팀 란치아가 팀 자산을 인도할 때 함께 페라리에 합류해 커리어를 이어갔다.

1955 이탈리아 그랑프리에서 3위, 1956 프랑스 그랑프리에서 2위로 포디엄에 오르는 등 맹활약한 카스텔로티는 40대 전후의 중년 드라이버가 다수였던 이탈리아 출신 F1 드라이버의 세대교체를 이끌 것으로 기대를 모았지만, 페라리가 1957시즌에 투입할 새 레이스카를 테스트하던 중 사고로 26세의 젊은 나이에 세상을 떠나고 말았다.

생년월일

출생	**1930년 10월 10일**
사망	**1957년 3월 14일**

F1 월드 챔피언십

엔트리	14
스타트	14
우승	-
포디엄	3
포인트	19.5
폴 포지션	1
패스티스트 랩	-
WDC 최고 성적	3위 (1955)

F1 외 주요 기록

1957
밀레밀리아 우승

이네스 아일랜드

Innes Ireland

Robert McGregor Innes Ireland

팀 로터스의 첫 승을 이끈 영국 드라이버

이네스 아일랜드는 1959시즌 팀 로터스 소속으로 출전한 F1 데뷔전 네덜란드 그랑프리에서 4위로 첫 번째 포인트 피니시를 기록했고, 이듬해 1960 네덜란드 그랑프리에서는 2위로 레이스를 마쳐 자신과 팀 로터스의 첫 번째 포디엄 피니시를 기록했다. 아일랜드는 1960시즌에만 세 차례 포디엄에 오르며 WDC 4위에 올랐다.

1961시즌 팀 로터스에서만 세 번째 시즌을 맞이한 아일랜드는 **미국 그랑프리에서** 역사적인 **팀 로터스의 첫 번째 F1 챔피언십 그랑프리 우승**을 이끌었지만, 콜린 체프먼이 짐 클라크를 선택하면서 1962시즌을 앞두고 팀에서 방출되었다. 이후 1966시즌까지 커리어를 이어간 아일랜드는 더 이상 포디엄에 오르지 못한 채 F1에서 은퇴했고, 이후 모터스포츠 평론가이자 저술가로 활동했다.

생년월일 / 사망일

출생	**1930년 10월 10일**
사망	**1957년 3월 14일**

F1 월드 챔피언십

엔트리	14
스타트	14
우승	-
포디엄	3
포인트	19.5
폴 포지션	1
패스티스트 랩	-
WDC 최고 성적	3위 (1955)

F1 외 주요 기록

1957
밀레밀리아 우승

재키 스튜어트

Jackie Stewart

Sir John Young Stewart

F1과 모터스포츠 안전 증진에 앞장선 트리플 챔피언

재키 스튜어트는 1965시즌 BRM을 통해 F1에 데뷔해 두 번째 출전 경기였던 모나코 그랑프리에서 포디엄에 올랐고, 이탈리아 그랑프리에서 첫 승을 거뒀다. 1965시즌 WDC 3위에 오른 스튜어트는 1966 모나코 그랑프리 우승에 이어 1967시즌 두 차례 더 포디엄에 올랐고, 1967시즌이 끝난 뒤 켄 티렐이 이끄는 마트라로 이적했다.

1968시즌 6승을 거두며 **첫 번째 드라이버 챔피언** 타이틀을 획득한 스튜어트는 **1971시즌**과 **1973시즌** 타이틀 경쟁에서 승리하며 **트리플 챔피언**이 되었지만, 후계자로 점찍었던 프랑수아 세베가 1973 미국 그랑프리 퀄리파잉에서 사고로 세상을 떠나자 100번째 레이스 출전을 포기하며 은퇴를 선언했다. 스튜어트는 현역 드라이버 시절에도 F1의 안전 문제 해결에 앞장섰던 드라이버 중 한 명이었고, 은퇴 후에는 더 많은 시간과 노력을 투자해 F1과 모터스포츠 전반의 안전 증진에 전념했다.

생년월일 / 사망일

출생 **1939년 6월 11일**

F1 월드 챔피언십

엔트리	**100**
스타트	**99**
우승	**27**
포디엄	**43**
포인트	**360**
폴 포지션	**17**
패스티스트 랩	**15**
WDC 최고 성적	**챔피언** (1969, 1971, 1973)

F1 외 주요 기록

1964
영국 F3 챔피언

1965
르망 24시간 러너-업

재키 익스

Jacky Ickx

Jacques Bernard Edmon Martin Henry "Jacky" Ickx

모터스포츠 전반에 많은 업적을 남긴 "베이비 페이스"

특유의 동안 덕분에 **"베이비 페이스(Baby Face)"**라고 불렸던 재키 익스는 1966시즌과 1967시즌 F2 레이스카로 두 차례 F1 그랑프리에 출전한 뒤 1968시즌 페라리를 통해 풀타임 F1 드라이버가 되었다. 1968 프랑스 그랑프리에서 첫 승을 거둔 익스는 이듬해 브라밤으로 이적했고, 1969시즌 2승과 포디엄 피니시 5회로 WDC 2위를 차지하며 당대 최강자였던 재키 스튜어트의 가장 강력한 라이벌로 부상했다.

1970시즌 페라리로 복귀해 3승을 추가하며 2년 연속 WDC 2위에 오른 익스는 이후 2승을 추가했지만, 간간이 포디엄에 오를 뿐 점차 타이틀 경쟁에서 멀어지다가 1979시즌을 끝으로 F1에서 은퇴했다. F1 외에 다양한 무대에서 활약한 익스는 **르망 24시간에서 여섯 차례 우승**했고, 파리-다카르 랠리, 데이토나 24시간, 세브링 12시간, 스파 24시간 우승과 캔-암 챔피언 타이틀 획득까지 오픈-휠과 스포츠카 레이싱을 넘나들며 모터스포츠의 전설로 남았다.

생년월일

출생 **1945년 1월 1일**

F1 월드 챔피언십

엔트리	**122**
스타트	**116**
우승	**8**
포디엄	**25**
포인트	**181**
폴 포지션	**13**
패스티스트 랩	**14**
WDC 최고 성적	**러너-업** (1969, 1970)

F1 외 주요 기록

1966
스파 24시간 우승

1969, 1975. 1976, 1977, 1981,1982
르망 24시간 우승

1969, 1972
세브링 12시간 우승

1972
데이토나 24시간 우승

1979
캔-암 챔피언

잭 두한

Jack Doohan

생년월일	
출생	2003년 1월 20일

F1 월드 챔피언십	
엔트리	7
스타트	7
우승	-
포디엄	-
포인트	-
폴 포지션	-
패스티스트 랩	-
WDC 최고 성적	21위 (2025)

F1 외 주요 기록

2021
FIA F3 러너-업

2023
FIA F2 3위

하스의 리저브 드라이버

잭 두한은 모토GP 챔피언 미크 두한의 아들로 9세부터 카트로 경쟁을 시작했고, 2018년 카 레이싱 무대에 뛰어들었다. 2018년 레드불 주니어 프로그램에 발탁된 두한은 2019 아시아 F3 챔피언십 2위, 2021 FIA F3 2위 등 성공적인 주니어 커리어를 쌓았다. 2022년 알핀 아카데미에 합류한 잭 두한은 FIA F2에서 2022시즌 3승, 2023시즌 3승을 거두며 계속 상위권에서 경쟁했고, 레이스 운영에 뛰어나다는 평가를 받았다.

알핀 소속으로 F1 테스트와 프랙티스 세션 참가로 경험을 쌓은 두한은 기술적 피드백과 성실한 준비로 높은 평가를 받았다. 결국, 잭 두한은 2024 아부다비 그랑프리에서 계획보다 일찍 F1 데뷔 기회를 얻으며, **르노/알핀의 주니어 프로그램을 졸업하고 르노/알핀을 통해 F1에 데뷔한 첫 번째 드라이버**가 되었다. 그러나, 브리아토레 체제의 알핀에서 인정받지 못한 잭 두한은 2025시즌 초반 단 여섯 경기에만 출전 기회를 얻었고, 이후 콜라핀토에게 시트를 내줬다. 잭 두한은 2026시즌 하스의 리저브 드라이버로 발탁되며 F1 무대 복귀를 노리고 있다.

잭 브라밤

Jack Brabham

Sir John Arthur Brabham

생년월일 / 사망일	
출생	1926년 4월 2일
사망	2014년 5월 19일

F1 월드 챔피언십	
엔트리	128
스타트	126
우승	14
포디엄	31
포인트	261
폴 포지션	13
패스티스트 랩	12
WDC 최고 성적	챔피언 (1959, 1960, 1966)

F1 외 주요 기록

1957
르망 24시간
S1.1 클래스 3위

브라밤을 설립한 호주 출신 트리플 챔피언

잭 브라밤은 1955년 유럽 무대에 진출해 쿠퍼 부지와 친분을 쌓은 뒤 1955 영국 그랑프리에서 F1에 데뷔했고, 1958 모나코 그랑프리에서 4위로 첫 포인트를 획득하며 리어-엔진 레볼루션의 막을 열었다.

1959시즌 모나코 그랑프리에서의 첫 승을 포함해 2승, 포디엄 피니시 5회로 **첫 챔피언** 타이틀을 획득한 브라밤은 **1960시즌** 5승을 거두며 **2년 연속 F1 드라이버 챔피언 타이틀**을 차지했고, 자신의 F1 **팀 브라밤을 설립**한 뒤 1962시즌 쿠퍼를 떠나 자기 팀으로 이적했다. **1966시즌** 프랑스 그랑프리에서 브라밤 소속으로 첫 승을 거두며 F1 최초로 직접 팀을 만들어 우승한 드라이버가 된 브라밤은 파죽의 4연승과 함께 **세 번째 드라이버 챔피언 타이틀**을 획득했고, 1970시즌을 끝으로 은퇴할 때까지 F1 그랑프리에서 경쟁력을 잃지 않았다.

쟈끄 라피트

Jacques Laffite

Jacques-Henri Laffite

리지에를 대표하는 프랑스 드라이버

쟈끄 라피트는 1974 독일 그랑프리에서 프랭크 윌리엄스 레이싱 소속으로 F1에 데뷔한 뒤 1975 독일 그랑프리에서 2위로 처음 포디엄에 올랐고, 1976년 프랑스 국적 팀 리지에의 출범 첫해 팀의 유일한 드라이버로 합류했다. 1976시즌 세 차례 포디엄 피니시를 기록한 라피트는 이듬해 1977 스웨덴 그랑프리에서 자신과 소속 팀 리지에의 첫 번째 F1 그랑프리 우승을 기록했고, 1978시즌에도 두 차례 포디엄 피니시를 추가했다.

1979시즌 개막 직후 두 경기 연속 폴 포지션과 우승을 휩쓸며 프랑스 출신 F1 최다승[23]을 기록한 라피트는 WDC 4위에 오르는 기염을 토했고, 이어진 1980시즌과 1981시즌까지 3년 연속 WDC 4위의 인상적인 활약을 펼치며 챔피언 타이틀에 근접했다. 1983시즌 윌리엄스로 이적했다가 1985시즌 리지에로 복귀해 1986시즌을 끝으로 은퇴한 라피트는 통산 6승, 포디엄 피니시 32회, 폴 포지션과 패스티스트 랩 7회 등 알랑 프로스트 이전까지 F1 최고의 프랑스 출신 드라이버로 여겨졌다.

생년월일	
출생	1943년 11월 21일

F1 월드 챔피언십	
엔트리	180
스타트	176
우승	6
포디엄	32
포인트	228
폴 포지션	7
패스티스트 랩	7
WDC 최고 성적	4위 (1979, 1980, 1981)

F1 외 주요 기록

1973
프랑스 F3 챔피언

1975
유러피언 F2 챔피언

쟈끄 빌너브

Jacques Villeneuve

Jacques Joseph Charles Villeneuve

캐나다 출신의 1996 F1 드라이버 챔피언

질 빌너브의 아들 쟈끄 빌너브는 1995년 인디500 우승 이후 CART 챔피언 타이틀을 손에 넣었고, 1996 호주 그랑프리에서 윌리엄스를 통해 F1에 데뷔해 바로 폴 포지션을 획득하며 포디엄에 올랐다. 네 번째 출전 경기였던 유러피언 그랑프리에서 첫 승을 거두는 등 데뷔 시즌부터 맹활약을 펼친 빌너브는 팀메이트 데이먼 힐에 이어 WDC 2위에 오르면서 소속 팀 윌리엄스의 1996 컨스트럭터 챔피언 타이틀 획득에 공헌했다.

1997시즌 페라리의 미하엘 슈마허와 치열한 타이틀 경쟁 끝에 7승과 함께 **드라이버 챔피언** 타이틀을 거머쥔 빌너브는 1998시즌 이후 윌리엄스를 떠나 BAR로 이적했지만, 2006시즌까지 르노와 자우버 등으로 팀을 옮기는 동안 단 1승도 추가하지 못한 뒤 자신보다 재능이 뛰어나다고 판단한 로버트 쿠비차에게 시트를 양보하며 F1에서 은퇴했다.

생년월일	
출생	1971년 4월 9일

F1 월드 챔피언십	
엔트리	165
스타트	163
우승	11
포디엄	23
포인트	235
폴 포지션	13
패스티스트 랩	9
WDC 최고 성적	챔피언 (1997)

F1 외 주요 기록

1995
인디500 우승

1995
CART 챔피언

2008
르망 24시간 러너-업

23 1983 벨기에 그랑프리에서 알랑 프로스트가 우승하면서 라피트를 넘어 프랑스 출신 최다승 드라이버가 되었다.

쟝 알레시

Jean Alesi

Jean Robert Alesi / Giovanni Robert Alesi

1995 캐나다 그랑프리 우승자

쟝 알레시는 1989 프랑스 그랑프리에서 중위권 전력의 티렐을 통해 F1에 데뷔한 뒤 1990시즌 미국 그랑프리에서 2위로 첫 포디엄 피니시를 기록했고, 모나코 그랑프리에서 다시 한번 2위로 포디엄에 올라 잠시 포인트 순위 3위에 오르기도 했다. 이듬해 알레시는 알랑 프로스트의 팀메이트로 페라리에 합류하면서 당시 한 단계 앞선 전력을 보유했던 맥라렌, 윌리엄스와 경쟁을 펼쳤고, 1991시즌 세 차례나 포디엄에 오른 데 이어 1992시즌과 1993시즌에도 두 차례씩 포디엄 피니시를 기록했다.

1994 이탈리아 그랑프리에서 첫 폴 포지션을 차지한 알레시는 레이스 초반 선두를 지켰지만 기어박스 문제로 리타이어해 첫 승 기회를 놓쳤고, 1995 캐나다 그랑프리에서 마침내 자신의 처음이자 마지막 F1 그랑프리 우승을 기록했다. 1996시즌 베네통으로 이적한 알레시는 두 시즌 동안 꾸준히 포디엄에 오르며 2년 연속 WDC 4위를 올렸고, 자우버와 프로스트에서 2001시즌까지 활동한 뒤 F1에서 은퇴했다.

생년월일

출생 **1964년 6월 11일**

F1 월드 챔피언십

엔트리	202
스타트	201
우승	1
포디엄	32
포인트	241
폴 포지션	2
패스티스트 랩	4
WDC 최고 성적	4위 (1996, 1997)

F1 외 주요 기록

1987
프랑스 F3 챔피언

1989
인터내셔널 F3000 챔피언

쟝-피에르 벨투아즈

Jean-Pierre Beltoise

Jean-Pierre Maurice Georges Beltoise

1972 모나코 그랑프리 우승자

쟝-피에르 벨투아즈는 유러피언 F2 챔피언 타이틀을 획득한 뒤 1968시즌부터 마트라를 통해 본격적으로 F1 챔피언십에 출전하기 시작했고, 1968 스페인 그랑프리에서 2위로 첫 포디엄 피니시를 기록한 뒤 이듬해 1969시즌에도 세 차례 포디엄에 오르며 WDC 5위에 올랐다.

1970시즌 티렐이 독립한 이후 마트라를 대표하는 드라이버가 되어 두 차례 포디엄에 오른 벨투아즈는 크리스 에이먼을 리더로 영입한 데 반발해 마트라를 떠났고, BRM으로 이적한 뒤 세 경기째였던 1972 모나코 그랑프리에서 자신의 처음이자 마지막 F1 그랑프리 우승을 기록했다. 벨투아즈는 남아프리카공화국 그랑프리에서 마지막으로 포디엄에 올랐던 1974시즌을 끝으로 F1에서 은퇴했다.

생년월일 / 사망일

출생 **1937년 4월 26일**
사망 **2015년 1월 5일**

F1 월드 챔피언십

엔트리	88
스타트	86
우승	1
포디엄	8
포인트	77
폴 포지션	-
패스티스트 랩	4
WDC 최고 성적	5위 (1969)

F1 외 주요 기록

1965
프랑스 F3 챔피언

1968
유러피언 F2 챔피언

ㅈ

쟝-피에르 자부이

Jean-Pierre Jabouille

Jean-Pierre Alain Jabouille

르노의 성공적인 F1 진입을 이끈 프랑스 드라이버

쟝-피에르 자부이는 1976시즌 유러피언 F2 챔피언 타이틀을 획득한 뒤 1977시즌 중반 F1 참전을 선언한 르노의 유일한 드라이버로 풀타임 F1 드라이버가 되었고, 1979시즌 남아프리카 공화국 그랑프리에서 첫 폴 포지션을 획득한 데 이어 프랑스 그랑프리에서 자신과 르노의 첫 번째 F1 그랑프리 우승을 기록했다.

터보차저 신뢰도 문제가 심각했던 르노 레이스카 덕분에 대부분 경기에서 리타이어 할 수밖에 없었던 자부이는 1980 오스트리아 그랑프리에서 자신의 두 번째 F1 그랑프리 우승을 차지했고, F1에서 은퇴하고 50대가 된 뒤에도 녹슬지 않은 기량을 과시하며 1992년과 1993년 르망 24시간에서 3위로 포디엄에 올랐다.

생년월일 / 사망일

출생 **1942년 10월 1일**
사망 **2023년 2월 2일**

F1 월드 챔피언십

엔트리	55
스타트	49
우승	2
포디엄	2
포인트	21
폴 포지션	6
패스티스트 랩	-
WDC 최고 성적	8위 (1980)

F1 외 주요 기록

1976
유러피언 F2 챔피언

1973, 1974, 1992, 1993
르망 24시간 3위

저우관유

Zhou Guanyu

周冠宇

중국 최초의 F1 드라이버

2014년부터 오픈-휠 레이싱을 시작한 저우관유는 2015 이탈리아 F4에서 2위를 차지했고, F3 유러피언 챔피언십 등에서 활동하다가 2019시즌 F2에 진출했다. 세 시즌 동안 F2에서 경쟁하던 저우관유는 2021시즌 오스카 피아스트리와 로베르트 슈와르츠먼에 이어 3위를 차지한 뒤 2022년 알파로메오를 통해 F1에 데뷔했다.

중국 최초의 F1 드라이버가 된 저우관유는 데뷔전이었던 2022 바레인 그랑프리에서 10위로 첫 포인트 피니시를 기록했고, 모두 세 차례 포인트를 획득하며 데뷔 시즌 WDC 18위에 올랐다. 2023시즌에도 알파로메오 소속으로 세 차례 포인트를 추가하고 다시 WDC 18위를 차지한 저우관유는 2024시즌까지 자우버 소속으로 활동했고, 2025시즌에는 페라리, 2026시즌에는 캐딜락의 리저브 드라이버 역할을 맡았다.

생년월일

출생 **1999년 5월 30일**

F1 월드 챔피언십

엔트리	68
스타트	68
우승	-
포디엄	-
포인트	16
폴 포지션	-
패스티스트 랩	2
WDC 최고 성적	18위 (2022, 2023)

F1 외 주요 기록

2021
FIA F2 3위

D 제임스 헌트

James Hunt

James Simon Wallis Hunt

(1976)

F1 역사상 최고의 트러블 메이커로 불리는 1976 챔피언

F3 시절부터 잦은 사고로 **"헌트 더 션트(Hunt the Shunt)"**로 불리며 사고뭉치에 호색한으로 악명을 떨쳤던 제임스 헌트는 마치에서 방출된 뒤 헤스케스 남작과 손잡고 마치 731 섀시로 1973 모나코 그랑프리에 출전하며 F1에 데뷔했고, 1973 네덜란드 그랑프리에서 3위로 첫 포디엄 피니시를 기록하는 등 중위권 전력을 가진 헤스케스의 기대치를 뛰어넘는 맹활약을 펼치며 1974시즌까지 다섯 차례나 포디엄에 올랐다.

1975 네덜란드 그랑프리에서 마침내 첫 승을 거둬 많은 사람을 놀라게 한 헌트는 무너지는 헤스케스를 떠나 **1976시즌** 맥라렌에 합류해 페라리의 니키 라우다와 역사에 남는 치열한 라이벌 경쟁을 펼친 끝에 극적으로 **F1 드라이버 챔피언 타이틀**을 획득했다. 1979시즌을 끝으로 F1에서 은퇴한 헌트는 머레이 워커의 파트너가 되어 BBC의 F1 해설자로 활약하며 큰 인기를 누렸다.

생년월일 / 사망일	
출생	1947년 8월 29일
사망	1993년 6월 15일

F1 월드 챔피언십	
엔트리	93
스타트	92
우승	10
포디엄	23
포인트	179
폴 포지션	14
패스티스트 랩	8
WDC 최고 성적	챔피언 (1976)

F1 외 주요 기록

1970
영국 F3 6위

1972
영국 F2 6위

D 젠슨 버튼

Jenson Button

Jenson Alexander Lyons Button

영국 출신의 2009시즌 F1 드라이버 챔피언

젠슨 버튼은 2000시즌 윌리엄스를 통해 F1에 데뷔한 뒤 베네통을 거쳐 BAR로 이적했고, 2004시즌 말레이시아 그랑프리에서 처음으로 포디엄에 오른 것을 포함해 모두 열 차례 포디엄에 오르며 WDC 3위에 올랐다. 2004년에는 영국 최고의 기대주로 떠오른 버튼을 차지하려는 윌리엄스와 BAR 사이에서 치열한 갈등이 빚어지기도 했다.

혼다 소속으로 2006 헝가리 그랑프리에서 첫 승을 거둔 버튼은 혼다이 F1 철수 이후에도 계속 팀과 함께했고, 2009시즌 브런GP와 함께 전반기에만 6승을 쓸어 담으며 드라이버 챔피언을 획득했다. 2010시즌 맥라렌으로 이적한 버튼은 2011시즌 베텔의 유일한 대항마로 WDC 2위에 올랐고, 2017시즌까지 맥라렌에서 자리를 지킨 뒤 F1에서 은퇴했다. 버튼은 2025시즌 이후 모터스포츠 은퇴를 선언하기 전까지 2018 슈퍼GT의GT500 챔피언 타이틀 획득 등 다양한 무대에서 굵은 성적을 거뒀다.

생년월일	
출생	1980년 1월 19일

F1 월드 챔피언십	
엔트리	309
스타트	306
우승	15
포디엄	50
포인트	123.5
폴 포지션	8
패스티스트 랩	8
WDC 최고 성적	챔피언 (2009)

F1 외 주요 기록

1999
영국 F3 3위

1999
코라이 슈퍼프리 2위

2018
슈퍼GT 챔피언

ㅈ

조니 허버트

Johnny Herbert

John Paul "Johnny" Herbert

생년월일	
출생	1964년 6월 25일

F1 월드 챔피언십	
엔트리	165
스타트	160
우승	3
포디엄	7
포인트	98
폴 포지션	-
패스티스트 랩	-
WDC 최고 성적	4위 (1995)

F1 외 주요 기록
1987 영국 F3 챔피언
1991 르망 24시간 우승

통산 3승을 거둔 영국 드라이버

1988시즌 인터내셔널 F3000에서 큰 사고로 다리를 심하게 다친 뒤 천신만고 끝에 완전하지 못한 몸[24]으로 모터스포츠 무대에 복귀한 조니 허버트는 1989시즌 베네통을 통해 F1에 데뷔했고, 티렐을 거쳐 1990년 말 팀 로터스에 합류해 F1 커리어를 이어갔다. 스포츠카 레이스에도 계속 출전한 허버트는 1991 르망 24시간에서 로터리 엔진의 마츠다 787B로 우승을 차지하며 모터스포츠 역사의 한 페이지를 장식했다.

1992시즌 풀타임 F1 드라이버가 된 허버트는 리지에를 거쳐 1994시즌 말 베네통에 복귀했고, 1995시즌 스페인 그랑프리에서의 첫 포디엄 피니시에 이어 영국 그랑프리에서 첫 승을 거두는 등 2승과 포디엄 피니시 4회를 기록해 WDC 4위에 올랐다. 1996시즌 자우버로 이적해 두 차례 더 포디엄에 오른 허버트는 1999시즌 신생팀 프로스트의 처음이자 마지막 우승을 이끌었고, F1 은퇴 후 2010년대에는 스카이 F1의 중계팀에 합류해 해설자와 경기 분석가로 활동하기도 했다.

조디 셱터

Jody Scheckter

Jody David Scheckter

생년월일	
출생	1950년 1월 29일

F1 월드 챔피언십	
엔트리	113
스타트	112
우승	10
포디엄	33
포인트	255
폴 포지션	3
패스티스트 랩	5
WDC 최고 성적	챔피언 (1979)

F1 외 주요 기록
1972 영국 F2 4위
1973 미국 F5000 챔피언

남아프리카공화국 출신의 1979시즌 F1 드라이버 챔피언

조디 셱터는 1970년 고향 남아프리카공화국을 떠나 유럽 무대에 진출한 뒤 1972 미국 그랑프리에서 맥라렌을 통해 F1에 데뷔했고, 1973 영국 그랑프리에서 열 대 이상이 얽힌 대형 사고를 유발하는 등 과격한 드라이빙으로 GPDA의 비난을 받으며 네 경기 출전이 정지되기도 했다.

1974 스웨덴 그랑프리에서 티렐 소속으로 첫 승을 거두고 1976시즌 다시 한번 스웨덴 그랑프리에서 F1 역사상 유일한 6륜 레이스카의 우승을 기록한 셱터는 1977시즌 울프에서 3승을 추가한 뒤 페라리에 합류했고, 1979시즌 3승을 포함해 여섯 차례 포디엄에 오르는 맹활약 끝에 드라이버 챔피언 타이틀을 획득했다. 1980시즌 극심한 부진을 겪은 셱터는 F1에서 은퇴했고, 페라리는 2000년 미하엘 슈마허가 타이틀을 획득하기 전까지 21년 동안 F1 드라이버 챔피언과 인연을 맺지 못했다.

---

[24] 다리를 완전하게 쓸 수 없어 달리기가 불가능하고, 드라이빙 중에도 충분히 강하게 브레이크를 밟을 수 없었다.

조 시퍼트

Jo Siffert

Joseph Siffert

생년월일 / 사망일	
출생	1936년 7월 7일
사망	1971년 10월 24일

F1 월드 챔피언십	
엔트리	100
스타트	96
우승	2
포디엄	6
포인트	68
폴 포지션	2
패스티스트 랩	4
WDC 최고 성적	5위 (1971)

F1 외 주요 기록	
1968	데이토나 24시간 우승
1970	타르가플로리오 우승

스위스 최초의 F1 그랑프리 우승자

조 시퍼트는 1962 모나코 그랑프리에서 F1에 데뷔했고, 1963 프랑스 그랑프리를 6위로 마치며 처음으로 포인트를 획득했다. 시퍼트는 1964 시즌 후반 강력한 커스터머 팀 롭 워커에 합류한 직후 미국 그랑프리에서 3위를 차지해 처음으로 포디엄에 올랐고, 1969시즌까지 롭 워커 소속으로 F1 그랑프리에 출전했다.

1968 영국 그랑프리에서 자신의 첫 번째 F1 그랑프리 우승과 함께 **"엄격한 의미의 독립 팀"이 거둔 마지막 F1 그랑프리 우승**을 기록한 시퍼트는 1970시즌 마치를 거쳐 1971시즌 BRM으로 이적했고, 1971 오스트리아 그랑프리에서 두 번째 우승을 기록했다. 스위스 최초의 F1 그랑프리 우승자였던 시퍼트는 마지막 우승을 기록한 두 달 뒤 브랜즈 햇치에서의 사고로 세상을 떠났다.

조제 카를로스 페이스

Carlos Pace

José Carlos Pace

생년월일 / 사망일	
출생	1944년 10월 6일
사망	1977년 3월 18일

F1 월드 챔피언십	
엔트리	73
스타트	72
우승	1
포디엄	6
포인트	58
폴 포지션	1
패스티스트 랩	5
WDC 최고 성적	6위 (1975)

F1 외 주요 기록	
1970	영국 F3 챔피언
1973	르망 24시간 러너-업

1975 브라질 그랑프리 우승자

조제 카를로스 페이스는 1972시즌 마치 711을 구입해 사용하던 프랭크 윌리엄스 레이싱을 통해 F1에 데뷔했고, 1973시즌 팀 서티스로 이적한 뒤 오스트리아 그랑프리에서 첫 포디엄 피니시를 기록한 데 이어 F1과 별개로 페라리 소속으로 출전했던 1973 르망 24시간에서 2위로 포디엄에 올랐다.

1974시즌 중반 브라밤으로 이적한 페이스는 1975 브라질 그랑프리에서 첫 승을 거두며 홈 팬들을 열광시켰지만, 1977년 3월 경비행기 사고로 세상을 떠나고 말았다. 페이스가 세상을 떠난 뒤 **인터라고스**는 써킷의 공식 명칭을 **"조제 카를로스 페이스 써킷(Autódromo José Carlos Pace)"**으로 바꿨다.

존 서티스

John Surtees

John Norman Surtees

1964

F1과 그랑프리 모터싸이클을 모두 제패한 유일한 드라이버

존 서티스는 1956시즌을 시작으로 500cc 그랑프리 모터싸이클에서 네 차례 챔피언 타이틀을 획득했고, 350cc까지 포함해 모두 7회의 챔피언 타이틀을 획득하며 최강자로 군림했다. 1960시즌 팀 로터스를 통해 F1에 데뷔해 모터싸이클과 카 레이싱을 병행하던 서티스는 두 번째 F1 출전이었던 영국 그랑프리에서 2위로 포디엄에 올랐다.

1963시즌 페라리에 합류해 독일 그랑프리에서 첫 승을 거둔 서티스는 1964시즌 2승을 포함해 여섯 차례 포디엄에 오르며 챔피언 타이틀의 주인공이 되었고, 모터스포츠 역사상 처음으로 그랑프리 모터싸이클과 F1의 챔피언 타이틀을 모두 획득한 드라이버가 되었다. 서티스는 1966시즌에 WDC 2위에 오르는 등 꾸준한 성적을 기록하며 1972시즌까지 F1 커리어를 이어갔고, 1964 르망 24시 3위, 1966 캔-암 챔피언 타이틀 획득 등 다양한 모터스포츠 분야에서도 활약했다.

생년월일 / 사망일

출생 **1934년 2월 11일**
사망 **2017년 3월 10일**

F1 월드 챔피언십

엔트리	113
스타트	111
우승	6
포디엄	24
포인트	180
폴 포지션	8
패스티스트 랩	10
WDC 최고 성적	챔피언 (1964)

F1 외 주요 기록

1956, 1958, 1959, 1960
500cc 그랑프리 모터싸이클 챔피언

1964
르망 24시간 3위

1966
캔-암 챔피언

존 왓슨

John Watson

John Marshall Watson

통산 5승을 거둔 영국 드라이버

존 왓슨은 1973년 몇 차례 F1 그랑프리를 맛본 뒤 1974시즌 브라밤 차량을 사용하는 골디 헥사곤 레이싱을 통해 풀타임 F1 드라이버가 되었다. 1976시즌 펜스케 소속으로 프랑스 그랑프리에서 첫 포디엄 피니시에 성공한 왓슨은 같은 시즌 오스트리아 그랑프리에서 자신의 첫 번째 우승이자 소속 팀 펜스케의 유일한 F1 그랑프리 우승을 기록했다.

브라밤에서 두 시즌 동안 준수한 활약을 펼친 뒤 1979시즌 맥라렌에 합류한 왓슨은 1981 영국 그랑프리에서 이적 후 첫 승을 거뒀고, 1982시즌에는 2승을 포함한 다섯 차례 포디엄 피니시와 함께 WDC 3위에 올랐다. 계속 맥라렌에 남아 1승 포함 포디엄 피니시 3회를 추가한 왓슨은 1985시즌을 끝으로 F1에서 은퇴했고, 이후 스포츠카 레이싱 무대에서 활약하며 1987시즌 재규어 XJR-8과 함께 월드 스포츠카 챔피언십 2위에 오르기도 했다.

생년월일

출생 **1946년 5월 4일**

F1 월드 챔피언십

엔트리	154
스타트	152
우승	5
포디엄	20
포인트	169
폴 포지션	2
패스티스트 랩	5
WDC 최고 성적	3위 (1982)

F1 외 주요 기록

1987
WSCC 러너-업

죠지 러셀

George Russell

George William Russell

생년월일	
출생	1998년 2월 15일

F1 월드 챔피언십	
엔트리	152
스타트	152
우승	5
포디엄	24
포인트	1,033
폴 포지션	7
패스티스트 랩	11
WDC 최고 성적	4위 (2022, 2025)

F1 외 주요 기록

2017
GP3 챔피언

2018
FIA F2 챔피언

2022 상파울루 그랑프리 우승자

2014년 싱글-시터 무대에 데뷔해 2017 GP3, FIA F2까지 챔피언 타이틀을 연속으로 획득한 죠지 러셀은 2019시즌 윌리엄스를 통해 F1에 데뷔했다. 최약체 윌리엄스에서 베테랑 쿠비차를 퀄리파잉 배틀에서 전승으로 압도한 러셀은, 2020 사키르 그랑프리에 결장한 해밀턴을 대신해 메르세데스로 한 경기만 출전해 퀄리파잉 2위에 이어 레이스에서 거듭된 불운이 덮치기 전까지 선두를 질주하면서 강렬한 인상을 남겼다.

2021 벨기에 그랑프리에서 윌리엄스 소속으로 포디엄 피니시에 성공한 러셀은 이듬해 메르세데스로 이적했고, 2022시즌 상파울루 그랑프리의 스프린트와 레이스에서의 첫 승을 포함해 여덟 차례 포디엄에 올랐다. 해밀턴과 팀메이트를 이뤄서도 전혀 밀리지 않았던 러셀은, 2024시즌 폴 포지션 4회와 2승을 거두고 챔피언십 포인트에서도 해밀턴보다 더 좋은 성적을 거두며 메르세데스의 리더로 확실하게 자리를 잡았다.

쥬세페 파리나

Giuseppe Farina

Emilio Giuseppe Farina / Giuseppe Antonio "Nino" Farina

생년월일 / 사망일	
출생	1906년 10월 30일
사망	1966년 6월 30일

F1 월드 챔피언십	
엔트리	35
스타트	33
우승	5
포디엄	20
포인트	127.33
폴 포지션	5
패스티스트 랩	5
WDC 최고 성적	챔피언 (1950)

F1 외 주요 기록

1936, 1937, 1940
밀레밀리아 러너-업

1953
르망 24시간 우승

1953
스파 24시간 우승

F1 월드 챔피언십 출범 원년 챔피언

제2차 세계대전 이전 그랑프리 레이싱에서 타찌오 누볼라리의 뒤를 이어 이탈리아를 대표하는 드라이버가 될 것으로 기대됐던 쥬세페 파리나는 종전 이후 알파로메오와 페라리를 오가며 세계 정상급 드라이버로 활약했고, 1948년 페라리의 첫 번째 F1 규격 레이스카인 페라리 125의 첫 우승 기록을 만들기도 했다.

1950시즌 F1 출범을 알리는 **최초의 챔피언십 그랑프리**였던 영국 그랑프리에서 **폴 포지션과 우승**을 모두 차지한 파리나는 1950시즌 3승을 거두며 **최초의 F1 드라이버 챔피언** 타이틀을 차지했고, 이후 알파로메오와 페라리에서 2승을 추가하는 한편 르망 24시간과 스파-프랑코샹 24시간에서 우승하는 등 활약했다.

쥘스 비앙키

Jules Bianchi

Jules Lucien André Bianchi

생년월일 / 사망일	
출생	1989년 8월 3일
사망	2015년 7월 17일

F1 월드 챔피언십	
엔트리	34
스타트	34
우승	-
포디엄	-
포인트	2
폴 포지션	-
패스티스트 랩	-
WDC 최고 성적	17위 (2014)

F1 외 주요 기록

2009
F3 유로시리즈 챔피언

2010, 2011
GP3 3위

2012
포뮬러 르노 3.5 러너-업

페라리의 유망주였던 프랑스 드라이버

2009년 페라리 드라이버 아카데미의 첫 드라이버로 선발된 쥘스 비앙키는 2011시즌 페라리의 테스트 및 리저브 드라이버로 활약하며 장래 페라리를 이끌 드라이버로 기대를 모았고, 2012시즌 포스인디아의 리저브 드라이버 역할을 맡은 뒤 2013시즌 마루시아를 통해 F1에 데뷔했다.

2014 모나코 그랑프리에서 최하위권 전력의 마루시아로 포인트 피니시에 성공했던 비앙키는 2014년 10월 5일 일본 그랑프리 레이스 중 큰 사고로 머리를 다쳐 의식불명이 되었고, 아홉 달이 지난 2015년 7월 17일 끝내 세상을 떠났다. F1에서는 비앙키를 기리며 카 넘버 17번을 영구결번으로 지정했다.

지앙카를로 바게티

Giancarlo Baghetti

생년월일 / 사망일	
출생	1934년 12월 25일
사망	1995년 11월 27일

F1 월드 챔피언십	
엔트리	21
스타트	21
우승	1
포디엄	1
포인트	14
폴 포지션	-
패스티스트 랩	1
WDC 최고 성적	9위 (1961)

1961 프랑스 그랑프리 우승자

지앙카를로 바게티는 페라리 레이스카를 구입해 사용하는 팀 FISA에 합류해 두 차례 넌-챔피언십 그랑프리에서 우승을 차지해 주목받기 시작했고, 1961 프랑스 그랑프리에서 우승해 유일한 "페라리 레이스카로 그랑프리에서 승리한 페라리 소속이 아닌 드라이버"로 역사에 이름을 남겼다.

1962시즌 페라리에 합류한 바게티는 네덜란드 그랑프리에서 4위, 이탈리아 그랑프리에서 5위를 차지하는 등 준수한 성적을 거뒀고, 브라밤과 팀 로터스 등을 통해 1967시즌까지 간간이 F1 그랑프리에 출전했다.

지앙카를로 피지켈라

Giancarlo Fisichella

생년월일	
출생	1973년 1월 14일

F1 월드 챔피언십	
엔트리	231
스타트	229
우승	3
포디엄	19
포인트	275
폴 포지션	4
패스티스트 랩	2
WDC 최고 성적	4위 (2006)

F1 외 주요 기록

1994
이탈리아 F3 챔피언

2012, 2014
르망 24시간 GTE PRO 클래스 우승

마지막 이탈리아 출신 페라리 드라이버

지앙카를로 피지켈라는 1994시즌 이탈리아 F3 챔피언 타이틀을 차지한 뒤 1996시즌 미나르디를 통해 F1에 데뷔했고, 1997시즌 조단으로 이적해 두 차례 포디엄에 올랐다. 1998시즌에는 베네통으로 팀을 옮겨 오스트리아 그랑프리에서 첫 번째 폴 포지션을 획득한 것을 시작으로 네 시즌 동안 일곱 차례 포디엄에 오르는 활약을 펼쳤고, 2000시즌에는 시즌 후반 포인트를 전혀 획득하지 못했는데도 WDC 6위에 올랐다.

조단에 복귀해 대혼돈의 2003 브라질 그랑프리에서 극적인 첫 승을 거둔 피지켈라는 2005시즌 르노로 팀을 옮겨 세 시즌 동안 2승, 폴 포지션 2회, 포디엄 피니시 8회를 기록하며 WDC에서 2005시즌 5위, 2006시즌 4위에 올랐다. 만년 최하위 팀 포스인디아 소속으로 2009 벨기에 그랑프리에서 폴 포지션을 차지해 센세이션을 일으킨 직후 페라리에 합류한 피지켈라는 **마지막 이탈리아 국적 페라리 드라이버**[25]로 기록됐다.

질 빌너브

Gilles Villeneuve

Joseph Gilles Henri Villeneuve

생년월일 / 사망일	
출생	1950년 1월 18일
사망	1982년 5월 8일

F1 월드 챔피언십	
엔트리	68
스타트	67
우승	6
포디엄	13
포인트	107
폴 포지션	2
패스티스트 랩	8
WDC 최고 성적	러너-업 (1979)

F1 외 주요 기록

1976, 1977
CASC 포뮬러 아틀랜틱 챔피언

페라리에서만 6승을 거둔 캐나다 드라이버

제임스 헌트가 발굴해 1977시즌 영국 그랑프리에서 맥라렌을 통해 F1에 데뷔했디기 비로 빙출된 질 빌너브는 엔초 페라리의 선택을 받아 페라리에 합류했고, 1978 캐나다 그랑프리에서 데뷔 후 첫 승을 거둔 데 이어 1979시즌에는 3승과 함께 WDC 2위에 오르며 페라리의 컨스트럭터 챔피언 타이틀 획득에 공헌했다.

1981시즌 2승을 추가한 빌너브는 1982시즌 첫 두 경기 리타이어와 세 번째 경기의 실격으로 출발이 좋지 않았고, 우승 가능성이 가장 높았던 산마리노 그랑프리에서 팀메이트 디디에 피로니와 치열한 배틀을 펼친 끝에 2위로 마친 뒤 이어진 벨기에 그랑프리 퀄리파잉에서 사고로 요절했다. 질 빌너브가 세상을 떠난 뒤 몬트리올의 일 노틀담 써킷은 **"질 빌너브 써킷(Circuit Gilles Villeneuve)"**으로 이름을 바꿨다.

25 2023시즌까지 이탈리아 국적 페라리 드라이버는 등장하지 않았다.

짐 클라크

Jim Clark

James Clark Jr.

처음으로 팀 로터스를 정상에 올려놓은 더블 챔피언

짐 클라크는 1960시즌 팀 로터스를 통해 F1에 데뷔한 뒤 포르투갈 그랑프리에서 첫 포디엄 피니시를 기록했고, 1961시즌 풀타임 F1 드라이버가 되어 1962시즌 모나코 그랑프리에서 첫 폴 포지션, 벨기에 그랑프리에서 첫 승을 기록하며 WDC 2위에 올랐다.

1963시즌 열 경기에서 폴 포지션 7회와 7승을 기록해 자신과 팀 로터스의 **첫 번째 챔피언** 타이틀을 획득한 클라크는 아홉 경기에 출전한 **1965시즌**에도 폴 포지션 6회와 6승을 기록해 **두 번째 챔피언** 타이틀을 차지하는 등 압도적인 퍼포먼스를 과시하며 많은 전문가로부터 F1 역사상 최고로 평가되기도 했다. 팀 로터스가 극심한 레이스카의 성능 부족과 기계적 문제로 시달린 1966시즌에도 완주한 세 경기 중 두 번 포디엄에 올랐고, 1967시즌 폴 포지션 6회에 4승을 기록한 클라크는 1968시즌 개막전 남아프리카공화국 그랑프리에서 우승한 뒤 호켄하임링에서 펼쳐진 F2 레이스에 참가했다가 사고로 세상을 떠나고 말았다.

생년월일 / 사망일

출생 **1936년 3월 4일**
사망 **1968년 4월 7일**

F1 월드 챔피언십

엔트리	73
스타트	72
우승	25
포디엄	32
포인트	274
폴 포지션	33
패스티스트 랩	28
WDC 최고 성적	**챔피언** (1963, 1965)

F1 외 주요 기록

1960
영국 F3 챔피언

1960
르망 24시간 3위

1965
인디500 우승

츠노다유키

Yuki Tsunoda

角田裕毅

21번째 일본 국적 F1 드라이버

2016년 카 레이싱에 뛰어들어 2019년 유럽 무대로 진출한 츠노다유키는 2019시즌 유로포뮬러 오픈에서 4위를 차지했고, 2020시즌 FIA F2에서 믹 슈마허와 캘럼 아일럿에 이어 3위를 차지한 뒤 알파타우리를 통해 F1 데뷔 기회를 얻었다. 데뷔전 2021 바레인 그랑프리에서 9위로 포인트를 획득한 츠노다는 22경기 중 일곱 차례 포인트를 얻어 WDC 14위를 차지했고, 최종전 아부다비 그랑프리를 4위로 마치며 주목받았다.

2025시즌 첫 두 경기까지 알파타우리에서 레이싱불스로 이름을 바꾼 팀에서 자리를 지킨 츠노다는, 2023시즌부터 두 시즌 동안 어떤 드라이버와 팀메이트가 되어도 전혀 밀리지 않으며 꾸준하게 성적을 냈다. 2025 일본 그랑프리에서 리암 로슨을 대신해 레드불 시트를 차지하고 막스 베르스타펜의 팀메이트가 된 츠노다유키는 이후 포디엄 피니시 없이 최고 순위 6위에 그치는 등 전에 없는 부진의 늪에 빠졌고, 결국 2025시즌을 끝으로 F1 정규 드라이버 시트를 잃었다.

생년월일

출생 **2000년 5월 11일**

F1 월드 챔피언십

엔트리	114
스타트	111
우승	-
포디엄	-
포인트	124
폴 포지션	-
패스티스트 랩	1
WDC 최고 성적	**12위** (2024)

F1 외 주요 기록

2020
FIA F2 3위

카를로스 레우테만

Carlos Reutemann

Carlos Alberto "Lole" Reutemann

생년월일 / 사망일	
출생	1942년 4월 12일
사망	2021년 7월 7일

F1 월드 챔피언십	
엔트리	146
스타트	146
우승	12
포디엄	45
포인트	310
폴 포지션	6
패스티스트 랩	6
WDC 최고 성적	러너-업 (1981)

F1 외 주요 기록
1971 유러피언 F2 러너-업

통산 12승을 거둔 아르헨티나 드라이버

판지오 이후 아르헨티나 최고의 드라이버로 평가받는 카를로스 레우테만은 데뷔전 1972 아르헨티나 그랑프리에서 폴 포지션[26]으로 주목받았고, 1973 프랑스 그랑프리에서 첫 포디엄 피니시, 1974 남아프리카공화국 그랑프리에서 첫 승을 거두며 브라밤의 리더로 맹활약했다.

1976시즌 니키 라우다의 공백을 메꾸는 역할[27]로 페라리에 합류해 두 시즌 동안 5승을 거둔 레우테만은 윌리엄스로 이적해 1981시즌 WDC 2위에 올랐지만, 1982년 초반 포클랜드 전쟁을 앞둔 영국과 아르헨티나의 갈등으로 분위기가 최악으로 치달을 무렵 윌리엄스를 떠나 아르헨티나로 돌아가 1990년대 정치인으로도 성공을 거뒀다.

카를로스 사인스 주니어

Carlos Sainz Jr.

Carlos Sainz Vázquez de Castro

생년월일	
출생	1994년 9월 1일

F1 월드 챔피언십	
엔트리	233
스타트	229
우승	4
포디엄	29
포인트	1,336.5
폴 포지션	6
패스티스트 랩	4
WDC 최고 성적	5위 (2021, 2022, 2024)

F1 외 주요 기록
2014 포뮬러 르노 3.5 챔피언

통산 2승을 거둔 스페인 드라이버

WRC 더블 챔피언 카를로스 사인스의 아들 카를로스 사인스 주니어는 2010년 레드불 주니어 팀에 합류해 2014시즌 포뮬러 르노 3.5 챔피언에 오른 뒤 2015시즌 토로로쏘를 통해 F1에 데뷔했다. 성공적인 데뷔 시즌을 보낸 사인스는 2017시즌 후반 임대 형식으로 르노에 합류해 2018시즌까지 르노의 정규 드라이버로 활약했다. 2019시즌 맥라렌으로 이적해 브라질 그랑프리에서 처음으로 포디엄에 올랐다.

페라리에 합류한 2021시즌 네 차례 포디엄에 오른 사인스는 2022 영국 그랑프리에서 자신의 첫 폴 포지션과 우승을 기록했다. 레드불이 전승을 노렸던 2023시즌 싱가포르 그랑프리 우승을 포함해 깊은 인상을 남긴 인상을 남긴 사인스는 2025시즌 윌리엄스로 이적해, 모두의 예상을 깨고 두 차례 포디엄에 오르는 등 맹활약하며 소속 팀을 상위권을 위협하는 중위권 최강팀으로 만든 일등 공신이 되었다.

[26] 데뷔전 폴 포지션은 마리오 안드레티에 이은 F1 역사상 두 번째 기록이다.

[27] 예상을 깨고 니키 라우다가 빠르게 부상에서 복귀했기 때문에, 1976시즌에는 이탈리아 그랑프리 단 한 경기만 출전했다.

케빈 마그누센

Kevin Magnussen

Kevin Jan Magnussen

생년월일	
출생	1992년 10월 5일

F1 월드 챔피언십	
엔트리	187
스타트	185
우승	-
포디엄	1
포인트	202
폴 포지션	1
패스티스트 랩	3
WDC 최고 성적	9위 (2018)

F1 외 주요 기록

2013
포뮬러 르노 3.5 챔피언

덴마크 출신으로 가장 좋은 성적을 남긴 F1 드라이버

2013시즌 포뮬러 르노 3.5 챔피언에 오른 뒤 맥라렌 소속으로 F1에 데뷔한 케빈 마그누센은 데뷔전 2014 호주 그랑프리에서 2위[28]로 포디엄에 올랐고, 2015시즌 리저브 드라이버로 한 시즌을 보낸 뒤 2016시즌을 앞두고 부활한 르노 팩토리 팀으로 이적했다.

2017시즌 하스에 합류해 꾸준히 포인트를 쌓은 마그누센은 2018시즌 전체 21경기 중 절반이 넘는 11경기에서 포인트를 획득하며 WDC 9위에 올랐다. 2020시즌을 끝으로 F1을 떠나는 듯했던 마그누센은 2022시즌 개막 직전 러시아의 우크라이나 침공으로 마제핀을 방출한 하스를 통해 극적으로 F1 복귀했고, 2022 상파울루 그랑프리에서 극적인 폴 포지션 획득을 포함해 2024시즌까지 인상적인 활약을 펼쳤다.

케케 로스버그

Keke Rosberg

Keijo Erik Rosberg

생년월일	
출생	1948년 12월 6일

F1 월드 챔피언십	
엔트리	128
스타트	114
우승	5
포디엄	17
포인트	159.5
폴 포지션	5
패스티스트 랩	3
WDC 최고 성적	챔피언 (1982)

F1 외 주요 기록

1978
유러피언 F2 5위

1982시즌 타이틀을 획득한 핀란드 최초의 챔피언

케케 로스버그는 테어도어를 통해 1978시즌 F1에 데뷔한 뒤 ATS, 울프 등 여러 소형 팀을 거쳐 1980시즌 피티팔디로 팀을 옮겼고, 1980 아르헨티나 그랑프리에서 3위로 포디엄에 오르며 주목받았다.

1982시즌 알란 존스의 공백을 메꾸며 윌리엄스에 합류해 처음으로 경쟁력 있는 F1 레이스카에 오른 로스버그는 이적 후 두 경기째 브라질 그랑프리에서 2위로 레이스를 마치며 깊은 인상을 남겼지만, 레이스 종료 후 우승자 넬슨 피케와 함께 실격 처리로 본의 아니게 1980년대 초반 **"FISA-FOCA 워(FISA-FOCA war)"**의 한 페이지를 장식하기도 했다. 혼란이 극심했던 1982시즌 스위스 그랑프리 우승을 포함해 여섯 차례 포디엄에 오르는 꾸준한 성적을 쌓은 로스버그는 최종전까지 치열한 경쟁 펼친 끝에 **드라이버 챔피언 타이틀**을 획득했고, 이후로도 4승을 포함해 10차례 포디엄 피니시를 추가한 뒤 1986시즌을 끝으로 F1에서 은퇴했다.

28 레이스를 3위로 마쳤지만, 경기 종료 후 대니얼 리카도가 실격 처리되면서 공식 기록은 2위가 되었다.

콜튼 허타

Colton Herta

Colton Thomas Herta

생년월일 / 사망일	
출생	2000년 3월 30일

F1 월드 챔피언십	
엔트리	-
스타트	-
우승	-
포디엄	-
포인트	-
폴 포지션	-
패스티스트 랩	-
WDC 최고 성적	-

F1 외 주요 기록

2018 **인디 라이츠 러너-업**

2020 **인디카 3위**

2024 **인디카 러너-업**

미국에서 미래의 F1 드라이버로 기대가 큰 유망주

인디카/챔프카 드라이버 브라이언 허타의 아들 콜튼 허타는 10세 무렵부터 카트 무대에서 두각을 나타내며 여러 챔피언 타이틀을 차지했고, 13세에 퍼시픽 포뮬러 F1600 챔피언에 오른 뒤 17세가 되었을 때 인디 라이츠에 진출해 맹활약했다. 2017시즌 3위, 2018시즌 2위로 인디 라이츠 최강자 중 한 명이 된 허타는 18세의 어린 나이에 인디카 시리즈에 진출하며 미래의 F1 드라이버 후보로 주목받기 시작했다.

2019시즌 첫 풀 시즌에 2승을 거둔 것을 포함해 인디카 시리즈에서만 9승, 포디엄 피니시 19회, 폴 포지션 16회로 맹활약한 콜튼 허타는 미국과 F1의 관계가 발전함에 따라 점점 더 주목받았고, 2024시즌에는 챔피언십 경쟁을 펼치며 시즌을 2위로 마쳐 더 큰 주목을 받았다. 이런저런 특혜 대신 자신을 증명하고 F1 출전 기회를 스스로 얻겠다고 얘기한 허타는 2026시즌 F2와 IMSA 스포츠카 챔피언십 동시 출전을 천명했다.

클레이 레가조니

Clay Regazzoni

Gianclaudio Giuseppe "Clay" Regazzoni

생년월일	
출생	1939년 9월 5일
사망	2006년 12월 15일

F1 월드 챔피언십	
엔트리	139
스타트	132
우승	5
포디엄	28
포인트	212
폴 포지션	5
패스티스트 랩	15
WDC 최고 성적	러너-업 (1974)

F1 외 주요 기록

1970 **유러피언 F2 챔피언**

스위스 출신으로 가장 좋은 성적을 남긴 F1 드라이버

클레이 레가조니는 1970시즌 재키 익스의 세컨드 드라이버로 페라리를 통해 F1에 데뷔한 뒤 이탈리아 그랑프리에서의 첫 승을 포함해 네 차례 포디엄에 오르며 WDC 3위에 올랐고, 1973시즌 잠시 BRM에서 활동한 뒤 1974시즌 페라리에 복귀하면서 BRM 시절 팀메이트였던 니키 라우다를 엔초 페라리에게 추천하며 함께 팀에 합류했다.

최종전 직전까지 에머슨 피티팔디와 포인트 동률을 이루는 치열한 타이틀 경쟁을 펼쳤던 1974시즌 WDC 2위에 오른 레가조니는 1976시즌을 끝으로 페라리를 떠나 엔사인과 섀도우 등 중하위권 팀을 거쳤고, 나이 마흔에 윌리엄스에 합류한 뒤 1979 영국 그랑프리에서 윌리엄스 최초의 F1 그랑프리 우승을 기록하기도 했다.

ㅋ

키미 라이코넨

Kimi Räikkönen

Kimi-Matias Räikkönen

생년월일 / 사망일	
출생	1979년 10월 17일

F1 월드 챔피언십	
엔트리	353
스타트	349
우승	21
포디엄	103
포인트	1,873
폴 포지션	18
패스티스트 랩	46
WDC 최고 성적	챔피언 (2007)

F1 외 주요 기록	
2000	영국 포뮬러 르노 챔피언

2007 챔피언 타이틀을 차지한 "아이스맨 (The Iceman)"

피터 자우버의 도움으로 F1에 데뷔한 키미 라이코넨은 2001 시즌 자우버에서 두 차례 4위에 올랐고, 이듬해 맥라렌으로 이적했다. 2003 말레이시아 그랑프리에서 첫 승과 함께 포인트 순위 선두로 나선 라이코넨은 미하엘 슈마허와 치열한 타이틀 경쟁 끝에 WDC 2위에 올랐다. 2005시즌 페르난도 알론소와 경쟁 끝에 다시 한번 WDC 2위에 오른 라이코넨은 2006시즌을 끝으로 맥라렌을 떠나 페라리로 이적했다.

페라리에 합류한 **2007시즌** 극적으로 **드라이버 챔피언** 타이틀을 획득한 라이코넨은 2009시즌 이후 2년의 공백을 거쳤고, 2012시즌 로터스 F1 팀을 통해 복귀해 아부다비 그랑프리에서 우승하는 등 기대 이상의 활약을 펼쳤다. 2014시즌 페라리에 복귀해 다섯 시즌 동안 꾸준한 성적을 거두며 2018 미국 그랑프리에서 마지막 우승을 기록한 라이코넨은 2019시즌 알파로메오로 이적했고, 2021시즌을 끝으로 F1에서 은퇴할 때까지 당시 F1 최다 경기 출전[29] 등의 다양한 기록을 작성하기도 했다.

토니 브룩스

Tony Brooks

Charles Anthony "Tony" Standish Brooks

생년월일	
출생	1932년 2월 25일
사망	2022년 5월 3일

F1 월드 챔피언십	
엔트리	39
스타트	38
우승	6
포디엄	10
포인트	75
폴 포지션	3
패스티스트 랩	3
WDC 최고 성적	러너-업 (1959)

1950년대 후반 6승을 거둔 영국 드라이버

토니 브룩스는 1956시즌 BRM 소속으로 두 차례 엔트리에 이름을 올린 뒤 1957시즌 반월에 합류하며 본격적인 F1 커리어를 시작했고, 모나코 그랑프리에서 2위로 포디엄에 오른 데 이어 반월 소속으로 두 번째 출전한 F1 챔피언십 그랑프리였던 1957 영국 그랑프리에서 첫 승을 거뒀다.

1958시즌 스털링 모스, 스투어트 루이스-에반스로 이어지는 막강한 반월 트리오의 리더 역할을 맡은 브룩스는 모나코 그랑프리에서 첫 폴 포지션을 획득한 뒤, 벨기에 그랑프리를 시작으로 3승을 거두며 개인적으로 WDC 3위에 오르는 동시에 팀의 컨스트럭터 챔피언 타이틀 획득에 공헌했다. 이듬해 심각한 드라이버 공백으로 위기에 빠진 페라리로 팀을 옮긴 브룩스는 2승과 포디엄 피니시 4회로 맹활약하며 WDC 2위에 오른 뒤 1961시즌을 끝으로 F1에서 은퇴했다.

29 F1 최다 경기 출전 등 라이코넨이 보유하고 있던 기록은 대부분 2023시즌 페르난도 알론소가 경신했다.

티에리 부츤

Thierry Boutsen

Thierry Marc Boutsen

생년월일 / 사망일	
출생	1957년 7월 13일

F1 월드 챔피언십	
엔트리	164
스타트	163
우승	3
포디엄	15
포인트	132
폴 포지션	1
패스티스트 랩	1
WDC 최고 성적	4위 (1988)

F1 외 주요 기록

1981
유러피언 F2 러너-업

1985
데이토나 24시간 우승

1993, 1996
르망 24시간 러너-업

윌리엄스에서만 3승을 거둔 벨기에 드라이버

티에리 부츤은 스테판 요한슨에 밀려 맥라렌과 브라밤에 합류할 기회를 놓친 뒤 1983시즌 페이 드라이버 형식으로 애로우즈의 시트를 확보하며 간신히 F1에 데뷔했고, 1985 산마리노 그랑프리에서 2위를 차지해 처음으로 포디엄에 오르면서 주목받기 시작했다.

베네통에서의 두 시즌 동안 여섯 차례 포디엄에 오른 뒤 1989시즌 윌리엄스에 합류한 부츤은 캐나다 그랑프리에서 첫 번째 그랑프리 우승을 기록했고, 1990 헝가리 그랑프리에서 폴-투-윈을 차지한 것을 포함해 윌리엄스 소속으로만 3승을 기록하며 벨기에 출신으로는 재키 익스에 이어 두 번째로 성공적인 F1 드라이버로 기록됐다. 1993시즌을 끝으로 F1에서 은퇴한 부츤은 스포츠카 레이싱에서 활약을 이어가며 1993년과 1996년 르망 24시간 2위[30]에 오르기도 했다.

파스토르 말도나도

Pastor Maldonado

Pastor Rafael Maldonado Motta

생년월일	
출생	1985년 3월 9일

F1 월드 챔피언십	
엔트리	96
스타트	95
우승	1
포디엄	1
포인트	76
폴 포지션	1
패스티스트 랩	-
WDC 최고 성적	14위 (2015)

F1 외 주요 기록

2006
포뮬러 르노 3.5 3위

2010
GP2 챔피언

2012 스페인 그랑프리 우승자

포뮬러 르노 3.5와 GP2에서 투박하고 문제도 많았지만 인상적인 활약을 펼친 파스토르 말도나도는, 2010시즌 GP2 챔피언 타이틀을 차지한 뒤 2011시즌 윌리엄스를 통해 F1에 데뷔했다. 역사상 세 번째 베네수엘라 출신 F1 드라이버가 된 말도나도는 다양한 사건 사고에 휘말리는 가운데 2011 벨기에 그랑프리에서 첫 포인트 피니시를 기록했다.

2012 스페인 그랑프리에서 폴 포지션을 차지한 말도나도는 레이스에서 페르난도 알론소의 추격을 끝까지 막아내며 자신의 처음이자 유일한 F1 그랑프리 우승[31]을 기록했다. 2014시즌 로터스 F1 팀으로 이적한 말도나도는 더 이상 우승이나 포디엄 피니시와 같은 인상적인 활약은 펼치지 못했고, 2015시즌을 끝으로 후원이 끊긴 뒤 F1에서 은퇴했다.

---

30 1996 르망 24시간의 경우 GT1 클래스 우승이었다.

31 2004 브라질 그랑프리에서 후안 파블로 몬토야가 우승한 이후 윌리엄스의 8년 만의 우승이었으며, 2023시즌까지 윌리엄스의 마지막 F1 그랑프리 우승으로 남아 있다.

ㅋ

ㅌ

패트릭 드파예

Patrick Depailler

Patrick André Eugène Joseph Depailler

생년월일	
출생	1944년 8월 9일
사망	1980년 8월 1일

F1 월드 챔피언십	
엔트리	95
스타트	95
우승	2
포디엄	19
포인트	141
폴 포지션	1
패스티스트 랩	4
WDC 최고 성적	4위 (1976)

F1 외 주요 기록

1971
프랑스 F3 챔피언

1974
유러피언 F2 챔피언

1970년대 말 2승을 거둔 프랑스 드라이버

1972시즌부터 F2와 병행해 F1 그랑프리에 간간이 출전하던 패트릭 드파예는 1974시즌부터 티렐의 풀타임 드라이버가 되었고, 1974 스웨덴 그랑프리에서 첫 폴 포지션과 함께 첫 포디엄 피니시를 기록한 뒤 1978 모나코 그랑프리에서 첫 승을 거뒀다.

1979시즌 리지에로 팀을 옮겨 스페인 그랑프리 우승과 함께 챔피언 타이틀 경쟁에 나서기도 했던 드파예는 행글라이더 사고로 두 다리가 부러지면서 시즌 후반 경기에 나서지 못했다. 드파예는 1980시즌 알파로메오에 합류하며 F1 커리어를 재개했지만, 독일 그랑프리를 대비한 테스트 주행에 나섰다가 사고로 세상을 떠나고 말았다.

패트릭 탐베

Patrick Tambay

Patrick Daniel Tambay

생년월일 / 사망일	
출생	1949년 6월 25일
사망	2022년 12월 4일

F1 월드 챔피언십	
엔트리	123
스타트	114
우승	2
포디엄	11
포인트	103
폴 포지션	5
패스티스트 랩	2
WDC 최고 성적	4위 (1983)

F1 외 주요 기록

1975
유러피언 F3 러너)업

1977, 1980
캔-암 챔피언

페라리에서 2승을 거둔 프랑스 드라이버

패트릭 탐베는 유럽에서 F2와 F3에서 활동하면서 북미에서 1977시즌 캔-암 챔피언 타이틀을 차지했고, 1978시즌 맥라렌에서 본격적인 F1 커리어를 시작했다. 1980시즌 북미에서만 활동하며 두 번째 캔-암 챔피언 타이틀을 획득한 탐베는 1981시즌 리지에를 통해 F1에 복귀했다.

1982시즌 중반 사고로 세상을 떠난 질 빌너브의 공백을 메꾸기 위해 페라리에 합류한 탐베는 1982 독일 그랑프리에서 자신의 첫 번째 F1 그랑프리 우승을 기록했고, 1983시즌 네 차례 폴 포지션을 획득하고 산마리노 그랑프리에서 우승하는 등 맹활약하며 소속 팀 페라리가 2년 연속 컨스트럭터 챔피언 타이틀을 획득[32]하는 데 크게 공헌했다.

[32] 이후 페라리는 1999시즌 이전까지 15년 동안 컨스트럭터 챔피언 타이틀을 획득하지 못했다.

페드로 로드리게스

Pedro Rodríguez

Pedro Rodríguez de la Vega

통산 2승을 거둔 멕시코 드라이버

페드로 로드리게스는 리카르도 로드리게스의 형으로 어린 시절부터 동생과 함께 멕시코 무대는 물론 북미, 유럽의 각종 모터스포츠에서 맹활약했다. 동생의 사망 사고 이후 은퇴를 고민했던 로드리게스는 1963시즌 다시 레이스에 참가하기 시작했고, 팀 로터스 소속으로 두 차례 F1 그랑프리를 경험한 뒤 1967시즌 풀타임 F1 드라이버가 되었다.

쿠퍼 소속 첫 경기였던 1967 남아프리카공화국 그랑프리에서 우승한 로드리게스는 1968시즌 이후 BRM과 페라리를 오가며 활약했고, 1970 벨기에 그랑프리 우승을 포함해 여섯 차례 포디엄에 올랐다. 1968년 르망 24시간 우승에 이어 1970년과 1971년 2년 연속 데이토나 24시간 우승 등 화려한 경력을 이어가던 로드리게스는 1971년 7월 노리스링의 인테제리에 레이스에서 선두로 달리던 중 사고로 세상을 떠났다.

생년월일 / 사망일

출생 1949년 6월 25일
사망 2022년 12월 4일

F1 월드 챔피언십

엔트리	123
스타트	114
우승	2
포디엄	11
포인트	103
폴 포지션	5
패스티스트 랩	2
WDC 최고 성적	4위 (1983)

F1 외 주요 기록

1975
유러피언 F3 러너)업

1977, 1980
캔-암 챔피언

페르난도 알론소

Fernando Alonso

Fernando Alonso Díaz

슈마허 시대의 막을 내린 스페인 출신의 더블 챔피언

2001시즌 미나르디를 통해 F1에 데뷔한 뒤 2003시즌 르노의 풀타임 드라이버가 된 페르난도 알론소는 2003 말레이시아 그랑프리에서 첫 폴 포지션, 헝가리 그랑프리에서 첫 승을 거뒀다. 2005시즌 7승과 함께 라이코넨과의 경쟁에서 승리해 첫 번째 드라이버 챔피언 타이틀을 획득한 알론소는 2006시즌 슈마허를 누르고 더블 챔피언이 되었다.

2007시즌 맥라렌에서 1포인트 차로 챔피언 타이틀 획득에 실패한 뒤 르노로 복귀한 알론소는 2010시즌 페라리에 합류해 다섯 시즌 동안 세 차례 WDC 2위에 올랐다. 2015시즌 맥라렌 복귀 이후 이렇다 할 성적을 내지 못한 채 F1을 떠났던 알론소는 2023시즌 애스턴마틴을 통해 F1에 복귀했고, 라이코넨 은퇴 후에 커리어를 이어가며 최다 경기 출전과 최장 거리 주행 등의 F1 기록을 차례로 경신하는 중에도 녹슬지 않은 기량을 보여주고 있다. F1 외의 다양한 모터스포츠에 출전한 알론소는 두 차례 르망 24시간에서 우승하기도 했다

생년월일 / 사망일

출생 1981년 7월 29일

F1 월드 챔피언십

엔트리	428
스타트	425
우승	32
포디엄	106
포인트	2,393
폴 포지션	22
패스티스트 랩	26
WDC 최고 성적	챔피언 (2005, 2006)

F1 외 주요 기록

1999
유로 오픈 바이 닛산 챔피언

2018, 2019
르망 24시간 우승

2019
데이토나 24시간 우승

2018-2019
WEC 챔피언

펠리페 마싸

Felipe Massa

페라리에서만 11승을 거둔 브라질 드라이버

펠리페 마싸는 2002시즌 자우버를 통해 F1에 데뷔한 뒤 페라리 테스트 드라이버를 거쳐 2004시즌부터 자우버에서 두 시즌을 보냈고, 2006시즌 루벤스 바리첼로가 떠난 페라리에 합류해 유러피언 그랑프리에서 첫 포디엄 피니시, 터키 그랑프리에서 첫 승을 기록했다.

2008시즌 6승을 거두며 루이스 해밀턴과 치열한 챔피언 타이틀 경쟁을 펼친 끝에 아쉽게 WDC 2위에 머무른 마싸는 2009 헝가리 그랑프리 퀄리파잉에서 사고로 머리에 큰 부상으로 반년 동안 F1 그랑프리에 출전하지 못했고, 2010시즌 페르난도 알론소의 팀메이트가 된 뒤 페라리에서 네 시즌을 더 보냈다. 윌리엄스로 팀을 옮긴 마싸는 네 시즌 동안 활약했지만, 더 이상 우승을 추가하지 못하고 다섯 차례의 포디엄 피니시만 추가한 채 2017시즌을 끝으로 F1 커리어를 마감했다.

생년월일

출생 **1981년 4월 25일**

F1 월드 챔피언십	
엔트리	272
스타트	269
우승	11
포디엄	41
포인트	1,167.5
폴 포지션	16
패스티스트 랩	15
WDC 최고 성적	러너-업 (2008)

F1 외 주요 기록

2001
유로 F3000 챔피언

프랑수아 세베

François Cevert

Albert François Cevert

1971 미국 그랑프리 우승자

프랑수아 세베는 F1 데뷔 전 눈에 띄는 활약을 펼쳐 재키 스튜어트의 주목을 받은 뒤 1970시즌 중반 티렐에 합류해 F1 커리어를 시작했고, 1971시즌 프랑스 그랑프리에서 첫 포디엄 피니시를 기록한 뒤 미국 그랑프리에서 첫 승을 거두며 WDC 3위에 올랐다.

팀에서 원했던 재키 스튜어트의 세컨드 드라이버 역할을 충실히 수행하며 특히 1971시즌 스튜어트의 챔피언 타이틀 획득에 큰 도움을 줬던 세베는 티렐에서만 네 시즌 동안 활동하며 열 차례 2위를 기록하기도 했다. 그러나, 1974시즌 이후 티렐을 이끌 드라이버로 기대를 모았던 세베는 1973시즌 최종전이자 재키 스튜어트의 은퇴 경기였던 미국 그랑프리 퀄리파잉에서 발생한 사고로 세상을 떠났다.

생년월일

출생 **1944년 2월 25일**
사망 **1973년 10월 6일**

F1 월드 챔피언십	
엔트리	48
스타트	47
우승	1
포디엄	13
포인트	89
폴 포지션	-
패스티스트 랩	2
WDC 최고 성적	3위 (1971)

F1 외 주요 기록

1968
프랑스 F3 챔피언

1972
르망 24시간 우승

프랑코 콜라핀토

Franco Colapinto

Franco Alejandro Colapinto

2024시즌 데뷔한 아르헨티나 출신 드라이버

프랑코 콜라핀토는 9세에 카트를 타기 시작해 아르헨티나에서 많은 챔피언 타이틀을 획득했고, 15세가 된 2018년부터 유럽 카 레이싱 무대로 진출해 2019 스페인 F4에서 10승을 쓸어담으며 챔피언의 자리에 올랐다. 2021시즌 FRECA에서는 2승을 거뒀고, 2022시즌에는 FIA F3에서 두 차례 우승과 한 차례 폴 포지션을 기록하는 등 준수한 성적을 거뒀다.

2023 윌리엄스 드라이버 아카데미에 합류한 콜라핀토는 FIA F3에서 3위에 올라 주목받았고, 2024시즌 FIA F2에 진출해 이몰라 스프린트 레이스 우승을 포함해 세 차례 포디엄에 올랐다. 로건 사전트의 부진으로 대체자를 찾던 윌리엄스는 2024 이탈리아 그랑프리에서 콜라핀토를 F1에 데뷔시켰고, 사고가 많기도 했지만 속도만큼은 빨랐던 점을 높게 산 알핀의 부름을 받은 콜라핀토는 2025 에밀리아-로마냐 그랑프리부터 알핀의 정규 드라이버로 본격적인 F1 커리어를 시작했다.

생년월일 / 사망일

출생 2003년 5월 27일

F1 월드 챔피언십

엔트리	27
스타트	26
우승	-
포디엄	-
포인트	5
폴 포지션	-
패스티스트 랩	-
WDC 최고 성적	19위 (2024)

F1 외 주요 기록

2019
스페인 F4 챔피언

2023
FIA F3 3위

2024
FIA F2 9위

피에로 타루피

Piero Taruffi

1952 스위스 그랑프리 우승자

피에로 타루피는 제2차 세계대전 이전까지 모터싸이클 그랑프리와 최고 속도 기록 도진 등의 다양한 모터스포츠 무대에서 활약했고, 종전 이후 알파로메오 소속으로 1950 이탈리아 그랑프리에 출전하며 F1에 데뷔한 뒤 1951시즌 페라리에 합류해 본격적으로 풀타임 F1 드라이버 활동을 시작했다.

1952 스위스 그랑프리에서 모든 랩을 리드하며 우승한 타루피는 1953시즌 이후로는 파트타이머로 간간이 F1 그랑프리에 출전했고, F1 은퇴 후 폴 프레레, 데니스 젠킨슨 등과 함께 처음으로 모터스포츠가 "설명, 분석, 교육 가능한 분야"라는 내용을 정리하고 널리 알리는 활발한 저술 활동을 펼쳤다.

생년월일 / 사망일

출생 1906년 10월 12일
사망 1988년 1월 12일

F1 월드 챔피언십

엔트리	18
스타트	18
우승	1
포디엄	5
포인트	41
폴 포지션	-
패스티스트 랩	1
WDC 최고 성적	3위 (1952)

F1 외 주요 기록

1954
타르가플로리오 우승

1957
밀레밀리아 우승

ㅍ

D 피에르 가슬리

Pierre Gasly

Pierre Jean-Jacques Gasly

2020 이탈리아 그랑프리 우승자

피에르 가슬리는 2014년 레드불 주니어 팀에 합류해 포뮬러 르노 3.5 2위에 오른 뒤 2016시즌 GP2 챔피언, 2017시즌 슈퍼 포뮬러 2위 등 화려한 경력을 쌓고 2017시즌 후반 말레이시아 그랑프리에서 토로로쏘를 통해 F1에 데뷔했다. 2018 바레인 그랑프리에서 4위에 올라 주목받은 가슬리는 2019시즌 레드불에 합류했지만, 기대에 미치지 못한 성적으로 많은 비판을 받으며 후반기 토로로쏘로 복귀했다.

2019 브라질 그랑프리에서 마지막 순간 루이스 해밀턴의 추격을 막아내며 2위로 레이스를 마치며 첫 포디엄 피니시를 기록한 가슬리는 2020시즌 이름을 바꾼 알파타우리 소속으로 이탈리아 그랑프리에서 극적으로 우승했고, 2023시즌 알핀으로 이적해 "올 프렌치 팀"의 일원이 됐다.

생년월일

출생 **1996년 2월 7일**

F1 월드 챔피언십	
엔트리	178
스타트	177
우승	1
포디엄	5
포인트	458
폴 포지션	-
패스티스트 랩	3
WDC 최고 성적	7위 (2019)

F1 외 주요 기록

2014
포뮬러 르노 3.5 러너-업

2016
GP2 챔피언

2017
슈퍼포뮬러 러너-업

D 피터 게딘

Peter Gethin

Peter Kenneth Gethin

1971 이탈리아 그랑프리 우승자

피터 게딘은 1970시즌 팀의 창립자 브루스 맥라렌이 사고로 세상을 떠난 직후 맥라렌을 통해 F1에 데뷔했고, 캐나다 그랑프리에서 6위로 첫 포인트 피니시에 성공한 뒤 1971시즌 BRM으로 팀을 옮겼다.

1971 이탈리아 그랑프리에서 단 0.01초 차이[33]로 로니 페터슨을 앞서 자신의 처음이자 유일한 그랑프리 우승을 기록한 게딘은 이 경기에서 55랩을 1:18:12.60의 시간에 주파하며 이후 30년 이상 깨지지 않은 242.615km/h의 F1 그랑프리 레이스에서의 평균 속도 신기록[34]을 수립하기도 했다. 게딘은 F1 은퇴 전까지 12차례 챔피언십 그랑프리에 출전했으나 단 한 차례 포인트를 추가하는 데 그쳤다.

생년월일 / 사망일

출생 **1940년 2월 21일**
사망 **2011년 12월 5일**

F1 월드 챔피언십	
엔트리	31
스타트	30
우승	1
포디엄	1
포인트	11
폴 포지션	-
패스티스트 랩	-
WDC 최고 성적	9위 (1971)

F1 외 주요 기록

1969, 1970
유러피언 F5000 챔피언

---

33 3위 프랑수아 세베는 0.09초, 4위 마이크 헤일우드는 0.18초, 5위 호든 갠리는 0.61초 뒤졌다.

34 32년 뒤 2003 이탈리아 그랑프리에서 미하엘 슈마허가 기록을 경신했다.

피터 렙슨

Peter Revson

Peter Jeffrey Revlon Revson

맥라렌 초창기 2승을 거둔 미국 드라이버

피터 렙슨은 1963년 유럽에 진출해 다섯 차례 F1 그랑프리에 참가한 뒤 미국으로 돌아와 스포츠카 레이싱 무대에서 집중했고, 1970 세브링 12시간 레이스에서 스티브 맥퀸과 팀을 이뤄 2위를 차지했다. 렙슨은 1971년 인디500을 2위로 마친 데 이어 1971시즌 캔-암 챔피언 타이틀을 획득하는 등 미국 무대에서 큰 성공을 거뒀다.

1971 미국 그랑프리의 인연으로 1972시즌 맥라렌 소속의 풀타임 F1 드라이버가 된 렙슨은 1972 캐나다 그랑프리에서 첫 폴 포지션을 획득한 뒤 1973시즌 영국 그랑프리와 캐나다 그랑프리에서 우승하며 미래의 챔피언 후보로까지 거론됐지만, 1974 남아프리카공화국 그랑프리를 앞둔 테스트에서 사고로 세상을 떠나고 말았다.

생년월일 / 사망일

출생 **1939년 2월 27일**
사망 **1974년 3월 22일**

F1 월드 챔피언십

엔트리	32
스타트	30
우승	2
포디엄	8
포인트	61
폴 포지션	1
패스티스트 랩	-
WDC 최고 성적	5위 (1972, 1973)

F1 외 주요 기록

1971
인디500 러너-업

1971
캔-암 챔피언

피터 콜린스

Peter Collins

Peter John Collins

1950년대 페라리에서만 3승을 거둔 영국 드라이버

1952, 1953시즌 HWM, 1954시즌 반월, 1955시즌 BRM과 마세라티까지 여러 팀을 거치며 간간이 F1 그랑프리에 참가했던 피터 콜린스는 1955 르망 24시간에서 2위를 차지한 데 이어 타르가플로리오에서 압도적으로 우승하는 등 스포츠카 레이싱에서의 성공으로 자신의 기량을 입증했고, 그 덕분에 1956시즌 F1 최강팀이었던 페라리에 합류해 처음으로 경쟁력 있는 F1 레이스카로 그랑프리에 출전할 기회를 얻었다.

1956시즌 벨기에 그랑프리 우승을 포함해 2승을 거두며 영국인으로는 처음으로 F1 드라이버 챔피언 타이틀 획득에 근접했던 콜린스는 시즌 최종전 이탈리아 그랑프리에서 팀메이트 판지오에게 차를 내주며 기회를 스스로 포기했다. 1958시즌 영국 그랑프리에서 우승을 차지하며 다시 한번 챔피언 타이틀 도전에 대한 기대를 받던 콜린스는 이어진 독일 그랑프리 레이스에서 사고로 26세의 젊은 나이에 요절하고 말았다.

생년월일 / 사망일

출생 **1931년 11월 6일**
사망 **1958년 8월 3일**

F1 월드 챔피언십

엔트리	35
스타트	32
우승	3
포디엄	9
포인트	47
폴 포지션	-
패스티스트 랩	-
WDC 최고 성적	3위 (1956)

F1 외 주요 기록

1955, 1956
르망 24시간 러너-업

1955
타르가플로리오 우승

1956
밀레밀리아 우승

필 힐

Phil Hill

Philip Toll Hill Jr.

최초의 미국 국적 F1 드라이버 챔피언

1958년 미국인으로는 처음으로 르망 24시간에서 우승한 필 힐은 F1에 데뷔한 뒤 페라리에 합류했고, 1958 이탈리아 그랑프리에서 첫 포디엄 피니시를 기록한 뒤 1960시즌 이탈리아 그랑프리에서 첫 승을 거두며 1950년대 말 리어-엔진 레볼루션에 제대로 대처하지 못해 고전하던 페라리의 희망으로 떠올랐다.

1961시즌 페라리 최초의 리어-엔진 레이스카 페라리 156과 함께 5경기 연속 폴 포지션, 2승을 포함한 포디엄 피니시 6회의 기록으로 **최초의 미국인 드라이버 챔피언**이 되었고, F1 외에 스포츠카 레이싱 무대에서 1961년과 1962년 르망 24시간 우승하는 등 마리오 안드레티 이전까지 모터스포츠 전반에서 가장 성공적이었던 미국인 드라이버였다.

생년월일 / 사망일

출생 **1927년 4월 20일**
사망 **2008년 8월 28일**

F1 월드 챔피언십	
엔트리	52
스타트	49
우승	3
포디엄	16
포인트	98
폴 포지션	6
패스티스트 랩	6
WDC 최고 성적	**챔피언** (1961)

F1 외 주요 기록

1918, 1961, 1962
르망 24시간 우승

1958, 1961
세브링 12시간 우승

1964
데이토나 24시간 우승

하인츠-하랄드 프렌첸

Heinz-Harald Frentzen

1990년대 후반 3승을 거둔 독일 드라이버

1994시즌 독일 출신 유망주로 기대를 한 몸에 받으며 자우버를 통해 F1에 데뷔한 하인츠-하랄드 프렌첸은 1995 이탈리아 그랑프리에서 3위를 차지하며 처음으로 포디엄에 올랐고, 데이먼 힐을 대신해 윌리엄스에 합류한 1997시즌에는 산마리노 그랑프리에서 첫 승을 거둔 데 이어 이어진 모나코 그랑프리에서 첫 폴 포지션을 획득하는 등 활약을 펼친 끝에 WDC 2위에 올랐다.

1999시즌 조단으로 이적한 프렌첸은 2승을 포함해 여섯 차례나 포디엄에 오르며 맥라렌과 페라리의 양강 대결 속에 전혀 밀리지 않는 강력한 퍼포먼스를 보여줬지만, 2000시즌 이후 경쟁력 있는 레이스카에 오를 기회를 얻지 못하고 결국 2002시즌을 끝으로 F1에서 은퇴했다.

생년월일

출생 **1967년 5월 18일**

F1 월드 챔피언십	
엔트리	160
스타트	156
우승	3
포디엄	18
포인트	174
폴 포지션	2
패스티스트 랩	6
WDC 최고 성적	**러너-업** (1997)

F1 외 주요 기록

1989
독일 F3 러너-업

한세용

Jack Aitken

Jack Anthony Han-Aitken

영국 국적으로 출전한 최초의 한국계 F1 드라이버

스코틀랜드인 아버지와 한국인 어머니 사이에서 태어난 한세용은 2015년 유로컵 포뮬러 르노 2.0에 이어 포뮬러 르노 2.0 알프스 챔피언 타이틀을 차지한 뒤 GP3에 진출해 2017시즌 죠지 러셀에 이어 GP3 2위를 차지했고, FIA F2에 진출해 통산 4승 포디엄 피니시 11회를 기록하는 동안 르노 주니어 프로그램을 거쳐 윌리엄스 주니어 드라이버로 활동했다.

윌리엄스 리저브 드라이버로 지명된 한세용은 해밀턴의 COVID-19 감염으로 죠지 러셀이 잠시 메르세데스로 옮긴 2020 사키르 그랑프리에 출전하면서 역사적인 **최초의 한국계 F1 드라이버**가 되었다. 이후 스포츠카 레이싱에 집중하기 시작한 한세용은 2023 세브링 12시간에서 우승하고, IMSA 인듀어런스 컵 챔피언 타이틀을 획득했다. 2025 르망 24시간에서 하이퍼카 트랙 레코드를 경신하기도 했던 한세용은 2026시즌부터 젠슨 버튼을 대신해 캐딜락 팩토리 팀 드라이버로 WEC에 출전한다.

생년월일	
출생	1995년 9월 23일

F1 월드 챔피언십	
엔트리	1
스타트	1
우승	-
포디엄	-
포인트	-
폴 포지션	-
패스티스트 랩	-
WDC 최고 성적	22위 (2020)

F1 외 주요 기록

- 2015 유로컵 FR 2.0 챔피언
- 2017 GP3 러너-업
- 2019 FIA F2 5위
- 2023 세브링 12시간 우승
- 2023 IMSA 인듀어런스컵 챔피언

헤이키 코발라이넨

Heikki Kovalainen

Heikki Johannes Kovalainen

2008 헝가리 그랑프리 우승자

헤이키 코발라이넨은 2004시즌 월드시리즈 바이 닛산 챔피언, 2005시즌 GP2 2위 등 화려한 경력을 쌓은 뒤 2006시즌 최강팀 르노의 테스트 드라이버가 되었고, 2007시즌 F1 데뷔와 함께 일본 그랑프리에서 2위로 포디엄에 오르는 인상적인 활약을 펼쳤다.

2008시즌 페르난도 알론소와 자리를 맞바꿔 맥라렌으로 이적한 코발라이넨은 영국 그랑프리에서 첫 폴 포지션을 획득한 데 이어 헝가리 그랑프리에서 첫 승을 거뒀고, 2009시즌을 끝으로 맥라렌을 떠나 신생 로터스 레이싱과 이름을 바꾼 케이터햄에서 활동한 뒤 로터스 F1 팀에서의 두 경기 출전을 끝으로 F1에서 은퇴했다. F1 은퇴 후 다양한 모터스포츠 분야에 진출한 코발라이넨은 2016시즌 일본의 슈퍼GT GT500 클래스에서 챔피언 타이틀을 차지하기도 했다.

생년월일	
출생	1981년 10월 19일

F1 월드 챔피언십	
엔트리	112
스타트	111
우승	1
포디엄	4
포인트	105
폴 포지션	1
패스티스트 랩	2
WDC 최고 성적	7위 (2007, 2008)

F1 외 주요 기록

- 2004 월드시리즈 바이 닛산 챔피언
- 2005 GP2 러너-업
- 2016 슈퍼GT 챔피언

호세 프로일란 곤잘레스

José Froilán González

생년월일 / 사망일	
출생	1922년 10월 5일
사망	2013년 6월 15일

F1 월드 챔피언십	
엔트리	26
스타트	26
우승	2
포디엄	15
포인트	77.64
폴 포지션	3
패스티스트 랩	6
WDC 최고 성적	**러너-업** (1954)

F1 외 주요 기록	
1954	**르망 24시간 우승**

페라리 최초의 F1 그랑프리 우승자

아르헨티나에서 판지오와 라이벌로 활약하다가 함께 유럽 무대에 진출한 **"팻 헤드 (Fat Head)"** 호세 프로일란 곤잘레스는 아르헨티나 자동차협회를 배경으로 몇 차례 F1 그랑프리 출전 기회를 얻었고, 1951시즌 페라리에 합류한 직후 프랑스 그랑프리에서 2위로 포디엄에 올랐다. 곤잘레스는 **1951 영국 그랑프리**에서 폴 포지션을 차지한 데 이어 레이스에서도 우승해 **페라리 최초의 F1 챔피언십 그랑프리 우승**[35]을 기록했다.

마세라티에서 네 차례 포디엄에 오른 뒤 페라리로 복귀한 곤잘레스는 1954시즌 영국 그랑프리에서 우승하는 등 다섯 차례 포디엄 피니시와 함께 WDC 2위에 올랐고, 1954 르망 24시간에서도 페라리 소속으로 우승하는 등 모터스포츠 역사에 큰 발자취를 남겼다.

후안 마누엘 판지오

Juan Manuel Fangio

Juan Manuel Fangio Déramo

생년월일 / 사망일	
출생	1911년 6월 24일
사망	1995년 7월 17일

F1 월드 챔피언십	
엔트리	52
스타트	51
우승	24
포디엄	35
포인트	277.64
폴 포지션	29
패스티스트 랩	23
WDC 최고 성적	**챔피언** (1951, 1954, 1955, 1956, 1957)

F1 외 주요 기록	
1953, 1955	**밀레밀리아 러너-업**
1956, 1957	**세브링 12시간 우승**

다섯 차례 챔피언 타이틀을 획득한 "마에스트로"

후안 마누엘 판지오는 F1 출범 원년 알파로메오 소속으로 모나코 그랑프리에서 첫 승을 기록했고, 시즌 3승으로 WDC 2위에 오른 뒤 이어진 **1951시즌** 다시 3승을 거두며 **첫 번째 챔피언** 타이틀을 획득했다. 목 부상으로 1952시즌 공백기를 가진 판지오는 **1954시즌** 마세라티와 메르세데스를 오가며 **두 번째 타이틀**을 획득했고, 1955시즌에는 메르세데스의 F1 철수 전까지 4승을 거두면서 **세 번째 챔피언** 타이틀을 획득했다.

1956시즌 페라리에 합류해 **네 번째 드라이버 챔피언**의 자리에 오른 판지오는 **1957시즌** 마세라티에서 **다섯 번째 타이틀**을 획득한 뒤 1958시즌을 끝으로 F1에서 은퇴했다. **"엘 마에스트로 (El Maestro)"**라고 불렸던 판지오는 24승(승률 46.15%), 포디엄 피니시 35회(67.31%), 최다 드라이버 챔피언 타이틀 획득[36] 등의 기록을 남기며 F1 역사의 첫 페이지를 화려하게 장식했다.

---

[35] 알파로메오 이외의 팀에서 기록한 첫 번째 F1 챔피언십 그랑프리 우승이기도 했다.

[36] 46년 뒤 미하엘 슈마허가 여섯 번째 챔피언 타이틀을 획득하면서 기록을 경신했다.

후안 파블로 몬토야

Juan Pablo Montoya

Juan Pablo Montoya Roldán

F1 통산 7승과 인디500 2승을 기록한 콜롬비아 드라이버

후안 파블로 몬토야는 1998 인터내셔널 F3000에서 압도적 경기력을 과시한 뒤 1999시즌 미국 무대에 진출해 CART 챔피언 타이틀을 획득했고, 2000년에는 인디 500에서 루키로 우승을 차지하는 등 커리어 초반부터 뛰어난 기량을 과시했다. 이듬해 2001시즌 윌리엄스를 통해 F1에 데뷔한 몬토야는 세 번째 출전 경기였던 브라질 그랑프리에서 슈마허를 추월한 뒤 백마커 요 베르스타펜 때문에 리타이어하기 전까지 선두로 질주하며 사람들을 놀라게 했고, 독일 그랑프리에서 첫 폴 포지션을 차지한 데 이어 이탈리아 그랑프리에서 F1 첫 승을 거뒀다.

2002시즌 최강의 페라리를 상대하면서 일곱 차례 폴 포지션을 획득하는 등의 활약으로 WDC 3위에 오른 몬토야는 2003시즌 모나코와 독일 그랑프리에서 우승하며 치열한 타이틀 경쟁을 펼쳐 다시 한번 WDC 3위에 올랐다. 2005시즌 멕라렌으로 팀을 옮겨 3승을 추가한 몬토야는 2006시즌 중반 홀연히 NASCAR 진출을 선인하며 단 여섯 시즌 만에 F1 커리어를 마감했다. 이후 몬토야는 데이토나 24시간에서 세 차례나 우승하고 2015년 인디500에서 다시 우승하는 등 다양한 모터스포츠 분야에서 맹활약했다.

생년월일

출생 1975년 9월 20일

F1 월드 챔피언십

엔트리	95
스타트	94
우승	7
포디엄	30
포인트	307
폴 포지션	13
패스티스트 랩	12
WDC 최고 성적	3위 (2002, 2003)

F1 외 주요 기록

1998
인터내셔널 F3000 챔피언

1999
CART 챔피언

2000, 2015
인디500 우승

2007, 2008, 2013
데이토나 24시간 우승

2015
인디카시리즈 러너-업

2019
IMSA 스포츠카챔피언십 챔피언

IV.

F1 관련 인물

FORMULA 1 PEOPLE

게리 하트스타인

Gary Hartstein

생년월일

출생 **1955년 5월 17일**

주요 경력

1989 ~ 2015
리에즈 대학병원
마취 및 응급 의학 교수

1997 ~ 2012
FIA
F1 응급 의료 코디네이터

[전] FIA 의료 책임자 / F1 닥터

게리 하트스타인은 로체스터 대학과 알버트 아인슈타인 의대에서 응급 임상의료학과 마취통증의학을 전공한 뒤 1989년 스파-프랑코샹의 의료팀에 참가하면서 모터스포츠와 인연을 맺었다. 하트스타인은 1997년부터 FIA 의료 책임자 시드 왓킨스의 어시스턴트가 되었고, FIA F1 응급 의료 코디네이터 자격으로 왓킨스와 함께 메디컬 카에 탑승하기 시작했다.

2005년 시드 왓킨스의 은퇴 이후 FIA 의료 책임자 역할을 물려받은 하트스타인은 FIA 의료 교육 워킹 그룹을 이끌며, F1과 다양한 모터스포츠 부문의 안전 기준을 끌어올리는 데 공헌했다. 모터스포츠 무대에서 활동하게 될 의료진 양성에도 앞장섰던 하트스타인은 2012년을 끝으로 FIA 의료 책임자 역할을 이안 로버츠에게 물려주고 은퇴했다.

고든 머레이

Gordon Murray

Ian Gordon Murray

생년월일

출생 **1946년 6월 18일**

주요 경력

1969 ~ 1986
브라밤 [F1]
수석 디자이너

1987 ~ 1991
맥라렌 [F1]
테크니컬 디렉터

1991 ~ 2004
맥라렌 카
수석 디자이너

2017 ~
고든 머레이 디자인
오너

1970년대 이후 브라밤과 맥라렌 등에서 활약한 스타 디자이너

고든 머레이는 나탈 기술대학에서 기계공학을 전공한 뒤 1969년 영국으로 건너가 버니 에클스톤에게 발탁되며 브라밤의 레이스카 디자이너가 되었고, F1 최초로 실전 투입된 팬 카 BT46B와 직렬 엔진을 18° 기울여 배치한 BT55 등 획기적 개념의 레이스카를 만들었다. 머레이는 브라밤 소속으로 1986시즌까지 두 차례 드라이버 챔피언 타이틀을 획득한 레이스카를 만들어내면서 높은 명성을 얻었다.

1987시즌을 앞두고 맥라렌으로 이적해 테크니컬 디렉터로 활약하기 시작한 머레이는 기존 수석 디자이너 스티브 니콜스를 도와 F1 역사상 가장 압도적인 성능을 뽐낸 MP4/4를 만드는 데 공헌하며 F1 레이스카 디자인의 정점을 찍었고, 이후 로드카 디자인으로 눈을 돌려 맥라렌 F1과 메르세데스-벤츠 SLR 맥라렌 등 전설적인 슈퍼카를 디자인하기도 했다. 2005년에는 자신의 회사 고든 머레이 디자인을 만들어 슈퍼카와 레이스카 등 다양한 자동차 디자인을 선보이고 있다.

권터 스타이너

Guenther Steiner

[전] 하스 F1 팀의 팀 프린시플

1986년 마쯔다 랠리 팀 유럽의 미캐닉으로 모터스포츠 커리어를 시작한 권터 스타이너는 2000년 포드 월드 랠리 팀의 엔지니어링 디렉터를 맡아 카를로스 사인스, 콜린 맥레와 함께 WRC에서 큰 성공을 거뒀고, 2001년 니키 라우다의 제의를 받고 매니징 디렉터로 재규어에 합류해 비용 절감과 엔지니어링 팀 리빌딩을 주도하며 F1과 인연을 맺었다.

2005년 출범한 레드불의 테크니컬 오퍼레이션 디렉터로 팀 리빌딩에 공헌한 슈타이너는 이듬해 레드불의 오너 디트리히 마테시츠의 권유에 따라 스톡카 무대 진출을 선언한 레드불 나스카 팀에서 테크니컬 디렉터를 맡기도 했다. 2014년부터 출범을 준비하는 신생팀의 팀 프린시플을 맡아 F1에 복귀한 스타이너는 2016시즌 F1에 데뷔한 하스가 소형 독립 팀답지 않은 빼어난 성적을 거두는 데 앞장섰고, 2023시즌까지 F1 챔피언십으로만 여덟 시즌 동안 하스를 이끌었다.

생년월일

출생 **1965년 4월 7일**

주요 경력

1998 ~ 2001
포드 [WRC]
엔지니어링 디렉터

2002
재규어 [F1]
매니징 디렉터

2005
레드불 [F1]
테크니컬 오퍼레이션 디렉터

2006 ~ 2008
팀 레드불 [NASCAR]
테크니컬 디렉터

2014 ~2023
하스 [F1]
팀 프린시플

그레이엄 로든

Graeme Lowdon

Graeme Paul Lowdon

캐딜락 F1 팀의 팀 프린시플

영국 출신의 그레이엄 로든은 뉴캐슬 대학에서 경영과 셰필드 대학에서 기계공학을 전공한 뒤, 2000년 마노 모터스포츠에 합류하며 모터스포츠 분야에 뛰어들었다. 마노에 머물면서 노매드 디지털의 공동 창립자가 되기도 했던 로든은 노매드의 고객이었던 리차드 브랜슨이 F1 팀 설립을 추진할 때 관여하기 시작한 로든은 2010년 버진의 CEO로 F1 무대에 등장했고, 마루시아로 팀이 재편된 뒤에도 자리를 지켰다.

2016시즌부터 마노 모터스포츠의 이름으로 WEC LMP2 출전을 이끌기도 했던 로든은 F1 출범을 준비하는 캐딜락의 선임을 받아, 2024년 말부터 F1 팀의 팀 프린시플을 맡았다. 1년 넘게 F1 신생 팀의 탄생을 이끌었던 그레이엄 로든은 2026시즌 역사적인 미국 F1 팀의 챔피언십 참전 이후에도 계속 팀 프린시플 역할을 수행할 예정이다.

생년월일

출생 **1965년 4월 23일**

주요 경력

2010 ~ 2011
버진 [F1]
CEO

2012 ~ 2014
마루시아 [F1]
CEO

2016 ~ 2018
마노 [WEC]
스포팅 디렉터

2024 ~
캐딜락 [F1]
팀 프린시플

김효원

Hyo Won Kim

金孝元

생년월일

출생 **1981년**

주요 경력

2010 ~ 2011
르노 [F1]
에어로다이나미시스트

2012 ~ 2013
로터스 F1 [F1]
CFD 에어로다이나미시스트

2014 ~ 2022
맥라렌 [F1]
시니어 에어로다이나미시스트

2022 ~
윌리엄스 [F1]
에어로다이나믹 프로젝트 리더

최초의 대한민국 출신 F1 엔지니어

최초의 대한민국 국적을 지닌 F1 엔지니어 김효원은 한국에서 태어나 스리랑카에서 중고등학교를 다닌 뒤, 케임브리지 대학에서 항공우주공학 학사 및 석사, 임페리얼 칼리지 런던에서 공기역학 박사 학위를 취득했다. 2010년 르노 F1 팀에 합류해 한국인 최초의 F1 엔지니어로 일하기 시작한 김효원은 팀이 이름을 바꾼 뒤에도 2013년까지 엔스톤 팀에 남아 에어로다이나미시스트로서 CFD 및 공기역학 관련 업무를 수행했다.

2014년 맥라렌으로 팀을 옮긴 김효원은 8년 동안 시니어 에어로다이나미시스트로 공기역학 부문을 중심으로 F1 레이스카의 개발 업무를 수행했고, **2022년 윌리엄스에 합류**하면서 **에어로다이나믹 프로젝트 리더** 역할을 맡아 현재까지 활약 중이다. 이와 함께 그랑프리 블랙북 시리즈 「F1 레이스카의 공기역학의 감수를 담당하고 한국의 각종 매체에 출연하는 등 **최초의 한국인 F1 엔지니어**로서 활발히 활동하고 있다.

노르베르트 하우그

Norbert Haug

Norbert Friedrich Haug

생년월일

출생 **1952년 11월 24일**

주요 경력

1990 ~ 2012
메르세데스-벤츠 모터스포츠
부회장

[전] 메르세데스-벤츠 모터스포츠 부회장 / 저널리스트

모터스포츠 저널리스트로 활약하던 노르베르트 하우그는 1985년 뉘르브르크링 24시간 레이스에 참가한 데 이어 1986년 윌리엄스의 F1 레이스카 프라이빗 테스트에 참여하는 등 모터스포츠에 깊은 애착을 드러냈고, 1990년 메르세데스-벤츠 모터스포츠의 부대표로 발탁된 뒤 본격적인 메이저 모터스포츠 무대 복귀를 이끌며 메르세데스-벤츠가 그룹C와 DTM에서 모두 좋은 성적을 거두는 데 공헌했다.

1990년대 초반 일모르 엔진의 힘을 빌려 40년 만에 F1 무대에 메르세데스-벤츠의 이름을 부활시킨 하우그는 1996시즌 맥라렌과 손을 잡으며 맥라렌-메르세데스를 탄생시켰고, 2009시즌까지 세 차례 드라이버 챔피언십과 두 차례 컨스트럭터 챔피언 타이틀 획득을 함께했다. 2010년 F1 무대에 메르세데스 워크스 팀의 부활을 이끈 하우그는 2012년을 끝으로 메르세데스-벤츠 모터스포츠 부대표 자리에서 물러났다.

닉 체스터

Nick Chester

Nicholas Richard Chester

생년월일

출생 **1969년 3월 22일**

주요 경력

2000 ~ 2011
르노 [F1]
디자인 엔지니어
데이터 엔지니어
수석 퍼포먼스 엔지니어

2012 ~ 2015
로터스 [F1]
엔지니어링 디렉터
테크니컬 디렉터

2016 ~ 2019
르노 [F1]
섀시 테크니컬 디렉터

2025 ~
캐딜락 [F1]
테크니컬 디렉터

캐딜락의 테크니컬 디렉터

닉 체스터는 1991년 심텍 리서치에서 차량 시뮬레이션 업무를 시작해 1994년 심텍의 F1 진출과 함께 F1 커리어를 시작했고, 애로우즈를 거쳐 2000년 테스트 엔지니어로 엔스톤 팀 베네통에 합류했다. 엔스톤 팀이 베네통에서 르노로 이름을 바꾸는 1990년대 체스터는 지앙카를로 피지켈라와 야노 트룰리의 퍼포먼스 엔지니어로 활약하기도 했다.

2005시즌부터 르노의 카 퍼포먼스 그룹을 이끌며 2년 연속 챔피언 등극에 공헌한 체스터는 2012시즌 로터스 F1 팀의 엔지니어링 디렉터가 됐고, 2013시즌 제임스 엘리슨을 대신해 테크니컬 디렉터 역할을 이어받았다. 체스터는 르노 워크스 팀이 부활한 2016시즌부터 2019시즌까지 섀시 부문 테크니컬 디렉터 역할을 맡았고, 르노의 팻 프라이와 교체된 뒤 F1을 떠나 메르세데스-벤츠 포뮬러 E 팀의 테크니컬 디렉터 역할을 맡았다. 2025년에는 캐딜락의 테크니컬 디렉터 직을 맡으며 F1 무대에 복귀했고, 2026시즌 새로운 팀의 데뷔 준비를 이끌었다.

닐 홀디

Neil Houldey

주요 경력

2001 ~ 2006
롤라
디자인 엔지니어

2006 ~
맥라렌 [F1]
디자인 엔지니어
디자인 디렉터
엔지니어링 부문 테크니컬 디렉터

맥라렌의 엔지니어링 부문 테크니컬 디렉터

대학에 진학하기 전 고든 머레이의 라이트 카 컴퍼니에서 "로켓" 제작에 참여하기도 했던 닐 홀디는 러프버러 대학에서 자동차 공학을 전공한 뒤 2001년 롤라에 합류하면서 모터스포츠에 발을 들였고, 디자인 엔지니어 역할을 수행하던 중 2006년 맥라렌의 부름을 받고 F1 무대에서 활동하기 시작했다.

17년 동안 F1에서 팀을 옮기지 않고 맥라렌에서 꾸준히 승진한 닐 홀디는 디자인 엔지니어 및 디자인 디렉터 등으로 엔지니어링 부문의 여러 임무를 수행했고, 2023시즌 테크니컬 디렉터 제임스 키를 방출한 맥라렌의 기술 부문 조직 개편에 따라 테크니컬 디렉터 역할을 공기역학 부문의 피터 프로드로무와 나눠 맡기 시작했다.

닐스 비티히
Niels Wittich

[전] F1 레이스 디렉터

7년 동안 ADAC GT 마스터스의 레이스 디렉터를 맡았던 닐스 비티히는 2021시즌 DTM 레이스 디렉터가 되었고, 2021 아부다비 그랑프리 이후 F1 레이스 디렉터 마이클 매시를 축출하는 FIA의 결정에 따라 에두아르도 프레이타스와 함께 F1 레이스 디렉터 역할을 나눠 맡기 시작했다.

과거 F1의 서포트 레이스인 F2와 F3의 레이스 디렉터 역할을 맡았던 비티히는 2022시즌 일부 F1 그랑프리를 뺀 상당수 이벤트에서 레이스 디렉터 역할을 맡았다. 2023시즌부터 다른 사람과의 업무 분담 없이 혼자서 F1 레이스 디렉터 역할을 도맡았던 비티히는 2024 상파울루 그랑프리를 끝으로 F1 레이스 디렉터 자리에서 물러났다.

생년월일

출생 **1972년 8월 5일**

주요 경력

2014 ~ 2020
ADAC
GT 마스터스 레이스 디렉터

2021
ADAC
DTM 레이스 디렉터

2022 ~ 2024
FIA
F1 레이스 디렉터

다비드 산체스
David Sanchez

알핀의 테크니컬 디렉터

프랑스 ISAE-ENSMA에서 항공공학과 유체역학을 전공한 다비드 산체스는 2005년 르노의 에어로다이나미시스트로 일을 시작하면서 F1과 인연을 맺었다. 2007년 맥라렌으로 팀을 옮겨 5년 동안 워킹에서 활동한 산체스는 2010년 f-덕트 개발에 크게 공헌한 엔지니어로 주목받았고, 2012년 페라리로 이적한 뒤 12시즌 동안 수석/관리자급 엔지니어로 활약하며 F1 무대 최고 엔지니어의 반열에 올랐다.

2023시즌 초반 페라리를 떠난 산체스는 2024시즌부터 제임스 키를 대신해 맥라렌의 테크니컬 디렉터 역할을 맡을 것으로 기대됐으나, 맥라렌 팀 내부에서 업무 분담과 조정이 제대로 이뤄지지 않으며 제대로 일을 시작해 보기도 전에 팀을 떠나게 됐다. 곧, 알핀에 합류한 다비드 산체스는 40대 중반의 젊은 테크니컬 디렉터로 지휘봉을 잡고, 여러 문제에 직면해 오랫동안 고전을 면치 못했던 알핀의 2026시즌 F1 상위권 재진입이라는 막중한 임무를 맡았다.

생년월일

출생 **1980년 1월 30일**

주요 경력

2005 ~ 2007
르노 [F1]
에어로다이나미시스트

2007 ~ 2012
맥라렌 [F1]
시니어 에어로다이나미시스트
에이로디이나믹 팀 리더

2012 ~ 2023
페라리 [F1]
수석 에어로다이나미시스트
수석 엔지니어 - 퍼포먼스 부문

2024
맥라렌 [F1]
테크니컬 디렉터 - 카 컨셉 & 퍼포먼스

2024 ~
알핀 [F1]
테크니컬 디렉터

댄 팰로우스

Dan Fallows

생년월일 / 사망일

출생 **1973년 11월 13일**

주요 경력

2001 ~ 2005
재규어 [F1]
선임 공기역학자

2005 ~ 2006
달라라
수석 공기역학자

2006 ~ 2022
레드불 [F1]
수석 공기역학 엔지니어

2022 ~ 2024
애스턴마틴 [F1]
테크니컬 디렉터

2026 ~
레이싱불스 [F1]
테크니컬 디렉터

레이싱불스의 테크니컬 디렉터

댄 팰로우스는 사우샘프턴 대학교에서 항공우주공학을 전공한 뒤 1997년 공기역학자로 달라라에 입사하며 모터스포츠에 입문했고, 2001년 재규어 레이싱의 선임 공기역학자가 되면서 F1과 인연을 맺었다. 2005년 잠시 밀턴케인즈 팀을 떠나 달라라에서 수석 공기역학자로 활동한 뒤 2006시즌 다시 밀턴케인즈로 돌아와 레드불의 공기역학 부문 엔지니어가 되었다.

레드불에서 15시즌 이상 활동하며 공기역학 부문을 책임지는 엔지니어로 성장해 에이드리언 뉴이 사단의 핵심 멤버 중 한 명으로 꼽혔던 팰로우스는, 2022년 밀턴케인즈를 떠나 애스턴마틴으로 이적하며 주목받았다. 2022시즌 애스턴마틴의 테크니컬 디렉터를 맡은 팰로우스는 최강팀 레드불을 연상시키는 레이스카 디자인 철학을 보여주며 2023시즌 팀의 상위권 도약을 이끌었지만, 2024년 11월을 끝으로 자리에서 물러났다. 잠시 F1을 떠났던 팰로우스는 2026시즌 개막을 앞두고 죠디 에긴턴을 대신해 레이싱불스의 테크니컬 디렉터를 맡으며 F1 무대에 복귀했다.

데이빗 브라운

David Brown

Sir David Brown

생년월일 / 사망일

출생 **1904년 5월 10일**
사망 **1993년 9월 3일**

주요 경력

1947 ~ 1972
애스턴마틴
오너

1950년대 애스턴마틴을 이끌었던 사업가

17세에 할아버지가 설립한 회사의 공장에서 수습생으로 일을 시작해 1930년대 이후 사업 성공을 거듭한 데이빗 브라운은 1947년 애스턴마틴을 인수했고, 자동차와 모터스포츠 전반에 많은 영향력을 행사했다. 데이빗 브라운 시대 이후 애스턴마틴이 만든 모든 자동차의 공식 명칭에는 데이빗 브라운의 이니셜을 따 **"DB"**라는 이름이 붙게 되었다.

데이빗 브라운이 이끄는 애스턴마틴은 1950년대 스포츠카 레이싱에서 큰 성공을 거뒀고, 특히 1959년 로이 살바도리와 캐롤 섈비가 DBR1과 함께 르망 24시간에서 우승을 차지해 모터스포츠 역사에 한 획을 그었다. 데이빗 브라운 시대 애스턴마틴은 1959 네덜란드 그랑프리에 살바도리-섈비 듀오가 출전한 것을 시작으로 모두 다섯 차례 F1 그랑프리 엔트리에 이름을 올리기도 했다.

디트리히 마테시츠

Dietrich Mateschitz

Dietrich Markwart Eberhart Mateschitz

생년월일 / 사망일

출생 1944년 5월 20일
사망 2022년 10월 22일

주요 경력

1984 ~ 2022
레드불 GmbH
오너

2005 ~ 2022
레드불 [F1]
팀 오너

레드불의 공동 설립자이자 레드불 레이싱의 설립자

디트리히 마테시츠는 1982년 태국 여행 중 "크래팅댕"이라는 음료를 접한 뒤 이를 서구 입맛에 맞게 개량하는 연구에 나섰고, 1984년 자신이 49%의 지분을 가진 회사 "레드불"의 공동 설립자가 되었다. 1987년 에너지 드링크 "레드불"을 출시해 큰 성공을 거둔 마테시츠는 세계적인 부호로 발돋움한 뒤 다양한 스포츠 분야에 관심을 보이기 시작했다.

1995년부터 자우버의 스폰서로 F1과 인연을 맺었던 마테시츠는 2005시즌 재규어를 인수해 F1 팀 레드불 레이싱을 출범시켰고, 이듬해 오랜 친구였던 게하르트 베르거와 손잡고 미나르디를 인수해 토로로쏘를 탄생시켰다. 마테시츠는 나스카의 스톡카 레이싱 팀 레드불을 만들어 미국 모터스포츠 무대에 참전하는 등 세계적인 모터스포츠계의 거물로 자리 잡았다. 2026시즌부터 직접 엔진을 만들기 시작한 레드불은 디트리히 마테시츠를 기리며 자신들의 첫 엔진 이름을 DM01로 명명했다.

레미 타핀

Rémi Taffin

생년월일 / 사망일

출생 1975년 3월 14일

주요 경력

1999 ~ 2001
르노 스포트 F1
레이스 엔지니어

2002 ~ 2011
르노 [F1]
엔진 레이스 엔지니어

2012 ~ 2015
르노 스포트 F1
트랙 오퍼레이션 매니저
오퍼레이션 디렉터

2016 ~ 2021
르노 [F1]
엔진 테크니컬 디렉터

2021 ~
오레카
테크니컬 디렉터

[전] 르노의 엔진 부문 테크니컬 디렉터

레미 타핀은 ESTACA에서 기계공학을 전공하고 1998년 F3를 통해 모터스포츠 무대에 발을 들였고, 1999년 르노 그룹에 합류해 BAR과 애로우즈를 거쳐 이후 르노의 팩토리 팀이 되는 베네통까지 다양한 클라이언트에게 힘을 보탰다. 엔진 레이스 엔지니어로 활약한 타핀은 2005시즌과 2006시즌에는 르노의 2년 연속 챔피언 타이틀 획득에 공헌했다.

2011년부터 르노 스포트 F1 소속으로 그랑프리 현장에서 르노 엔진의 퍼포먼스를 책임지기 시작한 타핀은 V8 엔진 시대 말기 레드불의 4년 연속 챔피언 타이틀 획득에 큰 도움을 주었고, 2016시즌 부활한 르노 F1 팀의 엔진 테크니컬 디렉터[1] 역할을 맡아 르노 파워 유닛의 개발과 운용 과정 전반을 관리했다. 2021년 르노의 조직 개편으로 F1을 떠난 타핀은 오레카에 합류해 테크니컬 디렉터 역할을 맡았다.

[1] 2019시즌 기준으로 르노 F1 팀에는 "테크니컬 디렉터" 직책이 둘로 나뉘어져 있었으며, FIA에 등록된 팀의 기술 부분 최고 책임자는 섀시 테크니컬 디렉터인 닉 체스터였다.

로라 뮐러

Laura Müller

Laura K. Müller

생년월일

출생 **1992년**

주요 경력

2016 ~ 2021
JS 엔지니어링
데이터 엔지니어
퍼포먼스 엔지니어

2021
ABT
레이스 엔지니어

2022~
하스 [F1]
퍼포먼스 엔지니어
레이스 엔지니어

F1 최초의 여성 레이스 엔지니어

뮌헨 기술대학에서 자동차공학을 전공한 로라 뮐러는 2014년 피닉스 레이싱을 통해 모터스포츠와 인연을 맺었고, 2016년 JS 엔지니어링에 합류한 뒤 팀 업무와 프리랜서 활동 등을 통해 다양한 모터스포츠 분야에서 경험을 쌓았다. 이 기간 르노 2.0과 LMP3, LMP2의 데이터 엔지니어와 레이스 엔지니어로 활동했고, 2021시즌에는 ABT 소속으로 DTM의 레이스 엔지니어로 경험을 쌓기도 했다.

2022년 하스 F1팀에 합류하면서 F1 엔지니어 커리어를 시작한 뮐러는 2024시즌까지 퍼포먼스 엔지니어로 세 시즌 동안 활약했다. 2025년 1월 하스는 팀에 새로 합류한 에스테반 오콘의 31번 차 레이스 엔지니어로 로라 뮐러를 지명했고, 이와 함께 F1 최초의 여성 레이스 엔지니어가 탄생했다. 2025시즌을 무난하게 소화한 뮐러는 2026시즌에도 계속해서 31번 차의 레이스 엔지니어를 맡아 오콘과 호흡을 맞출 예정이다.

로라 윈터

Laura Winter

생년월일

출생 **1989년 3월 31일**

주요 경력

2020 ~
F1 TV
리포터 / 프레젠터

F1 TV 리포터 / 프레젠터

로라 윈터는 러프버러 대학에서 영문학을 전공한 뒤 인턴 활동과 기고를 통해 언론 경력을 쌓기 시작했고, 2011년부터 소셜 미디어 플랫폼을 통한 조정 등 스포츠 보도 활동을 펼쳤다. 2013년부터 2년 가까이 글로스터셔 미디어의 리포터로 활동한 윈터는 이 기간 기자나 프레스 오피서의 업무를 다양하게 섭렵했다.

2014년부터 TV 프리젠터 활동을 시작한 윈터는 2020 아이펠 그랑프리를 시작으로 스카이 스포츠 F1과 F1 TV의 리포터로 활약했고, 2021시즌부터 본격적으로 F1 TV의 리포터 / 프레젠터로 활약하며 프리뷰와 리뷰쇼, 기타 몇 가지 독립 코너 진행도 담당하고 있다.

로랑 메키에스

Laurent Mekies

Laurent Philippe Mekies

레드불의 팀 프린시플

로랑 메키에스는 러프버러 대학과 ESTACA에서 수학한 뒤 F3 팀 아시아텍을 통해 모터스포츠 커리어를 시작했고, 2003시즌 애로우즈 소속으로 F1과 인연을 맺은 데 이어 미나르디에서는 레이스 엔지니어로 활동했다. 2005년 말 토로로쏘로 이름을 바꾼 파엔짜 팀에 합류한 메키에스는 퍼포먼스 엔지니어를 거쳐 수석 엔지니어 역할을 맡았고, 2014년을 끝으로 F1 팀을 떠나 FIA 소속으로 F1 세이프티 디렉터로 활약했다.

2018시즌 페라리를 통해 F1에 복귀한 메키에스는 스포팅 디렉터 역할을 맡았고, 2021시즌부터 레이싱 디렉터로 팀의 수뇌부 중 한 명이 되었다. 메키에스는 프란츠 토스트가 떠난 2024시즌부터 팀 프린시플 역할을 맡으며 파엔짜 팀으로 복귀했다. 2025시즌 중반 20년 동안 레드불을 이끌던 크리스찬 호너가 팀을 떠난 뒤, 로랑 메키에스가 새 팀 프린시플로 취임하며 레드불의 새 리더라는 막중한 임무를 맡기 시작했다.

생년월일

출생 **1977년 4월 28일**

주요 경력

2003 ~ 2005
미나르디 [F1]
레이스 엔지니어

2005 ~ 2014
토로로쏘 [F1]
퍼포먼스 엔지니어
수석 엔지니어

2014 ~ 2017
FIA
F1 세이프티 디렉터
F1 부 레이스 디렉터

2018 ~ 2023
페라리 [F1]
스포팅 디렉터
레이싱 디렉터

2024 ~ 2025
레이싱불스 [F1]
팀 프린시플

2025 ~
레드불 [F1]
팀 프린시플

ㄹ

로렌스 바레토

Lawrence Barretto

F1 TV 기자 / 프레젠터

로렌스 바레토는 본머스 대학에서 저널리즘을 전공한 뒤 2007년 KHP 컨설팅의 PR 매니저로 활동하면서 말레이시아에서 펼쳐진 "F1 인 스쿨" 이벤트를 통해 F1과 인연을 맺었다. 바레토는 2011년 BBC 스포트에 합류해 방송 저널리스트 자격으로 F1 라이브 텍스트 해설 등의 활동을 했고, F1 외에도 2021 런던 올림픽의 조정 경기 리포터 역할을 맡기도 했다.

2015년 모터스포츠 전문 매체인 오토스포트에 입사한 바레토는 3년 동안 F1 리포터와 기자 활동을 이어갔고, 2018년 F1.com 웹사이트와 F1 앱을 담당하는 선임 기고자 역할을 맡아 F1의 소속 직원으로 합류했다. 주로 유튜브 등 소셜 채널을 담당하던 바레토는 2022년부터 F1의 기자와 프레젠터로 지명되어 F1 TV의 중계방송과 각종 프로그램에 리포터와 프레젠터로 활약하기 시작했다.

생년월일

출생 **1984년 7월 15일**

주요 경력

2011~ 2015
BBC 스포트
방송 저널리스트

2015~ 2018
오토스포트
기자 / 리포터

2018 ~
F1
선임 기고자
기자 / 프레젠터

로렌스 스트롤

Lawrence Stroll

Lawrence Sheldon Strulovitch

생년월일

출생 **1959년 7월 11일**

주요 경력

2020 ~
애스턴마틴
회장

2021 ~
애스턴마틴 [F1]
오너

애스턴마틴 F1 팀을 부활시킨 캐나다의 대부호

로렌스 스트롤은 의류 사업으로 큰 부를 축적했고, 페라리 250GTO와 라 페라리 등 다양한 슈퍼카와 스포츠카를 보유한 것은 물론 퀘벡에서 페라리 딜러샵을 운영하면서 F1 그랑프리 개최지였던 몽-트랑블랑 써킷을 인수하는 등 자동차와 모터스포츠에 대한 투자를 계속하기도 했다.

2018년 파산 위기의 포스인디아를 구하기 위한 컨소시엄을 이끈 스트롤은 우여곡절 끝에 시즌 후반기 시작 전 팀을 인수했고, 2019시즌 레이싱포인트로 팀의 이름을 바꾼 뒤 2020년에는 애스턴마틴의 지분 20%를 인수해 회장의 자리에 올랐다. 로렌스 스트롤은 2021시즌 레이싱포인트를 애스턴마틴으로 개명한 뒤 새로운 시설과 본부 건설을 포함해 막대한 투자를 시작했고, 레이싱포인트 시절부터 아들 랜스 스트롤을 자신의 F1 팀 드라이버로 출전시키고 있다.

로리 번

Rory Byrne

생년월일

출생 **1944년 1월 10일**

주요 경력

1977 ~ 1985
톨먼 [F2 / F1]
레이스카 디자이너

1986 ~ 1995
베네통 [F1]
레이스카 디자이너

1996 ~ 2006
페라리 [F1]
레이스카 디자이너

베네통과 페라리에서 활약한 엔지니어

대학 시절부터 모터스포츠에 관심을 보였지만 직접 관련 기술을 배우거나 직업을 찾지 못하던 로리 번은 1960년대 말 친구들과 함께 차량 부품 수입 회사를 설립하면서 처음으로 레이스카 디자인을 시작했고, 1972년 고향 남아프리카공화국을 떠나 영국으로 건너가 본격적인 레이스카 디자이너 커리어를 쌓기 시작했다. 로리 번은 1977년 F2 레이스카 디자이너로 톨먼에 합류한 뒤 1981년 톨먼의 F1 진출과 함께 자연스럽게 F1 레이스카 디자이너가 되었다.

베네통이 톨먼을 인수한 뒤에도 계속 자리를 지키며 여러 명차를 디자인한 로리 번은 1990년대 중반 베네통과 미하엘 슈마허를 챔피언의 자리에 올리는 데 성공했고, 슈마허와 로스 브런 등 "드림 팀"과 함께 페라리로 자리를 옮겨 페라리의 6년 연속 컨스트럭터 챔피언과 슈마허의 5년 연속 드라이버 챔피언 타이틀 획득에 결정적으로 공헌해 당대 최고의 레이스카 디자이너로 여겨졌다.

로스 브런

Ross Brawn

Ross James Brawn

[전] F1 모터스포츠 부문 매니징 디렉터

1976년 마치의 미캐닉으로 모터스포츠에 입문한 로스 브런은 프랭크 윌리엄스와의 인연으로 1978년 윌리엄스에 합류했고, 다양한 업무 분야에서 두루 실무 경험을 쌓았다. F1의 하스 롤라, 애로우즈 등을 거쳐 재규어의 스포츠카 레이싱 부문에서 활약하며 1991시즌 WSCC 챔피언 타이틀을 획득한 XJR-14를 디자인하는 등 큰 성공을 거둔 브런은 1991년 후반 테크니컬 디렉터로 베네통에 합류하며 F1에 복귀했다.

로리 번, 미하엘 슈마허 등과 함께 "드림 팀"을 구성해 베네통을 챔피언의 자리에 올려놓은 브런은 1997년 페라리로 이적해 드림 팀 멤버들과 합류한 뒤 여섯 차례 컨스트럭터 챔피언과 다섯 차례 드라이버 챔피언 타이틀을 획득했고, 페라리를 떠나 1년의 공백을 가진 뒤 2008년 브래클리로 일터를 옮겨 혼다에 합류했다. 브런GP의 신데렐라 스토리를 쓴 브런은 부활한 메르세데스 워크스 팀의 초창기까지 계속 팀을 이끌다 2013시즌을 끝으로 은퇴했지만, 2017년 FOM의 F1 모터스포츠 부문 매니징 디렉터 역할을 맡아 F1 무대에 복귀해 2022시즌까지 활약했다.

생년월일

출생 1954년 11월 23일

주요 경력

1991 ~ 1997
베네통 [F1]
테크니컬 디렉터

1997 ~ 2006
페라리 [F1]
테크니컬 디렉터

2008
혼다 [F1]
팀 프린시플

2009
브런GP [F1]
오너
팀 프린시플

2010 ~ 2013
메르세데스 [F1]
팀 프린시플

2017 ~ 2022
FOM
매니징 디렉터

로익 세라

Loic Serra

페라리의 섀시 부문 테크니컬 디렉터

프랑스 ENSM에서 기계공학을 전공한 뒤 1996년 미쉐린에서 모터스포츠 커리어를 시작한 로익 세라는 10년 동안 타이어와 연동된 서스펜션 개발 등의 업무를 수행했다. 미쉐린에서 오랫동안 F1 팀과 관련된 개발 업무를 수행하던 세라는 미쉐린의 F1 철수와 함께 팀을 떠났고, 2006년 출범한 BMW 자우버의 수석 퍼포먼스 엔지니어로 F1 팀 소속 엔지니어의 커리어를 시작했다.

BMW의 F1 철수 이후 메르세데스에 새 둥지를 튼 로익 세라는 2010시즌부터 14시즌 동안 메르세데스의 요직을 거치면서 수많은 챔피언 타이틀을 손에 넣은 F1 최강팀의 핵심 엔지니어로 활약했다. 2023년부터 세라가 팀을 옮길 것이라는 루머가 흘러나왔고, 2024년 10월 페라리가 새로운 섀시 부문 테크니컬 디렉터로 임명하면서 로익 세라가 파워트레인을 제외한 페라리 F1 카의 모든 것을 책임지게 됐다.

생년월일

출생 1972년 3월 30일

주요 경력

1996 ~ 2006
미쉐린
차량-타이어 상호작용 엔지니어

2006 ~ 2010
BMW 자우버 [F1]
수석 퍼포먼스 엔지니어

2010 ~ 2023
메르세데스 [F1]
수석 엔지니어
퍼포먼스 디렉터

2024 ~
페라리 [F1]
섀시 부문 테크니컬 디렉터

로잔나 테넌트

Rosanna Tennant

주요 경력

2012 ~ 2019
인플루언스 S&M
어카운트 디렉터

2015 ~
메르세데스 [F1]
프레젠터
프로듀서

2017 ~
F1 / 프리랜서
커멘테이터
프레젠터

F1 리포터 / 프레젠터

로잔나 테넌트는 더럼 대학교에서 프랑스어/스페인어와 런던 대학교에서 저널리즘을 전공한 뒤 ITN과 스카이 등에서 방송 활동을 시작했고, 스포츠 미디어 분야에서 PR이나 마케팅, 방송 편집까지 다양한 업무를 수행하던 중 2013년 유튜브 폴 포지션 채널을 통해 모터스포츠 프레젠터 커리어도 시작했다.

F1, WRC, 모토GP 등을 다루며 커리어를 쌓아가던 테넌트는 2015년 메르세데스 F1 팀에 합류해 프로듀서와 프레젠터가 되었고, IMG 미디어의 프리랜서 계약으로 각종 방송에 출연하기도 했다. 테넌트는 2017년부터 스카이와 F1 소셜 미디어 등에 프레젠터나 방송 진행자로 맹활약하기 시작했고, F1 TV 출범 이후에도 프리랜서로서 다수의 방송 진행이나 드라이버 인터뷰 등을 담당했다.

로저 펜스케

Roger Penske

Roger Searle Penske

생년월일

출생 **1937년 2월 20일**

주요 경력

1966 ~
팀 펜스케
오너

2019 ~
인디카 시리즈
오너

팀 펜스케의 설립자 / 인디카 시리즈 오너

1965년까지 직접 모터스포츠 이벤트에 출전하던 로저 펜스케는 드라이버 커리어를 마무리한 뒤, 직접 자신의 레이싱 팀을 만들어 관리자와 팀 운영자로 모터스포츠 무대에서 본격적인 활약을 시작했다. 펜스케는 1966 르망 24시간 데뷔로 유럽 스포츠카 레이싱에 진출하는 한편 미국 모터스포츠 무대에서 유례없는 큰 성공을 거뒀고, 1970년대에는 풀시즌 출전은 없지만 단편적으로 F1 챔피언십에 참가하기도 했다.

팀 펜스케가 나스카 스톡카 레이싱과 인디카 시리즈를 아울러 미국 모터스포츠 역사에서 가장 큰 성공을 거둔 팀이 되었고, 인디 500에서만 17승을 거둔 업적을 인정받은 로저 펜스케는 모터스포츠 명예의 전당에 헌액되었다. 로저 펜스케는 2019년 11월 인디카 시리즈와 함께 인디 500의 성지인 인디아나폴리스 모터 스피드웨이까지 인수해 명실상부 미국 모터스포츠 최고의 거물이 되었다.

론 데니스

Ron Dennis

Sir Ronald Dennis

생년월일

출생 **1947년 6월 1일**

주요 경력

1976 ~ 1980
프로젝트 포 레이싱
팀 프린시플

1981 ~ 2008
맥라렌 [F1]
팀 프린시플
CEO

2005 ~ 2017
맥라렌 그룹
오너

1980년대부터 2000년대까지 맥라렌의 리더

론 데니스는 1966년 18세의 나이로 쿠퍼에 합류해 요헨 린트의 미캐닉으로 일하다가 1968년 함께 브라밤으로 자리를 옮겼고, 1970년대 F2에서 커리어를 쌓은 뒤 1970년대 후반 필립모리스의 후원을 받는 **"프로젝트 포 레이싱(Project Four Racing)"**으로 F2와 F3에서 큰 성공을 거뒀다. 필립모리스의 선택을 받은 데니스는 1980년 말 테디 메이어를 대신해 성적 부진에 빠져 있던 맥라렌의 리빌딩을 이끄는 중책을 맡았다.

빠르게 경쟁력을 끌어올려 프로스트-세나의 시대를 관통하며 맥라렌을 페라리와 쌍벽을 이루는 명문 팀으로 성장시킨 데니스는 맥라렌 그룹을 창립한 뒤 2000년대까지 여러 부문으로 사업을 확장하며 회사의 질적, 양적 성장을 이끌었다. 2010년 팀 프린시플 자리를 마틴 휘트마시에게 넘기며 일선에서 물러난 데니스는 2017년 보유했던 지분을 모두 매각하게 되었고, 이사직까지 내려놓으며 맥라렌과의 오랜 인연을 정리했다.

롭 마샬

Rob Marshall

생년월일

출생 **1968년 4월 14일**

주요 경력

1994 ~ 2001
베네통 [F1]
레이스 엔지니어

2002 ~ 2005
르노 [F1]
수석 미케니컬 엔지니어

2006 ~ 2023
레드불 [F1]
수석 디자이너
CEO

2024 ~
맥라렌 [F1]
수석 디자이너

맥라렌의 수석 디자이너

롭 마샬은 카디프 대학에서 기계공학을 전공한 뒤 롤스-로이스에서 디자이너 업무를 맡았고, 1994시즌 베네통을 통해 F1에 합류한 뒤 르노로 이름을 바꾼 팀에서 10년 넘게 활동하는 동안 미케니컬 디자인 부문 책임자로 승진해 매스 댐퍼 등 참신한 아이디어로 주목받기도 했다.

르노에서 2005시즌 챔피언 타이틀 획득에 공헌한 마샬은 2006시즌 신생팀 레드불에 합류해 애드리언 뉴이의 팀에서 수석 디자이너로 활약했다. 베텔이 이끌었던 레드불의 4년 연속 챔피언 타이틀 획득에 크게 공헌한 마샬은 CEO[2]로 승진했고, 2022시즌까지 레드불이 만든 강력한 레이스카들의 개발에 관여했다. 2024시즌부터 맥라렌의 신임 수석 디자이너로 지명된 마샬은 2023년 5월 17년 동안 활동했던 레드불을 떠났다.

---

2 "최고 경영자(Chief Executive Officer)"가 아닌 "최고 엔지니어링 책임자(Chief Engineering Officer)"를 가리킨다.

롭 테일러
Rob Taylor

Robert "Rob" Taylor

생년월일

출생 **1959년 4월 23일**

주요 경력

1992 ~ 1996
페라리 [F1]
레이스카 디자이너

2002 ~ 2006
레드불 [F1]
레이스카 디자이너

2007 ~ 2010
맥라렌 [F1]
레이스카 디자이너

2015 ~ 2020
하스 [F1]
수석 디자이너
테크니컬 디렉터

[전] 하스의 테크니컬 디렉터

롭 테일러는 코스워스에서 커리어를 시작해 베네통을 통해 F1과 인연을 맺었고, 페라리, 애로우즈를 거쳐 재규어와 레드불 초창기의 수석 레이스카 디자이너로 활약했다. 테일러는 재규어 시절 설계되어 2005년 출범한 레드불의 첫 번째 F1 레이스카로 사용된 레드불 RB1의 디자인을 책임지기도 했다.

맥라렌과 버진, 마루시아, 마노어에서 디자이너 역할을 맡았던 테일러는 2015년 출범 준비에 한창이던 하스 F1 팀에 합류해 2016시즌을 대비한 첫 번째 레이스카의 수석 디자이너가 되었고, 하스가 F1에 데뷔한 2016시즌 이후로 2020시즌까지 FIA에 등록된 팀의 테크니컬 디렉터 역할도 맡았다.

루돌프 울렌하우트
Rudolf Uhlenhaut

생년월일

출생 **1906년 7월 15일**
사망 **1989년 5월 8일**

주요 경력

1931 ~ 1939,
1948 ~ 1972
메르세데스-벤츠
레이스카 디자이너
이사

1930/1950년대 메르세데스-벤츠의 레이스카 디자이너

루돌프 울렌하우트는 영국 런던에서 태어나 제1차 세계대전 무렵 독일로 건너간 뒤 영국과 독일 이중국적의 엔지니어로 1931년 메르세데스-벤츠에 합류했고, 1936년부터 실버애로우의 레이스카 개발을 이끌기 시작해 1930년대 최고의 그랑프리 레이스카로 손꼽히는 W125와 W154를 디자인했다.

제2차 세계대전이 끝난 뒤 1948년 메르세데스-벤츠에서 다시 레이스카 디자인을 시작한 울렌하우트는 1952 르망 24시간에서 우승한 **300SL(W194)**을 디자인했고, 1954년 스포츠카 레이싱 무대에서 맹활약한 **300SL 걸윙(W198)**과 F1 무대에서 압도적인 성능으로 챔피언 타이틀을 거머쥔 W196, 1955년 밀레밀리아와 타르가플로리오에서 우승해 WSCC 챔피언 타이틀을 차지한 **300SLR(W196S)**까지 거듭 전설적인 레이스카를 만들어냈다.

루돌프 카라치올라

Rudolf Caracciola

Otto Wilhelm Rudolf Caracciola

1930년대 그랑프리 레이싱을 호령한 원조 "레겐마이스터"

루돌프 카라치올라는 1926 독일 그랑프리에서 가장 늦게 출발한 뒤 빗속 난전에서 상위 클래스 차량을 모두 제치고 우승을 차지해 언론으로부터 **"레겐마이스터(Regenmeister)"**라 불리기 시작했다. 1920년대 후반과 1930년대 그랑프리에서 최고의 활약을 펼쳐 독일인의 우상으로 떠오른 카라치올라는 타찌오 누볼라리, 베른트 로제마이어와 함께 1930년대 그랑프리 레이싱 황금기 최고의 드라이버 중 한 명이 되었다.

1930년대 초반 알파로메오와 1933년 모나코 사고 이후 부상 공백을 제외하면 계속 메르세데스-벤츠 소속으로 활약한 카라치올라는 **유러피언 챔피언십에서 세 차례(1935, 1937, 1938) 챔피언** 타이틀을 획득해 그랑프리 레이싱 최고의 기록을 남겼고, 다수의 유럽 힐클라임 챔피언 타이틀 획득과 밀레밀리아, 코파아체르보 우승, 독일 그랑프리 6승 등 다양한 모터스포츠 무대에서 통산 204회 레이스에 참가해 144승을 거뒀다.

생년월일 / 사망일

출생 **1901년 1월 30일**
사망 **1959년 9월 28일**

주요 기록

1926, 1928, 1931, 1932, 1937, 1939
독일 그랑프리 우승

1931
밀레밀리아 우승

1935, 1937, 1938
유러피언 챔피언십 챔피언

1938
코파아체르보 우승

ㄹ

루이 시홍

Louis Chiron

Louis Alexandre Chiron

1920년대부터 1950년대까지 활약한 모나코 드라이버

루이 시홍은 1920년대 후반부터 그랑프리 레이싱 등에서 두각을 나타내기 시작했고, 부가티와 함께 1931 프랑스 그랑프리 우승을 포함해 그랑프리, 스포츠카, 랠리 등에서 큰 성공을 거뒀다. 1930년대 그랑프리 드라이버 중 F1 챔피언십에 출전한 소수의 드라이버 가운데 한 명으로 F1에서 그나마 가장 좋은 성적을 거둔 시홍은 1950 모나코 그랑프리에서 3위를 차지해 역대 최고령 포디엄 피니시 부문 2위의 기록을 남겼다.

최고령 F1 그랑프리 레이스 스타트(55세 292일) 기록과 **최고령 F1 그랑프리 참가(58세 288일)** 기록을 수립한 뒤 35년의 모터스포츠 커리어를 마친 시홍은 은퇴 후에도 수년 동안 모나코 그랑프리를 위해 힘썼고, 모나코 써킷에 동상 건립과 부가티의 2016년 슈퍼카 **"부가티 시홍(Bugatti Chiron)"** 출시 등 많은 이들이 시홍의 업적을 기념했다.

생년월일 / 사망일

출생 **1899년 8월 3일**
사망 **1979년 6월 22일**

F1 월드 챔피언십

엔트리	19
스타트	15
우승	-
포디엄	1
포인트	4
폴 포지션	-
패스티스트 랩	-
WDC 최고 성적	10위 (1950)

F1 외 주요 기록

1931, 1934, 1937, 1947, 1949
프랑스 그랑프리 우승

1933
스파 24시간 우승

루카 디 몬테제몰로

Luca di Montezemolo

Luca Cordero di Montezemolo

생년월일 / 사망일

출생 **1947년 8월 31일**

주요 경력

1991 ~ 2014
페라리
회장

2004 ~ 2010
FIAT S.p.A.
회장

2008 ~ 2010
FOTA
회장

[전] 페라리 / FIAT S.p.A. / FOTA 회장

루카 디 몬테제몰로는 1973년 엔초 페라리의 보좌역으로 일하기 시작해 1974년 스쿠데리아 페라리의 매니저가 된 뒤 니키 라우다를 앞세워 1975시즌 11년 만에 챔피언 타이틀을 획득하는 큰 성공을 거뒀고, 1976년부터 FIAT 그룹의 모든 모터스포츠 이벤트를 관리하기 시작한 데 이어 1977년부터 1980년대 후반까지 승진을 거듭해 FIAT 그룹의 요직을 담당하며 1990 이탈리아 월드컵 조직위원회에서도 활약했다.

1991년 11월 페라리의 회장을 맡으며 장 토드 영입을 시작으로 미하엘 슈마허와 베네통의 드림팀을 데려와 2000년대 F1 최강팀을 완성한 몬테제몰로는 2000년대 초반 페라리의 최전성기를 함께 했다. 2008년 F1 팀 연합체인 FOTA를 구성하면서 회장직을 맡아 F1 컨스트럭터의 입장을 대변한 몬테제몰로는 2004년부터 2010년까지 FIAT 그룹 회장으로 재직했고, 2014년 페라리의 회장직에서 물러날 때까지 20년 이상 기업 페라리와 F1 무대의 스쿠데리아 페라리까지 눈부신 성장을 이끌었다.

마리오 일리언

Mario Illien

생년월일

출생 **1949년 8월 2일**

주요 경력

1979 ~ 1982
코스워스
엔진 디자이너

1983 ~
일모르 엔지니어링
테크니컬 디렉터

일모르 엔지니어링의 공동 창립자

마리오 일리언은 스위스 출신 F1 드라이버 요아킴 보니에르를 따르면서 모터스포츠에 대한 관심을 키웠고, 비엘 공학대학에서 기계공학을 전공한 뒤 1983년 폴 모건, 로저 펜스케와 손잡고 레이스카 전용 고성능 엔진 개발 회사 **"일모르 엔지니어링(Ilmor[3] Engineering)"**을 설립했다.

일모르의 엔진 개발을 이끌며 1980년대 말 본격적인 F1 엔진 개발에 착수한 일리언은 1993년 메르세데스-벤츠와의 계약에 따라 신생 자우버 F1 팀의 엔진을 제작했고, 1995년부터는 맥라렌-메르세데스의 엔진을 만들어 공급하기 시작했다. 일리언은 메르세데스가 일모르를 인수한 뒤에는 특별 개발 부서를 신설해 인디카 엔진 개발, 모토GP 엔진 개발 등을 계속했고, 2010년대 중반 레드불과 르노의 파워 유닛 성능 개선 작업에 컨설턴트로 활약하기도 했다.

---

[3] 공동 창립자 두 명의 이름 "일리언(**IL**lien)"과 모건"(**MOR**gan)"의 앞 글자들을 조합해 만들어진 이름이다.

P 마우로 포기에리

Mauro Forghieri

생년월일

출생 **1935년 1월 13일**
사망 **2022년 11월 2일**

주요 경력

1959 ~ 1987
페라리 [F1]
레이스카 디자이너
테크니컬 디렉터

1987 ~ 1992
람보르기니 [F1]
테크니컬 매니저

1960/1970년대 페라리의 레이스카 디자이너

마우로 포기에리는 볼로냐 대학에서 기계공학을 전공한 뒤 1959년 페라리에 합류했고, 1962년 격동의 페라리에서 리빌딩과 함께 스물일곱 살의 젊은 나이에 기술 부문을 이끄는 중책을 맡아 F1 레이스카 디자인을 시작했다. 포기에리는 1964년 1.5L V8 엔진을 탑재한 페라리 158을 디자인해 챔피언 타이틀을 획득했고, 1960년대 후반에는 전설적인 312 시리즈의 첫 번째 레이스카를 페라리 312 F1을 선보였다.

처음으로 수평대향 12기통 엔진을 채택한 312B, 처음으로 트랜스기어박스를 탑재한 312T를 시작으로 312 T2부터 T3, T4, T5까지 이어지는 페라리 312T 시리즈와 함께 1970년대를 풍미했던 포기에리는 1980년대 초반까지 페라리의 디자인을 책임졌고, 하비 포슬웨이트에게 페라리의 수석 디자이너 자리를 물려준 1980년대 후반에는 람보르기니로 자리를 옮겨 F1에 투입할 람보르기니 3512 V12 엔진을 개발하기도 했다.

ㄹ

ㅁ

P 마이크 개스코인

Mike Gascoyne

Michael Mike Gascoyne

생년월일 / 사망일

출생 **1963년 4월 2일**

주요 경력

1998 ~ 2000
조단 [F1]
테크니컬 디렉터

2001 ~ 2003
르노 [F1]
테크니컬 디렉터

2003 ~ 2006
토요타 [F1]
테크니컬 디렉터

2006 ~ 2007
스파이커 [F1]
CTO

2008
포스인디아 [F1]
CTO

2009 ~ 2015
케이터햄 [F1]
CTO

맥라렌, 조단, 르노, 토요타 등에서 활약한 정상급 엔지니어

마이크 개스코인은 캠브리지 대학에서 유체역학 박사 과정을 밟던 중 모터스포츠 관련 업무와 인연을 맺은 뒤 1989년 윈드터널 공기역학 담당자로 맥라렌에 합류했고, 1990년대 중반까지 하비 포슬웨이트와 함께 티렐과 자우버에서 활약했다. 1998년 조단으로 이적한 개스코인은 테크니컬 디렉터를 맡으며 팀의 기술 부문을 이끌기 시작했고, 중위권 독립팀에서 두 시즌 동안 3승을 거두는 큰 성공을 거뒀다.

2001년 베네통으로 팀을 옮긴 뒤 베네통이 이름을 바꾼 르노에서 첫 그랑프리 위닝 카 개발을 이끌었던 개스코인은 토요타로 이적해 2005시즌 팀의 전력 상승에 크게 공헌했고, 이후 스파이커와 포스인디아로 이름을 바꾼 실버스톤 팀의 CTO 역할을 수행했다. 신생팀 로터스 F1 레이싱이 케이터햄으로 이름을 바꿀 때까지 함께하던 개스코인은 2012년 F1 관련 업무를 그만둔 뒤, 2015년을 끝으로 케이터햄을 떠났다. 개스코인은 조단 시절부터 "팀에 합류하면 세 시즌 안에 포디엄 피니시할 수 있는 레이스카를 만든다."는 놀라운 기록으로 사람들의 기억에 남아 있다.

마이크 크랙

Mike Krack

[전] 애스턴마틴의 팀 프린시플

마이크 크랙은 1998년 BMW AG의 테스트 엔지니어를 거쳐 2001년 데이터 분석 엔지니어로 자우버에 합류하면서 F1과 인연을 맺었고, 2003시즌 펠리페 마싸의 레이스 엔지니어를 맡는 등 핵심 임무를 수행하던 중 팀이 BMW 자우버로 거듭났을 시기 수석 엔지니어로 활약했다.

2008시즌을 끝으로 잠시 F1을 떠났던 크랙은 F3와 DTM 등에서 다양한 경험을 쌓은 뒤 포르셰의 WEC 프로젝트에 합류해 포르셰 919 개발에 참여했고, 2014년부터 BMW 모터스포츠에서 다양한 수석 엔지니어 직책을 맡으며 포뮬러 E와 IMSA, GT 프로그램을 총괄하기도 했다. 크랙은 2021시즌 오트마르 자프나우어를 대신해 애스턴마틴의 팀 프린시플로 지명되어 관리자 역할로 F1에 복귀했다. 앤디 코웰이 팀 프린시플 임무를 맡은 뒤에도 애스턴마틴에 남은 마이크 크랙은 2026시즌에도 수석 트랙사이드 오피서로서 다양한 실무를 담당하고 있다.

생년월일

출생 **1972년 3월 18일**

주요 경력

2001 ~ 2008
자우버 [F1]
레이스 엔지니어
수석 엔지니어

2010 ~ 2012
BMW [DTM]
수석 엔지니어

2013 ~ 2014
포르셰 [WEC]
수석 트랙 엔지니어

2014 ~ 2021
BMW
수석 엔지니어

2022 ~
애스턴마틴 [F1]
팀 프린시플
수석 트랙사이드 오피서

마이클 매시

Michael Masi

[전] FIA 레이스 디렉터

마이클 매시는 메도우뱅크 기술전문학교에서 아시아-태평양 마케팅을 전공한 뒤 2003년 무렵 모터스포츠 업계와 인연을 맺었고, 2005년 V8 슈퍼카의 운영 보조를 포함해 다양한 모터스포츠 관련 업무를 수행하는 가운데 2010 코리아 그랑프리 준비 과정 동안 서울에서 컨설턴트 역할을 맡기도 했다. 2015년부터 V8 슈퍼카 레이스 디렉터로 활약하면서 2018년부터 F2와 F3에 이어 F1의 부 레이스 디렉터로 지명된 매시는 2019년 3월 찰리 화이팅이 갑자기 세상을 떠난 뒤 임시로 2019 호주 그랑프리의 레이스 디렉터 역할을 수행하기 시작했다.

한동안 임시 명목으로 FIA의 F1 레이스 디렉터 역할을 수행하면서 어려운 여건 속에 찰리 화이팅의 공백을 그럭저럭 잘 메꾸던 매시는 2020시즌부터 별도로 임시라는 표현 없이 F1 그랑프리를 총괄했다. 2020 터키 그랑프리에서의 작업 차량 출입 문제를 시작으로 여러 차례 매시의 판단과 조치에 대한 문제 제기가 이어지던 중 2021시즌 최종전 아부다비 그랑프리에서 세이프티카 상황 조치에 대한 문제가 폭발했고, 큰 논란이 이어진 끝에 FIA는 2022시즌을 시작하기 전 매시의 해임을 결정했다.

생년월일

출생 **1978년 6월 8일**

주요 경력

2008 ~ 2019
CAMS
프로젝트 매니저

2015 ~ 2019
슈퍼카 챔피언십
레이스 디렉터

2018 ~ 2019
FIA
F2 부 레이스 디렉터

2019 ~ 2021
FIA
F1 레이스 디렉터

마테오 본치아니
Matteo Bonciani

[전] FIA 수석 커뮤니케이션 담당자

플로렌스 대학에서 국제정치학을 전공한 마테오 본치아니는 2001년 프레스 오피서로 페라리에 합류해 2006년까지 스쿠데리아 페라리의 프레스 오피서와 페라리 CEO의 프레스 오피서 등으로 활약했고, 이후 페라리 아시아 태평양 지역 커뮤니케이션 디렉터로 활약했다.

2010년 FIA에 합류한 본치아니는 2011년부터 8년 동안 FIA 수석 커뮤니케이션 담당자 및 미디어 책임자로 활약하며 모든 F1 그랑프리의 프레스 컨퍼런스 등 미디어 관련 업무를 총괄했고, 2019년 6월 자리에서 물러난 뒤에도 FIA의 컨설턴트로 도움을 주었다.

생년월일

출생 **1970년 5월 26일**

주요 경력

2003 ~ 2004
페라리 [F1]
프레스 오피서

2006 ~ 2010
페라리 아시아 태평양
커뮤니케이션 디렉터

2011 ~ 2019
FIA
수석 커뮤니케이션 담당

2019 ~
FIA
컨설턴트

ㅁ

마티아 비노토
Mattia Binotto

아우디 F1 프로젝트 책임자

마티아 비노토는 로잔 대학에서 기계공학을 전공하고 모데나 대학에서 자동차 공학 석사 학위를 획득한 뒤 1995년 페라리의 엔진 테스트 부문에 합류했고, 2000년대 초반 최강자로 군림하던 페라리의 전성기를 함께하는 등 마라넬로의 엔진 부문 핵심 엔지니어로 활동하던 중 2013년 커스터머 팀 토로로쏘에서 잠시 레이스 엔진 매니저로 활동한 뒤 다시 스쿠데리아 페라리로 복귀했다.

2015년 페라리의 파워 유닛 부문 최고 책임자가 된 비노토는 2016년 팀을 떠난 제임스 앨리슨을 대신해 테크니컬 디렉터로 활약하기 시작했고, 2019시즌을 앞두고 팀을 떠난 마우리치오 아리바베네의 뒤를 이어 스쿠데리아 페라리의 팀 프린시플이 되었다. 팀 프린시플로서 대중의 평가가 좋지 않았던 비노토는 2019시즌 상반기와 2022시즌 초반 챔피언 타이틀 경쟁에 나서기도 했지만, 결국 타이틀 획득에 실패한 채 2022시즌을 끝으로 팀 프린시플에서 물러난 뒤 페라리를 떠났다. 2024시즌 COO와 CTO 직책으로 자우버/아우디에 합류한 마티아 비노토는 2025년 5월부터 아우디 F1 프로젝트의 총책임자 역할을 맡기 시작했다.

생년월일

출생 **1969년 11월 3일**

주요 경력

1995 ~ 2012
페라리 [F1]
테스트 엔지니어
엔진 엔지니어
수석 트랙 엔지니어

2013
토로로쏘 [F1]
레이스 엔진 매니저

2014 ~ 2022
페라리 [F1]
파워 유닛 최고 책임자
테크니컬 디렉터
팀 프린시플

2024 ~
아우디(자우버) [F1]
COO
CTO
F1 프로젝트 책임자

마틴 브런들

Martin Brundle

Martin John Brundle

생년월일	
출생	1959년 6월 1일

F1 월드 챔피언십	
엔트리	165
스타트	158
우승	-
포디엄	9
포인트	98
폴 포지션	-
패스티스트 랩	-
WDC 최고 성적	6위 (1992)

F1 외 주요 기록

1990
르망 24시간 우승

스카이 F1 채널 해설가

F3에서 아일톤 세나와 어깨를 나란히 하는 활약을 펼친 뒤 1984시즌 티렐을 통해 F1에 데뷔한 마틴 브런들은 1992시즌 베네통과 1994시즌 맥라렌 등에서 여러 차례 포디엄에 오르며 뛰어난 퍼포먼스를 보여줬지만, 여러모로 운이 따르지 않으며 F1 그랑프리에서 우승을 거두지 못했다. 스포츠카 레이싱에도 꾸준히 출전한 브런들은 1990년 르망 24시간에서 재규어 XJR-12와 함께 우여곡절 끝에 우승을 차지하기도 했다.

1997년 ITV에서 머레이 워커의 파트너로 F1 해설을 시작한 브런들은 2009년 중계권을 획득한 BBC에서 조나단 레가드, 데이빗 쿨싸드 등과 함께 해설가로 맹활약했고, 2012년 유료 위성방송 채널로 출범한 스카이 F1에서 해설가로 활약하며 전 세계 가장 많은 F1 팬에게 전달되는 해설을 담당해 F1 해설의 아이콘이 되었다.

맥스 모슬리

Max Mosley

Max Rufus Mosley

생년월일	
출생	1940년 4월 13일
사망	2021년 5월 23일

주요 경력

1969 ~ 1977
마치 [F1]
공동 설립자 / 오너

1978 ~ 1985
FOCA
법률 고문

1986 ~ 1993
FISA
매뉴팩쳐러 위원장
회장

1993 ~ 2009
FIA
회장

1993년부터 2009년까지 FIA 회장

변호사 자격을 얻은 뒤 아마추어 레이스에 참가하다가 자신이 월드 챔피언이 될 만큼 빠르지 않다는 것을 깨달은 맥스 모슬리는 1960년대 말 로빈 허드, 알란 리스, 그레이엄 코커와 함께 새로운 형태의 F1 팀 마치 엔지니어링을 설립해 많은 이들의 주목을 받았고, 1970년대 말부터 1980년대 초반까지 버니 에클스톤과 함께 FOCA에서 F1 챔피언십에 참가하는 영국 독립 팀들을 대변하는 역할도 맡았다.

1980년대 첨예한 갈등이 이어져 F1을 위기에 몰아넣었던 "FISA-FOCA 워"의 중심에서 버니 에클스톤과 함께 콩코드 협정을 끌어내는 데 중요한 역할을 한 모슬리는 1986년 직접 FISA에 들어가 장-마리 발레스트레와 대립했고, 1989년 선거에서 발레스트레를 상대로 승리하며 FISA 회장직을 차지했다. 1993년에는 FISA의 상위 조직 FIA의 회장에 오르는 데 성공한 모슬리는 2009년 회장직에서 물러날 때까지 다양한 부문에서 FIA을 개편했고, FOM의 버니 에클스톤과 함께 F1의 상업적 성장을 이끌며 여러 가지 의미로 모터스포츠 역사의 한 페이지를 장식했다.

맷 하먼

Matt Harman

생년월일 / 사망일	
출생	**1940년 4월 13일**
사망	**2021년 5월 23일**

주요 경력

2000 ~ 2018
메르세데스 AMG HPP
엔지니어링 팀 리더
파워트레인 엔지니어

2018 ~ 2020
르노 [F1]
수석 디자이너
엔지니어링 디렉터

2021 ~ 2024
알핀 [F1]
엔지니어링 디렉터
테크니컬 디렉터

2024 ~
윌리엄스 [F1]
엔지니어링 부문 테크니컬 디렉터

윌리엄스의 엔지니어링 부문 테크니컬 디렉터

맷 하먼은 엔지니어링 컨설팅 업체 리카도 plc에서 자동차 관련 업무를 시작한 뒤 2000년 맥라렌-메르세데스의 엔진을 만드는 메르세데스-일모르에 입사하며 F1 커리어를 시작했고, 이후 회사가 메르세데스 AMG HPP로 이름을 바꾼 2010년대까지 18년 동안 F1 파워트레인 관련 엔지니어링 팀 리더와 수석 파워트레인/트랜스미션 디자이너로 활약했다.

2018년 9월 부수석 디자이너 역할로 르노 F1 팀으로 이적한 하먼은 곧 엔지니어링 디렉터 역할을 수행하기 시작했고, 팀이 알핀 F1 팀으로 이름을 바꾼 뒤에도 자리를 지켰다. 2022시즌부터 테크니컬 디렉터가 된 하먼은 2023시즌 CTO 팻 프라이가 팀을 떠나는 등 팀의 구조 조정 과정에서 엔지니어링팀 전체를 이끄는 리더가 되었다. 2024년 윌리엄스로 이적한 하먼은 디자인 디렉터 역할을 맡았고, 2025년 7월 엔지니어링 부문 테크니컬 디렉터로 승진했다.

머레이 워커

Murray Walker

Graeme Murray Walker

주요 경력	
출생	**1923년 10월 10일**
사망	**2021년 5월 13일**

주요 경력

1976 ~ 1996
BBC
F1 해설가

1997 ~ 2001
ITV
F1 해설가

많은 팬들에게 사랑받은 전설적인 F1 해설가

머레이 워커는 1948년 셸슬리 월시 힐클라임을 통해 해설에 입문한 뒤 아버지와 함께 아일 오브 맨 TT를 해설하며 정규 해설가가 되었고, TV에서 본격적인 F1 중계가 시작되기 전부터 좋은 평가를 받던 중 1976년 영국 BBC의 F1 중계 방송에서 해설을 책임지면서 엄청난 인기를 누리기 시작했다.

1980년대 소빈 제임스 헌트와 함께 진행한 해설로 많은 인기를 얻은 데 이어 1990년대 후반에는 마틴 브런들과 짝을 이뤄 커리어를 이어가던 워커는 2001 미국 그랑프리를 끝으로 풀-타임 해설가 자리에서 물러났지만, 많은 팬과 전문가들로부터 F1 역사상 최고의 해설가라는 평가와 함께 오랜 시간 많은 사랑과 존경 속에 종종 객원 해설이나 미디어와 방송에 모습을 비췄다. 머레이 워커 특유의 화법과 오래 기억에 남는 명언, 사람들을 폭소하게 만들었던 잦은 말실수 등이 모두 큰 사랑을 받아 **"머레이즘(Murrayisms)"**이라는 신조어가 만들어지기도 했다.

모니샤 칼텐본

Monisha Kaltenborn

[전] 하스의 테크니컬 디렉터

인도에서 태어나 어린 시절 가족과 함께 오스트리아로 이민한 모니샤 칼텐본은 법학과 국제 비지니스 관계법 등을 전공했고, 전공 지식을 살려 프리츠 카이저 그룹에서 근무했을 때의 인연으로 프리츠 카이저 그룹이 지분을 가진 자우버 F1 팀의 법무 부문을 책임지기 시작했다.

프리츠 카이저 그룹이 지분을 매각한 뒤에도 계속 자우버에 남아 다양한 업무를 수행하며 자우버의 관리자 중 한 명으로 성장한 칼텐본은 BMW로부터 독립한 뒤 어려움을 겪던 2010년 자우버 F1 팀의 CEO 역할을 맡았고, 2012년 피터 자우버로부터 팀 프린시플 자리까지 물려받으면서 역사상 **최초로 F1 팀을 대표하는 여성 팀 프린시플**이 되었다. 2010년대 중반 자우버가 심각한 재정 문제를 노출하며 위기에 빠진 이후 칼텐본은 자신의 직위와 팀 지분을 모두 넘기고 2017년 자우버를 떠났다.

생년월일 / 사망일

출생 **1971년 5월 10일**

주요 경력

1998 ~ 1999
프리츠 카이저 그룹
법률 고문

2000 ~ 2017
자우버 [F1]
수석 법률 담당자
CEO
팀 프린시플

모하메드 벤 술라이엠

Mohammed Ben Sulayem

Mohammed Ahmad Sultan Ben Sulayem / محمد بن سليم

FIA 회장

아랍에미리트에서 태어난 모하메드 벤 술라이엠은 아메리카 대학과 얼스터 대학에서 경영학을 전공한 뒤 중동 지역에서 랠리 드라이버로 활동했으며, 1996시즌을 시작으로 7년 연속 타이틀 획득을 포함해 모두 열네 차례 중동 랠리 챔피언십에서 정상에 올랐다.

2005년 에미리츠 모터스포츠 협회 회장이 된 술라이엠은 2008년 FIA 부회장과 WMSC 멤버로 선출되었고, 2009년 아부다비 그랑프리가 탄생하는 데 핵심적인 역할을 수행했다. 2013년 FIA의 세계 모터스포츠 발전을 위한 10개년 계획 TF를 이끌기 시작한 술라이엠은 세계 모터스포츠 무대에서 영향력을 확대했고, 2021년 선거에서 승리하면서 장 토드의 뒤를 잇는 새 FIA 회장에 취임했다. 여러 논란 속에서 2025년 재선에 성공한 벤 술라이엠은 2026년에도 F1을 포함한 모터스포츠 전체에 막강한 영향력을 행사하고 있다.

생년월일

출생 **1961년 11월 12일**

주요 경력

2005 ~ 2007
UAE 모터스포츠 협회
회장

2008 ~
FIA
WMSC 멤버
부회장
회장

밥 벨

Bob Bell

Robert Charles Bell

생년월일

출생 1958년 4월 10일

주요 경력

1982 ~ 1996
맥라렌 [F1]
공기역학 엔지니어
수석 연구/개발 엔지니어
매버릭 프로젝터 TD

2001 ~ 2010
르노 [F1]
테크니컬 디렉터
팀 프린시플

2011 ~ 2013
메르세데스 [F1]
테크니컬 디렉터

2016 ~ 2018
르노 [F1]
테크니컬 디렉터

맥라렌, 르노, 메르세데스 등에서 활약한 엔지니어

밥 벨은 1982년 맥라렌에 입사한 뒤 15년 동안 공기역학 엔지니어로 활약했고, 1997년에는 수석 공기역학 담당자로 베네통에 합류했다. 조단에서 두 시즌 동안 활동한 벨은 2001년 데퓨티 테크니컬 디렉터 역할로 베네통을 인수한 르노 F1 팀에 재합류했다.

2003년 마이크 개스코인의 빈자리를 메꾸며 르노의 테크니컬 디렉터가 된 뒤 2005, 2006시즌 연속으로 챔피언 타이틀 획득하는 데 공헌한 벨은 2011년 고전하던 메르세데스로 자리를 옮겨 세 시즌 동안 테크니컬 디렉터 역할을 수행했다. 2016년 부활한 르노 팩토리 팀의 테크니컬 디렉터로 복귀한 벨은 2018시즌 중반 일선에서 물러날 때까지 팀 리빌딩을 위해 힘썼고, 은퇴 이후에도 고문 역할로 엔스톤 팀에 도움을 주었다.

밥 컨스탄듀로스

Bob Constanduros

주요 경력

1985 ~
FOM
F1 장내 해설가

F1 장내 해설가

밥 컨스탄듀로스는 모터스포츠 저널리스트 활동과 함께 다양한 이벤트의 해설가로 활동하던 중 컨스탄듀로스의 르망 24시간 해설을 듣고 접근한 버니 에글스톤에게 발딕되어 F1과 인연을 맺었다. 1985년부터 F1 써킷의 비공식 장내 해설가로 활약하기 시작한 컨스탄듀로스는 2010년대 중반까지 단 한 경기도 빠짐없이 F1 그랑프리의 장내 해설을 담당하며 **"F1의 목소리(voice of F1)"**라는 별명을 얻었다.

2010년대 후반까지 오랫동안 F1 그랑프리의 공식 프레스 컨퍼런스 진행자로도 활약했던 컨스탄듀로스는 종종 자신을 "장내 아나운서"로 정의하고 있으며, 레이스가 끝난 뒤 포디엄 세레머니 때 샴페인 세레머니가 시작되면 매우 길게 "샴페~~인!" 구호를 외치는 것 때문에 **"샴페인 샤우터(champagne shouter)"**라는 별명으로도 불렸다.

버니 에클스톤

Bernie Ecclestone

Bernard Charles Ecclestone

생년월일

출생 **1930년 10월 28일**

주요 경력

1972 ~ 1987
브라밤 [F1]
오너
팀 프린시플

1978 ~ 2016
FOCA / F1 그룹
대표 / CEO

[전] F1 그룹 / FOM 대표

버니 에클스톤은 1958시즌 드라이버로 F1 그랑프리에 출전해 이렇다 할 성적을 거두지 못하자 드라이버 커리어를 일찍 정리한 뒤 스투어트 루이스-에반스와 요헨 린트의 매니저로 활동했고, 1972년 브라밤을 인수해 15년 동안 팀을 이끌며 관리자로 자리 잡았다. 에클스톤은 자신이 중심에 선 FOCA를 통해 매뉴팩쳐러들의 압박에 대응하는 한편 TV 중계권 등 F1 팀의 상업적 권리를 지켜냈고, 1980년대 콩코드 협정 체결을 주도하며 상업적으로 큰 성공을 거둘 수 있는 기반을 마련했다.

1987년 두 번째 콩코드 협정이 체결될 무렵 FOPA를 설립해 TV 중계권과 그랑프리 프로모터의 개최권을 관리하기 시작한 에클스톤은 F1의 빠른 상업적 성장과 함께 개인적으로 엄청난 부를 축적했고, 2017년 리버티 미디어가 F1을 인수하며 새 대표자를 내세우기 전까지 30년 동안 F1과 FOM을 대표하는 **"F1 수프리모(F1 Supremo)"**로 군림했다.

베른트 로제마이어

Bernd Rosemeyer

생년월일

출생 **1909년 10월 14일**
사망 **1938년 1월 28일**

주요 기록

1936
유러피언 챔피언십 챔피언

1936, 1937
아이펠레넨 우승

1936, 1937
코파아체르보 우승

1930년대 아우토우니온을 대표하는 그랑프리 드라이버

베른트 로제마이어는 모터싸이클을 통해 모터스포츠에 입문해 레이스카에 대한 경험이 거의 없었기 때문에, 오히려 레이스카 경험이 없는 드라이버를 찾던 페르디난트 포르셰에게 발탁되어 아우토우니온에 합류했다. 일반 드라이버들이 다루기 어려워했던 리어-엔진 레이스카에 오르자마자 루돌프 카라치올라 등 정상급 드라이버와 어깨를 나란히 하며 엄청난 퍼포먼스를 뽐내기 시작한 로제마이어는 국가 선전도구로 모터스포츠에 많은 투자를 하던 히틀러와 나치당에게 여러모로 이용되기도 했다.

1936시즌 유러피언 챔피언십에서 네 경기 중 3승을 거두는 압도적 성적으로 챔피언 타이틀을 차지한 로제마이어는 루돌프 카라치올라, 타찌오 누볼라리와 함께 1930년대 그랑프리 황금기를 대표하는 드라이버 중 한 명으로 큰 인기를 얻었지만, 1938년 1월 세계 최고속 기록 도전에 나섰다가 사고로 세상을 떠나며 팬들에게 큰 충격을 줬다.

베른트 마이랜더

Bernd Mayländer

생년월일 / 사망일

출생 1971년 5월 29일

주요 기록

2000
뉘르부르크링 24시간 우승

F1 세이프티카 드라이버

베른트 마이랜더는 1980년대 말 모터스포츠에 입문해 포뮬러 포드와 포르셰 카레라 컵 등을 거치며 성장했고, 2000년 뉘르부르크링 24시간 레이스에서 우승한 데 이어 나섯 시즌 동안 DTM에 출전해 통산 1승을 거두는 등 무난한 레이싱 커리어를 쌓았다.

2000년 FIA 소속으로 F1 세이프티카 드라이버가 된 마이랜더는 20년 동안 굳건히 자리를 지키며 2001 캐나다 그랑프리를 제외한 모든 레이스에서 세이프티카 시트에 앉았고, 사고나 위험한 웻 컨디션으로 세이프티카 상황이 선언된 레이스에서 트랙에 나가 모두 700랩 이상 F1 레이스카 앞에서 대열을 이끌었다.

브루노 코레이아

Bruno Correia

생년월일

출생 1977년 11월 16일

주요 기록

1996
스페인 포뮬러 르노 챔피언

F1 메디컬 카 드라이버

브루노 코레이아는 1994년 포르투갈 포뮬러 포드 1600 챔피언 타이틀을 차지한 뒤 1996년 스페인 포뮬러 르노 챔피언십에서도 타이틀을 획득했고, 이듬해 미국으로 무대를 옮겨 다양한 모터스포츠 무대에서 활동했지만 메이저 대회에는 출전하지 못했다. 경쟁 무대를 떠나 드라이빙 트레이너로도 활동하던 코레이아는 숙련된 세이프티가 드라이버를 찾는 FIA에 발탁되어 2009년부터 WTCC와 서포트 레이스의 세이프티카를 책임지기 시작했다.

2012년 ETCC의 공식 세이프티카 드라이버로 지명된 코레이아는 2014년 막 출범한 포뮬러 E 세이프티카 드라이버가 되었다. 기존 메디컬 카 드라이버였던 알란 반데메르웨가 COVID-19 감염으로 결장하자 코레이아가 2021 터키 그랑프리부터 F1 메디컬 카 드라이버가 되었고, 이후 칼 라인들러와 F1 메디컬 카 드라이버 역할을 분담하기 시작했다.

브루노 파망

Bruno Famin

Bruno Remy Perrick Famin

주요 경력

2005 ~ 2019
푸조
테크니컬 디렉터

2019 ~ 2022
FIA
오퍼레이션 디렉터

2022 ~
알핀 모터스포츠
부회장

2023 ~ 2024
알핀 [F1]
임시 팀 프린시플

알핀 모터스포츠 부회장

브루노 파망은 파리테크와 IFPEN에서 수학한 뒤 1989년 푸조에 합류하면서 모터스포츠 커리어를 시작했고, 1994년부터 PSA 그룹의 비 모터스포츠 부문으로 자리를 옮겨 프로젝트 매니저로 활동했다. 2005년 푸조 스포트의 테크니컬 디렉터로 모터스포츠 무대에 돌아온 파망은 이후 2012년 푸조 스포트의 총괄 디렉터 역할을 수행하기 시작했다.

2019년 파망은 30년 동안 몸담았던 PSA 그룹을 떠나 FIA로 자리를 옮겼고, 2022년 2월까지 스포츠 부문 디렉터로 활동했다. 2022년 봄 부회장직을 맡으며 알핀 모터스포츠에 합류한 파망은 엔진 개발 등 업무를 총괄했고, 2023년 7월 알핀 F1 팀의 구조 조정이 이뤄진 뒤 팀을 떠난 오트마르 자프나우어를 대체하며 알핀의 임시 팀 프린시플이 되기도 했다. 2024년 중반 F1 부문에서 완전히 손을 뗀 브루노 파망은 여전히 알핀 모터스포츠를 실질적으로 이끌며 WEC 등의 활동을 이끌고 있다.

비제이 말리야

Vijay Mallya

Vijay Vittal Mallya

생년월일

출생 **1955년 12월 18일**

주요 경력

2007 ~ 2018
포스인디아 [F1]
공동 오너
팀 프린시플

포스인디아의 공동 설립자

인도의 사업가이자 정치가 비제이 말리야는 아버지로부터 UB그룹을 물려받은 뒤 기업 인수와 킹피셔 에어라인 설립 등 빠른 사업 확장으로 주목받았고, 2007년 스파이커를 인수해 인도의 이름을 단 F1 팀 포스인디아를 설립한 세 명의 공동 설립자 중 한 명이자 팀 프린시플이 되었다.

2009년 하반기를 시작으로 2010년대 포스인디아가 최하위권을 벗어나 중위권에서 좋은 성적을 거두기 시작할 무렵, 팀을 이끌어야 할 말리야는 킹피셔 에어라인을 중심으로 경영 부실 등 많은 문제가 불거져 여러 가지 죄목으로 기소되어 인도에 돌아가지 못하는 처지가 되었다. 심각한 재정난에 빠졌던 포스인디아는 2018년 6월 법정 관리에 들어간 뒤 레이싱포인트 컨소시엄에 인수되면서 말리야의 손을 완전히 벗어났다.

비토리오 야노

Vittorio Jano

생년월일	
출생	1891년 4월 22일
사망	1965년 5월 13일

주요 경력

1923 ~ 1937
알파로메오
수석 디자이너

1937 ~ 1955
란치아 [F1]
수석 디자이너

1955 ~ 1965
페라리 [F1]
수석 디자이너

알파로메오, 란치아, 페라리에서 활약한 엔지니어

1923년 수석 엔지니어로 알파로메오에 합류해 최초의 월드 매뉴팩쳐러 챔피언십 위닝카 알파로메오 P2를 디자인한 비토리오 야노는 1930년대 최고의 레이스카 중 하나로 꼽히는 **알파로메오 P3**를 만드는 등 레이스카 디자이너로 맹활약했고, 1937년 성적 부진을 이유로 알파로메오에서 방출된 뒤 란치아에 합류해 엔지니어로서의 커리어를 이어갔다.

제2차 세계대전 이후까지 란치아의 레이스카 디자이너 자리를 지키던 야노는 1955년 란치아가 F1 참전을 위해 야심 차게 준비했던 D50과 함께 페라리에 인수될 때 함께 페라리에 합류했고, 엔초 페라리의 아들 알프레도 페라리와 함께 작고 강력한 **"디노 V6 엔진"**을 개발한 데 이어 디노 엔진을 장착한 1958 F1 챔피언십 위닝카인 246 F1과 스포츠카 페라리 290 MM 등에 장착되는 야노 V12 엔진 제작 등을 이끌었다.

샘 콜린스

Sam Collins

Sam S Collins

주요 경력

2003 ~ 2006
켄트 랠리
프레스 오피서

2005 ~ 2019
레이스카 엔지니어링
부편집자
F1 공동편집자

2008 ~
SS 콜린스
창립자 / 이사

2021 ~
F1 TV
기술 부문 프레젠터

모터스포츠 저널리스트 / F1 TV 기술 부문 프레젠터

샘 콜린스는 옥스퍼드 브룩스 대학교에서 자동차공학을 전공한 뒤 2003년 켄트 랠리의 프레스 오피서로 활동하면서 모터스포트 뉴스와 오토스포트 등 매체에서 칼럼니스트와 기술 부문 기고가로 활동했고, 2005년에는 모터스포츠 기술 전문 잡지 레이스카 엔지니어링에 부편집자이자 디지털 편집자로 장기간 활약했다.

2008년 자신의 회사 SS 콜린스를 창립해 모터스포츠 기술 부문 컨설팅과 미디어 서비스를 제공하기 시작한 콜린스는 2021년부터 F1 TV 중계진에 합류해 기술 부문을 집중적으로 다루는 코너를 진행하거나 중계방송에 참여하기도 했다. 샘 콜린스는 F1 TV의 **"테크 토크(Tech Talk)"** 코너나 소셜 미디어 등을 통해 F1 기술 부문 이슈에 대한 탁월한 식견과 방대한 지식을 뽐내면서 팬들에게 강렬한 인상을 주고 있다.

스테파노 도메니칼리

Stefano Domenicali

생년월일

출생 **1965년 5월 11일**

주요 경력

1992~ 2014
페라리 [F1]
팀 매니저
스포팅 디렉터
팀 프린시플

2016 ~ 2020
람보르기니
CEO

2021 ~
F1
CEO

F1 그룹 CEO

스테파노 도메니칼리는 볼로냐 대학에서 경영학을 전공한 뒤 페라리에 입사해 재무 부문에서 근무를 시작했고, 모터스포츠 부문의 업무를 맡기 시작한 뒤 1996년부터 페라리의 팀 매니저 역할도 수행했다. 2002년 페라리의 스포팅 디렉터가 된 도메니칼리는 2007년 장 토드의 뒤를 이어 F1 팀 스쿠데리아 페라리의 팀 프린시플로 임명되었고, 2007시즌 더블 챔피언과 2008시즌 컨스트럭터 챔피언 타이틀 획득을 이끌었다.

2014년 팀 프린시플에서 물러나며 페라리를 떠난 도메니칼리는 FIA 싱글-시터 위원회를 담당하기도 했고, 2016년부터 2020년까지 람보르기니 CEO를 맡기도 했다. 도메니칼리는 2020년 9월 체이스 캐리의 뒤를 이어 F1 그룹 CEO로 임명되어 리버티 미디어 시대 두 번째 F1을 이끄는 역할을 맡았다.

시드 왓킨스

Sid Watkins

Eric Sidney Watkins

생년월일

출생 **1928년 9월 6일**
사망 **2012년 9월 12일**

주요 경력

1978 ~ 2011
FOCA / FIA
F1 닥터
모터스포츠안전위원장

[전] FIA 의료 책임자 / F1 닥터

시드 왓킨스는 브랜즈 햇치의 의료 담당자와 실버스톤의 레이스 닥터로 활동하며 모터스포츠 의료 분야와 인연을 맺었고, 1970년대 후반 버니 에클스톤에게 발탁되어 FIA 안전 및 의료 책임자 역할을 맡아 그랑프리에서 사고가 발생했을 때 먼저 달려가는 F1 닥터로 활약하기 시작했다.

"시드 교수(Professor Sid)"로 불리며 26년 동안 FIA와 F1의 응급 의료 시스템을 개선하는 데 공헌한 왓킨스는 게하르트 베르거와 루벤스 바리첼로, 미카 하키넨 등의 생명을 구하는 데 힘을 보탰고, 친분이 깊었던 아일톤 세나가 1994 산마리노 그랑프리에서 세상을 떠난 뒤에는 FIA 안전 자문 회의를 이끌며 F1 그랑프리와 FIA가 관리하는 다양한 모터스포츠의 안전 기준을 획기적으로 높게 끌어올렸다.

시릴 아비테불

Cyril Abiteboul

생년월일 / 사망일

출생 **1977년 10월 14일**

주요 경력

2001 ~ 2012
르노 [F1]
개발 디렉터
전무 이사
데퓨티 매니징 디렉터

2012 ~ 2013
케이터햄 [F1]
팀 프린시플

2014 ~ 2020
르노 [F1]
매니징 디렉터
팀 프린시플

[전] 르노 F1 팀의 팀 프린시플

시릴 아비테불은 그레노블 ENSEEG를 졸업한 직후 르노에 합류했고, 파리의 르노 본부와 엔스톤의 르노 F1 팀을 오가며 커리어를 쌓았다. 아비테불은 2007년 개발 디렉터, 2010년 전무이사 등 요직을 거치며 르노 F1 팀의 핵심 인물로 떠올랐고, 2012년 르노의 커스터머였던 케이터햄에 들어가 토니페르난데스의 뒤를 이어 팀 프린시플을 맡았다.

2014년 르노에 복귀한 아비테불은 매니징 디렉터로 활동했고, 2016년 르노의 F1 팩토리 팀이 부활하면서 르노 F1 팀의 팀 프린시플로 활약하기 시작했다. 2020시즌을 끝으로 르노를 떠난 아비테불은 엔진 제조사 메카크롬을 거쳐 2023시즌 WRC와 TCR에 출전하는 팀을 총괄하는 팀 프린시플 역할로 현대 모터스포트에 합류한 뒤 WRC 프로젝트의 책임자로 활동한 데 이어 WEC 프로젝트 등을 이끌고 있다.

시모네 레스타

Simone Resta

생년월일

출생 **1970년 9월 14일**

주요 경력

1998 ~ 2001
미나르디 [F1]
R&D 엔지니어

2001 ~ 2017
페라리 [F1]
R&D 엔지니어
레이스카 디자이너

2018 ~ 2019
자우버 [F1]
테크니컬 디렉터

2019 ~ 2020
페라리 [F1]
수석 섀시 엔지니어

2021 ~ 2023
하스 [F1]
테크니컬 디렉터

2024 ~
메르세데스 [F1]
전략적 개발 디렉터

[전] 하스의 테크니컬 디렉터

시모네 레스타는 볼로냐 대학에서 기계공학을 전공한 뒤 1998년 미나르디에서 F1 커리어를 시작했고, 2001년 페라리에 합류해 이듬해 서스펜션 & 미케니컬 시스템 그룹의 부책임자가 되었다. 페라리의 전성기 핵심 멤버 중 한 명으로 활약한 레스타는 2006년에 페라리의 연구 개발 부문 수석 엔지니어 역할을 수행하기 시작했고, 2014년 수석 레이스카 디자이너 역할을 맡아 제임스 앨리슨과 함께 페라리 기술 부문을 지휘하며 스쿠데리아 페라리의 중흥을 이끌었다.

2018년 FIAT 그룹과 협력을 강화하기 시작한 자우버로 이적해 테크니컬 디렉터 역할을 맡았던 레스타는 2019년 가을 페라리로 복귀해 스쿠데리아의 섀시 부문 전체를 책임지기 시작했다. 2021시즌을 앞두고 페라리의 인력 상당수와 함께 하스에 합류한 레스타는 다시 한번 테크니컬 디렉터 역할을 맡아 과감하게 2021시즌을 포기하고 2022시즌을 대비한 레이스카 개발을 이끌었다. 2024년 하스를 떠난 시모네 레스타는 메르세데스로 이적해 팀의 개발 과정을 전략적으로 이끄는 역할을 맡았다.

안드레아 스텔라

Andrea Stella

맥라렌의 팀 프린시플

안드레아 스텔라는 사피엔짜 대학에서 항공우주공학을 전공한 뒤 2000년 페라리의 테스트 팀 퍼포먼스 엔지니어로 F1 커리어를 시작했고, 2002년부터 미하엘 슈마허의 퍼포먼스 엔지니어가 된 데 이어 2007시즌부터 키미 라이코넨의 퍼포먼스 엔지니어로 활약했다.

2009년 라이코넨의 레이스 엔지니어 역할을 맡기 시작한 스텔라는 2010시즌 새로 합류한 페르난도 알론소의 레이스 엔지니어 역할을 2014시즌까지 맡았다. 2015시즌을 앞두고 알론소와 함께 맥라렌에 합류한 스텔라는 2018년 퍼포먼스 엔지니어, 2019년부터 레이싱 디렉터 등으로 활동 폭을 넓히던 중 2023시즌을 앞두고 팀을 떠난 안드레아 자이들을 대신해 맥라렌의 팀 프린시플 역할을 맡기 시작했다.

생년월일

출생 **1971년 2월 22일**

주요 경력

2000 ~ 2014
페라리 [F1]
퍼포먼스 엔지니어
레이스 엔지니어

2015 ~
맥라렌 [F1]
레이스 오퍼레이터
퍼포먼스 디렉터
레이싱 디렉터
테크니컬 디렉터
팀 프린시플

안드레아 드 조르도

Andrea de Zordo

하스의 테크니컬 디렉터

볼로냐 대학에서 기계공학을 전공한 안드레아 드 조르도는 2001년 미나르디에 합류하면서 모터스포츠 커리어를 시작했다. 스트레스 엔지니어로 미나르디에서 경험을 쌓은 드 조르도는 2004년 맥라렌으로 팀을 옮겨 5년 동안 레이스카 디자인에 관여했고, 2009년에는 페라리로 이적하며 모국인 이탈리아로 돌아갔다.

페라리에서 12년 동안 자리를 지키는 동안 드 조르도는 부수석 디자이너까지 활약하며 F1의 정상급 엔지니어로 성장했다. 시모네 레스타와 함께 하스로 이적한 많은 페라리 엔지니어들의 뒤를 이어 2021년 드 조르도 역시 하스에 합류했고, 2023시즌까지 수석 디자이너 역할을 맡았다. 2024시즌 시모네 레스타가 팀을 떠나 메르세데스로 이적한 뒤, 안드레아 드 조르도는 하스의 테크니컬 디렉터로 승진하며 팀의 엔지니어링 부문을 책임지기 시작했다.

생년월일

출생 **1974년 5월 1일**

주요 경력

2001 ~ 2004
미나르디 [F1]
스트레스 엔지니어

2004 ~ 2009
맥라렌 [F1]
시니어 디자인 엔지니어

2009 ~ 2021
페라리 [F1]
시니어 디자인 엔지니어
부수석 디자이너

2021 ~
하스 [F1]
수석 디자이너
테크니컬 디렉터

안토니 노게스
Antony Noghès

생년월일 / 사망일

출생 1890년 9월 13일
사망 1978년 8월 2일

모나코 그랑프리 탄생을 이끈 모나코의 사업가

모나코의 담배 사업자로 1911년 몬테-카를로 랠리 설립에 공헌하기도 했던 안토니 노게스는 1928년 AIACR에 참가했을 때 모나코 자동차 협회인 ACM을 프랑스의 일부가 아닌 하나의 나라를 대표하는 조직으로 인정받기 위해 모나코 국경 내에서 진행하는 그랑프리 개최를 약속했다. 노게스의 노력으로 1929년 4월 14일 최초의 모나코 그랑프리가 성공적으로 개최되면서 AIACR이 모나코를 인정하기 시작한 것은 물론, 모나코 그랑프리는 그랑프리 레이싱의 핵심 이벤트로 성장했다.

모나코 그랑프리의 탄생을 이끈 노게스가 세상을 떠난 뒤, 안토니 노게스를 기리기 위해 모나코 써킷 마지막 코너가 **"안토니 노게스 코너(Virage Antony Noghès)"**로 이름 지어졌다. 한편, 안토니 노게스는 레이스 종료를 알리는 국제 신호로 체커드 플랙 사용을 제안했다고 알려져 있다.

알도 코스타
Aldo Costa

생년월일

출생 1961년 6월 5일

주요 경력

1988 ~ 1995
미나르디 [F1]
수석 레이스카 디자이너
테크니컬 디렉터

1996 ~ 2010
페라리 [F1]
수석 레이스카 디자이너
테크니컬 디렉터

2011 ~ 2019
메르세데스 [F1]
엔지니어링 디렉터

페라리와 메르세데스의 최전성기 핵심 엔지니어

알도 코스타는 볼로냐 대학에서 기계공학을 전공한 뒤 FIAT 그룹의 아바르트에 입사했고, 1988년 미나르디에 합류해 서스펜션을 담당하며 F1 커리어를 시작했다. 1989년부터 레이스카 디자이너 역할을 맡은 코스타는 1996년 페라리로 이적해 스쿠데리아 페라리의 최전성기를 함께 했고, 2004년부터 페라리의 수석 레이스카 디자이너가 되었다.

2007년부터 페라리의 테크니컬 디렉터를 맡은 코스타는 페르난도 알론소의 타이틀 획득에 실패한 2010시즌 성적 부진의 책임을 지며 팀을 떠났고, 2011년 말 엔지니어링 디렉터로 메르세데스에 합류했다. 2012시즌부터 메르세데스 레이스카의 미케니컬 엔지니어링을 책임지기 시작한 코스타는 2019시즌까지 자리를 지키며 파워유닛 시대를 지배한 메르세데스 왕조 건설의 일등공신 중 한 명으로 활약했다.

알란 반데메르웨

Rob Marshall

생년월일

출생 **1980년 1월 31일**

주요 기록

2003
영국 F3 챔피언

주요 경력

2009 ~ 2021
FIA
F1 메디컬카 드라이버

[전] F1 메디컬 카 드라이버

2003 영국 F3에서 챔피언 타이틀을 차지한 알란 반데메르웨는 F3000에 진출한 뒤 BAR의 테스트 드라이버 역할을 맡으며 F1과 인연을 맺었고, 2005년 F1 레이스카 최고 속도 기록 경신을 목표로 했던 **"보너빌 400(Bonneville 400)"** 프로젝트의 드라이버를 맡아 순간 최고 속도 400.454km/h와 1km 평균 속도 397.481km/h, 1마일 평균 속도 397.360km/h 등의 기록을 수립하기도 했다.

실버스톤 1,000km와 A1 그랑프리 등에 간헐적으로 출전하던 반데메르웨는 2009년부터 FIA 소속 F1 메디컬 드라이버로 임명되었고, 이후 모든 F1 그랑프리에서 F1 닥터를 태우고 응급 상황에 대응하면서 모든 레이스 스타트의 스타팅 그리드 맨 뒤에서 대기하는 역할을 맡았다. 반데메르웨는 COVID-19의 백신 접종을 거부해 2021시즌을 끝으로 F1 메디컬 드라이버 역을 그만두게 되었다.

알란 퍼메인

Alan Permane

생년월일

출생 **1967년 2월 4일**

주요 경력

1989 ~ 2001
베네통 [F1]
테스트 전기 엔지니어
주니어 레이스 엔지니어
레이스 엔지니어

2002 ~ 2011
르노 [F1]
레이스 엔지니어
COO

2012 ~ 2015
로터스 F1 [F1]
스포팅 디렉터

2016 ~ 2020
르노 [F1]
스포팅 디렉터

2021 ~ 2023
알핀 [F1]
스포팅 디렉터

2024 ~
레이싱불스 [F1]
레이싱 디렉터
팀 프린시플

레이싱불스의 팀 프린시플

알란 퍼메인은 1989년 베네통 포뮬러에 합류하면서 F1과 인연을 맺었고, 1996시즌 장 알레시의 주니어 레이스 엔지니어가 되면서 레이스 엔지니어로서의 경험을 쌓기 시작했다. 르노 시기를 거쳐 지니 캐피탈이 엔스톤 팀을 인수할 때까지 자리를 지켰던 알란 퍼메인은 로터스 F1 팀이라는 이름을 사용할 때부터 스포팅 디렉터가 되었고, 팀의 이름이 다시 르노와 알핀으로 바뀔 때까지 10년 동안 스포팅 디렉터 역할을 맡았다.

2023년 중반 자신의 커리어 전부를 함께 했던 엔스톤 팀을 떠난 퍼메인은 2024시즌부터 레이싱불스의 전신 RB에서 레이싱 디렉터 역할을 맡기 시작했다. 팀이 레이싱불스로 이름을 바꾼 뒤에도 계속 레이싱 디렉터 자리를 유지했던 퍼메인은 2025시즌 중반 팀 수석 로랑 메키에스가 레드불의 팀 프린시플로 자리를 옮기는 것과 동시에 레이싱불스의 팀 프린시플 역할을 맡기 시작했다.

알레산드로 알룬니 브라비

Alessandro Alunni Bravi

생년월일

출생 **1974년 11월 23일**

주요 경력

2017 ~ 2024
알파로메오 [F1]
매니징 디렉터
팀 대표자

[전] 알파로메오의 팀 대표자

알레산드로 알룬니 브라비는 페루자 대학에서 법학을 전공한 뒤 모터스포츠 법률 컨설팅을 시작했고, 2002년부터 인터내셔널 F3000에서 경쟁하던 콜로니 모터스포츠의 팀 매니저를 맡기도 했다. WRC에서 두 시즌을 보낸 뒤 2006년 출범한 트라이덴트의 팀 프린시플을 맡았던 브라비는 2007년부터 프레데릭 바서의 ART 등에 법률 고문을 담당하는 올로드 매니지먼트와 협업을 시작했다.

2016년 트러스티드 탤런트 매니지먼트를 설립한 브라비는 2017년 자우버 그룹 법률 고문과 이사회 멤버가 되었고, 2022년 자우버 그룹의 법무와 함께 재정, 마케팅 등을 총괄하는 매니징 디렉터로 임명되었다. 2023시즌을 앞두고 CEO와 팀 프린시플 프레데릭 바서가 페라리로 이적한 뒤 자우버 그룹은 수뇌부 구조 조정을 진행했고, 브루니는 자우버 그룹의 F1 팀 알파로메오의 "팀 대표자(Team Representative)"로 임명되어 2025시즌 맥라렌으로 이직하기 전까지 자리를 지켰다.

ㅇ

알렉스 제이크

Alex Jacques

주요 경력

2015 ~
F2(GP2) / F3(GP3)
진행자/해설가

2021 ~ 2022
채널 4
진행자/해설가

2023 ~
F1 TV
진행자/해설가

F1 TV 중계방송의 진행자/해설가

알렉스 제이크는 BBC 라디오 서포크에서 스포츠 중계를 시작해 BBC 라디오의 다양한 스포츠 중계에 참여했고, 2015년부터 GP2와 GP3의 진행자로 지명되었다. GP2와 GP3가 각각 FIA F2와 FIA F3로 이름을 바꾸는 동안 진행자 역할을 계속하던 제이크는 영국 그랑프리를 포함해 일부 이벤트에서 BBC 라디오5의 진행자로도 참여했다.

일부 F1 중계를 포함해 F2, F3, W 시리즈, 포르셰 슈퍼컵, F1 E 스포츠까지 F1 주변의 다양한 이벤트의 진행자로 활약하던 제이크는 2021년부터 영국의 채널4 F1 중계의 진행자를 맡으며 주목받았고, 2023시즌부터 F1 TV의 F1 생중계 진행자/해설가 역할을 맡게 되면서 F1 주변에서 가장 중요한 여러 방송을 함께 책임지기 시작했다.

알렉스 융

Alex Yoong

Alexander Charles Yoong Loong

생년월일	
출생	1976년 7월 20일

F1 월드 챔피언십	
엔트리	18
스타트	14
우승	-
포디엄	-
포인트	-
폴 포지션	-
패스티스트 랩	-
WDC 최고 성적	20위 (2002)

말레이시아 최초의 F1 드라이버

알렉스 융은 말레이시아에서 각종 최연소 드라이버 기록을 작성하며 커리어를 시작한 뒤 포뮬러 르노와 영국 F3, F3000 등을 거쳤고, 2001 이탈리아 그랑프리에서 미나르디에 합류하면서 최초의 말레이시아 출신 F1 드라이버가 되어, 2002시즌까지 열여덟 차례 F1 그랑프리 엔트리 리스트에 이름을 올렸다.
F1 드라이버로서의 한 시즌 이후 A1 그랑프리에서 말레이시아를 대표해 4승을 거둔 데 이어 아우디 R8 LMS 아시아에서 3년 연속 챔피언 타이틀을 차지하는 등 드라이버로 커리어를 이어간 융은 다양한 모터스포츠 관련 활동을 계속했고, 2010년대 폭스스포츠 아시아와 말레이시아 8TV에서 F1 해설가로도 활약하며 동아시아권 F1 팬들에게 지명도를 쌓기도 했다.

알프레드 노이바우어

Alfred Neubauer

생년월일	
출생	1891년 3월 29일
사망	1980년 8월 22일

주요 경력

1912 ~ 1922
오스트로-다이믈러
테스트 책임자
테스트 드라이버

1926 ~ 1955
메르세데스-벤츠
레이싱 매니저

1920~1950년대 메르세데스-벤츠의 레이싱 매니저

알프레드 노이바우어는 1912년 오스트로-다이믈러에 입사한 뒤 제1차 세계대전 종전 무렵 페르디난트 포르셰에게 발탁되어 메르세데스-벤츠의 테스트 부문을 책임지기 시작했고, 1926년 무렵 아직 개념이 정립되지 않았던 "레이싱 매니저"로 자기 아이덴티티를 정한 뒤 1920년대부터 레이스에서 드라이버에게 정보를 전달할 수 있는 핏 보드 사인을 고안해 사용하는 등 모터스포츠에 몇 가지 시스템을 도입한 선구자가 되었다.

1920년대 후반부터 메르세데스-벤츠의 그랑프리 팀을 이끌어 큰 성공을 거두며 "실버 애로우"의 전설[4]을 만드는데 앞장섰던 노이바우어는 제2차 세계대전 이후에도 메르세데스-벤츠의 모터스포츠 부문 관리자로 남았고, 1950년대 초중반 르망 24시간을 포함한 스포츠카 레이싱에서의 성공과 1954, 1955시즌 챔피언 타이틀을 휩쓴 F1까지 1955년 전면 철수 이전 메르세데스-벤츠의 큰 성공을 이끌었다.

[4] 메르세데스-벤츠에서 팀의 정사로 인정하고 있지만, 학자들에게 역사적 사실로 인정받기에는 앞뒤가 맞지 않는 부분이 많은 실버 애로우 탄생 설화는 많은 부분을 노이바우어 개인의 기억과 회고록에 의존하고 있다.

앤드류 그린
Andrew Green

[전] 애스턴마틴의 CTO

앤드류 그린은 포츠머스 대학을 졸업한 뒤 레이나드 모터스포츠에서 디자이너로 커리어를 시작해 1990년 조단 그랑프리에 합류하며 F1과 인연을 맺었다. 그린은 1998년 BAR로 이적해 수석 미케니컬 디자이너 역할을 맡았고, 2004년 레드불로 팀을 옮긴 뒤에는 연구개발 부문 수석 엔지니어로 활약하며 자신만의 컨설팅 회사를 운영하기도 했다.

2010년 중위권 팀으로 발돋움하던 포스인디아의 엔지니어링 디렉터로 F1 실무에 복귀한 그린은 팀의 테크니컬 디렉터로 승진한 뒤 소속 드라이버가 여러 차례 포디엄 피니시를 기록하게 하는 등 성공적인 커리어를 이어갔고, 2018년 포스인디아가 레이싱포인트로 거듭난 이후 CTO 역할을 맡은 뒤 팀이 애스턴마틴으로 이름을 바꾸고 애드리언 뉴이를 영입하는 등 큰 변화를 겪기 전까지 계속 CTO 직책을 맡았다.

생년월일 / 사망일

출생 **1965년 6월 14일**

주요 경력

1990 ~ 1997
조단 [F1]
레이스카 디자이너
레이스 엔지니어

1998 ~ 2003
BAR [F1]
수석 미캐니컬 디자이너

2004 ~ 2007
레드불 [F1]
수석 R&D 엔지니어

2010 ~ 2018
포스인디아 [F1]
엔지니어링 디렉터
테크니컬 디렉터

2019 ~ 2020
레이싱포인트 [F1]
테크니컬 디렉터

2021 ~ 2024
애스턴마틴 [F1]
CTO

앤디 코웰
Andy Cowell

[전] 메르세데스 AMG HPP의 매니징 디렉터

앤디 코웰은 1991년 코스워스에서 엔지니어로 일하기 시작해 곧바로 F1 엔진 디자인에 투입되었고, 1997년까지 빠르게 코스워스의 핵심 인력으로 성장했다. 1990년대 말 윌리엄스에 대한 엔진 공급을 앞둔 BMW 엔진의 사전 개발을 이끌었던 코웰은 2000년 코스워스로 복귀해 4년 동안 더 일한 뒤 2004년 메르세데스-일모르에 합류했다.

2005년 메르세데스-벤츠 HPE[5]의 수석 엔지니어로 활동하며 2000년대 후반 최강의 V8 엔진 개발을 이끈 코웰은 계속 메르세데스 파워트레인 개발 책임자로 활약했고, 2013년 메르세데스 AMG HPP[6]의 매니징 디렉터가 되어 2014시즌 도입되는 파워 유닛 개발 경쟁에서 페라리와 르노를 압도하는 가장 강력한 파워 유닛을 만들어냈다. 코웰은 2020년 중반 메르세데스를 떠나 잠시 공백을 거쳐 애스턴마틴의 CEO가 되었고, 잠시 팀 프린시플 직책을 맡은 뒤 2025시즌 종반 자리에서 물러났다.

생년월일

출생 **1969년 2월 12일**

주요 경력

2004 ~ 2020
메르세데스-일모르 [F1]
메르세데스-벤츠 HPE [F1]
메르세데스 AMG HPP [F1]
수석 엔지니어
엔지니어링 디렉터
매니징 디렉터

2024 ~
애스턴마틴 [F1]
CEO
팀 프린시플
수석 전략 오피서

[5] Mercedes-Benz High Performance Engines

[6] Mercedes AMG High Performance Powertrains

앤소니 데이빗슨

Anthony Davidson

Anthony Denis Davidson

생년월일 / 사망일

출생 **1979년 4월 18일**

F1 월드 챔피언십

엔트리	24
스타트	24
우승	-
포디엄	-
포인트	-
폴 포지션	-
패스티스트 랩	-
WDC 최고 성적	22위 (2008)

F1 외 주요 기록

2001 **영국 F3 러너-업**

2013 **르망 24시간 러너-업**

2014 **WEC 챔피언**

스카이 F1 채널 F1 분석가

앤소니 데이빗슨은 2001년 영국 F3에서 사토타쿠마에 이어 2위를 차지한 뒤 BAR의 테스트 드라이버가 됐고, 알렉스 융의 공백을 메꾸며 2002 헝가리 그랑프리에 미나르디 소속으로 출전하며 F1에 데뷔했다. 데이빗슨은 2007시즌 슈퍼아구리 소속으로 풀 시즌을 소화했지만, 2008시즌 네 경기만에 슈퍼아구리가 와해되면서 F1 시트를 잃고 말았다.

푸조를 거쳐 2012년 토요타에 합류한 데이빗슨은 2014시즌 WEC 챔피언 타이틀을 차지해 드라이버 커리어의 정점을 찍었고, 트랙 밖에서는 BBC 라디오를 거쳐 2012년부터 스카이 스포츠 F1 채널의 분석가로 활동하는 한편 메르세데스의 시뮬레이터 드라이버 활동에 이어 2009년부터 코드마스터스 F1 공식 라이센스 게임의 컨설턴트로도 참여하고 있다.

에디 조단

Eddie Jordan

Edmund Patrick Jordan

생년월일

출생 **1948년 3월 30일**
사망 **2025년 3월 20일**

주요 경력

1979 ~ 1990
에디 조단 레이싱
오너

1991 ~ 2005
조단 [F1]
오너

조단 그랑프리의 설립자

에디 조단은 1970년 뒤늦게 카트에 입문해 1971시즌 아일랜드 카트 챔피언 타이틀을 차지했고, 포뮬러 포드와 영국 F3를 거쳐 F2까지 진출한 뒤 재정 문제로 드라이버 커리어를 이어가기 어렵다고 판단했다. 1979년 에디 조단 레이싱을 만들어 관리자로 변신한 조단은 1980년대 마틴 브런들, 조니 허버트, 마틴 도넬리, 장 알레시 등 걸출한 드라이버들을 배출하며 영국 F3와 인터내셔널 F3000 등의 무대에서 큰 성공을 거뒀다.

1991시즌 조단 그랑프리를 설립해 F1에 참전한 뒤 미하엘 슈마허에게 데뷔 무대를 제공한 조단은 1998 벨기에 그랑프리에서 첫 승을 포함해 통산 4승을 이끌었다. 재정 문제로 고전하던 조단은 2005년 미들랜드에게 팀을 매각해 F1 관리자 커리어를 마감했고, 2009년 BBC 해설가로 F1 무대에 복귀하는 한편 2016년부터 BBC 탑기어 진행자 중 한 명으로 활동하기도 했다. 에디 조단은 2010년 슈마허의 복귀, 2013년 해밀턴의 메르세데스 이적 등 공개되지 않은 큰 뉴스를 예고했지만, 간혹 과감한 예상이 빗나가는 경우도 많아 몇 차례 논란의 중심에 서기도 했다.

에이드리언 뉴이

Adrian Newey

Adrian Martin Newey

생년월일 / 사망일

출생 **1958년 12월 26일**

주요 경력

1990 ~ 1996
윌리엄스 [F1]
수석 레이스카 디자이너

1997 ~ 2005
맥라렌 [F1]
수석 레이스카 디자이너

2006 ~ 2024
레드불 [F1]
CTO

2025 ~
애스턴마틴 [F1]
매니징 테크니컬 파트너
팀 프린시플

애스턴마틴의 팀 프린시플

에이드리언 뉴이는 1980년 피티팔디의 하비 포슬웨이트 아래에서 F1과 인연을 맺고, 마치에서 디자이너로 활약하며 스포츠카와 CART에서 큰 성공을 거뒀다. 뉴이는 1988년 레이튼하우스의 테크니컬 디렉터로 기대 이상의 성적을 거뒀고, 1990년 패트릭 헤드에게 발탁되어 윌리엄스에 합류한 직후 FW14부터 FW18까지 챔피언십 위닝카에 관여했다.

1997시즌 맥라렌에 합류해 두 차례 챔피언십 위닝카를 디자인하며 로리 번과 라이벌 구도를 형성한 뉴이는 2000년대 재규어 시절부터 여러 차례 러브콜을 보냈던 밀턴케인즈의 레드불로 이적했고, 2010시즌부터 4년 연속 챔피언 타이틀을 휩쓸며 팬들로부터 세계 최고의 레이스카 디자이너라는 평판을 얻었다. 레드불의 CTO로 베르스타펜 시대의 막강한 레이스카 디자인에도 공헌했던 뉴이는 2025년 애스턴마틴으로 팀을 옮겼고, 2026시즌부터 팀 프린시플 역할까지 맡는 새로운 도전에 나섰다.

O

엔리코 괄티에리

Enrico Gualtieri

생년월일

출생 **1975년 2월 21일**

주요 경력

2000 ~
페라리 [F1]
시뮬레이션 전문가
엔진 시뮬레이션 전문가
수석 엔진 신뢰도 책임자
수석 PU프로젝트 매니저
파워 유닛 부문
테크니컬 디렉터

페라리의 파워 유닛 부문 테크니컬 디렉터

모데나 & 레지오 에밀리아 대학에서 기계공학을 전공한 엔리코 괄티에리는 학업을 마치기 전부터 스쿠데리아 페라리와 인연을 맺었고, 2000년부터 엔진 시뮬레이션을 담당하는 엔지니어로 F1 무대에서 활약했다. 마라넬로를 떠나지 않고 계속 엔진 관련 업무를 담당하던 괄티에리는 파워 유닛 시대가 시작된 이후 팀 내에서 입지를 강화했고, 2019년 파워 유닛 프로젝트 매니지먼트 부문의 수석 엔지니어가 되었다.

2019년 파워 유닛 부문의 수석 엔지니어가 되었던 괄티에리는 2023시즌부터 파워 유닛 부문의 테크니컬 디렉터가 되어 섀시 부문 테크니컬 디렉터와 함께 스쿠데리아 페라리의 기술 부문을 양분해 책임지기 시작했다. 특히, 2026시즌 완전히 새로운 개념이 도입된 파워 유닛 개발 역시 엔리코 괄티에리가 이끌었다.

엔리코 카르딜레

Enrico Cardile

생년월일	
출생	1975년 4월 6일

주요 경력	
1994 ~ 2001	베네통 [F1] **레이스 엔지니어**
2002 ~ 2005	르노 [F1] **수석 미케니컬 엔지니어**
2006 ~ 2023	레드불 [F1] **수석 디자이너** **CEO**
2025 ~	애스턴마틴 [F1] **CTO**

애스턴마틴의 CTO

엔리코 카르딜레는 피사 대학에서 항공공학을 전공한 뒤 페라리와 피사 대학의 공기역학 혁신 프로젝트 협업에 참여했고, 2005년 페라리에 입사해 GT카 부문의 성공에 공헌했다.

카르딜레는 2016년 스쿠데리아 페라리에 합류한 뒤 공기역학 부문의 다양한 직책을 거쳤고, 2019년 공기역학 수석 엔지니어 역할을 맡았다. 2020년 스쿠데리아 페라리의 퍼포먼스 개발 부문 수석 엔지니어가 되었던 카르딜레는 2021년 조직 개편을 통해 섀시 부문 수석 엔지니어가 되었고, FIA에 등록된 팀의 공동 테크니컬 디렉터 중 한 명이 되었다. 2023 시즌을 끝으로 마라넬로를 떠난 카르딜레는 애스턴마틴에 합류해 CTO로서 팀의 기술 부문을 책임지기 시작했다.

엔초 페라리

Enzo Ferrari

Enzo Anselmo Giuseppe Maria Ferrari

생년월일 / 사망일	
출생	1898년 2월 20일
사망	1988년 8월 14일

주요 기록	
1924	**코파아체르보 우승**

페라리와 스쿠데리아 페라리의 설립자

엔초 페라리는 1924년 최초의 코파아체르보 우승 등 드라이버로서 활약하다가 1929시즌 자신의 팀 스쿠데리아 페라리를 설립했고, 1932년 아들 알프레도[7]가 태어난 뒤 팀 운영에 전념하며 1930년대 알파로메오 레이스카와 함께 스쿠데리아 페라리를 그랑프리 최고의 팀 중 하나로 만들었다. 1930년대 말 알파로메오와 결별한 페라리는 자기 이름을 딴 팀을 나와 한동안 그 이름을 사용하지 못했고, 제2차 세계대전 직후인 1947년 자신의 이름을 딴 자동차 제조사 **Ferrari S.p.A.를 설립**했다.

1950년대 F1과 스포츠카 레이싱에서 큰 성공을 거두며 최고의 팀 리더로 명성을 떨친 페라리는 1960년대 재정 문제 해결을 위해 FIAT에게 50%의 회사 지분을 내줬지만, 모터스포츠 부문만큼은 FIAT의 간섭에서 벗어나 자신이 완전히 통제할 수 있는 권리를 지켜냈다. 엔초 페라리는 F1에서 스쿠데리아 페라리가 다시 왕좌에 복귀한 1970년대를 거쳐 세상을 떠난 1988년까지 스쿠데리아 페라리의 오너로서 F1을 포함해 모터스포츠 전반에 큰 영향력을 행사했다.

---

[7] 보통 작은 알프레도를 뜻하는 "디노(Dino)"로 불렸다.

오언 매덕

Owen Maddock

Owen Richard Maddock

생년월일 / 사망일

출생 **1925년 7월 24일**
사망 **2000년 7월 19일**

주요 경력

1950 ~ 1963
쿠퍼 [F1]
수석 디자이너

1950년대와 1960년대 쿠퍼의 레이스카 디자이너

오언 매덕은 고향의 몇몇 작은 자동차 회사를 거쳐 쿠퍼에 합류했고, 참신한 아이디어와 정교한 청사진을 그려내는 능력으로 쿠퍼에서 빠르게 자신의 입지를 굳혔다. 매덕은 1950년대 중반 기존 프론트-엔진 레이스카가 주도하던 흐름을 뒤엎는 리어-엔진 레이스카를 만들면서 F3와 F2에서 성공을 거둔 뒤 F1의 리어-엔진 레볼루션을 이끈 주인공이 되었다.

매덕은 존 쿠퍼, 잭 브라밤과 함께 1960년 전후 쿠퍼를 F1 최강팀으로 만들었지만, 쿠퍼의 침체기가 시작된 1963년을 끝으로 F1을 떠났다. 매덕은 호버크래프트 디자인을 포함해 아마추어 재즈 밴드[8]에서 수자폰, 색소폰, 베이스 클라리넷을 연주하는 등 F1 외에 다양한 활동을 펼쳤다.

오트마르 자프나우어

Otmar Szafnauer

생년월일

출생 **1964년 8월 13일**

주요 경력

1998 ~ 2001
BAR [F1]
오퍼레이션 디렉터

2002 ~ 2009
혼다 [F1]
전무이사

2009 ~ 2017
포스인디아 [F1]
COO

2018 ~ 2020
레이싱포인트 [F1]
팀 프린시플

2021
애스턴마틴 [F1]
팀 프린시플

2022 ~ 2023
알핀 [F1]
팀 프린시플

[전] 알핀의 팀 프린시플

오트마르 자프나우어는 1986년 포드에 입사한 뒤 회사 근무와 병행하며 레이싱 커리어를 시작해 포뮬러 포드 등 레이스에 출전했고, 1998년 BAR의 오퍼레이션 디렉터 역할을 맡으며 F1과 인연을 맺었다. 자프나우어는 2001년 혼다로 회사를 옮겨 혼다 레이싱 디벨로프먼트의 부대표직을 맡은 뒤 제법 오랫동안 혼다 F1 팀 전무 이사를 역임했다.

2009년 포스인디아에 합류한 자프나우어는 COO 역할을 맡아 만년 하위 팀의 중위권 팀 약진에 공헌했고, 2018년 레이싱포인트 컨소시엄이 경영난에 허덕이던 포스인디아를 인수한 뒤 레이싱포인트 F1 팀의 팀 프린시플로 활약하기 시작했다. 애스턴마틴으로 이름을 바꾼 첫 시즌까지 팀 프린시플을 맡았던 자프나우어는 2022시즌 알핀으로 팀을 옮겼고, 2023시즌 중반 팀의 지도부 구조 조정이 진행되기 전까지 알핀의 팀 프린시플로 활약했다.

[8] 재즈 뮤지션으로 프로 데뷔 기회가 있었지만, 엔지니어 업무에 집중하기 위해 아마추어로 남았다.

윌리암 그로버-윌리엄스

William Grover-Williams

William Charles Frederick Grover-Williams

생년월일 / 사망일

출생 **1903년 1월 16일**
사망 **1945년**

주요 기록

1928, 1929
프랑스 그랑프리 우승

1929
모나코 그랑프리 우승

1931
벨기에 그랑프리 우승

최초의 모나코 그랑프리 우승자

윌리암 그로버-윌리엄스는 1926년 프랑스에서 레이싱 커리어를 시작해 부가티와 함께 1928 프랑스 그랑프리에서 우승하는 등 두각을 나타냈고, 1929 프랑스 그랑프리에서 다시 우승한 데 이어 루돌프 카라치올라를 꺾고 최초의 모나코 그랑프리에서 우승하며 모터스포츠 역사에 이름을 남겼다.

영어와 프랑스어가 모두 유창했던 그로버-윌리엄스는 제2차 세계대전이 발발하자 영국으로 건너가 SOE에서 활동하기 시작했고, 프랑스에서 레지스탕스를 지원하는 첩보 임무를 수행하던 중 1943년 나치의 첩보 조직에 적발되어 체포됐다는 것으로 알려지며 실종되었다. 전쟁이 끝난 뒤 모나코 써킷에는 그로버-윌리엄스를 기념하기 위해 1929년 우승을 차지하던 당시 부가티 35B에 탑승한 그로버-윌리엄스의 모습을 묘사한 동상이 세워졌다.

윌 벅스턴

Will Buxton

생년월일

출생 **1981년 2월 14일**

주요 경력

2004 ~ 2007
GP2
커뮤니케이션 디렉터

2008 ~ 2014
GP2 / GP3
해설가

2013 ~
NBC
F1 핏 리포터

2018 ~ 2024
F1 / F1 TV
프레젠터
해설가

모터스포츠 저널리스트 / F1 TV 프레젠터

윌 벅스턴은 리즈 대학에서 정치학을 전공하면서 GrandPrix.com에 글을 기고하기 시작했고, 2002년 F1 매거진에 합류해 2004년까지 사내 기고가로 활동했다. 출범을 준비하는 GP2 시리즈의 미디어 대응 업무를 제안받은 벅스턴은 프레스 오피서에서 생중계 해설가까지 다양한 분야에서 활약했다.

2010년 폭스 스포츠의 스피드 채널에 합류해 F1 핏 레인 리포터 역할을 맡은 벅스턴은 2013년 중계권을 획득한 NBC로 회사를 옮겨 활동을 이어갔다. 리버티의 F1 인수 이후 2018년 F1 최초의 디지털 프레젠터가 된 벅스턴은 각종 F1 방송과 F1 TV에서 프레젠터로 맹활약했고, 넷플릭스의 "본능의 질주"[9] 다큐멘터리 전 시즌에 출연하면서 큰 인기를 얻기도 했다. 2025년 1월 폭스 스포츠가 인디카 중계진의 일원으로 영입하면서 윌 벅스턴의 F1 TV와의 인연은 잠시 끊어지게 되었다.

[9] 영어 원제는 "Drive to Survive"다.

이안 로버츠

Ian Roberts

주요 경력

2013 ~
FIA
F1 의료 구조 코디네이터
FIA F1 차석 의료 책임자

F1 의료 구조 코디네이터

이안 로버츠는 왕립 마취전문대학에서 마취 의학과 약학을 전공한 뒤 HEMS[10] 의료진으로 경력을 쌓았고, 실버스톤의 써킷 닥터로 여러 차례 영국 그랑프리의 의료 실무를 책임졌다. 로버츠는 2013년부터 FIA 소속 F1 의료 구조 코디네이터가 되었고, F1 닥터 자격으로 모든 F1 그랑프리에 참가하기 시작했다.

로버츠는 2017년부터 FIA F1 의료 책임자 알랑 숑뜨그레를 보좌하고 실무를 담당하는 FIA F1 차석 의료 책임자 역할을 맡았고, FIA 의료 자문 기구와 영국 모터스포츠 협회에도 힘을 보태고 있다.

잭 브라운

Zak Brown

Zakary Challen Brown

생년월일

출생 **1971년 11월 7일**

주요 경력

1995 ~ 2016
JMI
CEO

2010 ~
유나이티드 오토스포츠
팀 프린시플

2016 ~
맥라렌 [F1]
전무이사
CEO

맥라렌 레이싱의 CEO

잭 브라운은 1995년 모터스포츠 마케팅 에이전시인 JMI[11]를 설립한 뒤 2010년에는 리차드 딘과 손잡고 **유나이티드 오토스포츠(United Autosports)를 공동 설립**해 스포츠카 레이싱에서 큰 성공을 거두면서 영국 최대의 모터스포츠 팀 중 하나로 성장시켰다.

2016년 맥라렌 테크널러지 그룹의 전무이사가 된 브라운은 2018년 봄 이뤄진 맥라렌 그룹의 리빌딩 과정에서 맥라렌 레이싱의 CEO가 되어 회사 전체의 사업과 마케팅, F1 팀의 운영과 관리를 책임지기 시작했다. F1과 함께 미국에서 인디카 시리즈 참가도 지휘한 잭 브라운은 2027시즌부터 WEC 하이퍼카 부문까지 진출을 추진하고 있다.

---

[10] 헬리콥터 응급 의료 서비스(Helicopter Emergency Medical Service)

[11] Just Marketing International

장 토드

Jean Todt

Jean Henri Todt

[전] FIA 회장

장 토드는 1966년 모터스포츠에 입문한 뒤 15년 동안 랠리 코-드라이버로 활동했고, 선수 생활을 정리한 후 1982년 레이싱 디렉터로 푸조 탈보 스포트를 이끌기 시작했다. 그룹 B의 시대를 관통해 1993년까지 WRC에서 네 개의 챔피언 타이틀 획득과 파리-다카르 랠리에서 4승, 르망 24시간에서 두 차례 우승까지 장 토드는 팀 리더로서 큰 성공을 거뒀다.

토드는 10년 이상 챔피언 타이틀과 인연이 없었던 페라리에 영입되어 1994년부터 스쿠데리아 페라리를 이끌기 시작했고, 과감한 인재 영입과 카리스마 넘치는 통솔력으로 1999시즌을 시작으로 6년 연속 컨스트럭터 챔피언 타이틀과 2000시즌부터 5년 연속 드라이버 챔피언 타이틀을 차지하며 F1의 역사를 새로 썼다. 2000년대 말 페라리의 특별 고문 역할을 맡던 토드는 2009년 FIA 회장에 당선된 뒤 2013년과 2017년 선거에서도 연임에 성공해 2021년 퇴임 전까지 직책을 유지했다.

생년월일

출생 **1946년 2월 25일**

주요 경력

1982 ~ 1993
푸조
레이싱 디렉터

1994 ~ 2008
페라리 [F1]
레이싱 부문 전무 이사
CEO

2009 ~ 2021
FIA
회장

제임스 볼스

James Vowles

James Patrick Vowles

윌리엄스의 팀 프린시플

제임스 볼스는 동앵글리아 대학에서 컴퓨터공학을 전공하면서 자신의 수학적 전문지식으로 F1 팀에 지원했지만 공학적인 지식을 요구하는 팀들에게 거절당했고, 다시 크랜필드 대학에서 모터스포츠 공학 학위를 획득한 뒤 2001년 BAR을 통해 F1 커리어를 시작했다.

볼스는 BAR을 시작으로 혼다, 브런GP, 메르세데스까지 20년 넘게 브래클리 팀에 헌신했고, 브런GP와 메르세데스에서 많은 챔피언 타이틀을 획득하는 동안 전략 책임자로 맹활약했다. 2022시즌이 끝난 뒤 윌리엄스의 조직 개편 과정에서 팀 프린시플로 지명된 볼스는 브래클리를 떠나 그로브 팀에 합류했다. 팀의 다양한 문제 해결과 체질 개선에 많은 공을 들인 볼스의 지휘 아래 윌리엄스는 2025시즌 컨스트럭터 챔피언십 5위로 최하위권 팀의 한계를 확실히 벗어났다.

생년월일

출생 **1979년 6월 20일**

주요 경력

2001 ~ 2005
BAR [F1]
전략 담당자

2006 ~ 2008
혼다 [F1]
전략 담당자

2009
브런GP [F1]
수석 전략 담당자

2010 ~ 2022
메르세데스 [F1]
수석 전략 담당자

2023 ~
윌리엄스 [F1]
팀 프린시플

제임스 앨리슨

James Allison

메르세데스의 테크니컬 디렉터

제임스 앨리슨은 1991년 베네통에서 F1 커리어를 시작한 뒤 라로스를 거쳐 1994년 베네통으로 복귀해 여섯 시즌 동안 공기역학 부문 수석 엔지니어로 활약했다. 2000년 페라리로 팀을 옮긴 앨리슨은 5년간 스쿠데리아 페라리의 황금기에 공기역학 부문 연구 개발을 책임졌고, 2005년 르노 F1 팀의 부 테크니컬 디렉터를 맡으며 엔스톤 팀에 복귀했다.

2009년 르노의 테크니컬 디렉터 역할을 맡은 뒤 로터스 F1 팀으로 이름을 바꾼 이후에도 계속 팀의 기술 부문을 이끌던 앨리슨은 2013년 페라리로 팀을 옮겨 3년 동안 스쿠데리아 페라리의 테크니컬 디렉터로 활약했다. 2017년 초 메르세데스에 합류해 테크니컬 디렉터 역할을 맡아 팀의 연속 챔피언 타이틀 획득을 이끌었던 앨리슨은 CTO 역할을 맡은 뒤 서서히 일선에서 물러나는 듯했지만, 2023시즌 중반 팀의 구조 조정 과정에서 다시 테크니컬 디렉터 역할을 맡게 되었다.

생년월일

출생 **1968년 2월 22일**

주요 경력

1994 ~ 1999
베네통 [F1]
공기역학 엔지니어

2000 ~ 2004
페라리 [F1]
공기역학 엔지니어
테크니컬 디렉터

2005 ~ 2013
르노 / 로터스 [F1]
부 테크니컬 디렉터
테크니컬 디렉터

2013 ~ 2016
페라리 [F1]
테크니컬 디렉터

2017 ~
메르세데스 [F1]
CTO
테크니컬 디렉터

제임스 키

James Key

James Robert Key

아우디의 테크니컬 디렉터

제임스 키는 1998년 조단에서 F1 커리어를 시작해 팀이 미들랜드와 스파이커, 포스인디아로 간판을 바꾸는 동안 계속 실버스톤 팀에서 자리를 지켰고, 미들랜드 시절이던 2006년 F1 최연소 테크니컬 디렉터로 발탁된 뒤 2010년까지 계속해서 팀의 기술 부문을 이끌었다.

2010년 윌리 람프의 공백을 메꾸며 자우버에 합류해 두 시즌 동안 활동한 제임스 키는 2012년 조르지오 아스카넬리의 뒤를 이어 테크니컬 디렉터로 토로로쏘에 합류했고, 중위권 팀에서 찾기 힘든 최고의 엔지니어 중 한 명으로 확실히 자리를 굳혔다. 2018년 토로로쏘와 맥라렌의 미묘한 갈등 속에 이적이 확정된 이후 2019시즌부터 맥라렌의 테크니컬 디렉터가 된 키는 기대에 미치지 못하는 성적으로 비판받았고, 2022시즌을 끝으로 맥라렌을 떠나 2023년 후반 알파로메오의 테크니컬 디렉터가 되었다. 자우버의 테크니컬 디렉터 역할을 계속 수행한 제임스 키는 2026시즌 아우디로 재탄생한 [구] 자우버의 기술 부문을 이끌고 있다.

생년월일

출생 **1972년 1월 14일**

주요 경력

1998 ~ 2004
조단 [F1]
데이터 엔지니어
레이스 엔지니어

2005
미들랜드 [F1]
테크니컬 디렉터

2008 ~ 2010
포스인디아 [F1]
테크니컬 디렉터

2010 ~ 2018
토로로쏘 [F1]
테크니컬 디렉터

2019 ~ 2022
맥라렌 [F1]
테크니컬 디렉터

2024 ~ 2025
자우버 [F1]
테크니컬 디렉터

2026 ~
아우디 [F1]
테크니컬 디렉터

제임스 힌치클리프

James Hinchcliffe

James Douglas Meredith Hinchcliffe

생년월일

출생 1986년 12월 5일

주요 기록

2010
인디 라이츠 러너-업

F1 TV 객원 해설가 / 프레젠터

뉴욕에서 태어난 제임스 힌치클리프는 9세에 카트에 입문한 뒤 2003년부터 카 레이싱을 시작했고, 2010년 인디 라이츠를 2위로 마친 뒤 2011시즌부터 북미 최대 오픈-휠 레이싱 무대인 인디카 시리즈 데뷔에 성공했다.

힌치클리프는 데뷔 3년 차인 2013시즌 세인트 피터스버그 그랑프리에서 인디카 첫 승을 거둔 것을 시작으로 2021시즌까지 12시즌 동안 모두 6승을 거뒀고, 2022년부터 NBC의 인디카 생중계에 해설자로 활약하기 시작했다. 힌치클리프는 2022년 6월 F1 TV에 처음 객원 프레젠터로 출연하기 시작했고, 2023년부터는 종종 F1 그랑프리 생중계의 해설로도 참여하며 활동 폭을 넓히고 있다.

제프 윌리스

Geoff Willis

Geoffrey "Geoff" Willis

생년월일

출생 1959년 12월 23일

주요 경력

1990 ~ 2001
윌리엄스 [F1]
공기역학 엔지니어

2002 ~ 2005
BAR [F1]
테크니컬 디렉터

2006
혼다 [F1]
테크니컬 디렉터

2007 ~ 2009
레드불 [F1]
테크니컬 디렉터

2011 ~ 2020
메르세데스 [F1]
테크널러지 디렉터
디지털 엔지니어링 트랜스포메이션 디렉터

윌리엄스, 레드불, 메르세데스에서 활약한 엔지니어

제프 윌리스는 엑서터 대학에서 공기역학 박사 학위를 취득한 뒤 1990년 레이튼하우스에서 F1 최초로 CFD를 도입한 인물 중 한 명이 되었고, 윌리엄스로 팀을 옮긴 이후 에어로다이나믹 엔지니어로 활약했다. 1996년 팀을 떠난 에이드리언 뉴이의 공백을 메꾸며 윌리엄스의 수석 에어로다이나믹 엔지니어가 된 윌리스는 2002년 테크니컬 디렉터가 되어 BAR로 이적하기 전까지 12년 동안 네 차례 챔피언 타이틀 획득에 공헌했다.

2007년 레드불의 테크니컬 디렉터를 맡아 다시 에이드리언 뉴이와 힘을 합친 윌리스는 2009년 레드불 최초의 그랑프리 위닝카를 만드는 데 힘을 보탰고, 2010년에는 히스패니아 레이싱에 잠시 머물며 컨설턴트로 활동했다. 2011년 테크널러지 디렉터로 메르세데스에 합류한 윌리스는 파워 유닛 시대 메르세데스 왕국 건설에 일조했고, 2017년부터 2020년까지 "디지털 엔지니어링 트랜스포메이션 디렉터" 역할을 수행한 뒤 F1 외부의 역할을 맡기 시작했다.

조나단 휘틀리

Jonathan Wheatley

아우디의 팀 프린시플

조나단 휘틀리는 1990년대 초반 베네통 포뮬러의 미캐닉으로 F1 커리어를 시작했고, 2000년대 초반 수석 미캐닉이 되어 르노로 이름을 바꾼 팀에서 2005년까지 자리를 지켰다. 이 기간 휘틀리는 베네통과 미하엘 슈마허, 르노와 페르난도 알론소의 챔피언 타이틀 획득에 공헌했다. 2006년 15년 동안 일했던 엔스톤 팀을 떠나 팀 창단 후 틀을 갖추기 위해 노력하던 레드불에 합류한 휘틀리는 팀 매니저 역할을 맡았다.

레드불에서 19개 시즌 동안 활동하며 세바스찬 베텔과 막스 베르스타펜의 시대를 함께했던 휘틀리는 스포팅 디렉터를 맡아 크리스찬 호너와 함께 레드불 팀 전체를 이끌며 때로는 팀을 대표하는 역할을 맡기도 했다. 2024년을 끝으로 밀턴케인스를 떠난 휘틀리는 2025년 자우버의 팀 프린시플 역할을 맡았고, 2026년 탄생하는 아우디 F1 팀을 이끌기 위한 준비를 시작했다.

생년월일

출생 **1967년 5월 7일**

주요 경력

1991 ~ 2001
베네통 [F1]
미캐닉
수석 미캐닉

2002 ~ 2005
르노 [F1]
수석 미캐닉

2006 ~ 2024
레드불 [F1]
팀 매니저
스포팅 디렉터

2025
자우버 [F1]
팀 프린시플

2026 ~
아우디 [F1]
팀 프린시플

조 바우어

Jo Bauer

Joachim "Jo" Bauer

FIA F1 기술 실무 책임자

조 바우어는 RWTH 공대에서 자동차공학을 전공한 뒤 독일 자동차협회(ONS)의 기술 부문 책임자를 역임했고, 1990년대 중반 ONS 소속으로 FIA 기술 자문회의에서 독일을 대표하는 멤버 중 한 명으로 활약했다.

1997년 FIA에 합류한 바우어는 F1 기술 실무 책임자 역할을 맡아 테크니컬 디렉터였던 찰리 화이팅과 함께 까다로운 F1 기술 부문 총괄 업무를 수행하기 시작했고, 20년 넘게 꾸준히 자리를 지키며 F1 그랑프리의 모든 기술 관련 이슈를 관장하고 있다.

생년월일

출생 **1961년 7월 21일**

주요 경력

1992 ~ 1996
ONS
기술 부문 책임자

1997 ~
FIA
F1 기술 실무 책임자

존 버나드

John Barnard

John Edward Barnard

생년월일	
출생	1946년 5월 4일

주요 경력		
1972 ~ 1974	맥라렌 [F1]	레이스카 디자이너
1980 ~ 1986	맥라렌 [F1]	레이스카 디자이너
1987 ~ 1990	페라리 [F1]	테크니컬 디렉터
1991 ~ 1992	베네통 [F1]	테크니컬 디렉터
1993 ~ 1997	페라리 [F1]	테크니컬 디렉터

맥라렌, 페라리, 베네통에서 활약한 엔지니어

존 버나드는 1968년 롤라에서 커리어를 시작해 1972년 맥라렌에 합류하며 F1과 인연을 맺었고, 3년 동안 수석 디자이너였던 고든 코푹을 보좌하며 M23 등의 디자인에 참여했다. 1970년대 말 인디500 우승과 함께 CART 드라이버 챔피언 타이틀을 획득한 셰퍼랄 2K를 디자인한 버나드는 1980년 테디 메이어가 떠나고 론 데니스가 팀을 맡게 되는 리빌딩이 한창 진행 중이던 맥라렌에 복귀했다.

1981년 맥라렌에서 F1 최초로 카본 파이버 컴퍼지트 섀시를 채택한 맥라렌 MP4를 선보인 버나드는 1989년 페라리에서 F1 최초의 세미-오토매틱 기어박스를 도입하는 등 신기술 도입에 앞장섰고, 1990년대 초반 베네통에서 로리 번과 함께 하이 노즈 디자인을 채택한 첫 번째 그랑프리 위닝카 B192의 디자인에도 공헌했다. 버나드는 1990년대 중반 페라리와 애로우즈에서 디자이너와 테크니컬 디렉터로 활약했고, 1990년대 말에는 프로스트에서 컨설턴트로 활동하기도 했다.

존 쿠퍼

John Cooper

John Newton Cooper

생년월일	
출생	1923년 7월 17일
사망	2000년 12월 24일

쿠퍼의 공동 설립자

존 쿠퍼는 제2차 세계대전 종전 이후 아버지 찰스 쿠퍼와 함께 작고 저렴한 레이스카를 만들어 성공을 거둔 뒤 이를 기반으로 쿠퍼 카 컴퍼니를 설립했다. 오언 매덕과 함께 1950년대 후반 F1을 중심으로 리어-엔진 레볼루션을 이끌었던 쿠퍼는 1959시즌과 1960시즌 잭 브라밤을 내세워 F1을 제패한 데 이어 수년 동안 인디 500을 포함한 미국 무대에도 진출해 리어-엔진 레이스카의 위력을 과시했다.

1960년대 중반부터 최상위권 경쟁에서 밀려난 F1 팀 쿠퍼는 비교적 일찍 소멸했지만, F1 초창기부터 팀을 이끌던 리더 중 가장 오래 살아남아 활동했던 존 쿠퍼는 F1이나 인디카 등 포뮬러 분야 외에도 널리 보급된 경차 미니를 개조해 널리 이름을 알렸다. 존 쿠퍼는 말년에 BMW가 미니의 고성능 버전에 쿠퍼의 이름을 사용하도록 하는 라이센스 계약을 맺어 현재의 미니 쿠퍼를 탄생시킬 수 있도록 돕기도 했다.

존 후겐홀츠

John Hugenholtz

Johannes Bernhardus Theodorus "Hans" Hugenholtz

생년월일 / 사망일	
출생	1914년 10월 31일
사망	1995년 3월 25일

스즈카, 졸더, 하라마, 니벨-불레의 써킷 디자이너

존 후겐홀츠는 1920년대 저널리스트로 활동하는 한편 모터싸이클 레이스에 직접 출전하는 등 모터스포츠에 많은 관심을 가졌고, 1936년 NARC(네덜란드 자동차 경주 협회)를 설립해 잔트포트 써킷의 책임자가 된 뒤 다수의 써킷 디자인과 자동차 제작 프로젝트에도 참여하며 써킷 디자이너와 자동차 디자이너로 맹활약했다.

F1 그랑프리 개최를 기준으로 후겐홀츠가 디자인한 써킷으로는 일본의 스즈카 써킷이 가장 유명하지만, 과거 F1 그랑프리가 펼쳐졌던 벨기에의 졸더 써킷과 니벨-불레, 스페인의 하라마 써킷은 물론 호켄하임링의 "모토드롬" 섹션 역시 후겐홀츠의 손을 거쳐 탄생했다.

졸리온 파머

Jolyon Palmer

Jolyon Carlyle Palmer

생년월일 / 사망일	
출생	1991년 1월 20일

F1 월드 챔피언십	
엔트리	37
스타트	35
우승	-
포디엄	-
포인트	9
폴 포지션	-
패스티스트 랩	-
WDC 최고 성적	17위 (2017)

F1 외 주요 기록	
2014	GP2 챔피언

ㅈ

F1 TV 해설가

졸리온 파머는 2010년 F2에서 2위를 차지한 직후 GP2에 진출해 네 시즌 동안 활약했고, 2014시즌 GP2 챔피언 타이틀을 획득한 뒤 로터스 F1 팀의 테스드 드라이버로 한 시즌을 보냈다.

2016시즌 팀이 르노로 이름을 바꾼 뒤 F1에 데뷔한 파머는 두 시즌 동안 챔피언십에 참여했고, 두 차례 포인트 피니시에 성공하긴 했지만 인상적인 활약을 펼치지 못했다. F1 은퇴 후 BBC 라디오5를 통해 방송 커리어를 시작한 파머는 각종 F1 프로그램의 진행자와 분석가, 기술 분석 기고가 등 다양한 활동을 계속했고, F1 TV의 리뷰 분석 코너를 단독 진행한 데 이어 F1 생중계의 해설가로 활약하기 시작했다.

죠디 에긴턴

Jody Egginton

생년월일

출생 **1974년 1월 28일**

주요 경력

2008 ~ 2010
포스인디아 [F1]
레이스 엔지니어

2010 ~ 2011
로터스 레이싱 [F1]
수석 엔지니어

2012 ~ 2014
케이터햄 [F1]
오퍼레이션 디렉터

2014 ~ 2019
토로로쏘 [F1]
테크니컬 디렉터

2020 ~ 2023
알파타우리 [F1]
테크니컬 디렉터

2024 ~ 2025
레이싱불스 [F1]
테크니컬 디렉터

[전] 레이싱불스의 테크니컬 디렉터

죠디 에긴턴은 1996년 티렐에 입사해 F1과 인연을 맺은 뒤 Xtrac에서 기어박스 디자인 업무를 맡았고, GT 레이싱에 출전하던 애스턴마틴 등에서 레이스 엔지니어와 디자인 엔지니어로 경력을 쌓았다. 2005년 조단 그랑프리를 통해 F1 무대에 복귀한 에긴턴은 조단이 미들랜드, 스파이커를 거쳐 포스인디아로 간판을 바꾸는 동안 계속 실버스톤 팀의 레이스 엔지니어로 활약했다.

2010년 신생 로터스 레이싱으로 팀을 옮긴 뒤 케이터햄으로 이름이 바뀐 이후까지 네 시즌 동안 활동한 에긴턴은 2014년 토로로쏘에 합류했고, 2017시즌부터 팀의 부 테크니컬 디렉터를 맡았다. 에긴턴은 제임스 키가 팀을 떠난 직후 토로로쏘의 레이스카 디자인과 개발을 책임지는 테크니컬 디렉터가 되었고, 팀이 알파타우리와 레이싱불스 등으로 이름을 바꾼 뒤에도 2025시즌까지 기술 부문 책임자 역할을 맡았다.

죠아키노 콜롬보

Gioacchino Colombo

생년월일

출생 **1903년 1월 9일**
사망 **1987년 4월 24일**

주요 경력

1924 ~ 1945
알파로메오
엔진 디자이너

1945 ~ 1952
페라리 [F1]
엔진 디자이너
레이스카 디자이너

1952 ~ 1953
마세라티 [F1]
엔진 디자이너
레이스카 디자이너

1953 ~ 1956
부가티
엔진 디자이너
레이스카 디자이너

알파로메오, 페라리, 마세라티에서 활약한 레이스카 디자이너

죠아키노 콜롬보는 1924년 알파로메오의 비토리오 야노 밑에서 일하기 시작한 뒤 1937년 F1 초창기까지 강력한 엔진으로 맹위를 떨친 알파로메오 158 엔진을 개발하며 엔초 페라리의 강력한 파트너가 되었고, 제2차 세계대전이 종료 후 페라리에 합류해 알파로메오와 페라리를 오가며 소형 V12 엔진을 개발해 페라리 166 F2와 페라리 250 로드카 등에 장착시켜 큰 성공을 거뒀다.

F1에서 작은 V12 터보차저 엔진이 부진을 면치 못하는 동안 아우렐리오 람페르디의 수평대향 자연흡기 V12 엔진이 좋은 성능을 발휘하는 것을 본 콜롬보는 1952년 말 페라리를 떠나 마세라티로 팀을 옮겼다. F1에서 가장 오랜 시간 활약한 레이스카로 기록된 마세라티 250F를 디자인해 F1 레이스카 디자이너로서 정점을 찍은 콜롬보는 1956년 부가티의 마지막 그랑프리 도전을 위해 DOHC 직렬 6기통 엔진을 운전자 뒤쪽에 가로로 배치한 혁신적인 디자인의 부가티 251을 선보이기도 했다.

진 하스

Gene Haas

Eugene "Gene" Francis Haas

생년월일 / 사망일

출생 1952년 11월 12일

주요 경력

2016 ~
하스 [F1]
오너

하스 F1 팀 설립자

진 하스는 1983년 CNC[12] 머신을 생산하는 하스 오토메이션을 설립한 뒤 사업 성공을 바탕으로 2002년 NASCAR 스톡카 레이스에 출전하는 하스 CNC 레이싱 팀[13]을 만들었다. 하스의 팀은 2019시즌까지 1,000회 이상의 레이스에 출전해 두 차례 드라이버 챔피언 타이틀을 차지한 것을 포함해 최상위 시리즈에서만 55승을 거두는 큰 성공을 이뤄냈다.

2014년 초 F1 진출을 선언한 진 하스는 귄터 스타이너에게 팀 리더 자리를 맡긴 뒤 2년 이상의 준비 끝에 2016시즌 하스 F1 팀을 성공적으로 데뷔시켰고, F1 참전 직후부터 매우 적은 예산으로 중하위권을 오가며 종종 준수한 성적을 거둬 F1 소형팀 설립의 새로운 패러다임을 제시했다.

찰리 화이팅

Charlie Whiting

Charles Whiting

생년월일

출생 1952년 8월 12일
사망 2019년 3월 14일

주요 경력

1978 ~ 1987
브라밤 [F1]
수석 미캐닉

1988 ~ 2019
FIA
테크니컬 디렉터
레이스 디렉터

[전] FIA F1 레이스 디렉터

찰리 화이팅은 1977년 헤스케스를 통해 F1에서의 커리어를 시작한 뒤 브라밤에 합류해 넬슨 피케의 수석 미캐닉으로 활약하며 두 차례 드라이버 챔피언 타이틀 획득을 함께했다. 화이팅은 1988년 브라밤을 떠나 FIA의 테크니컬 디렉터가 되었고, 1997년부터 FIA 모터스포츠 부문 기술 디렉터와 F1 레이스 디렉터 역할을 맡기 시작했다.

30년 넘게 F1을 중심으로 FIA 기술 부문의 두뇌와 얼굴 역할을 도맡았던 화이팅은 2019시즌 개막 직전까지 FIA 소속 F1 레이스 디렉터로 활약하며 모든 물류 관리와 검차 등 작업을 지휘했고, 레이스에서는 스타터 역할을 맡아 모든 레이스의 스타트 신호를 직접 책임지는 것은 물론 기술 규정 적용과 관련한 직간접적인 결정권을 행사했다.

[12] Computer Numerically Controlled

[13] "스튜어트-하스 레이싱(Stewart-Haas Racing)"으로 이름을 바꿨다.

칼럼 니콜라스

Calum Nicholas

주요 경력

2011 ~ 2014
마루시아 [F1]
미캐닉

2015 ~
레드불 [F1]
미캐닉
엔진 테크니션
시니어 엔진 테크니션
브랜드 홍보대사

[전] 레드불의 시니어 엔진 테크니션

칼럼 니콜라스는 유니버시티 칼리지 스쿨을 졸업한 뒤 2011년 마루시아에 합류하면서 F1과 모터스포츠 커리어를 시작했다. 4년 동안 마루시아의 미캐닉으로 활동했던 니콜라스는 2015년 레드불로 자리를 옮겼다.

레드불에서 엔진 테크니션으로 활약하기 시작한 니콜라스는 2021시즌부터 시니어 엔진 테크니션으로 막스 베르스타펜의 4년 연속 드라이버 챔피언 타이틀 획득에 공헌하기도 했다. 2025년 팀과 함께 이동하는 1선 미캐닉 생활을 그만두기로 한 칼럼 니콜라스는 레드불 레이싱의 브랜드 홍보대사를 맡아 다양한 방송 활동을 이어갔고, 2026년 신차 런칭 이벤트에서는 진행자로 활약하기도 했다.

칼 라인들러

Karl Reindler

생년월일

출생 **1985년 4월 18일**

주요 기록

2004
호주 F3 챔피언

F1 메디컬 카 드라이버

칼 라인들러는 2003 호주 F3에서 6위에 올라 올해의 루키로 선정된 데 이어 2004시즌 호주 F3 챔피언 타이틀을 차지했고, 2005시즌부터 영국 F3에 출전한 뒤 2006-2007시즌 A1 그랑프리에 호주 대표로 출전하기도 했다.

2008시즌부터 2017시즌까지 호주에서 V8 슈퍼카에 출전한 라인들러는 기존 메디컬 카 드라이버였던 알란 반데메르웨가 COVID-19 감염으로 이탈한 뒤 브루노 코레이아와 F1 메디컬 카 드라이버 역할을 분담하기 시작했다.

켄 티렐

Ken Tyrrell

Robert Kenneth Tyrrell

생년월일 / 사망일

출생 **1924년 5월 3일**
사망 **2001년 8월 25일**

주요 경력

1968 ~ 1969
마트라 [F1]
팀 프린시플

1970 ~ 1997
티렐 [F1]
오너 / 팀 프린시플

티렐 레이싱의 설립자

켄 티렐은 제2차 세계대전이 끝난 뒤 목재상으로 일하며 레이스에 입문해 F3와 F2를 경험했고, 관리자로 변신해 1959년 쿠퍼의 포뮬러 주니어 팀을 이끌기 시작했다. 티렐은 1960년대 중반 재키 스튜어트를 발굴한 데 이어 1968년 엘프, 던롭, 포드 등의 도움을 받아 프랑스의 자동차 제조사 마트라의 조인트 벤쳐로 탄생한 마트라 인터내셔널에서 팀 프린시플이 되면서 F1 진출의 꿈을 이뤘다.

1969년 마트라를 이끌며 재키 스튜어트와 함께 챔피언 타이틀을 획득한 이후 켄 티렐은 자신의 팀 티렐 레이싱[14]으로 독립해 두 차례 챔피언 타이틀을 차지하기도 했다. 티렐 레이싱은 신기술 도입과 새로운 시도 면에서는 로터스에 뒤지지 않는 모습을 보여줬지만, 스폰서가 부족해진 1980년대 초반부터 점차 성적이 하락한 팀이 1997년 BAR에 매각되면서 켄 티렐은 오랫동안 이어졌던 팀 리더로서의 커리어를 마감했다.

코마츠아야오

Ayao Komatsu

小松礼雄

생년월일

출생 **1976년 1월 28일**

주요 경력

2003 ~ 2005
BAR [F1]
타이어 엔지니어

2006 ~ 2010
르노 [F1]
퍼포먼스 엔지니어

2011 ~ 2015
로터스 F1 [F1]
레이스 엔지니어

2016 ~
하스 [F1]
수석 레이스 엔지니어
팀 프린시플

하스의 팀 프린시플

문과 출신으로 이과 과목에 어려움이 있었지만 F1 엔지니어가 되겠다는 꿈을 안고 수학과 영어 공부에 매진한 뒤 유학 길에 나선 코마츠아야오는 러프버러 대학에서 자동차 공학/동역학을 전공한 뒤 2003년 BAR에 타이어 엔지니어로 합류하면서 꿈을 이루는 데 성공했다.

2006년 르노로 팀을 옮겨 퍼포먼스 엔지니어로 활약하기 시작한 코마츠아야오는 팀이 로터스 F1 팀으로 변모한 뒤 로맹 그로장의 레이스 엔지니어 역할을 맡았고, 2016년 신생 하스로 옮겨 수석 레이스 엔지니어로 하스의 엔지니어링 총책임자가 되었다. 2024년 1월 귄터 슈타이너를 대신해 하스의 팀 프린시플로 임명된 코마츠아야오는 일본계 팀이 아닌 F1 팀을 기준으로 최초의 일본인 대표자가 되었다.

---

14 브랙클리에 본거지를 두었기 때문에 "브래클리 팀"으로 불리는 팀은 티렐을 시작으로 BAR, 혼다, 브런을 거쳐 2010년 메르세데스가 되었다

콜린 채프먼

Colin Chapman

Anthony Colin Bruce Chapman[15]

생년월일 / 사망일

출생 **1928년 5월 19일**
사망 **1982년 12월 16일**

팀 로터스의 설립자

1948년 오스틴 7을 개조한 로터스 마크 1부터 1957년 만든 로터스 7까지 성공을 거둔 뒤 자동차 제조사 "로터스 카"[16]를 설립한 콜린 채프먼은 반월 VW5 디자인에 기여하는 한편 1958년 "팀 로터스"를 F1에 데뷔시켰고, 1963년 짐 클라크와 함께 첫 챔피언 타이틀 획득을 시작으로 팀 로터스를 최고의 F1 팀 중 하나로 성장시켰다.

모노코크 섀시를 채택한 로터스 25부터 코스워스 DFV 엔진 투입과 공기역학적 효과를 노린 윙의 도입, 그라운드 이펙트 활용 등 1960년대부터 1970년대를 관통하며 F1 혁신의 아이콘으로 자리 잡은 채프먼은 1982시즌까지 일곱 차례 컨스트럭터 챔피언과 여섯 차례 드라이버 챔피언 타이틀을 획득하는 동안 팀을 이끌었다.

크리스챤 호너

Christian Horner

Christian Edward Johnston Horner

생년월일

출생 **1973년 11월 16일**

주요 경력

1997 ~ 2004
아덴
오너 / 팀 프린시플

2005 ~ 2025
레드불 [F1]
팀 프린시플

레드불 레이싱의 팀 프린시플

크리스챤 호너는 1993시즌 영국 F3 B 클래스에서 2위를 차지하는 등 준수한 성적을 거두고 1997시즌 자신의 팀 **아덴 인터내셔널을 설립**해 인터내셔널 F3000까지 진출했지만, F3000에서 두 시즌 동안 경쟁한 뒤 25세에 은퇴를 선언하고 아덴의 관리자 업무에 집중하기 시작했다.

F3000에서 3년 연속 챔피언 타이틀 획득 등 큰 성공을 거둔 아덴을 이끈 호너는 2005년 레드불 레이싱 출범과 함께 팀 프린시플로 임명됐고, 중위권 밀턴케인스 팀을 2009년 그랑프리 위닝 팀으로 성장시켰다. 세바스찬 베텔과 마크 웨버를 내세워 2010시즌부터 네 시즌 동안 드라이버와 컨스트럭터 챔피언 타이틀을 석권해 레드불 레이싱을 F1 최강팀의 반열에 올려놓은 호너는 2020년대 막스 베르스타펜과 함께 왕좌에 복귀시켰고, 2025년 중반까지 밀턴케인스 팀을 이끌었다.

---

15 팀 로터스의 로고에는 콜린 채프먼의 풀 네임의 머릿 글자인 A, C, B, C가 포함되어 있다.

16 공식적으로는 1952년 설립됐지만, 콜린 채프먼이 첫 번째 차를 만든 1948년을 회사의 기원으로 보고 있다.

타찌오 누볼라리

Tazio Nuvolari

Tazio Giorgio Nuvolari

생년월일 / 사망일

출생 **1892년 11월 16일**
사망 **1953년 8월 11일**

주요 경력

1930, 1933
밀레밀리아 우승

1931, 1932
타르가플로리오 우승

1932, 1938
이태리 그랑프리 우승

1932
코파아체르보 우승

1932
유러피언 챔피언십 챔피언

1930년대 최고의 드라이버 중 하나로 꼽히는 "니볼라"

타찌오 누볼라리는 1925년 350cc 유러피언 모터싸이클 챔피언 타이틀을 차지한 뒤 카 레이싱에서는 1930년 밀레밀리아에서 우승하며 바로 정상급 드라이버로 부상했다. 누볼라리는 1930년대 중반 스쿠데리아 페라리의 대표 드라이버로 활약했고, 1937년 아우토우니온으로 이적한 뒤 1938 이태리 그랑프리에서 우승하는 등 1930년대 모터스포츠 분야에 수많은 업적을 남겼다.

르망 24시간과 72개 메이저 레이스 포함 150회의 레이스에서 우승하며 1932시즌 유러피언 챔피언에 오른 누볼라리는 **"만투바노 볼란테(Mantonvano Volante)"**[17], **"니볼라(Nivola)"**[18] 등의 별명으로 불렸고, 페르디난트 포르셰는 누볼라리를 가리켜 "과거와 현재, 미래를 통틀어 최고의 드라이버"라는 아낌없는 찬사를 보내기도 했다.

토니 반더벨

Tony Vandervell

Guy Anthony "Tony" Vandervell

생년월일 / 사망일

출생 **1898년 9월 8일**
사망 **1967년 3월 10일**

반월의 설립자

토니 반더벨은 반더벨 프러덕트의 사업 성공을 바탕으로 모터스포츠에 투자를 시작했고, F1 출범 이전 영국 최강의 레이스카를 만들려는 BRM 프로젝트 최초의 후원자가 되었다. 1954년에는 오언 매덕의 디자인을 바탕으로 쿠퍼 카 컴퍼니가 만든 반월 스페셜과 함께 피터 콜린스가 1954 영국 그랑프리에 출전하면서 반더벨의 팀 반월이 F1에 데뷔했다.

1950년대 중반 보쉬의 연료 분사 기술과 함께 F1 최강의 엔진을 확보한 데 이어 콜린 채프먼과 프랭크 코스틴이 만든 VW5의 활약으로 1957시즌 3승을 거둔 반월은 정상급 팀으로 부상했다. 1958시즌 스털링 모스, 토니 브룩스, 스투어트 루이스-에반스 트리오의 활약으로 반월은 페라리를 제치고 F1 최초의 컨스트럭터 챔피언이 되었지만, 팀의 설립자 반더벨은 빠르게 건강이 악화되면서 팀을 오랫동안 유지하지 못했다.

ㅋ

ㅌ

[17] 전성기 누볼라리가 만토바에 살았기 때문에 붙여진 별명으로 **"날아다니는 만투아인(Flying Mantuan)"**이란 뜻이다

[18] 만토바 사투리로 **"구름(cloud)"**을 뜻하며, 누볼라리와 발음이 비슷하고 하늘을 나는 것처럼 빠르다는 의미를 담은 별명이다

토니 사우스게이트

Tony Southgate

생년월일

출생 1940년 5월 25일

주요 경력

1969 ~ 1972
BRM [F1]
수석 디자이너

1972 ~ 1975, 1977
섀도우 [F1]
테크니컬 디렉터

1977 ~ 1980
애로우즈 [F1]
테크니컬 디렉터

1984 ~ 1990
톰 월킨쇼 레이싱
레이스카 디자이너

디자이너로 트리플 크라운 오브 모터스포츠를 달성한 엔지니어

토니 사우스게이트는 1962년 롤라에 입사한 뒤 에릭 브로들리에게 발탁되어 F1, 인디카 디자인을 시작했고, 댄 거니의 AAR에서 인디500 레이스카를 디자인해 큰 성공을 거뒀다. 영국으로 돌아와 BRM과 섀도우에서 F1 그랑프리 위닝카를 디자인한 사우스게이트는 1984년 톰 월킨쇼 레이싱 소속으로 스포츠카 디자인을 리드하면서 재규어 XJR-9과 XJR-12과 함께 월드 스포츠카 챔피언십 타이틀을 손에 넣었다.

사우스게이트는 1968 인디500 위닝카 "이글 TG2", 1972 모나코 그랑프리 위닝카 "BRM P160B", 1988 르망 24시간 위닝카 "재규어 XJR-9"까지 수석 엔지니어로 디자인에 참여해, **디자이너로서 트리플 크라운 오브 모터스포츠를 달성한 역사상 유일한 엔지니어**로 기록됐다.

토토 볼프

Toto Wolff

Torger Christian "Toto" Wolff

생년월일

출생 1972년 1월 12일

주요 경력

2009 ~ 2013
윌리엄스 [F1]
이사
전무이사

2013 ~
메르세데스 [F1]
팀 프린시플
전무이사
모터스포츠 총괄

메르세데스 F1 팀의 팀 프린시플 / CEO

토토 볼프는 1992년 오스트리아 포뮬러 포드에서 레이싱 커리어를 시작해 드라이버로 FIA GT 챔피언십에 출전했고, 1998년과 2004년 투자회사 마치피프틴과 마치식스틴을 설립해 DTM에 출전하는 레이스 프로그램을 운영하기도 했다. 드라이버를 관리[19]하는 미카 하키넨의 스포츠 매니지먼트 회사에도 관여한 볼프는 F1을 포함한 모터스포츠 관리 운영 업계에서 계속 활약했고, 2009년 윌리엄스 F1 팀의 지분을 사들여 이사회에 참여했다.

2012년 윌리엄스에서 전무이사가 되었던 볼프는 2013년 팀을 옮겨 메르세데스의 전무이사가 되었고, 2014시즌부터 노베르트 하우그의 뒤를 이어 메르세데스의 모터스포츠 부문을 총괄하기 시작했다. 지분까지 일부 확보하며 팀 프린시플이자 공동 오너로서 메르세데스를 지배한 볼프는 2014시즌부터 2020시즌까지 드라이버 챔피언 타이틀, 2021시즌까지 컨스트럭터 챔피언 타이틀을 연속 획득하는 데 크게 공헌했다.

[19] DTM의 브루노 스팽글러, V8 슈퍼카의 알릭산드르 프레마, 싱글-시터의 발테리 보타스 등을 관리했다.

팀 고스

Tim Goss

생년월일

출생 1963년 2월 28일

주요 경력

1986 ~ 1989
코스워스
엔진 엔지니어

1990 ~ 2020
맥라렌 [F1]
엔진 엔지니어
레이스 엔지니어
수석 엔지니어
엔지니어링 디렉터
테크니컬 디렉터

2021 ~ 2023
FIA
싱글-시터 부문 테크니컬 디렉터

2024 ~
레이싱불스 [F1]
CTO

레이싱불스의 CTO

임페리얼 칼리지 런던을 졸업한 팀 고스는 엔진에 대한 전공을 살려 코스워스에 입사하면서 F1과 모터스포츠 커리어를 시작했다. 1990년 맥라렌에 합류한 고스는 엔진 관련 업무에 이어 미카 하키넨의 주니어 레이스 엔지니어 역할을 맡기도 했고, 이후 파워트레인 부문의 수석 엔지니어 등으로 활약했다.

맥라렌의 엔지니어링 부문에서 계속 활약하던 고스는 패디 로가 메르세데스로 이적한 2013년 테크니컬 디렉터 역할을 맡아 2018년 제임스 키에게 자리를 내줄 때까지 직책을 유지했다. 30년 동안 몸담았던 맥라렌을 떠나 FIA에서 싱글-시터 부문 테크니컬 디렉터로 활동하던 팀 고스는 2024시즌부터 레이싱불스의 CTO가 되어 파엔짜 팀의 기술 부문 전체를 이끌기 시작했다.

패디 로

Paddy Lowe

Patrick Allen Lowe

생년월일

출생 1962년 4월 8일

주요 경력

1987 ~ 1993
윌리엄스 [F1]
수석 전자장비 엔지니어

1993 ~ 2013
맥라렌 [F1]
R&D 엔지니어
엔지니어링 디렉터
테크니컬 디렉터

2013 ~ 2017
메르세데스 [F1]
기술 부문 전무이사

2017 ~ 2019
윌리엄스 [F1]
CTO

윌리엄스, 맥라렌, 메르세데스에서 활약한 엔지니어

패디 로는 케임브릿지 대학에서 공학 석사 학위를 취득한 뒤 1987년 윌리엄스에 합류해 전자장비 부문 엔지니어로 활약하며 액티브 서스펜션 개발에 깊이 관여했고, 1993년 맥라렌으로 이적해 수석 연구개발 엔지니어 역할을 맡은 데 이어 2005년 엔지니어링 디렉터를 거쳐 2011시즌부터 맥라렌의 테크니컬 디렉터로 활약했다.

2013시즌 메르세데스로 팀을 옮긴 뒤 기술 부문 전무이사로 테크니컬 디렉터에 준하는 역할을 수행하기 시작한 로는 2014시즌 파워 유닛 시대가 시작된 이후 메르세데스가 다른 팀을 압도하는 강력한 퍼포먼스를 발휘하는 데 공헌했고, 2017시즌에는 24년 만에 윌리엄스로 복귀해 CTO로 두 시즌 동안 활동했다.

패트릭 헤드

Patrick Head

Sir Patrick Michael Head

생년월일

출생 **1946년 6월 5일**

주요 경력

1977 ~
월리엄스 [F1]
공동 설립자
테크니컬 디렉터
엔지니어링 디렉터
컨설턴트

윌리엄스 F1팀의 공동 설립자

UCL에서 기계공학을 전공한 뒤 섀시 제조사 롤라에서 근무하던 패트릭 헤드는 1977년 프랭크 윌리엄스와 함께 윌리엄스 그랑프리 엔지니어링을 설립했고, 1978시즌 윌리엄스의 첫 자체 제작 레이스카인 윌리엄스 FW06을 디자인해 두 차례의 패스티스트 랩을 기록한 것을 포함해 두 차례 포디엄에 오르는 등 큰 성공을 거뒀다.

1980시즌 첫 번째 챔피언 타이틀 획득을 시작으로 1980년대와 1990년대 윌리엄스가 F1 최고의 팀으로 급부상하는 동안 팀의 기술 부문을 이끌었던 헤드는 1986년 프랭크 윌리엄스가 교통사고로 크게 다친 시기 팀 운영 관리까지 도맡기도 했고, 2012시즌 업무 일선에서 물러날 때까지 윌리엄스의 기술 부문은 물론 팀 전체를 이끄는 리더 중 한 명으로 깊은 인상을 남겼다. 헤드는 일선에서 물러난 뒤 팀에 도움을 주기 위해 2019시즌 컨설턴트 역할을 맡기도 했다.

팻 시몬즈

Pat Symonds

Patrick Bruce Reith Symonds

생년월일

출생 **1953년 6월 11일**

주요 경력

1979 ~ 1985
톨먼 [F1]
R&D 엔지니어
레이스 엔지니어

1986 ~ 2001
베네통 [F1]
레이스 엔지니어
테크니컬 디렉터

2002 ~ 2009
르노 [F1]
테크니컬 디렉터

2013
마루시아 [F1]
컨설턴트

2013~ 2016
윌리엄스 [F1]
CTO

2017 ~ 2024
FIA
CTO

2024 ~
캐딜락 [F1]
엔지니어링 컨설턴트

베네통, 르노, 윌리엄스에서 활약한 엔지니어

팻 시몬즈는 옥스포드 폴리테크닉과 크랜필드 대학에서 공기역학을 전공한 뒤 1979년 톨먼에 합류해 F1 커리어를 시작했고, 잠시 로리 번과 함께 레이너드 F1 프로젝트에 참여했을 때를 제외하면 톨먼과 베네통, 르노로 이름을 바꾸며 엔스톤에 정착한 팀에서 자리를 지켰다. 이 과정에서 시몬즈는 미하엘 슈마허의 레이스 엔지니어와 수석 연구 개발 엔지니어를 거쳐 팀의 기술 부문을 책임지는 테크니컬 디렉터까지 성장했다.

르노의 팩토리 팀을 이끌며 2005, 2006시즌 컨스트럭터 챔피언과 드라이버 챔피언 타이틀을 휩쓴 시몬즈는 2008 싱가폴 그랑프리에서 발생한 "크래시게이트"의 핵심 인물로 밝혀져 F1에서 퇴출당했고, 2010년 법원 판결에 따라 복권된 뒤 마루시아의 컨설턴트를 거쳐 2013년부터 3년 동안 윌리엄스의 CTO로 활동한 뒤 2017년부터는 FIA의 CTO 역할을 맡아 F1의 미래를 그리는 데 힘을 쏟았다. 2024년 5월 캐딜락의 F1 프로젝트에 합류한 시몬즈는 엔지니어링 컨설턴트로 활약 중이다.

팻 프라이
Pat Fry

생년월일

출생 **1964년 3월 17일**

주요 경력

1987 ~ 1992
베네통 [F1]
R&D 엔지니어
레이스 엔지니어

1993 ~ 2010
맥라렌 [F1]
레이스 엔지니어
수석 엔지니어

2010 ~ 2013
페라리 [F1]
섀시 디렉터
테크니컬 디렉터

2018 ~ 2019
맥라렌 [F1]
테크니컬 디렉터

2020 ~ 2023
알핀 [F1]
CTO

2023 ~
윌리엄스 [F1]
CTO

윌리엄스의 CTO

팻 프라이는 1987년 베네통에 합류해 R&D 엔지니어로 액티브 서스펜션 개발에 투입된 뒤 레이스 엔지니어 역할도 맡았고, 죠르지오 아스카넬리의 권유에 따라 1993년 맥라렌으로 팀을 옮겼다. 맥라렌에서 R&D 엔지니어와 미카 하키넨과 데이빗 쿨싸드의 레이스 엔지니어를 거친 프라이는 2005시즌부터 수석 엔지니어로 2000년대 중후반 맥라렌 레이스카의 섀시 디자인을 책임졌다.

2010시즌 페라리로 이적해 2010 아부다비 그랑프리의 실패 이후 좌천된 알도 코스타의 공백을 메꾸며 섀시 디렉터 역할을 맡은 프라이는 한 시즌 동안 테크니컬 디렉터로 활동했고, 다시 맥라렌에 복귀한 뒤로는 2018년 제임스 키가 합류할 때까지 맥라렌의 임시 엔지니어링 디렉터 역할을 맡았다. 2020시즌을 대비해 대대적인 기술진 리빌딩을 진행하는 엔스톤 팀으로 이적한 팻 프라이는 CTO로 활약했고, 2023시즌 알핀을 떠나 윌리엄스에 합류하면서 CTO 직책을 맡았다.

페르디난트 포르셰
Ferdinand Porsche

생년월일

출생 **1875년 9월 3일**
사망 **1951년 1월 30일**

포르셰의 공동 설립자

페르디난트 포르셰는 1898년 오스트리아 야콥 로너의 회사에서 처음으로 자동차 제작에 참여한 뒤 1906년 오스트로-다이믈러에 합류해 수석 디자이너로 활약했다. 1924년 슈투트가르트의 다이믈러에서 테크니컬 디렉터를 맡았던 포르셰는 1926년 벤츠와 다이믈러가 합병한 뒤 1920년대 후반 최고의 레이스카 중 하나인 메르세데스-벤츠 SSK를 만들어내는 등 레이스카와 다양한 자동차 디자인으로 명성을 쌓았다.

1931년 슈투트가르트에서 컨설팅 회사 포르셰를 설립한 페르디난트 포르셰는 아우토우니온의 레이스카를 디자인해 그랑프리 레이싱 무대에서 메르세데스-벤츠의 아성을 위협하기 시작했고, 대중적인 자동차 보급을 전면에 내세운 폭스바겐 비틀 프로젝트를 주도했다. 그러나, 페르디난드 포르셰는 아돌프 히틀러와의 친분, 나치 독일에 대한 협조, 각종 군사 무기 제조에 도움을 주었다는 씻기 힘든 과오를 남겼고, 제2차 세계대전 종전 후 프랑스에서 전범으로 기소되어 4년간 옥살이를 하기도 했다.

ㅍ

폴 디레스타

Paul di Resta

생년월일 / 사망일	
출생	1986년 4월 16일

F1 월드 챔피언십	
엔트리	59
스타트	59
우승	-
포디엄	-
포인트	121
폴 포지션	-
패스티스트 랩	-
WDC 최고 성적	12위 (2013)

F1 외 주요 기록

2006
F3 유로시리즈 챔피언

2010
DTM 챔피언

2020
르망 24시간 LMP2 클래스 우승

2019-2020
WEC LMP2 클래스 러너-업

[전] 스카이 스포츠 F1 채널 F1 분석가

폴 디레스타는 2006년 F3 유로시리즈에서 챔피언 타이틀을 획득한 뒤 DTM에 진출해 쟁쟁한 경쟁자들을 물리치며 2010년 챔피언 타이틀을 차지했다. 디레스타는 2011시즌 포스인디아 소속으로 F1에 데뷔했고, 2013시즌까지 세 시즌 동안 F1 챔피언십에서 경쟁하며 58경기에서 26회 포인트 피니시를 기록하는 안정적인 활약을 펼쳤다.

세르히오 페레스에게 자리를 내주며 F1 시트를 잃은 뒤 다양한 모터스포츠 무대에서 꾸준히 드라이버로서 활동을 이어간 디레스타는 LMP2 클래스에서 좋은 성적을 남겼다. 디레스타는 드라이버 커리어 외에 2022년까지 스카이 스포츠 F1 채널에서 F1 분석가로 활약하며 높은 지명도를 얻었고, 몇몇 프랙티스 세션과 마틴 브런들이 부재중일 때 F1 그랑프리 생중계의 해설가로도 충분한 재능을 보여줬다.

폴라 말라이 알리

Paula Malai Ali

Paula Malai Ali Othman

생년월일	
출생	1974년 3월 3일

[전] 폭스스포츠 아시아 F1 중계방송 진행자

폴라 말라이 알리는 1996년 말레이시아에서 채널[V]의 진행자로 활동하기 시작해 말레이시아에서 흔치 않은 유창한 영어를 구사하는 엔터테이너로 주목받기 시작했고, 음악 방송 진행과 가수 활동은 물론 연기와 광고 촬영까지 다양한 분야에서 활약하며 많은 인기를 얻었다.

2000년대 초반 싱가포르를 중심으로 전문 스포츠 진행자로 거듭난 뒤 다양한 국제 스포츠 이벤트의 중계방송 진행을 담당한 폴라 말라이 알리는 스타 스포츠 등 폭스스포츠 계열 방송국이 F1을 생중계하던 시기 방송 진행을 맡았으며, F1 그랑프리의 프리뷰/리뷰 방송에서는 알렉스 융 등 전문 진행자와 맞먹는 해박한 지식과 정확한 분석, 깔끔한 발음과 부드러운 진행으로 많은 사랑을 받았다.

프란츠 토스트

Franz Tost

생년월일	
출생	1959년 4월 23일

주요 경력

2000 ~ 2005
윌리엄스 [F1]
트랙 오퍼레이션 매니저

2006 ~ 2019
토로로쏘 [F1]
팀 프린시플

2006 ~ 2019
알파타우리 [F1]
팀 프린시플

[전] 알파타우리의 팀 프린시플

프란츠 토스트는 인스부르크 대학과 비엔나 대학에서 스포츠 과학과 스포츠 매니지먼트를 전공하는 동안 주니어 포뮬러에 출전해 준수한 성적을 거뒀고, 드라이버 커리어를 마친 뒤 1985년 포뮬러 포드와 F3 등에 출전하는 발터 레흐너 레이싱에서 팀 관리를 맡기 시작했다. 15년 동안 주니어 포뮬러에서 관리자로서 역량을 키우던 토스트는 랄프 슈마허 등 장차 F1에 진출하게 될 드라이버들과도 인연을 맺었다.

2000년 랄프 슈마허가 윌리엄스에 합류하자 트랙 오퍼레이션 매니저를 맡으면서 F1 관리자로서의 커리어를 시작한 토스트는 2006년 1월 레드불이 미나르디를 인수해 토로로쏘를 만든 직후 팀 프린시플로 임명됐다. 토로로쏘가 알파타우리로 이름을 바꾼 이후로도 2023시즌까지 팀 프린시플로 중위권에서 안정적인 성적을 유지할 수 있도록 이끌었던 토스트는 드라이버 양성소처럼 레드불에 합류할 재능 있는 젊은 드라이버들을 발굴하면서 많은 이들로부터 존경받는 지도자로 여겨지기도 했다.

프랭크 윌리엄스

Frank Williams

Sir Francis Owen Garbett Williams

생년월일	
출생	1942년 4월 16일
사망	2021년 11월 28일

주요 경력

1977 ~ 2021
윌리엄스 [F1]
오너

윌리엄스의 설립자

프랭크 윌리엄스는 1950년대 드라이비와 미개닉으로 레이싱 커리어를 시작한 뒤 1966년 "프랭크 윌리엄스 레이싱 카(Frank Williams Racing Cars)"를 설립했다. 윌리엄스는 1969시즌 브라밤으로부터 BT26을 구입해 F1 그랑프리에 출전했고, 1977년에는 자기 이름을 걸고 있지만 우여곡절 끝에 월터 울프의 팀이 되어버린 윌리엄스 레이싱 카를 나와 패트릭 헤드와 함께 **"윌리엄스 그랑프리 엔지니어링(Williams Grand Prix Engineering)"**을 설립했다.

1980시즌 알란 존스와 함께 첫 번째 챔피언 타이틀을 거머쥔 뒤 윌리엄스 그랑프리 엔지니어링을 빠르게 성장시킨 프랭크 윌리엄스는 1986년 3월 교통사고에 휘말린 뒤 간신히 목숨을 건졌고, 이후 휠체어에 의지해 움직일 수밖에 없는 상황에서도 20년 이상 윌리엄스의 팀 프린시플로 F1 무대에서 왕성하게 활동했다.

ㅍ

프레데릭 바서
Frédéric Vasseur

생년월일 / 사망일

출생 **1968년 5월 28일**

주요 경력

1996 ~
ASM / ART 그랑프리
설립자
팀 프린시플

2016 ~ 2017
르노 [F1]
팀 프린시플

2017 ~ 2022
자우버 모터스포트
CEO

2017 ~ 2018
자우버 [F1]
팀 프린시플

2019 ~ 2022
알파로메오 [F1]
팀 프린시플

2023 ~
페라리 [F1]
팀 프린시플

페라리의 팀 프린시플

프레데릭 바서는 1996년 ASM을 설립해 F3 무대에서 큰 성공을 거뒀고, 신설되는 GP2 참전을 위해 니콜라스 토드와 손잡고 2004년 말 ASM을 **"ART 그랑프리(ART Grand Prix)"**로 재탄생시켰다. 바서의 팀은 GP2에서 니코 로스버그, 루이스 해밀턴, 로망 그로장, 니코 훌켄버그, 파스토르 말도나도, F3 유로시리즈에서 세바스찬 베텔, 코바야시카무이, 발테리 보타스 등 장차 F1 무대에서 활약할 유망주를 다수 배출했다.

2016년 팩토리 팀을 부활시킨 르노 스포트에 합류해 르노 F1 팀의 팀 프린시플이 된 바서는 2016시즌이 끝난 뒤 시릴 아비테불과의 갈등으로 한 시즌만에 팀을 떠났고, 2017년 여름 모니샤 칼텐본을 대신해 자우버의 CEO와 팀 프린시플 역할을 맡은 뒤 팀이 알파로메오 레이싱으로 이름을 바꾼 뒤에도 2022시즌까지 자리를 지켰다. 2023시즌을 앞두고 마티아 비노토가 떠난 스쿠데리아 페라리의 임명을 받으며 바서는 페라리의 새 팀 프린시플로 활약하기 시작했다.

플라비오 브리아토레
Flavio Briatore

생년월일

출생 **1950년 4월 12일**

주요 경력

1988 ~ 1997
베네통 [F1]
커머셜 디렉터
매니징 디렉터
팀 프린시플

2000 ~ 2001
베네통 [F1]
매니징 디렉터
팀 프린시플

2002 ~ 2009
르노 [F1]
매니징 디렉터
팀 프린시플

2024 ~
알핀 [F1]
상임 고문

알핀의 상임 고문 겸 팀 프린시플

플라비오 브리아토레는 1990년 루치아노 베네통에 의해 베네통 F1 팀의 관리자로 지명된 뒤 존 버나드와 미하엘 슈마허를 영입해 팀 전력을 강화한 데 이어 1990년대 초중반 로리 번, 로스 브런 등으로 이어지는 "드림 팀" 구축에 앞장섰다. 브리아토레의 베네통은 1994시즌 처음으로 챔피언 타이틀을 손에 넣었고, 1995시즌 컨스트럭터 챔피언과 드라이버 챔피언 타이틀을 모두 획득하며 명실상부 F1 최강팀으로 발돋움했다.

1990년대 후반 드림 팀 대부분이 페라리로 이적한 뒤 성적이 추락한 베네통의 팀 프린시플 자리를 데이빗 리처드에게 내주기도 했던 브리아토레는 2000년 르노가 베네통을 인수하자 다시 엔스톤 팀을 이끌기 시작했고, 자신이 매니저로 관리하던 페르난도 알론소를 발탁해 2005시즌과 2006시즌 F1 챔피언 타이틀을 휩쓸었다. 브리아토레는 2008 싱가포르 그랑프리의 "크래시게이트"로 2009년 F1에서 퇴출당했고, 법원 판결로 권리가 복원된 뒤 오랜 공백을 거쳐 2024년 알핀의 상임 고문으로 F1 실무에 복귀해 막강한 영향력을 행사하기 시작했다.

피에르 바시
Pierre Waché

레드불의 테크니컬 디렉터

피에르 바시는 2001년 미쉐린에서 F1과 인연을 맺기 시작한 뒤 2007시즌을 앞두고 BMW 자우버에서 퍼포먼스 엔지니어로 활동하기 시작했고, 자우버가 BMW로부터 독립한 뒤에도 계속 팀에 남아 수석 퍼포먼스 엔지니어로 활약하며 풍족하지 않은 자우버가 중위권에서 경쟁력을 유지하는 데 공헌했다.

2013년 레드불에 합류해 수석 퍼포먼스 엔지니어 역할을 맡은 바시는 2018시즌부터 레드불 레이싱의 테크니컬 디렉터 역할을 맡아 F1에서 공식적으로 레드불의 기술 부문을 대표하는 엔지니어로 활약하기 시작했다. 2024년 애드리언 뉴이가 팀을 떠나면서 레드불 내에서 피에르 바시의 입지가 더욱 강화됐고, 2024시즌까지 막스 베르스타펜의 4년 연속 드라이버 챔피언 타이틀 획득이 모두 바시의 지휘 아래 이뤄졌다.

생년월일

출생 **1974년 12월 10일**

주요 경력

2007 ~ 2009
BMW 자우버 [F1]
퍼포먼스 엔지니어

2010 ~ 2012
자우버 [F1]
퍼포먼스 엔지니어

2013 ~
레드불 [F1]
수석 퍼포먼스 엔지니어
테크니컬 디렉터

피터 라이트
Peter Wright

1970~1990년대 팀 로터스에서 활약한 엔지니어

피터 라이트는 트리니티 대학에서 기계공학을 전공한 뒤 1967년 BRM의 토니 러드에게 발탁되어 F1과 인연을 맺었고, 1970년대 팀 로터스의 장기 연구 개발을 책임지던 러드의 부름에 응해 그라운드 이펙트 연구와 챔피언십 위닝카인 로터스 78, 로터스 79 등의 탄생에 크게 공헌했다.

1980년대 로터스 엔지니어링에서 액티브 서스펜션에 대한 연구를 이끈 뒤 1988년 로터스 엔지니어링의 전무이사가 된 라이트는 1990년 테크니컬 디렉터가 되어 피터 콜린스와 함께 팀 로터스를 이끌기 시작했지만, 재정 문제를 해결하지 못한 로터스에서 좋은 성적을 내지 못한 채 1994년 F1 엔지니어로서 은퇴한 이후 FIA의 컨설턴트와 F1 저널리스트로 폭넓게 활약했다.

생년월일

출생 **1946년 5월 26일**
사망 **2025년 11월 6일**

주요 경력

1967 ~ 1969
BRM [F1]
어시스턴트 엔지니어

1977 ~ 1994
팀 로터스 [F1]
R&D 엔지니어
레이스카 디자이너
테크니컬 디렉터

피터 자우버

Peter Sauber

Peter Paul Sauber

생년월일
출생 **1943년 10월 13일**

주요 경력
1993 ~ 2005 자우버 [F1] **오너**
2009 ~ 2015 자우버 [F1] **오너**

자우버의 설립자

피터 자우버는 자동차 세일즈맨으로 일하는 동안 폭스바겐 비틀 힐클라임 경기에 직접 출전했고, 1970년에는 자신이 만든 레이스카 자우버 C1으로 스위스 힐클라임 챔피언 타이틀을 차지했다. 자우버의 팀은 1970년대부터 다양한 모터스포츠 분야에서 성장을 거듭했고, 1985년 메르세데스-벤츠와 손을 잡은 뒤 1987년 자우버 C9과 1990년 메르세데스-벤츠 C11이 WSCC 챔피언 타이틀을 차지하는 등 큰 성공을 거뒀다.

1993시즌 자우버 F1 팀을 설립해 2000년대 중반까지 준수한 성적을 거두며 많은 유망주들의 등용문으로 만든 피터 자우버는 2006시즌을 앞두고 많은 지분을 BMW에 매각한 뒤 일선에서 물러났지만, 2009시즌을 끝으로 BMW가 F1 철수를 선언하자 다시 팀을 인수해 2016년 팀 소유권을 완전히 매각할 때까지 재정적 어려움을 겪는 자우버 F1 팀을 생존시키기 위해 계속 노력했다.

피터 프로드로무

Peter Prodromou

Πέτρος Προδρόμου

생년월일
출생 **1969년 1월 14일**

주요 경력
1991 ~ 2005 맥라렌 [F1] **공기역학 엔지니어** **수석 공기역학 엔지니어**
2006 ~ 2013 레드불 [F1] **수석 공기역학 엔지니어**
2014 ~ 맥라렌 [F1] **수석 엔지니어** **테크니컬 디렉터**

맥라렌의 공기역학 부문 테크니컬 디렉터

피터 프로드로무는 임페리얼 칼리지에서 항공공학을 전공한 뒤 1991년 맥라렌에 입사하며 F1과 인연을 맺었고, 레이스카 디자인 부문에서 일하던 중 1990년대 중반 에이드리언 뉴이의 강력한 조력자가 되어 수석 공기역학자가 되었다. 2005년까지 맥라렌의 공기역학 부문을 책임졌던 프로드로무는 2006년 뉴이와 함께 레드불로 이적했고, 2013년까지 레드불의 4년 연속 챔피언 타이틀 획득에 공헌했다.

2014년 맥라렌에 복귀한 프로드로무는 수석 엔지니어 역할을 맡았고, 2023년 팀의 구조 조정에 따라 공기역학 부문 테크니컬 디렉터 역할을 맡기 시작했다. 프로드로무는 오랫동안 많은 사람들에게 "에이드리언 뉴이의 No.2"로 여겨졌으며, 21세기 최고의 공기역학자 중 한 명으로 평가받고 있다.

하비 포슬웨이트

Harvey Postlethwaite

Harvey Ernest Postlethwaite

[전] 하스의 테크니컬 디렉터

하비 포슬웨이트는 1970년 신생팀 마치에서 F2와 F3 레이스카를 디자인하기 시작했고, 1973년 헤스케스에 합류한 뒤 마치 731을 개조해 마치의 워크스 팀을 뛰어넘는 성능으로 사람들을 놀라게 했다. 처음으로 자체 제작한 레이스카 헤스케스 308이 1975 네덜란드 그랑프리에서 우승하면서 소형 팀에서 매우 적은 자원으로 위닝 카를 만들어낸 포슬웨이트의 위상은 더욱 높아졌다.

헤스케스가 F1에서 철수한 뒤 울프로 이적해 작은 팀 소속으로 다시 위닝 카를 만든 포슬웨이트는 1980년대 초 엔초 페라리에게 발탁되어 페라리에 입성했고, 1982시즌과 1983시즌 컨스트럭터 챔피언 타이틀을 차지한 챔피언십 위닝카를 디자인했다. 페라리를 떠난 뒤 티렐의 짧은 르네상스를 이끌었던 포슬웨이트는 테크니컬 디렉터로 자우버의 F1 데뷔에 큰 힘이 되었고, 1999년 심장마비로 갑자기 세상을 떠나기 전까지 혼다의 F1 프로젝트를 지휘했다.

생년월일

출생 **1944년 3월 4일**
사망 **1999년 4월 15일**

주요 경력

1970 ~ 1973
마치 [F1]
레이스카 디자이너

1973 ~ 1976
헤스케스 [F1]
레이스카 디자이너

1976 ~ 1979
울프 [F1]
레이스카 디자이너

1981 ~ 1987
페라리 [F1]
레이스카 디자이너

1987 ~ 1991
티렐 [F1]
테크니컬 디렉터

1991 ~ 1994
자우버 [F1]
테크니컬 디렉터

1994 ~ 1998
티렐 [F1]
테크니컬 디렉터

헤르만 랑

Hermann Lang

Hermann Albert Lang

1930년대 메르세데스-벤츠의 마지막 스타 드라이버

헤르만 랑은 14세에 모터싸이클 미캐닉으로 일하기 시작한 뒤 1930년대 초반 메르세데스 공장에 들어가 그랑프리 레이싱 팀에서 일할 기회를 얻었고, 루이지 파지올리의 수석 미캐닉으로 성공적인 커리어를 쌓았다. 1930년대 중반 레이스 참가 기회를 얻은 랑은 고속 써킷에서 두각을 나타내며 1937 트리폴리 그랑프리에서 첫 승을 거뒀다.

1939시즌 유러피언 챔피언십에서 네 경기 중 2승을 거둔 뒤 나치 독일에 의해 챔피언으로 선언되기도 했던 랑은 전성기에 제2차 세계대전이 발발해 제대로 활약할 기회를 얻지 못했다. 종전 이후 다시 다양한 레이스에 참가하기 시작한 랑은 마세라티의 드라이버 공백을 메꾸며 1953 스위스 그랑프리에서 처음으로 F1 챔피언십 그랑프리 출전 기록을 남겼고, 이듬해 독일 그랑프리에 메르세데스-벤츠 소속으로 참가했다가 리타이어한 후 드라이버에서 은퇴하고 메르세데스 백오피스 업무에 전념했다.

생년월일 / 사망일

출생 **1909년 4월 6일**
사망 **1987년 10월 19일**

F1 월드 챔피언십

엔트리	2
스타트	2
우승	-
포디엄	-
포인트	2
폴 포지션	-
패스티스트 랩	-
WDC 최고 성적	**17위** (1953)

F1 외 주요 기록

1939
유러피언 챔피언십 비공인 챔피언

1952
르망 24시간 우승

헤르만 틸케

Hermann Tilke

생년월일 / 사망일

출생 1954년 12월 31일

21세기 F1 그랑프리 써킷 디자인을 도맡은 써킷 디자이너

헤르만 틸케는 FH 아헨에서 교통과 트래픽 관리를 전공한 뒤 1980년대부터 투어링카와 내구 레이스 등에서 드라이버로 활동했고, 1984년에는 자신의 이름을 딴 회사 틸케 엔지니어링을 설립했다. 틸케의 회사는 1990년대 중반 외스테라이히링을 A1-링으로 리노베이션 하는 작업을 맡았고, 틸케는 F1 써킷 디자인의 핵심 인물로 떠오르기 시작했다.

1999년 말레이시아 그랑프리 유치를 위한 세팡 인터내셔널 써킷 디자인을 시작으로 바레인, 상하이, 이스탄불, 싱가포르, 아부다비, 영암 등 다수의 F1 그랑프리 개최 써킷의 디자인을 주도한 틸케는 FIA가 공인한 네 명의 써킷 디자이너 중 한 명이지만, 실제로는 F1 그랑프리 개최가 가능한 그레이드 1 써킷 디자인을 독점하고 있다. 현대적인 F1 레이스카 성능에 걸맞은 레이아웃과 높은 안전 기준 설정으로 대형 사고 발생 가능성이 작다는 장점에도 불구하고, 틸케와 그의 회사가 디자인한 써킷은 뻔한 레이아웃에서 재미없는 레이스가 양산된다는 이유로 "틸케드롬"이라 불리며 많은 모터스포츠 팬에게 좋지 않은 평가를 받고 있다.

헤르만 파울 뮐러

Hermann Paul Müller

생년월일

출생 1909년 11월 21일
사망 1975년 12월 30일

주요 기록

1939
유러피언 챔피언십 챔피언

1955
250cc 그랑프리 모터싸이클 챔피언

유러피언 챔피언십의 마지막 "언크라운드[20] 챔피언"

헤르만 파울 뮐러는 1928년 레이싱 커리어를 시작해 사이드카와 모터싸이클로 독일 정상에 올랐고, 1937시즌부터 아우토우니온 소속으로 그랑프리에 참가하며 카레이싱 드라이버로 전향했다. 1938시즌 정상급 드라이버로 성장한 뒤 1939시즌 프랑스 그랑프리 우승과 함께 AIACR 기준 유러피언 챔피언 타이틀을 획득 자격을 얻었지만, 제2차 세계대전 발발로 AIACR이 업무를 중단한 뒤 나치 독일이 인기가 더 많다는 이유로 헤르만 랑을 챔피언으로 선언하면서 뮐러는 "무관의 챔피언"이 됐다.

종전 이후 모터싸이클에 전념한 뮐러는 독일의 250cc 모터싸이클을 제패한 뒤 1954시즌부터 모터싸이클 그랑프리 무대에 풀 타임 라이더로 참가하기 시작했고, 1955시즌 홈 레이스 우승과 함께 그랑프리 모터싸이클 250cc 챔피언 타이틀을 획득하며 4륜과 2륜 그랑프리 무대에서 모두 챔피언 타이틀(자격)을 획득한 드라이버가 되었다.

---

20 AIACR 기준 챔피언 타이틀 획득 대상은 뮐러였지만, 제2차 세계대전 발발로 공식 인정 선언이나 챔피언 타이틀 수여가 없었다.

헬무트 마르코
Helmut Marko

생년월일 / 사망일	
출생	1943년 4월 27일

F1 월드 챔피언십	
엔트리	10
스타트	9
우승	-
포디엄	-
포인트	-
폴 포지션	-
패스티스트 랩	-
WDC 최고 성적	-

F1 외 주요 기록

1971
르망 24시간 우승

[전] 레드불의 드라이버 개발 프로그램 책임자 겸 고문

헬무트 마르코는 친구 요헨 린트와 함께 모터스포츠에 입문해 F1 그랑프리를 포함한 다양한 레이스에 참가했고, 1971 르망 24시간에서 최장 거리 주행 기록과 함께 우승하는 등 큰 성공을 거뒀다. 그러나, 1972 프랑스 그랑프리에서 앞서 달리던 차가 튕겨낸 돌이 바이저를 관통하는 사고로 왼쪽 눈의 시력을 완전히 잃은 마르코는 레이싱 커리어를 중단했다.

게하르트 베르거와 칼 벤들링거 등 오스트리아 출신 드라이버의 매니저 역할을 맡은 데 이어 F3와 F3000 등 주니어 포뮬러 팀을 관리하던 마르코는 1999년부터 레드불의 드라이버 개발 프로그램을 책임지며 세바스찬 베텔과 대니얼 리카도 등의 육성에 관여했고, 2005년 F1에 레드불 레이싱 탄생 이후 팀의 고문이자 조언자 역할을 맡아 2025년을 끝으로 팀을 떠날 때까지 레드불 레이싱 부문 전체에 막대한 영향력을 행사했다.

혼다소이치로
Soichiro Honda
本田宗一郎

생년월일	
출생	1906년 11월 17일
사망	1991년 8월 5일

주요 경력

1964 ~ 2015
자우버 [F1]
오너

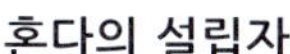

혼다의 설립자

혼다소이치로는 15세에 고향을 떠나 도쿄에서 자동차 수리 수습생으로 일을 시작한 뒤 1936년 일본에서 펼쳐진 첫 번째 레이스에 참가했다가 크게 다치는 경험을 했고, 사업가로서 1937년 토카이세이키중공업을 설립해 토요타에 피스톤 링을 납품하기 시작했다. 제2차 세계대전 중 미카와 지진 등으로 공장이 파괴되면서 남은 잔류물을 토요타에 매각한 혼다는 공장 매각 대금으로 1946년 "혼다기술연구소(本田技術研究所)"를 설립했고, 1948년에는 **"혼다기연공업(本田技研工業)"**[21]을 출범시켰다.

1950년대 모터싸이클로 큰 성공을 거둔 뒤 1959년 미국에 진출하는 등 사업을 확장한 혼다는 1960년대에 자동차 생산을 시작하며 스즈카 써킷의 건설과 일본 최초의 F1팀 설립을 이끌었다. 혼다는 1973년 혼다기연공업의 사장 자리에서 물러난 뒤 최고 고문직을 유지하며 1989년 아시아인 최초로 미국 자동차 명예의 전당에 헌액되었으며, 1991년 그가 세상을 떠난 직후 F1 헝가리 그랑프리에서 우승한 아일톤 세나는 자신의 우승을 혼다소이치로에게 헌정하기도 했다.

[21] 2023년 현재 매뉴팩쳐러 혼다의 모태에 해당하는 회사다.

후이 마르케스
Rui Marques

생년월일 / 사망일

출생 **1972년**

주요 경력

2012 ~
FIA
F3 레이스 디렉터
F2 레이스 디렉터
F1 레이스 디렉터

F1 레이스 디렉터

포르투갈에서 태어난 후이 마르케스는 2012년 FIA에 합류해 고국에서 펼쳐지는 카트 레이싱이나 WTCC 레이스 등과 관련된 다양한 업무를 수행했고, F3와 F2 레이스 디렉터로 활동한 것 외에 2024 마카우 그랑프리의 레이스 디렉터 역할을 맡아 수많은 레드 플랙이 나와 혼란스러웠던 레이스 이벤트들을 관리하며 좋은 인상을 남겼다.

2024년 11월 기존 F1 레이스 디렉터 닐스 비티히가 F1 레이스 디렉터에서 해임된 후 후이 마르케스가 F1 레이스 디렉터가 되었고, 2026시즌까지도 직책을 유지하고 있다.

V.
F1 팀
FORMULA 1 TEAMS

AAR

AAR

Anglo American Racers

F1 월드 챔피언십	
시즌	1966 ~ 1968
엔트리	28(25)[1]
우승	1
포디엄	2
포인트	20(17)[2]
폴 포지션	-
패스티스트 랩	2
WCC 최고 성적	7위 (1966, 1967)
WDC 최고 성적	8위 (1967)

댄 거니가 설립한 미국 F1 팀

AAR은 1964년 미국 무대 활동을 시작하며 **"올 아메리칸 레이서스(All American Racers)"**라는 이름과 미국을 상징하는 "이글"을 섀시 명칭으로 탄생한 미국 팀으로, 유럽의 F1 무대 진출을 위해 영국에 팀 본부를 두고 영국에서 제조한 웨스트레이크 엔진을 장착한 뒤 F1에서만큼은 미국 색을 살짝 지우고 **"앵글로 아메리칸 레이서스(Anglo American Racers)"**의 이름으로 챔피언십 엔트리에 이름을 올렸다.

1967 벨기에 그랑프리에서 댄 거니의 우승으로 잭 브라밤에 이어 "팀 설립자가 자기 팀에서 우승"한 두 번째 사례를 만든 AAR은 세 시즌 동안 28회의 챔피언십 그랑프리에 출전하는 동안, 1승을 포함해 두 차례의 포디엄 피니시와 패스티스트 랩 2회, 17포인트의 통산 기록을 남겼다.

BAR

BAR

British American Racing

F1 월드 챔피언십	
시즌	1999 ~ 2005
엔트리	210
우승	-
포디엄	15
포인트	227
폴 포지션	2
패스티스트 랩	-
WCC 최고 성적	러너-업 (2004)
WDC 최고 성적	3위 (2004)

(마트라) ▷ 티렐 ▷ BAR ▷ 혼다 ▷ 브런GP ▷ 메르세데스

BAT가 티렐을 인수해 만든 영국 F1 팀

BAR은 자끄 빌너브의 매니저였던 크레이그 폴락이 1997년 말 영국의 담배회사 **브리티시 아메리칸 토바코(BAT)**를 설득해 몰락한 티렐을 인수하면서 탄생했다. 1999시즌 F1에 데뷔한 BAR은 2000시즌부터 혼다 엔진을 장착한 뒤 준수한 성적을 거두기 시작했고, 2001 스페인 그랑프리에서 빌너브가 3위를 차지해 처음으로 포디엄에 올랐다.

BAR은 2004시즌 F1 최강 엔진 중 하나였던 혼다 RA004E 엔진과 함께 젠슨 버튼이 열 차례 포디엄에 오르는 맹활약을 펼친 데 힘입어 페라리에 이어 컨스트럭터 챔피언십 2위에 오르며 전성기를 누렸고, 일곱 시즌 동안 F1 챔피언십에 출전해 폴 포지션 2회, 포디엄 피니시 15회, 227 포인트의 통산 기록을 남긴 뒤 혼다 팩토리 팀으로 재탄생했다.

---

1 1968시즌 마지막 세 차례 그랑프리에는 이글 섀시가 아닌 맥라렌 M7A로 출전했기 때문에, 컨스트럭터 AAR의 기록에서 제외된다.

2 1968 미국 그랑프리에서 댄 거니가 3포인트를 획득했지만, 팀 포인트에만 반영되고 컨스트럭터 AAR의 포인트에는 더해지지 않는다.

BMW 자우버

BMW Sauber F1 Team 

BMW Sauber

BMW Sauber F1 Team

자우버 ▷ **BMW 자우버** ▷ 자우버 ▷ 알파로메오 ▷ 자우버 ▷ **아우디**

F1 월드 챔피언십	
시즌	2006 ~ 2009
엔트리	70
우승	1
포디엄	17
포인트	308
폴 포지션	1
패스티스트 랩	2
WCC 최고 성적	2위 (2007)
WDC 최고 성적	4위 (2008)

BMW가 자우버를 인수해 만든 독일 팀

2000년대 중반 엔진 공급자였던 BMW는 윌리엄스와 갈등이 깊어지자 팩토리 팀을 만들기로 결심했고, 당시 대표적인 독립 팀 자우버를 인수해 2006시즌 BMW 자우버를 출범시켰다. BMW 자우버는 2006 헝가리 그랑프리에서 닉 하이트펠트가 처음 포디엄에 오른 데 이어, 2007시즌 컨스트럭터 챔피언십 2위에 오르며 F1 최강팀 중 하나로 부상했다.

2008시즌 로버트 쿠비차가 바레인 그랑프리에서 첫 폴 포지션을 획득한 BMW 자우버는 캐나다 그랑프리에서 숙원이었던 첫 그랑프리 우승을 기록하며 승승장구했지만, 2009년 BMW 이사회 결정에 따라 F1 철수를 선언했다. BMW의 철수 이후 피터 자우버가 다시 팀을 인수했고, 2010시즌 콩코드 협정 때문에 BMW 자우버로 경쟁한 것을 마지막으로 2011시즌부터 F1에서 BMW의 이름은 완전히 사라졌다.

BRM

BRM

British Racing Motors

F1 월드 챔피언십	
시즌	1951 ~ 1977
엔트리	197
우승	17
포디엄	61
포인트	433
폴 포지션	11
패스티스트 랩	15
WCC 최고 성적	챔피언 (1962)
WDC 최고 성적	챔피언 (1962)

영국을 대표하는 팀을 목표로 기획 설립된 F1 팀

제2차 세계대전 종전 직후 영국을 대표하는 팀에서 세계 최고 레이스카를 만든다는 프로젝트로 탄생한 BRM은 기대와 달리 여러 문제에 부딪혀 1951시즌에야 겨우 F1에 데뷔했다. 이후로도 BRM은 경쟁력을 갖출 때까지 많은 시간을 허비했고, 1950년대 후반 조금씩 경쟁력을 회복해 1959 네덜란드 그랑프리에서야 첫 승을 기록할 수 있었다.

1960년대 초반 토니 러드가 개발 책임자로 전권을 장악하면서 정상 궤도에 진입한 BRM은 1962시즌 그레이엄 힐과 함께 드라이버와 컨스트럭터 챔피언 타이틀을 석권했고, 1960년대 초반 P57, 1960년대 중반 P261 등 다수의 명차를 남기며 1960년대 F1 정상권에서 활약했다. 1977시즌까지 F1 챔피언십에 출전했던 BRM은 통산 17승, 포디엄 피니시 61회, 폴 포지션 11회와 패스티스트 랩 15회 등의 기록을 남겼다.

레드불

Red Bull

Oracle Red Bull Racing

스튜어트 ▷ 재규어 ▷ **레드불**

F1 월드 챔피언십	
시즌	2005 ~
엔트리	418
우승	130
포디엄	297
포인트	8,288
폴 포지션	111
패스티스트 랩	102
WCC 최고 성적	챔피언 (2010, 2011, 2012, 2013, 2022, 2023)
WDC 최고 성적	챔피언 (2010, 2011, 2012, 2013, 2021, 2022, 2023, 2024)

레드불이 재규어를 인수해 탄생한 오스트리아 팀

세계 최대의 에너지 음료 제조사인 레드불은 2005년 밀턴케인즈에 본부를 둔 재규어를 인수해 레드불 레이싱을 설립했고, 2000년대 중반 에이드리언 뉴이 등 우수한 인재들을 영입하며 성장을 꾀했다. 세바스찬 베텔이 합류한 2009시즌 중국 그랑프리에서 첫 승을 거둔 레드불은 공기역학적으로 가장 뛰어난 레이스카를 만드는 팀으로 평가받기 시작했다.

2010시즌 첫 챔피언 등극을 시작으로 르노 엔진과 함께 2013시즌까지 네 시즌 연속 드라이버와 컨스트럭터 챔피언 타이틀을 석권한 레드불은 파워 유닛 시대 성적이 기대에 미치지 못했지만, 2019시즌 혼다 파워 유닛을 장착한 뒤 대혼돈의 2021시즌 드라이버 챔피언 타이틀을 획득한 데 이어 2022시즌과 2023시즌 절대 강자로 군림했다. 막스 베르스타펜은 베텔에 이어 다시 한번 4년 연속 드라이버 챔피언의 자리에 올랐다.

레이싱불스

Racing Bulls

Visa Cash App Racing Bulls Formula One Team

미나르디 ▷ 토로로쏘 ▷ 알파타우리 ▷ **레이싱불스**

F1 월드 챔피언십	
시즌	2024[3] ~
엔트리	48
우승	-
포디엄	1
포인트	138
폴 포지션	-
패스티스트 랩	1
WCC 최고 성적	6위 (2025)
WDC 최고 성적	12위 (2024, 2025)

알파타우리가 이름을 바꾼 이탈리아 팀

2023시즌까지 알파타우리라는 이름으로 챔피언십에 참가했던 파엔짜 팀은 2024시즌 레이싱불스로 이름을 바꿨고, 대니얼 리카도와 츠노다유키 라인업으로 시즌을 시작했다. 싱가포르 그랑프리 이후 리카도 대신 리암 로슨을 시트에 앉힌 레이싱불스는 전년과 같은 8위로 시즌을 마쳤다.

아이작 하자와 츠노다유키 라인업으로 2025시즌을 시작한 레이싱불스는 일본 그랑프리부터 츠노다와 자리를 바꾼 로슨을 하자의 팀메이트로 삼았다. 아이작 하자가 네덜란드 그랑프리에서 첫 포디엄 피니시에 성공하고, 로슨이 아제르바이잔 그랑프리 5위 등 많은 경기에서 포인트를 획득한 레이싱불스는 WCC 6위로 2021시즌 이후 최고 성적을 거뒀다.

---

[3] 2024시즌에는 섀시 명칭을 RB로 등록해 사용했었고, 2025시즌부터 섀시명도 레이싱불스가 되었다.

레이싱포인트

Racing Point

BWT Racing Point F1 Team

F1 월드 챔피언십	
시즌	2019[4] ~ 2020
엔트리	38
우승	1
포디엄	4
포인트	268
폴 포지션	1
패스티스트 랩	-
WCC 최고 성적	4위 (2020)
WDC 최고 성적	4위 (2020)

조단 ▷ 미들랜드 ▷ 스파이커 ▷ 포스인디아 ▷ **레이싱포인트** ▷ 애스턴마틴

레이싱포인트가 포스인디아를 인수해 만든 영국 팀

포스인디아는 2000년대 후반 메르세데스와 협력을 강화하며 효율성을 극대화해 중위권 팀으로 발돋움했지만, 2010년대 들어 공동 설립자 비제이 말리야의 문제와 운영 자금 문제로 심각한 경영난에 빠졌다. 2018년 중반 법정 관리에 들어가며 좌초 직전이었던 포스인디아는 로렌스 스트롤이 이끄는 레이싱포인트 UK 컨소시엄의 인수로 기사회생했다.

2019시즌 레이싱포인트로 거듭난 실버스톤 팀은 오랜만에 안정적인 자금 공급을 바탕으로 재도약을 준비하기 시작했고, 2020시즌 사키르 그랑프리에서 세르히오 페레스의 극적 우승을 포함해 포디엄 피니시 4회로 WCC 4위를 차지했다. 레이싱포인트는 이듬해 2021시즌 영국 모터스포츠의 상징적 브랜드 중 하나인 애스턴마틴으로 거듭났다.

로터스 F1

Lotus F1

Lotus F1 Team

F1 월드 챔피언십	
시즌	2012 ~ 2015
엔트리	77
우승	2
포디엄	25
포인트	706
폴 포지션	-
패스티스트 랩	5
WCC 최고 성적	4위 (2012, 2013)
WDC 최고 성적	3위 (2012)

톨만 ▷ 베네통 ▷ 르노 ▷ **로터스 F1** ▷ 르노 ▷ 알핀

지니 캐피탈이 엔스톤 팀을 리브랜딩해 만든 영국 팀

2009년 말 르노의 대주주가 되어 엔스톤 팀을 이끌기 시작한 창업투자회사 지니 캐피탈은 2012년 "그룹 로터스"를 브랜딩 파트너로 삼아 "로터스 F1 팀"을 설립했고, 2년간 F1을 떠나 있던 키미 라이코넨을 깜짝 영입하며 주목받았다.

2012시즌 열 차례 포디엄에 오른 것은 물론 아부다비 그랑프리에서 라이코넨이 우승을 차지하는 등 기대 이상의 성과를 거두며 WCC 4위에 오른 로터스 F1 팀은 2013시즌 개막전 호주 그랑프리에서 우승하며 화려하게 출발했지만, 라이코넨이 팀을 떠난 뒤 성적이 빠르게 하락하면서 하위권에 머물던 중 2015년 말 F1 복귀를 선언한 르노에게 인수됐다.

[4] 2018시즌 후반에도 레이싱포인트로 불렸지만, 공식적인 컨스트럭터 명칭은 포스인디아였다.

롭 워커 레이싱

Rob Walker Racing

R.R.C. Walker Racing Team

F1 월드 챔피언십	
시즌	1953 ~ 1955 1957 ~ 1970
엔트리	124
우승	9
포디엄	16
포인트	114
폴 포지션	10
패스티스트 랩	9
WCC 최고 성적	-[6] (-)
WDC 최고 성적	3위 (1959, 1960, 1961)

롭 워커가 설립한 영국[5]의 독립 팀

죠니 워커 가문의 상속자 롭 워커가 1953년 설립해 "커스터머 카를 사용하는 독립 팀"으로 활약한 롭 워커 레이싱은 코넛, 쿠퍼, 로터스, 브라밤 등의 레이스카를 구입해 F1 그랑프리에 출전했고, 종종 레이스카를 만든 워크스 팀을 뛰어넘는 성적을 거두면서 많은 팬들의 사랑을 받았다.

1958 아르헨티나 그랑프리에서 리어-엔진 레이스카의 F1 그랑프리 첫 우승, 1960 모나코 그랑프리에서 로터스 레이스카의 첫 우승 등 역사적인 기록이 모두 롭 워커 레이싱을 통해 만들어졌고, 열일곱 시즌 동안 124회의 챔피언십 그랑프리에 출전하는 동안 9승과 함께 포디엄 피니시 16회, 폴 포지션 10회, 패스티스트 랩 9회 등 화려한 성적을 남겼다.

르노

Renault

Renault F1 Team

르노 / 톨만 ▷ 베네통 ▷ 르노 ▷ 로터스 F1 ▷ 르노 ▷ 알핀

F1 월드 챔피언십	
시즌	1977 ~ 1985 2002 ~ 2011 2016 ~ 2020
엔트리	403
우승	35
포디엄	103
포인트	1,777
폴 포지션	51
패스티스트 랩	33
WCC 최고 성적	챔피언 (2005, 2006)
WDC 최고 성적	챔피언 (2005, 2006)

프랑스의 매뉴팩쳐러 르노의 팩토리 팀

1970년대 말 터보차저와 함께 F1에 데뷔해 새로운 물결을 일으켰던 르노는 1985시즌을 끝으로 팩토리 팀을 F1에서 철수시킨 뒤 15년 이상 엔진 공급자로만 활동했고, 2000년대 들어 엔스톤 팀 베네통을 인수하며 F1 무대에 복귀한 뒤 2005/2006시즌 페르난도 알론소와 함께 컨스트럭터와 드라이버 챔피언 타이틀을 2년 동안 독점했다.

국제 금융 위기로 많은 팀이 어려움을 겪는 가운데 2009년 크래시게이트가 터지면서 2011시즌 로터스 르노 GP로 보낸 한 시즌을 끝으로 두 번째 F1에서 철수했던 르노는 2016년 다시 한번 엔스톤 팀을 인수해 세 번째 르노 F1 팀을 탄생시켰고, 2021시즌 알핀으로 리브랜딩할 때까지 통산 35승을 포함해 103회의 포디엄 피니시, 51회의 폴 포지션과 33회의 패스티스트 랩을 기록했다.

[5] 스코틀랜드 출신 롭 워커의 롭 워커 레이싱은 영국의 브리티시 레이싱 그린이 아닌 짙은 파란색 선과 흰색 선의 리버리를 사용했다.

[6] 직접 차를 만들지 않기 때문에 "컨스트럭터"로 포인트를 획득하거나 챔피언 타이틀 경쟁에 나설 수 없었다.

리지에

Équipe Ligier

마트라 ▷ 리지에

F1 월드 챔피언십	
시즌	1976 ~ 1996
엔트리	332
우승	9
포디엄	50
포인트	388
폴 포지션	9
패스티스트 랩	10
WCC 최고 성적	2위 (1980)
WDC 최고 성적	4위 (1979, 1980, 1981)

가이 리지에가 설립한 프랑스 팀

1976년 마트라의 자산을 인수한 가이 리지에가 설립한 리지에는 자끄 라피트 한 명을 집중 지원하며 데뷔 시즌에만 세 차례 포디엄에 올랐고, 1979시즌에는 3승을 거두며 F1 최강팀 중 하나로 부상했다.

1980시즌 자끄 라피트와 디디에 피로니의 활약에 힘입어 컨스트럭터 챔피언십 2위에 오르기도 했던 리지에는 1981시즌 2승을 추가한 이후 그랑프리 우승을 추가하지 못했고, 1986시즌까지 모두 21 시즌 동안 F1 무대에서 활약하며 통산 9승, 포디엄 피니시 50회, 폴 포지션 9회, 패스티스트 랩 10회의 준수한 기록을 남겼다.

마세라티

Maserati

Officine Alfieri Maserati

1954 1956

F1 월드 챔피언십	
시즌	1950 1952 ~ 1957
엔트리	70
우승	9
포디엄	37
포인트	260.14 / 0[7]
폴 포지션	10
패스티스트 랩	15
WCC 최고 성적	- (-)
WDC 최고 성적	챔피언 (1954, 1957)

F1 초창기 활약한 매뉴팩쳐러 마세라티의 팩토리 팀

마세라티는 1920년대부터 그랑프리 무대에서 성공을 거두며 알파로메오와 함께 이탈리아를 대표하는 매뉴팩쳐러로 명성을 쌓았고, F1 출범 원년 1950시즌 4CLT와 함께 다섯 경기에 출전했다. 마세라티는 1951시즌 F1 챔피언십에 출전하지 않았지만, 1952 시즌 후반 A6GCM를 투입하기 시작한 뒤 1953 이탈리아 그랑프리에서 첫 승을 거뒀다.

1954시즌 신차 마세라티 250F는 후안 마누엘 판지오의 개인 통산 두 번째 챔피언 타이틀 획득을 도왔고, 1956시즌 스털링 모스가 2승을 거둔데 이어 1957시즌에는 판지오가 4승을 거두며 다시 드라이버 챔피언 타이틀을 획득했다. 팩토리 팀 철수 이후로도 마세라티의 레이스카는 커스터머 카로 F1 무대에 계속 널리 사용되었고, 250F는 모두 277회의 그랑프리 엔트리로 F1에서 가장 널리 사랑받은 레이스카로 기록됐다.

---

[7] 마세라티의 팩토리 팀은 컨스트럭터 챔피언십이 만들어진 뒤 F1 그랑프리에 출전하지 않았기 때문에 컨스트럭터 기준 포인트는 없다.

마치

March

March Engineering

F1 월드 챔피언십	
시즌	1970 ~ 1992
엔트리	205
우승	2
포디엄	21
포인트	173.5
폴 포지션	5
패스티스트 랩	7
WCC 최고 성적	3위 (1970)
WDC 최고 성적	2위 (1971)

마치 ▷ 레이튼하우스 ▷ 마치

맥스 모슬리, 로빈 허드 등 네 명이 공동 설립한 영국 팀

마치는 1969년 사업 책임자 맥스 **모슬리(Mosley)의 "M"**, 팀 운영자 **알란 리스(Alan Rees)의 "A"와 "R"**, 레이스카 제작 책임자 그레이엄 **코커(Coaker)의 "C"**, 디자이너 **로빈 허드(Herd)의 "H"**까지 공동 설립자 네 명의 머리글자를 조합한 이름으로 출범했고, 확실한 역할 분담으로 새로운 구조의 팀을 구성해 F3, F2, F1 등 유럽의 메이저 싱글-시터는 물론 미국의 인디카와 스포츠카 레이싱까지 다양한 무대에 도전했다.

마치 팩토리 팀의 비토리오 브람비야와 로니 페터슨이 각각 1975 오스트리아 그랑프리와 1976 이탈리아 그랑프리에서 우승했고, 마치를 통해 니키 라우다, 제임스 헌트 등 정상급 드라이버와 로빈 허드, 에이드리언 뉴이 등 한 시대를 풍미한 엔지니어들이 F1 무대에 이름을 알렸다.

마트라

1969 1969

Matra

Equipe Matra Sports

F1 월드 챔피언십	
시즌	1967 ~ 1972
엔트리	61
우승	9
포디엄	21
포인트	163
폴 포지션	4
패스티스트 랩	12
WCC 최고 성적	챔피언 (1969)
WDC 최고 성적	챔피언 (1969)

마트라 ▷ 리지에 / 마트라 ▷ 티렐 ▷ BAR ▷ 혼다 ▷ 브런GP ▷ 메르세데스

매뉴팩처러 마트라의 팩토리 팀

매뉴팩처러의 팩토리 팀으로 F3와 F2 무대에서 성공을 거둔 뒤 1967년 F1에 진출한 마트라는 1968년 켄 티렐이 이끄는 티렐과 조인트 벤처로 손을 잡은 직후 F1 정상급 팀으로 부상했다. 마트라는 1968시즌부터 완전한 팩토리 팀으로 마트라 엔진을 사용하는 **마트라 스포트**와 티렐이 이끌고 포드 코스워스 DFV 엔진을 사용하는 **마트라 인터내셔널**의 이중 구조로 운영되었는데, 1969시즌 마트라 인터내셔널의 활약에 힘입어 6승을 거둔 재키 스튜어트의 드라이버 챔피언은 물론 마트라 역시 컨스트럭터 타이틀을 손에 넣었었다.

1970시즌 티렐과 완전히 갈라선 뒤 워크스 팀으로 이렇다 할 성적을 거두지 못한 마트라는, 결국 1972시즌을 끝으로 F1에서 철수를 결정했다. 마트라는 단 여섯 시즌 동안 9승, 포디엄 피니시 21회와 폴 포지션 4회, 패스티스트 랩 12회를 기록하는 짧지만 굵은 활약을 펼쳤다.

맥라렌

McLaren

McLaren Mastercard F1 Team

F1 월드 챔피언십	
시즌	1966 ~
엔트리	998
우승	203
포디엄	558
포인트	7,790.5
폴 포지션	177
패스티스트 랩	183
WCC 최고 성적	챔피언 (1974, 1984, 1985, 1988, 1989, 1990, 1991, 1998, 2024, 2025)
WDC 최고 성적	챔피언 (1974, 1976, 1984, 1985, 1986, 1988, 1989, 1990, 1991, 1998, 1999, 2008, 2025)

브루스 맥라렌이 만든 영국 팀

1960년대 최고의 드라이버 중 한 명이었던 뉴질랜드의 브루스 맥라렌이 1963년 설립한 맥라렌은 1966시즌 F1 챔피언십에 출전하기 시작해 1968 벨기에 그랑프리에서 첫 승을 거뒀고, 1974시즌 에머슨 피티팔디와 함께 첫 컨스트럭터 챔피언십 타이틀을 차지했다. 1980년대 론 데니스의 지휘 아래 알랑 프로스트와 아일톤 세나가 활약하며 전성기를 누린 맥라렌은 1990년대 초반까지 10년 가까이 F1 최강팀으로 군림했다.

20세기 막바지 하키넨과 2008시즌 해밀턴의 챔피언 타이틀 획득 이후 F1 최강팀이라는 이미지와 달리 챔피언 타이틀을 추가하지 못하던 맥라렌은 2024시즌 무려 25년 만에 컨스트럭터 챔피언 타이틀을 손에 넣었고, 2025시즌에는 노리스와 맥라렌이 왕좌에 오르며 드라이버와 컨스트럭터 챔피언 타이틀을 모두 휩쓸며 최강팀의 부활을 확실하게 알렸다.

메르세데스

Mercedes

Mercedes-AMG Petronas Formula One Team

F1 월드 챔피언십	
시즌	1954 ~ 1955[8] 2010 ~
엔트리	341
우승	131
포디엄	310
포인트	8,298.64
폴 포지션	143
패스티스트 랩	115
WCC 최고 성적	챔피언 (2014, 2015, 2016, 2017, 2018, 2019, 2020, 2021)
WDC 최고 성적	챔피언 (1954, 1955, 2014, 2015, 2016, 2017, 2018, 2019, 2020)

(마트라) ▷ 티렐 ▷ BAR ▷ 혼다 ▷ 브런GP ▷ **메르세데스**

매뉴팩처러 메르세데스-벤츠의 팩토리 팀

1930년대 그랑프리 레이싱의 최강자였던 메르세데스-벤츠는 1954시즌 F1 챔피언십에 데뷔해 판지오와 함께 1955시즌까지 압도적인 전력을 과시했지만, 1955 르망 24시간 대참사 이후 메이저 모터스포츠에서 모두 철수하고 말았다. 이후 메르세데스-벤츠는 55년 동안 F1에 복귀하지 않았고, 1980년대 메이저 모터스포츠 무대에서 준수한 성적을 거둔 뒤 1990년대부터 2000년대까지 F1 엔진 공급자로만 활동했다.

2010년 디펜딩 챔피언 브런GP를 인수해 탄생한 새로운 팩토리 팀 메르세데스는 철저한 준비와 함께 파워 유닛 시대 압도적인 최강자의 모습을 되찾았고, 2014시즌부터 9시즌 연속 드라이버 챔피언과 8시즌 연속 컨스트럭터 챔피언 타이틀 획득으로 F1 역사를 새로 썼다.

---

8 1954시즌과 1955시즌의 컨스트럭터는 "메르세데스-벤츠"로 2010년 탄생한 "메르세데스"와 공식 컨스트럭터 명칭이 다르다.

반월
Vanwall

F1 월드 챔피언십	
시즌	1954 ~ 1960
엔트리	29
우승	9
포디엄	13
포인트	57
폴 포지션	7
패스티스트 랩	6
WCC 최고 성적	챔피언 (1958)
WDC 최고 성적	2위 (1957, 1958)

최초의 컨스트럭터 챔피언십 위닝 팀

1950년대 초반 토니 반더벨이 설립한 F1 팀 반월은, 초창기에는 페라리 차량을 개조해 챔피언십에 출전하다가 처음으로 직접 제작한 레이스카 반월 스페셜과 함께 1954시즌 컨스트럭터로서 F1에 데뷔했다. 반월은 콜린 채프먼과 프랭크 코스틴이 힘을 합쳐 만든 VW5과 함께 1957 영국 그랑프리에서 첫 승을 거뒀다.

1958시즌 스털링 모스, 토니 브룩스, 스투어트 루이스-에반스 트리오의 활약과 함께 **최초의 F1 컨스트럭터 챔피언십 타이틀[9]을 획득**한 반월은 토니 반더벨의 건강 악화로 빠르게 쇠락해 1960시즌을 끝으로 F1에서 그 이름이 완전히 사라졌다. 반월은 일곱 시즌 동안 모두 29회의 F1 챔피언십 그랑프리에 참가해 9승, 포디엄 피니시 13회, 폴 포지션 7회와 패스티스트 랩 6회의 기록을 남겼다.

베네통
Benetton

Benetton Formula Ltd.

F1 월드 챔피언십	
시즌	1986 ~ 2001
엔트리	260
우승	27
포디엄	102
포인트	861.5
폴 포지션	15
패스티스트 랩	36
WCC 최고 성적	챔피언 (1995)
WDC 최고 성적	챔피언 (1994, 1995)

톨만 ▷ **베네통** ▷ 르노 ▷ 로터스 F1 ▷ 르노 ▷ 알핀

이탈리아의 베네통 가문이 톨만을 인수해 만든 F1 팀

의류 브랜드를 이끄는 베네통 가문이 1986시즌 F1 중하위권 팀 톨만을 인수해 탄생한 베네통은 조금씩 전력을 끌어올렸고, 1990년 플라비오 브리아토레가 지휘봉을 잡을 무렵 최상위권 팀으로 부상하기 시작했다. 1991시즌 미하엘 슈마허 영입을 포함해 톰 월킨쇼와 로스 브런의 참여, 로리 번 합류 등으로 드림 팀을 구성한 베네통은 윌리엄스, 맥라렌 등 최강팀과 어깨를 나란히 하기 시작했다.

1994시즌 미하엘 슈마허가 드라이버 챔피언 타이틀을 차지한 데 이어 1995시즌 2년 연속 드라이버 챔피언과 함께 첫 컨스트럭터 챔피언 타이틀까지 획득한 베네통은 이후 타이틀 경쟁과 거리가 멀어졌다. 2000년대 초반 르노에 인수된 베네통은 16시즌 동안 27승, 포디엄 피니시 102회, 폴 포지션 15회와 패스티스트 랩 36회 등 화려한 기록을 남겼다.

---

[9] 1958시즌에는 "인터내셔널 컵 포 F1 매뉴팩쳐러(International Cup for F1 Manufacturers)"라는 이름이 사용되었다.

브라밤

Brabham

Motor Racing Developments, Ltd.

F1 월드 챔피언십	
시즌	1962 ~ 1992
엔트리	403
우승	35
포디엄	120
포인트	832
폴 포지션	40
패스티스트 랩	41
WCC 최고 성적	챔피언 (1966, 1967)
WDC 최고 성적	챔피언 (1966, 1967, 1981, 1983)

잭 브라밤과 론 타우라낙이 공동 설립한 영국 팀

잭 브라밤과 론 타우라낙이 힘을 모아 1960년 호주에 설립한 팀 브라밤은 1962시즌 유럽 중심의 F1 챔피언십으로 무대를 옮겼다. 브라밤은 1966시즌과 1967시즌 2년 연속 드라이버와 컨스트럭터 챔피언 타이틀을 휩쓸었고, 많은 커스터머 팀에 레이스카를 공급해 세계 최대의 오픈-휠 레이스 카 제조사 중 하나가 되었다.

1970년대 은퇴한 잭 브라밤으로부터 팀 운영을 이어받은 버니 에클스톤은 디자이너 고든 머레이를 발탁해 1980년대 초반 브라밤의 중흥기를 이끌며 두 차례 드라이버 챔피언 타이틀을 획득했다. 1992시즌까지 모두 31시즌 F1 챔피언십에 참가한 브라밤은 35승, 포디엄 피니시 124회, 39회의 폴 포지션과 41회의 패스티스트 랩 등 눈부신 기록을 남겼다.

브런GP

Brawn GP

Brawn GP Formula One Team

마트라 ▷ 티렐 ▷ BAR ▷ 혼다 ▷ **브런GP** ▷ **메르세데스**

F1 월드 챔피언십	
시즌	2009
엔트리	17
우승	8
포디엄	15
포인트	172
폴 포지션	5
패스티스트 랩	4
WCC 최고 성적	챔피언 (2009)
WDC 최고 성적	챔피언 (2009)

로스 브런이 혼다 레이싱을 인수해 만든 영국 팀

2000년대 후반 세계 경제 위기의 영향으로 철수를 결정한 혼다는 3억 달러 상당의 자산과 700명의 팀원을 보유한 브래클리 팀의 인수자를 찾지 못했고, 결국 2009시즌 개막을 단 23일 앞둔 시점에 메르세데스의 엔진 공급과 함께 기존 혼다의 팀 프린시플이었던 로스 브런이 팀을 떠맡게 되면서 신생 F1 팀 브런GP가 탄생했다.

버진의 후원을 받기 전까지 작은 스폰서 하나 없이 2009시즌을 시작한 브런GP는 더블-덱 디퓨저로 대표되는 강력한 레이스카로 많은 사람의 예상을 뒤엎고 압도적 퍼포먼스를 과시하며 8승을 포함해 포디엄 피니시 15회를 기록했다. 데뷔 시즌에 컨스트럭터 챔피언과 드라이버 챔피언 타이틀을 동시에 획득한 브런GP는 드라이버를 제외한 팀 전체가 메르세데스에 인수되며 한 시즌만에 역사 속으로 사라졌다.

섀도우

Shadow

Shadow Racing Cars Inc.

섀도우 ▷ (테어도어)

F1 월드 챔피언십	
시즌	1973~ 1980
엔트리	112
우승	1
포디엄	7
포인트	67.5
폴 포지션	3
패스티스트 랩	2
WCC 최고 성적	6위 (1975)
WDC 최고 성적	7위 (1977)

1945년 영국을 대표하는 팀으로 기획 설립된 F1 팀

1968년 돈 니콜스가 캘리포니아에서 설립한 섀도우는 미국 무대에서 먼저 좋은 성적을 거둔 뒤 레이스카 디자이너 토니 사우스게이트를 영입하며 유럽 무대 중심의 F1 진출을 준비했고, 1973시즌 F1에 데뷔해 1975 아르헨티나 그랑프리에서 첫 폴 포지션, 1977 오스트리아 그랑프리에서 첫 승을 기록했다.

1976년 팀 본부를 영국으로 옮기면서 팀의 라이센스까지 영국 국적으로 바꾼 섀도우는 1980시즌까지 여덟 시즌 동안 F1 무대에서 활약했고, 챔피언십 그랑프리 1승을 포함해 포디엄 피니시 7회, 폴 포지션 3회, 패스티스트 랩 2회 등의 기록을 남겼다.

스튜어트

Stewart

Stewart Grand Prix

스튜어트 ▷ 재규어 ▷ 레드불

F1 월드 챔피언십	
시즌	1997 ~ 1999
엔트리	49
우승	1
포디엄	5
포인트	47
폴 포지션	1
패스티스트 랩	-
WCC 최고 성적	4위 (1999)
WDC 최고 성적	7위 (1999)

재키 스튜어트와 폴 스튜어트가 만든 영국 팀

트리플 챔피언 재키 스튜어트와 그의 아들 폴 스튜어트가 1988년 만든 스튜어트 그랑프리는 유러피언 F3000과 F3에서 큰 성공을 거둔 뒤 포드의 후원을 받아 1997시즌 F1 무대에 진출했고, 심각한 신뢰도 문제와 낮은 완주율에도 불구하고 데뷔 시즌 모나코 그랑프리에서 루벤스 바리첼로가 2위로 포디엄에 오르는 등 인상적인 활약을 펼쳤다.

1999시즌 프랑스 그랑프리에서 바리첼로가 폴 포지션을 차지한 데 이어 유러피언 그랑프리에서 조니 허버트가 우승하며 컨스트럭터 챔피언십 4위에 오른 스튜어트는 2000시즌을 앞두고 포드에 매각되면서 재규어 레이싱으로 재탄생했다. 스튜어트는 세 시즌 동안 1승과 포디엄 피니시 5회, 폴 포지션 1회를 기록했다.

아우디

Audi

Audi Revolut F1 Team

자우버 ▷ BMW 자우버 ▷ 자우버 ▷ 알파로메오 ▷ 자우버 ▷ **아우디**

F1 월드 챔피언십	
시즌	2026 ~
엔트리	-
우승	-
포디엄	-
포인트	-
폴 포지션	-
패스티스트 랩	-
WCC 최고 성적	- (-)
WDC 최고 성적	- (-)

2026시즌 출범한 아우디의 팩토리 팀

1932년 독일의 자동차 회사 DKW, 츠비카우의 자회사 아우디와 호르히 베르케 AG, 반데허-베르케의 지크마 자동차 공장이 합병하면서 독일 최초의 국영 자동차회사 **"아우토우니온(Auto Union)"**이 탄생했고, 페르디난트 포르셰가 아우토우니온의 레이싱 부문 개발을 담당해 그랑프리 레이싱 무대에 뛰어들어 1934년부터 미드십 엔진의 실버애로우로 메르세데스-벤츠의 대항마가 되었다.

베른트 로제마이어, 헤르만 파울 뮐러, 타찌오 누볼라리 등 위대한 드라이버들과 함께 아우토우니온은 그랑프리 레이싱을 주름잡았지만, 제2차 세계대전 발발 후 1942년 모든 개발을 중단했다. 아우디는 1978년 모터스포츠 부문을 전격 가동해 랠리, DTM, 르망 24시간을 포함한 스포츠카 레이싱 부문에서 맹활약했고, 2026시즌 F1에 진출했다.

알파로메오

1950 1951

Alfa Romeo

Alfa Romeo F1 Team Stake

자우버 ▷ BMW 자우버 ▷ 자우버 ▷ **알파로메오** ▷ 자우버 ▷ **아우디**

F1 월드 챔피언십	
시즌	1950 ~ 1951 1979 ~ 1985 2019 ~ 2023
엔트리	214
우승	10
포디엄	26
포인트	199
폴 포지션	12
패스티스트 랩	16
WCC 최고 성적	6위 (2022)
WDC 최고 성적	**챔피언** (1950, 1951)

매뉴팩처러 알파로메오를 타이틀 스폰서로 삼은 스위스 팀

알파로메오는 1920년대와 1930년대 그랑프리 레이싱의 최강자 중 하나로 부가티, 메르세데스, 아우토우니온과 어깨를 나란히 했고, 1950년 F1 월드 챔피언십 출범 직후 압도적인 퍼포먼스를 뽐내며 1950시즌과 1951시즌 연속 드라이버 챔피언을 배출했다. 1970년대 중반 브라밤에 엔진을 공급하기 시작한 알파로메오는 1979년 F1에 복귀해 강력한 엔진 출력을 과시했지만, 낮은 신뢰도로 좋은 성적을 거두지 못했다.

34년 동안 F1과 인연을 맺지 않았던 알파로메오는 독립 팀 자우버와 손잡고 2017년 말부터 협업을 시작했고, 2019시즌을 앞두고 타이틀 스폰서 계약을 맺으며 "알파로메오 레이싱"을 출범시켰다. 네이밍 스폰서 계약을 마무리한 2023시즌까지 알파로메오는 우승이나 포디엄 피니시를 추가하지 못했고, 2024시즌 네이밍 스폰서 계약이 끝나며 다시 자우버의 이름으로 복귀했다.

알파타우리

Scuderia AlphaTauri

미나르디 ▷ 토로로쏘 ▷ **알파타우리** ▷ 레이싱불스

토로로쏘가 이름을 바꾼 이탈리아 팀

2006년 레드불의 주니어 팀으로 출범한 토로로쏘는 2010년대 후반 다닐 크비앗과 막스 베르스타펜, 피에르 가슬리, 알렉산더 알본 등을 차례로 레드불로 이적시켰고, 레드불 브랜드의 홍보 창구로도 어느 정도 충실히 작동했다. 레드불은 더 분명한 홍보 효과를 노리며 2020시즌부터 토로로쏘를 레드불의 패션 브랜드 이름인 알파타우리로 개명했다.

2020 이탈리아 그랑프리에서 피에르 가슬리가 극적 우승을 차지한 것을 포함해 2023시즌까지 네 시즌 동안 알파타우리는 두 차례의 포디엄 피니시를 기록했고, 패스티스트 랩 2회와 309포인트의 기록을 남겼다. 2024시즌에는 팀 이름을 다시 바꿀 예정이며, 2024시즌 FIA F1 월드챔피언십부터 레이싱불스로 이름을 바꾸고 엔트리 리스트에는 팀 섀시 명칭을 **"RB"**로 등록했다.

F1 월드 챔피언십	
시즌	2020 ~
엔트리	83
우승	1
포디엄	2
포인트	309
폴 포지션	-
패스티스트 랩	2
WCC 최고 성적	6위 (2021)
WDC 최고 성적	9위 (2021)

알핀

Alpine

BWT Alpine Formula One Team

톨만 ▷ 베네통 ▷ 르노 ▷ 로터스 F1 ▷ 르노 ▷ **알핀**

르노 팩토리 팀이 이름을 바꾼 프랑스 팀

2010년대 중반 로터스 F1 팀을 인수해 팩토리 팀을 다시 F1 챔피언십에 출전하기 시작한 르노는 2020년대에 접어들면서 르노 소유의 알핀 브랜드를 홍보하기 위한 변신을 꾀했고, 2021시즌 프랑스의 내셔널 컬러인 파란색을 바탕색으로 하는 리버리와 함께 "알핀"을 출범시켰다.

혼돈의 도가니였던 2021 헝가리 그랑프리에서 알핀의 첫 승리이자 2016년 르노의 팩토리 팀 복귀 이후 첫 우승을 기록한 것을 포함해 2023시즌까지 네 차례 포디엄에 오른 알핀은 2022시즌 WCC 4위에 오르기도 했고, 2023시즌에는 대대적인 수뇌부 구조 조정에 이어 스포츠와 엔터테인먼트 분야의 스타 다수가 포함된 투자자의 합류로 새로운 도약을 준비하기 시작했다. 2025시즌 중반 플라비오 브리아토레가 사실상 팀을 이끌기 시작했고, 2026시즌부터 르노 파워 유닛 대신 메르세데스 파워 유닛을 채택한 알핀은 회생위권 약진을 위한 준비를 시작했다.

F1 월드 챔피언십	
시즌	2021 ~
엔트리	114
우승	1
포디엄	6
포인트	535
폴 포지션	-
패스티스트 랩	-
WCC 최고 성적	4위 (2022)
WDC 최고 성적	8위 (2022)

애스턴마틴 (F1 팀)

Aston Martin (F1 team)

Aston Martin Aramco Formula One Team

조단 ▷ 미들랜드 ▷ 스파이커 ▷ 포스인디아 ▷ 레이싱포인트 ▷ **애스턴마틴**

F1 월드 챔피언십	
시즌	1959 ~ 1960 2021 ~
엔트리	120
우승	-
포디엄	9
포인트	597
폴 포지션	-
패스티스트 랩	3
WCC 최고 성적	5위 (2023, 2024)
WDC 최고 성적	4위 (2023)

매뉴팩쳐러 애스턴마틴의 팩토리 팀

캐나다의 사업가 로렌스 스트롤은 레이싱포인트 컨소시움으로 포스인디아를 인수한 이후, 자동차 제조사 애스턴마틴 인수를 이끌며 회장의 자리에 올랐다. 애스턴마틴을 지휘하게 된 스트롤은 2021시즌 애스턴마틴 F1 팀을 출범시켰고, 61년 만에 F1에 복귀한 애스턴마틴은 중위권에서 상위권을 노리는 팀으로 빠르게 성장했다.

1959시즌과 1960시즌 로이 살바도리와 캐롤 셸비가 모두 다섯 차례 그랑프리에 출전했던 애스턴마틴은 2021시즌 부활 이후 66회의 그랑프리에 출전해 포디엄 피니시 9회와 412포인트를 기록했고, 특히 2023시즌 초반 최강 레드불을 여러 차례 위협하며 페르난도 알론소가 WDC 4위에 오르는 등 전에 없는 성공을 거뒀다. 2026시즌에는 혼다 파워 유닛을 채택하며 사실상의 팩토리 팀으로 최상위권 도약을 노리기 시작했다.

울프

Wolf

Walter Wolf Racing

(프랭크 윌리엄스 레이싱 카) ▷ 울프-윌리엄스 ▷ **울프** ▷ (피티팔디)

F1 월드 챔피언십	
시즌	1959 ~ 1960 2021 ~
엔트리	120
우승	-
포디엄	9
포인트	597
폴 포지션	-
패스티스트 랩	3
WCC 최고 성적	5위 (2023, 2024)
WDC 최고 성적	4위 (2023)

월터 울프가 만든 캐나다 팀

프랭크 윌리엄스 레이싱 카의 지분을 인수한 뒤 헤스케스의 자산을 사들여 울프-윌리엄스를 구성한 월터 울프는 1976년까지 팀을 운영하던 프랭크 윌리엄스를 내보내면서 전권을 손에 쥐었고, 1977시즌 팀의 이름을 바꿔 월터 울프 레이싱을 탄생시켰다.

데뷔전 1977 아르헨티나 그랑프리에서 우승하며 화려하게 출발했던 울프는 실망스러웠던 1979시즌을 끝으로 F1에서 철수하기 전까지 3승을 포함해 포디엄 피니시 13회, 폴 포지션 1회, 패스티스트 랩 2회 등의 기록을 남겼고, 2023시즌까지 F1 챔피언십에서 우승을 기록한 유일한 캐나다 국적 컨스트럭터로 남아있다.

윌리엄스

Williams

Atlassian Williams F1 Team

F1 월드 챔피언십

시즌	(1977) **1978 ~**
엔트리	(862) **851**
우승	**114**
포디엄	**315**
포인트	**3,768**
폴 포지션	**128**
패스티스트 랩	**134**
WCC 최고 성적	**챔피언** (1980, 1981, 1986, 1987, 1992, 1993, 1994, 1996, 1997)
WDC 최고 성적	**챔피언** (1980, 1982, 1987, 1992, 1993, 1996, 1997)

프랭크 윌리엄스와 패트릭 헤드가 함께 만든 영국팀

프랭크 윌리엄스 레이싱 카와 울프-윌리엄스를 거치며 F1에서 많은 경력을 쌓은 프랭크 윌리엄스는 1977년 패트릭 헤드와 손잡고 **"윌리엄스 그랑프리 엔지니어링"**을 공동 설립했고, 1978시즌부터 컨스트럭터가 된 뒤 1980시즌 첫 챔피언 타이틀을 손에 넣었다. 1980년대 중반 맥라렌, 페라리, 로터스 등 전통의 강팀들과 어깨를 나란히 하기 시작한 윌리엄스는 1990년대에는 르노 엔진과 함께 F1 최강팀으로 군림했다.

맥라렌과 함께 영국을 대표하는 팀이자 가장 성공한 독립 팀으로 각광받던 윌리엄스는 2000년대 이후 전력이 계속 하락해 최하위권 팀으로 전락하기도 했지만, 2020년대 체질 개선으로 점차 과거의 영광을 되찾아가기 시작했다. 40년 이상 F1에서 활약한 윌리엄스는 컨스트럭터 챔피언 9회, 드라이버 챔피언 7회, 114승 포함 포디엄 피니시 315회, 폴 포지션 128회, 패스티스트 랩 134회 등 찬란한 기록을 누적 중이다.

자우버

Sauber

Sauber F1 Team[10]

자우버 ▷ BMW 자우버 ▷ **자우버** ▷ 알파로메오 ▷ **자우버** ▷ 아우디

F1 월드 챔피언십

시즌	**1993 ~ 2005** **2010 ~ 2018** **2024 ~ 2025**
엔트리	**513**
우승	-
포디엄	**10**
포인트	**587**
폴 포지션	-
패스티스트 랩	**3**
WCC 최고 성적	**4위** (2001)
WDC 최고 성적	**8위** (2001)

피터 자우버가 만든 스위스 팀

1970년 피터 자우버가 설립한 자우버는 1980년대 메르세데스-벤츠와 손잡고 르망 24시간 우승 등 성공을 거뒀으며, 메르세데스-벤츠의 F1 복귀 수순으로 1993시즌 F1 팀을 출범시켰다. 1997시즌 페라리/페트로나스 엔진을 사용하기 시작한 자우버는 2000년대 중반까지 중위권에서 활약하던 중 2006년 BMW가 팀을 인수하면서 BMW 자우버가 되었다.

BMW의 F1 철수 직후 피터 자우버가 팀을 다시 인수했지만 자우버의 경영난이 계속됐고, 2010년대 중반 피터 자우버는 지분을 매각하고 팀의 운영에서 완전히 손을 뗐다. 2020년대 중반에는 순차적으로 지분을 모두 매각한 뒤 2026시즌 아우디의 팩토리 팀으로 거듭나며, 자우버의 이름은 역사 속으로 사라졌다.

10 2024시즌 자우버의 이름을 다시 사용하게 된 때부터 팀 매각 전까지 공식 명칭은 **"Stake F1 Team Kick Sauber"**였으며, 자우버는 2024년 1월부터 팀 명칭을 **"스테이크 F1 팀(Stake F1 Team)"**이라 부른다고 발표하기도 했다.

조단

Jordan

Jordan Grand Prix

조단 ▷ 미들랜드 ▷ 스파이커 ▷ 포스인디아 ▷ 레이싱포인트 ▷ 애스턴마틴

F1 월드 챔피언십	
시즌	1991 ~ 2005
엔트리	250
우승	4
포디엄	19
포인트	433
폴 포지션	2
패스티스트 랩	2
WCC 최고 성적	3위 (1999)
WDC 최고 성적	3위 (1999)

에디 조단이 만든 아일랜드 팀

1991년 에디 조단이 만든 "에디 조단 레이싱(EJR : Eddie Jordan Racing)"은 영국 F3와 인터내셔널 F3000에서 성공을 거둔 뒤 1991시즌 "조단 그랑프리(Jordan Grand Prix)"로 거듭나며 F1에 데뷔했고, 1994시즌 루벤스 바리첼로가 첫 포디엄 피니시를 기록한 데 이어 벨기에 그랑프리에서 첫 폴 포지션을 획득하는 등 좋은 성적을 기록했다.

1998 벨기에 그랑프리에서 데이먼 힐이 팀 오더 논란 속에 첫 승을 거둔 뒤 세 차례 더 포디엄 정상에 선 조단은 2000년대 경영난과 다양한 악재에 시달리다가 2005년 미들랜드에 매각되면서 역사 속으로 사라졌고, 15시즌 동안 4승을 포함해 포디엄 피니시 19회, 폴 포지션 2회와 패스티스트 랩 2회 등 중소 규모 팀으로서는 매우 뛰어난 기록을 남겼다.

캐딜락

Cadillac

Cadillac Formula 1 Team

F1 월드 챔피언십	
시즌	2026 ~
엔트리	-
우승	-
포디엄	-
포인트	-
폴 포지션	-
패스티스트 랩	-
WCC 최고 성적	- (-)
WDC 최고 성적	- (-)

2026시즌 출범한 미국 캐딜락의 팩토리 팀

GM은 1950년대 초반 캐딜락과 쉐보레 등 몇몇 브랜드의 엔진을 장착한 레이스카가 월드 챔피언십에 출전하며 F1과 작은 인연을 맺었으나, 본격적으로 GM 계열사가 F1에 참전하거나 엔진을 공급하는 일은 없었다. 2020년대 초반 F1 팀을 준비하던 마이클 안드레티의 안드레티 글로벌은 2023년 1월 GM과 손잡고 FIA의 승인까지 받았지만, 기존 F1 팀의 반발로 캐딜락의 이름을 함께 건 신생팀은 탄생하지 못했다.

2024년 말 안드레티 글로벌의 스폰서 TWG 글로벌이 사업을 책임지기 시작한 뒤 회사 "TWG 캐딜락 포뮬러 1 팀"을 설립했고, 2025년 3월 콩코드 협정에 서명해 캐딜락 F1 팀 탄생이 확정됐다. 직접 엔진을 만들기 전 3년 동안 페라리로부터 파워유닛 공급을 약속받는 등 착실하게 준비를 진행한 캐딜락은 베테랑 세르히오 페레스와 발테리 보타스를 영입하고, 2026시즌 마리오 안드레티를 기념 MAC-26으로 이름붙여진 레이스카를 완성해 F1 월드 챔피언십에 출전하기 시작했다.

쿠퍼

Cooper

Cooper Car Company

F1 월드 챔피언십	
시즌	1950 ~ 1969
엔트리	129
우승	16
포디엄	58
포인트	342
폴 포지션	11
패스티스트 랩	14
WCC 최고 성적	**챔피언** (1959, 1960)
WDC 최고 성적	**챔피언** (1959, 1960)

찰스 쿠퍼와 존 쿠퍼가 함께 만든 영국 팀

1947년 아버지 찰스 쿠퍼와 아들 존 쿠퍼가 힘을 모아 설립한 쿠퍼는 1950년대 초반 F2와 함께 F1 그랑프리에도 몇 차례 출전했고, 본격적으로 F1 챔피언십 경쟁에 나서기 시작한 1950년대 후반 "리어-엔진 레볼루션"을 주도했다. 쿠퍼는 잭 브라밤과 함께 1959시즌 F1 최초의 더블 챔피언이 되었고, 1960시즌 F1 최초의 2년 연속 컨스트럭터 챔피언 타이틀과 함께 두 번째 드라이버 챔피언 타이틀을 획득했다.

1964년 찰스 쿠퍼가 세상을 떠난 뒤 이듬해 존 쿠퍼가 팀을 칩스테드 모터 그룹에 매각하면서 내리막길을 걷기 시작한 쿠퍼는 1969시즌까지 F1 그랑프리에 출전했고, 19시즌 동안 다양한 커스터머 팀과 개인에게 레이스카를 공급하는 동시에 직접 컨스트럭터로 활약하며 16승, 포디엄 피니시 58회, 폴 포지션 11회, 패스티스트 랩 14회의 기록을 남겼다.

토로로쏘

Toro Rosso

Scuderia Toro Rosso

미나르디 ▷ **토로로쏘** ▷ 알파타우리 ▷ **레이싱불스**

F1 월드 챔피언십	
시즌	2006 ~ 2019
엔트리	268
우승	1
포디엄	3
포인트	500
폴 포지션	1
패스티스트 랩	1
WCC 최고 성적	6위 (2008, 2019)
WDC 최고 성적	8위 (2008)

레드불이 미나르디를 인수해 만든 이탈리아 팀

2000년대 중반까지 만년 최하위 팀으로 여겨지면서도 F1 챔피언십에 꾸준히 참가하던 미나르디를 인수한 레드불의 디트리히 마테시츠와 전직 F1 드라이버 게하르트 베르거는 "토로로쏘"를 공동 설립했다. 레드불의 자매 팀으로 탄생한 토로로쏘는 2000년대 말 세바스찬 베텔의 합류와 함께 중상위권 팀으로 약진하기 시작했고, 2008 이탈리아 그랑프리에서 폴 포지션과 함께 파엔짜 팀으로는 처음으로 우승을 차지했다.

2010년대 대니얼 리카도, 다닐 크비앗, 막스 베르스타펜, 피에르 가슬리, 알렉산더 알본 등을 레드불로 이적시키며 레드불 주니어 팀 역할에 충실했던 토로로쏘는 2020시즌 레드불 계열의 패션 브랜드 알파타우리의 이름으로 거듭났다. 토로로쏘는 14시즌 동안 우승 1회를 포함한 포디엄 피니시 3회, 폴 포지션 1회와 패스티스트 랩 1회의 기록을 남겼다.

ㅊ

ㅋ

ㅌ

티렐

Tyrrell

Tyrrell Racing Organisation

(마트라) ▷ **티렐** ▷ BAR ▷ 혼다 ▷ 브런GP ▷ **메르세데스**

F1 월드 챔피언십	
시즌	1970 ~ 1998
엔트리	465
우승	33
포디엄	77
포인트	621
폴 포지션	19
패스티스트 랩	27
WCC 최고 성적	챔피언 (1971)
WDC 최고 성적	챔피언 (1971[11], 1973)

켄 티렐이 만든 영국 팀

하위 포뮬러에서 관리자로 존 서티스, 재키 익스, 재키 스튜어트 등과 인연을 맺은 켄 티렐은 1968년 포드와 엘프의 후원을 받아 마트라와 조인트 벤쳐를 만들어 F1 챔피언십에 발을 들였고, 마트라가 워크스 팀을 따로 꾸린 뒤 독립해 티렐 레이싱이 출범했다.

1971시즌 재키 스튜어트와 함께 드라이버와 컨스트럭터 챔피언 타이틀을 동시에 획득했던 티렐은 1973시즌 스튜어트의 세 번째 타이틀 획득에도 성공했지만, 1980년대 중반 이후 점차 전력이 약해진 뒤 1998시즌을 끝으로 브리티시 아메리칸 토바코에 인수돼 BAR로 재탄생했다. 티렐은 28시즌 동안 23승, 포디엄 피니시 77회, 폴 포지션 14회, 패스티스트 랩 20회의 기록을 남겼다.

팀 로터스

Team Lotus

팀 로터스 ▷ 퍼시픽

F1 월드 챔피언십	
시즌	1958 ~ 1994
엔트리	491
우승	74
포디엄	165
포인트	1,358
폴 포지션	102
패스티스트 랩	65
WCC 최고 성적	챔피언 (1963, 1965, 1968, 1970, 1972, 1973, 1978)
WDC 최고 성적	챔피언 (1963, 1965, 1968, 1970, 1972, 1978)

콜린 채프먼이 만든 영국 팀

1954년 콜린 채프먼이 만들어 1958시즌 F1에 데뷔한 "팀 로터스"는 신기술 도입과 새로운 도전에 앞장서면서 혁신의 아이콘으로 인기를 끌었고, 1963시즌 짐 클라크와 함께 챔피언의 자리에 오른 것을 시작으로 1960년대와 1970년대 F1 최강팀으로 군림하며 많은 업적을 쌓았다.

드라이버 챔피언 다섯 명과 함께 컨스트럭터 챔피언 타이틀 7회, 드라이버 챔피언 타이틀 6회 획득이라는 놀라운 성적을 기록하던 팀 로터스는 1984년 콜린 채프먼의 사망을 전후해 서서히 성적이 하락하기 시작한 뒤 1994시즌을 끝으로 역사 속으로 사라졌다. 팀 로터스는 37시즌 동안 74승을 포함해 포디엄 피니시 165회, 폴 포지션 102회, 패스티스트 랩 65회의 기록을 남겼다.

---

[11] 1971시즌 이전 티렐은 1969시즌 "마트라"의 이름으로 챔피언 타이틀을 차지했고, 티렐 문항의 통계에서는 제외했다.

페라리

Ferrari

Scuderia Ferrari

엔초 페라리가 만든 이탈리아 팀

1929년 엔초 페라리가 만든 스쿠데리아 페라리는 1930년대 알파로메오 레이스카와 함께 그랑프리 레이싱의 최강팀 중 하나로 활약했고, 제2차 세계대전 종전 이후 1947년부터 직접 차를 제작해 레이스에 출전하기 시작했다. 페라리는 이후 월드 챔피언십이 출범한 1950시즌부터 매 시즌 F1에 출전했고, 스포츠카 레이싱을 포함해 다양한 모터스포츠 무대에서 큰 성공을 거뒀다.

챔피언십 그랑프리 237회 우승과 함께 15회의 드라이버 챔피언과 16회의 컨스트럭터 챔피언 타이틀을 획득한 스쿠데리아 페라리는 대부분의 기록을 보유한 F1 최고의 명문 팀이다. 또한 스쿠데리아 페라리는 **단 한 시즌도 빠짐없이 F1 챔피언십에 참가한 유일한 팀**으로 특별한 대우를 받고 있으며, 이탈리아의 티포시뿐 아니라 오랫동안 세계적으로 가장 많은 팬을 보유했던 팀이다.

F1 월드 챔피언십	
시즌	1950 ~
엔트리	1,124
우승	247
포디엄	831
포인트	11,623.77
폴 포지션	254
패스티스트 랩	264
WCC 최고 성적	챔피언 (1961, 1964, 1975, 1976, 1977, 1979, 1982, 1983, 1999, 2000, 2001, 2002, 2003, 2004, 2007, 2008)
WDC 최고 성적	챔피언 (1952, 1953, 1956, 1958, 1961, 1964, 1975, 1977, 1979, 2000, 2001, 2002, 2003, 2004, 2007)

펜스케

Penske

Team Penske

로저 펜스케가 만든 미국 팀

로저 펜스케가 만든 팀 펜스케는 1966년 르망 24시간에 출전하면서 사람들에게 이름을 알리기 시작했고, 1968년에는 이글 섀시에 탑승한 마크 도나휴를 내세워 미국의 싱글-시터 레이싱 무대에 뛰어들었다. 1971시즌 USAC 챔피언십 카에서 2승을 거둔 펜스케는 1972년 자신들의 첫 인디 500 우승을 기록했다.

1974년 말 마크 도나휴와 함께 F1 챔피언십에 출전한 펜스케는 1975시즌 두 차례 포인트를 획득했지만, 오스트리아 그랑프리에서 도나휴가 사고 후유증으로 세상을 떠나는 아픔을 겪었다. 1976시즌에는 존 왓슨의 활약으로 1승을 포함해 세 차례 포디엄 피니시를 기록했지만, 1977시즌 커스터머 팀이 펜스케의 차를 사용한 것을 끝으로 펜스케와 F1의 인연은 단절됐다. 이후 팀 펜스케는 모터스포츠 세계의 전설적인 팀으로 성장했지만, 2025년까지 F1으로의 복귀는 이뤄지지 않았다.

F1 월드 챔피언십	
시즌	1974 ~ 1977
엔트리	41
우승	1
포디엄	3
포인트	22
폴 포지션	-
패스티스트 랩	-
WCC 최고 성적	5위 (1976)
WDC 최고 성적	7위 (1976)

포르셰

Porsche

Porsche System Engineering

F1 월드 챔피언십	
시즌	1957 ~ 1962
엔트리	21
우승	1
포디엄	5
포인트	43
폴 포지션	1
패스티스트 랩	-
WCC 최고 성적	3위 (1961)
WDC 최고 성적	4위 (1961)

매뉴팩처러 포르셰가 만든 팩토리 팀

1950년대 말 F2 레이스카를 개조해 독일 그랑프리 등 몇 차례 그랑프리 엔트리에 컨스트럭터로 이름을 올렸던 포르셰는, 1960시즌 중반 포르셰 시스템 엔지니어링의 이름으로 팩토리 팀이 본격적인 경쟁에 나섰다.

1961시즌 세 차례 포디엄 피니시에 이어 1962 프랑스 그랑프리 우승, 1962 독일 그랑프리 폴 포지션 획득까지 댄 거니가 포르셰의 이름값에 걸맞은 기록을 홀로 작성했지만, 계속 기대만큼의 성적을 거두지 못한 포르셰는 1962시즌을 끝으로 더 이상 팩토리 팀을 F1 그랑프리에 출전시키지 않았다. 2010년대 이후 몇 차례 F1 복귀를 타진하기도 했던 포르셰는 레드불 인수 협상이 결렬된 뒤 F1 참전 의사를 철회했다.

하스

Haas

TGR Haas F1 Team

F1 월드 챔피언십	
시즌	2016 ~
엔트리	214
우승	-
포디엄	-
포인트	386
폴 포지션	1
패스티스트 랩	3
WCC 최고 성적	5위 (2018)
WDC 최고 성적	9위 (2018)

진 하스가 만든 미국 팀

나스카 컵 등 미국 모터스포츠 무대에서 성공을 거둔 진 하스는 귄터 스타이너와 롭 테일러 등을 영입한 뒤 2014년 문 닫은 마루시아 F1의 자산을 일부 인수해 하스 F1 팀을 설립했고, 달라라로부터 섀시, 페라리로부터 파워트레인을 공급받는 등 규정이 허용하는 한 아웃소싱을 최대한 활용하는 새로운 방식의 효율적 F1 독립 팀 모델을 제시하며 2016시즌 F1 데뷔를 준비했다.

처음 출전한 2016 호주 그랑프리에 로망 그로장이 6위를 차지하며 화려한 데뷔전을 치른 하스는 2018시즌 총 21라운드 중 열세 개 라운드에서 포인트를 획득하며 컨스트럭터 챔피언십 5위에 오르기도 했고, 2022 상파울루 그랑프리에서 케빈 마그누센이 폴 포지션을 차지한 것을 포함해 종종 하위권 팀답지 않은 도깨비같은 활약을 펼치고 있다.

헤스케스

Hesketh

Hesketh Racing

F1 월드 챔피언십

시즌	1974 ~ 1978
엔트리	60
우승	1
포디엄	9
포인트	48
폴 포지션	-
패스티스트 랩	1
WCC 최고 성적	4위 (1975)
WDC 최고 성적	4위 (1975)

헤스케스 남작이 만든 영국 팀

영국의 젊은 귀족 헤스케스 남작이 앤토니 "버블스" 호슬리와 손잡고 만든 헤스케스는 먼저 F2와 F3 등에서 활약을 펼쳤고, 제임스 헌트의 원맨 팀으로 마치의 섀시를 구입해 사용하면서 1973시즌 F1에 데뷔한 뒤 마치 출신의 떠오르는 디자이너 하비 포슬웨이트를 영입해 자체 제작한 헤스케스 308을 선보였다.

F1 역사상 최고의 괴짜 팀이며 파티를 즐기는 자유분방한 팀 분위기로 주목받은 헤스케스는 1974시즌 세 차례 포디엄에 오른 데 이어 1975 네덜란드 그랑프리에서 우승하는 등 제임스 헌트의 맹활약에 힘입어 컨스트럭터 챔피언십 4위에 이름을 올렸고, 1978시즌까지 6시즌 동안 1승을 포함한 포디엄 피니시 7회, 패스티스트 랩 1회 등을 기록했다.

혼다

Honda

Honda Racing F1 Team

F1 Honda Racing Team

F1 월드 챔피언십

시즌	1964 ~ 1968 2006 ~ 2008
엔트리	88
우승	3
포디엄	9
포인트	154
폴 포지션	2
패스티스트 랩	2
WCC 최고 성적	4위 (1967, 2006)
WDC 최고 성적	6위 (2006)

혼다 / (마트라) ▷ 티렐 ▷ BAR ▷ 혼다 ▷ 브런GP ▷ 메르세데스

매뉴팩쳐러 혼다가 만든 팩토리 팀

드라이버를 제외한 모든 팀원을 일본인으로만 구성해 1964시즌부터 F1 챔피언십에 출전한 혼다는 많은 시행착오 끝에 1965 멕시코 그랑프리에서 리치 긴터가 첫 승을 거뒀고, 1968시즌까지 2승과 포디엄 피니시 5회를 기록하는 등 기대 이상의 성적을 거뒀다.

1980년대 윌리엄스와 로터스, 맥라렌 등의 엔진 제작을 담당하며 여러 차례 엔진 공급자로 챔피언 타이틀을 차지하는 큰 성공을 거둔 뒤 1990년대 말 하비 포슬웨이트와 함께 F1 복귀를 준비했던 혼다는 2006시즌을 앞두고 BAR을 인수하며 38년 만에 팩토리 팀으로 F1 무대에 복귀했고, 2006 헝가리 그랑프리에서 젠슨 버튼이 거둔 우승을 포함해 세 시즌 동안 1승과 포디엄 피니시 4회의 기록을 추가한 뒤 2008시즌을 끝으로 F1에서 철수했다. 혼다는 2010년대 중반 맥라렌의 엔진을 공급한 뒤, 2020년대 들어 레드불의 엔진 공급사로 다시 챔피언의 자리에 올랐다.

ㅍ

ㅎ

VI.

F1 본부 / 조직 / 관련 회사

F1 HEADQUARTERS
ORGANIZATIONS
CORPORATIONS

AIACR

AIACR

The Association Internationale des Automobile Clubs Reconnus

FIA의 전신에 해당하는 국제 자동차 클럽 연합 조직

세계 각국의 자동차 클럽과 자동차 협회를 아우르는 국제기구를 지향하며 1904년 6월 20일 파리에서 AIACR이 창설되었고, AIACR 산하의 **"CSI(Commission Sportive Internationale)"**가 1922년부터 그랑프리 레이싱과 다른 국제 모터스포츠 이벤트를 관리 감독하기 시작했다.

AIACR은 1925년 F1의 전신에 해당하는 그랑프리 레이싱의 최상위 챔피언십으로 **"월드 매뉴팩처러스 챔피언십(World Manufacturers' Championship)"**을 만들었고, 1931년에는 **"유러피언 드라이버 챔피언십(European Drivers' Championship)"**을 창설했다. AIACR은 제2차 세계대전이 끝난 뒤 FIA로 재탄생했다.

AWS

AWS

Amazon Web Services

F1 중계 화면에 다양한 정보를 제공하는 아마존의 클라우드 플랫폼

AWS는 2002년 아마존이 만든 웹 서비스 사업부로 2006년 S3 클라우드 스토리지 사업을 시작해 클라우드 컴퓨팅 부문의 매머드로 성장했다. AWS는 2018년 F1의 글로벌 파트너가 되어 데이터를 분석해 만든 20가지 정보를 F1 중계 화면에 알기 쉬운 그래픽으로 표시하는 **"F1 인사이트(F1 insights)"** 서비스를 시작했다.

F1은 아마존 세이지메이커(SageMaker)를 통해 향상된 머신 러닝을 적용한 실시간 데이터를 활용하고 있고, AWS는 강력한 HPC(high performance computing)를 활용해 두 대의 레이스카를 동시에 시뮬레이션하는 CFD로 F1 2022시즌 규정을 만드는 데 크게 공헌하기도 했다.

BBS

BBS

BBS Japan Co., Ltd.

F1 공식 휠 림 공급자

1970년 독일에서 설립된 BBS의 레이싱 부문인 BBS 모터스포트 & 엔지니어링 GmbH는 일본 오노 그룹의 독립 법인이 되었고, BBS의 단조 레이싱 휠은 모두 일본에서 이뤄지기 시작했다.

2022시즌 규정 변경 이후 F1 레이스카의 공식 휠 림은 표준 부품(SSC)으로 모든 레이스카에 같은 회사가 제조한 동일한 부품이 사용되기 시작했고, **BBS 재팬**이 **F1 공식 휠 림 공급자**가 되었다.

BMW

BMW

Bayerische Motoren Werke AG

브라밤, 윌리엄스, BMW 자우버에 엔진을 공급했던 독일의 매뉴팩처러

1917년 독일 공군에 엔진을 납품하던 **"라프 모토렌 베르케(Rapp Motoren Werke)"**가 회사 이름을 **"바이에른 자동차 제작소(Bayerische Motoren Werke)"**로 변경하면서 BMW가 탄생했다. BMW는 1940년 BMW 328의 밀레밀리아 우승을 시작으로 다양한 모터스포츠 분야에서 활약했고, 1980년대 초반 브라밤에 터보 엔진 공급자가 되어 본격적으로 F1과 인연을 맺기 시작했다.

1983시즌 넬슨 피케의 드라이버 챔피언 타이틀 획득에 공헌한 BMW는 2000년대 초반 윌리엄스와 손잡고 V12 LMR을 만들어 르망 24시간을 석권한 뒤 F1 팀에도 엔진 공급을 시작했고, 2006시즌부터 네 시즌 동안 팩토리 팀 BMW 자우버를 만들어 운영했다. F1 엔진 공급자로서 BMW는 20승을 포함해 86회의 포디엄 피니시, 폴 포지션 33회, 패스티스트 랩 33회 등의 기록을 남겼다.

BP / 캐스트롤

BP / Castrol

아우디 파워 유닛의 연료 및 오일 공급자

1909년 영국에서 출범한 BP[1]는 엑슨모빌, 로얄 더치 셸, 토탈 등과 함께 세계 에너지 기업의 "슈퍼 메이저"로 성장했고, 1899년 영국에서 설립되어 오일과 윤활제로 명성을 쌓은 뒤 1966년 버마 오일에게 인수된 캐스트롤이 2000년 BP에 흡수 합병되면서 BP/캐스트롤이 탄생했다.

캐스트롤 브랜드는 1970년대 월터 울프 레이싱을 시작으로 맥라렌, 브라밤, 팀 로터스와 윌리엄스, 재규어까지 다양한 F1 팀과 인연을 맺었으며, 2017시즌부터 2024시즌까지 알핀이 사용하는 르노 파워 유닛의 연료와 오일을 BP와 캐스트롤이 공급했다. 2024년 7월 아우디와의 파트너십을 발표한 BP / 캐스트롤은 2026시즌부터 아우디 파워 유닛의 연료 및 오일 공급자가 되었다.

BWT

BWT

BWT AG

알핀의 타이틀 스폰서

1823년 독일에서 **"벤키저 바서테크닉(Benckiser Wassertechnik)"**의 이름으로 탄생했던 BWT[2] AG는 여러 차례 인수합병을 거치며 오스트리아를 중심으로 한 유럽 최대의 물 처리 전문 기업으로 성장했고, DTM과 F4, 포르셰 카레라 컵 등 다양한 모터스포츠 분야에 스폰서로 참여했다.

2017시즌부터 포스인디아의 리버리 스폰서가 된 BWT는 다른 모터스포츠에 스폰서로 참여할 때처럼 핑크색 리버리와 물방울무늬를 F1 레이스카에 장식했고, 레이싱포인트와 애스턴마틴까지 실버스톤 팀의 리버리 스폰서 역할을 맡다가 **2022시즌부터 알핀의 타이틀 스폰서**가 되면서 후원 팀을 교체했다.

[1] British Petroleum의 약자에 해당한다.

[2] 원래 BWT는 Benckiser WasserTechnik의 약자였지만, 현재 BWT사는 "Best Water Technology"라는 문구를 쓰고 있다.

DHL

DHL

F1 공식 물류 서비스 파트너

1969년 미국 캘리포니아에서 설립된 DHL은 2002년 독일의 도이치 포스트[3]에 모든 지분이 인수됐고, 2014년부터 F1의 공식 물류 서비스 파트너로 지정되어 챔피언십이 진행되는 동안 **F1팀의 모든 물류 서비스를 독점적으로 제공**하고 있다.

DHL은 2007시즌부터 **"DHL 패스티스트 랩 어워드(DHL Fastest Lap Award)"**를 제정해 한 시즌 동안 가장 많은 그랑프리에서 패스티스트 랩을 기록한 드라이버에게 DHL 익스프레스 브랜드 명의로 상을 주기 시작했고, 2015시즌부터 새로 **"DHL 패스티스트 핏 스탑 어워드(DHL Fastest Pit Stop Award)"**[4]를 제정해 한 시즌 동안 그랑프리마다 각 팀의 최단 시간 핏 스탑 기록으로 순위를 매긴 뒤 종합 포인트를 가장 많이 누적한 승자에게 상을 주고 있다.

F1 그룹

F1 Group

Formula One Group

F1을 운영하는 기업 집단

F1 그룹 또는 "포뮬러 1 그룹"은 F1의 사업과 운영을 책임지고 FOWC를 통해 F1의 상업적 권리를 행사하는 기업 집단으로 콩코드 협정 이전의 FOCA에 뿌리를 두고 있다. 2000년대까지 델타 톱코가 F1 그룹의 경영권을 가지고 지배했지만, 2017년 1월 리버티 미디어가 F1 그룹의 새로운 오너가 되었다.

2023년 기준 F1 그룹의 회장 및 CEO는 스테파노 도메니칼리가 맡고 있으며, 전임 CEO인 체이스 캐리가 비상임 이사로 여전히 회사에 남아 있다. F1 그룹 산하에 FOWC와 FOM 등은 물론 모든 광고 판매를 담당하는 올스포트 매니지먼트, FIA F2와 F3, F1 아카데미를 운영하는 포뮬러 모터스포트 등의 자회사를 거느리고 있다.

---

[3] "도이치 포스트 DHL"은 2020년 매출액 기준으로 UPS에 이어 세계 2위의 물류 기업이다.

[4] 2018시즌부터 각 그랑프리의 핏 스탑 시간 순위에 따라 포인트를 차등 지급한 뒤 시즌 종료 후 합산하는 포인트 시스템을 채택했다.

F1 커미션

F1 Commission

F1 팀, FIA, F1 그룹의 대표자가 모여 중요 사안을 다루는 의결 기구

직역하면 "F1 위원회"라고 할 수 있는 F1 커미션은 콩코드 협정에 서명한 모든 F1 팀, F1의 주관 기구인 FIA, 회사 및 운영 조직으로서의 F1 그룹 대표자가 모여 F1 챔피언십과 관련된 중요한 사안을 결정하는 의결 기구 또는 회의를 가리킨다.

F1 커미션은 2020년까지 비슷한 역할을 했던 **"F1 전략 그룹(F1 Strategy Group)"**을 개선/개편한 형태로 2021년 출범했고, F1 커미션에서 의사 결정이 이뤄지면 FIA의 WMSC에서 검토와 의결을 거쳐 **F1 규정 변경 등**으로 이어질 수 있는 구조가 만들어졌다. 2026년 기준 규정 변경 등 주요 의사 결정에는 F1 커미션에서 31표[5]의 표결에 의한 합의가 요구되며, **일반 다수결(normal majority)의 경우 24표**를 얻어야만 합의로 인정된다. F1 커미션에서 더 강력한 합의가 요구되는 **특별 다수결(super majority)의 경우 26표**를 얻었을 경우 의결된다.

FIA

FIA

Federation Internationale de l'Automobile

F1을 포함해 전 세계 다수의 모터스포츠를 관장하는 국제기구

1904년 창설된 AIACR이 제2차 세계대전 종전 후 이름을 바꾸며 탄생한 FIA는 2023년 기준 전세계 147개국 243개 조직이 가입되어 있는 국제기구이며, F1과 WRC, WEC 등 전 세계 주요 모터스포츠의 챔피언십과 레이스 이벤트를 관장하는 것은 물론 도로 안전과 교통사고 예방과 교통문화 관련 캠페인에도 앞장서고 있다. 2023년 기준으로 **모하메드 벤 술라이엠**이 회장으로 FIA를 이끌고 있다.

FIA 본부가 위치한 곳이 프랑스 파리의 **"콩코드 광장(Place de la Concorde)"**이기 때문에, 처음 FIA 본부에서 체결됐던 F1 운영과 관련된 핵심 협약을 콩코드 협정이라고 부르게 되었다.

[5] FIA 10표, F1 10표, F1 팀 당 1표

FIM

FIM

Fédération Internationale de Motocyclisme

모토GP를 포함해 전 세계 다수의 모터싸이클 레이스를 관장하는 국제기구

1904년 프랑스 파리에서 창설된 FICM이 1949년 이름을 바꾸며 탄생한 FIM은 전 세계 119개국을 대표하는 모터싸이클 조직이 가입된 국제기구로, 다양한 분야에서 펼쳐지는 65개 모터싸이클 월드 챔피언십과 이벤트를 관장하는 것은 물론 일반 도로에서의 모터싸이클 안전 문제 개선 등 레이스 이외 분야에서도 활발하게 활동하고 있다.

모터싸이클 레이스의 최상위 챔피언십인 모토GP와 SBK 역시 FIM이 관장하고 있으며, 1959년부터 스위스 미스에 본부를 두고 있다. 2018년부터 FIM 회장직을 맡기 시작했던 "조르지 비에가스(Jorge Viegas)"는 2026년 기준으로도 직책을 유지하고 있다.

FISA

FISA

Fédération Internationale du Sport Automobile

F1 등 여러 모터스포츠 챔피언십과 레이스 이벤트를 관리했던 FIA의 하부 조직

1922년 AIACR의 하부 조직으로 만들어진 뒤 FIA 시대까지 56년 동안 그랑프리 레이싱과 다른 국제 모터스포츠 챔피언십 및 이벤트를 관리 감독했던 CSI는 1978년 FIA 회장 장-마리 발레스트르의 조직 개편에 따라 FIA의 하부 조직 FISA로 재탄생했다.

1980년대 초반 F1의 근간을 뒤흔든 **"FISA-FOCA 워(FISA-FOCA WAR)"**의 중심에 섰던 FISA는 1993년 FIA 회장에 당선된 맥스 모슬리의 조직 개편으로 15년 만에 해체되었고, 이후로는 FIA가 다른 하부 조직 없이 직접 F1을 관리하기 시작했다.

FOCA

FOCA

Formula One Constructors' Association

1970년대에 조직된 F1 컨스트럭터의 연합 조직

FOCA는 브라밤의 버니 에클스톤을 중심으로 마치의 맥스 모슬리, 윌리엄스의 프랭크 윌리엄스, 로터스의 콜린 채프먼, 맥라렌의 테디 메이어, 티렐의 켄 티렐 등이 힘을 모아 F1 챔피언십에 참가하는 컨스트럭터[6]의 연합 조직으로 1974년 창설되었고, 1978년부터 버니 에클스톤이 조직의 대표를 담당하고 맥스 모슬리가 법무 부문을 책임지는 가운데 조직적으로 활동하며 강력한 영향력을 행사하기 시작했다.

1980년대 초반 FISA에 맞서 **"FISA-FOCA 워"**의 한 축을 이뤘던 FOCA는 1987년 콩코드 협정 갱신과 함께 버니 에클스톤의 FOPA[7]에게 F1의 상업적 권리를 맡긴 이후 자연스럽게 기능을 상실하며 소멸했고, FOCA의 유산은 FOPA를 거쳐 FOM과 F1 그룹으로 이어졌다.

FOM

FOM

Formula One Management

F1의 TV 중계와 상업적 권리 행사를 담당하는 F1 그룹의 하부 조직

FOM은 F1 그룹의 하부 조직으로 F1 그랑프리의 TV 생중계 방송을 제작[8]해 국제 신호(IS)로 전 세계의 중계권을 보유한 방송사에 송출하는 과정을 담당하며, F1의 상업적 운영을 책임지면서 새로운 시장을 개척하거나 중계권과 저작권, 그랑프리 개최권 등 권리 행사와 보호 임무도 맡고 있다.

매 시즌 F1 캘린더를 구성해 캘린더를 승인하는 FIA의 WMSC로 넘기는 작업과 유럽 지역을 벗어난 그랑프리에서 물류 파트너인 DHL과 F1 그랑프리의 물류 업무 전반을 관리하거나 감독하는 것 역시 FOM의 역할이다.

---

[6] 1970년대 기준 컨스트럭터는 섀시 빌더만을 가리켰고, 매뉴팩쳐러는 포함하지 않았다. 이 때문에 페라리, 마트라, 알파로메오, 르노 등의 매뉴팩쳐러는 컨스트럭터로 분류하지 않았으며, FOCA와도 관계가 없었다.

[7] Formula One Promotion and Administration의 약자. FOM의 선신에 해당하는 조식.

[8] 실제 기술적인 방송 제작은 "F1 커뮤니케이션(F1 Communication)"이 담당한다.

FOTA

FOTA

Formula One Teams Association

2008년 출범한 F1 팀의 연합 조직

2008년 스위스 제네바에서 탄생한 FOTA는 F1 월드 챔피언십에 참가하는 팀의 연합 조직으로 1970년대 FOCA와 달리 매뉴팩쳐러에 해당하는 팀까지 모든 F1 팀을 받아들였고, 첫 FOTA 회장직을 페라리 회장 루카 디 몬테제몰로가 맡은 뒤 2010년부터 맥라렌의 팀 프린시플 마틴 휘트마시가 FOTA를 대표하기 시작했다.

2008년 8개 팀을 시작으로 2010년 12개 팀으로 멤버가 늘어나며 F1 팀의 공동체로 인식되던 FOTA는 2009년 FIA가 도입하려던 4천만 파운드의 **"버짓 캡(budget cap)"**[9]에 강력하게 반발하며 F1 철수 위협과 함께 **"그랑프리 월드 챔피언십(Grand Prix World Championship)"**[10]을 추진하는 등 상당한 존재감을 과시했지만, 2011년 레드불, 페라리, 토로로쏘, 자우버가 FOTA를 탈퇴한 뒤 실질적인 영향력에 의문이 제기되면서 2014년까지 해체 수순을 밟았다.

FOWC

FOWC

Formula One World Championship Limited

상업적 권리를 보유한 F1의 실체에 해당하는 회사

2011년 설립된 FOWC는 **"F1 그룹(Formula One Group)"의 핵심 회사** 중 하나로 1996년부터 14년 동안 "FOA(The Formula One Administration Ltd)"가 가졌던 **F1의 모든 상업적 권리를 보유**하고 있으며, F1 로고는 물론 "포뮬러 1(Formula 1)", "포뮬러 원(Formula One)", "F1" 등은 모두 FOWC가 권리를 보유한 등록 상표다.

FOWC는 FIA의 국제 모터스포츠에 대한 의사 결정 기구인 WMSC와 F1 커미션 등에서 한 자리를 차지하며, F1의 **"상업적 권리 보유자(commercial rights holder)"**라는 표현이 사용된다면 많은 경우 FOWC를 가리킨다. 많은 사람이 FOWC를 F1의 실체로 여기거나, 간혹 지배 구조 개념을 떠나 F1 그룹과 FOWC를 사실상 같거나 비슷한 개념으로 생각하기도 한다.

---

9 과도한 팀 운영 비용을 제한해 중소형 팀의 경쟁력을 확보하기 위한 "예산 상한제"를 가리키며, 2021시즌 규정 변경에 따라 "재정 규정"이 신설되면서 F1에 강력한 버짓 캡이 도입됐다.

10 FOTA가 계획했던 F1을 대체하거나 경쟁하는 그랑프리 레이싱 챔피언십이다.

GPDA

GPDA

Grand Prix Drivers' Association

F1 드라이버들의 노동조합

GPDA는 1961년 5월 드라이버들을 대표해 F1을 주관하던 CSI를 상대하기 위해 만들어진 연합체이자 노동조합 성격의 조직이다. GPDA는 초대 회장 스털링 모스의 지휘 아래 1969 벨기에 그랑프리와 1970 독일 그랑프리 보이콧과 같은 단체 행동을 통해 스파-프랑코샹과 뉘르부르크링 노르트슐라이페의 안전 시스템 향상 및 F1 규정 개선 등을 이끌었으며, 1976시즌 이후 노르트슐라이페에서 F1 그랑프리가 개최되지 않게 된 것도 GPDA의 영향력이 미친 결과 중 하나였다.

1982년 해체된 GPDA는 1994년 아일톤 세나의 사망 사고를 계기로 다시 조직되었고, 1996년 모나코에 법인 사무실을 차리며 본격적인 활동을 시작했다. 2023시즌 기준으로 **2014년부터 알렉산더 부르츠**가 **회장**직을 맡고 있고, 2026시즌 기준으로 **카를로스 사인스**와 **조지 러셀**이 **디렉터** 역할을 맡고 있다. **아나스타샤 파울**[11]은 GPDA의 **법률 고문 겸 디렉터** 직책을 수행 중이다.

LVMH

LVMH Moët Hennessy

LVMH Moët Hennessy Louis Vuitton SE

럭셔리 분야의 F1 파트너

1987년 루이 비통과 모엣 헤네시가 합병하면서 탄생한 LVMH는 와인/스피리츠, 패션/가죽, 향수/화장품, 시계/주얼리, 셀렉티브 리테일링 부문까지 럭셔리 분야의 나섯 개 분야에 모두 진출한 럭셔리 업계 최대의 기업이다. 루이 비통과 모엣 헤네시의 모엣 샹동, TAG 호이어를 포함해 LVMH 소속 브랜드 대부분이 세계적으로 높은 지명도를 가지고 있다.

2025시즌을 맞이하면서 LVMH는 럭셔리 분야를 대표하는 F1의 파트너사로 손을 잡았고, TAG 호이어가 F1의 공식 타임 키퍼가 되는 동시에 샴페인 역시 모엣 헤네시가 만든 모엣 샹동이 사용되기 시작했다. LVMH와 소속 브랜드들은 2025시즌부터 주요 그랑프리의 타이틀 스폰서 또는 대형 스폰서 역할을 맡고 있기도 하다.

[11] GPDA 역사상 처음으로 드라이버가 아닌 디렉터로 임명되었다.

TAG-포르셰

TAG-Porsche

1980년대 중반 맥라렌의 엔진 공급자

1983년 포르셰가 TAG의 자금 지원을 받아 V6 터보 엔진을 개발해 네덜란드 그랑프리에 출전하는 맥라렌 MP4/1E에 장착하면서 엔진 브랜드 TAG-포르셰가 탄생했다. 처음 맥라렌에 엔진 공급을 시작한 시기에는 엔진 보어에만 **"made by Porsche"** 문구를 새기는 등 공개적으로 회사 이름을 드러내기 꺼렸던 포르셰는 1984시즌부터 "Made by Porsche" 배지를 외부 도장에 새기며 포르셰의 이름을 내세우기 시작했다.

1980년대 TAG-포르셰 터보 엔진은 경쟁자였던 BMW, 르노, 혼다, 페라리의 터보 엔진보다 출력면에서 분명한 열세를 나타냈지만, 우수한 연료 효율 등의 장점으로 다른 단점을 극복해 좋은 성적을 거뒀다. 1987시즌까지 TAG-포르셰 엔진을 장착한 맥라렌은 모두 25승을 거두며 두 차례 컨스트럭터 챔피언 타이틀과 세 차례 드라이버 챔피언 타이틀을 획득했다.

TAG 호이어

TAG Heuer

F1 공식 타임 키퍼

TAG가 1860년 설립된 스위스의 시계 제조사 호이어와 합병하며 탄생한 TAG 호이어는 1970년대 페라리에 이어 1980년대부터 2015년까지 맥라렌의 공식 시계를 만드는 한편, 타이밍 시스템 구축에 관여하는 등 여러 방면에서 F1과 인연을 맺었다. TAG 호이어 브랜드는 F1과 직간접적으로 관련된 시계 외에 패션 액세서리와 안경, 핸드폰 등 다양한 상품을 판매했으며, 아일톤 세나, 후안 마누엘 판지오, 스티브 맥퀸과 함께 F1과 모터스포츠와 밀접한 시계 브랜드가 되었다.

레드불은 2016시즌부터 르노가 제작해 공급하는 파워 유닛에 르노 대신 TAG 호이어 브랜드를 사용하기로 합의했고, 이와 함께 레드불 F1 레이스카는 2016시즌부터 2018시즌까지 공식적으로 TAG 호이어 브랜드의 파워트레인을 사용해 세 시즌 동안 9승을 기록했다.

TAG 호이어는 2025시즌부터 기존 롤렉스를 대체하는 새로운 타임키퍼가 되었고, 2026시즌 기준으로 F1 챔피언십의 타임키퍼 역할과 별도로 오랫동안 이어왔던 레드불 레이싱의 주요 스폰서 역할 역시 계속 유지하고 있다.

TGR

TGR

Toyota Gazoo Racing

하스의 타이틀 스폰서

토요타는 1999년부터 많은 투자와 함께 F1 진출을 준비했고, 2002시즌부터 2009시즌까지 토요타 레이싱[12]이라는 이름으로 F1 챔피언십에서 경쟁했다. 여덟 시즌 동안 13회의 포디엄 피니시와 세 차례 폴 포지션을 기록한 토요타는 2010시즌부터 F1에서 철수했지만, 토요타는 F1 철수 이전부터 팀 가주(Team Gazoo), 가주 레이싱(Gazoo Racing), 렉서스 레이싱(Lexus Racing) 등 여러 주체가 다양한 모터스포츠 무대에서 활동을 계승하며 F1의 유산을 이어받았다. 팀 가주와 가주 레이싱 등은 2015년 4월 통합되었고, 토요타 가주 레이싱(TGR)이 탄생했다.

WEC와 WRC에서 좋은 성적을 거두며 명성을 쌓은 토요타 가주 레이싱은 2024년 10월 하스 F1 팀과 테크니컬 파트너십 계약을 체결하며 15년 만에 F1 챔피언십과 다시 인연을 맺었다. 기술 협력 발표 당시 토요타는 직접적인 F1 복귀는 아니라고 선을 긋기도 했지만, 시간이 지나면서 하스와의 협력과 교류의 폭은 점차 넓어졌다. 2026시즌부터 TGR이 하스의 타이틀 스폰서까지 맡게 되면서 토요타와 하스는 단순 기술 협력을 넘어 전략적 동반자로서 관계를 공고히 하기 시작했다.

WMSC

WMSC

FIA World Motor Sport Council

FIA의 핵심 의사 결정 기구

WMSC는 FIA에서 가장 중요한 결정을 내리는 의사 결정 기구로 FIA가 주관하는 각 챔피언십과 이벤트의 규정 변경을 포함해 다양한 안건을 심의하고 확정한다. WMSC는 시즌 일정 구성 등을 협의하고 결정하는 역할도 맡고 있으며, F1 캘린더 구성과 엔트리 리스트 확정, 규정 변경 역시 모두 WMSC의 의결을 거쳐 확정된다.

2026년 기준 WMSC는 **FIA 회장** 모하메드 벤 술라이엠과 **F1 대표자**로 참여하는 스테파노 도메니칼리를 포함해 모두 **28명**의 멤버로 구성되며, 보통 1년에 세 차례에서 네 차례 정도 큰 규모의 회의를 개최한다.

[12] 독일에 본사를 둔 회사의 이름은 Toyota Motorsport GmbH였다.

걸프

Gulf

Gulf Oil LP

미국의 에너지 기업

1901년 설립된 걸프 오일은 1940년대 미국에서 여덟 번째로 큰 제조사로 성장했고, 1937년부터 모터스포츠와 인연을 맺기 시작해 포드 GT40과 포르셰 917 등으로 노출된 걸프 리버리와 함께 팬들에게 깊은 인상을 남겼다. 그러나, 걸프 오일은 1985년 스탠다드 오일에 인수되어 셰브론으로 브랜드가 변경되었고, 걸프라는 이름의 권리를 가진 셰브론이 걸프 오일 LP를 출범하면서 현재의 회사가 탄생했다.

2020년 맥라렌과 손잡으면서 걸프 오일 브랜드가 F1에 부활했고, 2023년에는 윌리엄스가 걸프와 다년간 파트너십 계약을 체결하며 F1에 깊숙이 관여하기 시작했다. 파트너십 체결 이후 몇몇 이벤트에서는 윌리엄스가 걸프 특유의 색상 조합을 채택한 리버리를 사용하기도 했다.

굿이어

Goodyear

The Goodyear Tire & Rubber Company

미국의 타이어 제조사

1898년 미국에서 탄생한 굿이어는 일본의 브릿지스톤, 프랑스의 미쉐린, 독일의 콘티넨탈과 함께 세계 4대 타이어 제조사 중 하나이며, 타이어 제조 외에 1900년대 초반부터 거대한 굿이어 로고를 노출하는 비행선 **"굿이어 블림프(Goodyear Blimp)"**로도 유명하다.

굿이어는 1965 멕시코 그랑프리에서 혼다와 함께 F1 그랑프리에서 첫 승을 거뒀고, 1998 이탈리아 그랑프리에서 페라리와 함께한 마지막 우승까지 33년 동안 모두 **368승**을 기록하며 **F1 챔피언십 역사상 가장 성공적인 F1 타이어 공급자**[13]로 기록됐다.

---

[13] 2025시즌까지 피렐리 타이어의 그랑프리 우승기록보다 많지만, 2026시즌 중 피렐리가 최다승 타이어 기록을 경신할 예정이다.

HQ 그로브

Grove

Grove, Oxfordshire, United Kingdom

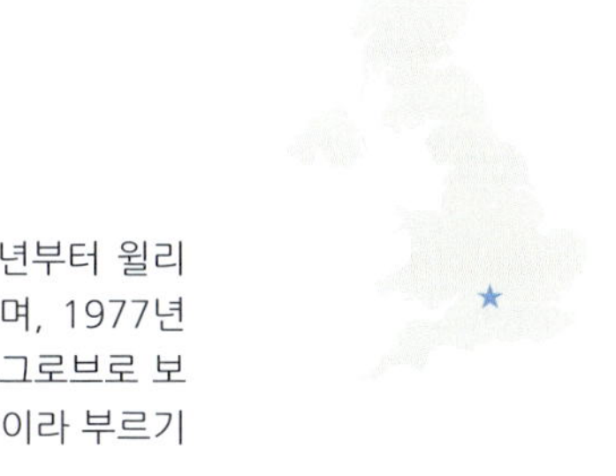

윌리엄스 그랑프리 엔지니어링의 본부 소재지

영국 잉글랜드 옥스포드셔에 위치한 그로브는 1995년부터 윌리엄스 그랑프리 엔지니어링의 본부가 자리 잡은 곳이며, 1977년 팀 설립 당시 본부 소재지였던 "디콧(Didcot)"에서 그로브로 보금자리를 옮긴 이후의 윌리엄스를 가리켜 **"그로브 팀"**이라 부르기도 한다.

윌리엄스의 F1 팀 본부 외에 윌리엄스 그룹 산하의 기술/엔지니어링 서비스 기업 **"윌리엄스 어드밴스드 엔지니어링(Williams Advanced Engineering)"**과 **"윌리엄스 컨퍼런스 센터(Williams Conference Centre)"** 등도 모두 그로브에 자리 잡고 있다.

C 나스카

NASCAR

National Association for Stock Car Auto Racing

미국의 주요 스톡카 레이스를 주관하고 운영하는 회사

1948년 "빅 빌(Big Bill)" 빌 프랑스 시니어가 설립한 "나스카(NASCAR)"는 미국의 주요 스톡카 레이싱을 관장하는 회사로 플로리다 데이토나 비치에 본부를 두었다. 2025년부터 **스티브 오도넬**이 나스카의 회장직을 수행하기 시작했고, 나스카의 공동 창립자 빌 프랑스 시니어의 아들 **짐 프랑스**는 2018년부터 CEO 역할을 맡고 있다.

미국을 상징하는 최고의 스톡 카 레이싱 "나스카 컵 시리즈(NASCAR Cup Series)"를 포함해 미국 내 48개 주[14] 100개 이상의 트랙에서 펼쳐지는 1500개 이상의 레이스를 주관하고 있는 나스카는 "나스카 iRacing 시리즈(NASCAR iRacing Series)" 등을 통해 e스포츠에도 투자하고 있다.

---

[14] 일부 캐나다, 멕시코 및 유럽 지역에서 펼쳐지는 레이스도 주관하고 있다.

노이부르크

Neuburg

Neuburg an der Donau, Bavaria, Germany

아우디 파워 유닛 본부 소재지

아우디는 자우버를 인수해 F1 챔피언십에 참전하면서 힌빌의 기존 자우버 본부에서 계속 섀시를 개발하지만, 파워 유닛은 독일의 노이부르크에서 개발하고 생산하기로 결정했다. 노이부르크는 아우디의 본사가 위치한 잉골슈타트 서쪽으로 얼마 떨어져 있지 않은 위치에 있어 아우디 인력이 F1 파워 유닛 개발에 적극 참여하는 데 최적의 위치로 여겨지고 있다.

결과적으로 아우디는 3개 국가의 세 위치에 본부를 나눠 역할을 분담하는 구조를 갖게 됐는데, 힌빌과 노이부르크 외에 영국 잉글랜드 중부 비스터에도 테크놀로지 센터를 운영하고 있다.

달라라

Dallara

Dallara Group S.r.l.

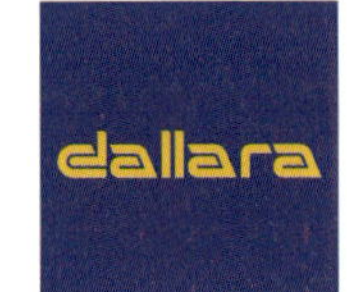

하스 F1 팀의 섀시를 공급하는 이탈리아의 레이스카 섀시 제조사

1972년 설립된 이탈리아의 레이스카 섀시 제조 회사로 1993년 이후 F3 섀시 제작을 사실상 독점했던 달라라는 1997년부터 인디카 시리즈에도 섀시 공급을 시작했고, 2007시즌부터 인디카 시리즈의 독점 섀시 공급자가 되었다. 달라라는 GP2와 GP3에서도 출범 직후부터 섀시 제작을 책임지기 시작해 FIA F2와 FIA F3의 섀시를 만들고, 2014년부터 슈퍼 포뮬러의 섀시 공급자가 되는 등 싱글-시터 섀시 제작 부문에서 독보적인 입지를 구축했다.

1988년부터 여섯 시즌 동안 스쿠데리아 이탈리아의 섀시를 제작하는 등 몇 차례 짧게 F1과 인연을 맺었던 달라라는 2016년 F1에 데뷔한 하스의 섀시 제작을 책임지면서 본격적인 F1 레이스카 섀시 제조사로 발돋움했고, 달라라와 파트너십을 계속 유지한 하스는 2019년 11월 말부터 달라라의 F1 시뮬레이터를 사용하기 시작하는 등 협력의 범위를 넓히고 있다.

던롭

Dunlop

Dunlop Tyres

영국에서 만들어진 타이어 브랜드

공기압을 이용한 타이어의 선구자였던 존 보이드 던롭이 영국에서 설립한 "던롭 뉴매틱 타이어 컴퍼니(Dunlop Pneumatic Tyre Company)"에 뿌리를 둔 던롭은 2023년을 기준으로 굿이어, 스미토모, 콘티넨탈이 지역과 사업 분야에 따라 시장을 구분해 제작 판매하고 있는 타이어 브랜드다.

F1 출범 직후 1950 영국 그랑프리부터 타이어 공급을 시작한 던롭은 1958 모나코 그랑프리에서 쿠퍼의 모리스 트링티냥이 첫 승을 거둔 이후 1970 벨기에 그랑프리에서 페드로 로드리게스의 우승을 함께하는 등 활약을 계속했고, F1 챔피언십에서 83승, 폴 포지션 76회, 포디엄 피니시 79회 등의 기록을 남겼다.

렙코

Repco[15]

Replacement Parts Company

1960년대 브라밤의 엔진 공급자

호주의 자동차 엔지니어링/부품 제작 업체 렙코는 1966년 호주 출신 드라이버 잭 브라밤이 직접 만든 브라밤 팀이 사용할 3.0L V8 엔진을 제작하면서 F1 엔진 공급자로 데뷔했다.

1966시즌 규정 변경에 따라 3L 엔진이 필요해진 브라밤의 요청에 따라 처음 제작된 렙코 620 엔진과 1967시즌 투입된 렙코 740 엔진은 두 시즌 동안 브라밤이 F1 드라이버 챔피언 타이틀과 컨스트럭터 챔피언 타이틀을 모두 차지하는 데 크게 공헌했고, 1969시즌 브라밤이 코스워스 DFV 엔진을 채택하기 전까지 F1에서 비교적 짧은 기간 엔진 공급자로 활약하는 동안 렙코 엔진의 브라밤은 모두 8승을 거뒀다.

[15] 풀네임 "**RE**placement **P**arts **CO**mpany"의 머리글자 일부를 조합해 만들어진 이름이다.

롤렉스

Rolex

Rolex SA

[전] F1 공식 타임 키퍼

1905년 영국에서 설립된 롤렉스는 제1차 세계대전 이후 스위스로 본부를 옮긴 뒤 세계 최고의 고급 시계 제조사 중 하나로 성장했고, 2020년 "포브스 선정 세계에서 가장 가치 있는 브랜드" 80위에 오른 것처럼 세계적으로 폭넓게 사랑받고 있는 시계 브랜드다.

윔블던 테니스 등 다양한 스포츠의 스폰서로 널리 알려졌던 롤렉스는 2013년부터 2024년까지 F1 공식 타임 키퍼로 활약했다. 롤렉스는 데이토나 24시간의 타이틀 스폰서 자리를 지키고 있는 것은 물론 르망 24시간, 데이토나 24시간, 세브링 12시간 등의 공식 타임 키퍼 역할을 맡는 등 모터스포츠 분야에서 활발하게 활동하고 있다.

리버티 미디어

Liberty Media

Liberty Media Corporation

F1 그룹을 소유한 회사

미국의 케이블 TV 업체 TCI를 기반으로 1991년 설립된 리버티 미디어는 전 세계에 영화 제작, TV 프로그램 제작과 방송, 케이블 TV와 스포츠 매니지먼트 등의 컨텐츠 사업을 펼치는 매스미디어 기업으로 MLB의 애틀란타 브레이브스, 위성과 온라인으로 라디오 방송을 전하는 시리우스XM, 그리고 포뮬러 1 그룹의 3개 디비전으로 운영되고 있다.

리버티 미디어는 2016년 말 44억 달러 규모의 거래를 통해 F1 그룹을 지배할 수 있는 지분 인수를 합의했고, 2017년 1월 23일 8억 달러를 지급한 뒤 F1 그룹을 운영하기 시작했다. 리버티 미디어는 체이스 캐리를 CEO로 임명하며 40년 가까이 지속됐던 버니 에클스톤의 시대를 종식했고, 스테파노 도메니칼리를 CEO로 임명한 이후에도 F1 그룹의 이미지 개선에 큰 영향을 주고 있다.

HQ 마라넬로

Maranello

Maranello, Emilia-Romagna, Italy

스쿠데리아 페라리의 본부 소재지

"모데나(Modena)"에 기반을 두었던 페라리는 1943년 에밀리아-로마냐 주의 마라넬로로 본부를 옮겼고, 이후 매뉴팩쳐러 페라리와 스쿠데리아 페라리 모두 본부를 옮기지 않고 마라넬로를 중심으로 활동했다. 이 때문에 페라리를 가리켜 **"마라넬로"** 또는 **"마라넬로 팀"**이라 부르기도 한다.

스쿠데리아 페라리와 마찬가지로 페라리 S.P.A의 자동차 공장 역시 마라넬로에 자리 잡고 있으며, 페라리의 테스트와 시범 주행에 자주 사용되는 **"피오라노 써킷(Fiorano circuit)"**과 "페라리 박물관(Museo Ferrari Maranello)" 역시 마라넬로의 페라리 본부에서 멀지 않은 위치에 있다.

C 말보로

Marlboro

스쿠데리아 페라리의 타이틀 스폰서였던 필립모리스의 담배 브랜드

영국에서 설립된 담배 제조사 필립모리스는 1920년 말보로 브랜드를 처음 도입했고, 1924년 미국 런칭 이후 1972년부터 세계에서 가장 많이 판매되는 것은 물론 세계에서 가장 강한 영향력을 가진 담배 브랜드 자리를 지키고 있다.

1972년 BRM의 스폰서로 F1과 인연을 맺은 말보로는 1974년 맥라렌의 타이틀 스폰서가 된 뒤 1996년까지 강한 영향력을 행사했고, 1997년[16]에는 페라리의 타이틀 스폰서가 되어 담배 광고 노출이 제한된 시기를 넘어서까지 후원을 계속했다. 필립모리스는 2018 일본 그랑프리 이후 말보로 대신 담배 광고 규제를 우회하기 위한 "미션 윈나우(Mission Winnow)" 브랜드를 새로 노출하기 시작했으나 이후 타이틀 스폰서 계약을 마무리했고, 스폰서 자격으로 브랜드 노출은 중단됐다. 그러나, 말보로는 2025년 말 스쿠데리아 페라리와 파트너십 계약을 체결하고, 2026시즌 기준으로 니코틴 파우치 브랜드를 노출할 계획을 발표했다.

[16] 1973년부터 페라리 드라이버의 개인 스폰서를 맡았던 말보로는 1984년 페라리의 마이너 스폰서가 되었으나 브랜드 노출은 허용하지 않았으며, 1993년 스쿠데리아 페라리의 메인 스폰서 중 하나가 된 뒤 1995년부터 브랜드 노출을 시작했다.

모엣 샹동

Moët & Chandon

F1 그랑프리에 샴페인을 공급하는 프랑스의 포도주 회사

1743년 클로드 모엣이 설립한 모엣 샹동은 프랑스의 포도주 회사로 샴페인 돔 페리뇽 등으로 유명하다. 현재 세계에서 가장 큰 샴페인 회사이자 샴페인 하우스 중 하나로 연간 2천8백만 병의 샴페인을 생산하는 것으로 알려져 있다.

모엣 샹동은 1971년 헤네시 꼬냑과 합병하면서 모엣 헤네시(Moët Hennessy)로 재탄생했고, 1987년에는 루이 비통과 합병해 LVMH 그룹의 일원이 되었다. 모엣 샹동은 F1과 LVMH가 파트너십을 맺은 2025시즌부터 기존 스파클링 와인 공급자였던 페라리 트렌토의 뒤를 이어 F1의 공식 샴페인 공급자가 되었다. 2026시즌을 기준으로 F1 챔피언십 그랑프리의 샴페인 세리머니에는 모엣 샹동 제품이 사용된다.

맥라렌 어플라이드

McLaren Applied

F1 표준 ECU 독점 공급자

1991년 출범했던 맥라렌 컴퍼지트와 맥라렌 그룹 산하의 다른 법인 TAG 일렉트로닉스가 합병하면서 MAT(McLaren Applied Technologies)가 탄생했고, 2020년 1월 2일 회사의 이름을 맥라렌 어플라이드로 변경했다. 맥라렌 그룹은 COVID-19의 영향으로 경영난을 겪던 중 맥라렌 어플라이드를 그레이불 캐피털에 매각했다.

맥라렌 어플라이드는 시스템 개발, 장비 제작, 시뮬레이션 등 다양한 전문 기술 영역에서 활약하고 있으며, 2026시즌 기준 F1 레이스카에 탑재되는 **표준화된 ECU(SECU : Standard Electronic Control Unit)를 독점 공급**하고 있으며, F1과 2030시즌까지 계약을 연장한 상태다.

C 미쉐린

Michelin

Compagnie Générale des Établissements Michelin SCA

프랑스의 타이어 제조사

1889년 프랑스에서 설립되어 래디얼 타이어와 런-플랫 타이어의 원형을 처음 소개하는 등 여러 가지 혁신적 기술을 도입하기도 했던 미쉐린은 일본의 브릿지스톤, 미국의 굿이어, 독일의 콘티넨탈과 함께 세계 4대 타이어 제조사 중 하나로 자리 잡았고, 규모 면에서는 **브릿지스톤에 이어 세계 2위에 해당하는 대형 타이어 제조사**다.

1906 프랑스 그랑프리에서 림과 결합한 타이어를 함께 교체할 수 있도록 하면서 르노의 역사적인 첫 번째 그랑프리 우승을 이끌었던 미쉐린은 1977 영국 그랑프리에서 르노와 함께 F1에 데뷔했고, 1978 브라질 그랑프리에서 페라리에게 타이어를 공급해 첫 승을 거둔 뒤 2006 일본 그랑프리에서 르노의 우승까지 14시즌 동안 모두 102승을 기록했다.

HQ 밀턴케인즈

Milton Keynes

Milton Keynes, Buckinghamshire, United Kingdom

레드불 레이싱의 본부 소재지

스튜어트 그랑프리는 1960년대 런던의 인구 문제 해결을 위해 추진한 잉글랜드 남서부 뉴타운 사업의 하나로 만들어진 신도시 영국 잉글랜드 버킹엄셔의 밀턴케인즈에 본부를 두었고, 스튜어트가 재규어에 이어 레드불까지 이름을 바꾸며 거듭나는 동안에도 본부는 계속 밀턴케인즈에 머물렀다. 본부 소재지가 밀턴케인즈이기 때문에 레드불을 가리켜 **"밀턴케인즈 팀"**이라고 부르기도 한다.

레드불 레이싱 외에 "레드불 어드밴스드 테크놀리지(RBAT : Red Bull Advanced Technology)"와 2021년부터 레드불의 파워 유닛을 만들었고, 2026시즌을 향한 포드와의 협력으로 재탄생한 "**레드불 포드 파워트레인(Red Bull Ford Powertrains)**"까지 레드불 관계사들 역시 밀턴케인즈에 자리 잡고 있다.

HQ 브래클리

Brackley

Brackley, Northamptonshire, United Kingdom

메르세데스-AMG 페트로나스의 본부 소재지

메르세데스-AMG 페트로나스의 본부는 영국 잉글랜드 노샘프턴셔의 브래클리에 자리 잡고 있으며, 1990년대 말부터 F1 팀의 본부가 브래클리에 자리 잡고 있다는 의미로 종종 메르세데스를 가리켜 **"브래클리 팀"**이라고 부르기도 한다.

1990년대 말 BAR시절부터 2000년대 혼다와 브런GP, 현재의 메르세데스까지 F1 팀 본부는 계속 브래클리에 있었지만, 일모르를 뿌리로 하는 **"메르세데스 AMG HPP(Mercedes AMG High Performance Powertrains)"**는 브래클리로부터 북쪽으로 한 시간 거리에 있는 **브릭스워스**에서 파워 유닛을 만들고 있다.

C 브릿지스톤

BRIDGESTONE
Solutions for your journey

Bridgestone

株式会社ブリヂストン

일본의 타이어 제조사

1931년 일본에서 이시바시쇼지로[17]가 설립한 브릿지스톤은 1988년 미국의 파이어스톤을 합병하면서 초대형 타이어 제조사로 발돋움해 다른 세계 4대 타이어 제조사인 프랑스의 미쉐린, 미국의 굿이어, 독일의 콘티넨탈을 모두 뛰어넘는 **세계 최대의 타이어 제조사**다.

1976년과 1977년 일본 그랑프리에서 잠시 F1 그랑프리와 인연을 맺은 뒤 1980년대 본격적으로 모터스포츠에 전용 타이어를 공급하기 시작한 브릿지스톤은 1997 호주 그랑프리부터 F1에 타이어를 공급하기 시작했고, 1998 호주 그랑프리에서 맥라렌과 함께 첫 승을 거뒀다. 2007시즌부터 2010시즌까지 F1에 타이어를 독점 공급한 뒤 2010 아부다비 그랑프리에서 레드불의 우승을 끝으로 F1에 철수한 브릿지스톤은 통산 175승을 기록했다.

[17] 창업자 石橋正二郎의 "石"는 "돌(stone)", "橋"는 "다리(bridge)"를 의미한다.

HQ 비스터

Bicester

Bicester, Oxfordshire, United Kingdom

아우디 테크놀로지 센터 소재지

자우버를 인수한 뒤 2026시즌부터 F1 챔피언십에 출전하기 시작한 아우디는 스위스 힌빌에 있는 기존 자우버 본부를 유지하면서 이곳에서 계속 섀시를 개발하고, 독일의 노이부르크에서 파워 유닛을 개발, 생산한다. 독일과 스위스의 본부만으로는 잉글랜드 중부에 집결해 있는 다른 F1 팀과의 경쟁이 원활하지 않을 수도 있다는 생각으로 아우디는 영국에 또 하나의 전진기지를 건설했다.

영국 옥스포드셔의 비스터는 과거 알파타우리의 50% 윈드 터널이 위치했던 곳이기도 하며, 실버스톤에 가까운 모터스포츠 밸리에 자리잡고 있다. 아우디는 비스터에 테크놀로지 센터를 건설해 3개 국가를 오가는 조직 운영으로 F1의 복잡한 환경에 적응하고 경쟁력을 높이려는 계획을 세웠다.

C 셸

Shell

Royal Dutch Shell PLC

페라리 파워 유닛의 연료 및 오일 공급자

"셸" 또는 "로얄 더치 셸"은 1890년 네덜란드에서 설립된 "로열 더치 석유 회사(Royal Dutch Petroleum Company)"와 1907년 영국에서 설립된 "셸 운송 무역 회사(Shell Transport and Trading Company Limited)"가 1907년 합병하면서 탄생한 글로벌 에너지 기업으로, 2010년대까지 세계 최대의 기업 중 하나로 여겨졌다.

모토GP의 두카티, DTM의 BMW, WRC의 현대, 포뮬러 E의 닛산과 연료 또는 오일을 개발해 공급하는 파트너십을 맺는 등 모터스포츠 분야에서 맹활약하고 있는 셸은 그랑프리 레이싱에서는 엔초 페라리가 모데나에서 스쿠데리아 페라리를 운영하던 초창기부터 계속 파트너십을 유지했고, 2026시즌 기준 페라리 파워 유닛의 연료와 오일 공급자로 활약하고 있다.

스카이 스포츠 F1

Sky Sports F1

영국의 F1 전문 위성 방송 채널

2012년 영국의 위성 방송국 스카이가 F1 생중계 권리를 획득해 만든 F1 위성 방송 전문 채널 스카이 스포츠 F1은 2023년 기준 영국과 아일랜드에 모든 F1 그랑프리의 프랙티스, 퀄리파잉, 레이스를 독점 생중계하고 있다.

스카이 스포츠 F1 채널은 출범과 함께 마틴 브런들과 데이빗 크로프트, 테드 크래비츠 등 2011년까지 BBC에서 활약하던 F1 중계 인력을 대거 영입하는 등 막대한 투자와 함께 수준 높은 영상을 만들었고, 스카이 스포츠 F1의 중계 음성은 전 세계 영어권 F1 생중계 채널에서 가장 많이 사용되고 있으며 적지 않은 팬들에게 F1의 비공식 표준 생방송 채널처럼 여겨지기도 한다.

스테이크

Stake

Stake.com

[전] 힌빌 팀[18]의 타이틀 스폰서

스테이크는 2017년 설립된 호주-퀴라소의 온라인 도박 기업으로 전통적인 도박과 스포츠 베팅 등의 서비스를 제공한다.

스테이크는 왓퍼드 FC와 에버턴 FC 등 프리미어 리그 팀과 축구 선수 세르히오 아구에로의 스폰서를 맡았고, 2023시즌부터 알파로메오의 이름을 사용하던 힌빌 팀의 타이틀 스폰서가 되어 아우디 인수 전까지 자우버와 함께 했다.

---

[18] 2023시즌 기준 힌빌 팀의 공식 명칭은 "알파로메오 F1 팀 스테이크(Alfa Romeo F1 Team Stake)"였고, 2024시즌 엔트리 리스트 기준 팀의 공식 명칭은 "스테이크 F1 팀 킥 자우버(Stake F1 Team Kick Sauber)"로 정해졌다.

아람코

Aramco

Saudi Arabian Oil Group

세계 최대의 에너지 기업 / F1의 글로벌 파트너

1933년 설립된 사우디 아라비아의 국영 에너지 회사인 아람코는 석유와 천연가스를 개발 공급하는 세계 최대의 에너지 기업이자 **2022년 매출 기준 세계에서 두 번째로 큰 기업**이었다.

아람코는 2020년 3월 F1과 글로벌 파트너십을 체결했고, 이후 다수의 이벤트에 타이틀 스폰서로 참여하며 그랑프리 무대에서 적극적인 홍보 활동에 나섰다. 아람코는 2022년 **애스턴마틴의 타이틀 스폰서**가 되는 전략적 파트너십을 체결하기도 했다.

애스턴마틴 (브랜드)

Aston Martin (brand)

Aston Martin Lagonda Global Holdings plc

영국의 자동차 제조사이자 2010년대 후반 레드불의 리버리 스폰서

1913년 영국에서 설립된 애스턴마틴은 1947년 데이빗 브라운이 회사를 이끌던 시기 1959년 르망 24시간 우승을 포함해 모터스포츠 무대에서 큰 성공을 거뒀고, 1964년에는 영화 "007 골드핑거"에서 주인공 제임스 본드가 "애스턴마틴 DB5"를 타는 장면이 연출되면서 고급 스포츠카 제조사로 영국인의 문화적 아이콘으로 떠오르기 시작했다.

데이빗 브라운이 회사를 이끌던 1959년과 1960년 로이 살바도리와 캐롤 셸비 등이 몇 차례 F1 챔피언십에 출전한 기록이 있긴 하지만 본격적으로 F1과 인연을 맺지는 않았던 애스턴마틴은 2016년 레드불의 스폰서가 되면서 F1에 자신들의 이름을 분명하게 각인시켰고, **2018시즌부터 레드불의 메인 리버리 스폰서** 역할을 맡는 한편 레드불의 CTO 에이드리언 뉴이가 디자인한 슈퍼기 애스턴마틴 발키리를 개발하기도 했다. 2020년 초 컨소시엄 명의로 20%의 지분을 인수한 로렌스 스트롤의 주도 아래 새로운 계약을 맺으면서 2021시즌 레이싱포인트의 새로운 이름이 되어 60년 만에 F1 팀 애스턴마틴이 부활했다.

에미리츠

Emirates

F1 공식 항공사 파트너

1985년 UAE 두바이에서 설립된 뒤 2008년부터 두바이 국제공항을 허브로 삼으며 운항하기 시작한 에미리츠는 **2019년 탑승객 기준 세계 3위, 정규 운항 거리 기준 세계 최대의 항공사**다. 세계 최대 여객기인 에어버스 A380을 116대에 더해 보잉 777도 133대 운항하고 있는 두 기종의 세계 최다 운용 항공사이기도 하다.

2006시즌 맥라렌의 리버리 스폰서로 F1과 인연을 맺은 에미리츠는 2013년부터 하이네켄, 피렐리, DHL, 롤렉스와 함께 F1의 공식 파트너 중 하나가 되었고, 2016 일본 그랑프리를 시작으로 여러 차례 F1 그랑프리 이벤트의 타이틀 스폰서 역할을 맡았다.

에이본

Avon

Avon Tyres Ltd.

영국의 타이어 브랜드

1885년 영국에서 설립된 에이본은 100년 이상 타이어를 포함해 다양한 상품을 제조했고, 1997년 타이어 사업을 미국의 쿠퍼 타이어에 매각한 이후 쿠퍼 타이어가 영국 공장에서 에이본 브랜드의 타이어를 계속 생산하고 있다.

1954 영국 그랑프리를 시작으로 1982 스위스 그랑프리까지 간헐적으로 참가하며 모두 29회의 그랑프리에 출전 기록을 남긴 에이본은 F1 챔피언십 그랑프리에 사용된 아홉 종류의 타이어 브랜드 가운데 유일하게 단 한 차례의 우승도 기록하지 못했다.

C 엑슨모빌

ExxonMobil

ExxonMobil

ExxonMobil Corporation

혼다 파워 유닛의 연료 및 오일 공급자

1911년 스탠다드 오일의 분할에 따라 뉴욕 스탠다드 오일이라는 이름으로 탄생한 미국의 에너지 기업 엑슨모빌은 에너지 기업으로 세계 최대 규모로 여겨지고 있다. 엑슨모빌은 2000년대 들어 매년 포브스 선정 글로벌 500 세계 10대 기업에 포함됐으며, 2022년에는 세계 최대 기업 3위 자리에 이름을 올렸다.

1979시즌 F1에 뛰어든 뒤 2016시즌까지 21년 동안 맥라렌의 연료와 오일을 공급했던 엑슨모빌은 2017시즌부터 레드불과 토로로쏘가 사용하는 르노 파워 유닛에 "에쏘(Esso)" 연료와 "모빌 1(Mobil 1)" 오일을 개발/공급했고, 토로로쏘에 이어 레드불까지 파워 유닛을 혼다로 교체한 이후에도 파트너십을 유지해 레드불과 알파타우리의 혼다 파워 유닛에 **"에쏘(Esso)" 연료**와 **"모빌 1(Mobil 1)" 오일**을 공급했다. 2026시즌 레드불이 새 파워 유닛 제조사 레드불 포드 파워트레인의 파워 유닛을 탑재하기 시작한 이후로도 엑슨모빌과의 인연은 계속되고 있다.

HQ 엔스톤

Enstone

Enstone, Oxfordshire, United Kingdom

알핀의 본부 소재지

영국 잉글랜드 옥스포드셔, 치핑 노튼에 위치한 엔스톤에는 알핀의 팀 본부가 자리 잡고 있으며, 27년 이상 치핑 노튼에 머물렀던 알핀을 가리켜 **"엔스톤 팀"**이라고 부르기도 한다.

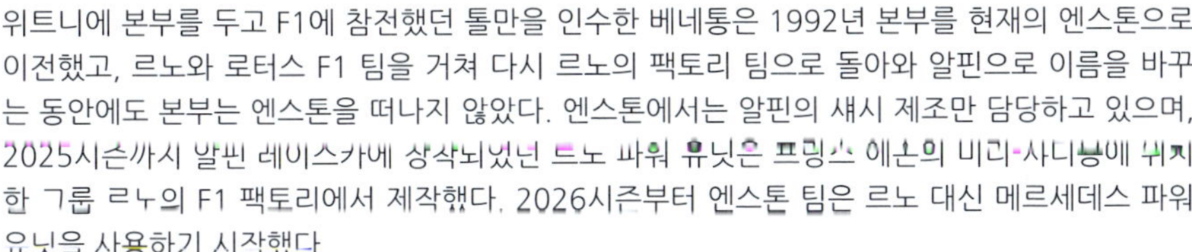

위트니에 본부를 두고 F1에 참전했던 톨만을 인수한 베네통은 1992년 본부를 현재의 엔스톤으로 이전했고, 르노와 로터스 F1 팀을 거쳐 다시 르노의 팩토리 팀으로 돌아와 알핀으로 이름을 바꾸는 동안에도 본부는 엔스톤을 떠나지 않았다. 엔스톤에서는 알핀의 섀시 제조만 담당하고 있으며, 2025시즌까지 알핀 레이스카에 장착되었던 르노 파워 유닛은 프랑스 에손의 비리-샤티용에 위치한 그룹 르노의 F1 팩토리에서 제작했다. 2026시즌부터 엔스톤 팀은 르노 대신 메르세데스 파워 유닛을 사용하기 시작했다.

엘프
Elf
Elf Aquitaine

1970년대와 1980년대 마트라, 티렐, 르노의 연료 및 오일 공급자

1965년 프랑스의 에너지 기업 RAP, SNPA, BRP가 합병한 뒤 1967년 통합 브랜드로 탄생한 엘프는 최초의 레이싱 전용 합성 오일을 생산하기 시작했고, **2000년 "토탈(Total)"과의 합병** 이후 2003년 브랜드 역시 토탈로 통합되었다.

엘프는 탄생 초기부터 모터스포츠를 홍보 수단으로 적극 활용했으며 켄 티렐과 손을 잡으며 마트라의 F1 데뷔를 일궈냈고, 마트라가 독립한 뒤에도 1978시즌까지 계속 연료 공급자이자 스폰서 역할로 티렐과 함께 했다. 엘프는 1977년 프랑스를 대표하는 F1 팀 르노가 탄생한 이후로는 **1985시즌까지 르노 F1 팀의 리버리 스폰서이자 연료 및 오일 공급자**로 활약했다.

엥글베르트
Englebert

벨기에의 타이어 제조사

1898년 오스카 엥글베르트가 벨기에에서 설립한 엥글베르트는 1920년대 유럽의 5대 고무 제품 제조 업체로 성장했고, 1958년 세계적인 타이어 제조사 유니로얄과 파트너십을 체결하며 규모를 키웠다. 1979년 유니로얄이 유럽 지역 사업을 콘티넨탈에 넘기면서 엥글베르트 브랜드는 소멸했다.

F1 월드 챔피언십 출범 첫해부터 F1과 인연을 맺은 뒤 1951시즌부터 종종 스쿠데리아 페라리의 타이어로 사용된 엥글베르트는 1951 영국 그랑프리에서 호세 프로일란 곤잘레스가 기록한 페라리의 역사적인 첫 F1 그랑프리 우승과 함께했고, 1958 영국 그랑프리에서 피터 콜린스의 우승까지 F1에서의 12승을 모두 페라리와 함께 기록했다.

HQ 워킹

Woking

Woking, Surrey, United Kingdom

맥라렌 레이싱의 본부 소재지

영국 잉글랜드 서레이의 워킹은 맥라렌 레이싱의 본부가 자리 잡고 있는 곳이며, 종종 맥라렌 레이싱을 가리켜 **"워킹 팀"**이라고 부르기도 한다.

브루스 맥라렌이 자신의 이름을 딴 팀을 만들어 F1에 첫 출전하던 시절부터 콜브룩에 본부를 두고 활약했던 맥라렌은 1981년 론 데니스의 고향인 워킹으로 본부를 옮긴 뒤 40년 이상 본부를 옮기지 않았다. 1999년 워킹의 맥라렌 본부에 건설을 시작해 2003년 문을 연 맥라렌 그룹 전체의 본부 건물 "맥라렌 테크널러지 센터(McLaren Technology Centre)"와 2011년 오픈한 맥라렌 오토모티브의 자동차 생산을 위한 "맥라렌 프러덕션 센터(McLaren Production Centre)"는 건설 당시 유럽에서 사기업이 건설한 최대의 시설물 중 하나로 여겨지기도 했다.

C 일모르

Ilmor

Ilmor Engineering Limited

1990년대와 2000년대 초반 자우버와 맥라렌의 엔진 공급자

일모르는 1983년 영국 노샘튼셔 브릭스워스에서 마리오 일리언과 폴 모건이 일리언(**"IL"**lien)과 모건(**"MOR"**gan)의 머리글자를 따서 이름을 정하며 설립한 엔진 제조사다. 일모르는 1980년대 인디카 엔진 개발에 이어 1990년대 초반 메르세데스-벤츠와 손잡으며 자우버의 F1 데뷔를 위한 엔진을 개발했고, 이후 메르세데스-벤츠 브랜드로 자우버와 맥라렌에 엔진을 제작해 공급했다.

2001년 폴 모건이 비행기 사고로 세상을 떠난 뒤 경영권을 확보한 메르세데스-벤츠는 회사의 이름을 "메르세데스-벤츠 하이 퍼포먼스 엔진(Mercedes-Benz HPE : Mercedes-Benz High Performance Engines Ltd.)"으로 바꿨고, 2013년에는 다시 **"메르세데스 AMG 하이 퍼포먼스 파워트레인(Mercedes AMG HPP : Mercedes AMG High Performance Powertrains)"**으로 명칭을 변경했다. 메르세데스의 이름을 달게 된 회사와 별도로 마리오 일리언이 참여한 특별 개발 부서에서는 인디카, 모토GP 프로젝트와 다양한 모터스포츠 분야의 컨설턴트로 일모르의 이름을 건 활동을 계속했다.

코벤트리 클라이맥스

Coventry Climax

Coventry Climax

1950년대와 1960년대 쿠퍼, 브라밤, 팀 로터스의 엔진 공급자

1903년 영국에서 설립된 코벤트리 클라이맥스는 레이스카를 위한 엔진과 각종 기계 장비 제조 업체다. 코벤트리 클라이맥스는 제2차 세계대전이 끝난 뒤 초경량 **"FW 엔진"**[19]으로 다양한 모터스포츠 분야에서 성공을 거뒀고, 1950년대 F2에서는 코벤트리 클라이맥스의 경량 1.5리터 엔진이 선풍적인 인기를 끌기도 했다.

1950년대 중반부터 쿠퍼를 통해 F1에 진출한 코벤트리 클라이맥스는 **"FPF 엔진"**과 함께 리어-엔진 레볼루션을 이끌었고, 1961시즌 F1 엔진 규격이 1.5L로 조정된 이후 1960년대 중반까지 팀 로터스와 초창기 브라밤 등에 엔진을 공급했다. 1960년대까지 F1에서 활약한 엔진 공급자 코벤트리 클라이맥스는 96회의 F1 챔피언십 그랑프리에 출전해 40승을 거두면서 네 차례의 드라이버와 컨스트럭터 챔피언십 타이틀 획득에 공헌했다.

코스워스

Cosworth

COSWORTH

1960년대 후반부터 1980년대 초반까지 F1을 지배한 엔진 공급자

로터스 엔지니어링 출신의 마이크 코스틴과 키스 덕워스가 1958년 영국에서 설립한 코스워스는 모터스포츠 팀과 승용차 시장에 공급하는 고성능 엔진과 파워트레인, 전자 부품을 포함한 다양한 자동차 관련 제품의 제조 업체다. 1967년 코스워스가 포드를 스폰서로 팀 로터스를 위해 개발한 3.0L V8 형식의 **"DFV 엔진"**[20]은 1970년대 매뉴팩처러를 제외한 대부분 F1 팀이 선택해 마치 비공식 공용 표준 엔진처럼 사용되기도 했다.

DFV 엔진은 1967시즌부터 1985시즌까지 19시즌 동안 모두 열 팀에서 사용되며 **262회 레이스 출전에 155승**을 기록하는 큰 성공을 거뒀고, 코스워스 엔진은 모두 열 개의 드라이버 챔피언 타이틀 획득에 공헌하면서 매뉴팩처러인 페라리와 메르세데스를 제외하면 F1에서 가장 큰 성공을 거둔 엔진 공급자로 기록되고 있다.

---

19 매우 가볍다는 의미로 "깃털 무게(Feather Weight)"라는 이름이 지어졌다.

20 "Double Four Valve"의 머리글자를 따서 지어진 이름이다.

C 콘티넨탈

Continental

Continental AG

Continental The Future in Motion

독일의 타이어 제조사

1871년 독일에서 설립된 콘티넨탈은 일본의 브릿지스톤, 미국의 굿이어, 프랑스의 미쉐린과 함께 세계 4대 타이어 제조사 중 하나로 규모 면에서 세계 4위에 해당하며, 콘티넨탈 AG는 타이어 외에도 브레이크, 에어백 등 안전 부품, 전기 전자 부품과 파워트레인까지 다양한 자동차 부품으로 세계 시장을 공략하고 있다.

1954시즌 메르세데스-벤츠의 F1 참전 당시 W196에 타이어를 공급해 함께 첫 승을 거뒀던 콘티넨탈은 이듬해 메르세데스-벤츠가 F1에서 철수할 때까지 모든 경기에 타이어를 공급했고, 메르세데스-벤츠를 제외하면 유일하게 콘티넨탈 타이어를 사용해 F1 그랑프리 출전 기록을 남긴 스털링 모스가 1958 아르헨티나 그랑프리에서 역사적인 리어-엔진 레이스카의 F1 첫 승을 거두는 데 도움을 준 것까지 F1 챔피언십 그랑프리에서 10승을 거뒀다.

HQ 파엔짜

Faenza

Faenza, Emilia-Romagna, Italy

미나르디, 토로로쏘, 알파타우리의 본부 소재지

1979년 지앙카를로 미나르디는 이탈리아 에밀리아-로마냐 주의 파엔짜에 본부를 두는 자신의 이름을 딴 팀 미나르디를 설립했고, 2006년 레드불의 미나르디 인수로 탄생한 토로로쏘와 2020년 알파타우리로 이름을 바꾼 뒤에도 팀의 본부는 계속 파엔짜에 남아 있었다. 미나르디와 토로로쏘, 알파타우리에 이어 2026시즌 현재 레이싱불스까지 파엔짜에 본부를 둔 F1 팀을 가리켜 **"파엔짜 팀"**이라고 부르기도 한다.

파엔짜로부터 북서쪽으로 10km 거리에는 산마리노 그랑프리가 개최되었던 "엔초와 디노 페라리 써킷(Autodromo Enzo e Dino Ferrari)"이 위치하고 있고, 파엔짜 팀은 종종 이몰라를 자신들의 홈 써킷으로 여기기도 한다.

파이어스톤

Firestone

Firestone Tire and Rubber Company

미국의 타이어 제조사

1900년 하비 파이어스톤이 미국에서 설립한 파이어스톤은 최초로 타이어 대량 생산을 시작한 기업으로 헨리 포드와의 인연으로 포드가 생산한 자동차에 타이어를 공급하면서 빠르게 성장했다. 굿이어와 함께 70년 이상 북미 최대의 타이어 제조사로 군림하던 파이어스톤은 1970년대 말 구조 조정을 겪은 뒤 1988년 브릿지스톤에 흡수/합병 형태로 매각됐다.

1911년 최초의 인디500에서 우승한 이후 1920년부터 1966년까지 인디500 우승 타이어로 사용되며 미국을 중심으로 모터스포츠 분야에서 큰 성공을 거둔 파이어스톤은 인디500이 F1 월드 챔피언십에 포함됐던 1950시즌부터 1960시즌까지 11 경기에 타이어를 공급했고, 1966 모나코 그랑프리부터 인디500 이외의 F1 그랑프리에도 타이어를 공급했다. 파이어스톤은 1966 벨기에 그랑프리에서 페라리의 존 서티스를 시작으로 1972 이탈리아 그랑프리에서 팀 로터스의 에머슨 피티팔디가 거둔 승리까지 38승을 추가하며 F1 통산 49승을 기록했다.

패독 클럽

Paddock Club

Formula One Paddock Club

F1의 고급 관람객 전문 서비스

패독 클럽은 F1 그랑프리에서 고급 서비스와 수준 높은 셰프의 요리를 제공하는 고급 관람객 서비스 전문 회사 또는 서비스 자체를 가리킨다. F1 그랑프리에서 고가의 패독 클럽 티켓을 구입한 경우 일반 관람객이 접할 수 없는 특별한 프로그램을 경험할 수 있다. F1 그랑프리에서 패독 클럽은 대부분 F1 팀의 움직임을 가장 가까운 곳에서 볼 수 있도록 핏 레인의 가라지 바로 위나 전망이 좋은 위치에 배치된다.

써킷에서 패독 클럽이 고급 서비스를 제공한다면, 이와 별개로 경기 종료 후 모나코 그랑프리, 싱가폴 그랑프리, 아부다비 그랑프리 등에서는 궁극의 VIP 라이프스타일을 경험하도록 한다는 모토를 건 **최고급 애프터파티 "앰버 라운지(Amber Lounge)"**를 **주관하는 법인(Amber Lounge Ltd.)이 따로 운영**되고 있다.

페트로나스

Petronas

National Petroleum Limited

메르세데스 파워 유닛의 연료 및 오일 공급자

말레이시아 국영 기업으로 1974년 설립된 페트로나스는 말레이시아 주변 석유 채굴과 에너지 관련 상품 개발 판매를 통해 세계적인 규모로 성장한 에너지 기업이며, 2023년 포춘 글로벌 500에서 139위에 이름을 올리고 있는 대기업이다.

1995년 자우버의 리버리 스폰서가 되면서 F1과 인연을 맺기 시작한 페트로나스는 1997시즌부터 자우버에 공급되는 페라리 엔진을 페트로나스 엔진 브랜드로 공급하는 등 BMW 자우버 시대까지 힌빌 팀과 계속 파트너십을 유지했다. 페트로나스는 2010년 메르세데스 팩토리 팀의 부활 직후 메르세데스의 리버리 스폰서로 활약하기 시작했고, 2014시즌 파워 유닛 시대가 도입된 이후로는 메르세데스 파워 유닛의 연료와 오일 공급자가 되어 메르세데스의 8년 연속 컨스트럭터 챔피언 타이틀 획득과 7년 연속 드라이버 챔피언 타이틀 획득을 함께했다.

포드

Ford

Ford Motor Company

미국의 매뉴팩처러

1901년 헨리 포드 컴퍼니를 만들었던 헨리 포드는 1902년 회사를 나와 1903년 포드 모터 컴퍼니를 만들었고, 이후 미국 자동차 산업을 대표하는 회사가 될 때까지 꾸준히 성장해 2023년 포춘 글로벌 500에서 46위에 자리 잡은 거대 기업이 되었다.

포드는 1935년 미국 오픈-휠 레이싱에 엔진을 공급했고, 1960년대에는 본격적으로 국제 모터스포츠 무대에 진출해 르망 24시간과 WRC에서 큰 성공을 거뒀다. 코스워스 DFV 엔진 제작을 후원해 F1과 깊은 인연을 맺었던 포드는 **2026시즌 레드불과 손잡고 파워 유닛 공급자 브랜드로 다시 F1에 본격 진출할 예정**[21]이다.

[21] 레드불의 파워 유닛 제조사의 명칭은 2026년 "레드불 포드 파워트레인(Red Bull Ford Powertrains)"로 변경 예정이다.

피렐리

Pirelli

Pirelli & C. S.p.A.

이탈리아의 타이어 제조사

1872년 이탈리아에서 지오반니 바티스타 피렐리가 설립한 피렐리는 일본의 브릿지스톤, 프랑스의 미쉐린, 미국의 굿이어와 독일의 콘티넨탈 등 이른바 4대 타이어 제조사에 이어 세계 5위 규모로 여겨지는 타이어 제조사다. 피렐리는 한때 패션과 재생 에너지 분야로 사업을 확장하기도 했지만 점차 다른 사업을 정리하고 타이어 제조 사업에 집중하고 있으며, 타이어 판매 외에도 1964년부터 매년 유명 사진작가와 모델을 기용해 **"피렐리 캘린더(Pirelli Calendar)"**를 제작하는 것으로도 유명하다.

1907년부터 모터스포츠에 스폰서로 참여하기 시작했던 피렐리는 1950시즌 첫 F1 챔피언십 그랑프리부터 알파로메오에 타이어를 공급했고, 2011시즌부터 **F1의 공식 파트너이자 독점 타이어 공급자**로 활약하며 2025시즌까지 통산 509회 챔피언십 그랑프리에 출전해 350승을 기록 중이다.

하이네켄

Heineken

Heineken N.V.

F1과 공식 파트너 계약을 맺은 맥주 제조사

1873년 제라드 아드리안 하이네켄의 회사에서 양조를 시작한 하이네켄은 녹색 병에 맥주를 담고 고유의 빨간색 별로 자신만의 이미지를 분명하게 구축한 네덜란드의 대표적 맥주 브랜드다.

UEFA 챔피언스 리그와 럭비 월드컵의 메인 스폰서 역할을 맡거나 1997년부터 본드 프랜차이즈를 통해 홍보 활동을 펼쳤던 하이네켄은 2016시즌 F1의 공식 맥주 파트너가 되었으며, 2016 캐나다 그랑프리부터 광고 노출을 시작한 데 이어 여러 그랑프리 이벤트의 광고물과 TV 광고 등을 통해 적극적으로 음주 운전 예방 캠페인을 펼치고 있다.

후지 TV

Fuji TV

株式会社フジテレビジョン

일본에서 F1 중계권을 보유한 TV 방송국

"재미없다면 TV가 아니다! (楽しくなければテレビじゃない!)"라는 슬로건으로 유명한 후지 TV는 1957년 일본 도쿄에서 개국한 TV 방송국이다. 후지 TV는 BS후지, 닛폰방송, 센다이방송 등을 거느리고 있는 후지 미디어 홀딩스의 자회사이며, 지배 구조 최상위에 있는 후지 산케이 그룹의 소속 기업이기도 하다.

후지 TV는 **1987년부터 F1 그랑프리 생중계**를 시작해 36년 동안 지상파와 위성 방송을 통해 F1 그랑프리의 프랙티스, 퀄리파잉, 레이스까지 모든 세션을 생중계하면서 많은 사랑을 받았고, 2011년까지 F1 일본 그랑프리의 영상 신호를 직접 제작하기도 했다. 1987년부터 2009년까지 F1 일본 그랑프리의 타이틀 스폰서를 맡았던 후지 TV는 유럽에서도 접하기 힘든 높은 수준의 다양한 F1 관련 영상물을 제작해 TV로 방영하거나 DVD/Blu-ray 등의 매체로 판매한 것으로도 유명하다.

힌빌

Hinwil

Hinwil, Zürich, Switzerland

아우디 섀시 본부 및 자우버 그룹의 본부 소재지

피터 자우버는 처음 일을 시작한 뒤 자신의 레이싱 팀을 설립해 스위스 취리히 주에 위치한 힌빌에 본부를 두었고, 자우버는 물론 BMW 자우버 시절이나 알파로메오 레이싱으로 간판이 바뀌는 동안에도 본부 소재지는 바꾸지 않았다. 자우버와 과거의 BMW 자우버, 2023시즌까지 활약한 알파로메오 레이싱 등을 가리켜 "힌빌"이라고 부르기도 한다.

자우버는 독일의 BMW에게 인수된 뒤 BMW 자우버로 완전히 탈바꿈했을 때에도 엔진 제작 부분만 뮌헨의 BMW 공장에서 제작하도록 했을 뿐 섀시 개발과 생산을 담당하는 본부는 힌빌에서 옮기지 않았고, 이후 계속 자리를 지키며 자연스럽게 소도시 힌빌의 지역 경제에 큰 도움을 주었다. 아우디가 자우버 F1 팀을 인수한 이후에도, 마찬가지로 섀시 개발 부문의 본부는 그대로 힌빌의 자우버가 담당하고 있다.

VII.

F1 써킷

FORMULA 1 CIRCUITS

AVUS

AVUS

Automobil-Verkehrs- und Übungsstraße

1959 독일 그랑프리 개최지

1921년 유럽 최초의 고속도로 건설과 함께 19km 길이로 만들어진 뒤 여러 차례 써킷 길이를 줄여 최소 2.6km까지 단축되기도 했던 AVUS는 F1 챔피언십 그랑프리가 개최된 써킷 중 가장 간단한 레이아웃을 가진 써킷이다. 특히 AVUS 북쪽 헤어핀에 배치된 **기울기 43°의 뱅크**는 그랑프리 레이싱 시대에 매우 위험한 코너로 악명을 떨치며 **"죽음의 벽(Wall of Death)"**이라 불리기도 했다.

1936 베를린 올림픽에서 마라톤 등 여러 육상 종목의 경기장으로도 사용됐던 AVUS는 제2차 세계대전 이전까지 세계에서 가장 빠른 써킷이었으며, F1 월드 챔피언십에서는 1959 독일 그랑프리 단 한 차례만 AVUS를 사용했다.

써킷 주요 정보

소재지	**베를린**, 독일
개장 연도	1921
길이(km)	8.300
코너 개수	4
GP 개최 횟수	1
랩 레코드	2:04.5 토니 브룩스 페라리 246 F1 (1959)

F1 챔피언십 그랑프리

1959
독일 그랑프리

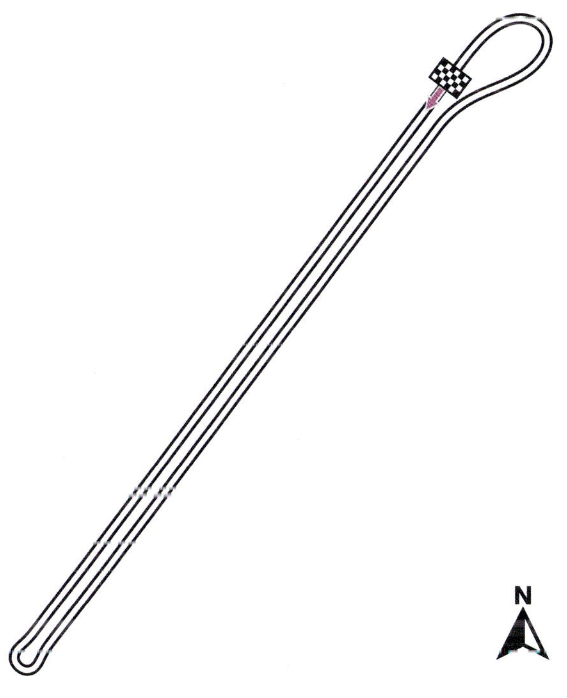

뉘르부르크링 GP-슈트레케
Nürburgring GP-Strecke

뉘르부르크링의 피트 부근에 만들어진 "그랑프리 코스"

1984년 완공된 GP-슈트레케는 "그랑프리 코스"라는 의미를 가진 뉘르부르크링의 현대적인 레이아웃의 레이싱 코스다. 1976년을 끝으로 뉘르부르크링에서 개최되지 못한 F1 그랑프리의 개최 등을 염두에 두고 만들어진 GP-슈트레케는 여러 드라이버로부터 노르트슐라이페 등 과거 뉘르부르크링의 느낌을 담은 올드-스쿨 써킷이라는 평가를 받기도 했다.

뉘르부르크링 GP-슈트레케는 1984시즌부터 열두 차례 유러피언 그랑프리의 무대로 활용되었고, 두 차례의 룩셈부르크 그랑프리와 네 차례의 독일 그랑프리가 GP-슈트레케에서 펼쳐졌다. 최근에는 COVID-19로 혼란스러웠던 2020시즌 급조된 아이펠 그랑프리가 GP-슈트레케에서 펼쳐지기도 했다.

써킷 주요 정보

소재지	**뉘르부르크,** 라인란트팔츠, 독일
개장 연도	**1984**
길이(km)	**5.148**[1]
코너 개수	**16**
GP 개최 횟수	**19**
랩 레코드	**1:29.468** 미하엘 슈마허 페라리 F2004 (2004)

F1 챔피언십 그랑프리

1984, 1995, 1996, 1999 ~ 2007
유러피언 그랑프리

1985, 2009, 2011, 2013
독일 그랑프리

1997, 1998
룩셈부르크 그랑프리

2020
아이펠 그랑프리

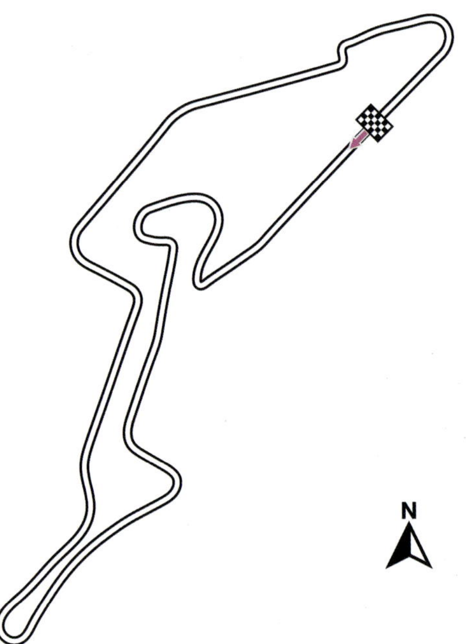

[1] 2002년 이후

뉘르부르크링 노르트슐라이페

Nürburgring Nordschleife

모터스포츠의 성지로 불리는 "녹색 지옥"

1927년 아이펠 산맥에 만들어진 뉘르부르크링에서 "북쪽 코스"를 의미하는 노르트슐라이페는 22.8 km의 써킷 길이에 160개 코너와 300m가 넘는 높이 변화, 좁은 트랙 폭과 불규칙한 노면으로 공략 난이도와 함께 대형 사고 발생 가능성이 매우 높은 써킷이다. 이 때문에 노르트슐라이페는 **"녹색 지옥(Green Hell)"**이라 불리며, 팬들에게 매우 위험하지만 가장 도전 가치가 높은 써킷으로 여겨지고 있다. 일부에서는 노르트슐라이페를 가리켜 "더 링(the ring)"이라고 부르기도 한다.

노르트슐라이페는 완공 직후 **"아이펠레넨(Eifelrennen)"** 개최를 시작으로 독일 그랑프리 등 유럽의 정상급 레이스가 펼쳐지면서 모터스포츠의 성지 중 하나로 자리 잡았고, F1 출범 이후 니키 라우다의 사고로 얼룩졌던 1976시즌까지 22회의 F1 챔피언십 독일 그랑프리가 노르트슐라이페를 포함한 레이아웃에서 펼쳐졌다.

써킷 주요 정보

소재지	**뉘르부르크,** 라인란트팔츠, 독일
개장 연도	**1927**
길이(km)	**22.835[2]**
코너 개수	**160**
GP 개최 횟수	**22**
랩 레코드	**7:06.4** 클레이 레가조니 페라리 312T (1975)

F1 챔피언십 그랑프리

1951 ~ 1954,
1956 ~ 1959,
1961 ~ 1969,
1971 ~ 1976
독일 그랑프리

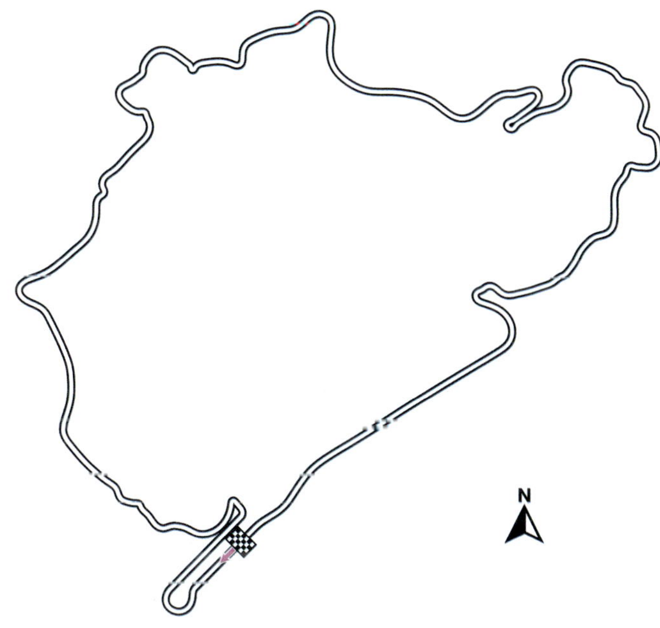

[2] 마지막 F1 그랑프리가 펼쳐졌던 1976년 기준

니벨-불레
Nivelles-Baulers

1972, 1974년 벨기에 그랑프리 개최지

1960년대 스파-프랑코샹의 안전 기준에 대한 문제 제기가 계속된 데 이어 1971 벨기에 그랑프리가 무산되는 사태가 발생한 뒤 스파-프랑코샹보다 안전한 대안 써킷을 목표로 존 후겐홀츠가 써킷을 디자인했고, 1971년 벨기에의 수도 브뤼셀 부근에 니벨-불레가 만들어졌다.

니벨-불레는 관객과 트랙의 거리가 너무 멀다는 단점이 있었고, 레이아웃 자체는 안전하지만 트랙 포장이 충분히 안전하지 않다는 판단 아래 1976년부터 F1 벨기에 그랑프리를 개최하지 못했다.

써킷 주요 정보

소재지	**니벨**, 벨기에
개장 연도	**1972**
길이(km)	**3.720**
코너 개수	**7**
GP 개최 횟수	**2**
랩 레코드	**1:11.31** 데니 흄 맥라렌 M23 (1974)

F1 챔피언십 그랑프리

1972, 1974
벨기에 그랑프리

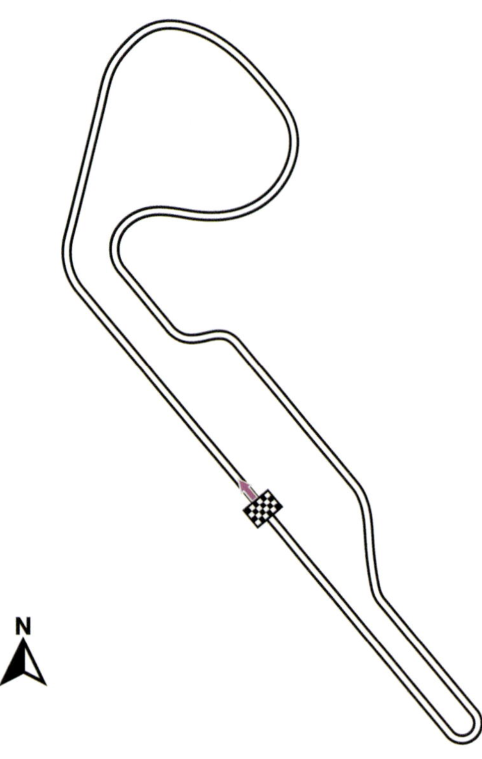

도닝턴 파크

Donington Park

1993 유러피언 그랑프리의 무대가 된 영국의 올드 써킷

1933년 첫 자동차 경주 개최와 함께 영국의 두 번째 레이스 트랙이 되었던 도닝턴 파크는 제2차 세계대전에서 군용 시설로 점유되면서 문을 닫아야 했고, 현대화된 시설로 리뉴얼을 거친 뒤 "멜버른 루프"가 추가된 새 레이아웃으로 1977년 재개장했다.

1993시즌 영국은 두 차례 F1 챔피언십 그랑프리 개최를 준비했고, 7월 실버스톤의 영국 그랑프리보다 석 달 앞선 4월에 도닝턴 파크에서 유러피언 그랑프리라는 이름을 달고 또 하나의 챔피언십 그랑프리가 펼쳐졌다. 도닝턴 파크에서 펼쳐진 유일한 유러피언 그랑프리에서는 윌리엄스의 알랑 프로스트가 폴 포지션에서 레이스를 시작했고, 우승과 패스티스트 랩은 맥라렌의 아일톤 세나가 차지했다.

써킷 주요 정보

소재지	**캐슬 도닝턴,** 래스터셔, 영국
개장 연도	**1931**
길이(km)	**4.020**
코너 개수	**12**
GP 개최 횟수	**1**
랩 레코드	**1:18.029** 아일톤 세나 맥라렌 MP4/8 (1993)

F1 챔피언십 그랑프리

1993
유러피언 그랑프리

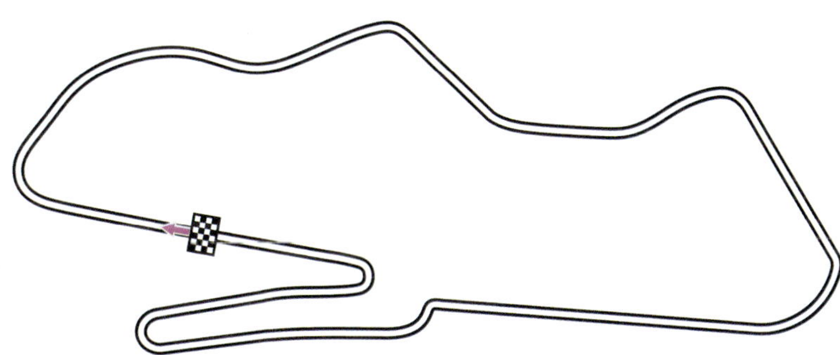

디죵-프레누아

Dijon-Prenois

Circuit de Dijon-Prenois

계속 이어지는 빠른 코너로 유명했던 프랑스의 써킷

1960년대 말 디죵을 자동차 산업의 중심으로 만들기 위한 계획의 일환으로 기획 건설된 디죵-프레누아는 프랑스를 대표하는 드라이버였던 쟝-피에르 벨투아즈와 프랑수아 세베 등의 도움을 받아 디자인되었고, 1972년 공식적으로 문을 연 뒤 같은 해 5월 26일 가이 리지에가 디죵에서의 첫 랩 타임을 작성했다.

1974년 프랑스 그랑프리를 처음으로 유치한 디죵-프레누아는 폴 리카르 써킷과 번갈아 대회를 개최했고, 1981년까지 프랑스를 대표하는 최고의 레이스 이벤트 개최지 중 하나가 되었다. 1982년 마지막 스위스 그랑프리와 1984년 다섯 번째 프랑스 그랑프리 역시 디죵-프레누아에서 펼쳐졌다.

써킷 주요 정보

소재지	**프레누아,** 코트-도르, 프랑스
개장 연도	**1972**
길이(km)	**3.801**[3]
코너 개수	**11**
GP 개최 횟수	**6**
랩 레코드	**1:05.257** 알랑 프로스트 맥라렌 MP4/2 (1984)

F1 챔피언십 그랑프리

1974, 1977, 1979, 1981, 1984
프랑스 그랑프리

1982
스위스 그랑프리

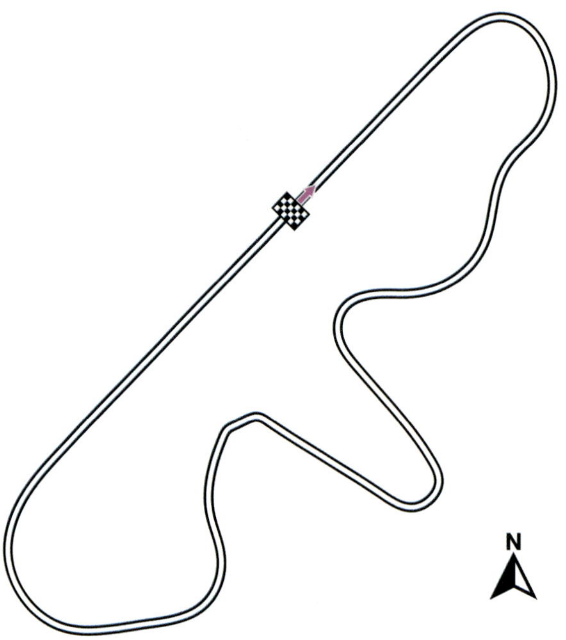

[3] 1976년 이후 레이아웃 기준

디트로이트 스트리트 써킷

Detroit street circuit

써킷 주요 정보

소재지	**디트로이트,** 미시간, 미국
개장 연도	**1982**
길이(km)	**4.023**[4]
코너 개수	**22**
GP 개최 횟수	**7**
랩 레코드	**1:40.464** 아일톤 세나 로터스 99T (1987)

F1 챔피언십 그랑프리

1982 ~ 1988 **디트로이트 그랑프리**

디트로이트 그랑프리가 펼쳐진 시가지 써킷

디트로이트 스트리트 써킷은 1982년 최초의 디트로이트 그랑프리를 위해 미국 자동차 산업의 메카 디트로이트의 심장부, 르네상스 센터 주변에 건설된 시가지 써킷이다. 디트로이트 스트리트 써킷은 처음부터 심한 트랙 요철과 쉽게 부서지는 최악의 노면 상태, 잦은 브레이킹과 기어 변속을 요구하는 레이아웃 때문에 레이스카에게 큰 부담을 줬고, 트랙 폭마저 좁아 많은 사고를 유발하면서 그랑프리에서 완주율이 낮아진 원인을 제공했다.

1982시즌 첫 번째로 개최된 디트로이트 그랑프리는 4.168km 레이아웃에서 펼쳐진 레이스에서 맥라렌의 존 왓슨이 우승을 차지했고, 1983시즌부터 마지막 1988시즌까지 나머지 여섯 차례의 디트로이트 그랑프리에는 4.023km 레이아웃이 사용됐다.

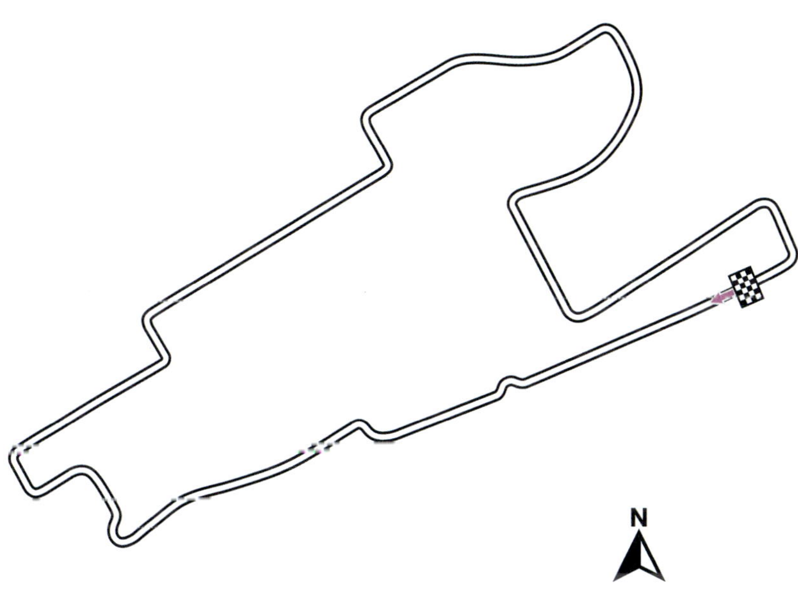

[4] 1983시즌부터 1988시즌까지 디트로이트 그랑프리가 개최된 레이아웃 기준

라스베이거스 스트립 써킷

Las Vegas Strip Circuit

미국 최초의 F1 나이트 레이스를 위해 구성된 시가지 써킷

미국 네바다주 파라다이스의 대표적인 유흥 도시 라스베이거스에 건설된 라스베이거스 스트립 써킷은 미국 최초의 F1 나이트 레이스를 위해 구성된 시가지 써킷으로, 라스베이거스에서 가장 유명한 거리인 "라스베이거스 스트립(Las Vegas Strip)"을 관통하는 레이아웃으로 2023년 건설되었다.

2023년 11월 라스베이거스 스트립 써킷에서 처음 펼쳐진 F1 그랑프리에서는 페라리의 샤를 르끌레가 폴 포지션을 차지했고, 레이스에서는 우여곡절 끝에 2023시즌 가장 강력한 면모를 과시했던 막스 베르스타펜이 써킷 최초의 우승자가 되었다.

써킷 주요 정보

소재지	**라스베이거스,** 네바다, 미국
개장 연도	**2023**
길이(km)	**6.201**
코너 개수	**17**
GP 개최 횟수	**3**
랩 레코드	**1:33.365** 막스 베르스타펜 레드불 RB21 (2025)

F1 챔피언십 그랑프리

2023 ~ **라스베이거스 그랑프리**

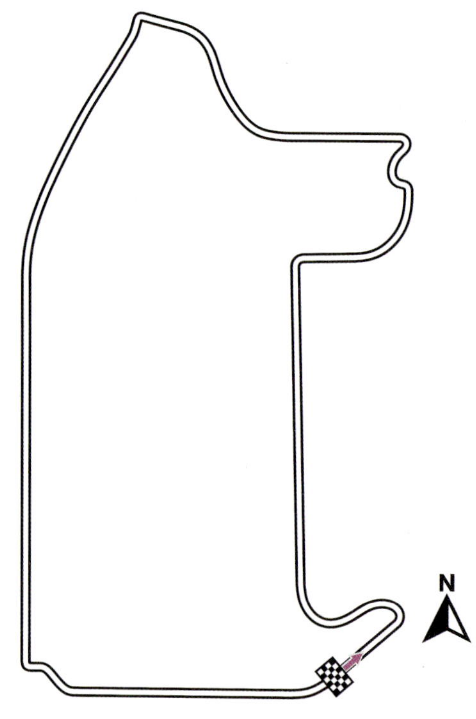

랑스-규

Reims-Gueux

Circuit de Reims-Gueux

F1 초창기 프랑스를 대표했던 고속 로드 써킷

1926년 문을 연 랑스-규는 "마른 그랑프리"의 개최지로 사용된 데 이어 1932년 프랑스 그랑프리를 처음 유치했고, 1950년대 초창기 F1에서 가장 상금이 높아 인기가 많았던 프랑스 그랑프리를 모두 열한 차례 개최했다.

단 7개의 코너만 존재하는 단순한 레이아웃으로 엔진과 파워트레인의 성능이 매우 중요한 고속 써킷이었던 랑스-규는 1966 프랑스 그랑프리 이후 더 이상 F1 챔피언십 그랑프리의 개최지로 사용되지 않았고, 현재는 써킷의 상당 부분이 철거되거나 용도가 변경되어 일부 시설과 도로에만 과거의 흔적이 조금 남아있다.

써킷 주요 정보	
소재지	규, 마른, 프랑스
개장 연도	1926
길이(km)	8.348[5]
코너 개수	7
GP 개최 횟수	11
랩 레코드	2:11.3 로렌조 반디니 페라리 312 F1-66 (1966)

F1 챔피언십 그랑프리

1950, 1951, 1953, 1954, 1956, 1958 ~ 1961, 1963, 1966

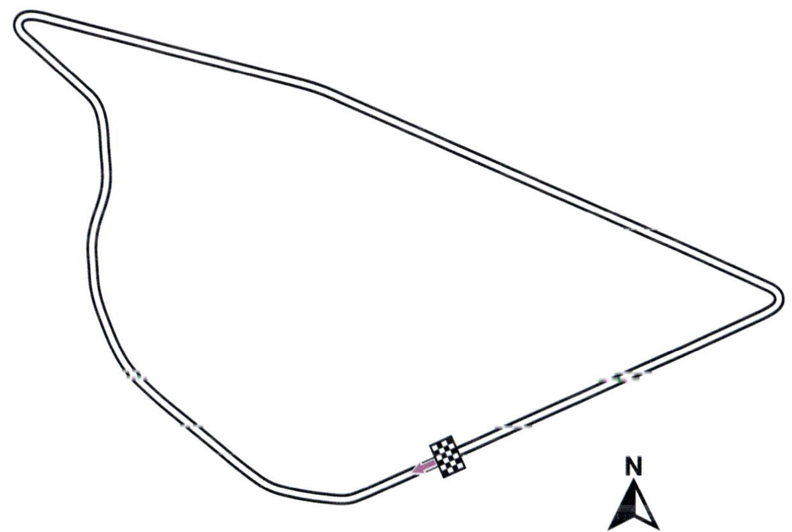

[5] 1966 프랑스 그랑프리에 사용된 레이아웃 기준

레드불링

Red Bull Ring

외스테라이히링을 레드불이 구입해 리모델링한 써킷

1969년 젤트베크를 대체할 오스트리아 그랑프리의 개최지로 기획 건설된 **"외스테라이히링(Österreichring)"**은 1996년부터 **"A1-링(A1-ring)"**으로 이름을 바꾸는 등 변화를 거치며 2003년까지 F1 챔피언십 오스트리아 그랑프리의 무대가 되었고, 2011년 써킷을 인수한 레드불의 리모델링 이후 레드불링으로 재탄생했다. 레드불링에서는 2014시즌부터 부활한 오스트리아 그랑프리가 개최됐고, 2020, 2021시즌에는 같은 써킷 다른 이름의 스티리아 그랑프리가 개최되기도 했다.

레드불링은 코너 열 개로 한 랩이 마무리되는 간단한 레이아웃과 짧은 써킷 길이로 유명하고, 써킷에서 가장 낮은 지점의 해발 고도가 **721.4m**로 상당한 고지대에 위치해있으며 한 랩을 달리는 동안 **높이 변화가 63.5m**에 이른다는 특징을 갖고 있다.

써킷 주요 정보

소재지	**스필베르크**, 오스트리아,
개장 연도	**1969**[6]
길이(km)	**4.326**
코너 개수	**10**
GP 개최 횟수	**39**
랩 레코드	**1:07.924** 오스카 피아스트리 맥라렌 MCL39 (2025)

F1 챔피언십 그랑프리

1970 ~ 1987, 1997 ~ 2003, 2014 ~
오스트리아 그랑프리

2020, 2021
스티리아 그랑프리

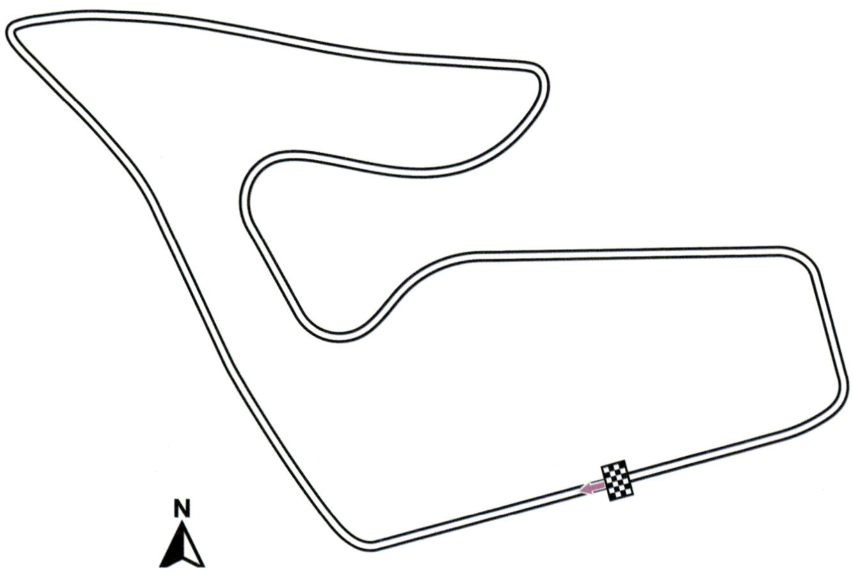

[6] 2011년 현재의 레드불링으로 재개장

롱비치 스트리트 써킷

Long Beach street circuit

미국 서부 그랑프리가 펼쳐진 시가지 써킷

1975년 F5000 레이스를 치른 롱비치는 "미국의 모나코 그랑프리"를 꿈꾸며 F1 그랑프리를 유치하는 데 성공했고, 1976시즌 미국 그랑프리와 별도로 **"미국 서부 그랑프리(United States Grand Prix West)"**라는 이름의 F1 챔피언십 그랑프리가 출범해 롱비치의 시가지 써킷에서 이벤트가 펼쳐졌다.

1983시즌까지 꾸준히 F1 그랑프리를 개최한 롱비치는 재정 문제에 부딪혀 F1과 결별하며 1984시즌부터 F1 챔피언십 그랑프리를 치르지 못하게 됐고, 대신 1984년 챔프카 롱비치 그랑프리의 무대가 된 뒤 현재 인디카 롱비치 그랑프리에 이르기까지 **아메리카 대륙에서 가장 오래된 시가지 써킷 레이스**의 명맥을 계속 이어가고 있다.

써킷 주요 정보

소재지	**롱비치,** 캘리포니아, 미국
개장 연도	**1975**
길이(km)	**3.275**[7]
코너 개수	**16**
GP 개최 횟수	**8**
랩 레코드	**1:28.330** 니키 라우다 맥라렌 MP4/1C (1983)

F1 챔피언십 그랑프리

1976 ~ 1983
미국 서부 그랑프리

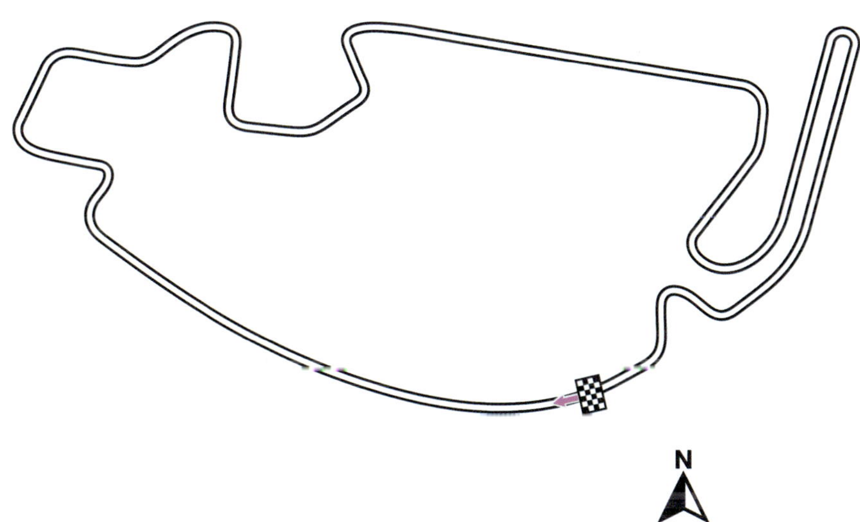

7 1983 미국 서부 그랑프리 레이아웃 기준

루사일 인터내셔널 써킷

Losail International Circuit

카타르 그랑프리 개최지

루사일 인터내셔널 써킷은 2004년 카타르 반도의 동쪽, 수도 도하 북쪽에 건설된 써킷으로 처음에는 모터싸이클 이벤트를 염두에 두었다. 2004년 개장 직후 모토GP의 카타르 모터싸이클 그랑프리를 유치했고, 2005년부터 WSBK의 무대가 되기도 했다.

카타르의 F1 그랑프리 유치 노력에 따라 2021시즌 F1 챔피언십 카타르 그랑프리가 처음 개최되었고, 2023시즌부터 매년 나이트 레이스로 이벤트가 펼쳐지고 있다.

써킷 주요 정보	
소재지	**루사일,** 알다인, 카타르
개장 연도	**2004**
길이(km)	**5.419**[8]
코너 개수	**16**
GP 개최 횟수	**4**
랩 레코드	**1:22.384** 오스카 피아스트리 맥라렌 MCL38 (2024)

F1 챔피언십 그랑프리

2021, 2023 ~ **카타르 그랑프리**

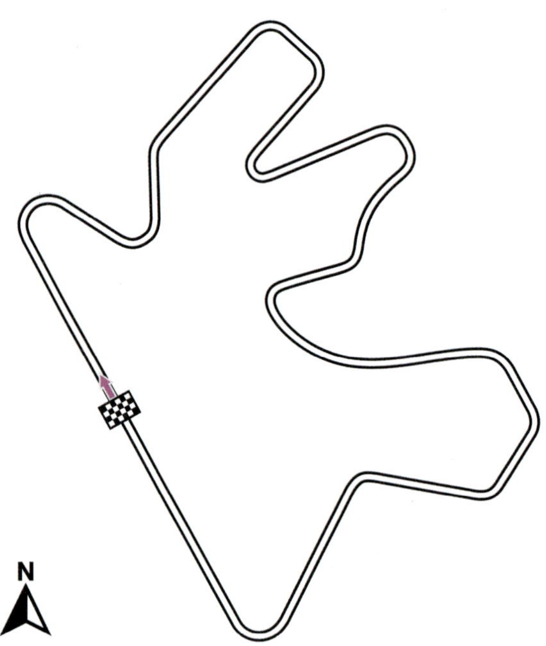

[8] 2023 카타르 그랑프리부터 사용된 레이아웃 기준

루앙-리즈-이싸

Rouen-Les-Essarts

Circuit de Rouen-Les-Essarts

1950년대 유럽에서 가장 정교한 레이아웃으로 여겨진 써킷

짧게 "루앙"으로도 불렸던 루앙-리즈-이싸는 1950년 개장 초기부터 현대적인 피트와 넓은 트랙을 갖춰 유럽에서 가장 정교한 레이아웃을 가졌다고 여겨진 써킷이며, 헤어핀 "누보 몽드(Nouveau Monde)"부터 10번 코너 "그레질(Gresil)"까지 90m에 가까운 가파른 오르막길이 중요한 특징 중 하나였다.

1952시즌 루앙에서의 첫 번째 F1 챔피언십 프랑스 그랑프리에서는 페라리의 알베르토 아스카리가 우승을 차지했고, 재키 익스가 1972시즌 루앙에서의 마지막 프랑스 그랑프리가 우승을 차지했다.

써킷 주요 정보

소재지	**오리발**, 센-마리팀, 프랑스
개장 연도	**1950**
길이(km)	**6.542**[9]
코너 개수	**12**
GP 개최 횟수	**5**
랩 레코드	**2:11.4** 잭 브라밤 브라밤 BT7 (1964)

F1 챔피언십 그랑프리

1952, 1957, 1962, 1964, 1968
프랑스 그랑프리

ㄹ

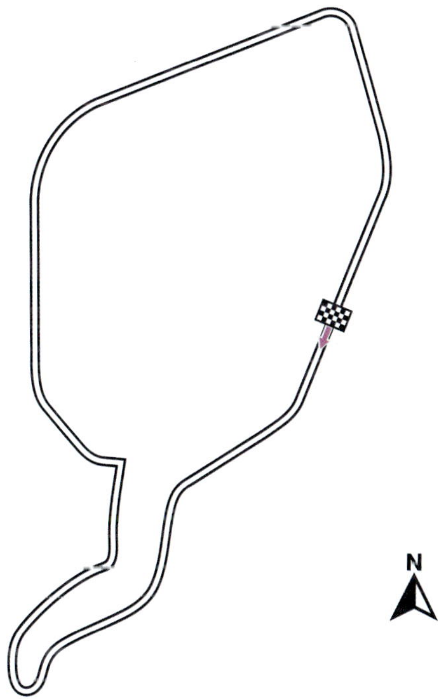

9 1968 프랑스 그랑프리 레이아웃 기준

리버사이드 인터내셔널 레이스웨이

Riverside International Raceway

1960 미국 그랑프리가 펼쳐진 사막 위의 써킷

LA 동쪽 모레노 밸리의 사막에 만들어진 리버사이드는 1957년부터 1989년까지 나스카, IMSA, 인디카 등 다양한 모터스포츠 종목의 레이스를 유치한 써킷으로, 레이아웃은 비교적 단순하지만 여러 가지 중요한 이벤트와 사건[10]이 벌어진 곳이다.

리버사이드에서는 1960시즌 단 한 차례 F1 챔피언십 미국 그랑프리가 펼쳐졌고, 로터스 18을 구입해 사용하던 커스터머 팀 롭 워커의 스털링 모스가 폴 포지션에서 레이스를 시작해 우승자가 되었다.

써킷 주요 정보

소재지	**리버사이드**, 캘리포니아, 미국
개장 연도	**1957**
길이(km)	**5.271**
코너 개수	**9**
GP 개최 횟수	**1**
랩 레코드	**1:56.3** 잭 브라밤 쿠퍼 T53 (1960)

F1 챔피언십 그랑프리

1960
미국 그랑프리

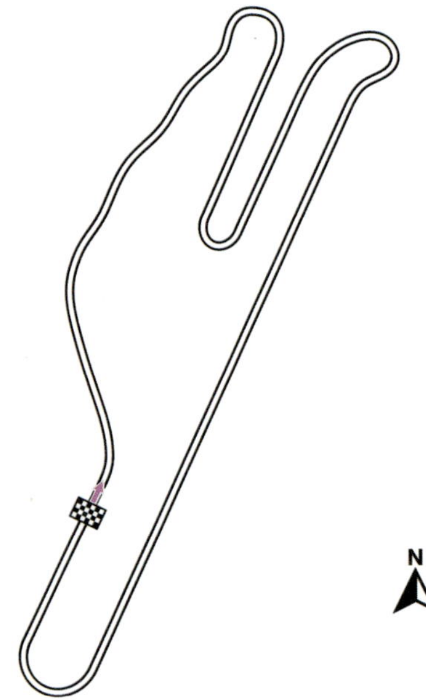

10 영화 "포드 v 페라리" 마지막 장면에도 등장한 켄 마일스의 사고가 리버사이드 인터내셔널 레이스웨이에서 발생했다.

마니-쿠르 써킷

Circuit de Nevers Magny-Cours

1990년대와 2000년대 프랑스 그랑프리 개최지

1960년 문을 연 마니-쿠르는 프랑수아 세베, 자끄 라피트, 디디에 피로니 등을 배출한 "윈필드 레이싱 스쿨"의 써킷으로 사용되었고, 프랑스 국적 F1 팀 리지에가 1990년부터 마니-쿠르에 팀 본부를 두기도 했다.

1991시즌 처음으로 F1 챔피언십 프랑스 그랑프리를 유치한 마니-쿠르는 2003년 마지막 코너 이후에 시케인이 추가되는 등의 마이너 체인지를 거치며 **2008시즌까지 18년 동안 꾸준히 프랑스 그랑프리의 무대**가 되었다.

써킷 주요 정보

소재지	**마니-쿠르,** 니에브, 프랑스
개장 연도	**1960**
길이(km)	**4.411**[11]
코너 개수	**17**
GP 개최 횟수	**18**
랩 레코드	**1:15.877** 미하엘 슈마허 페라리 F2004 (2004)

F1 챔피언십 그랑프리

1991 ~ 2008
프랑스 그랑프리

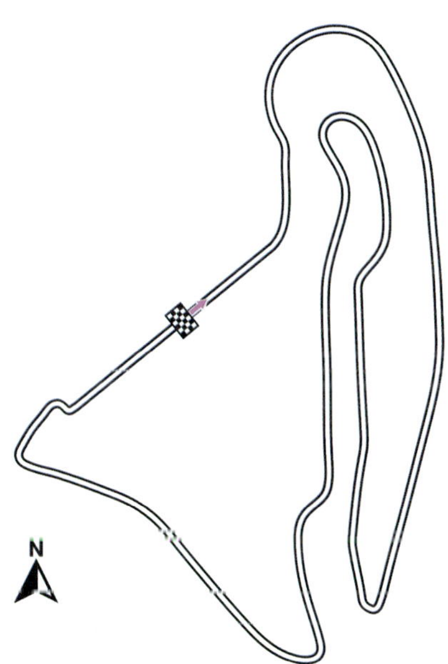

[11] 2003년부터 2008년까지 사용된 레이아웃 기준

마드링

Madring

Circuito de Madring

마드리드에 건설된 스페인 그랑프리의 새 무대

마드링은 2026시즌 스페인 그랑프리 개최를 위해 스페인의 수도 마드리드에 건설된 써킷으로, 2026시즌 기준 그레이드 1 등급의 써킷 중 최신 써킷이다. 마드리드에서는 과거 하라마 써킷이 F1 챔피언십 그랑프리에 사용되었지만, 1981시즌 이후 마드링을 통해 45년 만에 다시 F1 그랑프리를 유치한 셈이 되었다. 2026 스페인 그랑프리를 마치면 마드링은 스페인에서 F1 챔피언십 그랑프리를 개최한 7번째 써킷이 된다.

마드링은 기본적으로 시가지 써킷으로 건설되었지만, 써킷의 상당 부분이 상설 전용 써킷처럼 만들어지기 때문에 관점에 따라 반 시가지 써킷으로 보는 사람도 있다. 관중 수용 규모는 11만 명에서 14만 명 수준이 될 것으로 예상되며, 바르셀로나-카탈루냐 써킷이 바르셀로나-카탈루냐 그랑프리를 개최함에 따라 스페인은 2012시즌 이후 처음으로 한 시즌에 두 개의 그랑프리를 개최하게 된다.

써킷 주요 정보	
소재지	**마드리드,** 스페인
개장 연도	**2026**
길이(km)	**5.416**
코너 개수	**22**
GP 개최 횟수	-
랩 레코드	-

F1 챔피언십 그랑프리

2026 ~
스페인 그랑프리(예정)

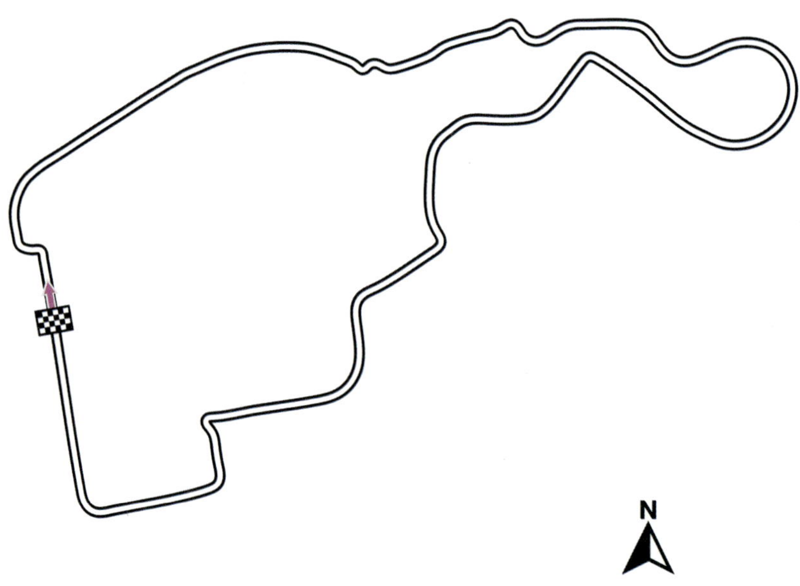

마리나베이 스트리트 써킷

Marina Bay Street Circuit

최초의 F1 나이트 레이스를 위해 만들어진 시가지 써킷

마리나베이 스트리트 써킷은 2008년 아시아 최초의 시가지 써킷 레이스를 위해 싱가포르 마리나베이 지역에 만들어진 시가지 써킷으로, 처음부터 F1 최초의 나이트 레이스를 위해 기획되었기 때문에 밤에도 대낮처럼 환한 트랙을 만드는 화려한 조명과 두 번째 섹터에서 두 개의 다리를 건너는 독특한 레이아웃이 특징이다.

2008년 첫 경기에서 르노의 페르난도 알론소가 극적으로 우승을 차지했지만 1년 뒤 밝혀진 "크래시게이트"가 더 큰 이슈가 되었으며, 2017년에는 F1 최초의 "웻 나이트 레이스"가 마리나베이 스트리트 써킷에서 펼쳐졌다. 2013년 특징적인 코너였던 턴10 "싱가폴 슬링"이 삭제되는 등의 레이아웃 변화를 여러 차례 겪었던 마리나베이 스트리트 써킷은 2023시즌부터 베이 그랜드스탠드를 통과하지 않는 짧고 속도가 빠른 새 레이아웃으로 이벤트를 치렀다.

써킷 주요 정보	
소재지	마리나베이, 싱가포르
개장 연도	2008
길이(km)	4.927[12]
코너 개수	19
GP 개최 횟수	16
랩 레코드	1:33.808 루이스 해밀턴 페라리 SF-25 (2025)

F1 챔피언십 그랑프리

2008 ~2019, 2022 ~
싱가포르 그랑프리

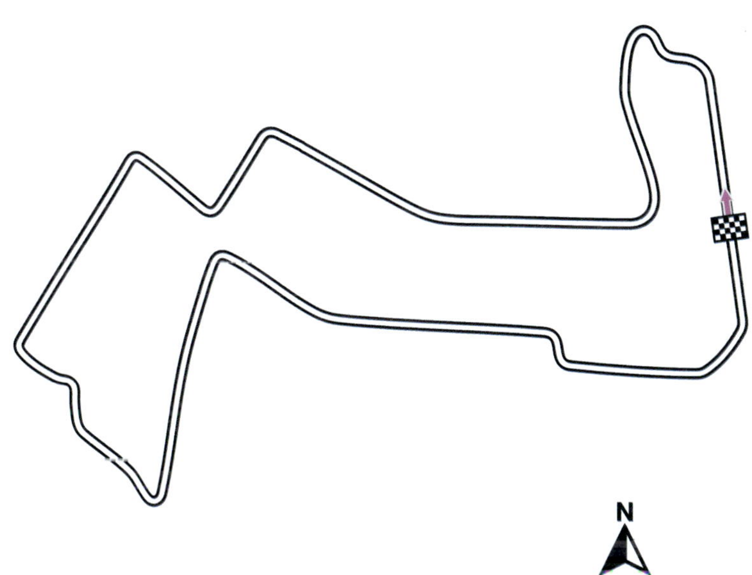

[12] 2025 싱가포르 그랑프리에 사용된 레이아웃 기준

마이애미 인터내셔널 오토드롬

Miami International Autodrome

하드락 스타디움 주변에 건설된 마이애미 그랑프리 개최지

마이애미 인터내셔널 오토드롬은 2022년 출범하는 마이애미 그랑프리를 위해 만들어진 써킷으로, NFL 마이애미 돌핀스의 홈구장인 하드락 스타디움 주변을 달리는 구조로 건설된 시가지 써킷이다.

마이애미 인터내셔널 오토드롬은 높이 변화가 거의 없는 비교적 단조로운 레이아웃을 가지고 있으며, 턴13부터 턴16까지 갑자기 좁아지면서 급격한 높이 변화가 난이도를 높인다. 마이애미 인터내셔널 오토드롬에서 처음 펼쳐졌던 2022 마이애미 그랑프리에서는 페라리의 샤를 르끌레가 폴 포지션을 차지했고, 레이스에서는 레드불의 막스 베르스타펜이 우승했다.

써킷 주요 정보

소재지	**마이애미,** 플로리다, 미국
개장 연도	**2022**
길이(km)	**5.412**
코너 개수	**19**
GP 개최 횟수	**4**
랩 레코드	**1:29.708** 막스 베르스타펜 레드불 RB19 (2023)

F1 챔피언십 그랑프리

2022 ~
마이애미 그랑프리

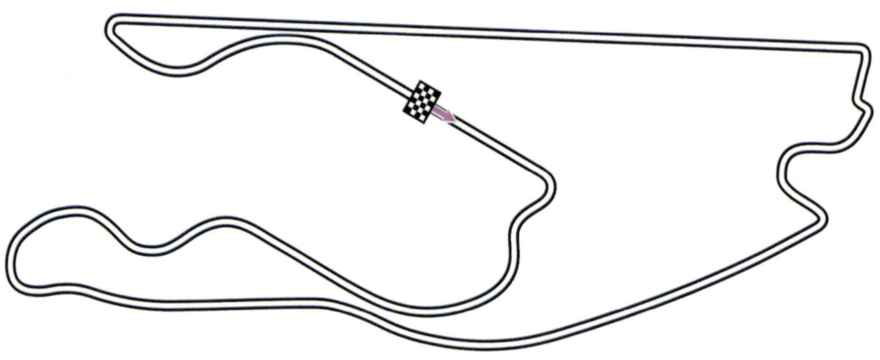

모나코 써킷

Circuit de Monaco

90년 이상의 역사를 자랑하는 시가지 써킷

1929년 안토니 노게즈가 AIACR에 몬테카를로 시가지에서 펼쳐지는 레이스를 제안하면서 탄생한 모나코 써킷은 2023시즌 기준 F1 그랑프리가 펼쳐지는 가장 짧은 써킷이며, 레이스에서 빠른 속도를 낼 수 없는 데다가 추월이 극단적으로 어렵다는 큰 단점으로 유명하다. 모나코 써킷은 90년이 넘는 긴 역사를 통해 F1은 물론 모터스포츠 전체를 통틀어 가장 중요한 써킷 중 하나로 자리 잡았다.

1950년 F1 출범 원년부터 챔피언십 그랑프리를 유치한 모나코 써킷은 몇 차례 레이아웃 변경을 겪었지만, 큰 틀에서는 최초의 레이아웃을 어느 정도 유지했다. 모나코 써킷은 매우 좁은 트랙에 바짝 붙은 방호벽, 다수의 블라인드 코너와 높은 사고 발생 가능성, 40m 이상의 높이 변화와 불규칙한 노면 등의 특징이 있고, 브레이킹에 도움을 주는 극단적인 하이 다운포스 셋업을 선택해 몬짜 써킷과 반대로 윙을 바짝 세운 모습을 보게 되는 곳으로도 유명하다.

써킷 주요 정보

소재지	**몬테-카를로,** 모나코
개장 연도	**1929**
길이(km)	**3.337**[13]
코너 개수	**19**
GP 개최 횟수	**71**
랩 레코드	**1:12.909** 루이스 해밀턴 메르세데스 W12 (2021)

F1 챔피언십 그랑프리

1950, 1955 ~ 2019, 2021 ~

모나코 그랑프리

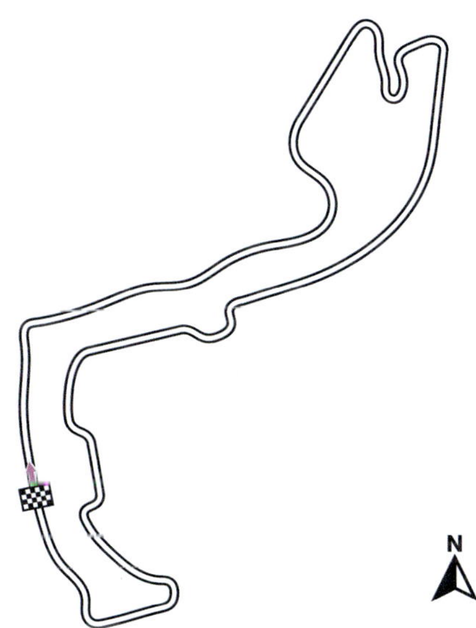

[13] 2015년 레이아웃 변경 이후 기준

모스포트 파크

Mosport International Raceway

Canadian Tire Motorsport Park

1960년대와 1970년대 캐나다 그랑프리가 펼쳐진 로드 써킷

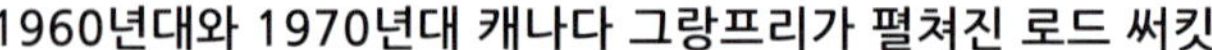

"모터(Motor)"와 "스포트(Sport)"의 합성어로 이름 지어진 모스포트 파크는 미국 동부와 인접한 온타리오주 남단에 위치한 써킷으로 4km의 비교적 짧은 길이와 10개 코너의 간단한 레이아웃을 가지고 있다.

1961년 스포츠카 레이스로 펼쳐진 최초의 캐나다 그랑프리를 유치했던 모스포트는 **1967시즌 첫 번째 F1 챔피언십 캐나다 그랑프리의 무대**가 되었고, 1978년 몬트리올에 개최지 자리를 양보하기 전까지 모두 여덟 차례 F1 챔피언십 캐나다 그랑프리가 모스포트에서 치러졌다.

써킷 주요 정보

소재지	**보우먼빌,** 온타리오, 캐나다,
개장 연도	**1961**
길이(km)	**3.957**
코너 개수	**10**
GP 개최 횟수	**8**
랩 레코드	**1:13.299** 마리오 안드레티 로터스 78 (1977)

F1 챔피언십 그랑프리

1967, 1969, 1971-1974, 1976-1977 **캐나다 그랑프리**

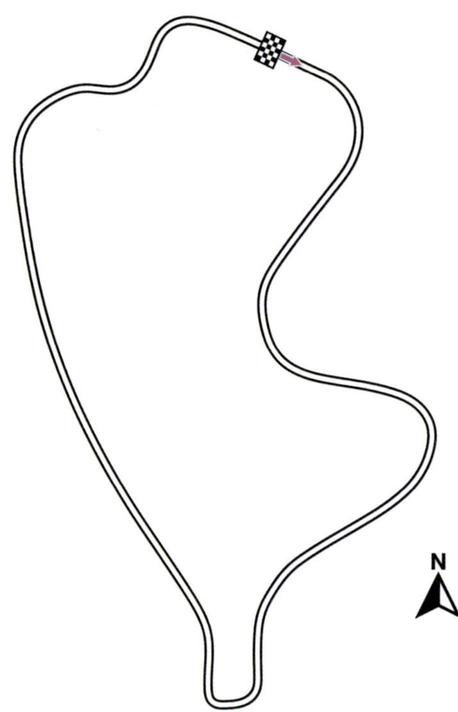

몬산토 써킷

Circuito de Monsanto

극악의 난이도로 악명을 떨친 포르투갈의 로드 써킷

1954년 포르투갈의 수도 리스본에 만들어진 몬산토 써킷은 넌-챔피언십 그랑프리로 펼쳐진 1954 포르투갈 그랑프리의 무대로 사용되었고, 1959시즌에는 처음이자 마지막으로 F1 챔피언십 포르투갈 그랑프리가 몬산토 써킷에서 펼쳐졌다.

1959 포르투갈 그랑프리 레이스에서는 한낮의 열기를 피해 석양의 레이스가 펼쳐졌으며, 전차 선로를 지나는 등 다양한 변수가 존재하는 노면을 지나야 했기 때문에 공략 난이도가 매우 높은 써킷이라는 평가가 나오기도 했다.

써킷 주요 정보

소재지	**리스본**, 포르투갈
개장 연도	1954
길이(km)	5.440
코너 개수	9
GP 개최 횟수	1
랩 레코드	2:05.07 스털링 모스 쿠퍼 T51 (롬워커) (1959)

F1 챔피언십 그랑프리

1959
포르투갈 그랑프리

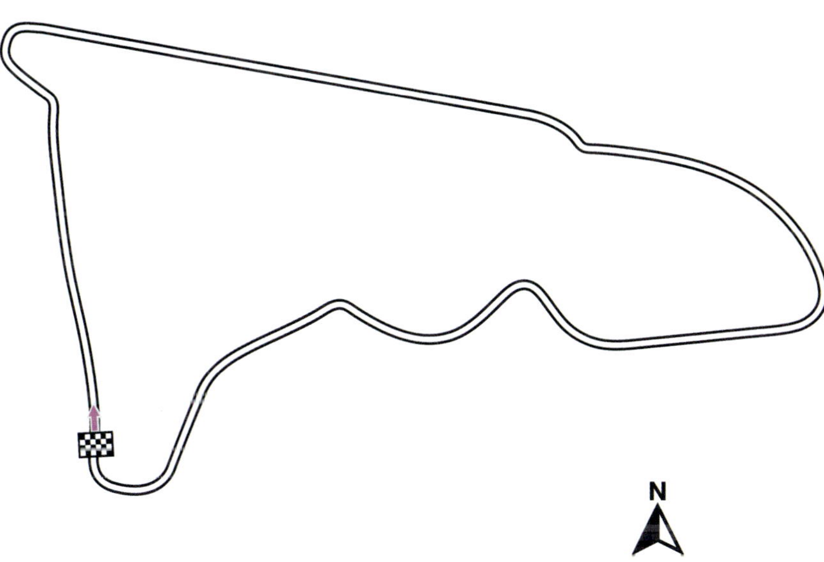

ㅁ

몬주익 써킷

Montjuïc circuit

1975년 비극적 사고가 발생했던 스페인의 시가지 써킷

1933년 페냐 린 그랑프리를 치르면서 대략적인 레이아웃이 정해진 몬주익 써킷은 1950년부터 모터싸이클 스페인 그랑프리의 무대가 되었고, 1968시즌 처음으로 F1 챔피언십 스페인 그랑프리를 시작으로 모두 네 차례 F1 챔피언십 그랑프리가 몬주익 써킷에서 펼쳐졌다.

1975시즌 드라이버들이 써킷의 안전 문제를 제기하며 스페인 그랑프리 보이콧을 시도하는 가운데 디펜딩 챔피언 에머슨 피티팔디가 레이스 참가를 거부하기도 했지만, 드라이버들의 의사를 무시하며 강행된 레이스에서 다섯 명의 관객이 사망하는 참사가 일어났다. 사고 이후 두 번 다시 몬주익 써킷에서 F1 그랑프리가 펼쳐지지 않았다.

써킷 주요 정보

소재지	**바르셀로나,** 카탈루냐, 스페인
개장 연도	**1933**
길이(km)	**3.79**
코너 개수	**11**
GP 개최 횟수	**4**
랩 레코드	**1:23.8** 로니 페터슨 로터스 72E (1973)

F1 챔피언십 그랑프리

1969, 1971, 1973, 1975 **스페인 그랑프리**

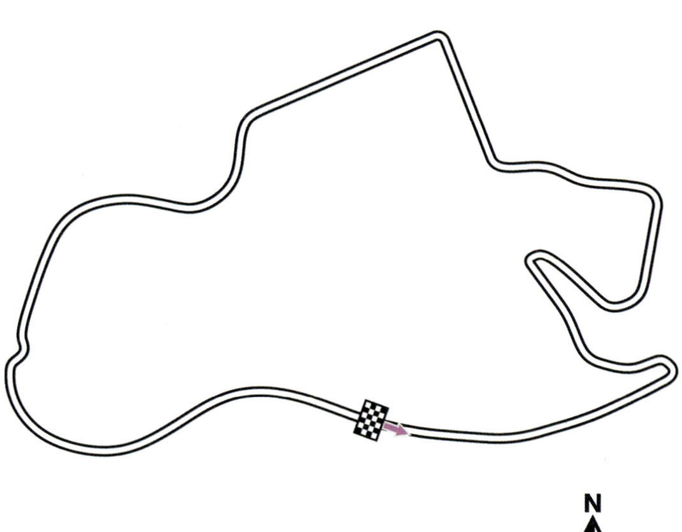

몬짜 써킷

Monza Circuit

Autodromo Nazionale Monza

이탈리아 그랑프리가 펼쳐지는 "속도의 전당"

1922년 개장한 몬짜 써킷은 100년 이상의 긴 역사와 함께 1950년 F1 챔피언십 출범 이후 1980년을 제외한 모든 이탈리아 그랑프리가 개최된 써킷이다. 몬짜 써킷은 F1 챔피언십 출범 이후 가장 많은 73개 그랑프리가 개최된 써킷이기도 하다.

몬짜 써킷은 11개 코너로만 구성된 간단한 레이아웃을 갖고 있으며, F1 그랑프리에 사용되는 써킷 가운데 가장 빠른 평균 속도와 최고 수준의 속도가 기록되기 때문에 **"속도의 전당(temple of speed)"**이라 불린다. 몬짜 써킷은 처음 건설 당시 오벌 구간을 포함해 10km 길이의 레이아웃으로 건설되었지만, 여러 차례 레이아웃 변경을 거쳐 2000년 현재와 같은 5.793km의 레이아웃이 되었다.

써킷 주요 정보

소재지	**몬짜,** 롬바르디, 이탈리아
개장 연도	**1922**
길이(km)	**5.793**
코너 개수	**11**
GP 개최 횟수	**75**
랩 레코드	**1:20.901** 랜도 노리스 맥라렌 MCL39 (2025)

F1 챔피언십 그랑프리

1950 ~ 1979, 1981 ~
이탈리아 그랑프리

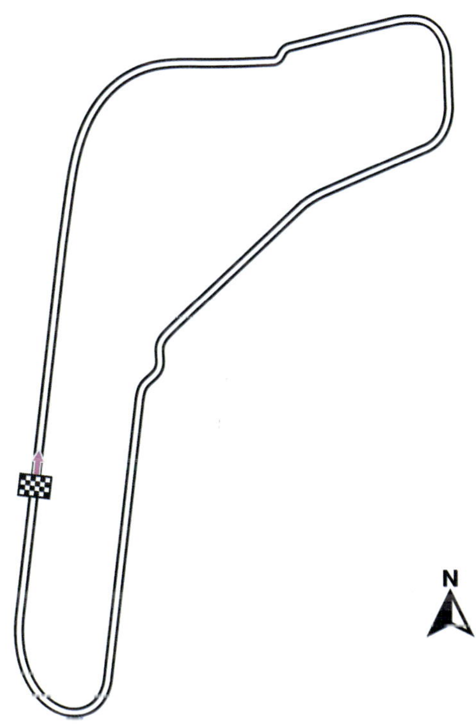

몽-트랑블랑 써킷

Circuit Mont-Tremblant

두 차례 캐나다 그랑프리가 펼쳐진 써킷

캐나다에서 미국과 인접한 퀘벡 주 남단, 몬트리올 북서쪽에 위치한 몽-트랑블랑 써킷은 1964년 문을 연 뒤 1966년 역사적인 캔암 시리즈의 첫 번째 레이스를 유치했고, 1968시즌과 1970시즌에는 F1 챔피언십 캐나다 그랑프리가 몽-트랑블랑에서 펼쳐졌다.

2000년 써킷을 구입해 2022년까지 보유했던 로렌스 스트롤의 주도 아래 대대적인 리뉴얼을 거쳐 FIA 기준에 맞는 현대적인 써킷으로 탈바꿈한 몽-트랑블랑은 2007년 챔프카 마지막 시즌의 레이스를 유치하기도 했다.

써킷 주요 정보

소재지	**몽-트랑블랑,** 퀘벡, 캐나다
개장 연도	**1964**
길이(km)	**4.265**
코너 개수	**15**
GP 개최 횟수	**2**
랩 레코드	**1:32.2** 클레이 레가조니 페라리 312B (1970)

F1 챔피언십 그랑프리

1968, 1970
캐나다 그랑프리

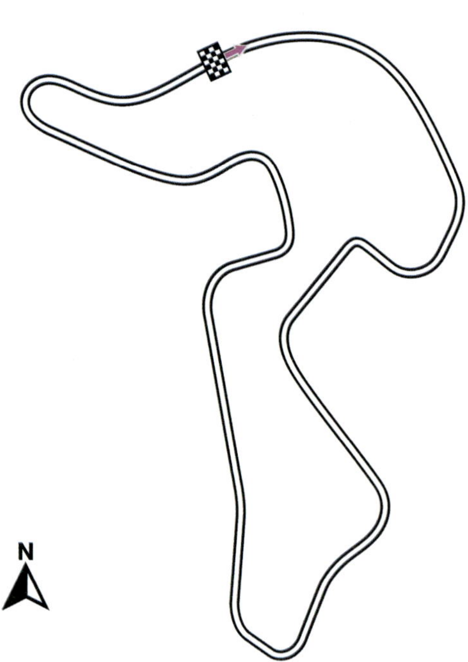

무젤로 써킷

Autodromo Internazionale del Mugello

2020 투스칸 그랑프리 개최지

1920년대부터 반세기 동안 로드 써킷에서 많은 레이스 이벤트를 펼쳤던 피렌체에 1974년 건설된 무젤로 써킷은 1976년부터 그랑프리 모터싸이클의 무대로 큰 사랑을 받았다.

2020년 COVID-19 위기 속에 무젤로가 다른 이벤트를 대신해 F1 챔피언십 그랑프리를 유치했고, 대형 사고가 속출하면서 12명만 완주에 성공한 서바이벌 레이스로 진행된 2020 투스칸 그랑프리에서는 폴 포지션에서 레이스를 시작했던 루이스 해밀턴이 우승을 차지했다.

써킷 주요 정보

소재지	**피렌체**, 토스카나, 이탈리아
개장 연도	1974
길이(km)	5.245
코너 개수	15
GP 개최 횟수	1
랩 레코드	1:18.833 루이스 해밀턴 메르세데스 W11 (2020)

F1 챔피언십 그랑프리

2020
투스칸 그랑프리

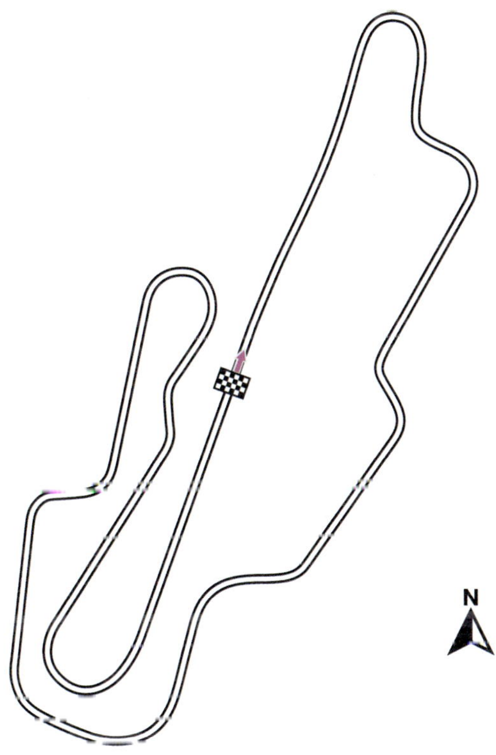

바레인 인터내셔널 써킷

Bahrain International Circuit

حلبة البحرين الدولية

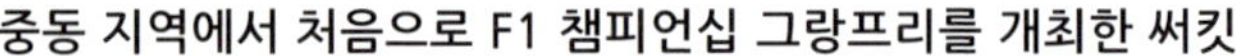

중동 지역에서 처음으로 F1 챔피언십 그랑프리를 개최한 써킷

헤르만 틸케가 디자인해 2004년 문을 연 바레인 인터내셔널 써킷은 네 개의 긴 직선 주로를 중심으로 구성되어 있으며, F1 그랑프리에 사용되는 대표적인 "리어-리미티드 써킷"이다.

2006시즌과 2010시즌에 이어 2021시즌부터 계속 F1 월드 챔피언십의 시즌 개막전이 치러지고 있는 "사키르"는 2010년 단 한 차례 8개의 코너가 추가된 6.3km 길이의 "내구 써킷(endurance circuit)" 레이아웃을 사용했으며, 2014시즌부터 싱가폴 그랑프리에 이어 두 번째 F1 나이트 레이스의 무대가 되었다. COVID-19로 인한 위기 속에 2020시즌에는 사키르의 3.543km의 "아우터 써킷(outer circuit)" 레이아웃에서 사키르 그랑프리가 펼쳐지기도 했다.

써킷 주요 정보

소재지	**사키르,** 바레인
개장 연도	**2004**
길이(km)	**5.412**
코너 개수	**15**
GP 개최 횟수	**22**
랩 레코드	**1:31.447** 페드로 델라로사 맥라렌 MP4-20 (2005)

F1 챔피언십 그랑프리

2004 ~ 2010, 2012 ~
바레인 그랑프리

2020
사키르 그랑프리

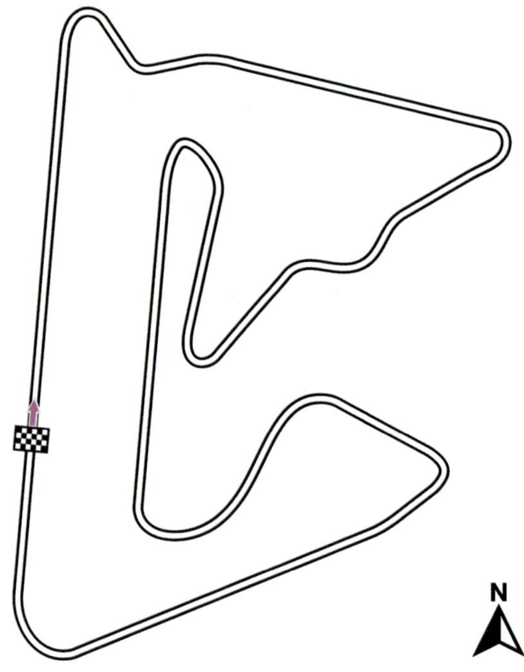

바르셀로나-카탈루냐 써킷

Circuit de Barcelona-Catalunya

1991년부터 스페인 그랑프리가 개최되고 있는 써킷

1991년 바르셀로나 인근 몬트멜로에서 개장한 **"카탈루냐 써킷"**은 여러 차례 레이아웃을 바꾸는 가운데 1991년부터 꾸준히 스페인 그랑프리의 무대가 되었고, 2013년부터 써킷의 공식 명칭을 "바르셀로나-카탈루냐 써킷"으로 변경했다.

오랫동안 프리-시즌 테스트의 무대로도 자주 활용되었던 바르셀로나-카탈루냐 써킷은 F1 레이스카의 공기역학적 성능이 매우 중요하게 작용하는 곳이지만 높은 추월 난이도에 대한 지적이 많았고, 2023 스페인 그랑프리를 앞두고 1990년대처럼 마지막 시케인을 없애는 레이아웃 변경으로 조금 더 빠른 호흡의 레이스를 펼치기 시작했다. 2025시즌까지 스페인 그랑프리의 무대였던 바르셀로나-카탈루냐 써킷에서는 2026시즌부터 새로운 바르셀로나-카탈루냐 그랑프리가 개최될 예정이다.

써킷 주요 정보

소재지	**몬트멜로,** 카탈루냐, 스페인
개장 연도	**1991**
길이(km)	**4.657**[14]
코너 개수	**14**
GP 개최 횟수	**35**
랩 레코드	**1:16.330** 오스카 피아스트리 맥라렌 MCL39 (2025)

F1 챔피언십 그랑프리

1991 ~ 2025 **스페인 그랑프리**

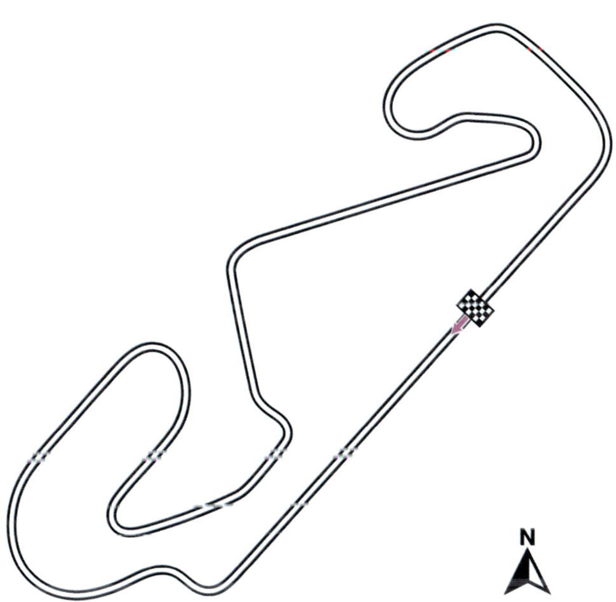

[14] 2023 스페인 그랑프리 레이아웃 기준

바쿠 시티 써킷

Baku City Circuit

Bakı Şəhər Halqası

아제르바이잔의 수도 바쿠에 만들어진 시가지 써킷

카스피해 연안 국가로는 최초로 F1 챔피언십 그랑프리를 유치한 아제르바이잔은 해수면보다 낮은 위치에 6km가 넘는 길이와 무려 2km가 넘는 긴 가속 구간을 가진 독특한 레이아웃의 시가지 써킷을 선보였다.

2016시즌 유러피언 그랑프리의 이름으로 바쿠 시티 써킷에서 첫 번째 F1 챔피언십 그랑프리가 펼쳐졌고, 2017시즌부터 F1 챔피언십 아제르바이잔 그랑프리로 이벤트의 공식 명칭이 변경되었다.

써킷 주요 정보	
소재지	**바쿠**, 아제르바이잔
개장 연도	**2016**
길이(km)	**6.003**
코너 개수	**20**
GP 개최 횟수	**9**
랩 레코드	**1:43.009** 샤를 르끌레 페라리 SF90 (2019)

F1 챔피언십 그랑프리

2016
유러피언 그랑프리

2017 ~ 2019, 2021 ~
아제르바이잔 그랑프리

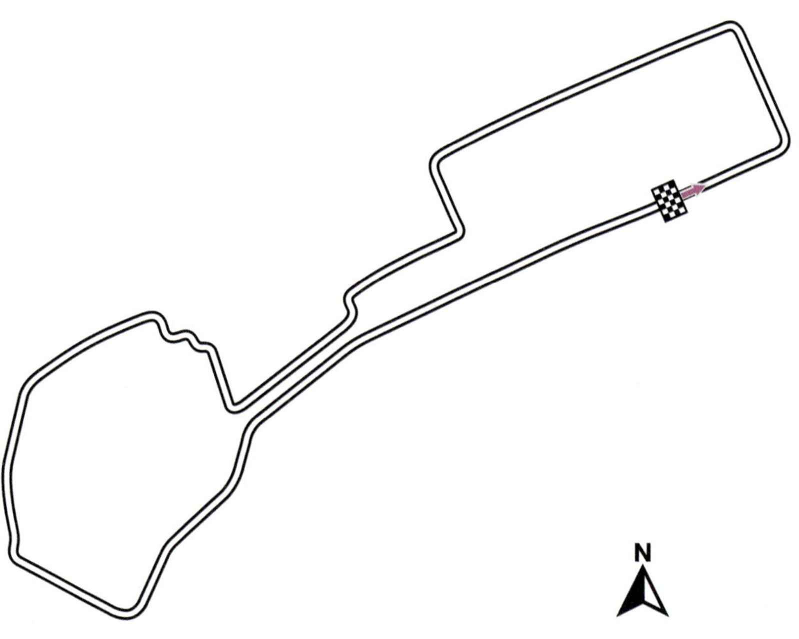

발렌시아 스트리트 써킷

Valencia Street Circuit

2008년 발렌시아에 만들어진 시가지 써킷

처음 F1 그랑프리를 개최할 당시 가장 많은 25개 코너를 가진 복잡한 레이아웃으로 디자인된 발렌시아 스트리트 써킷은 2012시즌까지 다섯 차례 F1 챔피언십 유러피언 그랑프리의 무대가 되었고, 이 기간 스페인은 기존 스페인 그랑프리와 발렌시아 시가지 써킷까지 한 시즌에 두 차례 F1 그랑프리를 개최했다.

발렌시아 시가지 써킷은 높이 변화가 거의 없는 데다가 백 스트레이트를 제외하면 이렇다 할 가속 구간도 없었고, 복잡하기만한 레이아웃에 추월마저 극도로 어려웠기 때문에 F1에서 가장 재미없는 레이아웃을 가진 써킷 중 하나로 비판받기도 했다.

써킷 주요 정보

소재지	**발렌시아,** 스페인
개장 연도	**2008**
길이(km)	**5.419**
코너 개수	**25**
GP 개최 횟수	**5**
랩 레코드	**2:53.9** 크리스 에이먼 마트라 MS120D (1972)

F1 챔피언십 그랑프리

2008 ~ 2012
유러피언 그랑프리

ㅂ

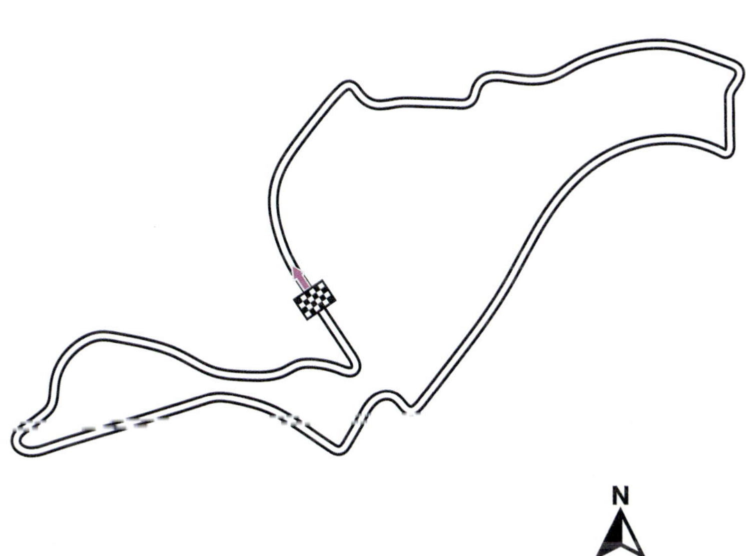

N

보아비스타 써킷

Circuito da Boavista

두 차례 포르투갈 그랑프리가 펼쳐진 시가지 써킷

1931년 처음 시가지 써킷에서 모터스포츠 이벤트가 펼쳐졌던 포르투갈의 포르투에서는 1950년 레이아웃을 개선하면서 다시 사용되기 시작했고, 1951시즌 F1 넌-챔피언십 포르투갈 그랑프리의 무대가 된 뒤 1958시즌에는 F1 챔피언십 포르투갈 그랑프리를 유치했다.

1958 포르투갈 그랑프리는 우승을 차지한 스털링 모스가 실격 처리됐던 라이벌 마이크 호손을 적극 변호하면서 7포인트를 회복시켜 주고, 결과적으로 마이크 호손이 모스를 간신히 앞서면서 1958시즌 챔피언 타이틀을 획득하게 만든 사건으로 유명하다.

써킷 주요 정보

소재지	**포르투,** 포르투갈
개장 연도	**1950**
길이(km)	**7.407**
코너 개수	**12**
GP 개최 횟수	**2**
랩 레코드	**2:27.53** 존 서티스 로터스 18 (1960)

F1 챔피언십 그랑프리

1958, 1960
포르투갈 그랑프리

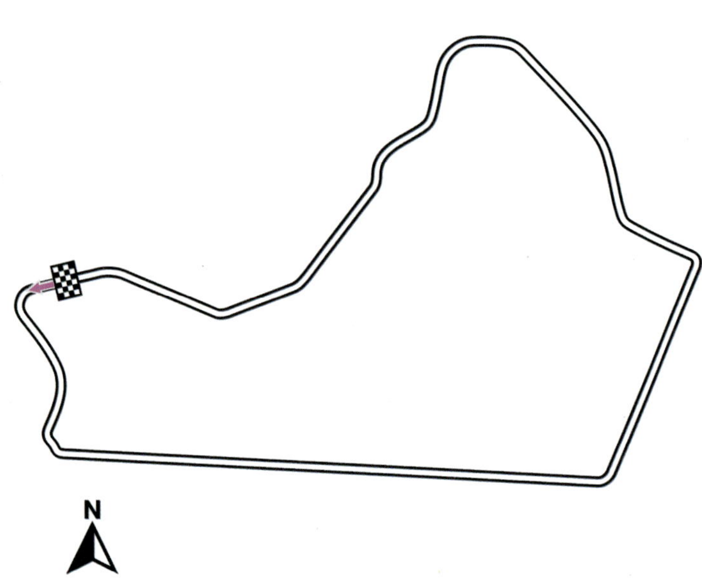

부가티 써킷

Bugatti Circuit

Circuit de la Sarthe

사르트 써킷의 일부를 활용한 그랑프리 써킷

르망 24시간이 펼쳐지는 무대로 유명한 14km 길이의 **사르트 써킷과 핏 스트레이트부터 1, 2, 3번 코너까지 구간을 공유**하는 부가티 써킷은 4km의 비교적 작은 상설 써킷이며, 전체 써킷과 구분해 그랑프리를 위한 레이아웃만을 가리킬 때 부가티의 창립자인 에토레 부가티의 이름을 딴 부가티 써킷이라고 부른다.

1967시즌 단 한 차례 F1 챔피언십 프랑스 그랑프리가 부가티 써킷에서 펼쳐진 경기의 폴 포지션과 패스티스트 랩은 팀 로터스의 그레이엄 힐이 차지했고, 브라밤 소속으로 출전한 잭 브라밤이 우승했다.

써킷 주요 정보	
소재지	**르망,** 사르트, 프랑스
개장 연도	**1967**
길이(km)	**4.430**
코너 개수	**11**
GP 개최 횟수	**1**
랩 레코드	**2:53.9** 그레이엄 힐 로터스 49 (1967)

F1 챔피언십 그랑프리

1967
프랑스 그랑프리

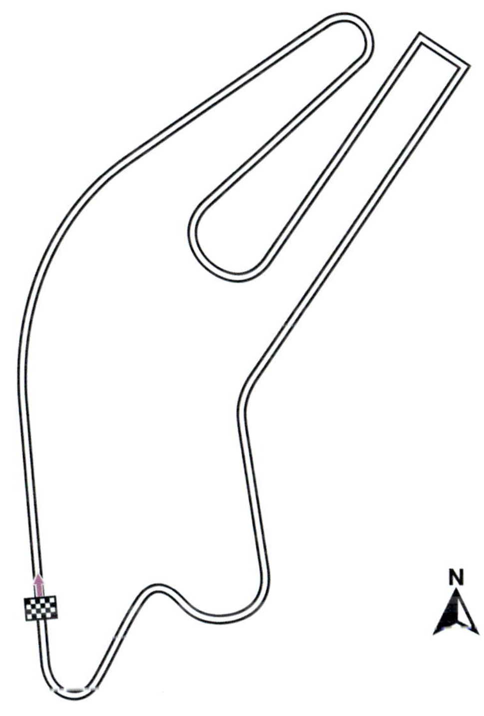

ㅂ

부다 인터내셔널 써킷

Buddh International Circuit

인도 그랑프리 개최지

2007년 인도 올림픽 협회와 버니 에클스톤이 F1 인도 그랑프리 개최에 합의한 뒤, 헤르만 틸케의 디자인에 따라 인도의 수도 뉴델리 부근에 부다 인터내셔널 써킷이 만들어졌다.

2011시즌 최초의 F1 챔피언십 인도 그랑프리가 개최됐을 때부터 자연스러운 흐름과 빠른 스피드로 일부에서 스파-프랑코샹과 비교되며 호평을 받기도 했지만, 현지 지방 정부와의 세금 문제 등의 이유로 2014시즌 인도 그랑프리가 중단된 이후 부다 인터내셔널 써킷은 더 이상 F1 그랑프리의 무대로 사용되지 않았다.

써킷 주요 정보

소재지	**그레이터 노이다**, 우타 프라데시, 인도
개장 연도	**2011**
길이(km)	**5.125**
코너 개수	**16**
GP 개최 횟수	**3**
랩 레코드	**1:27.249** 세바스찬 베텔 레드불 RB7 (2011)

F1 챔피언십 그랑프리

2011 ~ 2013
인도 그랑프리

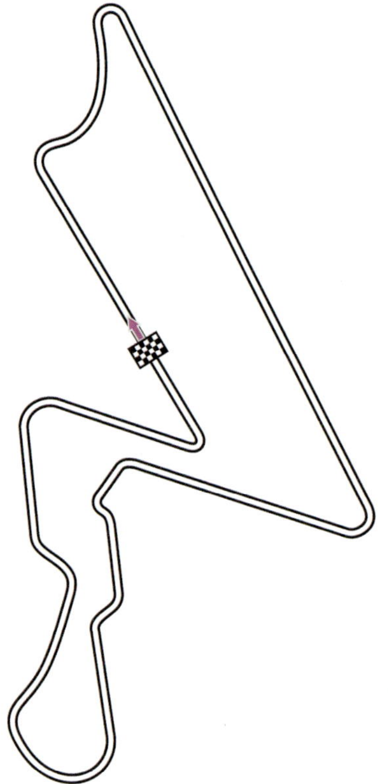

부에노스아이레스 써킷

Buenos Aires Circuit

Autódromo de Buenos Aires Oscar y Juan Gálvez

스무 차례 아르헨티나 그랑프리가 펼쳐진 남미의 인기 써킷

부에노스아이레스 써킷은 1952년 후안 페론이 통치하던 시기 **"10월 17일 써킷"**이란 이름으로 개장한 뒤 네 차례 이름이 변경되었고, 2008년 이후로는 아르헨티나 출신 드라이버 후안 갈베즈와 오스카 알프레도 갈베즈를 기념하며 **"부에노스아이레스 후안 앤드 오스카 갈베즈 써킷"**으로 이름을 바꿨다. 아르헨티나를 대표하는 부에노스아이레스 써킷은 보통 도시의 이름을 따서 "부에노스 아이레스"라고 불린다.

폴 리카르 써킷처럼 다양한 레이아웃으로 활용할 수 있는 것으로 유명한 부에노스아이레스 써킷은 F1 챔피언십 아르헨티나 그랑프리에서도 No.2(3.912km), No.9(3.346km), No.15(5.968km), No.6(4.259km)까지 모두 네 가지 레이아웃이 사용됐다.

써킷 주요 정보

소재지	**부에노스아이레스**, 아르헨티나
개장 연도	1952
길이(km)	4.259[15]
코너 개수	19
GP 개최 횟수	20
랩 레코드	1:27.981 게하르트 베르거 베네통 B197 (1997)

F1 챔피언십 그랑프리

1953 ~ 1958, 1960, 1972 ~ 1975, 1977 ~ 1981, 1995 ~ 1998

아르헨티나 그랑프리

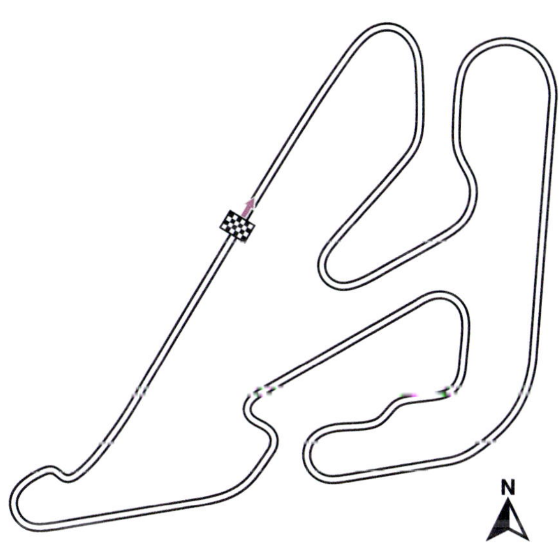

[15] No.6 레이아웃 기준

브랜즈 햇치

Brands Hatch

실버스톤과 함께 영국을 대표했던 써킷

여섯 개 코너를 가진 1.9km 규모의 인디 써킷과 아홉 개 코너로 구성된 4.207km의 GP 써킷 두 가지 레이아웃을 가지고 있는 브랜즈 햇치는 영국의 수도 런던에서 비교적 가까운 위치로 접근성이 좋은 써킷이다. 브랜즈 햇치는 레이아웃이 간단한 편이지만 빠른 평균 속도와 다이나믹한 높낮이 변화, 오프-캠버 등으로 직접 써킷을 달리는 드라이버와 모터스포츠 팬 모두에게 상당히 재미있는 써킷으로 평가받는다.

1964시즌 처음으로 F1 챔피언십 그랑프리의 무대가 됐던 브랜즈 햇치는 1986시즌까지 실버스톤과 1년씩 번갈아 가며 모두 열두 차례 영국 그랑프리를 개최했고, 1983시즌과 1985시즌에는 유러피언 그랑프리가 브랜즈 햇치에서 개최됐다.

써킷 주요 정보

소재지	**웨스트 킹스다운,** 켄트, 영국
개장 연도	**1926**
길이(km)	**4.207**[16]
코너 개수	**9**
GP 개최 횟수	**14**
랩 레코드	**1:09.593** 나이젤 만셀 윌리엄스 FW11 (1986)

F1 챔피언십 그랑프리

1964, 1966, 1968, 1970, 1972, 1974, 1976, 1978, 1980, 1982, 1984, 1986
영국 그랑프리

1983, 1985
유러피언 그랑프리

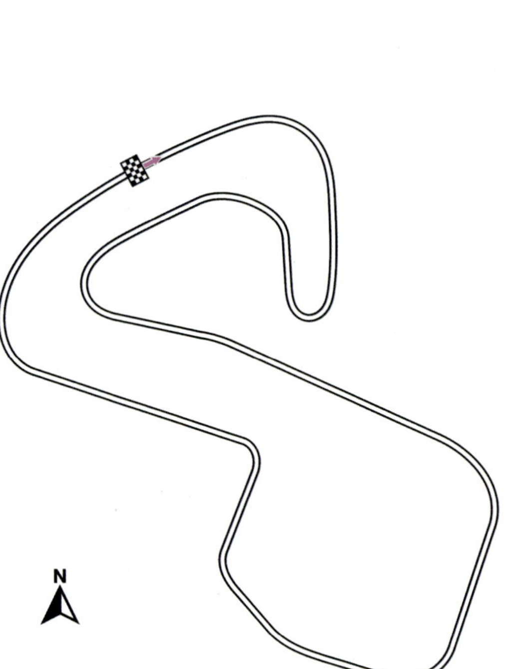

16 1986 영국 그랑프리 기준

브렘가르텐 써킷

Circuit Bremgarten

스위스의 유일한[17] F1 챔피언십 그랑프리 개최지

1930년대 초반 모터싸이클 트랙으로 만들어진 브렘가르텐 써킷에서는 1934년부터 그랑프리 레이스도 펼쳐지기 시작했고, 제2차 세계대전 종전 이후 1947년부터 다시 스위스 그랑프리가 브렘가르텐에서 펼쳐졌다. 브렘가르텐 써킷에서는 F1 챔피언십이 출범한 1950시즌부터 1954시즌까지 챔피언십 그랑프리 5회와 넌-챔피언십 그랑프리 9회까지 모두 14회의 스위스 그랑프리가 개최됐다.

브렘가르텐 써킷은 상당한 고속 써킷이지만, 뚜렷한 직진 가속 구간 없이 고속 코너가 계속 이어지는 위험한 레이아웃을 가지고 있었다. 이 때문에 1948년 아킬레 바르치가 사고로 세상을 떠난 것을 비롯해, 많은 대형 사고로 여러 드라이버가 브렘가르텐에서 목숨을 잃었다.

써킷 주요 정보

소재지	**베른**, 스위스
개장 연도	**1931**
길이(km)	**7.28**
코너 개수	**13**
GP 개최 횟수	**5**
랩 레코드	**2:39.7** 후안 마누엘 판지오 메르세데스 W196 (1954)

F1 챔피언십 그랑프리

1950 ~ 1954
스위스 그랑프리

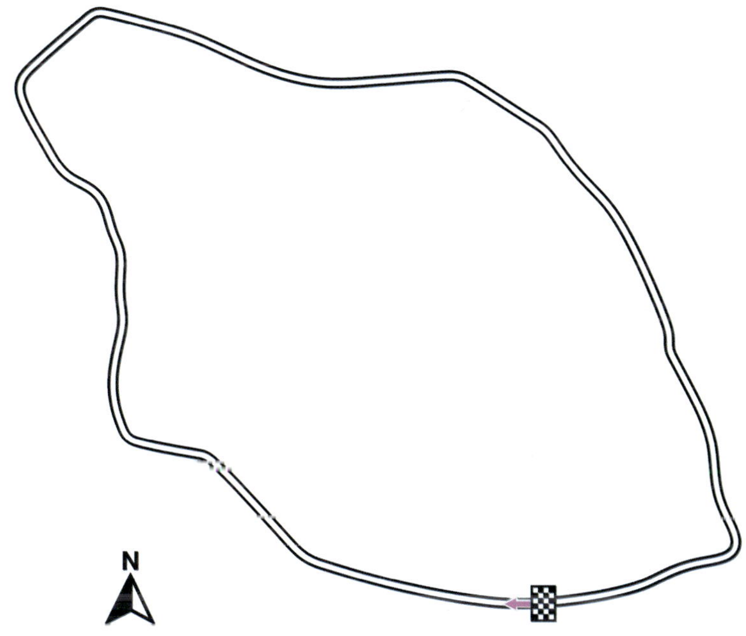

[17] 1982 스위스 그랑프리는 스위스가 아닌 프랑스의 디죵-프레누아에서 펼쳐졌다.

상하이 인터내셔널 써킷

Shanghai International Circuit

上海国际赛车场

중국 그랑프리의 개최지

상하이 인터내셔널 써킷은 2004년 중국 그랑프리를 위해 헤르만 틸케의 디자인에 따라 건설된 써킷으로 전형적인 "틸케드롬"의 특징을 다수 가지고 있다. 상하이 인터내셔널 써킷은 **상해(上海)의 "上"자 형태**를 모티브로 한 써킷 레이아웃과 1.2km에 육박하는 길이의 백 스트레이트가 특징으로 꼽힌다.

건설 당시 20만 명 규모의 관중석[18]을 갖춰 관중 수용 규모 기준 세계에서 세 번째로 큰 써킷이었던 상하이 인터내셔널 써킷은 상해 지역에 밀집한 공장 지역에서 배출된 오염 물질 때문에 종종 스모그가 시야를 크게 방해하는 달갑지 않은 특징도 가지고 있다.

써킷 주요 정보	
소재지	**상하이**, 중국
개장 연도	**2004**
길이(km)	**5.451**
코너 개수	**16**
GP 개최 횟수	**18**
랩 레코드	**1:32.238** 미하엘 슈마허 페라리 F2004 (2004)

F1 챔피언십 그랑프리

2004 ~ 2019, 2024 ~

중국 그랑프리

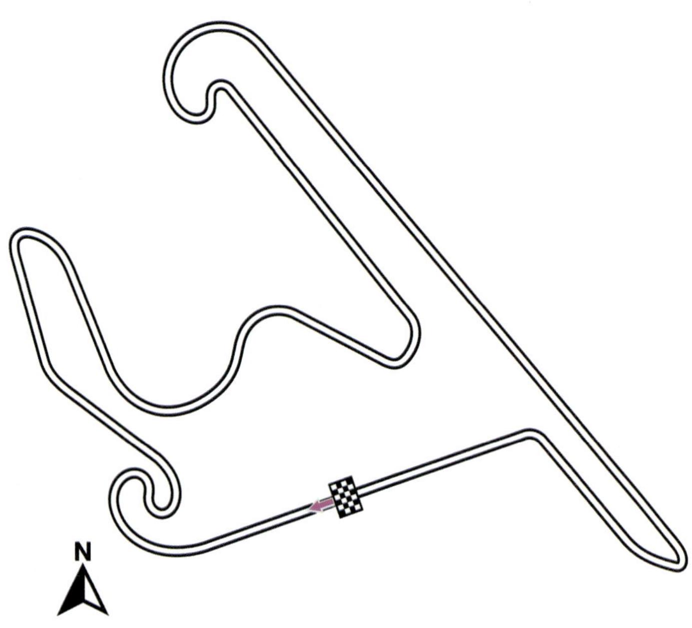

[18] 관중 수용 규모 1위는 257,325명을 수용할 수 있는 인디아나폴리스 모터스포트웨이, 2위는 234,800명의 사르트 써킷이다.

샤하드 써킷

Circuit de Charade

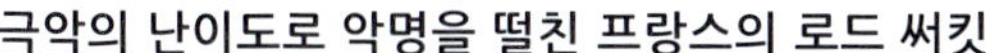

극악의 난이도로 악명을 떨친 프랑스의 로드 써킷

샤하드 써킷은 급격한 높이 변화와 타이트한 코너, 실수를 용납하지 않는 레이아웃으로 악명을 떨쳤으며, 공략 난이도와 사고 발생 가능성 면에서 **뉘르부르크링 노르트슐라이페에 뒤지지 않는 극악의 공략 난이도** 덕분에 많은 모터스포츠 팬에게 동경의 대상이 되기도 했다.

샤하드 써킷은 1965년 처음으로 프랑스 그랑프리를 개최해 팀 로터스의 짐 클라크가 우승을 차지했고, 1969, 1970, 1972시즌까지 모두 네 차례의 F1 챔피언십 프랑스 그랑프리가 샤하드 써킷에서 펼쳐졌다.

써킷 주요 정보	
소재지	**샹쥬느샴페네**, 퓌드돔, 프랑스
개장 연도	**1958**
길이(km)	**8.055**[19]
코너 개수	**48**
GP 개최 횟수	**4**
랩 레코드	**2:53.9** 크리스 에이먼 마트라 MS120D (1972)

F1 챔피언십 그랑프리

1965, 1969, 1970, 1972 **프랑스 그랑프리**

ㅅ

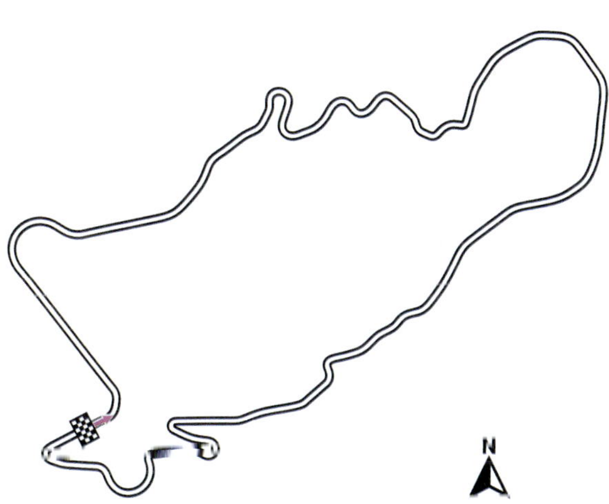

[19] 1958년부터 1988년까지 사용된 레이아웃 기준

세브링 인터내셔널 레이스웨이

Sebring International Raceway

최초의 F1 미국 그랑프리가 펼쳐졌던 세브링 12시간의 무대

B-17 조종사 훈련장이었던 헨드릭스 아미 에어필드를 개조해 1950년 개장한 세브링 인터내셔널 레이스웨이는 1952년부터 **세브링 12시간 레이스**가 펼쳐지면서 큰 명성을 얻었고, 인디500과 별개로 F1 규정을 따르는 챔피언십 그랑프리로 개최된 첫 번째 이벤트 1959 미국 그랑프리의 무대가 되었다.

트랙의 높이 변화가 거의 없는 것은 물론 캠버도 크지 않은 세브링은 콘크리트와 아스팔트를 넘나드는 트랙 노면 특징으로 악명을 떨쳤으며, 현재까지도 의도적으로 콘크리트와 아스팔트를 넘나드는 노면 변화가 유지되고 있다.

써킷 주요 정보

소재지	**세브링**, 플로리다, 미국
개장 연도	**1950**
길이(km)	**8.369**
코너 개수	**14**
GP 개최 횟수	**1**
랩 레코드	**3:05.0** 모리스 트링티냥 쿠퍼 T51 (롭워커) (1959)

F1 챔피언십 그랑프리

1959
미국 그랑프리

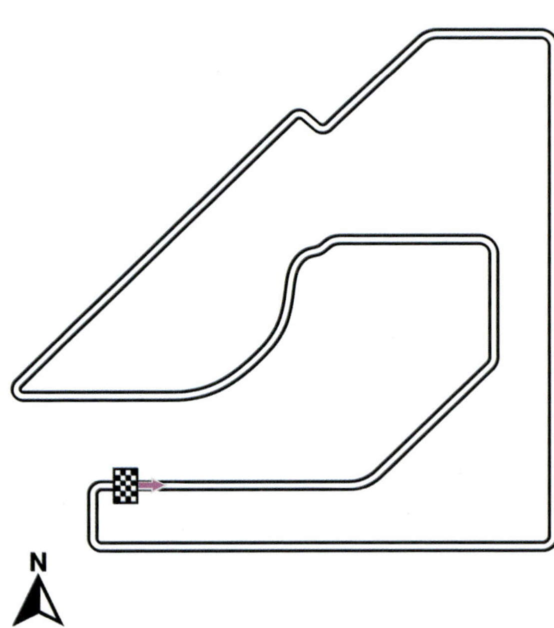

세팡 인터내셔널 써킷

Sepang International Circuit

Petronas Sepang International Circuit

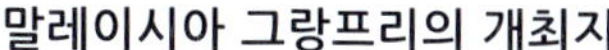

말레이시아 그랑프리의 개최지

간단하게 "세팡"이라고도 불리는 세팡 인터내셔널 써킷은 1999년 처음 개최된 F1 말레이시아 그랑프리를 위해 헤르만 틸케의 설계에 따라 만들어진 써킷으로, F1과 모토GP를 포함해 다양한 국제 모터스포츠 이벤트를 유치하면서 동남아시아 모터스포츠 발전에 크게 공헌했다.

사실상 최초의 틸케드롬이라고 할 수 있는 세팡 인터내셔널 써킷은 약간의 높이 변화와 함께 달팽이처럼 꼬인 첫 번째 코너 구간과 높은 횡 G-포스가 발생하는 5, 6번 코너, V자로 이어진 백 스트레이트와 홈 스트레이트 등을 특징으로 갖고 있다. 세팡 인터내셔널 써킷에서 그랑프리가 개최될 때는 뜨거운 온도와 높은 습도, 종종 트랙을 위협하는 스콜 등으로 드라이버와 레이스카를 모두 괴롭히는 것으로 악명이 높았다.

써킷 주요 정보	
소재지	세팡, 말레이시아
개장 연도	1999
길이(km)	5.543
코너 개수	15
GP 개최 횟수	19
랩 레코드	1:34.080 세바스찬 베텔 페라리 SF70H (2017)

F1 챔피언십 그랑프리

1999 ~ 2017
말레이시아 그랑프리

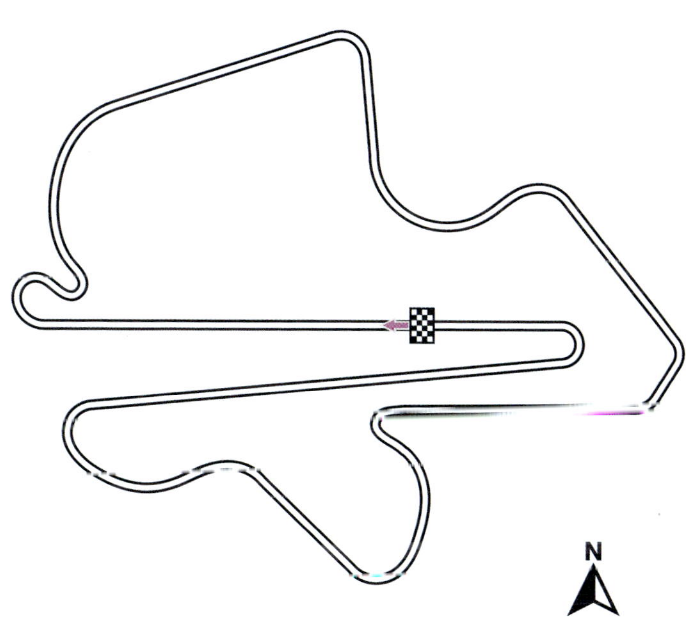

소치 오토드롬

Sochi Autodrom

Сочи Автодром

러시아 그랑프리의 개최지

소치 오토드롬은 2014년 2월 소치 동계 올림픽이 개최된 소치 올림픽 파크에 구성된 시가지 써킷으로, 동계 올림픽 경기장 사이를 관통하는 레이아웃을 특징으로 가지고 있다. 소치 오토드롬은 스타트 라인부터 두 번째 코너까지 매우 긴 가속 구간에 이어 원형 광장을 끼고 도는 3번 코너와 마지막 섹터의 시가지 써킷 스타일의 매우 느린 직각 코너가 이어지는 구간들까지 제법 독특한 레이아웃으로 디자인되었다.

트랙 높이 변화가 거의 없는 데다가 다른 차를 따라붙기 어려워 추월 가능성이 낮은 소치 오토드롬은 어지간한 상설 써킷 이상의 부드러운 노면 상태 때문에 타이어 손상 부담도 매우 낮은 편이어서 레이스가 재미없게 진행된다는 비판을 받기도 했다.

써킷 주요 정보

소재지	**소치**, 크라스노다르 크라이, 러시아
개장 연도	**2014**
길이(km)	**5.848**
코너 개수	**18**
GP 개최 횟수	**8**
랩 레코드	**1:35.761** 루이스 해밀턴 메르세데스 W10 (2019)

F1 챔피언십 그랑프리

2014 ~ 2021
러시아 그랑프리

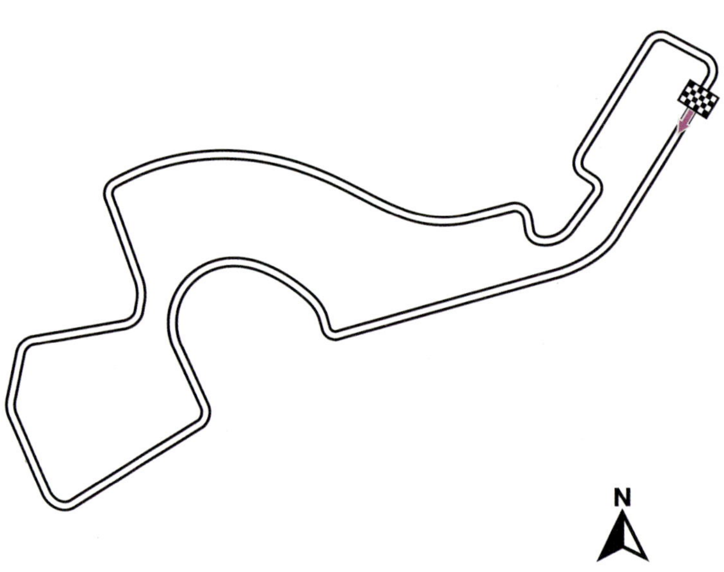

스즈카 써킷

Suzuka Circuit

鈴鹿サーキット

대부분의 일본 그랑프리가 개최된 아시아 최고의 써킷

가능한 한 어려운 테스트 써킷이라는 혼다소이치로의 요구 사항에 따라 존 후겐홀츠가 디자인해 1962년 문을 연 스즈카 써킷은 F1 유일의 "8-자형 써킷"이며, 설계 의도대로 공략이 어려운 써킷으로 1983년 시케인의 추가와 데그너 커브의 분할 등 모두 네 차례에 걸친 대규모 레이아웃 변경 이전까지 여러 차례 치명적인 사고가 발생하기도 했다.

다이나믹한 트랙 높이 변화와 물 흐르듯 이어지는 코너, 비교적 빠른 공략 속도와 사고 위험이 높은 블라인드 코너 등을 두루 갖춘 스즈카 써킷은 몇 차례 예외를 제외하면 1987년부터 계속해서 F1 일본 그랑프리의 무대로 활용됐고, 1989시즌과 1990시즌 알랑 프로스트와 아일톤 세나의 충돌을 포함해 여러 차례 챔피언 타이틀의 주인공이 결정된 무대로 역사적으로도 F1에서 가장 중요한 써킷 중 하나로 여겨지고 있다.

써킷 주요 정보

소재지	**스즈카** 미에, 일본
개장 연도	**1962**
길이(km)	**5.807**
코너 개수	**18**
GP 개최 횟수	**35**
랩 레코드	**1:30.965** 안드레아 키미 안토넬리 메르세데스 W16 (2025)

F1 챔피언십 그랑프리

1987 ~ 2006,
2009 ~ 2019,
2022 ~
일본 그랑프리

ㅅ

스파-프랑코샹 써킷

Circuit de Spa-Francorchamps

대부분의 벨기에 그랑프리가 개최된 역사적인 써킷

1921년 개장한 뒤 1923년부터 스파 24시간, 1925년부터 벨기에 그랑프리의 무대로 사용된 스파-프랑코샹 써킷은 최초 14.9km 길이의 레이아웃에서 시작해 1939년 이후 14.1km의 새 레이아웃이 사용되었고, 1981년 이후 7km 길이로 단축되어 현재까지 큰 틀을 유지하면서 2023 시즌 기준 F1에서 가장 긴 써킷의 자리를 굳건히 지키고 있다.

짧게 "스파" 또는 "스파-프랑코샹"으로 불리는 스파-프랑코샹 써킷은 오루즈, 뿌옹, 블랑시몽 등 F1을 대표하는 유명 코너들이 즐비하고, 한 랩을 도는 동안 100m가 넘는 높이 변화와 빠른 스피드, 물 흐르듯 이어지는 코너에서 등으로 F1은 물론 다양한 모터스포츠 팬과 드라이버로부터 큰 사랑을 받고 있다.

써킷 주요 정보

소재지	**스타블로,** 벨기에
개장 연도	**1921**
길이(km)	**7.004**
코너 개수	**19**
GP 개최 횟수	**56**
랩 레코드	**1:44.701** 세르히오 페레스 레드불 RB20 (2024)

F1 챔피언십 그랑프리

1950 ~ 1956, 1958, 1960 ~ 1968, 1970, 1983, 1985 ~ 2002, 2004, 2005, 2007 ~
벨기에 그랑프리

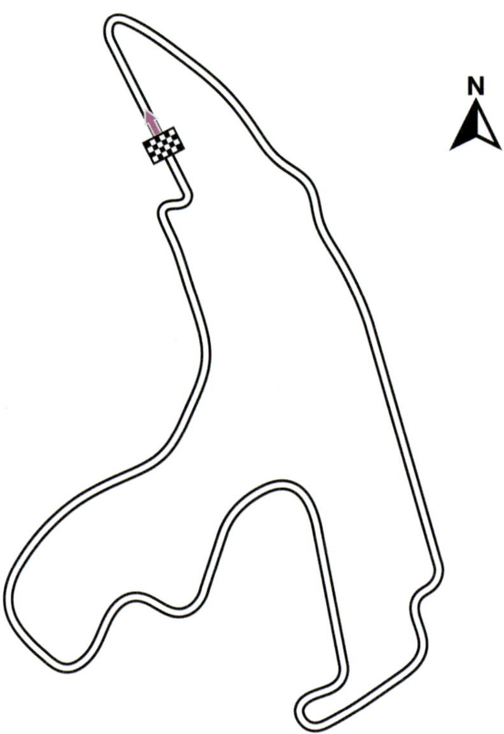

시저스팰리스 그랑프리 써킷

Caesars Palace Grand Prix Circuit

시저스팰리스 호텔 주차장 일대에 만들어진 임시 써킷

시저스팰리스 그랑프리 써킷은 1970년대 미국 서부에서 F1 그랑프리 개최에 대한 수요가 커지던 중 라스베이거스의 유치 노력이 결실을 보며 탄생한 "시저스팰리스 그랑프리"를 위해 1981년 시저스팰리스 호텔의 주차장을 이용해 만들어진 임시 시가지 써킷이다. 문제의 써킷은 주차장에 만들어졌다는 소식을 듣고 갖게 된 선입견과 달리 깔끔하게 잘 갖춰진 시설과 넓은 트랙 폭, 부드러운 노면을 갖추고 있었다.

1981시즌과 1982시즌 두 차례 시저스팰리스 그랑프리가 시저스팰리스 호텔 앞에서 펼쳐졌지만, 드라이버들의 반응이 그다지 좋지 않았던 것은 물론 라스베이거스의 화려한 이미지와는 거리가 먼 경기가 펼쳐졌다. 특히 네바다의 무더위가 심했던 1982 시저스팰리스 그랑프리에서는 레이스 중 기온이 37℃를 넘으면서 레이스에 참가한 드라이버들이 체력적 한계에 부딪히기도 했다.

써킷 주요 정보

소재지	**라스베이거스,** 네바다, 미국
개장 연도	**1981**
길이(km)	**3.650**
코너 개수	**14**
GP 개최 횟수	**2**
랩 레코드	**1:19.639** 미셸레 알보레토 티렐 011 (1982)

F1 챔피언십 그랑프리

1981, 1982 **시저스팰리스 그랑프리**

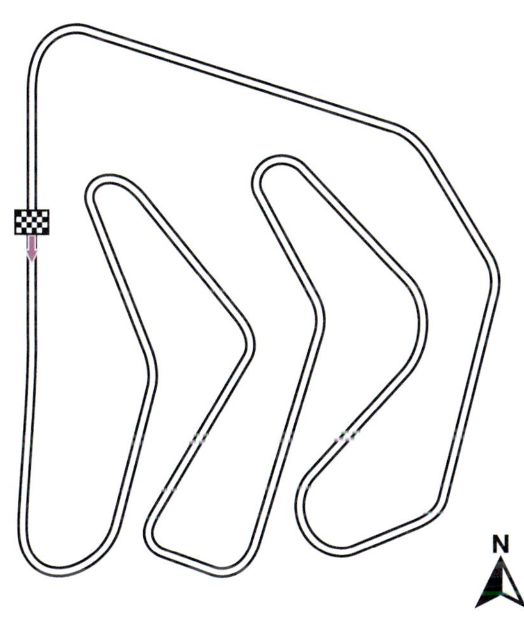

실버스톤 써킷

Silverstone Circuit

최초의 F1 챔피언십 그랑프리가 개최된 "F1의 고향"

제2차 세계대전 당시 폭격기 공군 기지 부지를 개조해 1948년 문을 연 실버스톤 써킷은 1950년 5월 13일 **최초의 F1 챔피언십 그랑프리**로 펼쳐진 **1950 영국 그랑프리의 무대**가 되었고, 이후 70년 동안 절반 이상의 영국 그랑프리가 실버스톤에서 펼쳐졌으며 1987시즌 이후로는 예외 없이 모든 영국 그랑프리가 실버스톤에서 개최됐다.

여러 차례 레이아웃 변화를 겪으며 2010년부터 현재와 같은 형태를 갖게 된 실버스톤 써킷은 마곳&베켓, 캅스 등 F1에서 손에 꼽히는 고속 코너가 즐비하고, 상당히 높은 최고 속도를 기록할 수 있는 행어 스트레이트와 웰링턴 스트레이트 등 직진 가속 구간도 충분해 F1의 대표적인 고속 써킷으로 여겨지기도 한다. 2020시즌에는 영국 그랑프리와 함께 "70주년 그랑프리"가 개최되기도 했다.

써킷 주요 정보

소재지	**실버스톤,** 노스햄스턴셔, 영국
개장 연도	**1948**
길이(km)	**5.891**
코너 개수	**18**
GP 개최 횟수	**60**
랩 레코드	**1:27.097** 막스 베르스타펜 레드불 RB16 (2020)

F1 챔피언십 그랑프리

1950 ~ 1954, 1956, 1958, 1960, 1963, 1965, 1967, 1969, 1971, 1973, 1975, 1977, 1979, 1981, 1983, 1985, 1987 ~
영국 그랑프리

2020
70주년 그랑프리

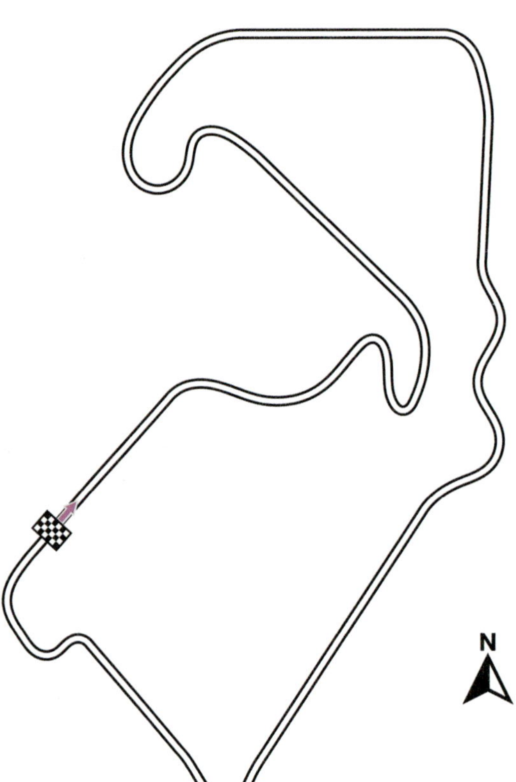

써킷 오브 디 아메리카

Circuit of the Americas

2012시즌부터 F1 미국 그랑프리가 펼쳐지고 있는 써킷

종종 영문 풀 네임의 머리글자를 따 "COTA"로 표기하는 써킷 오브 디 아메리카는 미국에서 F1 챔피언십 그랑프리가 펼쳐진 열 번째 써킷이다. F1 미국 그랑프리의 무대가 된 여섯 번째 써킷인 써킷 오브 디 아메리카는 미국 남부 텍사스의 주도인 오스틴 인근에 건설되어 2012년 문을 열었다.

COTA는 실버스톤의 마곳 & 베켓, 호켄하임링의 아레나 구간, 이스탄불의 턴08 등 기존 유명 써킷의 인기 구간을 오마주한 코너가 다수 배치된 레이아웃으로 헤르만 틸케가 관여했지만, 일반적인 "틸케드롬"과 다르게 F1 팬들에게 비교적 좋은 평가를 받고 있다.

써킷 주요 정보

소재지	**오스틴**, 텍사스, 미국
개장 연도	**2012**
길이(km)	**5.513**
코너 개수	**20**
GP 개최 횟수	**13**
랩 레코드	**1:36.169** 샤를 르끌레 페라리 SF90 (2019)

F1 챔피언십 그랑프리

2012 ~ 2019, 2021 ~
미국 그랑프리

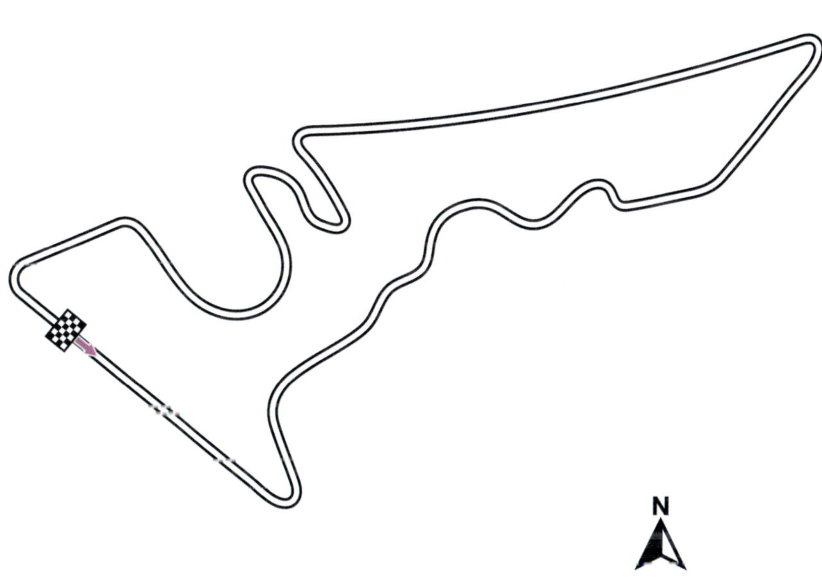

아인-디압 써킷

Ain-Diab Circuit

دارة عين الذئاب

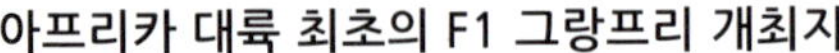

아프리카 대륙 최초의 F1 그랑프리 개최지

1957년 모로코 국왕 모하메드 V세의 적극적 후원 아래 카사블랑카에 건설된 아인-디압 써킷은 같은 해 F1 넌-챔피언십 모로코 그랑프리의 무대가 되었고, 1958시즌에는 F1 챔피언십 모로코 그랑프리를 유치하면서 **아프리카 대륙 최초로 F1 챔피언십 그랑프리가 개최된 써킷**으로 역사에 이름을 남겼다.

7.6km의 매우 긴 길이에 코너는 단 네 개뿐인 단순한 레이아웃의 아인-디압 써킷은 위험한 고속 써킷으로 여겨졌고, 1958 모로코 그랑프리 무렵에도 190km/h 이상의 빠른 평균 속도를 기록할 수 있었다.

써킷 주요 정보

소재지	**아인-디압**, 카사블랑카, 모로코
개장 연도	**1957**
길이(km)	**7.602**
코너 개수	**4**
GP 개최 횟수	**1**
랩 레코드	**2:22.5** 스털링 모스 반월 VW5 (1958)

F1 챔피언십 그랑프리

1958
모로코 그랑프리

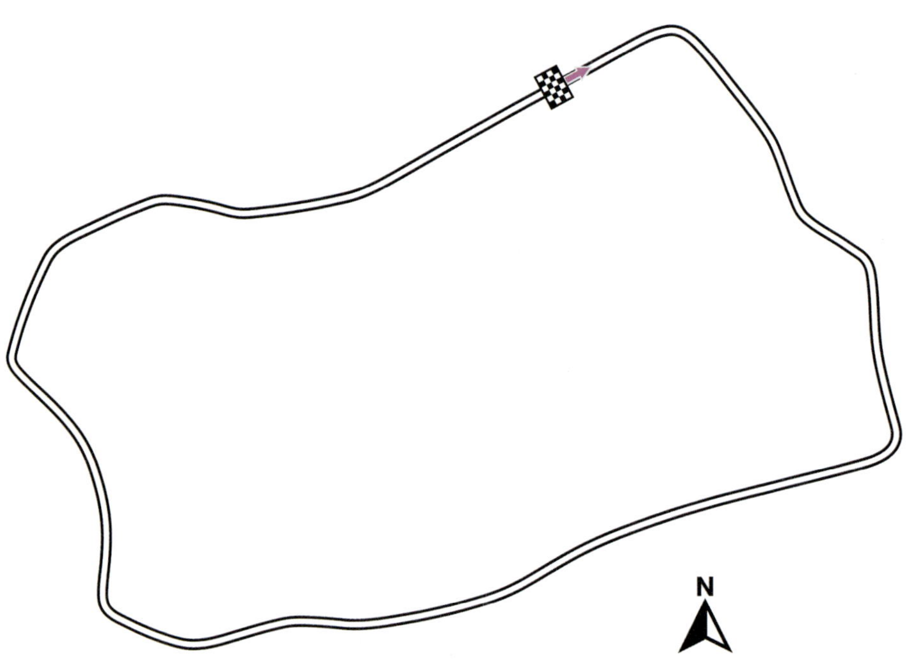

 안데스토프 레이스웨이

Anderstorp Raceway

스웨덴 그랑프리의 개최지

1968년 건설되어 "슈퍼스웨드" 로니 페터슨이 F1 무대에서 맹활약한 1970년대에 인기를 끌었던 **"스칸디나비안 레이스웨이(Scandinavian Raceway)"**는 1973시즌 첫 F1 챔피언십 그랑프리를 유치해 모두 여섯 차례 F1 챔피언십 스웨덴 그랑프리의 무대로 활용됐고, 현재는 "안데스토프 레이스웨이"를 공식 명칭으로 삼고 있다.

1976년 "6륜 레이스카" 티렐 P34와 1978년 "팬 카" 브라밤 BT46B 등 F1 역사에 한 획을 그은 독특한 레이스카들의 유일한 우승 무대가 되었던 안데스토프 레이스웨이는 1978년 스웨덴을 대표하는 드라이버 로니 페터슨과 군나르 닐슨이 연달아 세상을 떠난 이후 더 이상 F1 그랑프리의 무대로 사용되지 않았다.

써킷 주요 정보

소재지	**안데스토프**, 스웨덴
개장 연도	**1968**
길이(km)	**4.031**[20]
코너 개수	**8**
GP 개최 횟수	**6**
랩 레코드	**1:24.836** 니키 라우다 브라밤 BT46B (1978)

F1 챔피언십 그랑프리

1973 ~ 1978 **스웨덴 그랑프리**

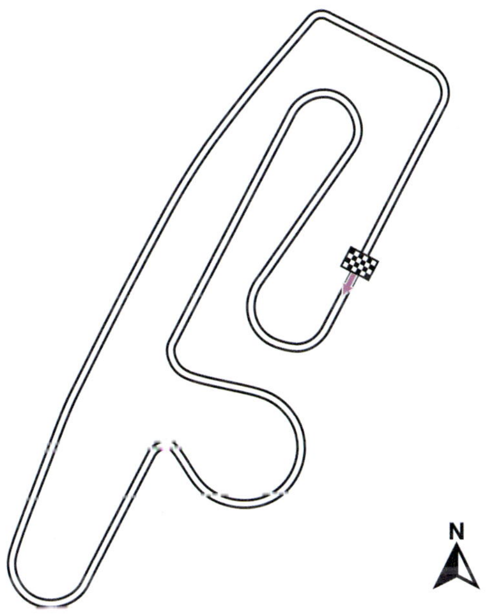

[20] 1978 스웨덴 그랑프리 레이아웃 기준

알가르브 인터내셔널 써킷

Algarve International Circuit

Autódromo Internacional do Algarve

2020시즌과 2021시즌 포르투갈 그랑프리 개최지

2008년 포르투갈의 포르티마오에 문을 연 알가르브 인터내셔널 써킷은 개장 직후 A-1 그랑프리를 유치한 데 이어 2009시즌 대규모 규정 변경을 앞둔 맥라렌, 혼다, 페라리, 토요타 등 F1 팀의 테스트 무대로도 사용되었다. 알가르브 인터내셔널 써킷은 오르막과 내리막이 반복되는 가운데 물 흐르듯 코너가 이어지는 레이아웃으로 자동차와 모터싸이클 경기 모두에 애용되고 있다.

2020년 COVID-19의 영향으로 F1 캘린더에 큰 공백이 생겼을 때 포르투갈 그랑프리의 부활이 결정되면서 알가르브 인터내셔널 써킷은 F1 챔피언십 그랑프리를 유치했고, 2021시즌에도 포르투갈 그랑프리가 알가르브 인터내셔널 써킷에서 펼쳐졌다.

써킷 주요 정보

소재지	**포르티마오,** 알가르브, 포르투갈
개장 연도	**2008**
길이(km)	**4.653**
코너 개수	**15**
GP 개최 횟수	**2**
랩 레코드	**1:18.750** 루이스 해밀턴 메르세데스 W11 (2020)

F1 챔피언십 그랑프리

2020, 2021
포르투갈 그랑프리

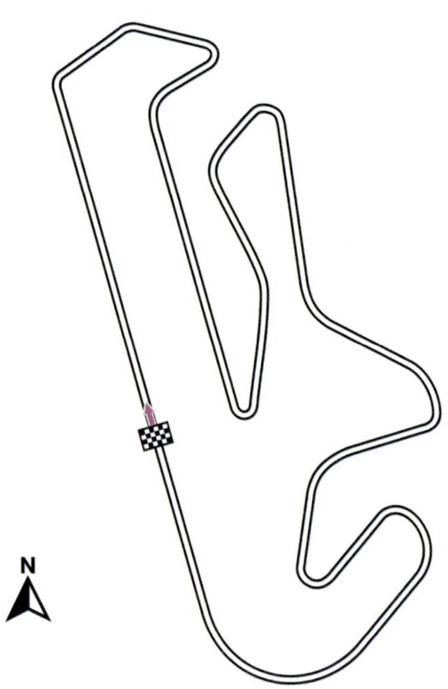

애들레이드 스트리트 써킷

Adelaide Street Circuit

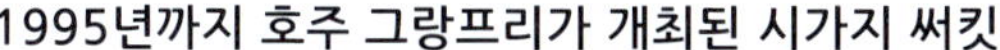

1995년까지 호주 그랑프리가 개최된 시가지 써킷

애들레이드 스트리트 써킷은 호주 사우스 오스트렐리아주의 주도인 애들레이드에 건설된 3.8km 길이의 시가지 써킷으로 1985년 최초의 F1 챔피언십 호주 그랑프리가 애들레이드에서 개최됐다. 1995시즌까지 호주 그랑프리를 치른 뒤 더 이상 애들레이드 스트리트 써킷에서는 더 이상 F1 그랑프리가 개최되지 않았지만, 써킷은 1999년 재개장 이후 3.2km 길이의 슈퍼카 써킷과 1.4km 길이의 스프린트 써킷 등 다양한 레이아웃에서 각종 모터스포츠 이벤트에 사용됐다.

애들레이드에서의 첫 번째 호주 그랑프리는 F1 1985시즌 최종전으로 펼쳐져 윌리엄스 소속 케케 로스버그의 우승으로 마무리됐고, 1995시즌까지 열한 시즌 동안 애들레이드에서 F1 챔피언십 최종전이 개최됐다. 호주 그랑프리는 1996시즌부터 지금까지 앨버트 파크 써킷에서 펼쳐지고 있다.

써킷 주요 정보

소재지	**애들레이드,** 사우스 오스트렐리아, 호주
개장 연도	**1985**
길이(km)	**3.780**[21]
코너 개수	**16**
GP 개최 횟수	**11**
랩 레코드	**1:15.381** 데이먼 힐 윌리엄스 FW15C (1993)

F1 챔피언십 그랑프리

1985 ~ 1995 **호주 그랑프리**

O

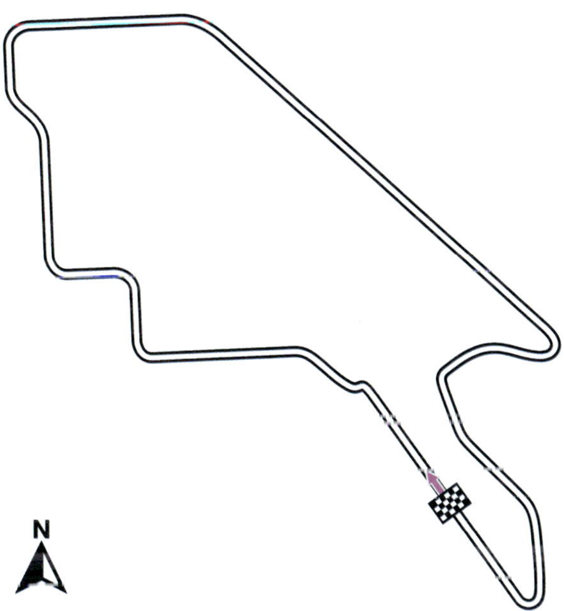

21 1995년까지 F1 호주 그랑프리에 사용된 레이아웃 기준

앨버트 파크 써킷

Albert Park Circuit

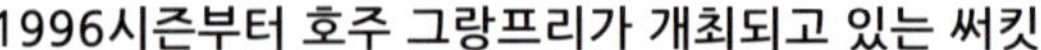

1996시즌부터 호주 그랑프리가 개최되고 있는 써킷

기존 F1 호주 그랑프리 개최지 애들레이드 시가지 써킷을 대체하기 위해 1996년 멜버른에 만들어진 앨버트 파크 써킷은, 멜버른 시내 중심부 남쪽에 위치한 앨버트 파크 레이크 주위에 구성되었다. F1에서는 **"멜버른 그랑프리 써킷(Melbourne Grand Prix Circuit)"**라는 명칭을 사용하며, 많은 사람이 간단하게 "앨버트 파크"라고 부르기도 한다.

과거 애들레이드는 대부분 시즌 최종전을 개최하면서 한 시즌을 마무리했지만, 앨버트 파크는 처음 호주 그랑프리를 유치한 1996시즌부터 오랫동안 F1 개막전의 무대로 사용되었다. 2020년 COVID-19의 영향으로 휴식기를 가진 앨버트 파크는 2021년 레이아웃을 변경했고, 2022시즌부터 물 흐르는 듯한 흐름의 고속 써킷으로 탈바꿈한 호주 그랑프리의 무대가 되었다.

써킷 주요 정보

소재지	**멜버른,** 빅토리아, 호주
개장 연도	**1996**
길이(km)	**5.278**[22]
코너 개수	**14**
GP 개최 횟수	**28**
랩 레코드	**1:19.813** 샤를 르끌레 페라리 SF-24 (2024)

F1 챔피언십 그랑프리

1996 ~ 2019, 2022 ~ **호주 그랑프리**

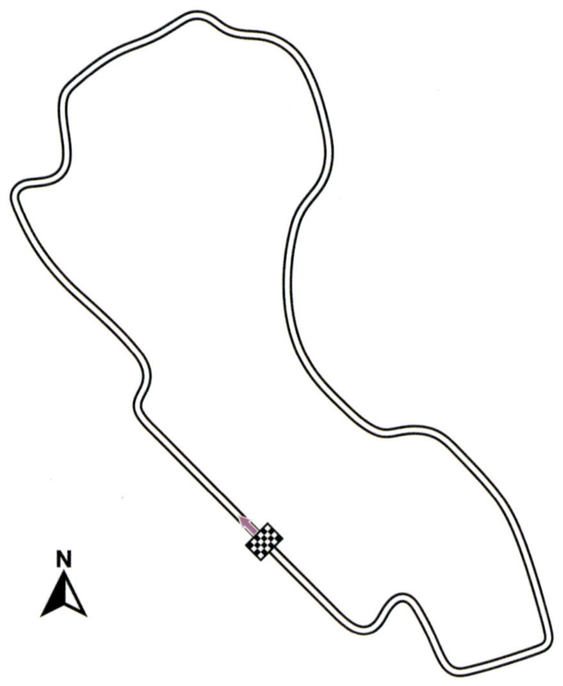

[22] 2021년 레이아웃 변경 이후 기준

야스 마리나 써킷

Yas Marina Circuit

حلبة مرسى ياس

아부다비 그랑프리의 개최지

세계에서 가장 큰 비용이 투입되어 건설된 야스 마리나 써킷은 아부다비가 만든 인공섬 야스 아일랜드에 만들어진 초호화 써킷이며, 세계 최대의 실내 테마파크 페라리 월드와 함께 야스 워터월드, 워너 브라더스 월드 등과 인접해 있으며 써킷 내부에는 고급 호텔인 W 아부다비 - 야스 아일랜드가 자리 잡고 있다.

2009시즌 F1 최초 석양의 레이스로 기획된 아부다비 그랑프리는 F1 챔피언십에서 가장 화려한 이벤트 중 하나로 주목받으며 브라질 그랑프리와 시즌 최종전 자리를 주고받았고, 높은 추월 난이도와 헤르만 틸케가 디자인한 "틸케드롬" 중에서도 손꼽히게 재미없다고 비난받던 레이아웃 역시 2021년 리뉴얼로 새로워지면서 좋은 평가를 받고 있다.

써킷 주요 정보

소재지	**야스 아일랜드,** 아부다비, UAE
개장 연도	**2009**
길이(km)	**5.281**
코너 개수	**16**
GP 개최 횟수	**17**
랩 레코드	**1:25.637** 케빈 마그누센 하스 VF-24 (2024)

F1 챔피언십 그랑프리

2009 ~
아부다비 그랑프리

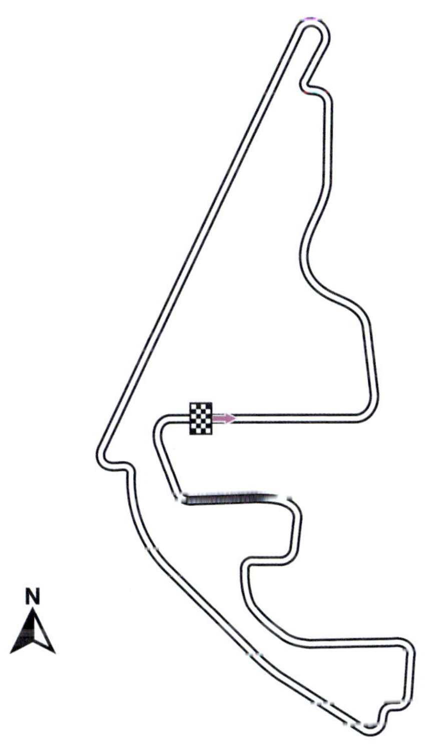

O

에르마노스 로드리게스 써킷

Autódromo Hermanos Rodríguez

멕시코 그랑프리와 멕시코시티 그랑프리의 개최지

1959년 멕시코시티 막달레나 믹수카 스포츠 시티 내에 조성된 **"막달레나 믹수카 써킷"**은 여덟 차례 멕시코 그랑프리의 무대가 되었고, 멕시코 출신으로 세계 모터스포츠 무대에서 큰 활약을 펼쳤던 **리카르도 로드리게스와 페드로 로드리게스 형제**가 차례로 세상을 떠난 뒤 **"에르마노스**[23] **로드리게스 써킷"**으로 공식 명칭을 변경했다.

1992시즌까지 일곱 차례의 멕시코 그랑프리가 펼쳐졌던 에르마노스 로드리게스 써킷은 해발 고도 2,000m 이상의 고원 지대에 위치해 공기역학적 성능과 파워트레인의 성능이 확연히 달라진다는 특징을 갖고 있으며, 2015년 멕시코 그랑프리의 두 번째 부활과 함께 마지막 섹터의 "페랄타다" 코너가 반토막 나는 대신 써킷 안쪽에 위치했던 야구장 "포로 솔"을 관통하며 3만 명의 관중석 앞을 지나는 독특한 구조를 갖게 됐다.

써킷 주요 정보

소재지	**멕시코시티**, 멕시코
개장 연도	**1959**
길이(km)	**4.304**
코너 개수	**17**
GP 개최 횟수	**25**
랩 레코드	**1:17.774** 발테리 보타스 메르세데스 W12 (2021)

F1 챔피언십 그랑프리

1963 ~ 1970,
1986 ~ 1992,
2015 ~ 2019
멕시코 그랑프리

2021 ~
멕시코시티 그랑프리

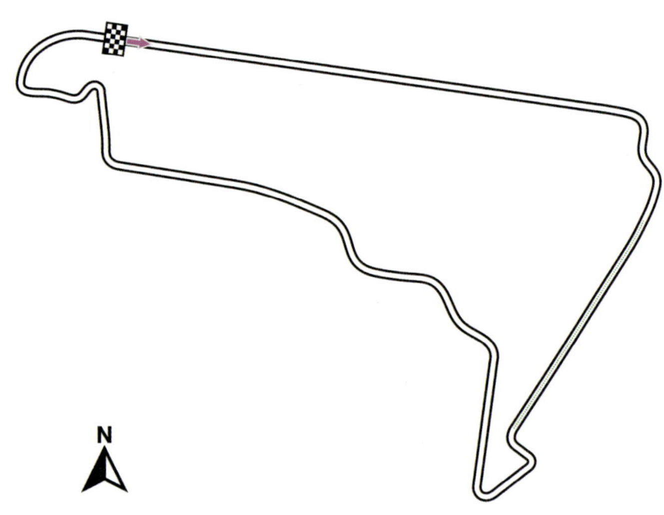

[23] 에르마노스는 스페인어로 형제를 뜻한다.

C 에스토릴 써킷

Autódromo do Estoril

Autódromo Fernanda Pires da Silva

1984년부터 1996년까지 포르투갈 그랑프리 개최지

1972년 건설된 에스토릴 써킷은 국제적인 모터스포츠 이벤트를 유치하기 위해 1984년 대대적인 리뉴얼을 단행했고, 1984시즌 24년 만에 부활하는 F1 챔피언십 포르투갈 그랑프리가 에스토릴 써킷에서 펼쳐졌다.

4.360km 길이의 트랙을 지나는 동안 큰 폭의 높이 변화와 7%에 이르는 급격한 경사, 1km에 육박하는 긴 핏 스트레이트 등이 특징이었던 에스토릴 써킷은 1994년 이몰라에서 아일톤 세나의 사고 이후 심각한 안전 문제가 제기된 써킷 중 하나였고, 결국 1996시즌 에스토릴에서의 마지막 F1 챔피언십 그랑프리가 펼쳐진 이후 더 이상 F1 챔피언십 그랑프리가 개최되지 않았다.

써킷 주요 정보

소재지	**리스본**, 포르투갈
개장 연도	1972
길이(km)	4.360[24]
코너 개수	13
GP 개최 횟수	13
랩 레코드	1:22.446 데이빗 쿨싸드 윌리엄스 FW16 (1994)

F1 챔피언십 그랑프리

1984 ~ 1996
포르투갈 그랑프리

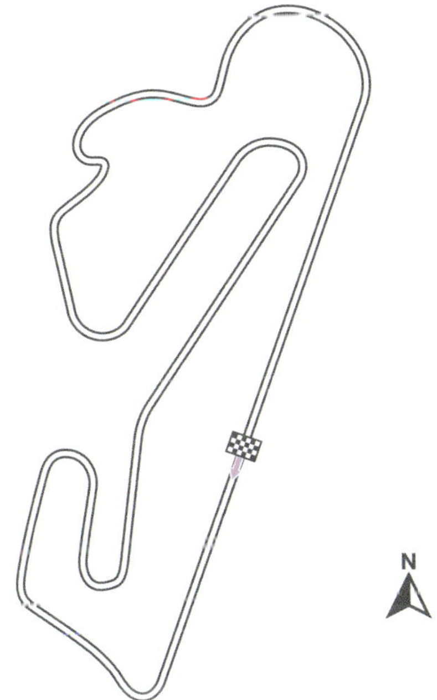

24 1994년부터 1996년까지 사용된 레이아웃 기준

에인트리 써킷

Aintree Circuit

Aintree Motor Racing Circuit

초창기 F1 영국 그랑프리의 무대로 활용됐던 써킷

에인트리는 F1 챔피언십 영국 그랑프리가 펼쳐진 네 개의 써킷 중 하나로 굿우드 써킷과 비슷하게 노면이 매우 고르고 트랙 높이 변화가 적은 특성 때문에 "북쪽의 굿우드"로 불리기도 했다.

에인트리는 1955년 영국 그랑프리를 유치하면서 실버스톤에 이어 두 번째로 F1 챔피언십 그랑프리를 개최한 영국 써킷이 되었으며, 1962시즌까지 모두 다섯 차례 F1 챔피언십 영국 그랑프리가 개최된 것 외에 열한 차례 F1 넌-챔피언십 그랑프리도 에인트리에서 펼쳐졌다.

써킷 주요 정보

소재지	**에인트리,** 머지사이드, 영국
개장 연도	**1954**
길이(km)	**4.828**
코너 개수	**8**
GP 개최 횟수	**5**
랩 레코드	**1:55.0** 짐 클라크 로터스 25 (1962)

F1 챔피언십 그랑프리

1955, 1957, 1959, 1961, 1962

영국 그랑프리

오카야마 인터내셔널 써킷

Okayama International Circuit

岡山国際サーキット

두 차례 퍼시픽 그랑프리가 펼쳐진 일본의 써킷

일본 경제의 버블이 절정에 달했던 1990년 회원제로 운영되는 사설 써킷으로 문을 연 오카야마 써킷은 유럽의 유명 드라이버들이 거쳐가면서 이름을 알리기 시작했고, 1994시즌에는 일본에서 같은 해 두 차례 F1 챔피언십 그랑프리를 열기 위한 무대로 선택되어 퍼시픽 그랑프리가 개최됐다.

오픈 당시 초창기 골프 클럽 운영자 타나카하지메가 이끄는 "타나카 인터내셔널"의 영문 약자 "TI"를 이용해 지어진 이름 **"TI 써킷 아이다(TIサーキット英田)"**로 불렸던 오카야마 써킷은 2004년 지금과 같은 "오카야마 인터내셔널 써킷"으로 공식 명칭을 변경했다.

써킷 주요 정보

소재지	**미마사카,** 오카야마, 일본
개장 연도	**1990**
길이(km)	**3.703**
코너 개수	**11**
GP 개최 횟수	**2**
랩 레코드	**1:14.023** 미하엘 슈마허 베네통 B194 (1994)

F1 챔피언십 그랑프리

1994, 1995
퍼시픽 그랑프리

O

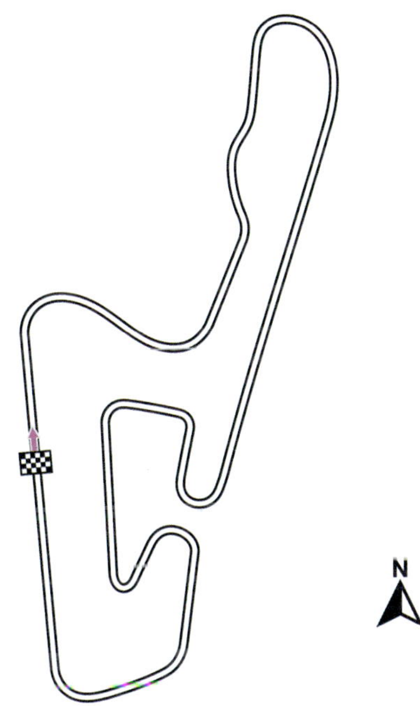

왓킨스 글렌

Watkins Glen

Watkins Glen International

스무 차례 미국 그랑프리가 펼쳐진 미국 동부의 인기 써킷

1956년 상설 전용 써킷이 된 왓킨스 글렌은 1961시즌 세 번째 F1 미국 그랑프리를 유치한 뒤 20년 동안 계속 미국 그랑프리의 무대가 되었다. 이 기간 동안 왓킨스 글렌은 미국 동부의 인기 써킷이자 북아메리카 모터 스포츠의 성지처럼 여겨지며 많은 사랑을 받았다.

"더 글렌(The Glen)"으로 불리기도 하는 왓킨스 글렌은 처음 F1 챔피언십 그랑프리를 유치할 당시 3.78km의 비교적 짧은 길이의 레이아웃이었지만, 1971 미국 그랑프리부터 5.435km의 제법 규모 있는 레이아웃을 사용하기 시작했다.

써킷 주요 정보	
소재지	**왓킨스 글렌**, 뉴욕, 미국
개장 연도	**1956**
길이(km)	**5.435**[25]
코너 개수	**11**
GP 개최 횟수	**20**
랩 레코드	**1:34.068** 알란 존스 윌리엄스 FW07B (1980)

F1 챔피언십 그랑프리

1961 ~ 1980
미국 그랑프리

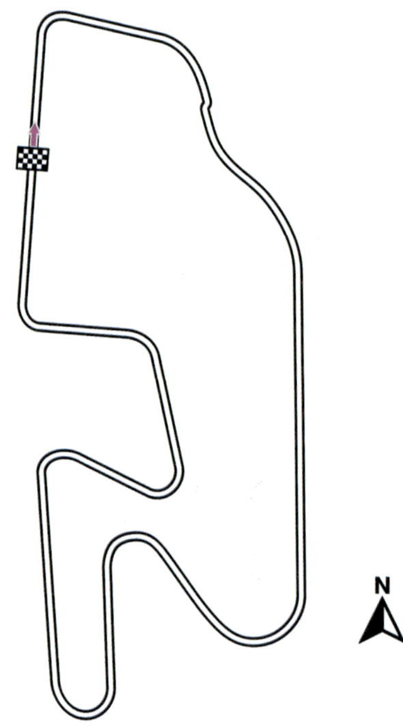

[25] 1975년부터 1980년까지 미국 그랑프리 레이아웃 기준

이몰라 써킷

Imola Circuit

Autodromo Internazionale Enzo e Dino Ferrari

산마리노 그랑프리와 에밀리아-로마냐 그랑프리의 개최지

1953년 문을 연 이몰라는 알프레도 페라리[26]가 세상을 떠난 뒤 "디노 페라리 써킷"으로 불리다가 1988년 엔초 페라리마저 세상을 떠나자 "**엔초와 디노 페라리** 써킷"으로 공식 명칭이 바뀌었다. 이몰라 써킷은 숲 속을 누비며 질주하는 고속 써킷으로 건설 초기 "작은 노르트슐라이페"라는 평가를 받기도 했으며, 여러 차례 써킷 곳곳에 시케인이 추가되는 등 변화를 겪다가 1994년 아일톤 세나의 사망 사고 이후 거칠고 위험했던 탐부렐로 코너 등을 포함한 대규모 레이아웃 변경이 이뤄졌다.

1980시즌 몬짜를 대신해 이탈리아 그랑프리를 치른 이몰라에서 계속 F1 챔피언십 그랑프리를 개최하기 위해 1981시즌부터 산마리노 그랑프리가 개최됐고, 2020년 COVID-19의 위기 속에 에밀리아-로마냐 그랑프리가 만들어지면서 이몰라 써킷은 2025시즌까지 F1 챔피언십의 무대로 활용되었다.

써킷 주요 정보	
소재지	**이몰라**, 에밀리아-로마냐, 이탈리아
개장 연도	**1953**
길이(km)	**4.909**
코너 개수	**48**
GP 개최 횟수	**4**
랩 레코드	**1:15.484** 루이스 해밀턴 메르세데스 W11 (2020)

F1 챔피언십 그랑프리

1980
이탈리아 그랑프리

1981 ~ 2006
산마리노 그랑프리

2020 ~ 2022, 2024, 2025
에밀리아로마냐 그랑프리

O

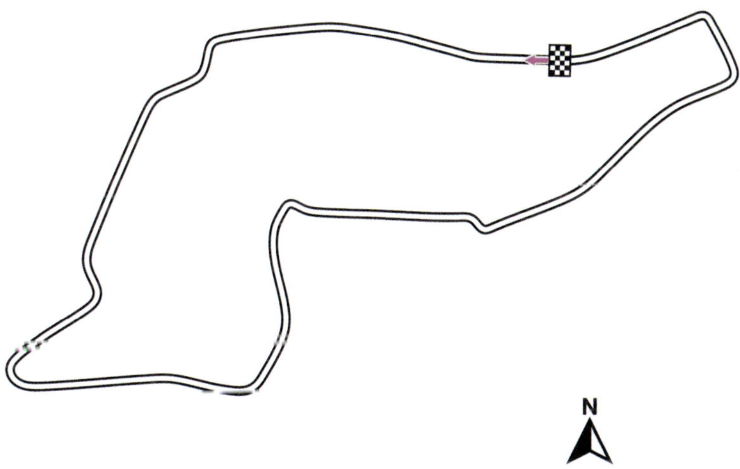

26 엔초 페라리의 아들. 작은 알프레도를 뜻하는 "디노"는 알프레도 페라리의 애칭이었다.

이스탄불 파크

Istanbul Park

Intercity Istanbul Park

튀르키예 그랑프리의 개최지

헤르만 틸케의 디자인에 따라 건설된 이스탄불 파크는 큰 횡 가속도를 이겨내야 하는 **턴08 "디아볼리카(Diabolica)"**, 스파-프랑코샹의 오-루즈를 연상시키는 **턴11 "포 루즈(Faux Rouge)"** 등 인상적인 코너들과 균형 잡힌 레이아웃 덕분에 팬들에게 큰 인기를 끌었다. 일부에서는 이스탄불 파크를 "틸케가 디자인한 최고의 써킷"으로 평가하기도 했다.

2005시즌 최초의 F1 튀르키예 그랑프리 개최를 위해 건설된 이스탄불 파크는 2011시즌까지 모두 일곱 차례 F1 챔피언십 그랑프리의 무대가 되었지만, 재정 문제로 2012시즌 대회가 중단되었다. 2020시즌 COVID-19의 영향으로 튀르키예 그랑프리가 잠시 부활해 이스탄불 파크에서 다시 F1 챔피언십 그랑프리가 개최되었고, 2021시즌 마지막 아홉 번째 튀르키예 그랑프리가 펼쳐졌다.

써킷 주요 정보

소재지	**투즐라**, 튀르키예
개장 연도	**2005**
길이(km)	**5.338**[27]
코너 개수	**14**
GP 개최 횟수	**9**
랩 레코드	**1:24.770**

후안 파블로 몬토야
맥라렌 MP4-20
(2005)

F1 챔피언십 그랑프리

2005 ~ 2011,
2020 ~ 2021
튀르키예 그랑프리

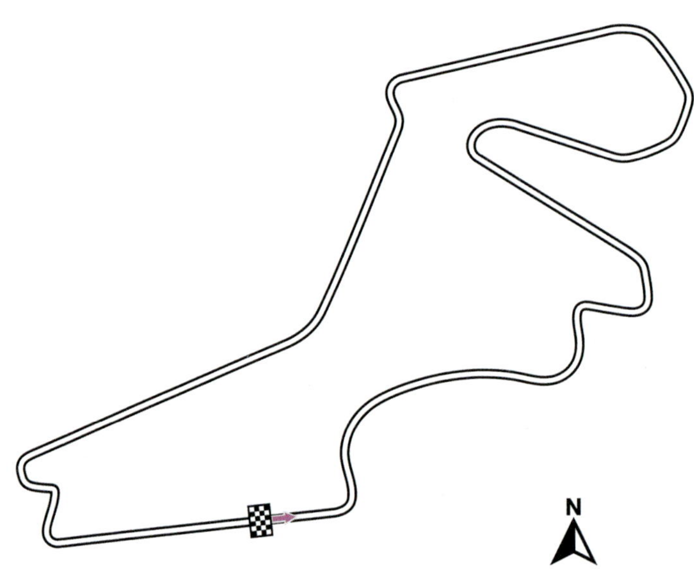

27 1958년부터 1988년까지 사용된 레이아웃 기준

인디애나폴리스 모터 스피드웨이

Indianapolis Motor Speedway

현존하는 가장 오래된 상설 전용 써킷

머리글자를 딴 이름 **"IMS"**로도 불리는 인디애나폴리스 모터 스피드웨이는 영국에 건설된 세계 최초의 써킷 브룩랜즈를 방문했던 미국의 사업가 칼 피셔가 귀국한 뒤 만든 미국 최초의 레이싱 써킷이다. 인디애나폴리스 모터 스피드웨이는 역사상 두 번째로 건설된 모터스포츠 전용 써킷이며, **2023년 현재 남아있는 세계에서 가장 오래된 상설 레이싱 써킷**이다.

1911년 최초의 **인디500**이 펼쳐진 뒤 미국은 물론 세계 모터스포츠에서 가장 중요한 레이싱 써킷 중 하나로 자리 잡은 인디애나폴리스 모터 스피드웨이는 네 개의 코너를 시계 반대 방향으로 주파하면 한 랩이 완료되는 매우 간단한 레이아웃을 기본으로 하고 있지만, 2000시즌부터 여덟 차례 F1 미국 그랑프리를 유치했을 때는 시계 방향으로 진행하며 오벌 구간을 절반 정도만 이용하는 13개 코너의 "그랑프리 로드 코스"가 사용되기도 했다.

써킷 주요 정보

소재지	**스피드웨이,** 인디애나, 미국
개장 연도	1909
길이(km)	4.192[28]
코너 개수	13
GP 개최 횟수	19
랩 레코드	1:10.399 루벤스 바리첼로 페라리 F2004 (2004)

F1 챔피언십 그랑프리

1950 ~, 1960
인디500

2000 ~ 2007
미국 그랑프리

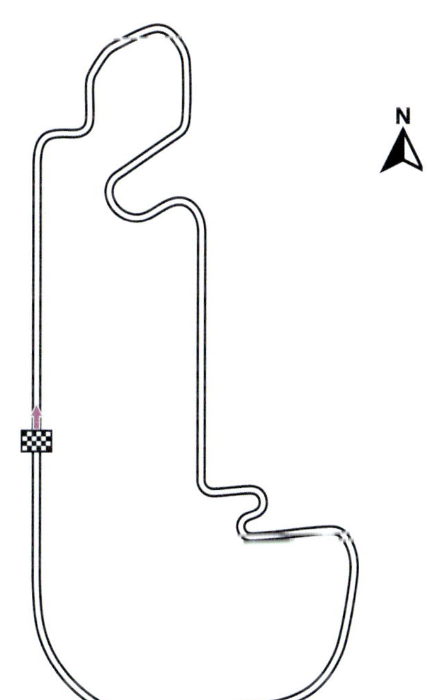

[28] 2000년부터 2007년까지 미국 그랑프리에 사용된 그랑프리 로드 코스 기준

인터라고스

Interlagos

Autódromo José Carlos Pace

브라질 그랑프리와 상파울루 그랑프리의 개최지

1940년 건설된 인터라고스는 1972년 넌-챔피언십 그랑프리로 펼쳐졌던 F1 브라질 그랑프리의 무대로 사용됐고, 1973시즌 최초의 F1 챔피언십 브라질 그랑프리에 이어 1990시즌 이후 모든 브라질 그랑프리를 유치해 남미의 대표적인 레이싱 써킷으로 자리 잡았다. 인터라고스는 1985년 브라질 출신 드라이버 조제 카를로스 페이스를 기리며 조제 카를로스 페이스 써킷으로 공식 명칭이 변경되었지만, 많은 사람이 여전히 "인터라고스"라는 명칭을 사용하고 있다.

처음에는 8km 길이의 레이아웃이었던 인터라고스는 1990년 대대적 레이아웃 변경을 거쳐 "세나 S(S do Senna)"가 추가되는 등의 변화와 함께 길이가 4.3km로 크게 단축된 현재와 같은 짧고 다이나믹한 모습으로 탈바꿈했고, 2021시즌부터 상파울루 그랑프리의 무대가 되고 있다.

써킷 주요 정보

소재지	**상파울루,** 브라질
개장 연도	**1940**
길이(km)	**4.309**
코너 개수	**15**
GP 개최 횟수	**43**
랩 레코드	**1:10.540** 발테리 보타스 메르세데스 W09 (2018)

F1 챔피언십 그랑프리

1972 ~ 1977,
1979 ~ 1980,
1990 - 2019
브라질 그랑프리

2021 ~
상파울루 그랑프리

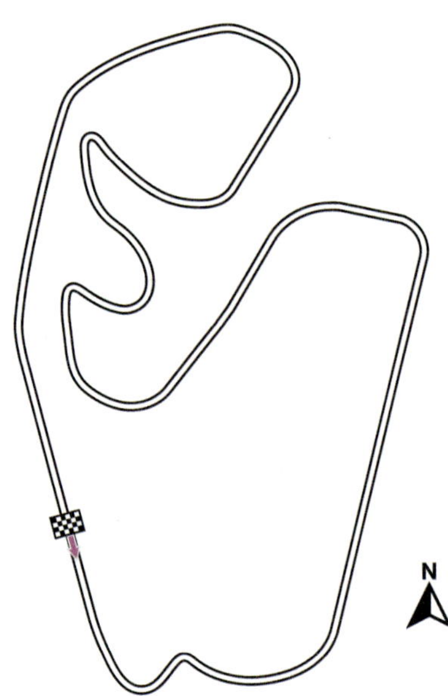

자카레파구아

Jacarepaguá

Autódromo Internacional Nelson Piquet

열 차례 브라질 그랑프리가 펼쳐진 리우데자네이루의 써킷

1977년 리우데자네이루의 개간지에 건설된 자카레파구아는 1978시즌 인터라고스를 대신해 처음으로 F1 브라질 그랑프리를 유치했고, 에머슨 피티팔디의 은퇴 후 인기가 하락한 인터라고스 대신 1980년대 초중반 맹활약한 넬슨 피케의 고향 리우데자네이루를 무대로 브라질 그랑프리는 다시 흥행할 수 있었다.

자카레파구아는 얼핏 보기에 레이아웃이 단순해 공략이 쉬운 것처럼 보일 수 있지만, 긴 코너가 즐비하고 트랙 표면이 매우 거칠기 때문에 레이스카와 드라이버 모두에게 큰 부담을 주는 써킷이라는 평가가 많았다.

써킷 주요 정보

소재지	**리우데자네이루, 브라질**
개장 연도	**1977**
길이(km)	**5.031**
코너 개수	**11**
GP 개최 횟수	**10**
랩 레코드	**1:32.507** 리카르도 파트레제 윌리엄스 FW12C (1989)

F1 챔피언십 그랑프리

1978, 1981 ~ 1989
브라질 그랑프리

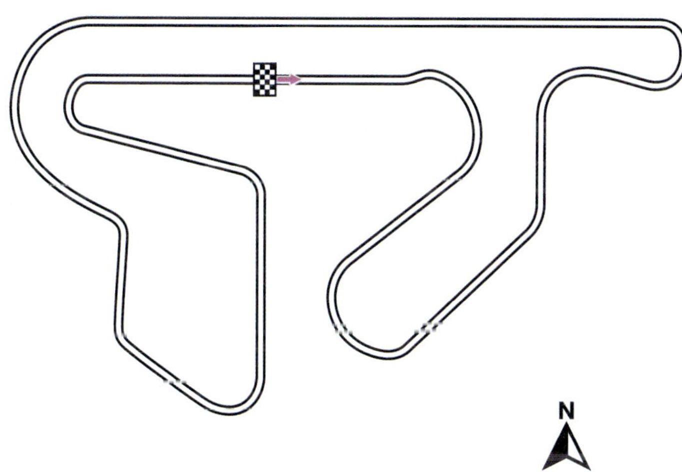

잔트포트 써킷

Circuit Zandvoort

CM.com Circuit Zandvoort

네덜란드 그랑프리의 개최지

잔트포트 써킷은 1948년 네덜란드의 북해 연안 휴양 도시 잔트포트 부근에 건설된 써킷으로 같은 해 바로 넌-챔피언십 F1 네덜란드 그랑프리를 유치했고, 1952시즌 처음으로 F1 챔피언십 그랑프리의 무대가 된 뒤 1985시즌까지 모두 서른 차례의 네덜란드 그랑프리가 잔트포트에서 펼쳐졌다.

2021년 네덜란드 그랑프리의 부활과 함께 **턴03 "존 후겐홀츠"** 코너와 **마지막 코너 "아리 루엔딕(Arie Luyendyk)"** 코너가 큰 각도의 **뱅크** 구간으로 변경되어, 다른 써킷에서는 느낄 수 없는 심하게 기울어진 코너의 변수가 잔트포트 써킷의 가장 중요한 특징 중 하나가 됐다.

써킷 주요 정보

소재지	**잔트포트**, 네덜란드
개장 연도	**1948**
길이(km)	**4.259**[29]
코너 개수	**14**
GP 개최 횟수	**28**
랩 레코드	**1:11.097** 루이스 해밀턴 메르세데스 W12 (2021)

F1 챔피언십 그랑프리

1950 ~ 1953, 1955, 1958 ~ 1971, 1973 ~ 1985, 2021 ~
네덜란드 그랑프리

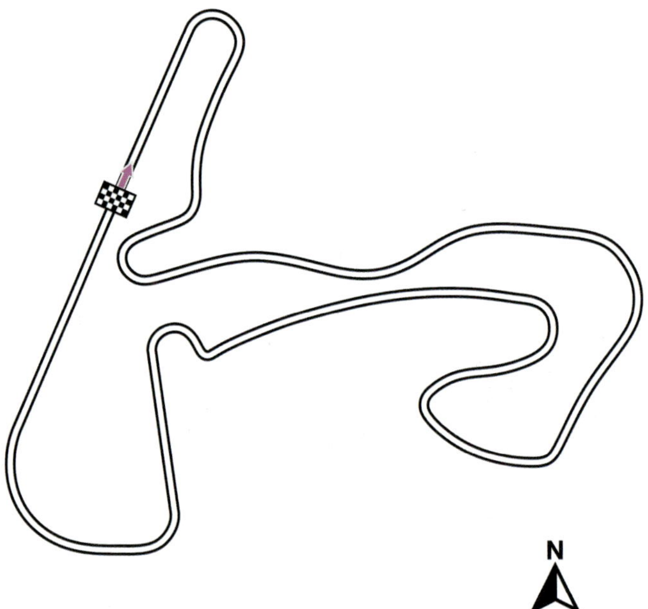

[29] 2021년 레이아웃 변경 이후 기준

제다 코니시 써킷

Jeddah Corniche Circuit

حلبة كورنيش جدة

사우디아라비아 그랑프리의 개최지

2021년 사우디아라비아 그랑프리의 탄생과 함께 만들어진 제다 코니시 써킷은 제다의 해안 도로를 활용하는 시가지 써킷으로, 6.174km의 매우 긴 길이는 물론 시가지 써킷답지 않은 빠른 고속 코너가 계속 이어지는 물 흐르는 듯한 흐름이 특징이다.

제다 코니시 써킷은 개장 직후부터 구조적으로 매우 위험하다는 평가가 많았고, 서포트 레이스부터 시작해 F1 사우디아라비아 그랑프리에서도 많은 사고와 크고 작은 부상이 발생하기도 했다. 결국 제다 코니시 써킷은 2022년에 이어 2023년에도 안전 문제를 해결하기 위한 써킷 개선 작업이 진행됐다.

써킷 주요 정보	
소재지	제다, 사우디아라비아
개장 연도	2021
길이(km)	6.174
코너 개수	27
GP 개최 횟수	5
랩 레코드	1:30.734 루이스 해밀턴 메르세데스 W12 (2021)

F1 챔피언십 그랑프리
2021 ~ 사우디아라비아 그랑프리

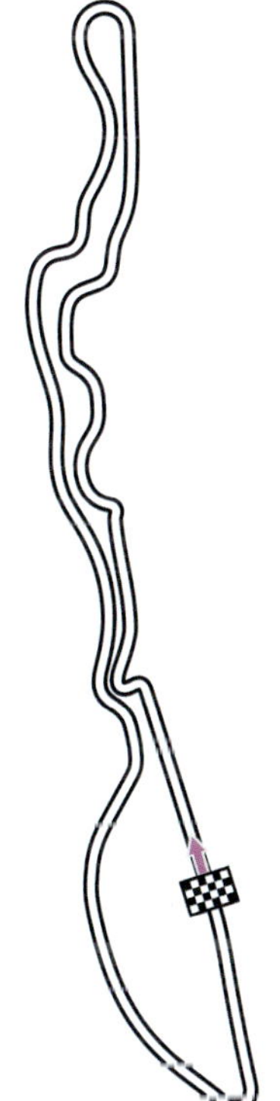

ㅈ

젤트베케 에어베이스

Zeltweg Air Base

Fliegerhorst Hinterstoisser

최초의 오스트리아 그랑프리가 펼쳐진 써킷

실버스톤의 성공에 영감을 받아 공군 비행장을 개조해 건설된 젤트베케 에어베이스는 1963년 최초의 오스트리아 그랑프리의 무대가 되었고, 이듬해 1964시즌 첫 번째 F1 챔피언십 오스트리아 그랑프리 역시 젤트베케 에어베이스에서 펼쳐졌다.

첫 F1 챔피언십 그랑프리를 치른 젤트베케 에어베이스는 써킷 구조만 보면 매우 단순했지만, 노면이 불규칙한 데다가 관중들이 레이스를 제대로 관전하기도 어렵다는 문제가 제기됐다. 결국 1964년 단 한 차례의 레이스 이후 F1 챔피언십 오스트리아 그랑프리는 더 이상 젤트베케 에어베이스에서 펼쳐지지 않았다.

써킷 주요 정보

소재지	**젤트베케**, 스티리아, 오스트리아
개장 연도	**1959**
길이(km)	**3.186**
코너 개수	**4**
GP 개최 횟수	**1**
랩 레코드	**1:10.56** 댄 거니 브라밤 BT7 (1964)

F1 챔피언십 그랑프리

1964
오스트리아 그랑프리

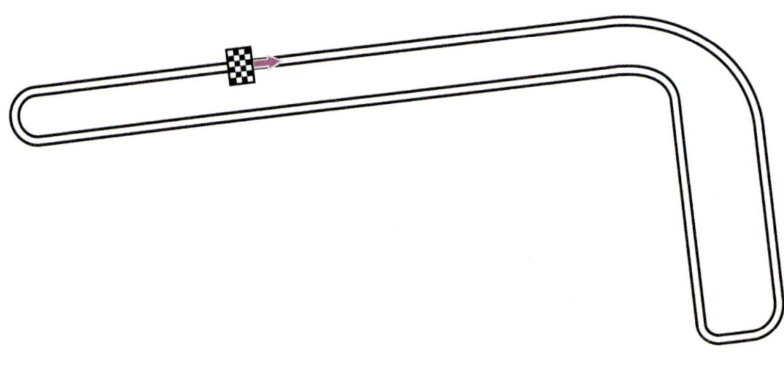

졸더 써킷

Circuit Zolder

1970/1980년대 열 차례 벨기에 그랑프리가 펼쳐진 써킷

스즈카 써킷의 디자이너 존 후겐홀츠의 디자인에 따라 건설된 졸더 써킷은 벨기에를 대표하는 스파-프랑코샹과 달리 길이가 짧고 아기자기한 레이아웃을 특징으로 만들어진 써킷으로 1963년 문을 열었다.

안전 문제가 불거지면서 한동안 벨기에 그랑프리를 치르지 못한 스파-프랑코샹의 공백을 메꾸며 1973시즌부터 1984시즌까지 모두 열 차례의 F1 챔피언십 벨기에 그랑프리가 펼쳐졌던 졸더 써킷은 1982 벨기에 그랑프리 퀄리파잉에서 질 빌너브의 사망 사고로 아픈 역사를 남겼고, 1985시즌부터 벨기에 그랑프리를 스파-프랑코샹이 독점 개최하기 시작한 이후로는 더 이상 졸더에서 벨기에 그랑프리가 펼쳐지지 않았다.

써킷 주요 정보

소재지	**호스덴-졸더**, 벨기에
개장 연도	**1963**
길이(km)	**4.262**[30]
코너 개수	**15**
GP 개최 횟수	**10**
랩 레코드	**1:19.294** 르네 아르누 페라리 126C4 (1984)

F1 챔피언십 그랑프리

1973, 1975 ~ 1982, 1984
벨기에 그랑프리

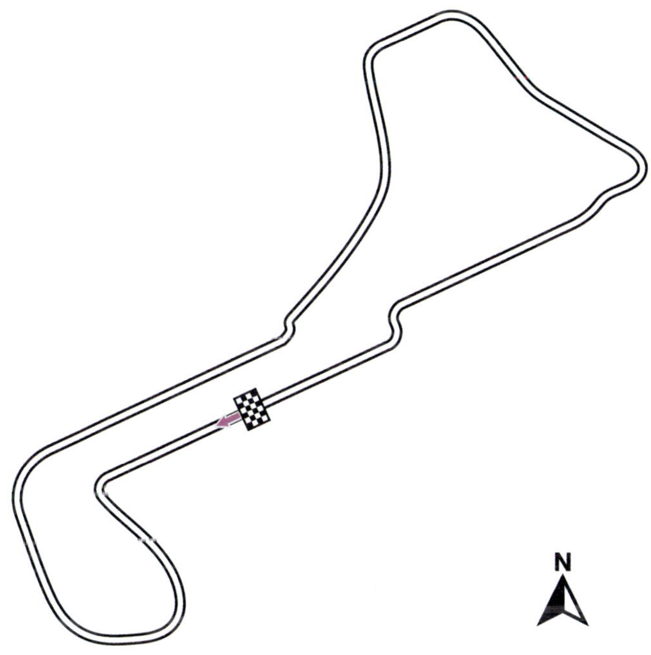

[30] 1984 벨기에 그랑프리에 사용된 레이아웃 기준.

질 빌너브 써킷

Circuit Gilles Villeneuve

1978년부터 캐나다 그랑프리가 펼쳐지고 있는 써킷

1967 몬트리올 엑스포를 위해 만들어진 인공섬 노틀담 섬 위에 건설되어 1978년 문을 연 **"노틀담 써킷(Île Notre-Dame Circuit)"**은 같은 해 F1 챔피언십 캐나다 그랑프리의 무대가 되기 시작했고, 1982년 캐나다 최고의 드라이버였던 질 빌너브가 사고로 세상을 떠난 뒤 지금과 같은 질 빌너브 써킷으로 공식 명칭을 변경했다.

질 빌너브 써킷은 트랙 높이 변화가 많지 않고 다른 써킷과 비교해 이렇다 할 고속 코너도 없지만, 전형적인 "스탑&고 써킷" 레이아웃을 바탕으로 마지막 시케인 직후 정상급 드라이버의 사고를 다수 유발한 곳으로 악명 높은 **"월 오브 챔피언(The Wall of Champions)"**을 포함해 트랙에 바짝 붙은 방호벽이 많아 사고 발생 가능성과 공략 난이도가 높은 써킷으로 여겨진다.

써킷 주요 정보

소재지	**몬트리올**, 퀘벡, 캐나다
개장 연도	**1978**
길이(km)	**4.361**
코너 개수	**14**
GP 개최 횟수	**44**
랩 레코드	**1:13.078** 발테리 보타스 메르세데스 W10 (2019)

F1 챔피언십 그랑프리

1978 ~ 1986,
1988 ~ 2008,
2010 ~ 2019, 2022 ~
캐나다 그랑프리

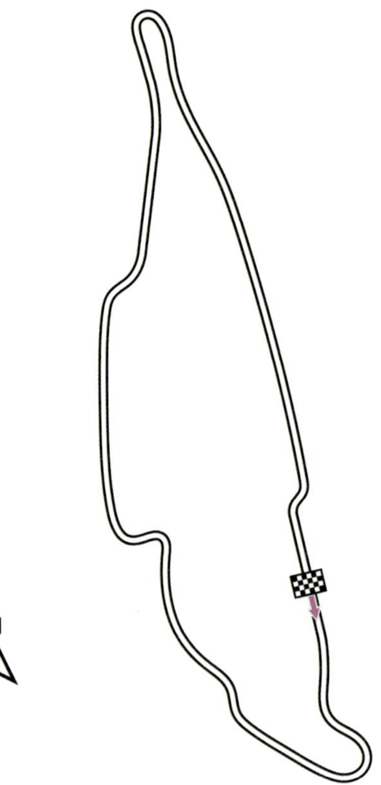

코리아 인터내셔널 써킷

Korea International Circuit

영암 국제자동차경주장

코리아 그랑프리의 개최지

2010년 F1 챔피언십 코리아 그랑프리를 위해 전라남도 영암군에 건설된 코리아 인터내셔널 써킷은 2013시즌까지 모두 네 차례 F1 챔피언십 그랑프리가 영암에서 펼쳐졌으며, 국내 유일의 그레이드 1 써킷이자 한국 최대의 레이싱 써킷으로 크고 작은 로컬 레이스는 물론 다수의 국제 모터스포츠 이벤트와 테스트 주행이 코리아 인터내셔널 써킷에서 이뤄지고 있다.

코리아 인터내셔널 써킷은 헤르만 틸케가 디자인한 써킷으로 전형적인 "틸케드롬" 중 하나로 여겨지지만, 턴02부터 턴03으로 이어지는 1.1km 이상의 매우 긴 가속 구간과 마지막 섹터 3의 시가지 구간을 염두에 둔 구간 등이 특징적이다.

써킷 주요 정보

소재지	**영암,** 전라남도, 한국
개장 연도	**2010**
길이(km)	**5.615**
코너 개수	**18**
GP 개최 횟수	**4**
랩 레코드	**1:39.605** 세바스찬 베텔 레드불 RB7 (2011)

F1 챔피언십 그랑프리

2010 ~ 2013
코리아 그랑프리

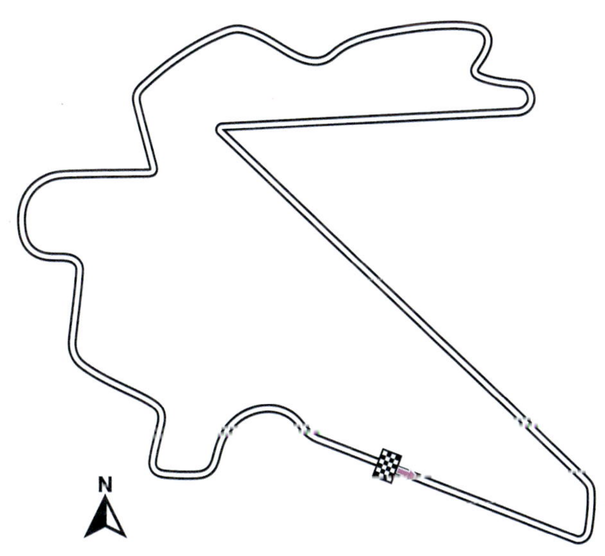

키얄라미

Kyalami

Kyalami Grand Prix Circuit

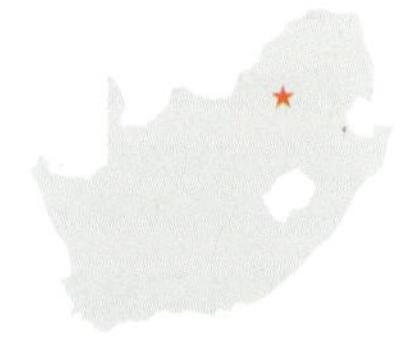

남아프리카공화국을 대표하는 써킷

1961년 남아프리카공화국 북동부 미들랜드에 건설된 키얄라미 써킷은 기존 프린스 죠지 써킷을 대신해 1967시즌부터 남아프리카공화국 그랑프리를 개최하기 시작했으며, 모두 스무 차례의 F1 챔피언십 남아프리카공화국 그랑프리가 키얄라미에서 펼쳐졌다.

처음 건설될 당시 4.104km 길이와 아홉 개 코너의 레이아웃으로 1985시즌까지 F1 그랑프리의 무대가 되었던 키얄라미 써킷은 5년의 공백을 거치며 기존 코너 중 절반 이상을 수정하거나 삭제하는 대대적 리빌딩을 거쳤고, 4.261km 길이와 13개 코너의 레이아웃으로 재탄생해 1992시즌과 1993시즌 남아프리카공화국 그랑프리의 무대가 되었다.

써킷 주요 정보

소재지	**미들랜드,** 남아프리카공화국
개장 연도	**1961**
길이(km)	**4.261**[31]
코너 개수	**48**
GP 개최 횟수	**20**
랩 레코드	**1:17.578** 나이젤 만셀 윌리엄스 FW14B (1992)

F1 챔피언십 그랑프리

1967 ~ 1980,
1982 ~ 1985,
1992 ~ 1993
남아프리카공화국 그랑프리

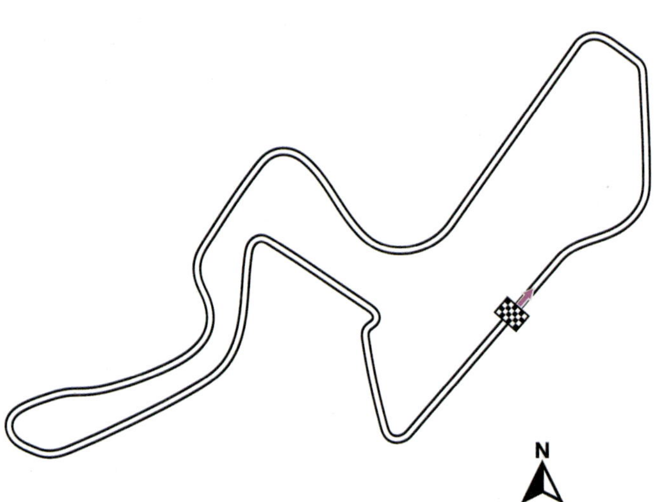

[31] 1993 남아프리카공화국 그랑프리에 사용된 레이아웃 기준

페드랄베스 써킷

Pedralbes Circuit

Circuito de Pedralbes

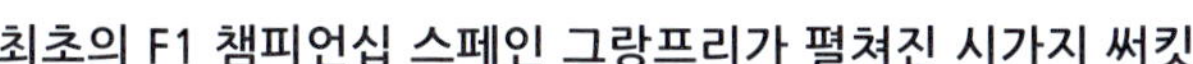

최초의 F1 챔피언십 스페인 그랑프리가 펼쳐진 시가지 써킷

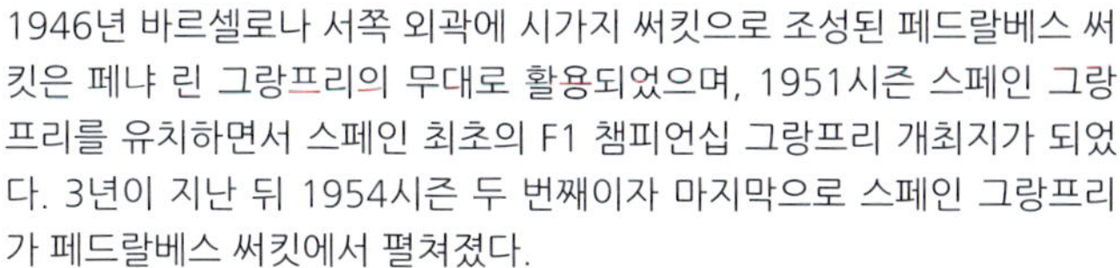

1946년 바르셀로나 서쪽 외곽에 시가지 써킷으로 조성된 페드랄베스 써킷은 페냐 린 그랑프리의 무대로 활용되었으며, 1951시즌 스페인 그랑프리를 유치하면서 스페인 최초의 F1 챔피언십 그랑프리 개최지가 되었다. 3년이 지난 뒤 1954시즌 두 번째이자 마지막으로 스페인 그랑프리가 페드랄베스 써킷에서 펼쳐졌다.

페드랄베스 써킷은 탁 트인 대로를 이용하며 코너가 단 여섯 개뿐인 단순한 레이아웃에도 불구하고 비교적 재미있는 써킷으로 여겨졌지만, 1955 르망 24시간 대참사가 벌어진 뒤 안전 문제에 취약하다는 판단이 내려진 이후 페드랄베스에서는 더 이상 F1 그랑프리가 개최되지 않았다.

써킷 주요 정보

소재지	**바르셀로나,** 카탈루냐, 스페인
개장 연도	**1946**
길이(km)	**6.316**
코너 개수	**6**
GP 개최 횟수	**2**
랩 레코드	**2:16.93** 후안 마누엘 판지오 알파로메오 159 (1951)

F1 챔피언십 그랑프리

1951, 1954 **스페인 그랑프리**

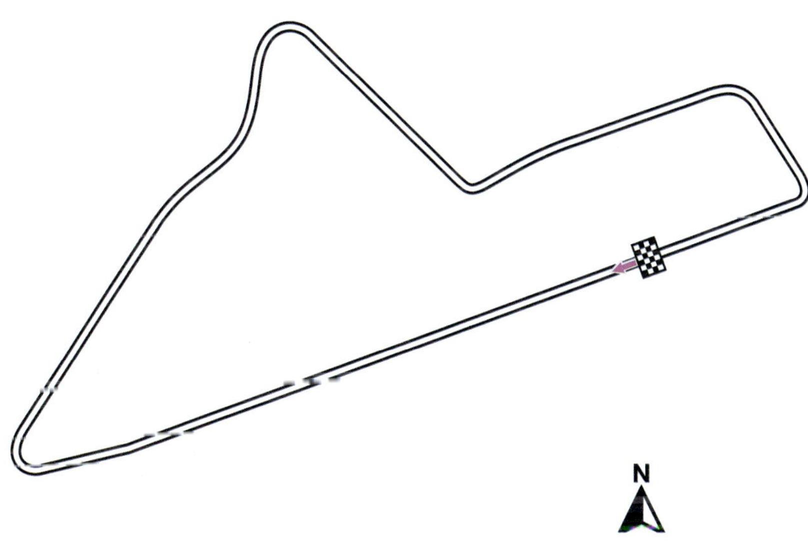

페스카라 써킷

Pescara Circuit

Circuito di Pescara

F1 최장 써킷으로 기록된 코파 아체르보의 개최지

이탈리아 동부 해안 도시 페스카라에 조성된 로드 써킷인 페스카라 써킷은 1924년부터 파시스트 티토 아체르보의 이름을 딴 **"코파 아체르보(Coppa Acerbo)"의 개최지**로 사용되면서 세계적인 명성을 얻었고, 제2차 세계대전이 끝난 뒤에는 몇 차례 이름을 바꾸며 코파 아체르보의 전통을 이은 레이스가 계속 개최됐다.

1957시즌 페스카라 그랑프리가 25.8km 길이의 써킷에서 개최되면서 F1 챔피언십 그랑프리가 개최된 써킷 중 가장 긴 써킷이라는 깨지기 힘든 기록을 페스카라 써킷이 보유하게 되었다.

써킷 주요 정보

소재지	**페스카라,** 아부르쪼, 이탈리아
개장 연도	**1924**
길이(km)	**25.8**
코너 개수	**18**
GP 개최 횟수	**1**
랩 레코드	**9:44.6** 스털링 모스 반월 VW5 (1957)

F1 챔피언십 그랑프리

1957
페스카라 그랑프리

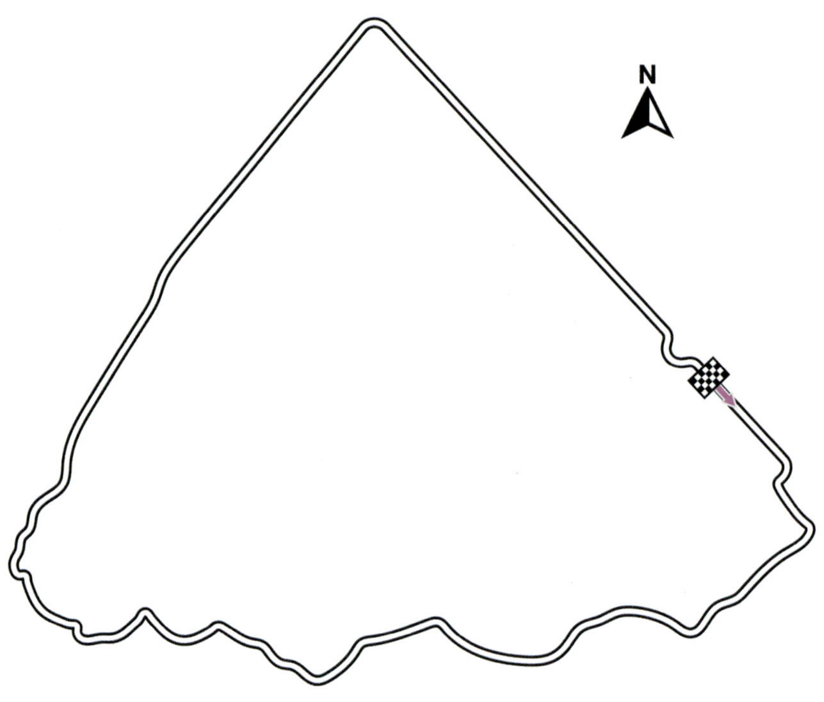

페어 파크

Fair Park

1984 댈러스 그랑프리를 위해 조성된 시가지 써킷

페어 파크는 1984년 댈러스가 세계적인 도시로 성장했다는 것을 홍보하기 위해 유치한 댈러스 그랑프리의 무대로, 댈러스 다운타운 동쪽 공원 페어 파크에 만들어진 임시 시가지 써킷이다. 페어 파크는 레이아웃만 봤을 때는 흥미롭지만, 부실한 노면 상태와 부족한 런-오프 등 여러 가지 심각한 문제가 노출됐다.

기온 38도의 폭염 속에 펼쳐지면서 참가자들과 팬들의 뇌리에 깊은 인상을 남긴 1984 댈러스 그랑프리에서는 나이젤 만셀이 F1 데뷔 후 첫 폴 포지션을 차지했고, 레이스에서는 윌리엄스의 케케 로스버그가 우승을 차지하며 엔진 공급자로 F1에 복귀한 혼다의 첫 그랑프리 우승이라는 기록을 남겼다.

써킷 주요 정보

소재지	**샹쥬느샴페네,** 퓌드돔, 프랑스
개장 연도	1984
길이(km)	3.901
코너 개수	23
GP 개최 횟수	1
랩 레코드	1:45.353 니키 라우다 맥라렌 MP4/2 (1984)

F1 챔피언십 그랑프리

1984
댈러스 그랑프리

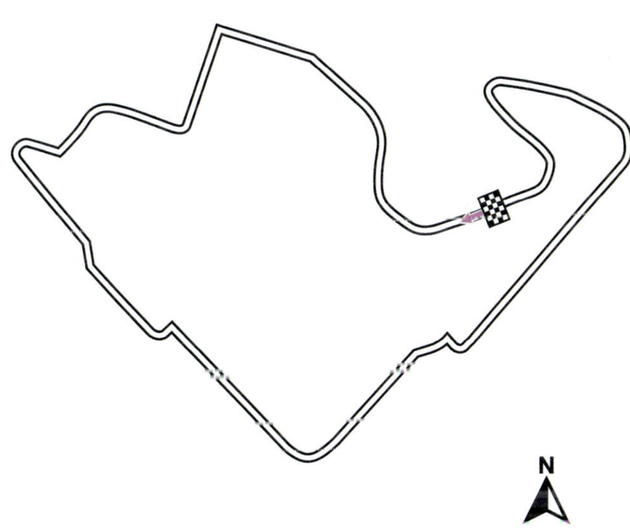

폴 리카르 써킷

Circuit Paul Ricard

2018시즌부터 2022시즌까지 프랑스 그랑프리 개최지

1970년 문을 연 폴 리카르 써킷은 당시 혁신적인 디자인과 현대적인 설비를 갖춰 세계에서 가장 안전한 써킷으로 평가받았고, 1971년부터 1990년 사이 14회의 F1 챔피언십 프랑스 그랑프리를 치른 것을 비롯해 다양한 모터스포츠와 자동차 개발을 위한 테스트 써킷으로 널리 애용되었다.

2018시즌 다시 프랑스 그랑프리의 개최지로 복귀해 2022시즌까지 F1 챔피언십 그랑프리의 무대가 되었던 폴 리카르 써킷은 1.8km의 미스트랄 스트레이트와 247가지 조합의 레이아웃을 사용할 수 있는 테스트 트랙으로서의 특징과 극단적으로 높은 그립으로 사고 위험을 줄이는 파란색과 빨간색으로 칠해진 특별한 런-오프로 깊은 인상을 남기는 곳이다.

써킷 주요 정보

소재지	**르 카스텔레**, 바, 프랑스
개장 연도	**1970**
길이(km)	**5.842**[32]
코너 개수	**15**
GP 개최 횟수	**18**
랩 레코드	**1:32.740** 세바스찬 베텔 페라리 SF90 (2019)

F1 챔피언십 그랑프리

1971, 1973, 1975, 1976, 1978, 1980, 1982, 1983, 1985 ~ 1990, 2018, 2019, 2021, 2022
프랑스 그랑프리

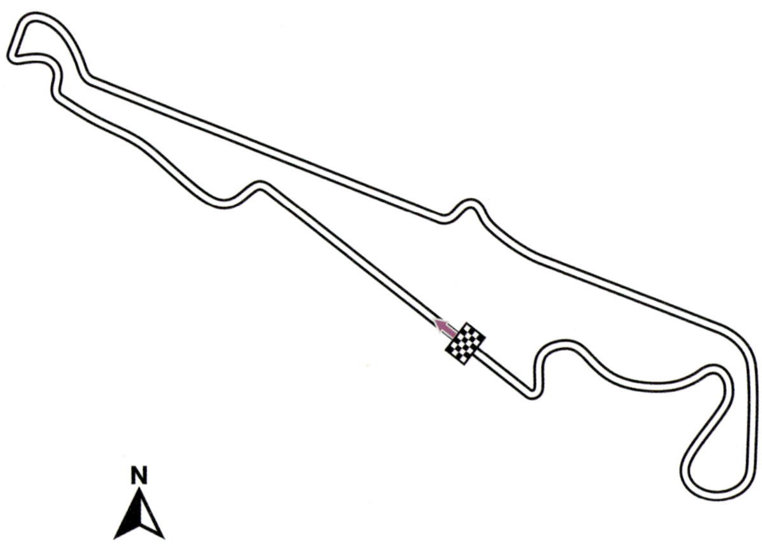

[32] 1C-V2 레이아웃 기준

프린스 죠지 써킷

Prince George Circuit

최초의 남아프리카 공화국 그랑프리 개최지

1930년 23.4km 길이의 로드 써킷으로 이스트 런던에 건설된 프린스 죠지 써킷은 1936년부터 17.7km로 단축된 레이아웃이 사용됐고, 1959 시즌 남아프리카공화국 그랑프리를 유치하면서 다시 3.920km 길이의 전용 써킷으로 재탄생해 모두 세 차례 F1 챔피언십 남아프리카 공화국 그랑프리의 무대가 됐다.

해안 평지에 자리 잡고 있기 때문에 트랙의 높이 변화는 크지 않은 데다가 코너 개수가 단 여덟 개 뿐인 프린스 죠지 써킷은 1960년대 F1 레이스카의 규격에 비해 너무 작다는 평가를 받은 뒤 남아프리카 공화국 그랑프리의 개최지 자리를 키얄라미에게 넘겨주었다.

써킷 주요 정보

소재지	**이스트 런던,** 남아프리카공화국
개장 연도	**1930**
길이(km)	**3.920**
코너 개수	**8**
GP 개최 횟수	**3**
랩 레코드	**1:27.6** 짐 클라크 로터스 33 (1965)

F1 챔피언십 그랑프리

1962, 1963, 1965
남아프리카공화국 그랑프리

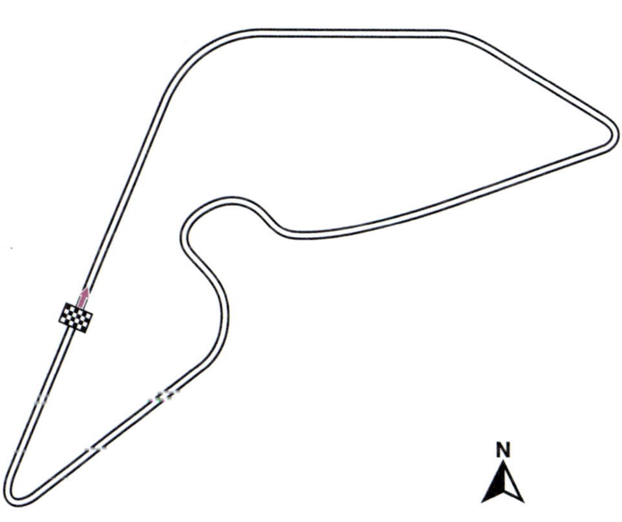

피닉스 스트리트 써킷

Phoenix Street Circuit

세 차례 미국 그랑프리가 펼쳐진 애리조나의 시가지 써킷

미국 아리조나의 피닉스 시는 1986년부터 F1 그랑프리 유치를 추진했고, 디트로이트의 갑작스러운 F1 그랑프리 포기 선언 이후 탄력을 받아 피닉스 스트리트 써킷을 건설하기 시작했다. 단 4개월 만에 3.8km 길이의 도로 재포장과 피트 및 그랜드스탠드, 펜스 등 설비를 급조한 뒤, 피닉스 스트리트 써킷에서 1989년 6월 F1 챔피언십 미국 그랑프리가 펼쳐졌다.

1990년 미국 그랑프리의 개최 시기를 3월로 옮긴 데 이어 1991년에는 3.721km 길이의 새로운 레이아웃을 채택하는 등 변화를 시도했지만, 피닉스 스트리트 써킷은 버니 에클스톤의 갑작스러운 계약 해지 통보에 의해 1992시즌 F1 캘린더에서 퇴출당했다.

써킷 주요 정보

소재지	**피닉스,** 애리조나, 미국
개장 연도	**1989**
길이(km)	**3.721**[33]
코너 개수	**15**
GP 개최 횟수	**3**
랩 레코드	**1:21.434** 아일톤 세나 맥라렌 MP4/6 (1991)

F1 챔피언십 그랑프리

1989 ~ 1991 **미국 그랑프리**

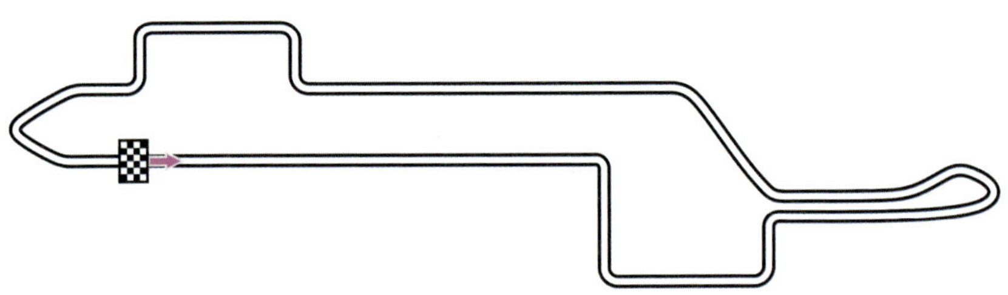

[33] 1991 미국 그랑프리에 사용된 레이아웃 기준

하라마 써킷

Circuito del Jarama

아홉 차례 스페인 그랑프리가 펼쳐진 마드리드의 써킷

존 후겐홀츠가 디자인해 1967년 문을 연 하라마 써킷은 13년 만에 부활하는 스페인 그랑프리의 개최지로 사용된 뒤 1968시즌 처음으로 F1 챔피언십 스페인 그랑프리를 유치했고, 1981시즌까지 모두 아홉 차례 F1 챔피언십 스페인 그랑프리가 하라마에서 펼쳐졌다.

하라마 써킷은 비교적 짧은 핏 스트레이트와 빠르게 이어지는 타이트한 코너들로 이루어져 추월이 매우 어려운 써킷으로 악명이 높았으며, 현대적인 F1 레이스를 치르기에 너무 좁다는 평가와 함께 1982년 이후로는 F1 그랑프리 개최지로 사용되지 않았다.

써킷 주요 정보

소재지	**산세바스티안,** 마드리드, 스페인
개장 연도	**1967**
길이(km)	**3.312**[34]
코너 개수	**12**
GP 개최 횟수	**9**
랩 레코드	**1:16.44** 질 빌너브 페라리 312T4 (1979)

F1 챔피언십 그랑프리

1968, 1970, 1972, 1974, 1976 ~ 1979, 1981
스페인 그랑프리

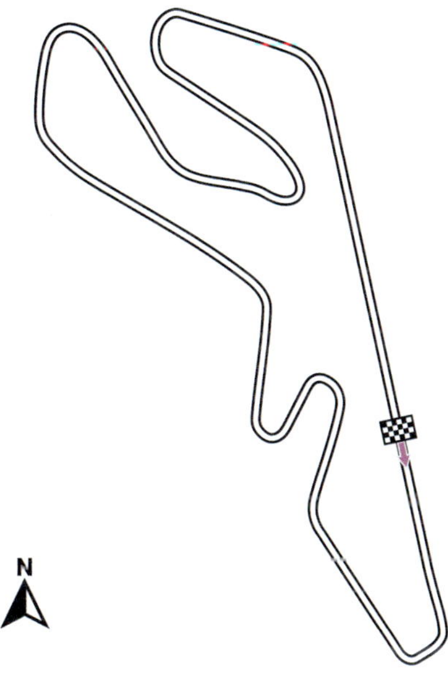

[34] 1958년부터 1988년까지 사용된 레이아웃 기준

헝가로링

Hungaroring

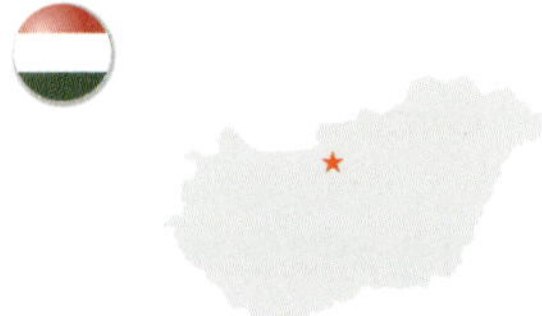

동유럽 최초의 F1 그랑프리 개최 써킷

냉전 시기였던 1**986년 동유럽 최초의 F1 챔피언십 그랑프리 개최**를 위해 부다페스트 근교 모교로드에 건설된 헝가로링은 1986시즌부터 매년 한 번도 빠짐없이 F1 헝가리 그랑프리를 개최하며 중부 유럽에서 가장 중요한 모터스포츠 개최지 중 하나로 자리 잡았다.

4.381km의 비교적 짧은 길이와 14개의 많은 코너가 짧게 이어지는 헝가로링은 고르지 않은 노면과 추월이 극도로 어렵다는 특징을 갖고 있었으며, **"거대한 카트 트랙"**, **"미키마우스 써킷"**, "빌딩이 없는 모나코" 등으로도 불렸다. 헝가리 그랑프리가 보통 한 여름에 개최되기 때문에 헝가로링은 F1에서 가장 뜨거운 레이스가 펼쳐지는 써킷 중 하나로 여겨지기도 한다.

써킷 주요 정보

소재지	**모교로드**, 헝가리
개장 연도	**1986**
길이(km)	**4.381**
코너 개수	**14**
GP 개최 횟수	**40**
랩 레코드	**1:16.627** 루이스 해밀턴 메르세데스 W11 (2021)

F1 챔피언십 그랑프리

1986 ~
헝가리 그랑프리

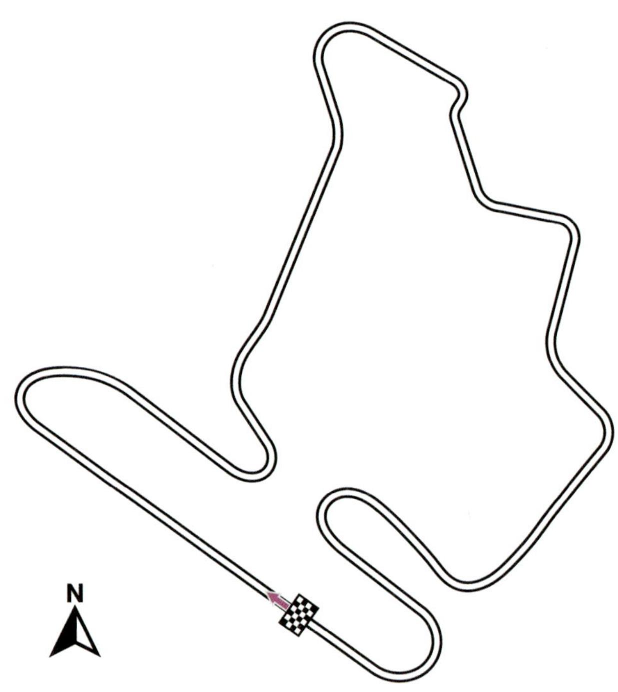

헤레스 써킷

Circuito de Jerez

스페인의 F1 그랑프리 개최지 중 가장 남쪽에 자리 잡은 써킷

1985년 문을 연 헤레스 써킷은 1986시즌 5년 만에 부활한 F1 챔피언십 스페인 그랑프리의 무대가 되었고, 1990년까지 다섯 차례 스페인 그랑프리의 개최지로 활용됐다. 그러나, 관중의 시야 확보 문제와 써킷의 안전 문제가 제기된 헤레스 써킷은 1991년 스페인 그랑프리 개최지 자격을 새로 건설된 카탈루냐 써킷에게 내주고 말았다.

1994년과 1997년에는 스페인 그랑프리와 함께 스페인에서 펼쳐지는 또 하나의 F1 그랑프리로 유럽 그랑프리의 개최지가 됐던 헤레스 써킷은 1997 스페인 그랑프리 포디엄 세레머니 과정에서의 혼란 이후 더 이상 F1 그랑프리를 치를 수 없게 됐지만, 스페인 남부의 지리적 특성 덕분에 2000년대 이후에도 F1 레이스카의 테스트 주행에 몇 차례 활용됐다.

써킷 주요 정보

소재지	**헤레스,** 카디스, 스페인
개장 연도	**1985**
길이(km)	**4.428**[35]
코너 개수	**48**
GP 개최 횟수	**7**
랩 레코드	**1:23.135** 하인츠-하랄드 프렌첸 윌리엄스 FW19 (1997)

F1 챔피언십 그랑프리

1986 ~ 1990
스페인 그랑프리

1994, 1997
유러피언 그랑프리

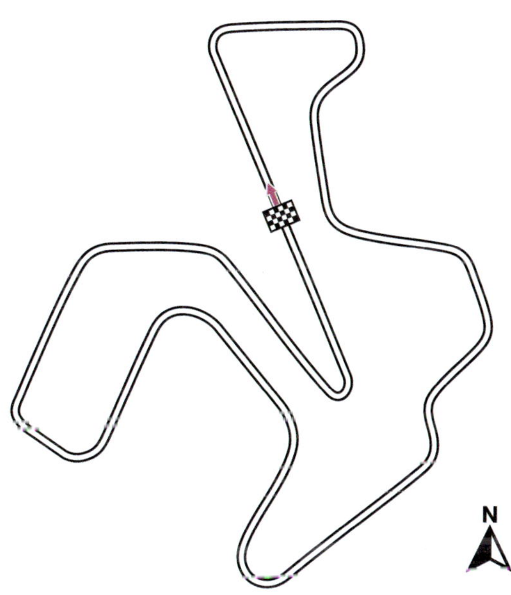

[35] 1994년과 1987년 유러피언 그랑프리에 사용된 레이아웃 기준

호켄하임링

Hockenheimring

Hockenheimring Baden-Württemberg

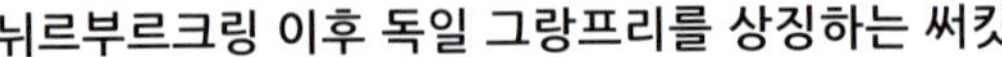

뉘르부르크링 이후 독일 그랑프리를 상징하는 써킷

1932년 12km 길이의 삼각형 레이아웃으로 문을 연 호켄하임링은 1938년 7.7km의 트랙 길이와 아메바형 레이아웃으로 재탄생했고, 심각한 안전 문제가 제기된 뉘르부르크링 노르트슐라이페를 대신해 1970시즌 F1 챔피언십 독일 그랑프리의 개최지로 사용된 데 이어 1977시즌부터 대부분 독일 그랑프리가 호켄하임링에서 개최됐다.

2002년 상징적인 코너였던 "오스트쿠르브"를 포함해 써킷 동쪽 고속 구간이 삭제되는 대신 "파라볼리카"로 불리는 완만한 커브의 가속 구간이 추가된 4.5km의 짧은 레이아웃으로 변경된 호켄하임링은 2008년부터 뉘르부르크링의 GP-슈트레케와 격년제로 번갈아 독일 그랑프리의 무대가 되었고, 뉘르부르크링이 독일 그랑프리 개최를 완전히 포기한 2014시즌 이후로 2019시즌까지 모든 독일 그랑프리가 호켄하임링에서 펼쳐졌다.

써킷 주요 정보

소재지	**호켄하임**, 바덴-뷔르템베르크, 독일
개장 연도	**1932**
길이(km)	**4.574**
코너 개수	**17**
GP 개최 횟수	**37**
랩 레코드	**1:13.780** 키미 라이코넨 맥라렌 MP4-19B (2004)

F1 챔피언십 그랑프리

1970, 1977 ~ 1984, 1986 ~ 2006, 2008, 2010, 2012, 2014, 2016, 2018, 2019
독일 그랑프리

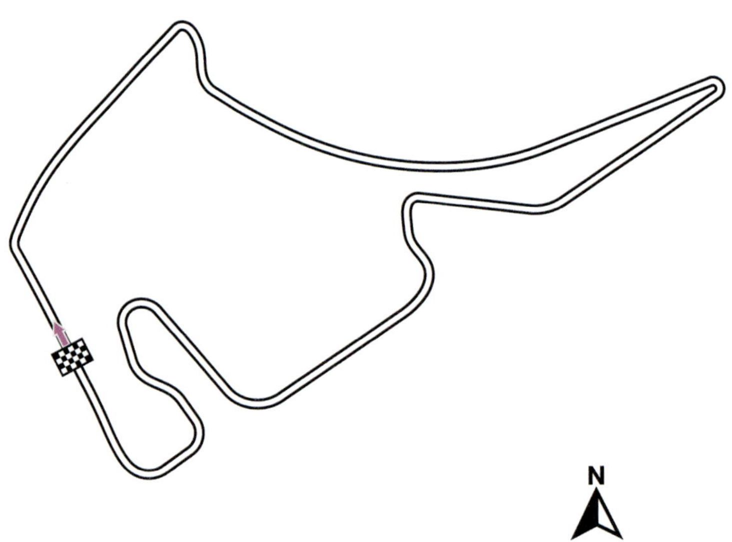

후지 스피드웨이

Fuji Speedway

富士スピードウェイ

아시아 최초의 F1 그랑프리 개최지

나스카의 스톡카 레이스를 유치할 수 있는 오벌 코스를 만든다는 계획이 좌절된 뒤 설계 변경을 거쳐 1965년 완성된 후지 스피드웨이는 1966년부터 스포츠카 레이스 일본 그랑프리의 무대가 되었고, **1976년 F1 챔피언십 일본 그랑프리**를 유치하는 데 성공하면서 **아시아 최초의 F1 챔피언십 그랑프리 개최지**가 되었다.

1.475km에 달하는 매우 긴 직진 가속 구간을 보유하고 있으며 제법 긴 시간 높은 G-포스를 견뎌야 하는 100R 등의 코너가 인상적인 후지 스피드웨이는 2007, 2008시즌 리모델링 작업을 위해 잠시 개최권을 넘겨준 스즈카를 대신해 F1 챔피언십 일본 그랑프리의 개최지로 두 차례 더 사용됐다.

써킷 주요 정보

소재지	**오야마** 시즈오카, 일본
개장 연도	1965
길이(km)	4.563
코너 개수	16
GP 개최 횟수	4
랩 레코드	**1:18.426** 펠리페 마싸 페라리 F2008 (2008)

F1 챔피언십 그랑프리

1976, 1977, 2007, 2008

일본 그랑프리

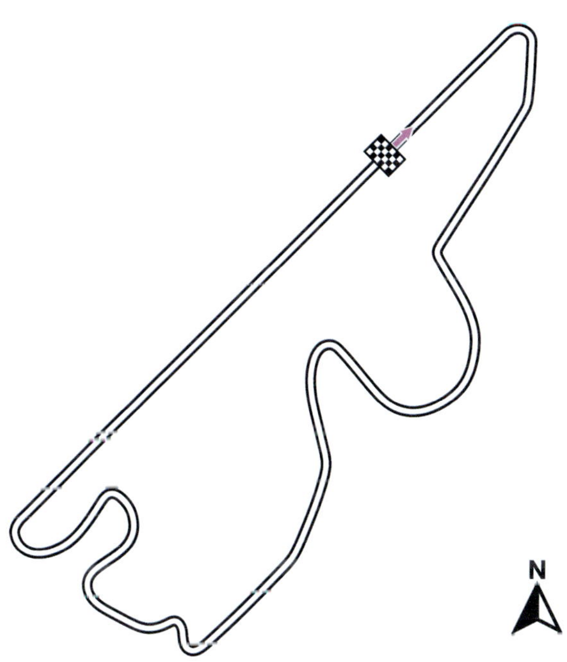

VIII.

F1 그랑프리

FORMULA 1 GRAND PRIX

70주년 그랑프리

70th Anniversary Grand Prix

최초 그랑프리 개최 연도	
그랑프리	2020
F1 챔피언십 그랑프리	**2020**

그랑프리 개최 횟수	
그랑프리	1
F1 챔피언십 그랑프리	**1**

챔피언십 그랑프리 개최지	
실버스톤 써킷	1

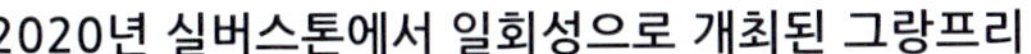

2020년 실버스톤에서 일회성으로 개최된 그랑프리

2020년 COVID-19의 유행이 불러온 대혼란은 F1 챔피언십에도 막대한 영향을 끼쳤고, F1은 챔피언십의 존립을 위협하는 위기 상황을 극복하기 위해 폐지된 그랑프리를 부활시키거나 일회성 이벤트를 급조하는 노력에 나섰다. 2020년 8월 F1 챔피언십 창설 70주년을 기념한다는 의미의 대회명을 달고 개최된 70주년 그랑프리는 이런 위기 상황을 극복하기 위한 일회성 그랑프리 중 하나였다.

레드불링이 시즌 개막전에 이어 2라운드까지 같은 장소에서 두 차례 그랑프리를 개최한 데 이어, 실버스톤 써킷에서 4라운드 영국 그랑프리에 이어 5라운드 70주년 그랑프리가 같은 장소에서 백-투-백 레이스로 개최됐다. 메르세데스의 발테리 보타스가 폴 포지션에 선 가운데 시작된 70주년 그랑프리에서는 레드불의 막스 베르스타펜이 우승했다.

남아프리카공화국 그랑프리

South African Grand Prix

최초 그랑프리 개최 연도	
그랑프리	1934
F1 챔피언십 그랑프리	**1962**

그랑프리 개최 횟수	
그랑프리	33
F1 챔피언십 그랑프리	**23**

챔피언십 그랑프리 개최지	
프린스 죠지 써킷	3
키알라미	20

아프리카에서 가장 깊은 전통을 가진 그랑프리

1934년 이스트 런던의 프린스 죠지 써킷에서 처음 개최된 남아프리카공화국 그랑프리는 1962시즌부터 F1 챔피언십 캘린더에 포함됐고, 1960년대까지 12월 말이나 1월 초의 연말연시에 개최되면서 새로운 시즌의 시작을 알리는 이벤트 역할을 했다.

프린스 죠지 써킷에서 세 차례 이벤트가 펼쳐진 이후 1967시즌부터 남아프리카공화국 그랑프리는 모두 키알라미 써킷에서 펼쳐졌고, 1993시즌까지 모두 33회 개최된 F1 챔피언십 남아프리카공화국 그랑프리에서 드라이버로는 3승을 거둔 짐 클라크와 니키 라우다, 컨스트럭터로는 4승을 거둔 팀 로터스와 페라리가 최다승 기록[1]을 보유하고 있다.

[1] 짐 클라크는 1961년 논-챔피언십 그랑프리에서 한 차례 더 우승했고, 팀 로터스 역시 논-챔피언십 그랑프리 2회 우승 기록이 있다.

네덜란드 그랑프리

Dutch Grand Prix

Grote Prijs van Nederland

매 시즌 중반 잔트포트에서 펼쳐지는 그랑프리

1948년 잔트포트 써킷에서 처음 개최된 네덜란드 그랑프리는 1952시즌부터 F1 챔피언십 캘린더에 포함되기 시작했고, 1954시즌과 1956, 1957, 1972시즌 등 네 차례를 제외하면 1985시즌까지 매 시즌 잔트포트 써킷에서 네덜란드 그랑프리가 개최됐다.

2021시즌 36년 만에 부활한 네덜란드 그랑프리에서는 1960년대에 4승을 거둔 짐 클라크와 통산 8승을 기록 중인 페라리가 드라이버와 컨스트럭터 부문에서 각각 최다승 기록을 보유하고 있다.

최초 그랑프리 개최 연도	
그랑프리	1950
F1 챔피언십 그랑프리	**1952**

그랑프리 개최 횟수	
그랑프리	37
F1 챔피언십 그랑프리	**35**

챔피언십 그랑프리 개최지	
잔트포트 써킷	**35**

댈러스 그랑프리

Dallas Grand Prix

1984년 댈러스에서 펼쳐진 그랑프리

미국 텍사스주에서 국제적으로 댈러스를 홍보하기 위해 F1 그랑프리를 유치하면서 탄생한 1984년 페어 파크에 만들어진 임시 시가지 써킷에서 댈러스 그랑프리가 개최됐다. 단 한 차례 챔피언십 댈러스 그랑프리가 개최된 이후 1996년까지 댈러스 그랑프리라는 이름의 레이스가 일곱 차례 더 개최됐지만, 이들은 F1 그랑프리가 아닌 트랜스-앰 클래스의 이벤트였다.

기온 38도의 폭염을 뚫고 펼쳐진 단 한 차례 댈러스 그랑프리에서는 팀 로터스의 나이젤 만셀이 자신의 F1 데뷔 후 첫 폴 포지션을 차지했고, 레이스에서는 무려 17대가 리타이어하는 서바이벌 게임 끝에 윌리엄스의 케케 로스버그가 우승을 차지했다.

최초 그랑프리 개최 연도	
그랑프리	1984
F1 챔피언십 그랑프리	**1984**

그랑프리 개최 횟수	
그랑프리	1
F1 챔피언십 그랑프리	**1**

챔피언십 그랑프리 개최지	
페어 파크	**1**

독일 그랑프리

German Grand Prix

Großer Preis von Deutschland

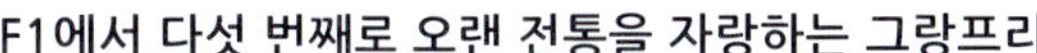

F1에서 다섯 번째로 오랜 전통을 자랑하는 그랑프리

1906년 프랑스에서 시작된 "그랑프리"를 수입하면서 1907년 **"카이저 프라이스(Kaiserpreis[2])"**를 만들기도 했던 독일은 1926년 AUVS에서 최초의 독일 "그랑프리"를 개최했고, F1 출범 후 1951시즌 최초의 F1 챔피언십 독일 그랑프리를 창설한 뒤 AVUS와 호켄하임링, 뉘르부르크링의 세 개[3] 써킷에서 2019시즌까지 F1 챔피언십 그랑프리를 개최했다.

독일 그랑프리는 모두 64회의 F1 챔피언십 그랑프리를 개최해 F1 그랑프리 중 영국과 이탈리아, 모나코, 벨기에 그랑프리에 이어 다섯 번째로 오랜 전통을 가진 그랑프리다. 2020시즌 F1 캘린더에서 제외되면서 가까운 미래에 부활하기 힘들어 보이는 독일 그랑프리에서는 모두 4승을 기록한 미하엘 슈마허와 루이스 해밀턴, 21승의 페라리가 최다승 기록을 보유 중이며, 넌-챔피언십 그랑프리를 포함할 경우 루돌프 카라치올라가 6승으로 최다승 드라이버로 기록되어 있다.

최초 그랑프리 개최 연도

그랑프리	1926
F1 챔피언십 그랑프리	**1951**

그랑프리 개최 횟수

그랑프리	78
F1 챔피언십 그랑프리	**64**

챔피언십 그랑프리 개최지

뉘르부르크링 노르트슐라이페	**22**
AVUS	**1**
호켄하임링	**37**
뉘르부르크링 GP-슈트레케	**4**

디트로이트 그랑프리

Detroit Grand Prix

미국 자동차의 본산 디트로이트에서 개최된 F1 그랑프리

1982시즌 미국 미시간주 디트로이트에서 처음 개최된 디트로이트 그랑프리는 댈러스 그랑프리, 시저스팰리스 그랑프리와 함께 1980년대 미국에 신설된 세 개 그랑프리 중 하나로, 세 이벤트 중 F1 챔피언십 캘린더에 가장 오랫동안 살아남으며 비교적 성공적인 그랑프리로 평가받는다.

모두 일곱 차례 펼쳐진 디트로이트 그랑프리에서는 아일톤 세나가 1986시즌부터 3연승을 기록하면서 최다승 드라이버로 기록됐고, 첫 번째 디트로이트 그랑프리와 마지막 디트로이트 그랑프리에서 우승한 맥라렌, 아일톤 세나 혼자 2승을 거둔 팀 로터스까지 두 팀이 최다승 컨스트럭터 기록을 보유하고 있다.

최초 그랑프리 개최 연도

그랑프리	1982
F1 챔피언십 그랑프리	**1982**

그랑프리 개최 횟수

그랑프리	7
F1 챔피언십 그랑프리	**7**

챔피언십 그랑프리 개최지

디트로이트 스트리트 써킷	**7**

---

[2] "황제의 상"이라는 의미를 담고 있다.

[3] 노르트슐라이페와 GP-슈트레케는 모두 뉘르부르크링으로 셌을 때.

라스베이거스 그랑프리

Las Vegas Grand Prix

최초 그랑프리 개최 연도	
그랑프리	2023
F1 챔피언십 그랑프리	**2023**

그랑프리 개최 횟수	
그랑프리	3
F1 챔피언십 그랑프리	**3**

챔피언십 그랑프리 개최지	
라스베이거스 스트립 써킷	**3**

2023년 처음 개최된 미국 최초의 나이트 레이스

1980년대 시저스팰리스 그랑프리가 개최되었던 라스베이거스에서는 화려한 도시의 이미지를 제대로 보여줄 수 있는 나이트 레이스를 계획했고, 2023년 기존 미국 그랑프리와 마이애미 그랑프리에 이어 미국에서만 한 시즌에 세 번째로 펼쳐지는 F1 챔피언십 그랑프리인 라스베이거스 그랑프리가 개최됐다.

라스베이거스를 상징하는 거리 "라스베이거스 스트립" 위의 긴 가속 구간을 중심으로 새로운 랜드마크 "스피어" 주위를 감싸는 레이아웃의 라스베이거스 스트립 써킷이 조성되었고, 2023년 11월 38년 만에 토요일에 레이스가 시작되는 나이트 레이스로 최초의 라스베이거스 그랑프리가 펼쳐졌다. 최초의 라스베이거스 그랑프리에서는 페라리의 샤를 르끌레가 폴 포지션을 차지했고, 토요일 레이스에서는 레드불의 막스 베르스타펜이 우승을 차지했다.

러시아 그랑프리

Russian Grand Prix

Гран-при России

최초 그랑프리 개최 연도	
그랑프리	1913
F1 챔피언십 그랑프리	**2014**

그랑프리 개최 횟수	
그랑프리	10
F1 챔피언십 그랑프리	**8**

챔피언십 그랑프리 개최지	
소치 오토드롬	**8**

2014년부터 2021년까지 펼쳐진 흑해 연안의 F1 그랑프리

러시아에서는 제1차 세계대전 이전 제정 러시아 시절 두 차례 그랑프리가 펼쳐진 뒤 100년 동안 러시아의 이름을 건 그랑프리 이벤트가 개최되지 않았고, 흑해 연안의 대표적 휴양 도시 중 하나인 소치에서 2014년 동계 올림픽이 펼쳐진 직후 올림픽 경기장 사이를 달리는 F1 챔피언십 러시아 그랑프리가 탄생했다.

2021시즌까지 모두 여덟 차례 소치 오토드롬에서 개최된 러시아 그랑프리에서는 루이스 해밀턴이 5승을 기록해 최다승 드라이버가 되었고, 컨스트럭터 부문에서는 메르세데스가 F1 챔피언십 러시아 그랑프리 전승 기록과 함께 제정 러시아 시절 러시아 그랑프리에서 합병 이전의 벤츠가 거둔 2승까지 포함해 메르세데스-벤츠의 러시아 그랑프리 불패 신화를 이어갔다.

룩셈부르크 그랑프리

Luxembourg Grand Prix

Großer Preis von Luxemburg

최초 그랑프리 개최 연도	
그랑프리	1949
F1 챔피언십 그랑프리	**1997**

그랑프리 개최 횟수	
그랑프리	6
F1 챔피언십 그랑프리	**2**

챔피언십 그랑프리 개최지	
뉘르부르크링 GP-슈트레케	**2**

룩셈부르크의 이름을 빌려 독일에서 개최된 그랑프리

룩셈부르크는 1949년부터 1952년까지 그랑프리를 개최했지만, F1은 물론 메이저 모터스포츠 이벤트와는 거리가 멀었다. 1997시즌 "한 나라에서 두 차례 이상의 그랑프리를 개최할 수 없다."는 원칙에 따라 호켄하임링의 독일 그랑프리와 같은 시즌 독일에서 또 한 차례의 이벤트를 열기 위한 방법을 찾던 중, 뉘르부르크링에서 개최되는 레이스에 룩셈부르크 그랑프리라는 이름이 붙여지면서 F1 챔피언십 룩셈부르크 그랑프리가 탄생했다.

단 두 차례 펼쳐진 룩셈부르크 그랑프리에서는 1997시즌 윌리엄스의 자끄 빌너브, 1998시즌에는 맥라렌의 미카 하키넨이 각각 우승했다.

마이애미 그랑프리

Miami Grand Prix

최초 그랑프리 개최 연도	
그랑프리	2022
F1 챔피언십 그랑프리	**2022**

그랑프리 개최 횟수	
그랑프리	4
F1 챔피언십 그랑프리	**4**

챔피언십 그랑프리 개최지	
마이애미 인터내셔널 오토드롬	**4**

2022년 마이애미에서 시작된 스트리트 레이스

2018년 F1 챔피언십 그랑프리를 마이애미에 유치한다는 계획이 세워진 뒤 NFL 마이애미 돌핀스의 홈구장인 하드락 스타디움 주변을 달리는 구조로 마이애미 인터내셔널 오토드롬이 구성되었고, 2022년 5월 첫 번째 마이애미 그랑프리가 개최되었다.

처음으로 펼쳐진 마이애미 그랑프리에서는 페라리의 샤를 르끌레가 폴 포지션에서 레이스를 시작해 레드불의 막스 베르스타펜이 우승했고, 이듬해 두 번째 마이애미 그랑프리에서는 레드불의 세르히오 페레스가 폴 포지션을 차지한 뒤 레이스에서 레드불의 막스 베르스타펜이 우승했다.

말레이시아 그랑프리

Malaysia Grand Prix

최초 그랑프리 개최 연도	
그랑프리	1962
F1 챔피언십 그랑프리	**1999**

그랑프리 개최 횟수	
그랑프리	37
F1 챔피언십 그랑프리	**19**

챔피언십 그랑프리 개최지	
세팡 인터내셔널 써킷	**19**

폭염과 스콜로 유명했던 세팡에서 펼쳐진 그랑프리

1962년 "말라얀 그랑프리(Malayan Grand Prix)"라는 이름의 이벤트를 시작으로 1995년까지 여러 종류 포뮬러 클래스의 말레이시아 그랑프리가 펼쳐졌던 말레이시아에서는 1999년 새로 만들어진 세팡 인터내셔널 써킷을 무대로 첫 번째 F1 챔피언십 말레이시안 그랑프리가 개최됐고, 2010년까지 **"말레이시안 그랑프리(Malaysian Grand Prix)"**로 불렸던 이벤트의 공식 명칭은 2011시즌부터 알파벳 "n"을 뺀 "말레이시아 그랑프리(Malaysia Grand Prix)"로 변경하는 작은 변화를 거치며 2017시즌까지 매년 이벤트를 진행했다.

모두 19차례 펼쳐진 F1 챔피언십 말레이시아 그랑프리에서는 세바스찬 베텔이 4승을 거두며 최다승 드라이버로 기록됐고, 7승을 거둔 페라리가 컨스트럭터 부문 최다승 기록을 보유하고 있다.

멕시코시티 그랑프리

Mexico City Grand Prix

Gran Premio de la Ciudad de México

최초 그랑프리 개최 연도	
그랑프리	1962
F1 챔피언십 그랑프리	**1963**

그랑프리 개최 횟수	
그랑프리	25
F1 챔피언십 그랑프리	**24**

챔피언십 그랑프리 개최지	
에르마노스 로드리게스 써킷	**24**

F1에서 가장 높은 고지대에서 펼쳐지는 그랑프리

1962년 멕시코시티의 막달레나 믹수카 써킷[4]에서 처음 개최된 **"멕시코 그랑프리(Mexican Grand Prix)"**는 1963시즌 F1 챔피언십 캘린더에 포함되었고, 해발 2,000m가 넘는 고원 지대라는 지리적 특성 때문에 의외의 결과가 자주 발생하는 이벤트로 주목받았다. 2015시즌 멕시코시티에서 F1 챔피언십 멕시코 그랑프리가 부활했고, **2021시즌부터 그랑프리의 공식 명칭이 멕시코시티 그랑프리로 변경**되었다.

2025시즌까지 펼쳐진 24차례의 F1 챔피언십 멕시코 그랑프리와 멕시코시티 그랑프리에서는 막스 베르스타펜이 5승을 거두며 최다승 드라이버의 자리를 차지하고 있고, 컨스트럭터 부문에서는 레드불이 베르스타펜이 거둔 5승으로 최다승을 기록 중이다.

[4] 이후 에르마노스 로드리게스 써킷으로 공식 명칭이 변경되었다.

모나코 그랑프리

Monaco Grand Prix

Grand Prix de Monaco

최초 그랑프리 개최 연도	
그랑프리	1929
F1 챔피언십 그랑프리	1950

그랑프리 개최 횟수	
그랑프리	82
F1 챔피언십 그랑프리	71

챔피언십 그랑프리 개최지	
모나코 써킷	71

지중해의 보석 모나코에서 펼쳐지는 시가지 그랑프리

1929년 AIACR 가입 전제 조건을 충족시키기 위해 탄생한 모나코 그랑프리는 1950시즌 F1 출범 원년부터 월드 챔피언십에 포함되었고, 모두 69회의 챔피언십 그랑프리를 소화해 이탈리아와 영국 그랑프리에 이어 F1에서 세 번째로 오랜 전통을 자랑하는 그랑프리다.

모두 모나코 써킷에서 펼쳐진 71회의 F1 챔피언십 모나코 그랑프리에서는 6차례 우승을 차지한 아일톤 세나가 "미스터 모나코"로 불렸던 그레이엄 힐과 미하엘 슈마허의 5승을 앞서는 최다승 드라이버로 기록되고 있으며, 16승을 기록한 맥라렌은 10승의 페라리를 훌쩍 앞서는 최다승 컨스트럭터 자리를 지키고 있다.

모로코 그랑프리

Moroccan Grand Prix

سباق الجائزة الكبرى المغربي

최초 그랑프리 개최 연도	
그랑프리	1925
F1 챔피언십 그랑프리	1958

그랑프리 개최 횟수	
그랑프리	13
F1 챔피언십 그랑프리	1

챔피언십 그랑프리 개최지	
아인-디압 써킷	1

아프리카 대륙에서 처음 개최된 F1 챔피언십 그랑프리

1925년부터 카사블랑카에서 개최됐던 모로코 그랑프리는 제2차 세계대전이 끝난 뒤 1954년 부활해 1956년 스포츠카 레이스로 펼쳐졌고, 1957년 아인-디압 써킷에서의 F1 넌-챔피언십 그랑프리가 많은 관심을 받은 이후 1958시즌 아프리카 대륙 최초의 F1 챔피언십 그랑프리인 모로코 그랑프리가 아인-디압 써킷에서 개최됐다.

1958시즌 스투어트 루이스-에반스의 사망 사고로 얼룩졌던 단 한 차례의 F1 챔피언십 모로코 그랑프리에서 폴 포시션은 페라리의 마이크 호손이 차지했고, 레이스의 우승은 반웰이 스털링 모스가 차지했다.

미국 그랑프리

United States Grand Prix

미국 여섯 개 써킷을 오가며 개최된 그랑프리

프랑스에서 최초의 그랑프리 레이스가 펼쳐진 뒤 2년 만인 **1908년 "아메리칸 그랜드 프라이즈(American Grand Prize)"**[5]라는 이름으로 미국 그랑프리가 처음 개최됐다. F1 챔피언십 출범 직후 인디500이 캘린더에 포함됐지만, 인디500은 F1 규정에 맞춘 이벤트도 아니었으며 F1 미국 그랑프리로 분류되지 않았다. 1959시즌 세브링 인터내셔널 레이스웨이에서 최초의 F1 챔피언십 미국 그랑프리가 펼쳐졌고, 2023시즌까지 모두 여섯 개 써킷을 오가며 개최된 미국 그랑프리는 프랑스 그랑프리에 이어 두 번째로 많은 써킷에서 개최된 그랑프리이기도 하다.

2012시즌부터 써킷 오브 디 아메리카에서 개최되고 있는 F1 챔피언십 미국 그랑프리에서는 2025시즌까지 모두 46회의 레이스가 펼쳐졌다. 6승을 거둔 루이스 해밀턴이 미하엘 슈마허의 5승을 앞선 미국 그랑프리 최다승 드라이버 자리를 지키고 있고, 11승을 기록 중인 페라리가 8승의 로터스와 맥라렌을 앞서며 최다승 컨스트럭터로 기록되고 있다.

최초 그랑프리 개최 연도

그랑프리 1908

F1 챔피언십 그랑프리 **1959**

그랑프리 개최 횟수

그랑프리 54

F1 챔피언십 그랑프리 **46**

챔피언십 그랑프리 개최지

개최지	횟수
세브링 인터내셔널 레이스웨이	1
리버사이드 인터내셔널 레이스웨이	1
왓킨스 글렌	20
피닉스 스트리트 써킷	3
인디애나폴리스 모터 스피드웨이	8
써킷 오브 디 아메리카	13

미국 서부 그랑프리

United States Grand Prix West

미국 서부 롱비치에서 여덟 차례 개최된 그랑프리

같은 시즌에 미국 그랑프리와 구분되는 또 하나의 F1 챔피언십 그랑프리를 만들어내려는 움직임이 계속 등장하는 가운데 따듯한 미국 서부 캘리포니아 로스앤젤레스 부근의 프로젝트가 그랑프리 유치에 성공했고, 1976시즌 롱비치 스트리트 써킷을 무대로 첫 번째 미국 서부 그랑프리가 개최된 뒤 1983시즌까지 꾸준히 이벤트가 펼쳐졌다.

롱비치 스트리트 써킷에서만 모두 여덟 차례 치러진 F1 챔피언십 미국 서부 그랑프리에서는 1976시즌 클레이 레가조니부터 1983시즌 존 왓슨까지 매년 다른 드라이버가 우승을 차지하며 아무도 2승을 거두지 못했고, 컨스트럭터 부문에서는 2승의 맥라렌보다 1승 많은 3승을 거둔 페라리가 최다승 기록을 가지고 있다.

최초 그랑프리 개최 연도

그랑프리 1976

F1 챔피언십 그랑프리 **1976**

그랑프리 개최 횟수

그랑프리 8

F1 챔피언십 그랑프리 **8**

챔피언십 그랑프리 개최지

개최지	횟수
롱비치 스트리트 써킷	8

[5] 그랑프리 레이싱 역사에서 프랑스 그랑프리에 이어 두 번째로 오래된 그랑프리다.

바레인 그랑프리

Bahrain Grand Prix

جائزة البحرين الكبرى

최초 그랑프리 개최 연도

그랑프리 2004

F1 챔피언십 그랑프리 **2004**

그랑프리 개최 횟수

그랑프리 19

F1 챔피언십 그랑프리 **19**

챔피언십 그랑프리 개최지

바레인 인터내셔널 써킷 **19**

중동 지역 최초의 F1 챔피언십 그랑프리

2004년 완공된 바레인 인터내셔널 써킷을 무대로 탄생한 **"중동 최초의 F1 챔피언십 그랑프리"** 바레인 그랑프리는 민주화 시위 여파로 이벤트가 취소된 2011시즌을 제외하면 매년 꾸준히 이벤트를 개최했다. 바레인 그랑프리는 원래 뜨거운 햇살 아래 낮 경기로 펼쳐졌지만, 2014시즌부터 싱가포르 그랑프리에 이은 두 번째 나이트 레이스로 펼쳐지기 시작해 확 바뀐 트랙 환경과 분위기로 조금씩 인기를 얻고 있다.

바레인 인터내셔널 써킷에서만 21회 개최된 바레인 그랑프리에서는 루이스 해밀턴이 5승을 기록해 4승의 세바스찬 베텔을 앞선 최다승 드라이버로 기록되고 있으며, 2004시즌 첫 번째 바레인 그랑프리에서 우승을 차지했던 페라리가 통산 7승으로 2014년 이후 6승을 거둔 메르세데스보다 앞선 최다승 컨스트럭터로 남아있다.

바르셀로나-카탈루냐 그랑프리

Barcelona-Catalunya Grand Prix

Gran Premio de Barcelona-Cataluña

최초 그랑프리 개최 연도

그랑프리 2026

F1 챔피언십 그랑프리 **2026**

그랑프리 개최 횟수

그랑프리 -

F1 챔피언십 그랑프리 **-**

챔피언십 그랑프리 개최지

바르셀로나-카탈루냐 써킷 **-**

2026시즌 신설되는 바르셀로나에서 펼쳐지는 그랑프리

1991시즌부터 스페인 그랑프리의 무대가 되었던 바르셀로나-카탈루냐 써킷은 2025시즌까지 35시즌 동안 스페인 그랑프리는 바르셀로나에서 개최되는 것이 당연한 것처럼 여겨질 정도로 굳건하게 자리를 지켰다. 그러나, 2026시즌 마드리드에 새로 만들어지는 마드링이 새로운 스페인 그랑프리 개최지가 되면서, 바르셀로나는 35년 만에 처음으로 스페인 그랑프리를 유치하지 못하게 되었다.

대신, 바르셀로나-카탈루냐 써킷은 2026시즌에도 신설 챔피언십 그랑프리를 개최하면서 F1 캘린더에 남게 되었는데, 대회의 이름은 써킷의 이름과 같은 바르셀로나-카탈루냐 그랑프리로 정해졌다. 다만, 첫 이벤트의 개최 시기는 캐나다 그랑프리가 5월에 개최되는 등의 이유로 6월 중순으로 조정됐다.

벨기에 그랑프리

Belgian Grand Prix

Grand Prix de Belgique

최초 그랑프리 개최 연도	
그랑프리	1925
F1 챔피언십 그랑프리	**1950**

그랑프리 개최 횟수	
그랑프리	81
F1 챔피언십 그랑프리	**70**

챔피언십 그랑프리 개최지	
스파-프랑코샹 써킷	**58**
졸더 써킷	**10**
니벨-불레	**2**

F1에서 네 번째로 오랜 전통을 가진 인기 그랑프리

1925년 스파-프랑코샹에서 처음 개최된 벨기에 그랑프리는 F1 챔피언십 출범 직후 바로 캘린더에 포함됐고, 2023시즌까지 모두 68회 펼쳐진 챔피언십 벨기에 그랑프리는 **영국과 이탈리아, 모나코에 이어 네 번째로 오랜 전통을 가진 F1 그랑프리**다. 벨기에 그랑프리는 스파-프랑코샹 써킷의 높은 인기에 힘입어 많은 팬과 전문가들로부터 F1 최고의 이벤트 중 하나로 평가받고 있다.

가장 많은 56회의 이벤트가 펼쳐졌던 스파-프랑코샹 써킷에서의 기록을 포함해 68회의 F1 챔피언십 벨기에 그랑프리 통산 기록에서는 **원조 " 킹 오브 스파(King of Spa)" 미하엘 슈마허**가 6승을 차지하며 아일톤 세나의 5승과 유난히 스파에서 강했던 짐 클라크, 2000년대 킹 오브 스파의 자리를 물려받았던 키미 라이코넨의 4승을 뛰어넘어 최다승 드라이버의 자리를 지키고 있고, 컨스트럭터 부문에서는 18승을 거둔 페라리가 14승의 맥라렌을 크게 앞서 최다승 컨스트럭터로 기록되고 있다.

사우디아라비아 그랑프리

Saudi Arabian Grand Prix

جائزة السعودية الكبرى

최초 그랑프리 개최 연도	
그랑프리	2021
F1 챔피언십 그랑프리	**2021**

그랑프리 개최 횟수	
그랑프리	5
F1 챔피언십 그랑프리	**5**

챔피언십 그랑프리 개최지	
제다 코니시 써킷	**5**

중동 지역 최초의 시가지 나이트 레이스

2019년 사우디아라비아 최대의 경제 도시인 제다에 F1 그랑프리를 유치하기 위한 노력이 시작됐고, 홍해 연안을 따라 제다의 시가지를 지나는 제다 코니시 써킷이 조성된 뒤 2021년 12월 **중동 지역 최초의 시가지 나이트 레이스** 사우디아라비아 그랑프리가 개최됐다.

많은 대형 사고 속에 펼쳐진 최초의 사우디아라비아 그랑프리에서는 루이스 해밀턴이 폴 포지션을 차지한 뒤 레이스의 패스티스트 랩과 우승까지 독차지했다. 2025시즌까지 모두 다섯 차례 펼쳐진 사우디아라비아 그랑프리에서는 2022시즌과 2024시즌 우승한 막스 베르스타펜이 유일하게 두 차례 우승했고, 컨스트럭터로는 레드불이 3승을 기록 중이다.

사키르 그랑프리

Sakhir Grand Prix

جائزة صخير الكبرى

최초 그랑프리 개최 연도

그랑프리 2020

F1 챔피언십 그랑프리 **2020**

그랑프리 개최 횟수

그랑프리 1

F1 챔피언십 그랑프리 **1**

챔피언십 그랑프리 개최지

바레인 인터내셔널 써킷 **1**

2020년 사키르에서 일회성으로 개최된 그랑프리

2020년 COVID-19 대유행으로 F1 챔피언십 역시 위기를 맞이했고, 상황을 극복하기 위해 과거에 폐지됐던 그랑프리를 임시로 부활시키거나 일회성 이벤트를 급조해 챔피언십의 틀을 유지하려 애썼다. 2020년 12월 바레인 인터내셔널 써킷에서 바레인 그랑프리와 백-투-백 레이스로 펼쳐진 사키르 그랑프리 역시 같은 의미의 일회성 그랑프리 중 하나였다.

2020시즌에는 세 차례 같은 써킷에서 2주 연속 경기가 펼쳐졌는데, 사키르 그랑프리는 유일하게 바레인 그랑프리와 다른 3.543km 길이의 **아우터 써킷**에서 펼쳐져 다른 두 이벤트와 차별화됐다. 단 한 차례의 사키르 그랑프리에서는 루이스 해밀턴의 결장, 죠지 러셀의 메르세데스 소속 출전과 한세용 선수의 F1 데뷔 등 다양한 이슈가 속출했고, 메르세데스의 발테리 보타스가 폴 포지션에서 시작한 레이스 역시 우여곡절 끝에 레이싱포인트의 세르히오 페레스가 극적인 F1 데뷔 후 첫 승을 거뒀다.

산마리노 그랑프리

San Marino Grand Prix

Gran Premio di San Marino

최초 그랑프리 개최 연도

그랑프리 1981

F1 챔피언십 그랑프리 **1981**

그랑프리 개최 횟수

그랑프리 26

F1 챔피언십 그랑프리 **26**

챔피언십 그랑프리 개최지

이몰라 써킷 **26**

이몰라에서 펼쳐졌던 제2의 이탈리아 그랑프리

1980시즌 이탈리아 그랑프리를 유치했던 이몰라에서는 계속 F1 그랑프리를 치르기 위해 인근 산마리노의 자동차 협회를 설득했고, 1981시즌 이탈리아 영토 안에 위치한 이몰라에서 가까운 산마리노의 이름을 건 이벤트를 준비하면서 F1 챔피언십 산마리노 그랑프리가 탄생했다.

1950년대 초반 써킷이 만들어질 무렵부터 "작은 노르트슐라이페"라고 불렸던 이몰라에서만 26회 개최된 산마리노 그랑프리에서는 미하엘 슈마허가 7승을 거두며 최다승 드라이버로 기록됐고, 윌리엄스와 페라리가 나란히 8승씩 차지해 최다승 컨스트럭터 기록을 함께 보유하고 있다.

상파울루 그랑프리

São Paulo Grand Prix

Grande Prêmio de São Paulo

남미 최고의 F1 그랑프리였던 브라질 그랑프리의 새 이름

제2차 세계대전 이전 가비아 시가지 써킷과 인터라고스에서 그랑프리 이벤트를 개최했던 브라질에서는 1972년 인터라고스의 넌-챔피언십 이벤트부터 **"브라질 그랑프리(Grande Prêmio do Brasil)"**라는 이름을 쓰기 시작했고, 1973시즌부터 F1 챔피언십 브라질 그랑프리가 개최됐다. 2019시즌까지 단 한 시즌도 거르지 않고 이벤트를 치르며 남미는 물론 아메리카 대륙 최고의 인기 그랑프리로 부상했던 브라질 그랑프리는 **2021시즌부터 상파울루 그랑프리로 공식 대회 명칭을 변경**했다.

인터라고스에서 42회, 자카레파구아에서 10회까지 모두 52회의 이벤트가 펼쳐진 F1 챔피언십 브라질 그랑프리와 상파울루 그랑프리에서는 자카레파구아에서 5승을 거두고 인터라고스에서 1승을 추가해 통산 6승을 기록한 알랑 프로스트가 인터라고스에서만 4승을 기록한 미하엘 슈마허를 앞서며 최다승 드라이버의 자리를 지키고 있으며, 컨스트럭터 부문에서는 써킷에 관계없이 강세를 보이며 13승을 차지한 맥라렌이 11승의 페라리를 앞선 최다승 컨스트럭터로 기록되고 있다.

최초 그랑프리 개최 연도

그랑프리 1972

F1 챔피언십 그랑프리 **1973**

그랑프리 개최 횟수

그랑프리 53

F1 챔피언십 그랑프리 **51**

챔피언십 그랑프리 개최지

인터라고스	**42**
자카레파구아	**10**

스웨덴 그랑프리

Swedish Grand Prix

Sveriges Grand Prix

유일하게 스칸디나비아 반도에서 개최된 F1 그랑프리

1933년 노라그람에서의 첫 이벤트 이후 1957년까지 스포츠카 레이스와 F2, F1 넌-챔피언십 그랑프리로 스웨덴 그랑프리가 펼쳐졌고, 1973년 안데스토프의 스칸디나비안 레이스웨이에서 F1 챔피언십 스웨덴 그랑프리가 펼쳐지며 "스칸디나비아 반도 최초의 F1 그랑프리"가 탄생했다.

나중에 안데스토프 레이스웨이로 이름을 바꾼 스칸디나비안 레이스웨이에서만 여섯 차례 펼쳐진 스웨덴 그랑프리에서는 니키 라우다와 조디 섹터가 각각 2승씩을 거뒀고, 조디 섹터의 활약에 힘입어 소속 팀이었던 티렐이 유일하게 두 차례 우승을 차지한 팀으로 기록되고 있다.

최초 그랑프리 개최 연도

그랑프리 1933

F1 챔피언십 그랑프리 **1973**

그랑프리 개최 횟수

그랑프리 12

F1 챔피언십 그랑프리 **6**

챔피언십 그랑프리 개최지

안데스토프 레이스웨이 **6**

스위스 그랑프리

Swiss Grand Prix

Grand Prix de Suisse / Großer Preis der Schweiz / Gran Premio di Svizzera

최초 그랑프리 개최 연도	
그랑프리	1934
F1 챔피언십 그랑프리	**1950**

그랑프리 개최 횟수	
그랑프리	16
F1 챔피언십 그랑프리	6

챔피언십·그랑프리 개최지	
브렘가르텐 써킷	5
디종-프레누아	1

스위스의 모터스포츠 금지와 직접적으로 연관된 그랑프리

1934년 브렘가르텐 써킷에서 처음 개최된 스위스 그랑프리는 그랑프리 레이싱 황금기의 주요 이벤트 중 하나로 성장했고, 1950년 F1 월드 챔피언십의 출범과 함께 바로 캘린더에 포함되어 1954시즌까지 5년 동안 이벤트를 개최했다. 그러나, **1955년 르망 24시간에서 대참사가 발생한 직후 스위스에서 모터스포츠가 전면 금지**[6]되었고, 더 이상 스위스 영토 내에서 F1 그랑프리 개최가 불가능해졌다.

스위스 국경에 인접한 프랑스의 디종-프레누아에서 1975시즌 넌-챔피언십 그랑프리, 1982시즌 챔피언십 그랑프리로 스위스 그랑프리의 이름을 건 이벤트가 단편적으로 개최되었으며, 모두 여섯 차례 펼쳐진 F1 챔피언십 스위스 그랑프리에서는 후안 마누엘 판지오와 알파로메오, 페라리가 각각 2승씩을 기록해 최다승 기록을 보유하고 있다.

ㅅ

스티리아 그랑프리

Styrian Grand Prix

Großer Preis der Steiermark

최초 그랑프리 개최 연도	
그랑프리	2020
F1 챔피언십 그랑프리	**2020**

그랑프리 개최 횟수	
그랑프리	2
F1 챔피언십 그랑프리	2

챔피언십 그랑프리 개최지	
레드불링	2

레드불링에서 오스트리아 그랑프리와 별도로 펼쳐졌던 이벤트

2020년은 갑작스러운 COVID-19의 유행으로 개막전 호주 그랑프리를 취소시키는 등 대혼란을 불러왔고, F1 2020시즌은 6월까지 단 한 경기도 치르지 못하면서 위기를 맞이했다. 이런 위기 상황에서 F1 챔피언십의 최소한의 틀을 갖추기 위한 고민 끝에 같은 써킷에서 두 차례 그랑프리를 개최하는 아이디어가 채택됐고, 2020시즌 개막전 오스트리아 그랑프리에 이어 별도의 스티리아 그랑프리가 같은 레드불링에서 탄생했다.

다른 일회성 그랑프리와 달리 스티리아 그랑프리는 2021시즌까지 생존했고, 레드불링은 같은 써킷에서 2년 동안 네 차례 이벤트를 치렀다. 2020 스티리아 그랑프리에서는 루이스 해밀턴이, 2021 스티리아 그랑프리에서는 막스 베르스타펜이 폴 포지션과 우승을 모두 차지했다.

---

[6] 스위스 정부는 2015년 전기차에 한해 레이스를 허용하기 시작했으며, 2018년 6월 10일 포뮬러 E의 취리히 e프리가 개최됐다.

스페인 그랑프리

Spanish Grand Prix

Gran Premio de España

최초 그랑프리 개최 연도

그랑프리 1913

F1 챔피언십 그랑프리 **1951**

그랑프리 개최 횟수

그랑프리 66

F1 챔피언십 그랑프리 **54**

챔피언십 그랑프리 개최지

- 페드랄베스 써킷 **2**
- 하라마 써킷 **8**
- 몬주익 써킷 **4**
- 헤레스 써킷 **5**
- 바르셀로나-카탈루냐 써킷 **35**

그랑프리 레이싱의 역사에서 세 번째로 탄생한 그랑프리

1913년 첫 이벤트를 개최해 **프랑스와 미국 그랑프리에 이어 세 번째로 탄생**한 그랑프리인 스페인 그랑프리는 1951시즌 처음으로 F1 챔피언십 그랑프리를 유치했고, 현대적인 F1 캘린더에서 매 시즌 모나코 그랑프리를 전후해 펼쳐지는 그랑프리이자 첫 번째 메이저 업데이트가 투입되는 이벤트로 F1 챔피언십 경쟁에서 중요한 전환점 역할을 하고 있다.

2025시즌까지 총 54회의 F1 챔피언십 스페인 그랑프리가 다섯 개 써킷에서 펼쳐졌다. 스페인 그랑프리에서 각각 6승을 기록한 미하엘 슈마허와 루이스 해밀턴은 최다승 드라이버로, 12승을 거둬 9승의 맥라렌을 크게 앞선 페라리가 최다승 컨스트럭터로 기록되고 있다.

시저스팰리스 그랑프리

Caesars Palace Grand Prix

최초 그랑프리 개최 연도

그랑프리 1981

F1 챔피언십 그랑프리 **1981**

그랑프리 개최 횟수

그랑프리 4

F1 챔피언십 그랑프리 **2**

챔피언십 그랑프리 개최지

- 시저스팰리스 그랑프리 써킷 **2**

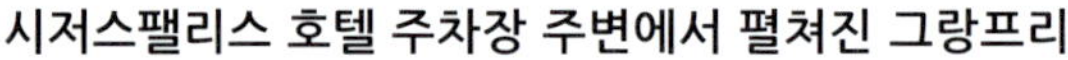

시저스팰리스 호텔 주차장 주변에서 펼쳐진 그랑프리

왓킨스 글렌에서 펼쳐지던 미국 그랑프리가 중단된 뒤 F1 챔피언십은 미국 서부에서의 그랑프리 개최에 많은 관심을 가졌고, 이 과정에서 1981년 시저스팰리스 그랑프리가 탄생했다. 시저스팰리스 그랑프리는 1981시즌과 1982시즌까지 단 두 차례 시저스팰리스 호텔 주차장 주변에 만들어진 임시 써킷에서 개최됐고, F1 챔피언십 캘린더에서 제외된 이후에도 1984시즌까지 CART 그랑프리로 대회의 명맥을 유지했다.

1981 시저스팰리스 그랑프리에서는 윌리엄스의 카를로스 레우테만이 폴 포지션에서 레이스를 시작해 알란 존스가 우승을 차지했고, 1982 시저스팰리스 그랑프리에서는 르노의 알랑 프로스트가 폴 포지션을 차지한 뒤 레이스에서는 티렐의 미켈레 알보레토가 우승을 차지했다.

싱가포르 그랑프리

Singapore Grand Prix

최초 그랑프리 개최 연도

그랑프리 1966
F1 챔피언십 그랑프리 **2008**

그랑프리 개최 횟수

그랑프리 24
F1 챔피언십 그랑프리 **16**

챔피언십 그랑프리 개최지

마리나베이 스트리트 써킷 **16**

F1 최초의 "나이트 레이스"로 기획된 그랑프리

1966년 포뮬러 리브레 레이스로 치러진 싱가포르 그랑프리는 1973년까지 이어졌지만 F1 챔피언십과는 관계없었고, 2008년 싱가포르 중심가에 마련된 마리나베이 스트리트 써킷에서 야간 시야 확보를 위한 대규모 시설과 장비 투입 등 철저한 준비 끝에 F1 챔피언십 싱가포르 그랑프리가 탄생했다. **"F1 최초의 나이트 레이스"**로 기록된 F1 싱가포르 그랑프리는 2008시즌의 "크래시게이트"와 2017시즌 최초의 "나이트 웻 레이스"의 무대가 되는 등 여러모로 사람들의 뇌리에 깊게 각인됐다.

마리나베이 시가지 써킷에서만 16회 개최된 F1 챔피언십 싱가포르 그랑프리에서는 5승을 거둔 세바스찬 베텔이 4승의 루이스 해밀턴을 앞서 최다승 드라이버로 기록되고 있으며, 2025시즌 죠지 러셀까지 통산 5승을 거둔 메르세데스가 최다승 컨스트럭터 자리를 지키고 있다.

ㅅ

ㅇ

아르헨티나 그랑프리

Argentine Grand Prix

Gran Premio de Argentina

최초 그랑프리 개최 연도

그랑프리 1953
F1 챔피언십 그랑프리 **1953**

그랑프리 개최 횟수

그랑프리 21
F1 챔피언십 그랑프리 **20**

챔피언십 그랑프리 개최지

부에노스아이레스 써킷 **26**

남아메리카 대륙 최초의 F1 그랑프리

1950년대 초반 F1 챔피언십 등 유럽 무대에서 아르헨티나 드라이버 후안 마누엘 판지오의 성공에 고무된 아르헨티나의 대통령 후안 페론이 적극 추진하면서 탄생한 아르헨티나 그랑프리는 1953시즌 바로 F1 챔피언십 캘린더에 포함되어 **남미 최초의 F1 챔피언십 그랑프리**가 되었고, 1970년대와 1990년대 두 차례에 걸쳐 이벤트를 부활시키며 한 때 남미를 대표하는 그랑프리로 여겨졌다.

부에노스아이레스에서만 스무 차례 펼쳐진 F1 챔피언십 아르헨티나 그랑프리에서는 홈 그랑프리 4년 연속 우승에 빛나는 후안 마누엘 판지오가 최다승 드라이버로 기록되었고, 페라리보다 1승 더 많은 4승을 거둔 윌리엄스가 최다승 컨스트럭터의 자리를 차지하고 있다.

아부다비 그랑프리

Abu Dhabi Grand Prix

سباق جائزة أبوظبي الكبرى

최초 그랑프리 개최 연도	
그랑프리	2009
F1 챔피언십 그랑프리	**2009**

그랑프리 개최 횟수	
그랑프리	17
F1 챔피언십 그랑프리	**17**

챔피언십 그랑프리 개최지	
야스 마리나 써킷	**17**

F1 최초의 "석양의 레이스"로 기획된 그랑프리

2009년 엄청난 비용을 투자해 건설된 야스 마리나 써킷에서 해가 떠 있을 때 시작해 어둠이 내린 트랙 위에서 조명 속에 막을 내리는 "석양의 레이스"로 기획되어 탄생한 아부다비 그랑프리는 2023시즌까지 모두 15차례 이벤트를 치렀고, 모나코, 싱가포르 그랑프리와 함께 F1에서 가장 호화롭고 사치스러운 이벤트 중 하나로 자리 잡았다.

야스 마리나 써킷에서만 17차례 개최된 아부다비 그랑프리에서는 각각 5승을 거둔 루이스 해밀턴과 막스 베르스타펜이 최다승 드라이버로 남아 있고, 8승으로 아부다비 그랑프리 승률 50%에 육박하는 레드불은 이벤트에서 최다승 컨스트럭터의 자리를 지키고 있다.

아이펠 그랑프리

Eifel Grand Prix

Großer Preis der Eifel

최초 그랑프리 개최 연도	
그랑프리	2020
F1 챔피언십 그랑프리	**2020**

그랑프리 개최 횟수	
그랑프리	1
F1 챔피언십 그랑프리	**1**

챔피언십 그랑프리 개최지	
뉘르부르크링 GP-슈트레케	**1**

2020년 뉘르부르크링에서 일회성으로 개최된 그랑프리

2020년 COVID-19의 대유행은 여러모로 F1 챔피언십에 문제를 불러왔고, 여러 대회가 취소되는 가운데 과거에 폐지됐다가 임시로 부활하거나 새로운 일회성 이벤트가 속속 등장했다. 이런 분위기 속에 뉘르부르크링에서 그랑프리 개최가 결정되어 독일 그랑프리의 공식 명칭이 사용될 수 있다는 예상도 있었지만, 실제로는 과거 **"아이펠레넨(Eifelrennen)"**[7]의 느낌을 담은 새로운 이벤트, 아이펠 그랑프리가 탄생했다.

2020년 10월 뉘르부르크링 GP-슈트레케에서 펼쳐진 F1 챔피언십 아이펠 그랑프리에서는 프랙티스부터 10°C의 낮은 온도와 안개 때문에 일부 세션이 취소되는 등 이슈가 속출했고, 발테리 보타스가 폴 포지션에서 시작한 레이스에서는 메르세데스의 루이스 해밀턴이 우승했다.

[7] 독일 자동차 협회 ADAC가 주관해 매년 뉘르부르크링에서 개최된 유서 깊은 레이스

아제르바이잔 그랑프리

Azerbaijan Grand Prix

Azərbaycan Qran Prisi

최초 그랑프리 개최 연도	
그랑프리	2017
F1 챔피언십 그랑프리	**2017**

그랑프리 개최 횟수	
그랑프리	8
F1 챔피언십 그랑프리	**8**

챔피언십 그랑프리 개최지	
바쿠 시티 써킷	**8**

카스피해 연안 국가 최초의 F1 그랑프리

2016년 카스피해 연안 국가 중 처음으로 F1 그랑프리를 유치한 아제르바이잔은 첫 번째 이벤트를 유러피언 그랑프리의 이름으로 개최했고, 이듬해 2017시즌 이벤트의 공식 명칭을 국가의 이름으로 바꾸면서 F1 챔피언십 아제르바이잔 그랑프리가 탄생했다.

바쿠 시티 써킷에서 아제르바이잔 그랑프리의 이름으로 펼쳐진 여덟 차례 이벤트에서는 세르히오 페레스와 막스 베르스타펜이 두 차례 우승을 차지해 최다승 드라이버 자리를 공유하고 있고, 컨스트럭터 중에는 레드불이 2021시즌부터 3연승을 포함해 모두 5승을 거둬 최다승 컨스트럭터로 기록되고 있다.

에밀리아-로마냐 그랑프리

Emilia-Romagna Grand Prix

Gran Premio dell'Emilia-Romagna

최초 그랑프리 개최 연도	
그랑프리	2020
F1 챔피언십 그랑프리	**2020**

그랑프리 개최 횟수	
그랑프리	5
F1 챔피언십 그랑프리	**5**

챔피언십 그랑프리 개최지	
이몰라 써킷	**5**

2020년 이몰라에서 부활한 F1 그랑프리

대혼란의 시기였던 2020시즌 F1 챔피언십 캘린더는 재구성을 반복했고, 많은 이벤트가 새로 만들어지거나 과거의 이벤트가 부활하기도 했다. 이렇게 급조된 이벤트의 상당수가 한두 차례 레이스 이후 캘린더에서 사라진 것과 달리, 2020년 11월 산마리노 써킷의 무대 이몰라 써킷에서 출범한 에밀리아-로마냐 그랑프리는 F1 챔피언십의 정규 그랑프리로 완전히 자리를 잡았다.

2021 에밀리아-로마냐 그랑프리는 혼란스러웠던 상황과 큰 사고 등으로 팬들에게 깊은 인상을 남겼고, 2023시즌 그랑프리는 홍수에 따른 써킷 침수로 이벤트가 취소되어 큰 이슈가 되기도 했다. 모두 다섯 차례 개최된 에밀리아-로마냐 그랑프리에서는 4승을 거둔 레드불과 막스 베르스타펜이 절대 강자의 자리를 지키고 있다.

영국 그랑프리

British Grand Prix

최초 그랑프리 개최 연도	
그랑프리	1926
F1 챔피언십 그랑프리	**1950**

그랑프리 개최 횟수	
그랑프리	80
F1 챔피언십 그랑프리	**76**

챔피언십 그랑프리 개최지	
실버스톤 써킷	**59**
에인트리 써킷	**5**
브랜즈 햇치	**12**

최초의 F1 챔피언십 그랑프리

1926년 첫 그랑프리 레이싱 이벤트로 영국 그랑프리가 펼쳐진 이후 1949년까지 네 차례 이벤트가 펼쳐졌고, 1950시즌 F1 챔피언십의 출범과 함께 **최초의 F1 챔피언십 그랑프리**인 F1 챔피언십 영국 그랑프리가 시작됐다. 영국 그랑프리는 2023시즌까지 **모든 F1 챔피언십 시즌의 캘린더에 포함**되면서 이탈리아 그랑프리와 함께 전 시즌 그랑프리를 치른 두 개뿐인 이벤트로 남아있다.

실버스톤 써킷에서 57회의 이벤트를 포함해 모두 76회 개최된 F1 챔피언십 영국 그랑프리에서는 홈 그랑프리에 매우 강한 모습을 보인 루이스 해밀턴이 모두 아홉 차례 영국 그랑프를 상징하는 **"왕립 자동차협회 트로피(Royal Automobile Club Trophy)"**[8]를 들어 올렸고, 컨스트럭터 중에는 페라리가 18승을 기록해 최다승 드라이버의 자리를 지키고 있다.

오스트리아 그랑프리

Austrian Grand Prix

Großer Preis von Österreich

최초 그랑프리 개최 연도	
그랑프리	1963
F1 챔피언십 그랑프리	**1964**

그랑프리 개최 횟수	
그랑프리	44
F1 챔피언십 그랑프리	**38**

챔피언십 그랑프리 개최지	
젤트베그 에어베이스	**1**
레드불링	**37**

고지대에서 펼쳐지는 레드불의 홈 그랑프리

1963년 비행장을 개조한 젤트베그 에어베이스에서 처음 오스트리아 그랑프리가 펼쳐진 이듬해인 1964년 같은 장소에서 F1 챔피언십 오스트리아 그랑프리가 개최됐다. 이후 1969시즌까지는 다시 챔피언십 캘린더에 포함되지 못했던 오스트리아 그랑프리는 1970시즌부터 외스테라이히링에서 부활했고, 써킷 리뉴얼과 두 차례의 공식 명칭 변경, 두 차례 개최 중단 등을 거쳐 2014시즌 레드불의 투자에 힘입어 현대적인 모습으로 다시 태어난 레드불링에서 펼쳐지기 시작했다.

레드불링에서 모두 서른일곱 차례 펼쳐진 이벤트를 포함해 모두 38회 개최된 F1 챔피언십 오스트리아 그랑프리에서는 4승을 거둔 막스 베르스타펜이 최다승 드라이버로 올라섰고, 컨스트럭터 중에는 맥라렌이 7승으로 최다승 컨스트럭터 자리를 차지하고 있다.

---

[8] 순금 트로피는 포디엄 세레머니 이후 왕립 자동차협회로 반납하기 때문에 드라이버에게 지급하는 별도의 트로피도 시상한다.

유러피언 그랑프리

European Grand Prix

유럽 6개 써킷에서 개최된 그랑프리

특정 국가를 내세우지 않는 공식 명칭에서 알 수 있는 것처럼 F1 챔피언십 유럽 그랑프리는 한 국가에서 두 차례 그랑프리를 개최하거나 국가의 이름을 사용하지 않는 특별한 이유가 있는 경우 펼쳐지는 특별한 그랑프리로, F1 챔피언십의 74개 시즌 동안 유럽 각지 6개 써킷[9]에서 모두 23회의 유러피언 그랑프리가 개최됐다. F1 챔피언십 유러피언 그랑프리와 별도로 1923년부터 AIACR이 특정 그랑프리 이벤트를 명예 타이틀로 유러피언 그랑프리라고 이름 붙이는 전통이 있었고, 이와 같은 유러피언 그랑프리 지정은 1977년까지 이어졌다.

F1 챔피언십 유럽 그랑프리에서는 미하엘 슈마허가 6승을 기록해 3승의 페르난도 알론소를 크게 앞서며 최다승 드라이버 기록을 보유 중이고, 7승을 거둔 페라리는 4승의 맥라렌을 크게 앞선 최다승 컨스트럭터로 기록되고 있다.

최초 그랑프리 개최 연도	
그랑프리	1983
F1 챔피언십 그랑프리	**1983**

그랑프리 개최 횟수	
그랑프리	23
F1 챔피언십 그랑프리	**23**

챔피언십 그랑프리 개최지	
브랜즈 햇치	2
뉘르부르크링 GP-슈트레케	12
도닝턴 파크	1
헤레스 써킷	2
발렌시아 스트리트 써킷	5
바쿠 시티 써킷	1

이탈리아 그랑프리

Italian Grand Prix

Gran Premio d'Italia

매 시즌 펼쳐진 페라리의 홈 그랑프리

1921년 처음 펼쳐진 이탈리아 그랑프리는 1922년 몬짜로 개최 장소를 옮겼고, 1930년대 그랑프리 레이싱의 황금기를 거치며 핵심 이벤트로 자리 잡았다. F1 챔피언십 이탈리아 그랑프리는 1950시즌 F1 챔피언십 출범부터 2023시즌까지 단 한 시즌도 빠지지 않고 개최됐고, 1980시즌을 제외한 모든 이벤트가 몬짜에서 펼쳐졌기 때문에 단일 써킷 기준 F1에서 가장 오랜 전통을 자랑하는 그랑프리로 굳건히 자리 잡고 있다.

이탈리아 그랑프리는 티포시의 전폭적인 지지를 받는 스쿠데리아 페라리와 파엔짜 팀 레이싱 불스의 홈 그랑프리다. 몬짜에서 75회, 이몰라에서 한 차례 펼쳐진 F1 챔피언십 이탈리아 그랑프리에서는 미하엘 슈마허와 루이스 해밀턴이 나란히 5승을 기록해 최다승 드라이버 자리를 함께 차지하고 있고, 티포시의 열렬한 응원을 받는 페라리가 전체 레이스의 1/4이 넘는 20경기에서 승리하며 최다승 컨스트럭터로 기록되고 있다.

최초 그랑프리 개최 연도	
그랑프리	1921
F1 챔피언십 그랑프리	**1950**

그랑프리 개최 횟수	
그랑프리	95
F1 챔피언십 그랑프리	**76**

챔피언십 그랑프리 개최지	
몬짜 써킷	75
이몰라 써킷	1

[9] 2016 유러피언 그랑프리는 분류에 따라 유럽이 아닌 아시아 대륙에 속한다고 여겨지는 아제르바이잔 바쿠에서 펼쳐졌다.

인도 그랑프리

Indian Grand Prix

최초 그랑프리 개최 연도	
그랑프리	2011
F1 챔피언십 그랑프리	**2011**

그랑프리 개최 횟수	
그랑프리	3
F1 챔피언십 그랑프리	**3**

챔피언십 그랑프리 개최지	
부다 인터내셔널 써킷	**3**

아시아 신생 그랑프리 중 가장 수명이 짧았던 그랑프리

대회 개최를 놓고 여러 차례 우여곡절을 겪으면서 변경과 연기를 반복하던 인도 그랑프리는 2011년 완공된 부다 인터내셔널 써킷을 무대로 F1 2011시즌 처음 개최됐다. 인도 그랑프리는 2013시즌까지 세 차례 개최됐지만, 참가 팀 화물의 통관과 세금 문제 등의 이유로 2014시즌부터 대회가 중단됐다. 결국 단 세 차례 그랑프리만 치른 뒤 중단된 인도 그랑프리는 COVID-19 등의 이유로 임시 개최된 일회성 이벤트를 제외하면 2000년대 이후 정식으로 추진 개최된 아시아의 신생 그랑프리 중 가장 수명이 짧은 이벤트로 기록되었다.

부다 인터내셔널 써킷에서만 세 차례 펼쳐진 F1 챔피언십 인도 그랑프리에서는 레드불의 세바스찬 베텔이 폴 포지션을 독식했고, 레이스에서도 세 차례 모두 우승을 차지했다.

일본 그랑프리

Japanese Grand Prix

日本グランプリ

최초 그랑프리 개최 연도	
그랑프리	1963
F1 챔피언십 그랑프리	**1976**

그랑프리 개최 횟수	
그랑프리	50
F1 챔피언십 그랑프리	**39**

챔피언십 그랑프리 개최지	
후지 스피드웨이	**4**
스즈카 써킷	**35**

아시아 최초의 F1 챔피언십 그랑프리

1963년부터 열 차례 스포츠카 레이스로 일본 그랑프리가 펼쳐졌고, 1976년 후지 스피드웨이에서 F1 챔피언십 일본 그랑프리가 개최되면서 아시아 최초의 F1 챔피언십 그랑프리가 탄생했다. 1987년 스즈카 써킷에서 이벤트가 재개된 이후 2019시즌까지 한 시즌도 빠짐없이 개최됐던 일본 그랑프리는 COVID-19의 위기 속에 잠시 중단됐지만, 2022시즌부터 다시 이벤트를 재개했다.

레이스의 재미와 대중적 인기, 역사적 의의까지 모든 면에서 아시아 최고의 F1 그랑프리로 여겨지는 F1 챔피언십 일본 그랑프리에서는 6승을 거둔 미하엘 슈마허가 5승의 루이스 해밀턴, 4승의 세바스찬 베텔 등을 앞서며 최다승 드라이버로 자리 잡고 있고, 컨스트럭터 중에는 9승의 맥라렌이 8승의 레드불을 앞선 최다승 컨스트럭터 기록을 가지고 있다.

중국 그랑프리

Chinese Grand Prix

中国大奖赛

최초 그랑프리 개최 연도

그랑프리 2004

F1 챔피언십 그랑프리 **2004**

그랑프리 개최 횟수

그랑프리 18

F1 챔피언십 그랑프리 **18**

챔피언십 그랑프리 개최지

상하이 인터내셔널 써킷 **18**

한 때 아시아 최대의 그랑프리를 지향했던 그랑프리

2004년 중국 최대의 도시 상하이에 관중 수용 규모 20만 명의 상하이 인터내셔널 써킷을 건설해 F1 챔피언십 중국 그랑프리가 막을 올렸고, 규모 면에서 일본 그랑프리를 넘어서는 아시아 최대의 레이스 이벤트로 주목받았다. 그러나, 중국 그랑프리는 줄어드는 관중 규모와 재미없는 레이스 전개로 인기를 잃었고, 주변 공장 지대 때문에 그랑프리 기간 드라이버들의 시야 확보 문제를 불러오는 스모그로도 악명 높았다.

상하이 인터내셔널 써킷에서만 16회 개최된 F1 챔피언십 중국 그랑프리에서는 루이스 해밀턴이 6승을 거둬 압도적으로 뛰어난 성적을 기록하고 있고, 2012시즌부터 60% 승률을 기록 중인 메르세데스 역시 모두 여섯 차례 우승하며 최다승 컨스트럭터 자리를 지키고 있다.

카타르 그랑프리

Qatar Grand Prix

جائزة قطر الكبرى

최초 그랑프리 개최 연도

그랑프리 2021

F1 챔피언십 그랑프리 **2021**

그랑프리 개최 횟수

그랑프리 4

F1 챔피언십 그랑프리 **4**

챔피언십 그랑프리 개최지

루사일 인터내셔널 써킷 **4**

루사일 인터내셔널 써킷에서 펼쳐지는 나이트 레이스

2021시즌 개막전으로 예정됐던 호주 그랑프리가 한 차례 연기를 거쳐 최종적으로 취소되자, F1에서는 캘린더의 빈 곳을 메꾸기 위해 추가적인 그랑프리 개최가 필요했다. 취소된 호주 그랑프리 등 여러 이벤트 취소의 공백을 메우는 그랑프리 중에는 일회성 경기도 있었지만, 2021년 11월 처음 개최된 카타르 그랑프리는 조금 더 큰 그림을 그리고 있었다.

2021년 루사일 인터내셔널 써킷에서 첫 대회를 개최한 뒤 카타르 그랑프리는 F1과 10년 계약을 맺었고, 2023년부터 매년 그랑프리를 개최하기 시작했다. 2021 카타르 그랑프리는 루이스 해밀턴이 폴 포지션에서 레이스를 시작해 우승을 차지했고, 2023 카타르 그랑프리부터 레드불의 막스 베르스타펜이 3년 연속 우승했다.

ㅇ
ㅈ
ㅋ

캐나다 그랑프리

Canadian Grand Prix

Grand Prix du Canada

북미 최고의 인기 그랑프리

1961년 모스포트 파크에서 첫 이벤트를 개최한 뒤 1967시즌부터 F1 챔피언십 캘린더에 이름을 올린 캐나다 그랑프리는 질 빌너브의 활약 이후 캐나다는 물론 북미 지역에서 큰 인기를 얻었다. 다른 아메리카 대륙의 그랑프리와 달리 상반기 유럽 그랑프리 사이에 편성된다는 특징이 있었던 캐나다 그랑프리는 독특한 질 빌너브 써킷의 특징과 많은 셀럽들의 방문으로 유명한 이벤트가 되었다.

54회 개최된 F1 챔피언십 캐나다 그랑프리에서는 7승을 거둔 미하엘 슈마허와 루이스 해밀턴이 함께 최다승 드라이버 자리를 공유하고 있고, 13승을 기록 중인 맥라렌이 12승의 페라리를 근소하게 앞서며 최다승 컨스트럭터 기록을 보유 중이다.

최초 그랑프리 개최 연도

그랑프리 1961

F1 챔피언십 그랑프리 **1967**

그랑프리 개최 횟수

그랑프리 60

F1 챔피언십 그랑프리 **54**

챔피언십 그랑프리 개최지

모스포트 파크	**8**
몽-트랑블랑 써킷	**2**
질 빌너브 써킷	**44**

코리아 그랑프리

Korean Grand Prix

영암에서 2010시즌부터 네 차례 개최된 그랑프리

코리아 그랑프리는 헤르만 틸케의 설계에 따라 대한민국 전라남도 영암에 건설된 코리아 인터내셔널 써킷에서 2010시즌 처음 개최됐다. F1 챔피언십 코리아 그랑프리는 당초 2016시즌까지 7년간 개최를 계획하고 있었지만, 2014시즌 대회 개최가 불발된 이후 다시 재개되지 못하면서 단 네 차례의 그랑프리 개최 기록만을 남긴 채 중단됐다.

네 차례 모두 코리아 인터내셔널 써킷에서 치러진 F1 챔피언십 코리아 그랑프리에서는 2011시즌부터 2013시즌까지 레드불의 세바스찬 베텔이 3년 연속으로 우승하며 75%의 압도적 승률을 기록했다.

최초 그랑프리 개최 연도

그랑프리 2010

F1 챔피언십 그랑프리 **2010**

그랑프리 개최 횟수

그랑프리 4

F1 챔피언십 그랑프리 **4**

챔피언십 그랑프리 개최지

코리아 인터내셔널 써킷 **4**

튀르키예 그랑프리

Turkish Grand Prix

Türkiye Grand Prix

최초 그랑프리 개최 연도	
그랑프리	2005
F1 챔피언십 그랑프리	**2005**

그랑프리 개최 횟수	
그랑프리	9
F1 챔피언십 그랑프리	**9**

챔피언십 그랑프리 개최지	
이스탄불 파크	**9**

이스탄불 파크에서 아홉 차례 개최된 그랑프리

헤르만 틸케가 디자인한 첫 번째 반시계방향 써킷 이스탄불 파크에서 2005시즌 처음 개최된 F1 챔피언십 튀르키예 그랑프리는 여러 차례 흥미로운 레이스 덕분에 많은 인기를 얻었지만, 2011시즌을 끝으로 계약 연장이 이뤄지지 않았다. 다시 개최될 가능성이 전혀 없었던 튀르키예 그랑프리는 2020년 COVID-19의 유행이 불러온 혼란 속에 부활의 기회를 얻었고, 2021시즌까지 대회를 유치하는 데 성공했다.

이스탄불 파크에서만 아홉 차례 개최된 F1 챔피언십 튀르키예 그랑프리에서는 2006시즌부터 3년 연속 폴-투-윈을 기록한 펠리페 마싸가 드라이버 중 가장 좋은 성적을 거뒀고, 마싸의 활약에 힘입어 3승을 거둔 페라리가 최다승 컨스트럭터로 기록되고 있다.

투스칸 그랑프리

Tuscan Grand Prix

Gran Premio della Toscana Ferrari 1000

최초 그랑프리 개최 연도	
그랑프리	2020
F1 챔피언십 그랑프리	**2020**

그랑프리 개최 횟수	
그랑프리	1
F1 챔피언십 그랑프리	**1**

챔피언십 그랑프리 개최지	
무젤로 써킷	**1**

2020년 무젤로 써킷에서 개최된 일회성 그랑프리

2020년 COVID-19가 대유행하면서 F1 챔피언십이 대혼란에 빠졌고, 취소된 여러 그랑프리를 대체하기 위한 일회성 그랑프리 구성이나 과거에 폐지된 그랑프리의 부활 시도가 이어졌다. 투스칸 그랑프리는 무젤로 써킷을 무대로 한 일회성 그랑프리로 기획되었고, 페라리의 1,000번째 F1 그랑프리 출전을 축하한다는 의미를 이벤트의 공식 명칭에 담아 첫 번째 투스칸 그랑프리를 개최했다.

최초의 투스칸 그랑프리에서는 사고와 세이프티카, 리스타트에서 대형 사고와 레드 플랙이 이어지는 혼전이 펼쳐졌고, 마치 서바이벌 레이스와 같았던 경기에서 완주한 드라이버는 12명에 불과했다. 2022 투스칸 그랑프리의 폴 포지션과 우승은 루이스 해밀턴이 독차지했다.

ㅋ ㅌ ㅍ

퍼시픽 그랑프리

Pacific Grand Prix

パシフィックグランプリ

최초 그랑프리 개최 연도	
그랑프리	1960
F1 챔피언십 그랑프리	**1994**

그랑프리 개최 횟수	
그랑프리	6
F1 챔피언십 그랑프리	**2**

챔피언십 그랑프리 개최지	
오카야마 인터내셔널 써킷	**2**

오카야마에서 일본 그랑프리와 별도로 펼쳐진 그랑프리

1960년부터 캘리포니아의 라구나 세카에서 네 차례의 퍼시픽 그랑프리가 펼쳐졌지만 F1 챔피언십과는 전혀 관계가 없는 이벤트였고, 1994년 일본에서 한 시즌 두 차례의 F1 그랑프리를 개최하기 위해 스즈카에서 펼쳐지는 일본 그랑프리와 별도로 오카야마를 무대로 하는 F1 챔피언십 퍼시픽 그랑프리가 탄생했다.

1994시즌과 1995시즌 오카야마 인터내셔널 써킷에서 펼쳐진 두 차례 F1 챔피언십 퍼시픽 그랑프리에서는 모두 베네통의 미하엘 슈마허가 우승을 차지했다.

페스카라 그랑프리

Pescara Grand Prix

Gran Premio di Pescara

최초 그랑프리 개최 연도	
그랑프리	1957
F1 챔피언십 그랑프리	**1957**

그랑프리 개최 횟수	
그랑프리	1
F1 챔피언십 그랑프리	**1**

챔피언십 그랑프리 개최지	
페스카라 써킷	**1**

F1 챔피언십 그랑프리에 포함되었던 "코파아체르보"

1924년부터 이탈리아의 페스카라 써킷에서 개최되기 시작했던 **"코파아체르보(Coppa Acerbo)"**는 그랑프리 레이싱 초창기 가장 중요한 이벤트 중 하나로 여겨졌고, 제2차 세계대전 종료 후 파시스트였던 아체르보의 이름을 지우고 페스카라 써킷의 이름으로 대회를 이어갔다. 1954년 대회의 이름을 페스카라 그랑프리로 바꾼 코파아체르보는 1957시즌 드디어 F1 챔피언십에 포함되었고, 1957년 8월 F1 챔피언십 그랑프리로 펼쳐진 유일한 코파아체르보, "25회 페스카라 그랑프리"가 펼쳐졌다.

20만 명이 넘는 관람객이 찾으며 흥행에 성공한 1957 페스카라 그랑프리에서는 마제라티의 후안 마누엘 판지오가 폴 포지션을 차지했고, 레이스에서는 반월의 스털링 모스가 우승했다.

포르투갈 그랑프리

Portuguese Grand Prix

Grande Prémio de Portugal

최초 그랑프리 개최 연도	
그랑프리	1951
F1 챔피언십 그랑프리	**1958**

그랑프리 개최 횟수	
그랑프리	27
F1 챔피언십 그랑프리	**18**

챔피언십 그랑프리 개최지	
보아비스타 써킷	2
몬산토 써킷	1
에스토릴 써킷	13
알가르브 인터내셔널 써킷	2

80, 90년대 에스토릴에서 큰 인기를 끌었던 그랑프리

1951시즌 보아비스타에서 넌-챔피언십 그랑프리로 시작된 포르투갈 그랑프리는 1958시즌 F1 챔피언십 캘린더에 포함되었고, 1960시즌 이후 20년이 넘는 공백을 거쳐 1984시즌 에스토릴에서 대회가 재개된 뒤 1990년대 중반까지 13년 동안 F1 챔피언십 포르투갈 그랑프리가 펼쳐졌다. 1996시즌 이후 중단됐던 포르투갈 그랑프리는 2020년 COVID-19의 위기 속에 극적으로 부활했고, 2020시즌과 2021시즌 포르티마오의 알가르브 인터내셔널 써킷에서 대회가 펼쳐졌다.

몬산토에서 한 차례, 보아비스타에서 두 차례를 포함해 모두 네 곳에서 펼쳐진 F1 챔피언십 포르투갈 그랑프리에서 드라이버 중에는 각각 3승을 거둔 알랑 프로스트와 나이젤 만셀이 최다승 드라이버로, 컨스트럭터 중에는 6승을 거둔 윌리엄스가 최다승 컨스트럭터로 기록되고 있다.

프랑스 그랑프리

French Grand Prix

Grand Prix de France

최초 그랑프리 개최 연도	
그랑프리	1906
F1 챔피언십 그랑프리	**1950**

그랑프리 개최 횟수	
그랑프리	90
F1 챔피언십 그랑프리	**62**

챔피언십 그랑프리 개최지	
랑스-규	11
루앙-리즈-이싸	5
샤하드 써킷	4
부가티 써킷	1
폴 리카르 써킷	18
디죵-프레누아	5
마니-쿠르 써킷	18

그랑프리 레이싱 역사의 출발점이 된 최고 전통의 그랑프리

1906년 **"세계 최초의 그랑프리"**로 펼쳐진 프랑스 그랑프리는 그랑프리 레이싱 역사의 출발점이자 F1 탄생의 뿌리라고도 할 수 있는 이벤트다. 단연 가장 오랜 전통을 자랑하는 그랑프리 이벤트였던 프랑스 그랑프리는 오랫동안 가장 큰 상금이 걸린 레이스로 확실한 흥행 성공을 보장하는 레이스였고, F1 출범 원년이었던 1950시즌 챔피언십 그랑프리로 치러진 이래 모두 일곱 개 써킷에서 레이스가 펼쳐지며 **"가장 다양한 장소에서 F1 챔피언십 그랑프리를 개최한 이벤트"**의 기록도 보유하고 있다.

2022시즌까지 모두 62회 펼쳐진 F1 챔피언십 프랑스 그랑프리에서는 마니-쿠르의 강자였던 미하엘 슈마허가 8승, 폴 리카르에 강했던 알랑 프로스트가 6승을 거두며 프랑스에서 강한 드라이버임을 입증했고, 컨스트럭터 중에는 페라리가 무려 17승을 거두며 8승을 기록 중인 윌리엄스를 크게 앞서 프랑스 그랑프리 최다승 컨스트럭터의 자리를 지키고 있다

ㅍ

헝가리 그랑프리

Hungarian Grand Prix

Magyar Nagydíj

최초 그랑프리 개최 연도

그랑프리 1936

F1 챔피언십 그랑프리 **1986**

그랑프리 개최 횟수

그랑프리 41

F1 챔피언십 그랑프리 **40**

챔피언십 그랑프리 개최지

헝가로링 **40**

동유럽 최초의 F1 챔피언십 그랑프리

처음으로 헝가리의 이름을 건 그랑프리가 개최된 1936년으로부터 50년이 지난 뒤 1986년 부활한 헝가리 그랑프리는 동구권 최초의 F1 챔피언십 그랑프리로 기록되었고, 뜨거운 7, 8월 헝가로링에서 매년 이벤트를 개최해 의외의 결과를 자주 만들어내는 것은 물론 가까운 폴란드와 핀란드 등의 팬들에게 사실상의 홈 그랑프리처럼 여겨지며 흥행에 성공했다.

부다페스트 인근 헝가로링에서만 40회 펼쳐진 F1 챔피언십 헝가리 그랑프리에서는 미하엘 슈마허의 4승을 크게 앞서 8승을 기록한 루이스 해밀턴이 최다승 드라이버로 기록되어 있고, 7승씩을 기록 중인 윌리엄스와 페라리보다 훨씬 많은 13승을 거둔 맥라렌이 헝가리 그랑프리 최강 컨스트럭터의 자리를 지키고 있다.

호주 그랑프리

Australian Grand Prix

최초 그랑프리 개최 연도

그랑프리 1928

F1 챔피언십 그랑프리 **1985**

그랑프리 개최 횟수

그랑프리 88

F1 챔피언십 그랑프리 **39**

챔피언십 그랑프리 개최지

애들레이드 스트리트 써킷 **11**

앨버트 파크 써킷 **28**

오세아니아 대륙 유일의 F1 그랑프리

1928년부터 타스만 포뮬러, F5000 등 다양한 클래스의 경기로 호주 그랑프리라는 이름의 이벤트가 펼쳐진 이후, 1985년 애들레이드 스트리트 써킷에서 최초의 F1 챔피언십 호주 그랑프리가 펼쳐졌다. 1995시즌까지 매년 F1 챔피언십 캘린더의 마지막 이벤트로 개최됐던 호주 그랑프리는 1996시즌 무대를 앨버트 파크의 멜버른 그랑프리 써킷으로 옮긴 뒤 가장 많은 시즌 개막전을 치른 이벤트가 되었다.

애들레이드에서 11회, 앨버트 파크에서 28회 등 모두 39회 개최된 F1 챔피언십 호주 그랑프리에서는 3승씩을 기록 중인 젠슨 버튼과 세바스찬 베텔보다 많은 4승을 거둔 미하엘 슈마허가 최다승 드라이버의 기록을 갖고 있고, 11승의 페라리보다 한 경기 더 많은 12승을 기록 중인 맥라렌이 최다승 컨스트럭터의 자리를 지키고 있다.

IX.

모터스포츠

MOTORSPORT

CART

Championship Auto Racing Teams

1979년 미국에서 창설된 오픈-휠 레이싱 시리즈

미국의 오픈-휠 레이싱은 20세기 초반 AAA[1], 1956년부터는 USAC[2]가 주관하는 단일 챔피언십이 대표했지만, 1979년 CART의 탄생과 함께 첫 번째 "분할(split)"이 이뤄지면서 복수의 챔피언십이 펼쳐지게 됐다. 1980년대 중반 CART가 미국 최고의 오픈-휠 레이싱으로 부상하면서 CART와 경쟁하던 USAC는 자세를 낮추고 공존을 모색할 수밖에 없었다.

1996년 IRL[3]의 출범과 함께 두 번째 분할이 이뤄진 뒤 IRL과의 경쟁에서 밀린 CART는 팀과 드라이버, 스폰서와 매뉴팩쳐러를 차례로 잃으며 어려움을 겪었고, 결국 2003년 파산을 선언했다. 2004년 **"챔프 카 월드 시리즈(Champ Car World Series)"**[4]로 재탄생한 CART는 이후 IRL과의 경쟁을 이어갔고, 2008시즌을 앞두고 IRL이 챔프 카를 합병하면서 미국의 대표 오픈-휠 레이싱 챔피언십의 통일이 이뤄졌다.

DTM

Deutsche Tourenwagen Masters

2000년 독일에서 창설된 투어링카 레이싱 시리즈

1984년 "독일 양산차 챔피언십"을 뜻하는 **"Deutschen Produktionswagen Meisterschaft"**라는 이름으로 출범했던 챔피언십이 1986년 **"Deutsche Tourenwagen Meisterschaft"**로 공식 명칭을 변경하면서 첫 번째 DTM이 탄생했고, 1991년부터 매뉴팩쳐러 챔피언을 가리기 시작한 데 이어 1995년부터 독일을 벗어나 해외 진출을 모색하던 DTM은 챔피언십에 참가하던 세 팀 중 오펠과 알파로메오가 1996시즌을 끝으로 철수하며 자연스럽게 챔피언십이 중단됐다.

새로운 규정과 시스템을 마련한 뒤 좀 더 국제적인 이벤트를 지향하면서 2000년 부활한 DTM은 새 공식 명칭으로 **"Deutsche Tourenwagen Masters"**를 채택했고, 이후 독일을 대표하는 것은 물론 유럽에서 가장 인기 있는 투어링카 시리즈 중 하나로 자리를 잡는 가운데 일본의 슈퍼GT와 통합을 추진하는 움직임의 일환으로 2019년 11월 함께 "드림 레이스(Dream Race)"를 펼치기도 했다. DTM은 2021시즌부터 GT3를 기반으로 한 **"GT 플러스(GT Plus)"** 규정을 채택해 페라리, 맥라렌, 람보르기니, 포르셰 등의 매뉴팩쳐러 유입을 이끌었다.

---

[1] American Automobile Association

[2] United States Auto Club

[3] Indy Racing League

[4] 간단하게 "챔프 카(Champ Car)"라고 부르는 경우가 많았다.

F1 아카데미

F1 Academy

여성 유망주를 발굴하기 위해 2023년 만들어진 오픈-휠 레이싱 시리즈

F1 아카데미는 2023년 F1이 직접 만든 여성 유망주 발굴을 위한 오픈-휠 레이싱 시리즈로, 2019시즌 출범해 2022시즌까지 모두 세 시즌 동안 펼쳐졌던 W 시리즈의 단점을 보완해 탄생했다. F4 레이스카와 F1 타이어 공급자 피렐리의 타이어와 함께 출범한 F1 아카데미는 2023년 3월부터 F1과 인연이 깊은 수지 울프가 대표를 맡았다.

2023시즌 5개 팀에 세 명의 드라이버 씩 모두 15명으로 첫 번째 챔피언십을 치렀던 F1 아카데미는 2024시즌부터 F1 10개 팀이 한 명씩 지원하는 형태로 본격적인 유망주 발굴을 위한 포맷을 갖출 예정이며, FIA F2와 FIA F3와 함께 F1 챔피언십 그랑프리의 공식 서포트 시리즈로 지정되어 확실한 홍보의 기회를 얻었다.

F3000

Formula 3000

3,000cc 엔진을 사용하는 싱글-시터 레이싱 카테고리

F3000은 "3,000cc 규모의 엔진을 사용하는 포뮬러"라는 의미를 가진 싱글-시터 레이싱 규격을 가리키며, 기존 F2를 대체하기 위해 1985년 도입된 이래 F1에 가장 근접한 성능을 낼 수 있는 레이스카를 상징하는 이름으로 20년 가까이 사용됐다.

F3000 규격을 채택했던 다양한 챔피언십 중 직접적으로 F2 챔피언십을 대체해 1985년 출범한 "**인터내셔널 F3000(International F3000)**"[5]은 F3000 중 최고의 챔피언십으로 2005년 GP2로 대체되기 전까지 F1의 등용문 역할을 했으며, 1987년부터 1995년까지 일본의 싱글-시터를 대표했던 "일본 F3000(Japanese F3000)"은 1996년 "포뮬러 닛뽄(Formula Nippon)"으로 재탄생했다.

---

[5] 공식 명칭은 "FIA 인터내셔널 포뮬러 3000 챔피언십(FIA International Formula 3000 Championship)"이었다.

F4

FIA Formula 4

포뮬러에 입문하는 주니어들을 위한 오픈-휠 레이싱 카테고리

2013년 FIA의 싱글-시터 커미션 회장이었던 게하르트 베르거를 중심으로 인기가 쇠락하는 F3 카테고리를 대체할 신규 주니어 클래스에 대한 연구가 진행됐고, 포뮬러에 입문하는 주니어들을 위한 새로운 엔트리 오픈-휠 레이싱 카테고리인 F4가 탄생했다.

2023년 기준 F4의 세계를 대상으로 한 챔피언십은 존재하지 않지만, 많은 국가 단위의 F4 챔피언십이 펼쳐지고 있다. 2014년 출범한 이탈리아 F4와 2015년 출범한 영국 F4 등이 대표적인 F4 챔피언십으로 여겨지고 있으며, 이탈리아 F4, 영국 F4 등과 2023년 출범한 F1 아카데미는 모두 2022년 도입된 타우투스 F4-T421 레이스카를 사용하고 있다.

FIA F2

FIA Formula 2 Championship

F1 입성의 마지막 관문 역할을 하는 싱글-시터 챔피언십

GP2 시리즈를 대체하며 2017년 출범한 FIA F2는 F1의 하위 포뮬러 시리즈 중 최고 성능을 자랑하는 레이스카를 사용하는 최고 수준의 챔피언십으로 F1과 같은 DRS, 의무 핏 스탑, 포인트 시스템[6], 피렐리 타이어 사용 등 F1에서 활약할 드라이버 배출을 목표로 하고 있다는 취지에 부합하는 시스템을 갖추고 있다. 간단하게 **"F2"**[7]라고 부르는 FIA F2 챔피언십은 대부분 유럽 지역을 중심으로 F1 그랑프리의 서포트 레이스로 시즌을 진행하며 FIA F2 드라이버들이 자연스럽게 F1 팀과 교류할 수 있도록 하고 있지만, 일부 플라이어웨이 레이스에 서포트 레이스로 치러지는 경우도 있다.

FIA F2의 챔피언은 다음 시즌부터 F2에 출전할 수 없다는 규정이 있으며, FIA F2 챔피언십 출범 원년인 2017시즌 챔피언 샤를 르끌레부터 2018시즌 챔피언 죠지 러셀은, 2019시즌 챔피언 닉 드브리스, 2020시즌 믹 슈마허는 모두 F1 데뷔 기회를 얻었다. 2025시즌 기준 FIA F2는 한 주말에 스프린트 레이스와 피쳐 레이스까지 두 차례 레이스를 펼치며, 의무 핏 스탑이 없는 스프린트 레이스는 리버스 그리드로 시작한다는 특징이 있다.

---

[6] F1과 같은 피쳐 레이스의 포인트 시스템과 달리 스프린트 레이스에는 별도의 포인트 시스템이 적용되고, 피처 레이스의 폴 포지션에 2 포인트를 주는 시스템도 F1과 다르다.

[7] 1948년 만들어진 뒤 1985년 F3000이 되는 F2 카테고리는 물론 2009년부터 2012년까지 진행된 "FIA 포뮬러 2 챔피언십(FIA Formula Two Championship)"와도 연결 고리가 전혀 없는 별도의 챔피언십이다.

FIA F3

FIA Formula 3 Championship

F1으로 향하는 길의 중간 다리 역할을 하는 싱글-시터 챔피언십

GP3 시리즈와 FIA F3 유러피언 챔피언십[8]을 통합해 2019년 출범한 FIA F3는 고카트와 주니어 포뮬러에서 시작해 FIA F2를 거쳐 F1으로 이어지는 길의 중간 다리 역할을 하는 챔피언십이다. FIA F3는 GP3 시절과 마찬가지로 F1과 같은 피렐리가 타이어를 독점 공급하고 있으며, 주말의 포맷 역시 FIA F2처럼 피쳐 레이스와 스프린트 레이스로 구성된다.

FIA F2와 마찬가지로 FIA F3의 챔피언은 다음 시즌부터 다시 FIA F3 챔피언십에 출전할 수 없다는 규정에 따라 이듬해 바로 FIA F2 챔피언십에 출전하는 것이 보통이다. 과거 9시즌 동안의 GP3 시리즈에서 챔피언 타이틀을 차지한 드라이버 중 2/3에 해당하는 여섯 명이 F1까지 진출한 것과 달리, 2025시즌까지 FIA F3 챔피언 중 F1 데뷔에 성공한 것은 2020 챔피언 오스카 피아스트리와 2024 챔피언 보톨레토까지 단 두 명뿐이다.

GP2 시리즈

GP2 Series

2005년 만들어져 2016년까지 이어졌던 F1 피더 시리즈

2005년 버니 에클스톤과 플라비오 브리아토레가 힘을 모아 창설한 GP2 시리즈는 2004년까지 F1 입성의 관문 역할을 하는 피더 시리즈였던 인터내셔널 F3000을 대체하는 싱글-시터 챔피언십이었다. 2016년까지 많은 F1 드라이버를 배출한 GP2 시리즈는 좀 더 구체적인 "F1으로 향하는 길(path to F1)"의 구조가 만들어지기 시작한 2017년, 신설된 **FIA F2 챔피언십으로 대체**되었다.

2005시즌 GP2 시리즈 초대 챔피언 니코 로스버그를 시작으로 2016시즌 마지막 챔피언 피에르 가슬리까지 모두 열두 명의 GP2 챔피언 가운데 아홉 명이 한 차례 이상 F1 무대를 밟았고, 성적과 관계없이 GP2를 거쳐 간 174명의 드라이버 중 35명이 F1 데뷔 기회를 얻었다.

[8] 당시 FIA F3 유러피언 챔피언십은 기존 F3 카테고리의 최대 챔피언십이라고 볼 수 있었지만, 신설된 FIA F3 챔피언십은 기존 F3와는 다른 카테고리로 구분된다.

GP3 시리즈

GP3 Series

2010년 창설되어 2017년까지 이어졌던 GP2의 피더 시리즈

GP2 CEO였던 브루노 미셸이 GP2와 F1으로 이어지는 계단에서 출발점과 등용문 역할을 하는 챔피언십을 기획해 2010년 출범한 GP3 시리즈는 GP2와 마찬가지로 어린 드라이버들이 F1 그랑프리의 환경에 익숙해질 수 있도록 유럽을 중심으로 F1 서포트 레이스로 편성됐으며, 2018시즌까지 모두 아홉 시즌을 치른 뒤 2019년 신설된 **FIA F3에 자신의 역할을 넘겼다.**

초대 챔피언이었던 에스테반 구티에레스를 포함해 아홉 명의 GP3 챔피언 중 여섯 명이 F1 챔피언십까지 진출할 기회를 얻었고, 챔피언 타이틀을 획득하지 못한 드라이버 중 7명을 더해 GP3 시리즈를 거친 F1 드라이버는 13명에 달한다. GP3 시리즈를 거쳐 성적과 관계없이 GP2에 데뷔한 드라이버는 28명, FIA F2에 진출한 드라이버는 19명이다.

IMSA 스포츠카 챔피언십

IMSA SportsCar Championship

IMSA WeatherTech SportsCar Championship

북미 최대의 스포츠카 챔피언십

1971년 출범한 IMSA GT 챔피언십을 중심으로 성장하던 북미 지역의 스포츠카 레이싱 경쟁은 1990년대 말 아메리칸 르망 시리즈(ALMS)와 롤렉스 스포츠카 시리즈로 이어졌고, 2014년 ALMS와 롤렉스 스포츠카 시리즈의 통합으로 유나이티드 스포츠카 챔피언십이 탄생했다. 유나이티드 스포츠카 챔피언십은 2016년 지금의 IMSA 스포츠카 챔피언십으로 이름을 바꿨다.

IMSA 스포츠카 챔피언십은 미국과 캐나다를 아우르는 북미 지역 최대의 스포츠카 챔피언십으로 2026시즌 기준 최상위 **"GTP[9](Grand Touring Prototype)"**부터 **"LMP2"**와 **"GTD Pro"**, **"GTD"**까지 네 개 클래스로 운영되고 있다. 모터스포츠 시즌이 시작됐음을 알리는 데이토나 24시간을 필두로, 세브링 12시간, 쁘띠 르망[10] 등 세계적인 내구 레이스가 IMSA 스포츠카 챔피언십에 포함되어 있으며, 데이토나 24시간, 세브링 12시간, 쁘띠 르망을 포함해 모두 다섯 이벤트만을 기준으로 챔피언을 정하는 **"미쉐린 엔듀어런스 컵(Michelin Endurance Cup)"**이 따로 시상된다. 한세용 선수는 2023시즌부터 GTP 클래스에서 활약하며 세브링 12시간 우승, 쁘띠 르망 우승, 2023 IMSA 미쉐린 엔듀어런스 컵 등 좋은 성적을 거두며 맹활약하고 있다.

---

9 르망 24시간을 포함한 WEC와의 합의로 LMDh는 물론 LMH 규격의 하이퍼카 역시 조건에 맞춰 출전할 수 있다.

10 Petit Le Mans : 한 시즌의 끝을 알리는 내구 레이스

TCR
TCR Touring Car

2014년 탄생한 투어링카 규격

2014년 WTCC의 매니저였던 마르첼로 로티의 주도 아래 만들어진 TCR은 이전까지 투어링카 레이싱에서 성능에 비해 너무 큰 비용이 든다는 문제를 극복하기 위한 고민 끝에 주요 부품 표준화, 레이스카의 성능 차이가 과하게 벌어지지 않도록 제한하는 시스템 등을 고민해 "저비용 고효율"을 목표로 구성된 투어링카 레이싱 규격이다.

실전에서 상대적으로 저비용 고효율이 입증되면서 선풍적인 인기를 끌었던 TCR은 세계 규모의 **"TCR 인터내셔널 시리즈(TCR International Series)"**를 필두로 지역, 국가별로 다양한 챔피언십을 개최하며 한동안 인기를 끌었다. 2018년에는 FIA가 기존 WTCC를 정리하고 새로 TCR 규정을 채택한 **"월드 투어링카 컵(WTCC : World Touring Car Cup)"**을 출범시키기도 했다.

WEC
FIA World Endurance Championship

FIA가 주관하는 세계 최대의 내구 레이스 챔피언십

ACO[11]가 주관하던 기존 **"인터컨티넨털 르망 컵(Intercontinental Le Mans Cup)"**을 대체하며 2012년 출범한 WEC는 세계 최대 규모의 내구 레이스 챔피언십으로 세계 최고의 내구 레이스 이벤트인 르망 24시간과 함께 후지 스피드웨이, 스파-프랑코샹 등 세계의 주요 써킷에서 펼쳐지는 내구 레이스를 모아 챔피언십 시리즈를 구성하고 있다.

WEC는 2019-2020시즌까지 프로토타입 레이스카들이 경쟁하는 **LMP1**과 **LMP2**, 고성능으로 개조된 양산차를 위한 **LMGTE Pro**와 **LMGTE Am**까지 모두 네 클래스로 구분해 펼쳐졌다. 그러나, 2021시즌부터 LMP1이 새로운 **"하이퍼카(Hypercar)"** 클래스로 교체된 데 이어 2023시즌 LMGTE Pro 클래스가 중단되었고, **2024시즌부터**는 하이퍼카 클래스와 신설 LMGT3의 **두 개 클래스만 운영**되기 시작했다. 2026시즌부터 한세용 선수가 하이퍼카 클래스의 캐딜락 팩토리 팀 드라이버로 WEC 최상위 클래스에 참전한다.

---

11 Automobile Club de l'Ouest. 프랑스 최대의 자동차 협회.

WRC

FIA World Rally Championship

FIA가 주관하는 세계 최대의 랠리 챔피언십

세계 각지에서 펼쳐지던 주요 랠리 이벤트를 하나의 챔피언십으로 묶어 1973년 탄생한 WRC는 각 이벤트에서 포장도로와 눈길, 빗길을 넘나드는 비포장도로 등 다양한 환경의 **"스페셜 스테이지(SS : Special Stage)"** 기록을 합산해 우승자를 정하고, 한 시즌 동안 각 이벤트에서의 성적을 종합해 시즌의 챔피언 타이틀을 결정하는 FIA가 정한 6개 월드 챔피언십 중 하나다.

2019시즌을 기준으로 WRC는 과거 그룹 A, 그룹 B 등으로 분류되던 시기의 그룹 A 레이스카를 계승한 1.6L 터보 엔진을 사용하는 "월드 랠리 카(World Rally Car)"로 진행되며, 2022시즌부터 도입된 챔피언십 구성에 따라 **"그룹 랠리1(Group Rally1)"**이 WRC의 최상위 클래스 역할을 맡고 있다.

WSCC

World Sportscar Championship

40년간 F1과 트랙 레이스를 양분했던 스포츠카 레이싱 챔피언십

1953년 창설된 WSCC는 북미와 유럽에서 펼쳐지던 기존 주요 스포츠카 레이스와 내구 레이스 등을 하나의 챔피언십으로 묶어 만들어진 레이싱 시리즈로 여러 차례 공식 명칭이 변경되었지만 대부분 사람이 그대로 WSCC라는 이름으로 부르는 경우가 많았다. 1953시즌 일곱 개 라운드로 첫 번째 시즌을 치른 이래 1992시즌까지 다양한 형태로 40년 동안 이어진 WSCC는 오픈-휠 싱글-시터 레이스의 최고봉인 F1과 트랙 레이스를 사실상 양분하며 큰 인기를 끌었다.

1953시즌 이미 **르망 24시간**과 **밀레밀리아**, **세브링 12시간**, **스파 24시간**, 1000km 뉘르부르크링 등 세계 주요 써킷에서 펼쳐지는 핵심 레이스가 포함됐던 WSCC에는 이후 **타르가 플로리오**, **데이토나 24시간** 등이 합류했고, 1950년대부터 1960년대 중반까지 페라리, 1960년대 중후반 포드, 1970년대 포르셰 등이 WSCC에서 성공을 거두며 큰 명성을 얻기도 했다.

WTCR

FIA World Touring Car Cup

FIA가 주관했던 TCR 기반의 투어링카 레이싱 시리즈

1963년부터 펼쳐지던 유럽의 **"ETCC(European Touring Car Championship)"**를 호주, 뉴질랜드, 일본 등으로 확대해 세계적인 투어링카 레이싱 시리즈로 만들려는 시도로 1987년 FIA가 주관하는 **"WTCC(FIA World Touring Car Championship)"**가 창설되었지만 한 시즌만에 막을 내렸고, 2001년 ETCC가 다시 FIA의 지원을 받기 시작한 것을 계기로 2005년 WTCC가 부활해 본격적인 챔피언십이 궤도에 올랐다.

2010년대 들어 흥행에 고전을 면치 못하던 WTCC는 2017시즌 이후 FIA가 TCR 기술 규정을 채택한 WTCR 출범을 결정하면서 "월드 챔피언십(World Championship)"이 아닌 "월드 컵(World Cup)" 개념의 WTCR이 2018년 투어링카 레이싱을 대표하는 시리즈로 새롭게 탄생했다. 그러나, WTCR 역시 흥행에 고전을 면치 못하면서 2022년을 끝으로 중단됐고, 2023시즌부터 월드 투어 형식의 **"TCR 월드 투어(TCR World Tour)"**가 WTCC와 WTCR의 자리를 대신하게 됐다.

굿우드 페스티벌 오브 스피드

Goodwood Festival of Speed

굿우드에서 힐 클라임 이벤트를 중심으로 펼쳐지는 대형 모터스포츠 이벤트

1993년 영국의 **"마치 경(Lord March)"**[12]이 자기 영지 굿우드에서 다시 모터스포츠 붐을 일으키겠다는 원대한 목표와 함께 만든 굿우드 페스티벌 오브 스피드는 개최 첫해부터 2만5천 명의 관객이 찾는 큰 성공을 거뒀다. 매년 르망 24시간과 F1 그랑프리의 일정과 충돌을 피해 날짜를 잡아 6월이나 7월 초 나흘간 펼쳐지는 이벤트로 자리 잡은 굿우드 페스티벌 오브 스피드는 핵심이 되는 힐 클라임과 함께 다양한 볼거리와 즐길 거리가 가득한 모터스포츠 팬 최고의 축제로 성장했다.

굿우드 페스티벌 오브 스피드에는 1997년부터 매년 하나의 매뉴팩쳐러가 기념비적인 레이스카를 제공하면서 거대한 상징 조형물을 만들고 있으며, 일요일 펼쳐지는 힐 클라임 이벤트의 기록은 1999년 닉 하이트펠트가 맥라렌 MP4/13[13]으로 수립한 0:41.60으로 20년 동안 경신되지 않다가 2019년 로맹 뒤마가 폭스바겐 I.D. R과 함께 코스 레코드를 0:39.9까지 단축했다. 힐 클라임의 공식 기록은 2022년 **맥머트리 스펄링**과 함께 **0:39.081**을 기록한 **맥스 칠튼**이 경신했다.

12 2017년부터 "리치몬드 공작(Dukes of Richmond)"이 되었다.

13 이후 안전상의 이유로 F1 레이스카는 공식 주행과 기록 도전을 할 수 없게 되었고, 시범 주행으로 볼거리만 제공할 수 있게 됐다.

그룹 B
Group B

1980년대 랠리 황금기의 초고성능 레이스카 규격

FIA가 그룹 4와 그룹 5의 규격을 함께 대체하는 개념으로 1982년 도입한 그룹 B 규격은 5,000대 이상 양산된 차에 네 개 이상의 시트를 필요로 하는 데다가 개조가 상당 부분 제한된 그룹 A와 확실하게 구분되는 규격으로, 최소 무게 제한과 과급기의 부스트압, 신소재 사용의 제한을 없애고 호몰로게이션에 필요한 양산차 생산 규모 역시 200대로 낮춰 초고성능 레이스카를 만들 수 있는 조건이 갖춰진 파격적인 규격이었다.

1980년대 중반 WRC는 그룹 B 레이스카를 기본으로 3,000cc 엔진, 최소 무게 960kg의 규격을 채택하면서 출력만 제한하면 적정 수준의 랠리카들이 경쟁할 것으로 예상했지만, 엔지니어들의 신선한 아이디어와 관련 기술 발전의 결과 기대를 뛰어넘는 초고성능 레이스카가 속출하며 랠리 팬들을 열광시켰다. WRC와 랠리의 인기는 긍정적이었지만 과도한 출력과 스피드로 대형 인명 사고가 여러 차례 발생했고, 결국 FIA가 1986시즌을 끝으로 그룹 B의 호몰로게이션을 중단하면서 그룹 B는 역사 속으로 사라지게 됐다.

나스카 컵 시리즈
NASCAR Cup Series

세계 최대의 스톡카 레이싱 시리즈

1949년 미국 스톡카레이싱 협회[14]가 **"스트릭틀리 스톡 시리즈(Strictly Stock Series)"**라는 이름으로 출범시킨 나스카 컵 시리즈는 1950년 **"그랜드 내셔널 시리즈(Grand National Series)"**로 이름을 바꿨고, 1971년 이후로는 타이틀 스폰서 역할을 맡은 기업과의 계약에 따라 여러 차례 이름을 바꾸며 미국을 대표하는 스톡카 레이싱 시리즈로 성장했다. 2020시즌부터 별도의 네이밍 스폰서 없이 챔피언십을 치르기 시작한 나스카 컵 시리즈는 쉐보레, 포드, 토요타의 세 매뉴팩쳐러의 이름을 걸고 경쟁을 펼치고 있다.

한 시즌 동안 40대의 레이스카가 36 라운드의 레이스를 치르며, 첫 26경기까지를 기준으로 상위 16대가 **"나스카 체이스(NASCAR Chase)"**라고 불리는 열 경기의 플레이오프를 거쳐 챔피언을 결정한다. 각 레이스 이벤트에서는 세 개의 페이즈로 나뉘어 경기가 진행되고, 최종 순위는 물론 중간 페이즈의 상위 드라이버에게도 포인트가 주어지는 독특한 포인트 시스템을 가지고 있다.

2022시즌부터 나스카 컵 시리즈에 사용되기 시작한 **"넥스트 젠(Next Gen)"** 레이스카는 자연흡기 **5.86L의 OHV V8 엔진**과 **전진 5단 + 후진 1단 기어박스**를 파워트레인으로 장착하고, 최소 무게 1,451kg 이상에 드라이버와 연료를 포함해 1,542kg 이상이 되도록 디자인되어 있다.

14 나스카(National Association for Stock Car Auto Racing, LLC).

내구 레이스

Endurance racing

레이스카의 내구도와 참가자들의 인내를 시험하는 모터스포츠 종목

내구 레이스는 빠르게 달리는 것은 물론 오랫동안 꾸준히 속도를 유지할 수 있는지 가늠하는 모터스포츠 종목으로, 정해진 규정에 따라 드라이버와 인력이 팀을 이뤄 정해진 거리를 누가 가장 먼저 완주하는지 가리거나 정해진 시간 동안 누가 가장 먼 거리를 달리는지 가리는 방식으로 승자를 정한다. 모터스포츠 여명기의 레이스는 모두 내구 레이스의 성격을 띠고 있었기 때문에 현대의 내구 레이스는 모터스포츠의 원형을 일부분 간직하고 있는 종목으로 볼 수 있고, 상황에 따라 스포츠카 레이스와 내구 레이스를 동일한 개념으로 보는 경우도 있다.

1900년 최초의 내구 레이스 **"코파 플로리오(Coppa Florio)"**가 펼쳐졌고, 1905년에는 최초의 24시간 레이스가 미국 오하이오의 드라이빙 파크에서 개최됐다. 1906년 최초의 스포츠카 레이스로 여겨지는 **타르가 플로리오**가 첫 대회를 펼친 데 이어 1923년 첫 번째 **르망 24시간** 레이스가 펼쳐졌고, 1927년에는 역사적인 **밀레밀리아**가 출범했다. 제2차 세계대전 종전 이후에도 내구 레이스와 스포츠카 레이스의 인기는 식지 않았고, 1950년 **세브링 12시간**, 1962년 **데이토나 24시간** 등 내구 레이스를 대표하는 이벤트들이 차례로 등장했다.

뉘르부르크링 24시간

Nürburgring 24 Hours

24-Stunden-Rennen auf dem Nürburgring[15]

뉘르부르크링에서 24시간 동안 펼쳐지는 내구 레이스 이벤트

1953년 ADAC[16]가 주최한 1000km 뉘르부르크링 레이스를 포함해 12시간과 24시간, 36시간과 96시간까지 다양한 내구 레이스가 뉘르부르크링에서 펼쳐졌었고, 1970년 ADAC의 주도 아래 뉘르부르크링을 대표하는 국제적인 내구 레이스 이벤트로 뉘르부르크링 24시간 레이스가 출범했다.

몇 차례 레이아웃과 코스의 변화를 거치는 가운데 전반적으로 노르트슐라이페를 포함해 25km가 넘는 뉘르부르크링 풀 코스를 무대로 펼쳐지는 뉘르부르크링 24시간 레이스의 2026시즌 기준 공식 명칭은 주최자인 ADAC와 타이틀 스폰서 토탈의 브랜드 라베놀의 이름이 더해진 **"ADAC 라베놀 24h-레넨(ADAC RAVENOL 24h-Rennen)"**으로 부르고 있다.

---

[15] 간단하게 "24h-레넨(24h-Rennen)"이라고도 부른다.

[16] 독일 자동차 협회 "Allgemeiner Deutscher Automobil-Club e.V."의 약자다.

드래그 레이싱

Drag racing

두 레이스카가 짧은 직진 구간에서 속도 경쟁을 펼치는 모터스포츠 종목

드래그 레이싱은 두 대의 레이스카가 정해진 신호에 따라 스탠딩 스타트로 레이스를 시작해 미리 정한 짧은 거리의 직진 구간을 달린 뒤 누가 먼저 피니시 라인을 통과하느냐에 따라 승자를 가리는 원초적인 형태의 모터스포츠 종목이다. 가장 널리 사용되는 드래그 레이싱 거리는 1/4마일(약 402m)이지만 종종 1/8마일(약 201m) 레이스도 펼쳐진다.

드래그 레이싱에는 거리가 짧은 만큼 순간적으로 상상 이상의 강력한 토크와 최대 출력을 발휘할 수 있도록 특별하게 개조한 차량이 사용되며, 드래그 레이싱 전용 레이스카의 경우 제동을 위해 낙하산을 사용하는 경우도 많다.

데이토나 24시간

24 Hours of Daytona

Rolex 24 At Daytona

데이토나 인터내셔널 스피드웨이에서 24시간 동안 펼쳐지는 내구 레이스 이벤트

데이토나 24시간은 플로리다의 데이토나 비치에 건설된 데이토나 인터내셔널 스피드웨이에서 1962년 처음 개최[17]된 내구 레이스 이벤트로 데이토나의 트라이-오벌 구간 일부와 오벌 안쪽의 로드 코스를 함께 이용하는 레이아웃으로 매년 연초에 개최된다. 50년 이상 꾸준히 대회를 개최한 데이토나 24시간은 르망 24시간, 세브링 12시간과 함께 "내구 레이스의 트리플 크라운" 중 하나에 해당하는 세계적인 이벤트로 성장했다.

2023시즌 기준 데이토나 24시간의 공식 명칭은 **"롤렉스 24 데이토나(Rolex 24 At Daytona)"**이며, 1998년 미국의 스포츠카 레이싱이 통합되어 "미국 로드 레이싱 챔피언십(United States Road Racing Championship)"이 탄생했을 때부터 그랬던 것처럼 IMSA[18]가 주관하는 **"IMSA 스포츠카 챔피언십(IMSA WeatherTech SportsCar Championship)"**의 시즌 개막전으로 펼쳐졌다. 타이틀 스폰서가 롤렉스이기 때문에 데이토나 24시간 레이스의 각 클래스 우승자는 타이틀 스폰서 롤렉스에서 제공한 롤렉스 데이토나 시계를 부상으로 받을 수 있다.

---

[17] 첫 번째 레이스는 3시간 레이스였으며, 최초의 24시간 레이스는 1966년 개최됐다.

[18] "International Motor Sports Association"의 약자로 북미 지역의 다양한 모터스포츠 이벤트를 주관하는 조직이다.

랠리
Rally

복합 노면을 가진 간단한 코스를 만들어 짧은 레이스를 펼치는 모터스포츠 종목

랠리는 출발 지점과 도착 지점을 정해 구간 단위로 해당 구간을 누가 가장 빨리 달렸는지에 따라 승자를 가리거나 각 구간의 성적을 종합해 순위를 정하는 모터스포츠 종목이다. 1894년 파리-루앙 레이스부터 시작된 모터스포츠 이벤트의 원형 역시 큰 틀에서 랠리의 형식을 가지고 있다고 볼 수 있고, 1911년 1월 **"몬테카를로 랠리(Monte Carlo Rally)"**가 펼쳐지면서 같은 형태를 가진 모터스포츠 종목의 이벤트를 가리키는 용어로 "랠리"라는 이름이 사용되기 시작했다.

제2차 세계대전 이후 1953년 유럽에서 펼쳐지는 랠리 이벤트를 종합해 챔피언을 결정하는 **"유러피언 랠리 챔피언십(ERC : European Rally Championship)"**이 출범했고, 1973년에는 좀 더 국제적인 규모의 **WRC**가 만들어졌다. 챔피언십 규모로 봤을 때 FIA 공인 월드 챔피언십으로 발전한 WRC가 대표적이라면, 단일 랠리 이벤트로는 오랫동안 가장 큰 주목을 받는 동시에 악명도 높았던 **"파리-다카르 랠리(Paris-Dakar Rally)"**[19]가 랠리 종목을 대표했다.

랠리크로스
Rallycross

복합 노면을 가진 간단한 코스를 만들어 짧은 레이스를 펼치는 모터스포츠 종목

1967년 TV 프로그램을 위한 이벤트로 기획되어 리든 써킷에서 처음 펼쳐진 랠리크로스는 일반적인 써킷의 포장된 노면 구간과 일부 비포장 노면을 연결한 짧은 전용 코스에서 복합 노면을 넘나드는 스프린트 레이스를 펼쳐 승자를 가리는 모터스포츠 종목을 가리킨다. 이후 랠리크로스는 이벤트 레이스를 넘어 정식 레이스 이벤트로 자리를 잡으며 북유럽 국가들과 프랑스, 영국, 네덜란드, 벨기에 등에서 큰 인기를 얻었다.

F1이나 WRC 등 규모 있는 챔피언십과 대비되는 짧은 경기 시간과 한 레이스에 서너 대의 적은 참가 대수, 간단한 써킷 레이아웃 등의 장점 덕분에 진입 장벽이 낮은 랠리크로스는 구조적으로 아기자기한 경쟁과 박진감 넘치는 배틀이 이어질 수밖에 없어 유럽을 넘어 호주와 미국 등으로 빠르게 확대되었다. FIA에서도 1976년 일찌감치 **"FIA 유러피언 랠리크로스 챔피언십(FIA European Rallycross Championship)"**을 만든 데 이어 2014년 **"월드 RX(World RX)"**로도 불리는 **"FIA 월드 랠리크로스 챔피언십(FIA World Rallycross Championship)"**을 출범시켰다.

---

[19] 30년 간 인기를 끌었던 파리-다카르 랠리는 여러 차례 코스가 변경되었고, 2009년 이후로는 남미 대륙을 중심으로 펼쳐지는 "다카르 랠리(Dakar Rally)"가 그 전통을 이어가고 있다.

레이스 오브 챔피언스

Race of Champions

세계 주요 모터스포츠의 챔피언들을 모아 펼치는 팬 서비스 성격의 레이스 이벤트

1988년 랠리 챔피언들을 한자리에 모아 경쟁시킨다는 취지로 탄생했던 레이스 오브 챔피언스는 이후 다양한 종목의 챔피언으로 참가 대상을 확대해 F1, WRC, WEC, 나스카 컵 시리즈, 인디카 시리즈와 포뮬러-E 등 세계 주요 챔피언십의 타이틀을 획득한 드라이버들이 모이는 화려한 이벤트로 성장했다.

레이스 오브 챔피언스에서는 1:1 대결로 각 드라이버의 기량을 겨루는 토너먼트를 통해 **"챔피언 오브 챔피언스(Champion of Champions)"**를 결정하고, 국가별로 조합된 2인 1조로 토너먼트를 진행하는 **"네이션스 컵(Nations' Cup)"**의 승자를 정해 트로피를 수여하는 등 다양한 시상이 이뤄진다.

르망 24시간

24 Hours of Le Mans

24 Heures du Mans

모터스포츠 최고의 단일 이벤트로 여겨지는 24시간 내구 레이스 이벤트

1923년 막을 올린 르망 24시간은 프랑스 자동차 협회 ACO가 주관해 100년 동안 꾸준히 개최된 모터스포츠 최고의 이벤트로 손꼽히는 내구 레이스다. **"내구도와 효율의 그랑프리(Grand Prix of Endurance and Efficiency)"**로 불리며 세계 최고의 모터스포츠 축제로 여겨지는 르망 24시간은 2025년까지 모두 93회[20] 펼쳐졌다. 모터스포츠의 트리플 크라운 중 하나이자 내구 레이스의 트리플 크라운 중 하나로 여겨지는 르망 24시간은 1953시즌부터 1992시즌까지 WSCC에 포함되었고, 2011년 **"인터내셔널 르망 컵(International Le Mans Cup)"**에 포함된 뒤 2012년부터는 막 탄생한 WEC의 핵심 경기로 개최되고 있다.

프랑스 르망 시 부근의 **"사르트 써킷(Circuit de la Sarthe)"**에서 펼쳐지는 르망 24시간에서는 2025년까지 **톰 크리스텐슨**이 **9승**으로 최다승 드라이버, **포르셰**가 **19승**을 거둬 최다승 매뉴팩처러의 기록을 보유하고 있다.

[20] 1936년 노동자들의 파업으로 대회가 개최되지 못했고, 1940년부터 1948년까지 제2차 세계대전의 여파로 레이스가 펼쳐지지 못해 10회의 공백이 생겼다.

모토GP

MotoGP

FIM이 주관하는 그랑프리 모터싸이클 레이싱 챔피언십

1949년 출범한 **"그랑프리 모터싸이클(Grand Prix Motorcycle)"**은 써킷에서 FIM의 주관 아래 펼쳐지는 모터싸이클 레이싱 최고의 챔피언십으로 유럽에서 큰 인기를 얻었고, 1961년부터 유럽을 벗어나 남미에서 그랑프리를 개최한 뒤 1963년 일본, 1964년 미국에서도 챔피언십 이벤트를 펼치며 명실상부 세계 최고의 모터싸이클 레이싱 시리즈로 성장했다.

2002년 그랑프리 모터싸이클의 최상위 클래스였던 500cc 클래스가 **모토GP**로 이름을 바꾼 데 이어 2010년에는 250cc 클래스가 **"모토2(Moto2)"**로 이름을 바꿨고, 2012년에는 125cc 클래스까지 **"모토3(Moto3)"**라는 새 이름을 갖게 되었다. 2012시즌부터는 그랑프리 모터싸이클의 프리미어 클래스인 모토GP의 엔진 최대 배기량이 1,000cc로 대폭 상향되었고, 2019시즌 엔진 공급자 변경과 함께 모토2의 엔진 배기량이 765cc로 늘어난 데 이어 2019년에는 전기만을 동력으로 사용하는 **"모토E(MotoE)"** 클래스가 신설됐다.

밀레밀리아

Mille Miglia

이탈리아에서 펼쳐졌던 1,000마일 내구 레이스

1921년 브레샤의 몬테키아리 써킷에서 출범했던 이탈리아 그랑프리가 몬짜로 개최 장소를 옮긴 뒤 브레샤를 무대로 하는 새로운 레이스 이벤트로 기획된 밀레밀리아는 이름에 담긴 뜻 그대로 **"마일(Mile)"** 단위로 **"1,000(Miglia)"**의 거리를 달리는 레이스 이벤트다. 1927년 브레샤를 출발해 로마까지 이동한 뒤 다른 경로를 통해 브레샤로 돌아오는 1,618km(1,000마일) 거리의 로드 코스에서 역사적인 첫 번째 밀레밀리아가 펼쳐졌다.

1953년부터 WSCC의 레이스 이벤트 중 하나로 편성된 밀레밀리아는 한 때 레이스에 500만 명의 관중이 지켜보는 등 엄청난 인기를 끌며 최고의 모터스포츠 이벤트로 여겨지기도 했다. 1957년까지 **브레샤-로마-브레샤**의 출발-경유-도착지와 대략 1,000마일 전후의 거리만 유지한 채 코스를 여러 차례 바꿔 가며 모두 24회의 레이스 이벤트를 펼쳤던 밀레밀리아는 1958년 이후 다시 개최되지 않았고, **1977년부터 "밀레밀리아 스토리카(Mille Miglia Storica)"**라는 이름의 퍼레이드가 펼쳐지며 밀레밀리아를 기념하고 있다.

세브링 12시간

12 Hours of Sebring

Mobil 1 12 Hours of Sebring Presented by Advance Auto Parts

세브링 인터내셔널 레이스웨이에서 펼쳐지는 12시간 내구 레이스

제2차 세계대전 당시 사용된 플로리다의 세브링 부근 군용 비행장을 개조해 건설된 세브링 인터내셔널 레이스웨이에서 1950년 6시간의 내구 레이스가 펼쳐졌고, 1952년 두 번째 레이스부터 시간이 두 배로 늘어난 12시간이 되면서 세브링 12시간 레이스가 탄생했다. 세브링 12시간은 르망 24시간, 데이토나 24시간과 함께 **"내구 레이스의 트리플 크라운"**에 해당하는 세계적인 이벤트로 성장했고, 매년 IMSA가 주관하는 **"IMSA 스포츠카 챔피언십(IMSA WeatherTech SportsCar Championship)"**의 핵심 경기로 펼쳐지고 있기도 하다.

모두 71회 펼쳐진 세브링 12시간에서는 톰 크리스텐슨이 6승으로 최다승 드라이버, 포르셰가 18승을 거둬 최다승 매뉴팩처러의 기록을 보유하고 있다. **2023시즌**에는 **"어드밴스 오토 파츠가 제공하는 모빌 1 세브링 12시간(Mobil 1 12 Hours of Sebring Presented by Advance Auto Parts)"**의 공식 명칭을 사용하며 개최된 71번째 세브링 12 시간 레이스에서는 한국계 드라이버 **한세용 선수**가 마지막 주자로 달린 휠런 엔지니어링 레이싱이 극적으로 우승을 차지했다.

슈퍼 GT

SUPER GT

Autobacs Super GT

일본을 대표하는 아시아 최고의 스포츠카 레이싱 시리즈

1993년 일본을 대표하는 3대 매뉴팩처러 토요타, 닛산, 혼다가 합의해 정한 규정과 규격에 따라 양산차 기반 레이스카를 만들어 경쟁하는 챔피언십으로 출범한 **"전일본 GT선수권 레이스(全日本GT選手権レース)"**는 1994년 **"전일본 GT선수권(JGTC : 全日本GT選手権)"**으로 이름을 바꿨다. 2004년까지 11년간 꾸준히 대회를 치르며 아시아 최고의 스포츠카 레이싱 시리즈로 발전한 전일본 GT선수권은 2005년에 이르러 대회의 공식 명칭을 지금과 같은 **"슈퍼 GT(SUPER GT)"**로 변경했다.

GT500과 GT300로 나뉜 두 개 클래스의 투어링카로 진행되는 슈퍼 GT 레이스는 한 차례 이상 핏 스탑과 재급유, 드라이버 교체를 의무화하고 있으며, GT500의 경우 한 때 독일의 DTM과 손을 잡으려는 노력 끝에 2019년 11월 후지 스피드웨이에서 함께 "드림 레이스(Dream Race)"를 펼치기도 했다. F1 경험이 있는 드라이버 중에는 헤이키 코발라이넨, 젠슨 버튼이 GT500 챔피언 타이틀을 획득했었고, 2026시즌 기준 하스의 리저브 드라이버 중 한 명인 히라카와 료 역시 GT500 챔피언 출신이다.

슈퍼카 챔피언십

Supercars Championship

호주와 뉴질랜드를 중심으로 진행되는 투어링카 레이싱 시리즈

1960년 CAMS[21]의 주관 아래 시작된 **"호주 투어링카 챔피언십(ATCC : Australian Touring Car Championship)"**은 1993년 5.0L V8 엔진을 장착한 최상위 클래스를 중심으로 재편되었고, 1997년 AVESCO[22]의 주도로 ATCC를 업그레이드한 **"V8 슈퍼카(V8 Supercars)"**가 만들어져 큰 인기를 끌었다. V8 슈퍼카는 **"인터내셔널 V8 슈퍼카(International V8 Supercars)"**로 발전한 뒤 2016년 브랜드를 재편해 지금과 같은 **"슈퍼카 챔피언십(Supercars Championship)"**이 탄생했다.

호주와 뉴질랜드를 중심으로 진행되며 오세아니아 대륙을 대표하는 모터스포츠 이벤트로 굳건하게 자리 잡은 슈퍼카 챔피언십은 **"그레이트 레이스(Great Race)"**라고 불리는 호주의 대표적 레이스 이벤트 **"바서스트 1000(Bathurst 1000)"**과 F1 호주 그랑프리의 서포트 레이스로 펼쳐지는 "멜버른 400(Melbourne 400)" 등을 포함해 매년 10라운드 이상의 레이스를 펼치고 있다.

슈퍼 포뮬러

Super Formula

일본을 대표하는 아시아 최고의 싱글-시터 레이싱 시리즈

1973년 JAF(일본자동차연맹)가 만든 **"전일본 F2000선수권(全日本F2000選手権)"**은 1978년 F2 규정 변경에 따라 **"전일본 F2선수권(全日本F2選手権)"**으로 발전했고, 1987년 새로운 F3000 규정을 따라 **"전일본 F3000선수권(全日本F3000)"**으로 재탄생했다. 전일본 F3000선수권은 1996년 **"전일본선수권 포뮬러 닛뽄(全日本選手権フォーミュラ·ニッポン)"**으로 이름을 바꿨고, 2013년 지금과 같은 "슈퍼 포뮬러(スーパーフォーミュラ)"가 탄생했다.

슈퍼 포뮬러는 토요타와 혼다가 각각 제작한 두 종류의 엔진 중 하나를 탑재해 출전하게 되어 있고, 2023시즌부터 기존 SF19 섀시를 대체하는 **달라라 SF23 섀시**를 사용하기 시작했다. 슈퍼 포뮬러에는 코바야시카무이 등 일본 드라이버 3명을 포함해 모두 10명의 F1 드라이버가 출전한 기록이 있으며, F1 레이스카보다 10 ~ 15% 정도 느린 랩 타임을 낼 정도로 매우 빠른 스피드를 낼 수 있어 일본뿐 아니라 전 세계 싱글-시터 오픈-휠 레이싱 팬들에게 큰 인기를 얻고 있다.

---

21 "Confederation of Australian Motor Sport"의 약자. 호주의 모터스포츠를 주관하는 조직.

22 "The Australian Vee Eight Super Car Company"의 약자.

스톡카 레이싱

Stock car racing

스톡카를 사용해 레이스를 펼치는 모터스포츠 종목

"스톡카(stock car)"는 원래 양산차 상태 그대로의 자동차를 가리키며 레이스를 위한 전용 차량으로 만들어진 레이스카와 대조되는 의미를 가졌지만, 현재 모터스포츠에서 말하는 스톡카는 **외형만 봤을 때 양산차 그대로의 상태처럼 보이지만 차 내부는 완전히 레이스를 위해 만들어진 프로토타입 레이스카에 가까운 경우**를 가리킨다. 스톡카 레이싱은 이런 스톡카를 사용해 레이스를 펼치는 모터스포츠 종목을 가리킨다.

스톡카 레이싱의 인기가 가장 많은 미국에서는 NASCAR가 주관하는 **"탑 3(top 3)" 시리즈**인 **나스카 컵 시리즈, 나스카 시리즈, 나스카 트럭 시리즈**가 큰 인기를 얻고 있으며, 뉴질랜드, 호주, 영국 등에서도 스톡카 레이싱 팬층이 존재한다. 한국에서도 2008년부터 CJ 슈퍼레이스에 스톡카를 사용하는 **슈퍼6000 클래스**가 만들어져 국내 최고 레이싱 시리즈의 자리를 지키고 있다.

ㅅ

스포츠카 레이싱

Sports car racing

스포츠카를 사용해 레이스를 펼치는 모터스포츠 종목

사람에 따라 해석과 정의가 달라질 수 있는 스포츠카는 **"두 개의 시트를 가진 클로즈드-휠 형태의 고성능 자동차"**로 정의할 수 있으며, 넓은 의미의 스포츠카 레이싱은 프로토타입 레이스카를 사용하는 경우와 GT[23]/투어링카를 사용하는 경우를 모두 포함하는 모터스포츠 종목으로 볼 수 있다. 범위를 좁혀 엄격한 의미로 얘기한다면 스포츠카 레이싱은 투어링카를 제외한 GT 레이싱만을 가리킨다.

차종으로 구분하는 스포츠카 레이싱은 내구 레이스와 스프린트 레이스 등 모든 형식의 레이스 이벤트로 펼쳐질 수 있으며 현재 세계적으로 가장 큰 규모의 스포츠카 레이싱 시리즈는 FIA가 주관하는 **WEC**이고, 스포츠카의 이름을 걸고 진행됐던 과거의 **WSCC**나 북미의 **IMSA 스포츠카 챔피언십**은 물론 빠르게 인기를 끌고 있는 GT 레이싱 시리즈인 **"블랑팡 GT 월드 챌린지(Blancpain GT World Challenge)"** 등도 모두 스포츠카 레이싱에 포함된다.

23 이탈리아어 "그란 투리스모(Gran Turismo)"에서 유래한 "그랜드 투어링(Grand Touring)"의 약자.

월드 매뉴팩쳐러스 챔피언십

World Manufacturers' Championship

1920년대 만들어진 그랑프리 레이싱 최초의 국제적인 챔피언십 시리즈

월드 매뉴팩쳐러스 챔피언십은 AIACR이 주관한 그랑프리 레이싱 최초의 월드 챔피언십이자 F1의 뿌리에 해당하는 챔피언십으로, 1925년 **인디500**과 **벨기에, 프랑스, 이탈리아 그랑프리** 등 네 개의 이벤트로 첫 번째 시즌을 치렀다. 1926시즌과 1927시즌에는 벨기에 그랑프리 대신 **스페인 그랑프리와 영국 그랑프리**가 추가되었고, 한두 경기만 챔피언십에 포함[24]되어 챔피언이 결정되지 않은 채 세 시즌을 더 치른 월드 매뉴팩쳐러스 챔피언십은 1930시즌을 끝으로 폐지됐다.

"오토모빌 월드 챔피언십(Automobile World Championship)"이라고도 불렸던 월드 매뉴팩쳐러스 챔피언십은 레이스카 제조사 중 챔피언을 정했기 때문에 드라이버 챔피언 경쟁은 없었다. 월드 매뉴팩쳐러스 챔피언십은 **"가장 좋은 성적을 기록한 팀에게 가장 적은 포인트를 주는 포인트 시스템"**을 채택해 우승부터 3위까지 순위에 따라 1, 2, 3포인트, 완주 4포인트, 완주에 실패한 경우 5포인트, 참가하지 않았다면 6포인트가 각각 주어졌다. 1925시즌은 **알파로메오**, 1926시즌은 **부가티(Bugatti)**, 1927시즌은 **들라지(Delage)**가 월드 매뉴팩쳐러스 챔피언 타이틀을 차지했다.

유러피언 드라이버스 챔피언십

European Drivers' Championship

AIACR European Championship

F1의 전신에 해당하는 1930년대 그랑프리 레이싱의 국제적인 챔피언십 시리즈

1931년 탄생한 유러피언 드라이버스 챔피언십은 유럽 주요 그랑프리를 모아 구성한 챔피언십 시리즈로 1935년[25]부터 매년 네 차례에서 일곱 차례 그랑프리 결과를 종합해 챔피언을 결정한 F1의 전신에 해당한다. 제2차 세계대전 발발로 중단된 1939시즌 전까지 모두 여섯 시즌 동안 경쟁을 통해 챔피언을 결정했다.

유러피언 드라이버스 챔피언십은 월드 매뉴팩쳐러스 챔피언십보다 조금 더 복잡한 포인트 시스템[26]을 채택했으며, 월드 매뉴팩쳐러스 챔피언십과 반대로 제조사 챔피언 경쟁은 펼쳐지지 않았다. **1931시즌** 알파로메오의 **페르디난도 미노이아**가 초대 챔피언이 된 이후 알파로메오의 **타찌오 누볼라리(1932시즌)**, 메르세데스-벤츠의 **루돌프 카라치올라(1935, 1937, 1938시즌)**, 아우토우니온의 **베른트 로제마이어(1936시즌)**까지 네 명이 차례로 유러피언 드라이버스 챔피언 타이틀을 차지했다. 1939시즌에는 공식적으로 챔피언 타이틀이 주어지지 않았다.

---

24 나머지 그랑프리가 AIACR의 규정을 따르지 않았기 때문에 챔피언도 결정할 수 없었다.

25 1933, 1934시즌은 챔피언십이 펼쳐지지 않았다.

26 1, 2, 3위에게 각각 1, 2, 3포인트를 부여하는 것은 월드 매뉴팩쳐러스 챔피언십과 같았지만 레이스 결과 4위 이하의 포인트는 주행거리에 따라 75% 이상, 50% 이상, 25% 이상, 25% 미만으로 구분해 각각 4, 5, 6, 7포인트를 주는 새 시스템이 적용됐다.

인디500

Indianapolis 500

Indianapolis 500-Mile Race

현존하는 세계에서 가장 오랜 역사를 가진 레이스 이벤트

1911년 처음 개최된 인디500은 트랙 길이 2.5마일의 인디애나폴리스 모터 스피드웨이에서 200랩 동안 총 주행 거리 500마일을 달리는 레이스 이벤트다. 2025년까지 109회 펼쳐진 인디500은 **현존하는 메이저 모터스포츠 이벤트 중 가장 오랜 역사**를 가졌으며, 르망 24시간, F1 챔피언십의 모나코 그랑프리와 함께 **"트리플 크라운 오브 모터스포츠"**에 포함되어 있기도 하다.

인디500은 한 달 가까운 기간 여러 차례의 프랙티스와 타임 트라이얼 등 많은 주행 프로그램을 거치는 다소 복잡한 시스템을 갖고 있으며, 독특한 퀄리파잉 절차를 거치며 **33명의 출전자**를 선별한다. 마지막 인디500 레이스 데이에는 세 대씩 11열로 정렬해 롤링 스타트로 레이스를 시작하고, 보통 3시간 전후의 레이스를 펼쳐 우승한 드라이버는 한 통의 우유를 마시거나 머리에 붓는 등 다양한 전통을 따르고 있다.

인디카 시리즈

IndyCar Series

NTT IndyCar Series

북미 최고의 싱글-시터 레이싱 시리즈

1996년 인디애나폴리스 모터 스피드웨이의 오너였던 토니 조지의 주도로 만들어진 뒤 CART와 경쟁하며 미국의 싱글-시터 레이싱을 양분했던 **"인디 레이싱 리그(IRL : Indy Racing League)"**는 2003년 지금과 같은 "인디카 시리즈(IndyCar Series)"로 이름을 바꿨고, **2008년** CART의 뒤를 이었던 **챔프 카 월드 시리즈를 합병**하면서 북미 최고의 싱글-시터 레이싱 시리즈가 되었다.

인디카 시리즈는 2012년부터 **터보차저가** 장착된 **2.2L DOHC V6** 엔진을 탑재해 상황에 따라 **750+60마력**[27]의 최대 출력을 낼 수 있으며, 이벤트에 따라 748/762/767kg[28]의 최소 중량에 맞춰진 **달라라 DW12 섀시**[29]를 2018년부터 사용하고 있다. 인디카 시리즈는 특별한 변수가 없다면 **12팀 33명**의 드라이버가 프리미어 이벤트인 인디500을 비롯해 북미 각지 주요 써킷에서 2026시즌 기준 **18 라운드**를 치러 챔피언을 결정하며, 나스카 컵 시리즈와 같은 플레이오프 시스템은 아직 도입하지 않고 있다.

---

27 "푸시-투-패스(push-to-pass)" 시스템을 활성화했을 때 60마력의 추가 출력을 사용할 수 있다.

28 1.5마일 스피드웨이와 인디500에서 748kg / 쇼트 오벌에서 762kg / 로드 써킷과 스트리트 써킷에서 767kg

29 2026시즌까지 사용 예정이다.

짐카나

Gymkhana

다양하게 이어지는 코너를 빠르게 통과하는 모터스포츠 종목

짐카나는 비교적 넓지 않은 공간에 다양한 코너가 이어지도록 콘이나 드럼통, 타이어 더미 등을 배치해 만든 코스를 만들고, 규정에 지정된 방법으로 이 코스를 빠르게 통과해 기록을 측정하거나 점수를 매겨 승자를 결정하는 모터스포츠 종목이다. 짐카나는 말을 타고 장애물 사이를 통과하며 여러 과제를 해결하는 승마 종목 짐카나를 어원으로 하고 있으며, 호주와 뉴질랜드에서는 **"모토카나 (motorkhana)"**라고도 부른다.

짐카나는 드리프트, 180도 턴, 360도 턴, 8-자 턴, 후진 등 다양한 스킬을 이용해 짧은 시간 동안 화려한 퍼포먼스를 보여주며, 짐카나에서 좋은 성적을 거두려면 높은 집중력을 물론 규칙과 코스에 대한 정확한 암기가 필요하다.

캔-암

Can-Am

Canadian-American Challenge Cup

1960년대와 1970년대 캐나다와 미국을 오가며 펼쳐졌던 인기 레이싱 시리즈

1966년 FIA의 **그룹 7**[30] 규격을 채택해 캐나다에서 두 경기, 미국에서 네 경기를 소화하는 레이싱 시리즈로 탄생한 캔-암은 사실상 기술적으로 무제한과 마찬가지인 그룹 7 규격의 성격을 분명하게 보여주며 초고성능 레이스카의 경연장을 만들었다. 가장 성적이 좋았던 맥라렌과 포르셰는 물론 팬 카를 포함해 실험적인 시도가 많았던 셰퍼랄 등이 무제한 규격다운 전설적인 레이스카를 선보이며 북미에서 큰 인기를 얻었던 캔-암은 유럽 대륙으로부터도 큰 관심을 받았다.

캔-암에서는 1966시즌 쉐보레 엔진을 탑재한 롤라 레이스카와 함께 존 서티스가 초대 챔피언 타이틀을 차지한 이후 **맥라렌이 5년 연속, 포르셰가 2년 연속 챔피언**의 자리에 올랐다. 그러나, 캔-암은 초고성능 레이스카 개발에 드는 막대한 비용 문제와 1973년 제1차 석유 파동의 여파로 쇠퇴기를 겪었고, 1975년 그룹 7 규격의 폐지와 함께 중단된 뒤 1977년 잠시 부활하는 듯했지만 이전과 같은 인기를 얻지 못한 가운데 1987시즌을 끝으로 역사 속으로 사라졌다.

---

30 1966년 FIA가 규정한 일곱 개의 레이스카 규격 중 최상위 등급으로 호몰로게이션을 위한 의무 생산 대수가 없기 때문에 순수한 프로토타입 레이스카 제작이 가능했고, 차의 크기와 규격, 엔진과 타이어, 공기역학적 성능에 대한 제한이 전혀 없었다.

타르가플로리오

Targa Florio

1906년부터 이탈리아에서 펼쳐졌던 내구 레이스 이벤트

이탈리아 시칠리아에서 1906년 처음 개최된 타르가플로리오는 **연구자에 따라 최초의 스포츠카 레이싱 이벤트로 여겨지기도 하는 내구 레이스 이벤트**로 1955시즌부터 WSCC에 포함되는 등 세계 모터스포츠에서 가장 중요한 레이스 이벤트 중 하나로 여겨졌다. 62회의 레이스를 펼치며 모터스포츠 역사의 한 페이지를 장식하던 타르가플로리오는 1970년대 안전 문제가 불거진 이후 1977년을 끝으로 대회가 중단됐다.

시칠리아 섬을 관통하는 일주 코스와 일부 구간을 반복해 달리는 다양한 레이아웃에서 개최된 타르가플로리오에서는 1960년대 맹활약한 **포르셰가 11승**, 1930년대의 최강자였던 **알파로메오가 10승**을 거뒀고, 1948년 페라리 166 S와 1955년 메르세데스-벤츠 300 SLR의 우승 등 모터스포츠 역사의 중요한 장면이 연출되기도 했다.

투어링카 레이싱

Touring car racing

양산차를 개조한 투어링카로 경쟁하는 모터스포츠 종목

양산차를 개조해 성능을 끌어올린 투어링카를 사용해 경쟁을 펼치는 모터스포츠 종목을 가리키는 투어링카 레이싱은 F1 등 초고성능 프로토타입 레이스카를 사용하는 종목과 비교하면 속도가 훨씬 느려 상대적으로 평범해 보일 수 있지만, 복잡한 공기역학적 능력의 영향을 적게 받기 때문에 추월이 쉽고 아기자기한 레이스 속에 격렬한 배틀이 자주 펼쳐져 보는 사람이 더 쉽게 재미를 느낄 수 있어 다수의 모터스포츠 팬에게 큰 사랑을 받고 있다.

FIA가 직접 투어링카의 이름을 걸고 펼치는 국제 규모의 챔피언십 시리즈로는 WTCC와 WTCR 등이 있었고, 독일의 DTM, 호주의 슈퍼카 챔피언십, 일본의 슈퍼 GT 등이 모두 투어링카 레이싱에 해당한다.

파리-다카르 랠리

Paris-Dakar Rally

파리와 다카르 사이를 달렸던 도시 간 랠리 이벤트

단일 랠리 이벤트로는 현대 모터스포츠에서 가장 큰 지명도를 쌓았던 파리-다카르 랠리는 프랑스 파리에서 출발해 세네갈의 다카르까지 이동하는 도시 간 랠리 이벤트로, 1979년 182대의 자동차와 모터싸이클이 10,000km의 거리를 달리면서 역사적인 첫 번째 이벤트가 펼쳐졌다.

여러 차례 경로를 바꾸는 동안 때때로 경유지와 도착지, 출발지까지 변경하면서 2007년 리스본-다카르 구간의 랠리까지 대회의 틀을 유지했던 파리-다카르 랠리는 보안 문제와 테러 위협 등으로 2008년 이벤트가 취소되었고, 결국 유럽과 아프리카를 가로지르는 기존의 랠리 이벤트를 이어갈 수 없게 되었다. 2009년부터 남아메리카를 주요 무대로 새로운 이름의 이벤트 **"다카르 랠리(Dakar Rally)"**가 탄생하면서 파리-다카르 랠리의 역사적 의의를 계승하고 있다.

파리-루앙 레이스

Paris–Rouen

Concours du 'Petit Journal' Les Voitures sans Chevaux

1894년 개최된 세계 최초의 자동차 경주 이벤트

1894년 7월 22일 프랑스의 신문사 **"르 쁘띠 조날(Le Petit Journal)"**의 주최로 파리에서 출발한 뒤 126km를 이동해 루앙까지 달리는 이벤트[31]로 펼쳐진 파리-루앙 레이스는 다수의 연구자로부터 **세계 최초[32]의 모터스포츠 이벤트**로 여겨지고 있다. 개최 당시 파리-루앙 레이스의 공식 명칭은 **"'쁘띠 저널'이 주최하는 말 없는 차들의 경연(Concours du 'Petit Journal' Les Voitures sans Chevaux)"**이라는 다소 긴 이름이었다.

역사적인 파리-루앙 레이스에서는 **쥴-알베 드 디옹(Jules-Albert de Dion)**이 가장 먼저 목표 지점에 도착했지만, 화부가 필요한 증기차를 이용했기 때문에 우승자로 선언되지 않았다. 5,000프랑 상금의 파리-루앙 레이스의 최고상은 상위권 성적을 독점한 두 휘발유 엔진 자동차 제조사 **푸죠(Peugeot)**[33]와 **판하르(Panhard)**[34]가 공동 수상했다.

---

[31] 4일 동안의 자동차 전시와 메인 이벤트 참가자를 결정하는 여덟 차례의 50km 퀄리파잉 이벤트가 사전에 펼쳐졌다.

[32] 메르세데스-벤츠가 2019년을 모터스포츠 125주년으로 기념한 것 역시 파리-루앙 레이스를 기준으로 하고 있다.

[33] 당시 회사의 공식 명칭은 푸죠 형제의 아들들이라는 의미의 "Les fils de Peugeot frères"였다.

[34] 당시 회사의 이름은 판하르와 르바소라는 의미의 "Panhard et Levassor"였다.

파익스 피크 인터내셔널 힐 클라임

Pikes Peak International Hill Climb

파익스 피크에서 1,440m의 산길을 오르는 세계 최고의 힐 클라임 이벤트

1916년 스펜서 펜로즈(Spencer Penrose)가 주도해 만든 파익스 피크 인터내셔널 힐 클라임(PPIHC : Pikes Peak International Hill Climb)은 해발고도 2,862m의 출발점을 떠나 평균 7.2%의 경사도 속에 156개 코너를 통과해 19.99km 코스를 주파한 뒤 해발고도 4,302m의 결승점에 도착하는 힐 클라임 이벤트다. 100년 이상의 전통을 자랑하는 파익스 피크 인터내셔널 힐 클라임은 자동차, 트럭, 모터싸이클 등 다양한 차종과 파워트레인의 종류, 구동 방식 등 부문별로 수많은 기록 도전이 계속되는 세계 최고의 힐 클라임 이벤트다.

"구름 속으로의 레이스(The Race to the Clouds)"라고도 불리는 파익스 피크 인터내셔널 힐 클라임에서는 무제한 기록 도전의 경우 2018년 **로망 뒤마**가 **폭스바겐 I.D. R**로 작성한 **7:57.148**이 최고 기록으로 남아있고, 타임 어택 부문에서는 2023년 **데이빗 도나휴**가 **포르셰 GT2 RS 클럽스포트**와 함께 **9:18.053**의 신기록을 작성했다.

포뮬러 E

Formula E

ABB FIA Formula E World Championship

순수 전기차로 펼쳐지는 싱글-시터 레이싱 시리즈

2014년 9월 출범한 포뮬러 E는 FIA의 공인을 받은 순수 전기차의 포뮬러 레이스카 챔피언십으로, 챔피언십 출범 직후부터 세계 주요 도시에 짧은 시가지 써킷을 만들어 동계 시즌 대회를 중심으로 펼쳐졌다. 챔피언십이 지향하는 친환경의 이미지를 강조한 포뮬러 E는 엔진음 대신 상대적으로 조용한 모터의 소리와 이를 보완하기 위한 DJ의 음악은 물론, 레이스의 재미를 위해 추가된 팬부스트와 어택 모드 등의 독특한 시스템으로 관심을 끌었다. 초창기 포뮬러 E는 배터리 용량 문제로 드라이버마다 두 대의 차를 준비해 레이스 중 한 차례 의무 핏 스탑에 차량을 교체하는 독특한 규정이 있었지만, 이후 배터리 용량 문제가 개선된 신차[35]가 등장한 이후 의무 차량 교체는 사라졌었다.

"팬부스트(Fanboost)" 시스템은 소셜 미디어의 팬 투표를 통해 레이스 후반 추가 동력을 얻을 수 있는 참신한 아이디어였지만 특정 드라이버에게 팬부스트가 몰린다는 단점이 지적되어 폐지되었고, **"어택 모드(Attack Mode)"** 시스템은 일정 기간 추가 출력을 사용할 수 있는 다른 모터스포츠에서 보기 힘든 독특한 시스템이다. 포뮬러 E는 2025/2026시즌 현재 **"GEN3 에보(GEN3 Evo)"**를 사용 중이며, **2026/2027시즌부터** 4세대에 해당하는 **"GEN4"**로 교체할 예정이다. 한편, 포뮬러 E는 2021/2022시즌 최종전을 서울에서 펼치면서 한국과 인연을 맺기도 했다.

[35] 2018/2019시즌 처음 투입된 2세대 레이스카인 "젠2 카(Gen2 car)"부터 배터리 용량 문제가 해결됐다.

포뮬러 르노 3.5 시리즈

Formula Renault 3.5 Series

World Series Formula V8 3.5

르노가 운영해 F1 드라이버를 다수 배출했던 싱글-시터 레이싱 시리즈

2005년 **"포뮬러 르노 V6 유로컵(Formula Renault V6 Eurocup)"**과 **"월드 시리즈 바이 닛산(World Series by Nissan)"**이 통합해 탄생한 "포뮬러 르노 3.5 시리즈(Formula Renault 3.5 Series)"는 르노가 같은 2005년 출범시킨 **"월드 시리즈 바이 르노(World Series by Renault)"**의 다양한 레이싱 시리즈 중 프리미어 시리즈 역할을 했다. 포뮬러 르노 3.5 시리즈의 레이스카는 2012시즌 이후를 기준으로 최대 출력 530마력을 발휘할 수 있는 3.4L V8 엔진[36]에 DRS까지 채용해 강력한 퍼포먼스를 뽐냈고, 한때 GP2와 나란히 F1의 피더 시리즈 역할을 했다.

2016시즌 "월드 시리즈 포뮬러 V8 3.5(World Series Formula V8 3.5)"[37]로 공식 명칭을 바꾸기 전까지 모두 열한 시즌 동안 펼쳐진 포뮬러 르노 3.5 시리즈에서는 첫 시즌이었던 2005시즌 챔피언 로버트 쿠비차를 포함해 열한 명의 챔피언 중 네 명[38]이 F1에 진출했고, 포뮬러 르노 3.5시리즈에서 경쟁했던 드라이버 중 모두 19명이 F1 무대를 밟았다.

포뮬러 리저널 유러피언 챔피언십 바이 알핀

Formula Regional European Championship by Alpine

FIA가 공인한 유럽 지역의 핵심 F3 챔피언십

보통 머리글자를 따서 간단하게 **"FRECA"**라고 부르는 포뮬러 리저널 유러피언 챔피언십 바이 알핀은 2019년 출범한 F3 챔피언십으로 FIA의 공인을 받고 입문 단계를 갓 벗어난 주니어 드라이버들을 육성하기 위한 무대로 맹활약하고 있다. 많은 사람이 FRECA를 각국에서 진행되는 F4와 FIA F3의 중간 단계 역할로 보고 있지만, 실제로는 FRECA에서 FIA F2로 직행하는 드라이버도 많다.

2023시즌을 기준으로 FRECA 출신 드라이버 상당수가 FIA F2 무대에서 경쟁하고 있으며, 메르세데스의 리저브 드라이버인 2019시즌 FRECA 챔피언 **프레데릭 베스티**와 2023시즌 FRECA 챔피언 **안드레아 키미 안토넬리** 등은 상황에 따라 미래에 F1 데뷔 가능성이 점쳐지고 있다. 2026시즌부터 FIA가 대회를 주관하고 알핀의 이름이 빠지면서 **"FIA FREC"**가 출범할 예정이다.

---

[36] 이전에는 3.5L V6 엔진이 사용됐다.

[37] 월드 시리즈 포뮬러 V8 3.5는 단 두 시즌만 치러진 뒤 중단됐다.

[38] 로버트 쿠비차(2005), 귀도 반데가르데(2008), 케빈 마그누센(2013), 카를로스 사인스(2014)

힐 클라임
Hill climb

언덕을 오르는 코스에서 경쟁하는 모터스포츠 종목

"힐 클라이밍(Hillclimbing)"이라고도 부르는 힐 클라임은 이름 그대로 언덕이나 산을 오르는 코스에서 타임 어택 형식으로 경쟁하는 모터스포츠 종목을 가리킨다. 힐 클라임은 **1897년 1월 31일 프랑스 니스에서 라 투르비까지 산길을 올랐던 레이스39**를 시작으로, 1905년부터 펼쳐진 **"셸슬리 월시 스피드 힐 클라임(Shelsley Walsh Speed Hill Climb)"40**이 현재까지 이어지고 있는 등 모터스포츠에서 가장 오랜 역사를 가진 종목이다. 1930년대 그랑프리 레이싱의 황금기에도 힐 클라임은 그랑프리 레이싱이나 세계 최고 속도 못지 않게 모터스포츠에서 중요한 분야로 여겨지며 많은 인기를 끌기도 했으며, 대부분 그랑프리 드라이버가 힐 클라임 경기에도 출전했다.

1955년 르망 대참사 이후 모든 모터스포츠를 금지한 스위스에서도 타임 어택 형식으로 기록 경쟁만 펼치는 힐 클라임은 금지되지 않았기 때문에 랠리 등과 함께 스위스에서 여전히 큰 인기를 끌고 있는 모터스포츠 종목이며, FIA 유러피언 힐 클라임 챔피언십의 한 라운드가 스위스에서 여전히 개최되고 있다. 북미 지역을 대표하는 힐 클라임 이벤트인 파익스 피크 인터내셔널 힐 클라임은 전 세계적인 관심을 받고 있고, 굿우드 페스티벌 오브 스피드의 핵심 프로그램도 힐 클라임 형식의 이벤트다.

ㅍ

ㅎ

39 1897년 1월 29일부터 1월 31일까지 펼쳐진 **"마르세유-니스 레이스(Marseilles-Nice race)"**의 마지막 스테이지였다.

40 최초 개최지에서 장소를 바꾸지 않고 꾸준히, 현재까지 이어지고 있는 가장 오래된 모터스포츠 이벤트로, 가장 오랜 전통을 가진 메이저 모터스포츠 이벤트 인디500보다 6년 더 오랜 전통을 가지고 있다.

X.

찾아보기

INDEX

찾아보기 - 한글

123

ABC

ABC - 계속

ㄱ

ㄱ - 계속

ㄴ

ㄴ - 계속

ㄷ

ㄷ – 계속

ㄷ – 계속

ㄹ

ㄹ - 계속

ㄹ - 계속

ㄹ - 계속

ㅁ

ㅁ - 계속

ㅁ - 계속

ㅂ

ㅂ

ㅂ - 계속

ㅅ

ㅅ - 계속

ㅅ - 계속

ㅅ - 계속

ㅇ

ㅇ 계속

ㅇ - 계속

ㅇ - 계속

ㅇ - 계속

ㅈ

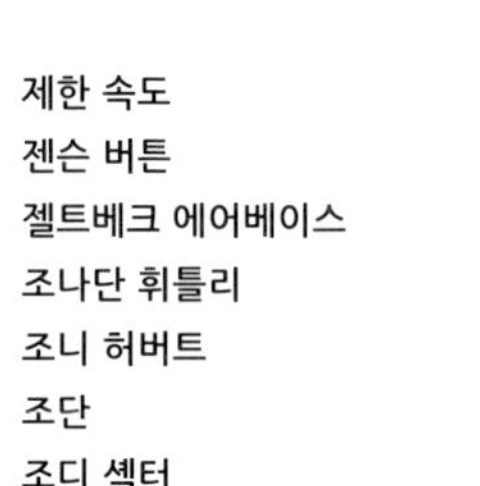

ㅈ - 계속

ㅊ

ㅋ - 계속

ㅋ - 계속

ㅌ

ㅌ - 계속

ㅍ

ㅍ - 계속

ㅍ - 계속

ㅎ

ㅎ 계속

ㅎ - 계속

찾아보기 - 영문

123

A

A - 계속

A - 계속

B

B - 계속

B - 계속

C

C - 계속

C - 계속

C - 계속

D

D - 계속

Downwash 66
DQ .... DSQ 28
Downforce 67
Downshift .... 기어 시프트 패들 62

D - 계속

E

E - 계속

F

F - 계속

F - 계속

F - 계속

G

G - 계속

H

H - 계속

I

I - 계속

J

J - 계속

K

L

L - 계속

M

M - 계속

N

N - 계속

O

P

P- 계속

P- 계속

Q

R

R- 계속

R- 계속

S

S- 계속

S- 계속

T

T- 계속

T- 계속

U

V

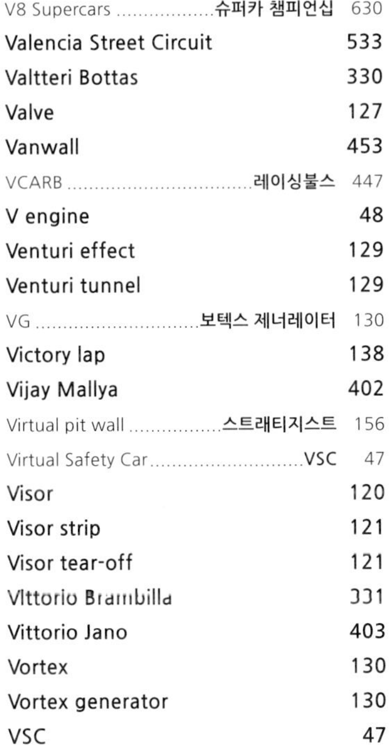

W

W- 계속

X

Y

Z

일문 / 중문

부록

APPENDIX

F1 월드 드라이버 챔피언십 - 1950시즌 ~ 1975시즌

시즌	드라이버 챔피언	러너-업	3위
1950	**쥬세페 파리나** 355	후안 마누엘 판지오 372	루이지 파지올리 321
1951	**후안 마누엘 판지오** 372	알베르토 아스카리 338	호세 프로일란 곤잘레스 372
1952	**알베르토 아스카리** 338	쥬세페 파리나 355	피에로 타루피 367
1953	**알베르토 아스카리** 338	후안 마누엘 판지오 372	쥬세페 파리나 355
1954	**후안 마누엘 판지오** 372	호세 프로일란 곤잘레스 372	마이크 호손 326
1955	**후안 마누엘 판지오** 372	스털링 모스 333	유지노 카스텔로티 345
1956	**후안 마누엘 판지오** 372	스털링 모스 333	피터 콜린스 369
1957	**후안 마누엘 판지오** 372	스털링 모스 333	루이지 무쏘 321
1958	**마이크 호손** 326	스털링 모스 333	토니 브룩스 362
1959	**잭 브라밤** 347	토니 브룩스 362	스털링 모스 333
1960	**잭 브라밤** 347	브루스 맥라렌 331	스털링 모스 333
1961	**필 힐** 370	볼프강 폰트립스 330	스털링 모스 333
1962	**그레이엄 힐** 306	짐 클라크 358	브루스 맥라렌 331
1963	**짐 클라크** 358	그레이엄 힐 306	리치 긴터 323
1964	**존 서티스** 354	그레이엄 힐 306	짐 클라크 358
1965	**짐 클라크** 358	그레이엄 힐 306	재키 스튜어트 346
1966	**잭 브라밤** 347	존 서티스 354	요헨 린트 344
1967	**데니 흄** 313	잭 브라밤 347	짐 클라크 358
1968	**그레이엄 힐** 306	재키 스튜어트 346	데니 흄 313
1969	**재키 스튜어트** 346	재키 익스 346	브루스 맥라렌 331
1970	**요헨 린트** 344	재키 익스 346	클레이 레가조니 361
1971	**재키 스튜어트** 346	로니 페터슨 317	프랑수아 세베 366
1972	**에머슨 피티팔디** 340	재키 스튜어트 346	데니 흄 313
1973	**재키 스튜어트** 346	에머슨 피티팔디 340	로니 페터슨 317
1974	**에머슨 피티팔디** 340	클레이 레가조니 361	조디 섹터 352
1975	**니키 라우다** 309	에머슨 피티팔디 340	카를로스 로이테만 359

* 이름 뒤의 숫자는 용어집 페이지

F1 월드 드라이버 챔피언십 - 1976시즌 ~ 2000시즌

시즌	드라이버 챔피언	러너-업	3위
1976	**제임스 헌트** 351	니키 라우다 309	조디 섹터 352
1977	**니키 라우다** 309	조디 섹터 352	마리오 안드레티 325
1978	**마리오 안드레티** 325	로니 페터슨 317	카를로스 레우테만 359
1979	**조디 섹터** 352	질 빌너브 357	알란 존스 336
1980	**알란 존스** 336	넬슨 피케 307	카를로스 레우테만 359
1981	**넬슨 피케** 307	카를로스 레우테만 359	알란 존스 336
1982	**케케 로스버그** 360	디디에 피로니 314	존 왓슨 354
1983	**넬슨 피케** 307	알랑 프로스트 337	르네 아르누 322
1984	**니키 라우다** 309	알랑 프로스트 337	엘리오 데앤젤리스 341
1985	**알랑 프로스트** 337	미켈레 알보레토 328	케케 로스버그 360
1986	**알랑 프로스트** 337	나이젤 만셀 307	넬슨 피케 307
1987	**넬슨 피케** 307	나이젤 만셀 307	아일톤 세나 335
1988	**아일톤 세나** 335	알랑 프로스트 337	게하르트 베르거 305
1989	**알랑 프로스트** 337	아일톤 세나 335	리카르도 파트레제 324
1990	**아일톤 세나** 335	알랑 프로스트 337	넬슨 피케 307
1991	**아일톤 세나** 335	나이젤 만셀 307	리카르도 파트레제 324
1992	**나이젤 만셀** 307	리카르도 파트레제 324	미하엘 슈마허 329
1993	**알랑 프로스트** 337	아일톤 세나 335	데이먼 힐 313
1994	**미하엘 슈마허** 329	데이먼 힐 313	게하르트 베르거 305
1995	**미하엘 슈마허** 329	데이먼 힐 313	데이빗 쿨싸드 314
1996	**데이먼 힐** 313	쟈끄 빌너브 348	미하엘 슈마허 329
1997	**쟈끄 빌너브** 348	하인츠-하랄드 프렌첸 370	데이빗 쿨싸드 314
1998	**미카 하키넨** 328	미하엘 슈마허 329	데이빗 쿨싸드 314
1999	**미카 하키넨** 328	에디 어바인 339	하인츠-하랄드 프렌첸 370
2000	**미하엘 슈마허** 329	미카 하키넨 328	데이빗 쿨싸드 314

* 이름 뒤의 숫자는 용어집 페이지

F1 월드 드라이버 챔피언십 - 2001시즌 ~ 2025시즌

시즌	드라이버 챔피언	러너-업	3위
2001	**미하엘 슈마허** 329	데이빗 쿨싸드 314	루벤스 바리첼로 320
2002	**미하엘 슈마허** 329	루벤스 바리첼로 320	후안 파블로 몬토야 373
2003	**미하엘 슈마허** 329	키미 라이코넨 362	후안 파블로 몬토야 373
2004	**미하엘 슈마허** 329	루벤스 바리첼로 320	젠슨 버튼 351
2005	**페르난도 알론소** 365	키미 라이코넨 362	미하엘 슈마허 329
2006	**페르난도 알론소** 365	미하엘 슈마허 329	펠리페 마싸 366
2007	**키미 라이코넨** 362	루이스 해밀턴 320	페르난도 알론소 365
2008	**루이스 해밀턴** 320	펠리페 마싸 366	키미 라이코넨 362
2009	**젠슨 버튼** 351	세바스찬 베텔 333	루벤스 바리첼로 320
2010	**세바스찬 베텔** 333	페르난도 알론소 365	마크 웨버 326
2011	**세바스찬 베텔** 333	젠슨 버튼 351	마크 웨버 326
2012	**세바스찬 베텔** 333	페르난도 알론소 365	키미 라이코넨 362
2013	**세바스찬 베텔** 333	페르난도 알론소 365	마크 웨버 326
2014	**루이스 해밀턴** 320	니코 로스버그 308	대니얼 리카도 312
2015	**루이스 해밀턴** 320	니코 로스버그 308	세바스찬 베텔 333
2016	**니코 로스버그** 308	루이스 해밀턴 320	대니얼 리카도 312
2017	**루이스 해밀턴** 320	세바스찬 베텔 333	발테리 보타스 330
2018	**루이스 해밀턴** 320	세바스찬 베텔 333	키미 라이코넨 362
2019	**루이스 해밀턴** 320	발테리 보타스 330	막스 베르스타펜 327
2020	**루이스 해밀턴** 320	발테리 보타스 330	막스 베르스타펜 327
2021	**막스 베르스타펜** 327	루이스 해밀턴 320	발테리 보타스 330
2022	**막스 베르스타펜** 327	샤를 르끌레 332	세르히오 페레스 332
2023	**막스 베르스타펜** 327	세르히오 페레스 332	루이스 해밀턴 320
2024	**막스 베르스타펜** 327	랜도 노리스 315	샤를 르끌레 332
2025	**랜도 노리스** 315	막스 베르스타펜 327	오스카 피아스트리 342

* 이름 뒤의 숫자는 용어집 페이지

F1 월드 컨스트럭터 챔피언십 - 1958시즌 ~ 1975시즌

시즌	컨스트럭터 챔피언	러너-업	3위
1950			
1951			
1952			
1953			
1954			
1955			
1956			
1957			
1958	**반월** 453	페라리 463	쿠퍼 461 (쿠퍼 - 클라이맥스)
1959	**쿠퍼** 461 (쿠퍼 - 클라이맥스)	페라리 463	BRM 446
1960	**쿠퍼** 461 (쿠퍼 - 클라이맥스)	팀 로터스 462 (로터스 - 클라이맥스)	페라리 463
1961	**페라리** 463	팀 로터스 462 (로터스 - 클라이맥스)	포르셰 464
1962	**BRM** 446	팀 로터스 462 (로터스 - 클라이맥스)	쿠퍼 461 (쿠퍼 - 클라이맥스)
1963	**팀 로터스** 462 (로터스 - 클라이맥스)	BRM 446	브라밤 454 (브라밤 - 클라이맥스)
1964	**페라리** 463	BRM 446	팀 로터스 462 (로터스 - 클라이맥스)
1965	**팀 로터스** 462 (로터스 - 클라이맥스)	BRM 446	브라밤 454 (브라밤 - 클라이맥스)
1966	**브라밤** 454 (브라밤 - 렙코)	페라리 463	쿠퍼 461 (쿠퍼 - 마제라티)
1967	**브라밤** 454 (브라밤 - 렙코)	팀 로터스 462 (로터스 - 포드)	쿠퍼 461 (쿠퍼 - 마제라티)
1968	**팀 로터스** 462 (로터스 - 포드)	맥라렌 452 (맥라렌 - 포드)	마트라 451 (마트라 - 포드)
1969	**마트라** 451 (마트라 - 포드)	브라밤 454 (브라밤 - 포드)	팀 로터스 462 (로터스 - 포드)
1970	**팀 로터스** 462 (로터스 - 포드)	페라리 463	마치 451 (마치 - 포드)
1971	**티렐** 462 (티렐 - 포드)	BRM 446	페라리 463
1972	**팀 로터스** 462 (로터스 - 포드)	티렐 462 (티렐 - 포드)	맥라렌 452 (맥라렌 - 포드)
1973	**팀 로터스** 462 (로터스 - 포드)	티렐 462 (티렐 - 포드)	맥라렌 452 (맥라렌 - 포드)
1974	**맥라렌** 452 (맥라렌 - 포드)	페라리 463	티렐 462 (티렐 - 포드)
1975	**페라리** 463	브라밤 454 (브라밤 - 포드)	맥라렌 452 (맥라렌 - 포드)

* 이름 뒤의 숫자는 용어집 페이지

F1 월드 컨스트럭터 챔피언십 - 1976시즌 ~ 2000시즌

시즌	컨스트럭터 챔피언	러너-업	3위
1976	**페라리** 463	맥라렌 452 (맥라렌 - 포드)	티렐 462 (티렐 - 포드)
1977	**페라리** 463	팀 로터스 462 (로터스 - 포드)	맥라렌 452 (맥라렌 - 포드)
1978	**팀 로터스** 462 (로터스 - 포드)	페라리 463	브라밤 454 (브라밤 - 알파로메오)
1979	**페라리** 463	윌리엄스 459 (윌리엄스 - 포드)	리지에 450 (리지에 - 포드)
1980	**윌리엄스** 459 (윌리엄스 - 포드)	리지에 450 (리지에 - 포드)	브라밤 454 (브라밤 - 포드)
1981	**윌리엄스** 459 (윌리엄스 - 포드)	브라밤 454 (브라밤 - 포드)	르노 449
1982	**페라리** 463	맥라렌 452 (맥라렌 - 포드)	르노 449
1983	**페라리** 463	르노 449	브라밤 454 (브라밤 - BMW)
1984	**맥라렌** 452 (맥라렌 - TAG)	페라리 463	팀 로터스 462 (로터스 - 르노)
1985	**맥라렌** 452 (맥라렌 - TAG)	페라리 463	윌리엄스 459 (윌리엄스 - BMW)
1986	**윌리엄스** 459 (윌리엄스 - 혼다)	맥라렌 452 (맥라렌 - TAG)	팀 로터스 462 (로터스 - 르노)
1987	**윌리엄스** 459 (윌리엄스 - 혼다)	맥라렌 452 (맥라렌 - TAG)	팀 로터스 462 (로터스 - 르노)
1988	**맥라렌** 452 (맥라렌 - 혼다)	페라리 463	베네통 453 (베네통 - 포드)
1989	**맥라렌** 452 (맥라렌 - 혼다)	윌리엄스 459 (윌리엄스 - 르노)	페라리 463
1990	**맥라렌** 452 (맥라렌 - 혼다)	페라리 463	베네통 453 (베네통 - 포드)
1991	**맥라렌** 452 (맥라렌 - 혼다)	윌리엄스 459 (윌리엄스 - 르노)	페라리 463
1992	**윌리엄스** 459 (윌리엄스 - 르노)	맥라렌 452 (맥라렌 - 혼다)	베네통 453 (베네통 - 포드)
1993	**윌리엄스** 459 (윌리엄스 - 르노)	맥라렌 452 (맥라렌 - 포드)	베네통 453 (베네통 - 포드)
1994	**윌리엄스** 459 (윌리엄스 - 르노)	베네통 453 (베네통- 포드)	페라리 463
1995	**베네통** 453 (베네통 - 르노)	윌리엄스 459 (윌리엄스 - 르노)	페라리 463
1996	**윌리엄스** 459 (윌리엄스 - 르노)	페라리 463	베네통 453 (베네통 - 르노)
1997	**윌리엄스** 459 (윌리엄스 - 르노)	페라리 463	베네통 453 (베네통 - 르노)
1998	**맥라렌** 452 (맥라렌 - 메르세데스)	페라리 463	윌리엄스 459 (윌리엄스 - 메카크롬)
1999	**페라리** 463	맥라렌 452 (맥라렌 - 메르세데스)	조단 460 (조단 - 무겐-혼다)
2000	**페라리** 463	맥라렌 452 (맥라렌 - 메르세데스)	윌리엄스 459 (윌리엄스 - BMW)

* 이름 뒤의 숫자는 용어집 페이지

F1 월드 컨스트럭터 챔피언십 - 2001시즌 ~ 2025시즌

시즌	컨스트럭터 챔피언	러너-업	3위
2001	**페라리** 463	맥라렌 452 (맥라렌 - 메르세데스)	윌리엄스 459 (윌리엄스 - BMW)
2002	**페라리** 463	윌리엄스 459 (윌리엄스 - BMW)	맥라렌 452 (맥라렌 - 메르세데스)
2003	**페라리** 463	윌리엄스 459 (윌리엄스 - BMW)	맥라렌 452 (맥라렌 - 메르세데스)
2004	**페라리** 463	BAR 445 (BAR - 혼다)	르노 449
2005	**르노** 449	맥라렌 452 (맥라렌 - 메르세데스)	페라리 463
2006	**르노** 449	페라리 463	맥라렌 452 (맥라렌 - 메르세데스)
2007	**페라리** 463	BMW-자우버 446	르노 449
2008	**페라리** 463	맥라렌 452 (맥라렌 - 메르세데스)	BMW-자우버 446
2009	**브런GP** 454 (브런 - 메르세데스)	레드불 447 (레드불 - 르노)	맥라렌 452 (맥라렌 - 메르세데스)
2010	**레드불** 447 (레드불 - 르노)	맥라렌 452 (맥라렌 - 메르세데스)	페라리 463
2011	**레드불** 447 (레드불 - 르노)	맥라렌 452 (맥라렌 - 메르세데스)	페라리 463
2012	**레드불** 447 (레드불 - 르노)	페라리 463	맥라렌 452 (맥라렌 - 메르세데스)
2013	**레드불** 447 (레드불 - 르노)	메르세데스 452	페라리 463
2014	**메르세데스** 452	레드불 447 (레드불 - 르노)	윌리엄스 459 (윌리엄스 - 메르세데스)
2015	**메르세데스** 452	페라리 463	윌리엄스 459 (윌리엄스 - 메르세데스)
2016	**메르세데스** 452	레드불 447 (레드불 - TAG 호이어)	페라리 463
2017	**메르세데스** 452	페라리 463	레드불 447 (레드불 - TAG 호이어)
2018	**메르세데스** 452	페라리 463	레드불 447 (레드불 - TAG 호이어)
2019	**메르세데스** 452	페라리 463	레드불 447 (레드불 - 혼다)
2020	**메르세데스** 452	레드불 447 (레드불 - 혼다)	맥라렌 452 (맥라렌 - 르노)
2021	**메르세데스** 452	레드불 447 (레드불 - 혼다)	페라리 463
2022	**레드불** 447 (레드불 - 혼다)	페라리 463	메르세데스 452
2023	**레드불** 447 (레드불 - 혼다)	메르세데스 452	페라리 463
2024	**맥라렌** 452 (맥라렌 - 메르세데스)	페라리 463	레드불 447 (레드불 - 혼다)
2025	**맥라렌** 452 (맥라렌 - 메르세데스)	메르세데스 452	레드불 447 (레드불 - 혼다)

* 이름 뒤의 숫자는 용어집 페이지

F1 엔진 규격과 챔피언십 위닝 엔진 - 1950시즌 ~ 1975시즌

시즌	자연흡기	터보/슈퍼차저	기타 규정	WDC 위닝 엔진	WCC 위닝 엔진
1950	최대 배기량 **4.5** L	최대 배기량 **1.5** L		알파로메오 158 1.5L L8 슈퍼차저	
1951				알파로메오 159 1.5L L8 슈퍼차저	
1952			F2 규정으로 챔피언십 진행 자연흡기 : 2L 이하 차저 : 0.75L 이하	페라리 람프레디 500 2.0L L4 자연흡기	
1953				페라리 람프레디 500 2.0L L4 자연흡기	
1954	최대 배기량 **2.5** L	최대 배기량 **0.75** L		마제라티 250F1 2.5L L6 자연흡기 메르세데스-벤츠 M196 2.5L L8 자연흡기	
1955				메르세데스-벤츠 M196 2.5L L8 자연흡기	
1956				페라리 DS50 2.5L V8 자연흡기	
1957				마제라티 250F1 T2 2.5L V12 자연흡기	
1958			1958시즌부터 알콜 연료 금지	페라리 143 2.4L V6 자연흡기	반월 254 2.5L L4 자연흡기
1959				클라이맥스 FPF 2.5L L4 자연흡기	
1960				클라이맥스 FPF 2.5L L4 자연흡기	
1961	최대 배기량 **1.5** L 최소 배기량 **1.3** L	금지		페라리 178 1.5L V6 자연흡기	
1962				BRM P56 1.5L V8 자연흡기	
1963				클라이맥스 FWMV 1.5L V8 자연흡기	
1964				페라리 205B 1.5L V8 자연흡기	
1965				클라이맥스 FWMV 1.5L V8 자연흡기	
1966	최대 배기량 **3.0** L	최대 배기량 **1.5** L		렙코 620 3.0L V8 자연흡기	
1967				렙코 740 3.0L V8 자연흡기	
1968				포드 코스워스 DFV 3.0L V8 자연흡기	
1969				포드 코스워스 DFV 3.0L V8 자연흡기	
1970				포드 코스워스 DFV 3.0L V8 자연흡기	
1971				포드 코스워스 DFV 3.0L V8 자연흡기	
1972				포드 코스워스 DFV 3.0L V8 자연흡기	
1973				포드 코스워스 DFV 3.0L V8 자연흡기	포드 코스워스 DFV 3.0L V8 자연흡기
1974				포드 코스워스 DFV 3.0L V8 자연흡기	

F1 엔진 규격과 챔피언십 위닝 엔진 - 1975시즌 ~ 2000시즌

시즌	자연흡기	터보/슈퍼차저	기타 규정	WDC 위닝 엔진	WCC 위닝 엔진
1975	최대 배기량 3.0 L (1975~1985)	최대 배기량 1.5 L (1975~1988)		페라리 015 3.0L F12 자연흡기	
1976				포드 코스워스 DFV 3.0L V8 자연흡기	페라리 015 3.0L F12 자연흡기
1977				페라리 015 3.0L F12 자연흡기	
1978				포드 코스워스 DFV 3.0L V8 자연흡기	
1979				페라리 015 3.0L F12 자연흡기	
1980				포드 코스워스 DFV 3.0L V8 자연흡기	
1981				포드 코스워스 DFV 3.0L V8 자연흡기	포드 코스워스 DFV 3.0L V8 자연흡기
1982			1982시즌부터 - 로터리 엔진 - 디젤 엔진 - 개스 터빈 엔진 - 사리히 궤도 엔진 금지 (1982~1984)	포드 코스워스 DFV 3.0L V8 자연흡기	페라리 021 1.5L V6 터보차저
1983				BMW M12/13 1.5L L4 터보차저	페라리 021 1.5L V6 터보차저
1984				TAG-포르셰 TTE PO1 1.5L V6 터보차저	
1985				TAG-포르셰 TTE PO1 1.5L V6 터보차저	
1986	금지			TAG-포르셰 TTE PO1 1.5L V6 터보차저	혼다 RA166E 1.5L V6 터보차저
1987	최대 배기량 3.5 L (1987~1994)		터보차저 최대 부스트압 : 4bar	혼다 RA167E 1.5L V6 터보차저	
1988			터보차저 최대 부스트압 : 2.5bar	혼다 RA168E 1.5L V6 터보차저	
1989		금지 (1989~2000)	1989시즌부터 최대 V12 (1989~1990)	혼다 RA109E 3.5L V10 자연흡기	
1990				혼다 RA100E 3.5L V10 자연흡기	
1991				혼다 RA121E 3.5L V12 자연흡기	
1992			1992시즌부터 무연 휘발유 사용 (1992~1993)	르노 RS3C / RS4 3.5L V10 자연흡기	
1993				르노 RS5 3.5L V10 자연흡기	
1994				포드 EC 제텍-R 3.5L V8 자연흡기	르노 RS6 3.5L V10 자연흡기
1995	최대 배기량 3.0 L (1995~2000)			르노 RS7 3.0L V10 자연흡기	
1996				르노 RS8 3.0L V10 자연흡기	
1997				르노 RS9 3.0L V10 자연흡기	
1998				메르세데스-벤츠 FO 110G 3.0L V10 자연흡기	
1999				메르세데스-벤츠 FO 110H 3.0L V10 자연흡기	페라리 048 3.0L V10 자연흡기
2000			V10 형식 고정	페라리 049 3.0L V10 자연흡기	

F1 엔진 규격과 챔피언십 위닝 엔진 - 2001시즌 ~ 2025시즌

시즌	자연흡기	터보/슈퍼차저	기타 규정	WDC 위닝 엔진	WCC 위닝 엔진
2001	V10 최대 배기량 3.0 L	금지		페라리 050 3.0L V10 자연흡기	
2002				페라리 051 3.0L V10 자연흡기	
2003				페라리 052 3.0L V10 자연흡기	
2004				페라리 053 3.0L V10 자연흡기	
2005				르노 RS25 3.0L V10 자연흡기	
2006	90° V8 최대 배기량 2.4 L			르노 RS26 2.4L V8 자연흡기	
2007			최대 회전수 제한 2007, 2008 : 19,000rpm 2009 ~ 2013 : 18,000rpm	페라리 056-2007 2.4L V8 자연흡기	
2008				메르세데스-벤츠 FO 108V 2.4L V8 자연흡기	페라리 056-2008 2.4L V8 자연흡기
2009				메르세데스-벤츠 FO 108W 2.4L V8 자연흡기	
2010			2008시즌부터 알콜 연료 5.75% 사용 의무화	르노 RS27-2010 2.4L V8 자연흡기	
2011				르노 RS27-2011 2.4L V8 자연흡기	
2012				르노 RS27-2012 2.4L V8 자연흡기	
2013				르노 RS27-2013 2.4L V8 자연흡기	
2014	금지	90° V6 최대 배기량 1.6 L	2014시즌부터 최대 회전수 제한 : 15,000rpm	메르세데스-벤츠 PU106A 하이브리드 1.6L V6 터보차저	
2015				메르세데스-벤츠 PU106B 하이브리드 1.6L V6 터보차저	
2016				메르세데스-벤츠 PU106C 하이브리드 1.6L V6 터보차저	
2017				메르세데스-AMG M08 EQ 파워+ 1.6L V6 터보차저	
2018				메르세데스-AMG M09 EQ 파워+ 1.6L V6 터보차저	
2019				메르세데스-AMG M10 EQ 파워+ 1.6L V6 터보차저	
2020				메르세데스-AMG M11 EQ 퍼포먼스 1.6L V6 터보차저	
2021				혼다 RA621H 1.6L V6 터보차저	메르세데스-AMG M12 E 퍼포먼스 1.6L V6 터보차저
2022			2022시즌부터 E10 연료 (에탄올 10%) 사용 의무화	레드불 RBPTH001 1.6L V6 터보차저	
2023				혼다 RBPTH001 1.6L V6 터보차저	
2024				혼다 RBPTH002 1.6L V6 터보차저	메르세데스-AMG M15 E 퍼포먼스 1.6L V6 터보차저
2025				메르세데스-AMG M16 E 퍼포먼스 1.6L V6 터보차저	

F1 포인트 시스템 변화 - 1950시즌 ~ 1987시즌

시즌	1위	2위	3위	4위	5위	6위	7위	8위	9위	10위	FL	*
1950	**8**	6	4	3	2						1	4
1951	**8**	6	4	3	2						1	5
1952	**8**	6	4	3	2						1	5
1953	**8**	6	4	3	2						1	5
1954	**8**	6	4	3	2						1	5
1955	**8**	6	4	3	2						1	5
1956	**8**	6	4	3	2						1	5
1957	**8**	6	4	3	2						1	5
1958	**8**	6	4	3	2						1	6
1959	**8**	6	4	3	2						1	5
1960	**8**	6	4	3	2	1						6
1961	**9 / 8****	6	4	3	2	1						5
1962	**9**	6	4	3	2	1						5
1963	**9**	6	4	3	2	1						6
1964	**9**	6	4	3	2	1						6
1965	**9**	6	4	3	2	1						6
1966	**9**	6	4	3	2	1						5
1967	**9**	6	4	3	2	1						9
1968	**9**	6	4	3	2	1						10
1969	**9**	6	4	3	2	1						9
1970	**9**	6	4	3	2	1						11
1971	**9**	6	4	3	2	1						9
1972	**9**	6	4	3	2	1						10
1973	**9**	6	4	3	2	1						13
1974	**9**	6	4	3	2	1						13
1975	**9**	6	4	3	2	1						12
1976	**9**	6	4	3	2	1						14
1977	**9**	6	4	3	2	1						15
1978	**9**	6	4	3	2	1						14
1979	**9**	6	4	3	2	1						8
1980	**9**	6	4	3	2	1						10
1981	**9**	6	4	3	2	1						11
1982	**9**	6	4	3	2	1						11
1983	**9**	6	4	3	2	1						11
1984	**9**	6	4	3	2	1						11
1985	**9**	6	4	3	2	1						11
1986	**9**	6	4	3	2	1						11
1987	**9**	6	4	3	2	1						11

* 챔피언십에 반영되는 최고 성적 개수 (1979시즌 컨스트럭터 챔피언십에서 폐지. 1991시즌 드라이버 챔피언십에서 폐지.)

** 1961시즌 우승 드라이버는 9포인트, 우승 컨스트럭터는 8포인트 획득

F1 포인트 시스템 변화 - 1988시즌 ~ 2025시즌

시즌	1위	2위	3위	4위	5위	6위	7위	8위	9위	10위	FL	*
1988	**9**	6	4	3	2	1						11
1989	**9**	6	4	3	2	1						11
1990	**9**	6	4	3	2	1						11
1991	**10**	6	4	3	2	1						
1992	**10**	6	4	3	2	1						
1993	**10**	6	4	3	2	1						
1994	**10**	6	4	3	2	1						
1995	**10**	6	4	3	2	1						
1996	**10**	6	4	3	2	1						
1997	**10**	6	4	3	2	1						
1998	**10**	6	4	3	2	1						
1999	**10**	6	4	3	2	1						
2000	**10**	6	4	3	2	1						
2001	**10**	6	4	3	2	1						
2002	**10**	6	4	3	2	1						
2003	**10**	8	6	5	4	3	2	1				
2004	**10**	8	6	5	4	3	2	1				
2005	**10**	8	6	5	4	3	2	1				
2006	**10**	8	6	5	4	3	2	1				
2007	**10**	8	6	5	4	3	2	1				
2008	**10**	8	6	5	4	3	2	1				
2009	**10**	8	6	5	4	3	2	1				
2010	**25**	18	15	12	10	8	6	4	2	1		
2011	**25**	18	15	12	10	8	6	4	2	1		
2012	**25**	18	15	12	10	8	6	4	2	1		
2013	**25**	18	15	12	10	8	6	4	2	1		
2014	**25**	18	15	12	10	8	6	4	2	1		
2015	**25**	18	15	12	10	8	6	4	2	1		
2016	**25**	18	15	12	10	8	6	4	2	1		
2017	**25**	18	15	12	10	8	6	4	2	1		
2018	**25**	18	15	12	10	8	6	4	2	1		
2019	**25**	18	15	12	10	8	6	4	2	1	1	
2020	**25**	18	15	12	10	8	6	4	2	1	1	
2021	**25**	18	15	12	10	8	6	4	2	1	1	
2022	**25**	18	15	12	10	8	6	4	2	1	1	
2023	**25**	18	15	12	10	8	6	4	2	1	1	
2024	**25**	18	15	12	10	8	6	4	2	1	1	
2025	**25**	18	15	12	10	8	6	4	2	1		

* 드라이버 챔피언십에 반영되는 최고 성적 개수

2021 시즌 : 스프린트 퀄리파잉에서 1, 2, 3위에게 각각 3, 2, 1포인트

2022 시즌 ~ : 스프린트 퀄리파잉에서 1위부터 8위까지 각각 8, 7, 6, 5, 4, 3, 2, 1포인트

2026 FIA F1 월드 챔피언십 엔트리 리스트

시즌 Car N°	드라이버 이름 Driver's Name	회사 이름 Company Name
81	오스카 피아스트리 342 Oscar Piastri	맥라렌 레이싱 주식회사 Mclaren Racing Ltd
1	랜도 노리스 315 Lando Norris	맥라렌 레이싱 주식회사 Mclaren Racing Ltd
63	죠지 러셀 355 George Russell	메르세데스 그랑프리 주식회사 Mercedes-Benz Grand Prix Limited
12	안드레아 키미 안토넬리 335 Andrea Kimi Antonelli	메르세데스 그랑프리 주식회사 Mercedes-Benz Grand Prix Limited
3	막스 베르스타펜 327 Max Verstappen	레드불 레이싱 주식회사 Red Bull Racing Limited
6	아이작 하자 334 Isack Hadjar	레드불 레이싱 주식회사 Red Bull Racing Limited
16	샤를 르끌레 332 Charles Leclerc	페라리 S.p.A Ferrari S.p.A
44	루이스 해밀턴 320 Lewis Hamilton	페라리 S.p.A Ferrari S.p.A
23	알렉산더 알본 338 Alexander Albon	윌리엄스 그랑프리 엔지니어링 주식회사 Williams Grand Prix Engineering Limited
55	카를로스 사인스 359 Carlos Sainz	윌리엄스 그랑프리 엔지니어링 주식회사 Williams Grand Prix Engineering Limited
41	아비드 린블라드 334 Arvid Lindblad	레이싱불스 S.p.A Racing Bulls S.p.A
30	리암 로슨 322 Liam Lawson	레이싱불스 S.p.A Racing Bulls S.p.A
18	랜스 스트롤 316 Lance Stroll	AMR GP 주식회사 AMR GP Limited
14	페르난도 알론소 365 Fernando Alonso	AMR GP 주식회사 AMR GP Limited
31	에스테반 오콘 340 Esteban Ocon	하스 포뮬러 유한책임회사 Haas Formula LLC
87	올리버 베어먼 342 Oliver Bearman	하스 포뮬러 유한책임회사 Haas Formula LLC
27	니코 훌켄버그 308 Nico Hulkenberg	자우버 모터스포트 주식회사 Sauber Motorsport AG
5	가브리엘 보톨레토 305 Gabriel Bortoleto	자우버 모터스포트 주식회사 Sauber Motorsport AG
10	피에르 가슬리 368 Pierre Gasly	알핀 레이싱 주식회사 Alpine Racing Limited
43	프랑코 콜라핀토 367 Franco Colapinto	알핀 레이싱 주식회사 Alpine Racing Limited
11	세르히오 페레스 332 Sergio Perez	TWG 캐딜락 포뮬러 1 팀 유한책임회사 TWG Cadillac Formula 1 Team LLC
77	발테리 보타스 330 Valtteri Bottas	TWG 캐딜락 포뮬러 1 팀 유한책임회사 TWG Cadillac Formula 1 Team LLC

* 이름 뒤의 숫자는 용어집 페이지

1 2026 FIA F1 월드 챔피언십 엔트리 리스트

팀 이름 Team Name	섀시 이름 Name of the Chassis	엔진 이름 Name of the Engine
맥라렌 마스터카드 F1 팀 452 McLaren Mastercard F1 Team	**맥라렌** Mclaren	메르세데스 Mercedes
맥라렌 마스터카드 F1 팀 452 McLaren Mastercard F1 Team	**맥라렌** Mclaren	메르세데스 Mercedes
메르세데스-AMG 페트로나스 포뮬러 원 팀 452 Mercedes-AMG PETRONAS Formula One Team	**메르세데스** Mercedes	메르세데스 Mercedes
메르세데스-AMG 페트로나스 포뮬러 원 팀 452 Mercedes-AMG PETRONAS Formula One Team	**메르세데스** Mercedes	메르세데스 Mercedes
오라클 **레드불** 레이싱 417 Oracle Red Bull Racing	**레드불 레이싱** Red Bull Racing	레드불 포드 Red Bull Ford
오라클 **레드불** 레이싱 417 Oracle Red Bull Racing	**레드불 레이싱** Red Bull Racing	레드불 포드 Red Bull Ford
스쿠데리아 **페라리** HP 463 Scuderia Ferrari HP	**페라리** Ferrari	페라리 Ferrari
스쿠데리아 **페라리** HP 463 Scuderia Ferrari HP	**페라리** Ferrari	페라리 Ferrari
아틀라시안 **윌리엄스** 레이싱 459 Atlassian Williams F1 Team	**아틀라시안 윌리엄스** Atlassian Williams	메르세데스 Mercedes
아틀라시안 **윌리엄스** 레이싱 459 Atlassian Williams F1 Team	**아틀라시안 윌리엄스** Atlassian Williams	메르세데스 Mercedes
비자 캐시앱 **레이싱불스** 포뮬러 원 팀 447 Visa Cash App Racing Bulls Formula One Team	**레이싱불스** Racing Bulls	레드불 포드 Red Bull Ford
비자 캐시앱 **레이싱불스** 포뮬러 원 팀 447 Visa Cash App Racing Bulls Formula One Team	**레이싱불스** Racing Bulls	레드불 포드 Red Bull Ford
애스턴마틴 아람코 포뮬러 원 팀 458 Aston Martin Aramco Formula One Team	**애스턴마틴 아람코** Aston Martin Aramco	혼다 Honda
애스턴마틴 아람코 포뮬러 원 팀 458 Aston Martin Aramco Formula One Team	**애스턴마틴 아람코** Aston Martin Aramco	혼다 Honda
TGR **하스** F1 팀 464 TGR Haas F1 Team	**하스** Haas	페라리 Ferrari
TGR **하스** F1 팀 464 TGR Haas F1 Team	**하스** Haas	페라리 Ferrari
아우디 레볼루트 F1 팀 456 Audi Revolut F1 Team	**아우디** Audi	아우디 Audi
아우디 레볼루트 F1 팀 456 Audi Revolut F1 Team	**아우디** Audi	아우디 Audi
BWT **알핀** 포뮬러 1 팀 457 BWT Alpine Formula 1 Team	**알핀** Alpine	메르세데스 Mercedes
BWT **알핀** 포뮬러 1 팀 457 BWT Alpine Formula 1 Team	**알핀** Alpine	메르세데스 Mercedes
캐딜락 포뮬러 1 팀 460 Cadillac Formula 1 Team	**캐딜락** Cadillac	페라리 Ferrari
캐딜락 포뮬러 1 팀 460 Cadillac Formula 1 Team	**캐딜락** Cadillac	페라리 Ferrari

* 이름 뒤의 숫자는 용어집 페이지

그랑프리 블랙북 시리즈

0. F1 용어집 1211 FORMULA ONE GLOSSARY 1211

1. F1 레이스카의 공기역학 AERODYNAMICS OF F1 RACE CAR

2. F1 그랑프리 위닝 카 F1 GRAND PRIX WINNING CAR

3. F1 레이스카의 파워트레인 POWERTRAIN OF F1 RACE CAR

4. F1 드라이빙의 기초 BASICS OF F1 DRIVING

5. F1 그랑프리 위닝 드라이버 F1 GRAND PRIX WINNING DRIVER

6. F1 레이스카의 해부학 ANATOMY OF F1 RACE CAR

7. F1 레이스와 전략 F1 RACE AND STRATEGY

8. F1 엔지니어 FORMULA ONE ENGINEER

9. F1 그랑프리 써킷 F1 GRAND PRIX CIRCUIT

10. F1의 역사 HISTORY OF FORMULA ONE